清末民初文獻叢刊

日本源流考

（第一册）

［清］王先謙 著

朝華出版社
BLOSSOM PRESS

圖書在版編目（CIP）數據

日本源流考 ： 全4册 / （清） 王先謙著. -- 北京 ：
朝華出版社, 2017.12
（清末民初文獻叢刊）
ISBN 978-7-5054-4126-2

Ⅰ. ①日… Ⅱ. ①王… Ⅲ. ①日本－曆史－編年體
Ⅳ. ①K313

中國版本圖書館CIP數據核字(2017)第281459號

日本源流考（全四册）

作　　者　[清]王先謙

選題策劃　楊麗麗　尚論聰
責任編輯　劉小磊
特約編輯　齊　芳
責任印制　張文東　陸競贏
封面設計　劉敬偉

出版發行　朝華出版社
社　　址　北京市西城區百萬莊大街24號　　郵政編碼　100037
訂購電話　（010）68996618　68996050
傳　　真　（010）88415258（發行部）
聯系版權　j-yn@163.com
網　　址　http://zhcb.cipg.org.cn
印　　刷　藝堂印刷（天津）有限公司
經　　銷　全國新華書店
開　　本　880mm×1230mm　1/32　　字　　數　570千字
印　　張　59.125
版　　次　2017年12月第1版　2017年12月第1次印刷
裝　　别　精
書　　號　ISBN 978-7-5054-4126-2
定　　價　398.00元（全四册）

出版前言

中國自一八四〇年鴉片戰争以來，傳統的農業文明在西方的堅船利炮轟擊之下徹底被顛覆，有擔當的知識分子苦苦追尋，思索社會改革的途徑。從最初的『師夷長技以制夷』到『民主制度，天下之公理』（梁啓超語），他們發現要『强國富民』，首先要『開啓民智』，衹有民衆擁有了獨立思想和批判精神，國家纔能實現真正的强大。在此後一百年的時間裏（一八四〇—一九四九），思想者們從社會變革深入到國民性的改造，用每一部作品見證着中國近代化的遞變歷程。這是一個極其重要的時代，《清末民初文獻叢刊》正是收録了這一時期的作品，大部分書籍都是早期版本，有着極高的文獻研究價值。

清末的中國經歷了『三千年來未有之大變局』（李鴻章語），大清王朝面對西方列强的艦炮，表現得驚慌失措。尤其是鴉片戰争，使『天朝帝國萬世長存的迷信受到了致命的打擊，野蠻的、閉關自守的、與文明世界隔絶的狀態被打破了』（《馬克思恩格斯選集》）。一批士大夫知識分子，尤其是在歐美諸國擔任使臣或者游歷的知識分子最先覺醒，着眼于對西方國家的考察，進而反省本國政治制度的劣勢，可以視作『啓蒙』的端倪。如曾擔任駐英公使（兼任駐法公使）的郭嵩燾在《使西紀程》中以日記的形式記録了自己對歐西諸國的觀感，他在考察了英國的政治制度之後，發現英國政府官員收入超過三百磅者與普通老百姓一樣同等納税，他說：『此法誠善，然非民主之國，則勢有所不行。西洋所以享國長久，君民兼主國政故也。』他明確提出了『民主』，在國家的管理問題上，人民也有參與的權利。他在該書中所披露的西方政治、經濟、文化等領域優于大清帝國這一事實觸動了保守派的神經，立刻遭到保守派群起而攻之，進士何金壽彈劾他『有二心于英國，欲中國臣事之』，他家鄉湖南的民衆對他更是痛加詆毀，以至于滿城揭帖，誣蔑他『溝通洋人』，在這種群情洶洶的情況下，朝廷最後下旨將《使西紀程》毁版，從而使該書成了禁書。然而，書雖被毁版，却不能堵死民衆的傳播與閱讀的途徑，上海的《萬國公報》依舊連載該書，張佩綸曾說：『朝廷禁其書，而新聞紙接續刊刻，中外傳播如故也。』從某種意義上來說，啓蒙是時代的需要，盡管清政府發諭旨禁了該書，民衆乃至一些朝廷大員却依舊在私下閲讀，以便瞭解外部的世界。進步的社會是開放性的，任何企圖『閉關鎖國』的努力都意味着歷史的倒退，衹有開放，與整個世界文明保持同等的步伐，纔能實現真正的强國之夢。當大批知識分子走出閉鎖的國門，親歷了文明的洗禮之後，也就把啓蒙的智識帶回了中華大地。容閎的《西學東漸記》，梁啓超的《新大陸游記》，崔國因的《出使美日秘日記》等一大批作品介紹了海外諸國的政治、經濟、軍事、外交、文化。雖然這些作品在認識上仍然帶有時代的局限性，然而却是那時最爲珍貴的聲音。

另一方面，在學術上，中國文化母體内『經世致用』思想與資産階級思想相結合，也唤起了變革，以康有爲、梁啓超爲首的改良派試圖通過自上而下的革新以實現變革。康有爲的《新學僞經考》《孔子改制考》就是借經學之表論資産階級學説之裏的著作，康有爲的弟子梁啓超更是通過《新民説》一書提出國民性改造。與早期啓蒙者『師夷長技』的器物文明引進不同，梁啓超上升到形而上的精神領域，從文化心理上更加徹底地進行變革。梁氏是清朝末年到民國初年一個橋梁式的人物，被譽爲『輿論之驕子，天縱之文豪』，其影響力不但在學術領域，同時還在文學領域，他所倡導的『詩界革命』得到了譚嗣同、黄遵憲、丘逢甲等人的響應，黄遵憲的《日本雜事詩》，丘逢甲的《嶺雲海日樓詩鈔》都體現了這種主張。這一主張要求反映新的時代和新的思想，用『我手寫我口』（黄遵憲語）的方式直抒胸臆，對長期占詩壇主流的擬古主義、形式主義產生了巨大的衝擊，解放了寫作者的心靈和頭腦。

與社會變革同步的是早期對西方思想著作的翻譯，這裏面影響最大的是嚴復，他翻譯的《天演論》《社會通詮》等書直接孕育了民國一代的知識階層。魯迅、胡適等人在文章中都曾提到《天演論》對他們思想所產生的震撼。與嚴復略有不同的另一位翻譯家是林紓，他的譯作雖然參差不齊，但却在更細膩的心靈層次對讀者產生影響，許壽裳曾回憶，他和魯迅都熱衷于林譯的小説，如《巴黎茶花女遺事》《黑奴籲天録》《迦茵小傳》等作品。

辛亥革命之後，進步社會思潮成爲主流，比之清末思想啓蒙者『求存』的追求，民國以來的知識階層深入到了更加細微的肌理，一方面呼喚社會變革，另一方面進行點滴的建設，革命并不能使所有的一切一蹴而就，在更加深廣的領域，事物的改變是由微觀而宏觀。通俗地説，比之于革命，建設的意義更大。如《中國商業史》《中國教育史》《中國倫理學史》《中國哲學史大綱》《中國小説史略》等一大批作品都是進行系統的梳理與建設的理論作品。其中，以胡適和魯迅二人的影響最大，他們的作品一紙風靡，從而成爲新文化運動的主力人物。

《清末民初文獻叢刊》收録的文獻大致上可以分爲三個階段，其中龔自珍、張之洞、魏源、郭嵩燾、薛福成等人的作品可視爲『早期啓蒙』，康有爲、梁啓超、黄遵憲、嚴復、林紓等人的作品可視爲『中期啓蒙』，胡適、魯迅、蔡元培等人的作品可視爲『晚期啓蒙』。當然，這種劃分并非嚴格意義上的，大部分啓蒙思想者隨着時代的變化，其思想在不斷進步。縱觀整個近現代史，可以發現，要求變革不是在某一個領域，由某一類人發起和完成的，而是全社會的要求。變革，已經成爲全社會的共識。

從清末民初的文獻中，我們能够發現一種豐富性。這些作品涉及政治、經濟、軍事、教育、外交、宗教、心理、情感等方方面面，從内而外地净化着中國兩千年以來的封建積習。它不祇是對社會的改造，更是對人心靈的重塑；它首重國家社會之建設，同時亦重靈魂心智之喚醒；它是宏大的，也是微觀的；它是嚴肅莊重的，也是活潑靈動的；這些作品結構精巧，思想内容深刻，擁有濃厚的人文主義色彩，對推動社會主義建設，實現中國夢有重大意義，是近現代中國一百年來最宏富的智識與情感的寶藏。因此，整理這些文獻作品，無論是出于資料保存的目的，還是爲圖書館提供資料副本，都有不可估量的意義。

特定時代下的文獻，當它一旦形成（既指草擬，創作的完成，也指其成爲一個載體），就不可再複製了，也就意味着它將面對消亡。對于文獻資料而言，越接近歷史事件發生的時代記録，越具有研究價值。文獻本身具有不可再生性，它衹會消亡，而不會增多。盡管文獻本身的文字可以保留下來，并進行傳播，却失去了當時的時代氣息。當時的作品可能在技巧上，文字的成熟度上不及當代，但它所負載的信息，創作者的情感都反映了當時的歷史，也就是説，它具有不可替代的歷史意義。

影印的版本有三個特點，第一是擁有文獻的『原始性』；第二個特點是『未經改動的』；第三個特點是『歷史的原貌』。所謂『原始性』，也就是説，它是第一手資料，而非轉述的，回憶形成的；『未經改動的』，是指未被篡改、删節、挖補的；『歷史的原貌』是指在影印製作過程中，完全依照文獻的原來模樣……這樣製作出版的作品，無异延續了文獻的壽命。

近現代思想史上的一個最重大的思潮就是『開放』，從林則徐的『開眼看世界』到蔡元培的『兼容并包』，都是在倡導一種開放式的胸襟。而《清末民初文獻叢刊》最有魅力的部分就是『開放』這一主題，衹有融入到世界文明發展的進程中，中華文明纔能歷久彌新。

《清末民初文獻叢刊》編委會

二〇一七年四月十四日

凡例

一、《清末民初文獻叢刊》（以下簡稱『叢刊』）爲影印本，舉凡所用之底本，均爲該書之早期版本。有清末刊本，亦有民國印本。

二、《叢刊》均依底本影印，未予删改；原刊本有誤，不予校改，以保留文獻之原貌。

三、《叢刊》所用之底本，因時日久遠存在漫漶的情况，均進行了修復；底本闕文、印刷不清，均保留原貌。

四、爲讀者閲讀之便，《叢刊》中之舊底本目録未標記頁碼者，編了目次；原底本有頁碼和目録，未予重複編目。

五、爲保持文獻的原始風貌，影印本保留了原書書影（原書爲多册，則保留第一册書影）、扉頁等信息。所用底本無相應信息者，則不予妄添，以免錯訛。

目録

第一册

原刊本（清光緒二十八年思賢書局刊本）扉頁 一
日本源流考序 三
日本源流考卷一 七
日本源流考卷二 八一
日本源流考卷三 一六七
日本源流考卷四 二四五
日本源流考卷五 二九九
日本源流考卷六 三五七
日本源流考卷七 四〇五
日本源流考卷八 四四九

第二册

日本源流考卷九 四八三
日本源流考卷十 五四七
日本源流考卷十一 五九五

日本源流考卷十二 六八九
日本源流考卷十三 七六一
日本源流考卷十四 八五九
第三册
日本源流考卷十五 九五五
日本源流考卷十六 一一九五
第四册
日本源流考卷十七 一三九一
日本源流考卷十八 一五〇三
日本源流考卷十九 一六一一
日本源流考卷二十 一六七七
日本源流考卷二十一 一七四七
日本源流考卷二十二 一八二三

樂二十年
游溫生日

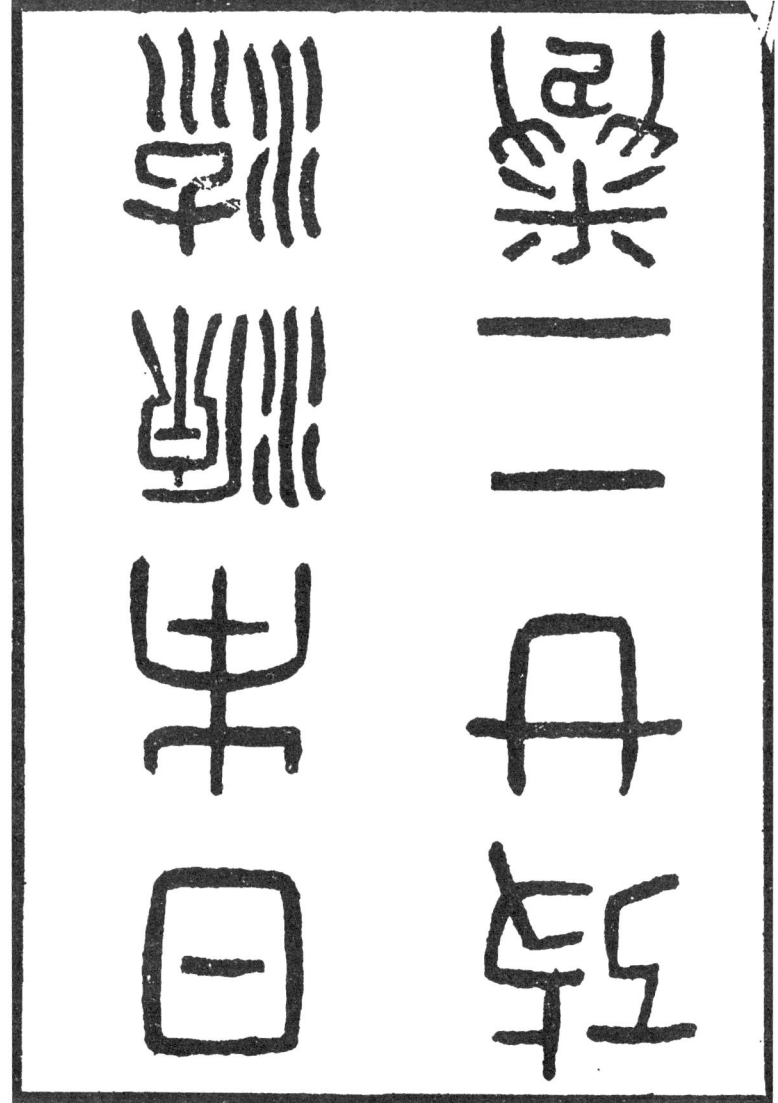

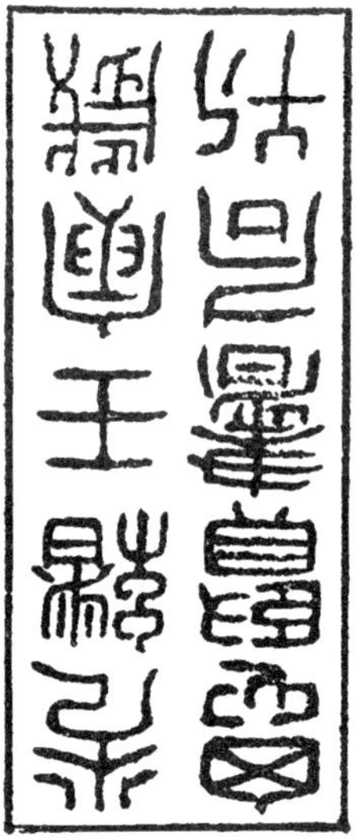

日本源流考序

先謙錄日本開國以來迄於明治二十六年癸巳采歷代史傳暨雜家紀載參證日本羣籍稽合中東年表爲源流考二十二卷㒰輯既畢作而歎曰天下禪代獨日本世王非但其臣民有所鑒戒取舍而然也以㠀國孑立無鄰故外侮亦弗及焉然自番輪飈至重關洞開情勢岌岌賴豪傑雲集謀議翕合上下之情通從違之機決捐棄故技師法泰西曾不數年屹然爲東方强國余嘗攷其變法之始倍難於它邦大將軍擅權國王守府君民睽隔一也封建日久諸國紛紜不相統壹二也游俠成風政令拂衆輒被狙刺三也迺自西國擾亂而將軍乞退議改郡縣而梗命卽敗羣謗蠭起而執政不撓遂以經緯區寓煥然啟維新之局嗚呼豈偶然哉夫舉一國之政而惟外邦之從匪易事也而日本行之如轉圜流

水此其故亦有二一則地懸海中事簡民樸其先規制取則李唐安德而後權移霸幕王朝無政焉德川氏偃武三百年人士涵濡宋學曉然於尊王之義日思踣幕府而定一尊乘德川積弱之勢藉口攘斥西人責以歸政聳動羣藩納上戶土億兆一心拱戴王室於是英傑在位審時制宜朝廷規模悉由刱立傾一國之人乘方新之氣日皇皇焉惟國制之圖其前無所因故後並不得謂之變非我中國每事拘牽舊章沮格羣議者比也一則初效西人不得要領衣服飲食器用宮室刻意規摹虛縻無算人民重困異議紛起或復舊制或倡民權官與官齟齬則退歸而謀亂民與官不協則剌殺以洩忿國是叢脞亦曰殆哉而我中國塞聰蔽明百務苟且臺灣生番之償金隱中其機權甲午北洋之利益飽張其威力故彼國之士氣咸伸而更新之機勢大順矣攷其內政所施惟

力課農桑廣興工藝爲得利之實而以官金資助商會知保商卽以裕國從而維持附益之斯得西法之精者也中國之海軍不必論矣鐵路楮幣富强則相須貧弱祇自獘至於學校分門官僚分職非所以治數千年文敎之邦也居今而言變法不必事事慕效惟務開廣地利毋俾他人我先兼審外商所以歆動吾民而攫取其財何者最甚亟勸導斯人率作興事行是二者必以放勛之勞來輔翼爲心匪特不爭其利亦並不預其事鼓天下之智力以求保我

君民共有之元氣

國家靈長之祚或在玆乎日本得志之後所刊維新史法規大全諸書揚詡過情觀之徒亂人意不可概執爲興邦之要道也是書成因坿述鄙見以質當世如此至日本史家文章之美覽者自得

之故不復云光緒二十七年歲次辛丑秋九月

誥授通奉大夫

賜進士出身前翰林院編修國子監祭酒加五級長沙王先謙撰

日本源流考卷一

長沙王先謙益吾撰

四裔編年表日本爲東北海島邃古之初有天神御世遞嬗千餘年其說荒遠難稽厥後國主俱號天皇數千年來一姓相傳疆域依舊寰宇內所僅見

山海經十二海內北經南倭北倭屬燕

案此夏時倭通中國之證雲笈七籤云日本有騰黃神獸壽二千歲黃帝得而乘之以周旋六合荒遠難憑今不取

唐書日本傳自言初主號天御中主至彥瀲凡三十二世皆以尊爲號居筑紫城

宋史日本傳其年代紀所記云初主號天御中主次曰天村雲尊其後皆以尊爲號次天八重雲尊次天彌聞尊次天忍勝尊次贍

波尊次萬魂尊次利利魂尊次國狹槌尊次角龔魂尊次汲津丹尊次面垂見尊次國常立尊次天鑑尊次天萬尊次沫名杵尊次伊弉諾尊次素戔烏尊次天照大神尊次正哉吾勝速日天押穗耳尊次天彥尊次炎尊次彥瀲尊凡二十三世並都於筑紫日向宮（日本國志後爲日向國）

案日本書紀及古事記諸書言天地未闢有神立於高天原曰天御中主次高皇產靈尊次神皇產靈尊次可美葦牙彥舅尊次天常立尊次國常立尊次豐斟渟尊是爲獨化之神七次泥土煮尊沙土煮尊次國檝尊活檝尊次大戶道尊大苫邊尊次面足尊惶根尊次伊弉諾尊伊弉冊尊是爲耦生之神八自國常立尊至諾冊二尊總曰天神七世次大日靈尊號天照大神次素戔烏尊次天穗耳尊次天津彥彥火瓊瓊杵尊（太神使瓊瓊杵尊統

治中州敕諸神爲輔賜之八咫鏡曰此豐葦原千五百秋之瑞穗國吾子孫永王斯地視此鏡猶我寶祚與天壤無窮又副以藂雲劒與八坂瓊曲玉三者遂爲傳國之重器次彥火火出見尊次彥波瀲武鸕鷀草葺不合尊自大神至此總曰地神五世和漢年契無天常立尊而國常立尊下有國狹槌尊其餘多寡前後不同皆與脊然書不合其云正哉吾勝速日天押穗耳尊卽天穗耳尊也其天彥尊卽天津彥彥火瓊瓊杵尊也其炎尊卽彥火火出見尊火火二字誤併爲炎也其彥瀲尊卽彥波瀲武鸕鷀草葺不合尊也和文音重語複致與漢異其所記載事多不經今併無取自周惠王九年前甲子亦不悉記云

論衡恢國篇成王之時越常獻雉倭人貢暢

案此周時倭通中國之證

神武天皇

唐書日本傳彥瀲子神武立更以天皇爲號徙治大和州
案日本國志云漢書魏志稱爲邪馬臺國卽大和譯音也愚案
後又稱國爲和盇卽以此和倭音同字變大和卽大倭矣
宋史日本傳彥瀲第四子號神武天皇自筑紫宮入居太和州橿
原宮卽位元年甲寅當周僖王時也年代紀
案僖王卽釐王釐王時無甲寅僖當作惠
甲寅周惠王十年和漢年契神武帝起師於西日本史神武天皇諱彥火
火出見小名狹野葺不合尊第四子也母玉依姬年十五立爲皇
太子及長納吾平津媛爲妃彥瀲帝崩甲寅歲天皇年四十五在
日向高千穗宮日本國志霧島山在諸縣郡其東嶽卽古之高千穗峰也時東國未服有長髓
彥者奉饒速日命爲主兄猾弟猾八十梟帥兄磯城弟磯城等各
爲君長不相統一天皇謂諸皇兄皇子曰我祖宗僻處西陲運屬

草昧邃邈之地未霑王澤遂使邑有君村有長各相陵轢吾聞東方有美地山嶽四周足以恢宏大業宜就而都之十月天皇帥皇兄五瀨命稻飯命三毛入野命皇子手研耳命等舟師東征抵速吸門有漁人珍彥來迎命之鄉導賜名椎根津彥進至筑紫國菟狹菟狹津彥菟狹津媛造宮奉饗以菟狹津媛賜侍臣天種子命爲妻十一月至崗水門十二月至安藝居埃宮

乙卯十一（日本史）三月入吉備國造行宮曰高嶋宮居之三年備舟檝蓄兵食將一舉平天下

丙辰十二

丁巳十三

戊午十四（日本史）二月舟師遂東舳艫相接抵浪速國（日本國志）攝津國古名浪速國

三月遡流至河內草香邑青雲白肩津四月勒兵赴龍田路險隘

不得並行乃還欲東歷膽駒山入中州長髓彥悉衆徼之孔舍衛坂戰不利五瀨命中流矢天皇引軍還虜亦不敢偪至草香津植盾爲雄誥更名其津曰盾津五月至茅渟山城水門五瀨命病創甚慨然撫劒曰大丈夫爲虜所傷不報而死邪至紀伊竈山薨六月天皇入名草邑誅名草戸畔遂歷狹野抵熊野神邑絕海而進遇暴風漂蕩稻飯命三毛入野命憤惋入海天皇獨與皇子手研耳命進至荒坂津誅丹敷戸畔時有神吐氣毒人軍衆皆病天皇亦寐熊野人高倉下獻韴靈劒忽寤曰予何長眠若此乎士卒尋起既而欲進入中州山路險絕不知所嚮天皇夢天照大神誨曰今遣頭八咫烏往宜以爲鄉導會頭八咫烏至天皇大喜令道臣命帥大來目從頭八咫烏啟行遂得達菟田下縣八月召菟田魁帥兄猾弟猾兄猾不至遣道臣命誅之弟猾設牛酒犒師天皇班

酒肉於軍乃爲歌是謂來目歌天皇巡吉野土人井光等來屬九
月登菟田高倉山望域中八十梟帥軍國見岳上置女軍於女坂
男軍於男坂熾炭於墨坂兄磯城兵布滿磐余邑皆據守要害道
路絕塞天皇夜祈而寢夢有神誨會弟猾上言與夢協天皇大喜
命椎根津彥弟猾取天香山土卽造八十平瓮手抉嚴瓮祭神祇
於丹生川上祝曰吾當用八十平瓮無水造飴飴成則不假鋒刃
坐平天下飴果成又祝曰吾當沈嚴瓮於丹生川若羣魚醉而浮
則吾能定國及沈瓮魚皆浮出天皇大喜乃拔丹生川上眞坂樹
以祭諸神祭神用嚴瓮自此始又親獻齋於高皇產靈尊命道臣
命爲齋主十月朔天皇勒兵出破八十梟帥於國見岳斬之命道
臣命誘殲其餘黨十一月將大舉攻磯城遣使召其魁兄磯城拒
命弟磯城來降使曉諭兄磯城及兄倉下弟倉下皆不聽乃用椎

根津彥計設奇兵自墨坂出其後夾擊破之斬兄磯城十二月進討長髓彥連戰不克適天陰雨冰有鵄集天皇弓弭金色煜煜狀如流電賊軍迷眩不能復戰縱兵急攻之饒速日命殺長髓彥率眾歸順

己未十五〔日本史〕二月分遣偏師誅層富縣土蜘蛛〔元注〕時謂賊之穴居者爲土蜘蛛新城戶畔居勢祝猪祝等又高尾張邑有土蜘蛛身短而手足長結葛網掩殺之更名其邑曰葛城中州遂定時習俗樸陋巢棲穴處天皇欲經營宮室以鎮民心三月下令奠都於畝傍山東南橿原之地命有司經始之〔日本國志〕橿原今大和國葛上郡柏原村

庚申十六〔日本史〕九月納媛蹈鞴五十鈴媛爲妃

辛酉十七〔和漢年契〕神武天皇元年〔日本史〕春正月卽天皇位於橿原宮時年五十二號曰神日本磐余彥火火出見天皇立妃爲皇后

建神籬祭八神鎭護國家天富命率諸齋部捧天璽鏡劒奉安正殿天種子命奏天神壽詞可美眞手命率內物部執矛楯嚴儀衞道臣命率來目部護衞宮門羣臣朝賀命天種子命天富命共掌祭祀

壬戌十八二年日本史春二月定功行賞賜道臣命宅地令居築阪邑大來目居畝傍山西以椎根津彥爲倭國造弟猾爲猛田縣主弟磯城爲磯城縣主高皇產靈尊五世孫劒根爲葛城國造幷賞頭八咫烏

案此爲功臣賞地建國立縣之始

癸亥十九三年和漢年契四月遊野外

甲子十二四年和漢年契春二月御正安殿宴羣臣詔作時於鳥見山祭皇祖天神

乙丑丙寅丁卯戊辰己巳庚午辛未壬申癸酉甲戌乙亥丙子

二一 二二 二三 二四 二五 襄王元 二 三 四 五 六 七

十五年 十六年 十七年 十八年 十九年 十年 十一年 十二年 十三年 十四年 十五年 十六年

丁丑	八 十七年
戊寅	九 十八年
己卯	十 十九年
庚辰	十一 二十年
辛巳	十二 二十一年
壬午	十三 二十二年
癸未	十四 二十三年
甲申	十五 二十四年
乙酉	十六 二十五年
丙戌	十七 二十六年
丁亥	十八 二十七年
戊子	十九 二十八年

己丑 二十 二十九年〔和漢年契〕綏靖天皇生

庚寅 二十一 三十年

辛卯 二十二 三十一年〔和漢年契〕國號秋津洲巡幸登腋上嗛間丘望地形如蜻蛉之臀呫焉秋津洲之號始於此蜻蛉秋津國音相近

壬辰 二十三 三十二年

癸巳 二十四 三十三年

甲午 二十五 三十四年

乙未 二十六 三十五年

丙申 二十七 三十六年

丁酉 二十八 三十七年

戊戌 二十九 三十八年

己亥 三十 三十九年

庚子 三十一 四十年

辛丑 三十二 四十一年

壬寅 三十三 四十二年（和漢年契）正月立皇太子以天日方奇日方命

爲執政大夫

癸卯 頃王元 四十三年

甲辰 二 四十四年

乙巳 三 四十五年

丙午 四 四十六年

丁未 五 四十七年

戊申 六 四十八年

己酉 匡王元 四十九年

庚戌 二 五十年

辛亥　三　五十一年

壬子　四　五十二年

癸丑　五　五十三年

甲寅　六　五十四年

乙卯　定王元　五十五年

丙辰　二　五十六年

丁巳　三　五十七年

戊午　四　五十八年

己未　五　五十九年

庚申　六　六十年

辛酉　七　六十一年

壬戌　八　六十二年

癸亥九　六十三年

甲子十　六十四年

乙丑十一　六十五年

丙寅十二　六十六年

丁卯十三　六十七年

戊辰十四　六十八年

己巳十五　六十九年

庚午十六　七十年

辛未十七　七十一年

壬申十八　七十二年

癸酉十九　七十三年

甲戌二十　七十四年

乙亥 二十一 七十五年

丙子 簡王元 七十六年〔和漢年契〕春三月天皇崩於橿原宮年百二十七葬畝傍山東北陵諡曰神武天皇（凡神武等追諡之號淡海御船奉勅所撰）〔日本史〕后媛蹈鞴五十鈴媛（事代主命大女）妃吾平津媛（日內吾田小猗君妹）子五后生彥八井耳命神八井耳命綏靖帝吾津平媛生手研耳命岐須美美命

丁丑 二〔和漢年契〕帝崩諒闇三年虛位

戊寅 三

己卯 四〔日本史〕皇太子資性純孝悲慕無已庶務一委庶兄手研耳命丁丑歲九月葬神武天皇手研耳命以諒闇之際威福由己遂圖害皇太子皇太子知其情密爲之備己卯歲山陵事畢命造弓矢與母兄神八井耳命謀射殺之會手研耳命獨臥地窖中皇太

子使神八井耳命射之戰慄不能發矢皇太子奪其弓矢射而殪之

綏靖天皇

唐書日本傳次曰綏靖

宋史日本傳次綏靖天皇年代紀

日本史綏靖天皇神武第五子也諱神渟井耳（井一作名川）母媛蹈鞴五十鈴媛皇后天皇風姿岐嶷少有雄拔之氣及壯魁傑沈毅最長武事神武四十二年立爲皇太子

庚辰 五 元年和漢年契春正月卽位於葛城高丘宮時年五十三

辛巳 六 二年和漢年契春立五十鈴依姬爲皇后（姬一作媛）

壬午 七 三年和漢年契春以元湯彥友命爲執政大夫

癸未 八 四年

甲申 九 五年
乙酉 十 六年
丙戌 十一 七年
丁亥 十二 八年
戊子 十三 九年
己丑 十四 十年
庚寅 靈王元 十一年
辛卯 二 十二年
壬辰 三 十三年
癸巳 四 十四年
甲午 五 十五年〔和漢年契〕安寧天皇生
乙未 六 十六年

丙申 七 十七年

丁酉 八 十八年

戊戌 九 十九年

己亥 十 二十年

庚子 十一 二十一年

辛丑 十二 二十二年

壬寅 十三 二十三年

癸卯 十四 二十四年

甲辰 十五 二十五年〔和漢年契〕春正月立皇太子

乙巳 十六 二十六年

丙午 十七 二十七年

丁未 十八 二十八年

戊申 十九 二十九年（和漢年契）皇孫懿德天皇生
己酉 二十 三十年
庚戌 二十一 三十一年
辛亥 二十二 三十二年
壬子 二十三 三十三年（和漢年契）五月天皇崩於高丘宮年八十四葬高市郡桃花鳥田丘上陵（日本史）后五十鈴依媛事代主命少女生安寧帝

安寧天皇

（唐書日本傳）次安寧
（宋史日本傳）次安寧天皇年代紀
（日本史）安寧天皇綏靖子也諱磯城津彥玉手看母五十鈴依媛皇后綏靖二十五年立為皇太子三十三年綏靖崩七月皇太子

即位

癸丑二十四　元年〔和漢年契〕冬十月葬綏靖尊皇后曰皇太后

甲寅二十五　二年〔和漢年契〕以出雲色命爲執政〔日本史〕遷都和州片

鹽稱浮穴宮

乙卯二十六　三年〔和漢年契〕春正月立渟名底中津姬中津姬一作仲媛一爲皇

后

丙辰二十七　四年

丁巳景王元　五年

戊午二　六年

己未三　七年

庚申四　八年

辛酉五　九年

壬戌 六 十年

癸亥 七 十一年 〔和漢年契〕春正月立皇太子

甲子 八 十二年

乙丑 九 十三年

丙寅 十 十四年

丁卯 十一 十五年

戊辰 十二 十六年

己巳 十三 十七年

庚午 十四 十八年

辛未 十五 十九年

壬申 十六 二十年

癸酉 十七 二十一年

甲戌 十八 二十二年

乙亥 十九 二十三年

丙子 二十 二十四年

丁丑 二十一 二十五年

戊寅 二十二 二十六年

己卯 二十三 二十七年

庚辰 二十四 二十八年

辛巳 二十五 二十九年

壬午 敬王元 三十年

癸未 二 三十一年

甲申 三 三十二年

乙酉 四 三十三年

丙戌 五 三十四年

丁亥 六 三十五年

戊子 七 三十六年

己丑 八 三十七年

庚寅 九 三十八年【和漢年契】冬十二月天皇崩於浮穴宮年五十七

葬畝傍山南御陰井上陵【日本史】后渟名底仲媛事代主命孫鴨王女生子

三息石耳命懿德帝磯城津彥命息石耳命之女天豐津媛爲懿德后磯城津彥命子和知都美

二女曰倭國香媛曰絙某弟俱孝靈妃

懿德天皇

【唐書日本傳】次懿德

【宋史日本傳】次懿德天皇年代紀

【日本史】懿德天皇安寧子也諱大日本彥耜友母渟名底仲媛安

寧十一年立爲皇太子
辛卯十 元年（和漢年契）正月卽位八月葬安寧
壬辰十一 二年（和漢年契）正月遷都於輕號曲峽宮（日本史）二月立天
豐津媛爲皇后
癸巳十二 三年
甲午十三 四年
乙未十四 五年（和漢年契）孝昭天皇生
丙申十五 六年
丁酉十六 七年
戊戌十七 八年
己亥十八 九年
庚子十九 十年

辛丑 二十 十一年

壬寅 二十一 十二年

癸卯 二十二 十三年

甲辰 二十三 十四年

乙巳 二十四 十五年

丙午 二十五 十六年

丁未 二十六 十七年

戊申 二十七 十八年

己酉 二十八 十九年

庚戌 二十九 二十年

辛亥 三十 二十一年

壬子 三十一 二十二年 和漢年契 春正月立皇太子

癸丑三十二 二十三年

甲寅三十三 二十四年

乙卯三十四 二十五年

丙辰三十五 二十六年

丁巳三十六 二十七年

戊午三十七 二十八年

己未三十八 二十九年

庚申三十九 三十年

辛酉四十 三十一年

壬戌四十一 三十二年

癸亥四十二 三十三年

甲子四十三 三十四年〔和漢年契〕九月天皇崩於曲峽宮年七十七葬

畝傍山南纖沙溪上陵〔日本史〕后天津豐媛（息石耳命女）生子二孝昭
帝武石彦奇友背命
（乙四十丑四）〔和漢年契〕是歲虛位
孝昭天皇
〔唐書日本傳〕次孝昭
〔宋史日本傳〕次孝昭天皇（年代紀）
〔日本史〕孝昭天皇懿德子也諱觀松彦香殖稻母天豐津媛皇后
懿德二十二年立爲皇太子三十四年九月懿德崩明年乙丑十
月葬懿德
（丙元王寅元）元年〔和漢年契〕春正月九日卽位時年三十二以出石心
命瀛津世襲命爲執政〔日本史〕夏四月尊皇后曰皇太后秋七月
遷都於和州掖上號池心宮

丁卯 二 二年

戊辰 三 三年

己巳 四 四年

庚午 五 五年

辛未 六 六年

壬申 七 七年

癸酉 貞定王元 八年

甲戌 二 九年

乙亥 三 十年

丙子 四 十一年

丁丑 五 十二年

戊寅 六 十三年

己卯七 十四年
庚辰八 十五年
辛巳九 十六年
壬午十 十七年
癸未一十 十八年
甲申二十 十九年
乙酉三十 二十年
丙戌四十 二十一年
丁亥五十 二十二年
戊子六十 二十三年
己丑七十 二十四年
庚寅八十 二十五年

辛卯十九 二十六年

壬辰二十 二十七年

癸巳二十一 二十八年

甲午二十二 二十九年（和漢年契）春正月立世襲足姬（一作媛）爲皇后

乙未二十三 三十年

丙申二十四 三十一年（和漢年契）春正月以皇后兄瀛津世襲命爲大

臣

丁酉二十五 三十二年

戊戌二十六 三十三年

己亥二十七 三十四年

庚子二十八 三十五年

辛丑考王元 三十六年

壬寅	二	三十七年
癸卯	三	三十八年
甲辰	四	三十九年
乙巳	五	四十年
丙午	六	四十一年
丁未	七	四十二年
戊申	八	四十三年
己酉	九	四十四年
庚戌	十	四十五年
辛亥	十一	四十六年
壬子	十二	四十七年
癸丑	十三	四十八年

甲寅 十四 四十九年 和漢年契孝安天皇生

乙卯 十五 五十年

丙辰 威烈王元 五十一年

丁巳 二 五十二年

戊午 三 五十三年

己未 四 五十四年

庚申 五 五十五年

辛酉 六 五十六年

壬戌 七 五十七年

癸亥 八 五十八年

甲子 九 五十九年

乙丑 十 六十年

丙寅 十一 六十一年

丁卯 十二 六十二年

戊辰 十三 六十三年

己巳 十四 六十四年

庚午 十五 六十五年

辛未 十六 六十六年

壬申 十七 六十七年

癸酉 十八 六十八年〔和漢年契〕春正月立皇太子

甲戌 十九 六十九年

乙亥 二十 七十年

丙子 二十一 七十一年

丁丑 二十二 七十二年

戊寅二十三 七十三年
己卯二十四 七十四年
庚辰安王元 七十五年
辛巳二 七十六年
壬午三 七十七年
癸未四 七十八年
甲申五 七十九年
乙酉六 八十年
丙戌七 八十一年
丁亥八 八十二年
戊子九 八十三年（和漢年契）秋八月天皇崩於池心宮年百十四葬
掖上博多山上陵（日本史）后世襲足媛（天忍男命女）生子二天足彥國

押人命孝安帝天足彥國押人命二女曰押媛爲孝安后曰老津媛爲開化妃

孝安天皇

唐書日本傳次孝安孝一作天誤

宋史日本傳次孝安天皇年代紀

日本史孝安天皇孝昭第二子也諱日本足彥國押人母世襲足媛皇后孝昭六十八年立爲皇太子八十三年八月孝昭崩

己丑十元年和漢年契春正月卽位時年三十六尊皇后曰皇太后

庚寅十一二年日本史冬十月遷都於和州室號秋津島宮

辛卯十二三年

壬辰十三四年

癸巳十四五年

甲午十五六年

乙未 十六 七年
丙申 十七 八年
丁酉 十八 九年
戊戌 十九 十年
己亥 二十 十一年
庚子 二十一 十二年
辛丑 二十二 十三年
壬寅 二十三 十四年
癸卯 二十四 十五年
甲辰 二十五 十六年
乙巳 二十六 十七年
丙午 烈王元 十八年

丁未 二 十九年
戊申 三 二十年
己酉 四 二十一年
庚戌 五 二十二年
辛亥 六 二十三年
壬子 七 二十四年
癸丑 顯王元 二十五年
甲寅 二 二十六年 和漢年契春二月立押香姬一作媛爲皇后
乙卯 三 二十七年
丙辰 四 二十八年
丁巳 五 二十九年
戊午 六 三十年

己未 七 三十一年
庚申 八 三十二年
辛酉 九 三十三年
壬戌 十 三十四年
癸亥 十一 三十五年
甲子 十二 三十六年
乙丑 十三 三十七年
丙寅 十四 三十八年〈和漢年契〉八月葬孝昭大日本史云葬孝昭不應稽延至此舊事記爲元年己丑八月葬疑是然上世遼邈不可得而知今據本書不輒改焉
丁卯 十五 三十九年
戊辰 十六 四十年
己巳 十七 四十一年

庚午	十八	四十二年
辛未	十九	四十三年
壬申	二十	四十四年
癸酉	二十一	四十五年
甲戌	二十二	四十六年
乙亥	二十三	四十七年
丙子	二十四	四十八年
丁丑	二十五	四十九年
戊寅	二十六	五十年
己卯	二十七	五十一年
庚辰	二十八	五十二年
辛巳	二十九	五十三年

壬午三十 五十四年

癸未三十一 五十五年

甲申三十二 五十六年

乙酉三十三 五十七年

丙戌三十四 五十八年

丁亥三十五 五十九年

戊子三十六 六十年

己丑三十七 六十一年〔和漢年契〕孝靈天皇生

庚寅三十八 六十二年

辛卯三十九 六十三年

壬辰四十 六十四年

癸巳四十一 六十五年

甲午 四十二 六十六年
乙未 四十三 六十七年
丙申 四十四 六十八年
丁酉 四十五 六十九年
戊戌 四十六 七十年
己亥 四十七 七十一年
庚子 四十八 七十二年
辛丑 慎靚王元 七十三年
壬寅 二 七十四年
癸卯 三 七十五年
甲辰 四 七十六年（和漢年契）正月立皇太子
乙巳 五 七十七年

丙午 六 七十八年

丁未 赧王元 七十九年

戊申 二 八十年

己酉 三 八十一年

庚戌 四 八十二年

辛亥 五 八十三年

壬子 六 八十四年

癸丑 七 八十五年

甲寅 八 八十六年

乙卯 九 八十七年

丙辰 十 八十八年

丁巳 十一 八十九年

戊午十二　九十年
己未十三　九十一年
庚申十四　九十二年
辛酉十五　九十三年
壬戌十六　九十四年
癸亥十七　九十五年
甲子十八　九十六年
乙丑十九　九十七年
丙寅二十　九十八年
丁卯二十一　九十九年
戊辰二十二　百年
己巳二十三　百一年

庚午 二十四 百二年 和漢年契 春正月天皇崩於秋津嶋宮年百三十七葬玉手丘上陵 日本史 孝安后押媛天足彥國押人命女生子二大吉備諸進命孝靈帝

孝靈天皇

唐書日本傳 次孝靈

宋史日本傳 次孝靈天皇 年代紀

日本史 孝靈天皇孝安子也諱大日本根子彥太瓊母押媛皇后孝安七十六年立爲皇太子百二年正月孝安崩九月葬孝安十二月遷都於和州黑田號廬戶宮

辛未 二十五 元年 和漢年契 春正月卽位時年五十三尊皇后曰皇太后

壬申 二十六 二年 和漢年契 立細媛 一作姬 爲皇后

癸酉 二十七 三年（和漢年契）春正月大水

甲戌 二十八 四年

乙亥 二十九 五年（日本通鑑）近江國地坼湖水湛富士山出

丙子 三十 六年

丁丑 三十一 七年

戊寅 三十二 八年

己卯 三十三 九年

庚辰 三十四 十年

辛巳 三十五 十一年

壬午 三十六 十二年

癸未 三十七 十三年

甲申 三十八 十四年

乙酉 三十九 十五年

丙戌 四十 十六年

丁亥 四十一 十七年

戊子 四十二 十八年 和漢年契 孝元天皇生

己丑 四十三 十九年

庚寅 四十四 二十年

辛卯 四十五 二十一年

壬辰 四十六 二十二年

癸巳 四十七 二十三年

甲午 四十八 二十四年

乙未 四十九 二十五年

丙申 五十 二十六年

丁酉五十一 二十七年
戊戌五十二 二十八年
己亥五十三 二十九年
庚子五十四 三十年
辛丑五十五 三十一年
壬寅五十六 三十二年
癸卯五十七 三十三年
甲辰五十八 三十四年
乙巳五十九 三十五年
丙午秦昭王五十二年 三十六年和漢年契正月立皇太子
丁未五十三 三十七年
戊申五十四 三十八年

己酉 五十五 三十九年
庚戌 五十六 四十年
辛亥 秦孝文王元 四十一年
壬子 秦莊襄王元 四十二年
癸丑 二 四十三年
甲寅 三 四十四年
乙卯 秦始皇帝元 四十五年
丙辰 二 四十六年
丁巳 三 四十七年
戊午 四 四十八年
己未 五 四十九年
庚申 六 五十年

辛酉七　五十一年
壬戌八　五十二年
癸亥九　五十三年
甲子十　五十四年
乙丑十一　五十五年
丙寅十二　五十六年
丁卯十三　五十七年
戊辰十四　五十八年
己巳十五　五十九年
庚午十六　六十年
辛未十七　六十一年
壬申十八　六十二年

癸酉十九 六十三年
甲戌二十 六十四年
乙亥二十一 六十五年
丙子二十二 六十六年
丁丑二十三 六十七年
戊寅二十四 六十八年
己卯二十五 六十九年
庚辰二十六 七十年
辛巳二十七 七十一年
壬午二十八 七十二年 日本通鑑秦人徐福來

案日本初通中國自稱吳太伯後亦相傳爲徐福後源光國作大日本史去太伯後語賴襄日本政紀並徐福亦屏不書日本

國志云太伯之後本無所據殆以日本斷髮文身俗類句吳故有此譌傳至徐福則今紀伊國有祠熊野山有墓日本傳國重器三曰鏡劒璽皆秦制也君曰尊臣曰命曰大夫曰將軍又周秦語也自稱神國立教首重敬神國之大事莫先於祭有罪則誦禊詞以自洗濯又方士之術也崇神立國始有規模計徐福東渡已及百年當時主政者非其子孫殆其徒黨歟先謙案史志皆謂澶州爲徐福遺人而澶州未聞立國疑卽紀伊熊野之地徐福未往日本以前彼土非必虛無人民是否中國苗裔無所用其爭執或國制得華人而益明志言較合事理日本神皇正統記云秦始皇好仙求長生不死之藥於日本日本求五帝三王書始皇贈之則鄰於荒誕矣

癸未 二十九　七十三年

甲申三十 七十四年

乙酉三十一 七十五年

丙戌三十二 七十六年【和漢年契】八月天皇崩於廬戶宮年百二十七

一作二一十八 葬片丘一作馬阪陵【日本史】孝靈后細媛磯城縣主大目女妃倭國香媛和知都美命女絚某弟同上春日千千速眞若媛子五后生孝元帝倭國香媛生日子刺肩別命彥五十狹芹彥命絚某弟生彥狹嶋命稚武彥命稚武彥命二女日播磨稻日太郎姬日播磨稻日稚郞姬並入景行宮

孝元天皇

【唐書日本傳】次孝元

【宋史日本傳】次孝元天皇年代紀

【日本史】孝元天皇孝靈長子也諱大日本根子彥國牽母細媛皇后孝靈三十六年立爲皇太子七十六年二月孝靈崩

丁亥三三十 元年（和漢年契）春正月卽位時年六十尊皇后曰皇太后

以爵色雄命爲執政

戊子三四十 二年

己丑三五十 三年

庚寅三六十 四年（和漢年契）遷都於輕號鏡原宮

辛卯三七十 五年

壬辰二元世 六年（和漢年契）九月葬孝靈

癸巳二 七年（和漢年契）立鬱色謎（一作鬱色女命）爲皇后二月開化天皇生

甲午三 八年

乙未漢高祖元 九年

丙申二 十年

丁酉三 十一年

戊戌　四　十二年

己亥　五　十三年

庚子　六　十四年

辛丑　七　十五年

壬寅　八　十六年

癸卯　九　十七年

甲辰　十　十八年

乙巳　十一　十九年

丙午　十二　二十年

丁未　惠帝元　二十一年

戊申　二　二十二年（和漢年契）正月立皇太子

己酉　三　二十三年

庚戌 四 二十四年
辛亥 五 二十五年
壬子 六 二十六年
癸丑 七 二十七年
甲寅 高后元 二十八年
乙卯 二 二十九年
丙辰 三 三十年
丁巳 四 三十一年
午戊 五 三十二年
未乙 六 三十三年
庚申 七 三十四年
辛酉 八 三十五年

壬戌 文帝元 三十六年
癸亥 二 三十七年
甲子 三 三十八年
乙丑 四 三十九年 和漢年契六月大雪
丙寅 五 四十年
丁卯 六 四十一年
戊辰 七 四十二年
己巳 八 四十三年
庚午 九 四十四年
辛未 十 四十五年
壬申 十一 四十六年
癸酉 十二 四十七年

甲戌十三 四十八年
乙亥十四 四十九年
丙子十五 五十年
丁丑十六 五十一年
戊寅後元年 五十二年
己卯二 五十三年
庚辰三 五十四年
辛巳四 五十五年
壬午五 五十六年
癸未六 五十七年〔和漢年契〕秋九月天皇崩於鏡原宮年一百十七
十七一作十六葬劍池島上陵〔日本史〕后鬱色謎鬱色雄命妹妃伊香色謎大綜
麻杵女一作五香色女命埴安媛河內青玉繫女子五后生大彥命少名日子建猪心

命開化帝伊香色謎生彥太忍信命埴安媛生武埴安彥命

開化天皇

唐書日本傳次開化

宋史日本傳次開化天皇年代紀

日本史開化天皇孝元第二子也諱稚日根子彥太日日母鬱色謎皇后孝元二十二年立為皇太子五十七年孝元崩冬十一月皇太子卽位時年五十一

甲申 七 元年和漢年契春正月尊皇后曰皇太后冬十月遷都於和州春日號率川宮以大綜麻杵命伊香色雄命為執政

乙酉 景帝元 二年

丙戌 二 三年

丁亥 三 四年

戊子　四　五年【和漢年契】正月葬孝元

己丑　五　六年【和漢年契】春正月立伊香色謎命（一作五香色女命）爲皇后

庚寅　六　七年

辛卯　七　八年

壬辰　中元年　九年

癸巳　二　十年【和漢年契】崇神天皇生

甲午　三　十一年

乙未　四　十二年

丙申　五　十三年

丁酉　六　十四年

戊戌　後元年　十五年

己亥　二　十六年

庚子 三 十七年
辛丑 武帝建元元 十八年
壬寅 二 十九年
癸卯 三 二十年
甲辰 四 二十一年
乙巳 五 二十二年
丙午 六 二十三年
丁未 元光元 二十四年
戊申 二 二十五年
己酉 三 二十六年
庚戌 四 二十七年
辛亥 五 二十八年（和漢年契）春正月立皇太子

壬子	六	二十九年
癸丑	元朔元	三十年
甲寅	二	三十一年
乙卯	三	三十二年
丙辰	四	三十三年
丁巳	五	三十四年
戊午	六	三十五年
己未	元狩元	三十六年
庚申	二	三十七年
辛酉	三	三十八年
壬戌	四	三十九年
癸亥	五	四十年

甲子	六	四十一年	
乙丑	元鼎元	四十二年	和漢年契祭天照大神於齋宮
丙寅	二	四十三年	
丁卯	三	四十四年	
戊辰	四	四十五年	
己巳	五	四十六年	
庚午	六	四十七年	
辛未	元封元	四十八年	
壬申	二	四十九年	
癸酉	三	五十年	
甲戌	四	五十一年	
乙亥	五	五十二年	

丙子六 五十三年
丁丑太初元 五十四年
戊寅二 五十五年
己卯三 五十六年
庚辰四 五十七年
辛巳天漢元 五十八年
壬午二 五十九年
癸未三 六十年（和漢年契）夏四月天皇崩於率川宮年百十一（一作百十）
歲葬春日率川坂本陵（日本國志自神武至開化凡九世五百六十年）（日本史）后伊香色謎（即孝元妃帝烝之立爲后）妃丹波竹野媛（丹波大縣主由碁理女）姥津媛（天足彥國押人命女）鸇媛（葛城垂見宿禰女）子四后生崇神帝竹野媛生彥湯彥隅命姥津媛生彥坐王鸇媛生建豐波豆羅和氣命（彥坐王曾孫氣長宿禰王有女氣長足姬爲仲哀皇后）

漢書地理志樂浪海中有倭人分爲百餘國以歳時來獻見云
後漢書東夷傳倭在韓東南大海中依山島爲居凡百餘國自武帝滅朝鮮使譯通於漢者三十許國國皆稱王世世傳統
案此爲漢時倭通中國之證日本史不載則通漢者未必卽其國王也

崇神天皇

唐書日本傳次崇神
宋史日本傳次崇神天皇年代紀
日本史崇神天皇開化第二子也諱御間城入彦五十瓊殖母伊香色謎皇后資性聰敏幼有雄略及壯寬博謹愼崇重神祇恆有經綸大業之志開化二十八年立爲皇太子六十年開化崩十月葬開化

甲申 四 元年〔和漢年契〕春正月卽位時年五十二尊皇后曰皇太后
二月立御間城媛爲皇后
乙酉 太始元 二年
丙戌 二 三年〔和漢年契〕遷都於磯城號瑞籬宮
丁亥 三 四年〔日本史〕冬十月詔曰惟我皇祖諸天皇光臨宸極豈爲
一身蓋所以司牧人神經綸天下故能世闡玄功時流至德今朕
奉承大運愛育黎元何以聿遵皇祖之跡永保無窮之祚羣卿百
僚竭爾忠貞共安天下
戊子 四 五年〔和漢年契〕疾疫大行民多死亡
己丑 征和元 六年〔日本史〕百姓流離或有背叛天皇憂惕請罪神祇先
是祭天照大神倭大國魂神於殿內至此畏其瀆神使皇女豐鍬
入姬遷神鏡靈劒於和州笠縫邑而祭天照大神別模鏡劒奉安

殿內以爲護身御璽又命皇女渟名城入姬祭大國魂神

庚寅 二 七年（日本史）春二月詔曰昔我皇祖大啟鴻基聖業逾高王風轉盛不意今當朕世數有災害恐朝無善政取咎於神祇盍命神龜以質致災之所由於是天皇幸神淺茅原卜之於八十萬神乃祭大物主神齋戒沐浴以禱消災夢大物主神告曰天皇使大田田根子祭我則國速治海外歸服天皇布告天下訪求大田田根子者得之茅渟縣陶邑冬十一月命伊香色雄爲班神物者使大田田根子祭大物主神長尾市祭倭大國魂神然後卜祭他神吉乃別祭八十萬神定天社國社神地神戶疫疾始息年豐民安

辛卯 三 八年（日本史）冬十二月命大田田根子祭大物主神天皇臨焉祭畢宴神宮（和漢年契）以高橋活目爲堂酒

壬辰 四 九年（和漢年契）三月帝感夢祭墨坂神大坂神

（後元元癸巳）十年（和漢年契）九月遣大彥命於北陸道武渟川別命於
東海道彥五十狹芹彥命於西海道丹波道主命於丹波道授印
綬爲將軍征不順者謂之四道將軍將軍始此（日本史）武埴安彥
反（孝元天皇子時居山代）與妻吾田媛欲襲帝京使大彥命彥五十狹芹彥
命彥國葺討之武埴安彥吾田媛伏誅冬十月朔詔曰海外荒俗
騷動未止四道將軍其速發

（二甲午）十一年（日本史）夏四月四道將軍奏平戎夷狀

（昭帝始元元乙未）十二年（日本史）春三月詔曰朕初承天位獲保宗廟明
有所蔽德不能綏是以陰陽繆錯寒暑失序疫病大作百姓被災
故解罪改過敦禮神祇綏荒俗討不服是以官無廢事下無逸民
敎化流行衆庶樂業異俗重譯海外歸化宜當此時更校人民令
知長幼次序及課役先後秋九月始校人民更課調役時神祇和

享風雨順時百穀成熟家給人足故稱曰御肇國天皇

丙申 二 十三年

丁酉 三 十四年

戊戌 四 十五年

己亥 五 十六年〔和漢年契〕建熊野本宮

庚子 六 十七年〔日本史〕秋七月詔曰船者天下之利用也今海邊之民以無船苦陸運其令諸國造船舶

辛丑 元鳳元 十八年

壬寅 二 十九年〔和漢年契〕比歲大有年

癸卯 三 二十年

甲辰 四 二十一年

乙巳 五 二十二年

丙午 六 二十三年
丁未 元平元 二十四年
戊申 宣帝本始元 二十五年
己酉 二 二十六年
庚戌 三 二十七年
辛亥 四 二十八年
壬子 地節元 二十九年（和漢年契）春正月垂仁天皇生
癸丑 二 三十年
甲寅 三 三十一年
乙卯 四 三十二年
丙辰 元康元 三十三年
丁巳 二 三十四年

戊午 三 三十五年
己未 四 三十六年
庚申 神爵元 三十七年
辛酉 二 三十八年
壬戌 三 三十九年
癸亥 四 四十年
甲子 五鳳元 四十一年
乙丑 二 四十二年
丙寅 三 四十三年
丁卯 四 四十四年
戊辰 甘露元 四十五年
己巳 二 四十六年

庚午 三 四十七年

辛未 四 四十八年〔和漢年契〕夏四月立皇太子

壬申 黃龍元 四十九年〔和漢年契〕使豐城入彥命治東國

癸酉 元帝初元元 五十年

甲戌 二 五十一年

乙亥 三 五十二年

丙子 四 五十三年

丁丑 五 五十四年

戊寅 永光元 五十五年

己卯 二 五十六年

庚辰 三 五十七年

辛巳 四 五十八年〔和漢年契〕命倭姬奉天照大神行幸諸國

壬午 五 五十九年

癸未 建昭元 六十年〔和漢年契〕秋七月勅檢定出雲大社所藏神寶

甲申 二 六十一年

乙酉 三 六十二年〔日本史〕秋七月詔曰農者天下之大本民所恃以生也今河內狹山埴田水少是以百姓怠於農事其多開池溝以寬民業冬十月作依網池十一月作苅坂池反折池由是五穀大登

丙戌 四 六十三年

丁亥 五 六十四年

戊子 竟寧元 六十五年〔和漢年契〕秋七月任那國遣使朝貢

己丑 成帝建始元 六十六年

庚寅 二 六十七年

辛卯三六十八年（和漢年契）冬十二月天皇崩於瑞籬宮年百二十葬山邊道上陵（日本史）后御間城媛（大彥命女）妃遠津年魚眼眼妙媛（紀伊人荒河戶畔女）尾張大海媛（健諸隅妹）子七后生垂仁帝彥五十狹茅命倭彥命五十日鶴彥命遠津年魚眼眼妙媛生豐城入彥命尾張大海媛生大入杵命八坂入彥命（八坂入彥命有女曰八坂入媛爲景行皇后）

日本源流考卷一 終

日本源流考卷二

長沙王先謙益吾撰

垂仁天皇

唐書日本傳次垂仁

宋史日本傳次垂仁天皇年代紀

日本史垂仁天皇崇神第三子也諱活目入彥五十狹茅毋御間城姬皇后以崇神二十九年正月朔生於瑞籬宮及壯倜儻大度無所矯飾崇神愛之引置左右四十八年正月崇神謂天皇及豐城命曰朕於二子慈愛無異不知孰爲嗣有夢宜告朕以夢占之二皇子沐浴而寢明日豐城入命奏夢登御諸山向東而弄槍刀者各八天皇奏夢登御諸山巔絙繩四方逐啄粟雀崇神曰兄唯向東宜治東國弟臨四方宜繼朕位遂立爲皇太子六十八年崇

神崩

壬辰 四 元年〔日本史〕春正月即位時年四十一冬十月葬崇神尊皇后曰皇太后

癸巳 河平元 二年〔日本史〕春二月立狹穗姬爲皇后冬十月還都纏向號珠城宮任那使歸國厚給與以赤絹百匹賜任那王新羅人邀奪之二國始搆怨

甲午 二 三年〔日本史〕春三月新羅王子天日槍獻寶物

乙未 三 四年〔日本史〕冬十月幸來目宮秋九月皇后兄狹穗彥謀反乘閒謂后曰兄與夫孰愛后不測其意輒對曰愛兄狹穗彥誘后曰以色事人色衰寵弛今天下多佳人遞進求寵汝豈得永恃令我得志與汝共臨天下不亦樂乎乃取匕首授后使伺帝寐刺之后大驚懼而計其不可輒諫且受而著之衣中

丙申四

五年日本史帝在來目高宮枕后膝晝寢后思狹穗彥言悲泣不禁淚落帝面帝寤告后曰朕夢錦色小蛇繞頸大雨起自狹穗撲朕面是何祥也后悚恐伏地因奏狹穗彥反狀且泣曰告則亡兄不告則傾社稷一懼一悲日夜嗚咽今陛下枕妾膝而寢成兄之志適在是時妾不能違兄亦不可背恩是以悲泣蛇乃匕首雨乃涕也帝曰是非汝罪卽命八綱田急發兵衆討狹穗彥狹穗彥興兵拒之積稻爲城堅不可破時謂之稻城踰月不降后泣曰吾雖皇后若亡兄王何面目復立於世乃抱譽津別奔赴稻城帝益兵合圍諭城中出皇后皇子不從八綱田放火焚城后使人抱皇子出城因奏曰妾竄所以入城冀以妾與皇子故免兄罪也今不得免乃知妾有罪與其面縛寧自經死耳妾雖死不敢忘恩丹波道主王五女志並貞潔宜納掖庭以充後宮旣而狹穗彥伏誅

启亦死於城中
丁酉陽朔元　六年（和漢年契）秋七月召太和當麻邑人蹶速出雲人野
見宿禰觀其角力
戊戌二　七年
己亥三　八年
庚子四　九年
辛丑鴻嘉元　十年
壬寅二　十一年
癸卯三　十二年
甲辰四　十三年
乙巳永始元　十四年
丙午二　十五年（和漢年契）召丹波國五女爲妃秋八月立日葉酢姬

爲皇后

丁未 三 十六年

戊申 四 十七年 和漢年契景行天皇生

己酉 元延元 十八年

庚戌 二 十九年

辛亥 三 二十年

壬子 四 二十一年

癸丑 綏和元 二十二年

甲寅 二 二十三年

乙卯 哀帝建平元 二十四年

丙辰 二 二十五年

丁巳 三 二十六年

戊午 四 二十七年〔日本史〕秋八月令祠官卜以兵器爲祭幣吉乃納弓矢刀於諸社更定神地神戶以時祭之以兵器祭神始此

己未 元壽元 二十八年〔日本史〕冬十月倭彥命薨聚近習爲殉天皇聞而惻之詔曰生之所愛死而爲殉不亦慘乎雖古之遺風曷可遵用自今止之

庚申 二 二十九年

辛酉 平帝元始元 三十年

壬戌 二 三十一年

癸亥 三 三十二年〔和漢年契〕秋七月野見宿禰新議葬儀作土偶人以代殉死帝嘉其功賜土師姓皇后日葉酢媛崩

甲子 四 三十三年

乙丑 五 三十四年〔和漢年契〕春三月詔建國社縣社散財賑民行幸

山背國

丙寅 孺子嬰元 三十五年〈和漢年契〉秋九月大飢詔止徭開倉賜穀諸國

日本史遣皇子五十瓊敷命於河内作高石池茅渟池倭狹城池

迹見池令諸國開池溝凡八百以勸農事民賴殷富

丁卯 二 三十六年〈和漢年契〉立皇太子

戊辰 三 三十七年

己巳 王莽始建國元 三十八年

庚午 二 三十九年〈和漢年契〉五十瓊敷命居茅渟菟砥川上宮作劒

千口藏於石上神宮帝因命掌神宮寶物爲定河上部

辛未 三 四十年

壬申 四 四十一年

癸酉 五 四十二年

甲戌 天鳳元 四十三年
乙亥 二 四十四年
丙子 三 四十五年
丁丑 四 四十六年
戊寅 五 四十七年
己卯 六 四十八年
庚辰 地皇元 四十九年
辛巳 二 五十年
壬午 三 五十一年
癸未 更始元 五十二年
甲申 二 五十三年
乙酉 光武建武元 五十四年

丙戌 二 五十五年

丁亥 三 五十六年

戊子 四 五十七年

己丑 五 五十八年

庚寅 六 五十九年

辛卯 七 六十年

壬辰 八 六十一年

癸巳 九 六十二年

甲午 十 六十三年

乙未 十一 六十四年

丙申 十二 六十五年

丁酉 十三 六十六年

戊戌十四　六十七年

己亥十五　六十八年

庚子十六　六十九年

辛丑十七　七十年

壬寅十八　七十一年

癸卯十九　七十二年

甲辰二十　七十三年

乙巳二十一　七十四年

丙午二十二　七十五年

丁未二十三　七十六年

戊申二十四　七十七年

己酉二十五　七十八年

庚戌 二十六 七十九年

辛亥 二十七 八十年

壬子 二十八 八十一年【和漢年契】春二月賜物部姓於五大夫十市根命爲大臣

癸丑 二十九 八十二年

甲寅 三十 八十三年

乙卯 三十一 八十四年

丙辰 中元元 八十五年

丁巳 二 八十六年【日本史】遣使於漢

【後漢書世祖紀】中元二年春正月東夷倭奴國王遣使貢獻

【後漢書東夷傳】建武中元二年倭奴國奉貢朝賀使人自稱大夫倭國之極南界也光武賜以印綬

〔魏志東夷傳〕自古以來其使詣中國皆自稱大夫
〔隋書倭國傳〕漢光武時遣使入朝自稱大夫
戊午 明帝永平元 八十七年〔和漢年契〕春二月與羣臣燕
己未 二 八十八年〔和漢年契〕秋七月帝欲見新羅貢物遣使但馬詔
清彥獻其曾祖天日槍所齎七種寶物藏之官庫
庚申 三 八十九年
辛酉 四 九十年〔和漢年契〕春二月遣田道間守命求香果於常世國
今橘子是也
壬戌 五 九十一年
癸亥 六 九十二年
甲子 七 九十三年
乙丑 八 九十四年

丙寅九　九十五年

丁卯十　九十六年

戊辰十一　九十七年

己巳十二　九十八年

庚午十三　九十九年〔和漢年契〕秋七月朔天皇崩於珠城宮年百四十葬菅原伏見陵〔日本史〕后二狹穗姬彥坐王女日葉酢媛丹波道主王長女妃六渟葉田瓊入媛眞砥野媛薊瓊入媛俱日葉酢媛妹宮人迦具夜媛大筒木垂根王女苅幡戶邊山代大國淵女弟苅幡戶邊苅幡戶邊妹子十二狹穗姬生譽津別命日葉酢媛生五十瓊敷入彥命景行帝大中津日子命稚城瓊入彥命渟葉田瓊入媛生鐸石別命薊瓊入媛生池速別命稚淺津姬命迦具夜媛生袁邪弁王苅幡戶邊生祖別命五十日足彥命膽武別命弟苅幡戶邊生磐衝別命

景行天皇

〈唐書日本傳〉次景行

〈宋史日本傳〉次景行天皇年代紀

〈日本史〉景行天皇垂仁第三子也諱大足彦忍代別母日葉酢媛皇后身長一丈二寸脛四尺一寸三十七年立爲皇太子九十九年垂仁崩十二月葬

辛未四十元年〈和漢年契〉正月卽位

壬申五十二年〈和漢年契〉立播磨稻日太郎媛爲皇后

癸酉六十三年

甲戌七十四年〈和漢年契〉春二月行幸美濃冬十一月還自美濃遷都於纏向號日代宮

乙亥八十五年

丙子 章帝建初元 六年

丁丑 二 七年

戊寅 三 八年

己卯 四 九年

庚辰 五 十年 和漢年契 淡海琵琶湖中一島涌出名竹生島

辛巳 六 十一年

壬午 七 十二年 日本史 秋七月熊襲叛八月車駕親征九月次周芳娑磨天皇南望謂羣臣曰煙氣簇起賊必在此先遣武諸木菟名手夏花覘之有女子神夏磯媛徒衆最多聞使者至獻八尺瓊八握劒八咫鏡迎降告曰我族今既歸德願無下兵更有四賊其居菟狹川上者曰鼻垂居御木川上者曰耳垂居高羽川上者曰麻剝居緑野川上者曰土折豬折各據守要害拒絕皇命請急擊之

於是武諸木等誘降麻剝賞以赤衣褌及雜貨使之招降三賊隨至悉誅之天皇進至豐前長峽縣造行宮而居焉冬十月天皇至碩田國速見邑有女子速津媛爲邑之長來告曰鼠石窟有二土蜘蛛曰青曰白直入縣禰疑野有三土蜘蛛曰打猨曰八田曰國摩侶並強力亦多徒衆皆曰不從皇命若強召之興兵相拒天皇駐軍於來田見邑權興宮室居之與羣臣議今以兵衆臨之彼逃匿山野必爲後患乃以海石櫃作椎簡銳卒授之披山排莽直襲石窟破之稻葉川上悉殺青白二賊進至禰疑山討打猨賊據山雨射天皇還城原卜於水上勒兵先擊八田於禰疑野破之打猨等恐懼請降不聽皆投崖谷而死初天皇次柏峽大野有巨石長六尺天皇祝曰朕得滅土蜘蛛者蹴石如柏葉之揚因蹴之果如其言故名其石曰蹈石冬十一月幸日向起行宮是謂高屋宮十

二月議討熊襲詔羣臣曰朕聞襲國有賊帥厚鹿文迮鹿文者醜類甚多謂之熊襲八十梟帥其鋒不可當兵寡則不足滅賊多則百姓被害何以得不假鋒刃坐平其國時有一臣進曰熊襲梟帥有二女曰市乾鹿文市鹿文有勇且美宜啗以重幣誘納之使其圖之天皇從之招納二女陽嬖市乾鹿文既而市乾鹿文奏曰無憂熊襲之不服妾有良計乃從二兵歸家飲父以醇酒伺其醉臥密斷弓弦從者進殺之天皇惡其不孝誅市乾鹿文以妹市鹿文賜火國造

癸未 八 十三年（和漢年契）襲國悉平成務天皇生

甲申 元和元 十四年（和漢年契）自是四年閒帝在筑紫國

乙酉 二 十五年

丙戌 三 十六年

丁亥 章和元 十七年（和漢年契）幸子湯縣丹裳小野東望思歸而歌是謂思邦歌

戊子 二 十八年（日本史）戊子春三月天皇巡狩筑紫國到夷守諸縣君泉媛獻食夏四月至熊縣召熊津彦兄弟兄熊應命弟熊不來遣兵誅之泛海泊葦北小島方食使小左進水島素無水小左祈神祇寒泉忽涌酌以獻因號水島五月至火國六月至玉杵名邑誅土蜘蛛津頰至阿蘇國秋七月至御木國居高田行宮至八女縣八月至浮羽邑

己丑 和帝永元元 十九年（和漢年契）帝至自筑紫

庚寅 二 二十年

辛卯 三 二十一年

壬辰 四 二十二年

癸巳 五 二十三年

甲午 六 二十四年

乙未 七 二十五年〔和漢年契〕遣武內宿禰觀察東方諸國

丙申 八 二十六年

丁酉 九 二十七年〔日本史〕秋八月熊襲又叛冬十月使皇子日本武尊討之日本武尊名小碓尊一名日本童男幼有雄傑之氣及壯容貌魁偉身長一丈力能扛鼎時年十六將發曰我欲得善射者與之共行或曰美濃有弟彥公其人善射日本武尊遣葛城人宮戸彥召之弟彥乃率石占橫立及尾張田子稻置乳近稻置偕來冬十二月日本武尊至熊襲國訪察地理賊魁師取石鹿文又名川上梟帥適宴其親族日本武尊被髮飾爲童女狀藏劒裀中密入與其婦女雜處梟帥一見悅之執手同席屬杯戲狎夜闌衆散

梟帥被酒日本武尊拔劒刺其胸未殊曰汝爲誰曰吾大足彥天皇之子名日本童男梟帥曰吾國中之强力者也人無不懾服者吾嘗多遇勇武未有若皇子者願上尊號自今以後應稱日本武皇子言訖刺殺之由是世稱日本武尊既而分遣弟彥等誅殺醜類熊襲悉平浮海而還殺吉備穴濟惡神難波柏濟惡神明年二月還京奏曰臣賴天皇之靈一舉戮熊襲魁帥西州既謐穴濟柏濟神久逞妖孽毒害路人故悉殺之開水陸之道帝美其功寵異之

戊戌十 二十八年

己亥十一 二十九年

庚子十二 三十年

辛丑十三 三十一年

壬寅十四　三十二年

癸卯十五　三十三年

甲辰十六　三十四年

乙巳殤帝元興元　三十五年

丙午延平元　三十六年

丁未安帝永初元　三十七年

後漢書安帝紀永初元年冬十月倭國遣使貢獻

後漢書東夷傳永初元年倭國王帥升等獻生口百六十人願請見

隋書倭國傳漢安帝時又遣使朝貢謂之倭奴國

戊申二　三十八年

己酉三　三十九年

庚戌四 四十年〔日本史〕六月東夷多叛邊境騷動七月帝詔羣臣曰東國不安暴神多起蝦夷悉叛誰能平其亂者羣臣不知所對日本武尊奏言臣先西征是役必在大碓矣大碓聞之懼逃日本武尊奮曰熊襲既平東夷又叛不知何日得覩太平臣不敢言勞請自行帝持斧鉞授之曰朕聞東夷性強暴淩犯爲事邑無首長各貪封疆互相盜略邪神姦鬼播害人民東夷種類蝦夷最强冬穴夏巢衣毛茹血登山如禽行草如獸承恩則忘見仇必報插箭頭髻藏刀衣中聚黨類而侵邊界伺農桑以略人民擊則隱草追則入山往古以來未洽王化今汝身體長大猛如雷電所向無前所攻必勝親則朕子實則神人蓋天愍朕不德使汝經綸天業天下卽汝天下位卽汝位也汝其深謀遠慮示之以威懷之以德不煩兵甲自令臣順日本武尊受斧鉞再拜奏曰臣昔西征幸賴皇威

提三尺劒擊熊襲國未經浹辰賊帥伏誅今亦賴神祇之靈藉天皇之威往臨賊境宣以德教猶有不伏卽舉兵擊之言畢又再拜帝命吉備武彥大伴武日從行又以七掬脛爲膳夫十月發京師枉道拜伊勢神宮告倭姬曰今奉敕東征以誅諸叛者故來辭倭姬取神劒授之曰愼之莫怠日本武尊進至駿河土賊紿曰野多麋鹿狩則大獲日本武尊信其言遂獵於野賊乘風縱火日本武尊知見欺卽鑽燧取火逆燒得免擊賊衆殲焉因號其處曰燒野進歷相模將往上總望海揚言曰是小海耳可跳而超中流暴風忽起舟漂危急時妃弟橘媛從啟曰是必海神爲祟妾願以身贖之言訖自投海風止得著岸從上總轉入陸奧挂大鏡飾船浮海出葦浦橫渡玉浦至蝦夷境夷酋島津神國津神等屯兵竹水門以拒之遙望日本武尊船驚怖皆投弓矢迎拜曰仰視君容秀於

人倫豈非神人願聞姓名日本武尊曰我是現人神之子也蝦夷震慄入水牽船到岸面縛請罪因俘其酋帥以自從焉蝦夷遂平還自日高見國西南歷常陸抵甲斐居酒折宮以信濃越國尙未從化卽自甲斐北歷武藏上野西逮於碓日坂日本武尊顧念弟橘媛登碓日嶺東南望三歎曰吾嬬者邪故稱山東諸國曰吾嬬國分遣吉備武彥往越國察地形險易人情逆順日本武尊遂入信濃踰峻嶺幽谷飢憩山頂而食有白鹿當道日本武尊異之以蒜彈之中眼而斃先是過信濃坂者多中妖氣而病自此而後嚼蒜塗身及牛馬者得免其患云日本武尊迷而失道不知所向有白狗前行乃隨之得出美濃時吉備武彥自越國歸會之日本武尊到尾張宿尾張氏女宮簀媛家淹留踰月聞近江膽吹山有暴神又赴之卽解神劒授宮簀媛曰我歸京師必應迎汝敬持此劒

護汝牀幃大伴武日諫曰今將誅暴神宜藉此劒日本武尊曰我徒手搏之翹足蹴殺遂徒行至山大蛇當道日本武尊謂是暴神之使令也今將殺其神而使令豈足問哉跨蛇而行俄雲霧晦暝雨雹大作咫尺不辨陵冒而前至玉倉部昏迷如醉因憩山下飲泉而醒故號其泉曰醒泉自是始覺身有痛乃歎曰我意常謂天猶可翔也而今不得步乃倚杖漸進還歸尾張不復入宮簀媛家便移伊勢到尾津到能褒野疾甚因以所俘蝦夷獻於大神宮遣吉備武彥奏於朝曰臣受命天朝遠征東夷幸被神恩賴皇威叛逆伏誅櫜卷甲戢戈凱歌奏捷天命忽至獨臥曠野臣不敢自惜唯恨不能一覲耳遂薨於能褒野年三十景行帝四十一年也帝聞訃晝夜悲泣寢食不常曰我子小碓王熊襲叛日率師征討既而恆在左右輔朕弗逮東夷騷動無能討者割愛復遣無日不顧

何禍倏亡我子自今以後誰與經綸鴻業卽詔羣臣百寮葬之能褒野有白鳥出兆域飛去開棺視之唯明衣在焉於是遣使追尋其鳥集倭琴彈原因造陵於其地白鳥又飛至河內止舊市邑又造陵於舊市又飛不知所之時人號三陵曰白鳥陵朝廷錄其功爲定武部

辛亥 五 四十一年
壬子 六 四十二年
癸丑 七 四十三年
甲寅 元和元 四十四年
乙卯 二 四十五年
丙辰 三 四十六年
丁巳 四 四十七年

戊午 五 四十八年

乙未 六 四十九年

庚申 永寧元 五十年

辛酉 建光元 五十一年日本史春正月召羣臣宴數日秋八月立皇太子以武內宿禰爲棟梁之臣以蝦夷諠譁無禮不可近神宮命徙之御諸山側夷虜伐木刦民詔曰蝦夷本有獸心難處中國宜隨其習性分居畿外乃放諸播磨讚岐伊豫安藝阿波

壬戌 延光元 五十二年日本史夏五月皇后播磨稻日太郎姬崩秋七月立八坂入媛爲皇后

癸亥 二 五十三年和漢年契秋八月帝哀皇子日本武尊欲巡其所征諸國乃幸伊勢國轉入東山東海道

甲子 三 五十四年和漢年契帝還自伊勢居纏向宮

乙丑　四　五十五年

丙寅　順帝永建元　五十六年

丁卯　二　五十七年

戊辰　三　五十八年（和漢年契）幸近江居志賀號高穴穗宮

己巳　四　五十九年

庚午　五　六十年（和漢年契）冬十一月天皇崩於高穴穗宮年百四十

葬山邊（一作太和山）道上陵（日本史）后二稻日太郞姬（稚武彥女）八坂入媛（八坂入彥命長女）妃七水齒郞媛（三尾氏磐城別妹）五十河媛高田媛（阿倍氏木事女）日向髮長大田根襲武媛御刀媛五十琴姬（物部膽咋女）宮人稻日稚郞姬（太郞姬女）迦具漏媛子五十五稻日太郞姬生櫛角別王大碓皇子日本武尊八坂入媛生成務帝五百城入彥皇子忍之別皇子稚倭根子皇子大酢別皇子五十狹城彥皇子吉備兄彥皇子五十

河媛生神櫛皇子稻背入彥皇子高田媛生武國凝別皇子日向髮長大田根生日向襲津彥皇子襲武媛生國乳別皇子國背別皇子豐戶別皇子御刀媛生豐國別皇子五十琴姬生五十功彥命稻日稚郎姬生眞若王彥人大兄王迦具漏媛生大江王其餘豐門入彥命稚屋彥命武國皇別命眞稚彥命天帶根命大曾色別命五十河彥命石社別命大稻背別命武押別命不知來入彥命曾能目別命十市入彥命襲小橋別命色已焦別命熊津彥命息前彥人大兄水城命熊忍津彥命櫛見皇命武弟別命草木命稚根子皇子命兄彥命手事別命大我門別命豐日別命三川宿禰命豐手別命倭宿禰命豐津彥命五百木根命弟別命大焦別命三十三人皆失母氏

成務天皇

唐書日本傳次成務

宋史日本傳次成務天皇年代紀

日本史成務天皇景行第四子也諱稚足彥母八坂入媛皇后身長一丈景行五十一年正月宴羣臣天皇及武內宿禰不朝召問故對曰宴樂之日百僚遊佚意必不在警備恐有狂夫窺伺間隙故在門下以備非常景行嘉之八月立爲皇太子六十年十一月景行崩

辛未 六 元年和漢年契春正月卽位遷都於志賀郡號高穴穗宮

壬申 陽嘉元 二年和漢年契冬十一月葬景行尊皇后曰皇太后

癸酉 二 三年和漢年契春正月以武內宿禰爲大臣

甲戌 三 四年日本史春二月詔曰我先皇聰明神武膺籙受圖順天治人撥亂反正德侔覆燾道協造化是以普天率土莫不王臣稟

氣懷靈各得其所朕嗣踐寶祚夙夜兢惕然黎元蠢爾不悛野心
由國郡無君長縣邑無首渠也今後國郡立長縣邑置首選國之
幹了者任之以爲中區藩屏
乙亥 四 五年(日本史)秋九月令國郡立造長縣邑置稻置並賜楯矛
以爲表界山河分國縣隨阡陌定邑里東西爲日縱南北爲日横
山陽曰影面山陰曰背面(日本國志)凡爲國百四十四 是以百姓安居天下無
事
丙子 永和元 六年
丁丑 二 七年
戊寅 三 八年
己卯 四 九年
庚辰 五 十年

辛巳 六 十一年

壬午 漢安元 十二年

癸未 二 十三年

甲申 建康元 十四年

乙酉 冲帝永嘉元 十五年

丙戌 質帝本初元 十六年

丁亥 桓帝建和元 十七年

戊子 二 十八年

己丑 三 十九年

庚寅 和平元 二十年

辛卯 元嘉元 二十一年

壬辰 二 二十二年

癸巳 永興元 二十三年

甲午 二 二十四年

乙未 永壽元 二十五年

丙申 二 二十六年

丁酉 三 二十七年

戊戌 延熹元 二十八年

己亥 二 二十九年

庚子 三 三十年

辛丑 四 三十一年

壬寅 五 三十二年

癸卯 六 三十三年

甲辰 七 三十四年

乙巳 八 三十五年

丙午 九 三十六年

丁未 永康元 三十七年

戊申 靈帝建寧元 三十八年

己酉 二 三十九年

庚戌 三 四十年

辛亥 四 四十一年

壬子 熹平元 四十二年

癸丑 二 四十三年

甲寅 三 四十四年

乙卯 四 四十五年

丙辰 五 四十六年

丁巳 六 四十七年

戊午 光和元 四十八年和漢年契立皇姪足仲彥爲皇太子 日本史云古事記曰帝娶建忍山垂根女弟財郎女上生和訶奴氣王而本書舊事記仲哀紀及水鏡等諸書皆云帝無男且納后妃之文古事紀所載無所考實故今不取

己未 二 四十九年和漢年契百濟來貢

庚申 三 五十年

辛酉 四 五十一年和漢年契新羅貢金銀錦繡

壬戌 五 五十二年

癸亥 六 五十三年

甲子 中平元 五十四年

乙丑 二 五十五年

丙寅 三 五十六年

丁卯 四 五十七年

戊辰 五 五十八年

己巳 六 五十九年

庚午 獻帝初平元 六十年和漢年契夏六月帝崩於高穴穗宮年百八或曰百七葬狹城盾列陵

仲哀天皇

唐書日本傳次仲哀

宋史日本傳次仲哀天皇國人言今爲鎮國香椎大神年代紀

日本史仲哀天皇景行帝孫諱足仲彥日本武尊第二子也母兩道入姬命天皇容姿端正身長十尺成務四十八年立爲皇太子六十年成務崩

辛未 二 六十一年和漢年契虛位九月葬成務

壬申 三 元年(日本史)春正月天皇卽位秋九月尊兩道入姬命曰皇太后冬十月以大新河命爲大連大連始此十一月詔諸國貢白鳥養之於日本武尊陵域之池

癸酉 四 二年(日本史)春正月立氣長足姬尊爲皇后二月行幸角鹿造行宮而居之號笥飯宮是月置淡路屯倉三月巡狩南國畱皇后及百寮於角鹿卿大夫以下官人數百從駕至紀伊居德勒津宮會熊襲叛天皇親征舟師直指穴門遣使角鹿令皇后會穴門夏六月天皇泊豐浦津皇后至渟田門有海鯽魚多傍船而遊皇后以酒灑之魚醉而浮漁人得之以爲聖主之賜自是每歲六月魚浮如醉秋七月皇后至豐浦津得如意珠於海中九月興宮室於穴門居之號豐浦宮(和漢年契)是歲秦始皇之裔功滿王來朝

案漢之末世安得尚有秦皇遺種稱王者邪此必中國游民假

爲虛號彼土一時不察而信之書於史冊侈爲美談耳日本史亦載之然有愧達識矣

甲戌 興平元 三年

乙亥 二 四年

丙子 建安元 五年

丁丑 二 六年

戊寅 三 七年

己卯 四 八年 日本史春正月進幸筑紫崗縣主祖熊鰐來迎於周芳沙磨浦獻魚鹽地指導海路自山鹿岬轉入崗浦而船不進天皇責熊鰐熊鰐謝曰是非臣罪浦口有二神曰大倉主曰菟夫羅媛必此神所爲天皇使菟田伊賀彥祭之船乃進皇后船自洞海至潮涸不能進熊鰐惶懼乃作池沼多聚魚鳥使皇后觀焉后忿稍

解既而潮至進泊崗津時伊覩縣主祖五十迹手來迎於穴門引島獻八尺瓊白銅鏡十握劍天皇嘉之賜號伊蘇志幸儺縣居橿日宮秋九月與羣臣議討熊襲時有神憑皇后曰天皇何憂熊襲之不服是空國豈足煩兵別有寶國金銀彩色多生其地謂之新羅國若能祭我以御船及穴門直踐立所獻水田爲幣曾不血刃其國自服而熊襲亦服從矣天皇疑焉登高岳遥望曠遠不見國乃曰朕周望之有海無國何神誘朕爲且我皇祖諸天皇盡祭神祇豈有所遺耶神又憑皇后曰我之所見何謂無之以誹謗我言汝言如此則汝不得其國今皇后有身其子當得之天皇終不聽討熊襲不克而還

庚辰 五 九年（和漢年契）二月天皇崩於橿日宮年五十二皇后及武內宿禰祕不發喪皇后詔中臣烏賊津大三輪大友主物部膽咋

大伴武以郎大新河命等帥百寮守宮中密令武內宿禰奉梓宮自海
路至穴門殯於豐浦宮日本史后氣長足姬氣長宿禰王女妃大中姬彥人
大兄王女弟媛大酒主女子四后生應神帝大中姬生麛坂皇子忍熊皇子
弟媛生譽屋別皇子

神功皇后

唐書日本傳仲哀死以開化曾孫女神功爲主
宋史日本傳次神功天皇開化天皇之曾孫女又謂之息長足姬
天皇國人言今爲太柰良姬大神年代紀
辛六巳元年日本史皇后傷天皇不從神教而早崩欲謝神以得寶
國郎命百寮解罪改過造齋宮於小山田邑三月涓吉入齋宮親
爲神主使武內宿禰奏琴以中臣烏賊津爲審神者以千繒高繒
置琴頭尾而請曰嚮誨天皇者何神也禱七日七夜神各告以名

乃從神語祭之遣鴨別討熊襲旬日而服荷持田村有羽白熊鷲者人身鳥翼强健能飛劫盜作害皇后欲誅之發橿日宮至松峽宮出軍至增岐野擊滅之至山門縣誅土蜘蛛田油津媛其兄夏羽帥衆來迎聞田油津誅即亡四月皇后至火前國松浦縣玉島河上乃句鍼作鉤以飯爲餌裳絲爲緡登磯石投竿祝曰吾若可得寶國河魚吞之果獲細鱗魚皇后謂神教有驗決意西征更祭神祇置神田作裂田溝漑之皇后還橿日浦解髮臨海曰吾奉神祇之敎賴皇祖之靈欲躬涉滄海以致西征今擢髮海水若有驗者髮分而兩即投海濯之髮果自分皇后隨爲兩髻謂羣臣曰興師動衆國之大事今有征伐以委羣臣事若不成罪歸羣臣是可傷也吾婦女不肖當假狀男子以資雄略上倚神祇下賴羣臣振兵甲而度險浪整船舶以求財土事成羣臣共其功不成吾獨有

罪羣臣皆曰皇后爲天下計臣等敢不奉詔九月令諸國繕船練甲皇后因建大三輪社奉刀矛以祭軍衆聚乃卜日刻期皇后親執斧鉞令三軍曰金鼓無節旌旗錯亂則士卒不整貪財多欲懷私內顧則必爲敵擒寡而勿輕强而無屈奸暴勿赦降服勿殺勝者必賞走者必罪時有神誨曰和魂從玉體以護壽荒魂爲先鋒而導舟師皇后拜命因以依網吾彥男垂見爲祭神主此時皇后適當產月乃取石插腰祝曰願事竟還日娩於茲土其石在伊都縣後人傳爲鎭懷石請和魂以鎭船荒魂爲先鋒十月發和珥津大魚夾船風順船迅不勞檣楫直抵新羅船激海潮浪逮其國中新羅王波沙寐錦大駭曰神兵不可敵卽封圖籍素組面縛請降或言誅之皇后曰余承神敎爰征西土嚮下令三軍勿殺自服今人降服殺之不祥乃解其縛遂入其都封重寶府庫收圖籍文書

以所杖矛樹之新羅王門以爲後世之證其矛相傳在國門云新羅王以波珍干岐微叱己知爲質因獻金銀彩色綾羅縑絹等八十船從是新羅調貢以八十船爲制高麗百濟聞新羅降密偵軍勢度不可勝亦來降曰自今後永稱西蕃調貢無闕於是三韓悉服祭荒魂以鎭其國振旅而還十二月產皇子於筑紫是爲應神帝皇后從神敎立祠穴門山田邑祭表筒男中筒男底筒男神之荒魂以踐立爲祭主辛巳歲二月皇后奉天皇帥百僚至豐浦宮發仲哀帝喪將還京時天皇庶兄麛坂王忍熊王舉兵要皇師於播磨會麛坂死忍熊退屯住吉皇后使武內宿禰奉天皇轉自南海至紀伊水門皇后直向難波舟回旋不進還務古水門卜之適得神誨立諸神祠祭焉船遂得進忍熊又退軍菟路皇后乃會天皇於紀伊日高入小竹宮晝晦如夜連日三月皇后遣武內宿禰

難波根子武振熊擊忍熊忍熊敗死十二月羣臣尊皇后曰皇太后臨朝攝政大臣武內宿禰如故

壬午 七二年和漢年契改爲攝政元年冬十一月葬仲哀於河內長野陵

後漢書東夷傳桓靈閒倭國大亂更相攻伐歷年無主有一女子名曰卑彌呼年長不嫁事鬼神道能以妖惑衆於是共立爲王侍婢千人少有見者唯有男子一人給飲食傳辭語居處宮室樓觀城柵皆持兵守衞法俗嚴峻

魏志東夷傳其國本亦以男子爲王住七八十年案住蓋往之誤字倭國亂相攻伐歷年乃共立一女子爲王名曰卑彌呼事鬼道能惑衆年已長大無夫壻有男弟佐治國自爲王以來少有見者以婢千人自侍唯有男子一人給飲食傳辭出入居處宮室樓觀城柵嚴

設常有人持兵守衛

晉書東夷傳舊以男子爲王漢末倭人亂攻伐不定乃立女子爲王名曰卑彌呼

南齊書倭國傳在帶方東南大海島中漢末以來立女王土俗以見前史

梁書倭國傳漢靈帝元和中倭國亂相攻伐歷年乃共立一女子卑彌呼爲王彌呼無夫壻挾鬼道能惑衆故國人立之有男弟佐治國自爲王少有見者以婢千人自侍唯使一男子出入傳教令所處宮室常有兵守衛

隋書俀國傳桓靈之間其國大亂遞相攻伐歷年無主有女子名卑彌呼能以鬼道惑衆於是國人共立爲王有男弟佐卑彌理國其王有侍婢千人罕有見其面者唯有男子二人給王飲食通傳

言語其王有宮室樓觀城柵皆持兵守衛爲法甚嚴

案據日本史獻帝建安六年神功皇后爲主諸傳志所稱女王蓋是矣后名氣長足姬與卑彌呼之名不合漢獻時立亦非桓靈間此傳聞異耳

癸未 八 三年（和漢年契）春正月立皇子譽田別尊爲皇太子遷都於磐余號稚櫻宮

甲申 九 四年

乙酉 十 五年（和漢年契）春二月新羅國來貢

丙戌 十一 六年

丁亥 十二 七年

戊子 十三 八年

己丑 十四 九年

庚寅十五 十年

辛卯十六 十一年（和漢年契）底筒男中筒男表筒男神降於長門豐浦郡今住吉祠是也

壬辰十七 十二年

癸巳十八 十三年（和漢年契）皇子幸越前拜笥飯太神皇后祀仲哀天皇於越前國角鹿津號氣比太明神皇太子譽田別尊行拜之

甲午十九 十四年

乙未二十 十五年

丙申二一 十六年

丁酉二二 十七年

戊戌二三 十八年

己亥二四 十九年

庚二十五
子魏文帝黃初元　二十年
辛蜀昭烈章武元
丑二　二十一年
壬二
寅三　二十二年
癸蜀後主建興元
卯四　二十三年
甲二
辰五　二十四年
乙三
巳六　二十五年
丙四
午七　二十六年
丁五
未魏明帝太和元　二十七年
戊六
申二　二十八年
己七
酉三　二十九年
庚八
戌四　三十年
辛九
亥五　三十一年

壬子 十六 三十二年

癸丑 十一 青龍元 三十三年

甲寅 十二 二 三十四年

乙卯 十三 三 三十五年

丙辰 十四 四 三十六年

丁巳 十五 景初元 三十七年

戊午 二 延熙元 三十八年

己未 二 三 三十九年 和漢年契遣使如魏

庚申 三 魏曹芳正始元 四十年 和漢年契魏遣人來報

魏志東夷傳景初二年六月倭女王遣大夫難升米等詣郡帶方郡求詣天子朝獻太守劉夏遣吏將送詣京都其年十二月詔書報倭女王曰制詔親魏倭王卑彌呼帶方太守劉夏遣使送汝大夫

難升米次使都市牛利奉汝所獻男生口四人女生口六人班布二匹二丈以到汝所在踰遠乃遣使貢獻是汝之忠孝我甚哀汝今以汝爲親魏倭王假金印紫綬裝封付帶方太守假授汝其綏撫種人勉爲孝順汝來使難升米牛利涉遠道路勤勞今以難升米爲率善中郎將牛利爲率善校尉假銀印青綬引見勞賜遣還今以絳地交龍錦五匹絳地縐粟罽十張蒨絳五十匹紺青五十匹答汝所獻貢直又特賜汝紺地句文錦三匹細班華罽五張白絹五十匹金八兩五尺刀二口銅鏡百枚眞珠鉛丹各五十斤皆裝封付難升米牛利還到錄受悉可以示汝國中人使知國家哀汝故鄭重賜汝好物也

晉書東夷傳宣帝之平公孫氏也其女王遣使至帶方朝見其後貢聘不絕

梁書倭國傳至魏景初三年公孫淵誅後卑彌呼始遣使朝貢魏以爲親魏王假金印紫綬

魏志東夷傳正始元年太守弓遵遣建中校尉梯儁等奉詔書印綬詣倭國拜假倭王并齎詔賜金帛錦罽刀鏡采物倭王因使上表答謝詔恩

案公孫淵之滅在景初二年倭國使來必是三年劉夏之送弓遵之賜一事也魏傳之景初二年當作三年

辛酉 四二 四十一年

壬戌 五三 四十二年

癸亥 六四 四十三年

魏志齊王芳本紀正始四年倭國女王俾彌呼遣使奉獻

魏志東夷傳四年倭王復遣使大夫伊聲耆掖邪狗等八人上獻

生口倭錦絳青縑綿衣帛布丹木㺃短弓矢掖邪狗等壹拜率善中郎將印綬

甲子七五四十四年

乙丑八六四十五年

〔魏志東夷傳〕正始六年詔賜倭難升米黃幢付郡假授

丙寅九七四十六年〔日本史〕遣斯摩霜𥜥如卓淳國斯摩霜𥜥綏撫百濟而還

丁卯十八四十七年〔日本史〕夏四月百濟來貢新羅刼百濟使易其貢物勑責新羅使者遣人問其罪

〔魏志東夷傳〕其八年太守王頎到官倭女王卑彌呼與狗奴國男王卑彌弓呼素不和遣倭載斯烏越等詣郡說相攻擊狀遣塞曹掾史張政等因齎詔書黃幢拜假難升米爲檄告喩之卑

彌呼以死大作冢徑百餘步徇葬者奴婢百餘人更立男王國中不服更相誅殺當時殺千餘人復立卑彌呼宗女壹與年十三爲王國中遂定政等以檄告喻壹與壹與遣倭大夫率善中郎將掖邪狗等二十人送政等還因詣臺獻上男女生口三十人貢白珠五千孔青大句珠二枚異文雜錦二十匹

〔梁書倭國傳〕正始中卑彌呼死更立男王國中不服更相誅殺復立卑彌呼宗女臺與爲王臺魏志作壹

案神功不沒於正始中亦無死後立男不服更立女王之事此皆傳者之誤中國史志與日本史牴牾太甚者仍按年編入低一格以示區別後放此

戊辰 十一 九 四十八年

己巳 十二 嘉平元 四十九年〔日本史〕春三月以荒田別鹿我別爲將軍率百濟人討新羅破之新羅遣使謝罪遂定比自炑南加羅喙安羅

多羅卓淳加羅七國屠南蠻忱彌多禮以其地賜百濟

庚午 十三 二 五十年（和漢年契）令諸國造驛道（日本史）二月荒田別等還五月千熊長彥及久氏至自百濟再增賜多沙城於百濟

辛未 十四 三 五十一年（日本史）百濟來貢

壬申 十五 四 五十二年（日本史）百濟來貢

癸酉 十六 五 五十三年

甲戌 十七 魏曹髦正元元 五十四年

乙亥 十八 二 五十五年（日本史）百濟王肖古卒

丙子 十九 甘露元 五十六年（日本史）百濟王貴須立

丁丑 二十 二 五十七年（和漢年契）仁德天皇生

戊寅 景耀元 三 五十八年

己卯 二 四 五十九年

庚辰 三 魏曹奐景元元 六十年〔和漢年契〕以大矢田宿禰爲鎭守府將軍鎭三韓

辛巳 四二 六十一年

壬午 五三 六十二年〔和漢年契〕新羅不朝貢遣葛城襲津彦討之

癸未 四 炎興元 六十三年

甲申 二五 六十四年〔日本史〕百濟王貴須卒子枕流立

〔晉書東夷傳〕及文帝作相又數至

乙酉 晉武帝泰始元 六十五年〔日本史〕百濟王枕流卒子阿花年少叔父辰斯簒立

丙戌 二二 六十六年〔和漢年契〕遣使於晉

〔晉書武帝紀〕泰始二年冬十一月倭人來獻方物

〔晉書東夷傳〕泰始初遣使重譯入貢

丁亥 三 六十七年

戊子 四 六十八年

己丑 五 六十九年〔和漢年契〕四月神功皇后崩於稚櫻宮年百十二

三韓遣使弔貢金銀錦繡十月葬狹城盾列陵

應神天皇

〔唐書日本傳〕文應神

〔宋史日本傳〕次應神天皇甲辰歲始於百濟得中國文字今號八

蕃菩薩蕃菩薩之誤有大臣號紀武內年三百七歲年代紀

案據日本史得中國文字在乙巳遲甲辰一年紀武內卽武內

宿禰也薨在仁德七十八年詳見後

〔日本史〕應神天皇仲哀第四子也諱譽田別母神功皇后以仲哀

九年十二月十四日生於筑紫蚊田幼而聰達玄鑒深遠動容進

止聖表有異初天皇在孕皇后奉神教征三韓及天皇生腕上肉起如鞆似皇后雄裝所負者因名譽田亦稱胎中天皇

庚寅 六 元年（和漢年契）春正月朔卽位時年七十一遷都於輕島號豐明宮

辛卯 七 二年（和漢年契）春三月立仲姬爲皇后

壬辰 八 三年（日本史）冬十月東蝦夷朝貢使蝦夷作廐坂道十一月所在海人擾動不從皇命遣大濱宿禰爲海人宰安輯之以百濟王辰斯無禮遣紀角羽田矢代蘇我石川平羣木菟於百濟責之國人殺辰斯以謝角等立阿花而歸

癸巳 九 四年

甲午 十 五年（和漢年契）定諸國海人及山守部詔伊豆國造大船長十丈試之於海輕疾如馳號曰枯野

乙未 咸寧元 六年（和漢年契）行幸近江

丙申 二 七年（和漢年契）高麗百濟新羅任那入貢使三韓人作池號曰韓人池

丁酉 三 八年（日本史）春三月以百濟王阿花無禮削忱彌多禮及峴南支侵谷那東韓之地阿花懼使其子直支來朝謝罪

戊戌 四 九年（和漢年契）甘美內讒其兄武內伏誅

己亥 五 十年

庚子 太康元 十一年（和漢年契）作劍池輕池鹿垣池廄坂池

辛丑 二 十二年

壬寅 三 十三年

癸卯 四 十四年（和漢年契）百濟貢縫衣女

甲辰 五 十五年（和漢年契）百濟王使直支貢良馬

乙巳 六 十六年（日本史）春二月百濟王使王仁率冶工卓素吳服西素釀酒仁番等來朝獻論語十卷千字文一卷王仁爲皇太子師傳經典是歲百濟王阿花卒敕直支還國嗣位賜所削東韓之地
丙午 七 十七年
秋八月詔遣平羣木菟的戶田率兵討新羅
丁未 八 十八年
戊申 九 十九年（和漢年契）行幸吉野宮國樔人獻酒奏歌自是屢有獻
乙酉 十 二十年
庚戌 惠帝永熙元 二十一年
辛亥 元康元 二十二年（和漢年契）帝幸吉備國小豆島行幸難波大隅宮

壬子 二 二十三年

癸丑 三 二十四年

甲寅 四 二十五年〈日本史〉百濟王直支卒子久爾辛立

乙卯 五 二十六年

丙辰 六 二十七年

丁巳 七 二十八年〈和漢年契〉秋九月高麗遣使朝貢表文不敬詰責使者壞其表〈正統紀〉羣臣始學經史於百濟博士

戊午 八 二十九年

己未 九 三十年

庚申 永康元 三十一年〈和漢年契〉始作琴

辛酉 永寧元 三十二年

壬戌 太安元 三十三年

癸亥 二 三十四年

甲子 永興元 三十五年

乙丑 二 三十六年

丙寅 光熙元號以下倣此 三十七年和漢年契遣使於吳求縫工女元注是時吳亡入晉蓋沿稱舊

丁卯 懷帝永嘉元 三十八年

戊辰 二 三十九年日本史百濟王直支遣其妹新齊都媛入侍

己巳 三 四十年和漢年契立菟道稚郎子爲皇太子

庚午 四 四十一年日本史遣阿知使主都賀使主於吳求織縫女二人漢靈帝後魏受禪後避亂來倭抵高麗高麗乃副久禮波久禮志二人爲鄉導得工女還和漢年契天皇崩於豐明宮年百十葬河內惠我藻伏山岡陵元明帝和銅五年祀天皇於豐前宇佐郡號曰八幡大神宮

清和帝掫山城男山石清水社歲時奉祭焉日本史后仲姬五百城入彥孫品陀眞若王女妃高城入媛后姊弟姬后妹宮主宅媛和珥日觸使主女小甂媛宅媛妹弟姬河派仲彥女絲媛櫻井田部男鉏妹日向泉長媛兄媛吉備武彥命女迦具漏媛川原田郎女子十一后生仁德帝根鳥皇子高城入媛生額田大中彥皇子大山守皇子去來眞稚皇子宮主宅媛生菟道稚郞子弟姬生稚野毛二派皇子絲媛生隼總別皇子日向泉長媛生大葉枝皇子小葉枝皇子迦具漏媛生堅石王稚野毛二派皇子有女曰忍坂大中姬命爲允恭帝后其曾孫大迹王卽繼體帝也

辛未 五 四十二年

壬申 六 四十三年

仁德天皇

唐書日本傳攷 仁德

宋史日本傳次仁德天皇年代紀

日本史仁德天皇應神第四子也諱大鷦鷯母仲姬皇后天皇之生有木兎入殿是日大臣武內宿禰亦生子鷦鷯入產室應神以爲祥謂武內宿禰曰今朕之子與大臣之子同日生兼有瑞祥其取鳥名相易名子以爲後葉之契因名天皇曰大鷦鷯四十年正月應神問天皇及大山守皇子曰汝等愛子耶對曰甚愛又問長少孰愛大山守曰不如長子帝素愛少子菟道稚郎子欲立爲太子故不悅天皇揣其意對曰長者多經寒暑既爲成人無復虞矣少子未知其成故最憐之帝大喜曰寔合朕意遂立稚郎子爲皇太子使天皇輔之四十一年二月應神崩皇太子讓位於天皇避之菟道天皇以名分素定不聽會大山守皇子謀反天皇知其計密告皇太子設兵爲之備遂殺之皇太子固欲天皇踐位相讓三

年民不知所歸天皇執志益確皇太子知其不可奪遂自殺天皇大驚從難波馳至菟道素服發哀哭之甚慟

癸酉（愍帝建興元）元年（日本史）春正月卽位時年五十七尊皇后曰皇太后大臣武內宿禰如故遷都攝津難波號高津宮（日本國志今東成郡高津小橋）宮室弗堊梁楹弗飾務從節儉不奪民時

甲戌 二 二年（日本史）春三月立磐之媛命爲皇后

乙亥 三 三年

丙子 四 四年（日本史）春二月巡幸葛城詔羣臣曰朕登高臺以遠望煙氣不起於域中意者百姓旣貧家無炊者朕聞古聖王之世人爲詠德之聲家有康哉之歌今朕臨億兆於茲三年頌聲不作炊煙轉疏卽知五穀不登百姓窮乏之封畿之內尙有不給者況畿外諸國乎乃詔大賑貧民免諸州課役三年於是小心約志從事無

爲衣履不弊不更宮垣頽而不造風雨時順五穀豐穰三年百姓
殷富歡聲盈路
丁丑 元帝建武元 五年
戊寅 太興元 六年
己卯 二 七年（日本史）夏四月朔天皇登臺遠望炊煙謂皇后曰朕既
富矣復何憂乎皇后曰今宮室朽壞不免暴露何謂富乎天皇曰
天之立君本爲百姓故君以百姓爲本古昔聖王一人饑寒顧之
責身百姓貧則朕貧百姓富則朕富未有百姓富而君貧者矣秋
九月諸國請曰課役並免既經三年今百姓富饒路不拾遺家有
餘儲而宮殿朽壞府庫不充請貢稅調以修宮室不聽
庚辰 三 八年
辛巳 四 九年

壬午永昌元　十年〔日本史〕冬十月始科課役以造宮室百姓爭先來赴
日夜營作未幾宮室悉成
癸未明帝太寧元　十一年〔日本史〕夏四月詔曰此土郊澤曠遠田圃乏少
河水橫溢下流不駛每值霖雨海潮逆上其疏流注海以全田宅
冬十月穿渠宮北通於海號曰堀江又築茨田隄以防北河是歲
新羅來貢
甲申二　十二年〔日本史〕秋七月高麗貢鐵盾鐵的八月命羣臣射所
貢盾的冬十月鑿大溝於山背栗隈縣以溉田民被其利
乙酉三　十三年〔日本史〕秋九月始置茨田屯倉因定舂米部冬十月
作和珥池築橫野隄
丙戌成帝咸和元　十四年〔日本史〕冬十一月造橋於豬甘津是歲開大路
京中自南門直達丹比邑又鑿大溝於感玖引石河水溉上鈴鹿

下鈴鹿上豐浦下豐浦墾田四萬餘頃

丁亥 二 十五年

戊子 三 十六年

己丑 四 十七年 和漢年契 履中天皇生新羅不朝貢責之乃貢調

庚寅 五 十八年

辛卯 六 十九年

壬辰 七 二十年

癸巳 八 二十一年

甲午 九 二十二年

乙未 咸康 元 二十三年

丙申 二 二十四年

丁酉 三 二十五年

戊戌　四　二十六年
己亥　五　二十七年
庚子　六　二十八年
辛丑　七　二十九年
壬寅　八　三十年（和漢年契）納矢（一作八）田皇女爲妃菟道稚郎子之同母妹也
癸卯　康帝建元元　三十一年（和漢年契）立皇太子
甲辰　二　三十二年
乙巳　穆帝永和元　三十三年
丙午　二　三十四年
丁未　三　三十五年（和漢年契）夏六月皇后磐野姬（一作磐之媛）崩於紀國
山背筒城宮初帝欲納八田皇女作歌諭意於后后答歌沮之三

十年九月后幸紀國熊野岬採御綱葉帝時其亡召八田皇女納宮中后還至難波聞之大恚投御綱葉於海不肯下船因名其處曰葉濟帝未知其情幸大津以迎后后徑遡江自山背赴倭帝使舍人鳥山諭后還宮后不肯還營宮山背洞城岡南而居焉帝遣口持臣諭之后默不答口持臣日夜伏殿前雨雪不去其妹國依媛事后見其狀而泣后問其故對曰今伏庭俟命者妾兄也雨雪不避是以泣后曰告汝兄速還吾意決矣十一月帝欲見后幸山背至筒城宮喚后后不出帝作歌諭之后使人奏曰陛下納八田皇女爲妃妾不欲與妃共事故不敢見帝悵然還至是崩

戊辰 四 三十六年

己酉 五 三十七年和漢年契冬十一月葬皇后

庚戌 六 三十八年和漢年契春正月立矢田皇女爲皇后

辛亥 七 三十九年

壬子 八 四十年和漢年契皇弟隼總別皇子有罪殺之反正天皇生

癸丑 九 四十一年和漢年契遣紀角於百濟檢校其國分國郡疆場
具錄物產

甲寅 十 四十二年

乙卯 十一 四十三年和漢年契始獻鷹令百濟酒君馴養之秋九月帝
幸百舌鳥野使百濟酒君放鷹捕雉爲後世鷹狩之始

丙辰 十二 四十四年

丁巳 升平元 四十五年

戊午 二 四十六年

乙未 三 四十七年

庚申 四 四十八年

辛酉 五 四十九年

壬戌 哀帝隆和元 五十年

癸亥 興寧元 五十一年

甲子 二 五十二年

乙丑 三 五十三年 和漢年契 新羅不朝貢遣田道擊破之虜四邑人民以歸

丙寅 帝奕太和元 五十四年

丁卯 二 五十五年 和漢年契 蝦夷反使田道討之田道敗死

戊辰 三 五十六年

己巳 四 五十七年

庚午 五 五十八年 和漢年契 白鹿出連理木生夏五月荒陵松林南一夜兩栴木夾路末合

辛未簡文帝咸安元五十九年
壬申二六十年
癸酉孝武帝寧康元六十一年
甲戌二六十二年和漢年契始置冰室允恭天皇生
乙亥三六十三年
丙子太元元六十四年
丁丑二六十五年和漢年契飛彈國賊宿儺一身二體左右佩劒兩手彎弓强力輕捷方命害民遣武振熊誅之
戊寅三六十六年
己卯四六十七年和漢年契幸河內石津原
庚辰五六十八年
辛巳六六十九年

壬午七 七十年
癸未八 七十一年
甲申九 七十二年
乙酉十 七十三年
丙戌十一 七十四年
丁亥十二 七十五年和漢年契雄略天皇生
戊子十三 七十六年
己丑十四 七十七年
庚寅十五 七十八年和漢年契大臣武內宿禰薨承事六帝鎮三韓壽三百八歲或曰三百三十歲
辛卯十六 七十九年
壬辰十七 八十年

癸巳十八　八十一年

甲午十九　八十二年

乙未二十　八十三年

丙申二十一　八十四年

丁酉安帝隆安元　八十五年

戊戌二　八十六年

己亥　八十七年和漢年契正月天皇崩於難波宮年百十葬百舌鳥陵日本史后二磐之媛葛城襲津彦女八田母宮主宅媛妃髮長媛諸縣君牛諸井女子五磐之媛生履中帝住吉仲皇子反正帝允恭帝髮長媛生大草香皇子幡梭皇后

履中天皇

唐書日本傳次履中

宋史日本傳 次履中天皇 年代紀

日本史 履中天皇仁德長子也諱去來穗別母磐之媛皇后仁德三十一年立爲皇太子八十七年正月仁德崩皇太子居難波宮既除喪未卽位住吉仲皇子反舉兵圍宮皇太子方被酒臥時平羣木菟物部大前阿知使主等入告扶皇太子上馬而逃仲皇子遂焚宮皇太子至河內埴生坂而醒顧視煙燄大驚馳自大坂將入倭至飛鳥山下遇一少女問山有人乎答曰執兵者充滿山中宜由當摩路皇太子乃發當摩兵踰龍田山見執兵者數十人皇太子伏兵山中使人問之對曰淡路野島海人也以阿曇濱子命追太子皇太子發伏悉捕獲焉倭吾子籠聚兵將邀皇太子望其兵衆懼而降皇太子駐石上振神宮瑞齒別皇子誅仲皇子擒阿曇濱子十月葬仁德

庚子四 元年（和漢年契）春二月卽位時年七十二遷都於磐余二月安康天皇生（日本史）夏四月召阿曇濱子減死黥之釋野島海人罪役於倭蔣代屯倉

辛丑五 二年（日本史）春正月立皇弟瑞齒別皇子爲皇太子冬十月遷都磐余平羣木兔蘇我滿智物部伊莒弗葛城圓共執政十一月作磐余池

壬寅元興元 三年（日本史）冬十一月天皇泛舟宴磐余市磯池有櫻花落御盞天皇以爲瑞名宮曰磐余稚櫻宮

案神功時有磐余稚櫻宮疑此失實

癸卯二二 四年（日本史）秋八月始置史於諸國以記民言事達四方志冬十月鑿石上溝

甲辰三三 五年（日本史）秋九月天皇狩淡路島至自淡路

乙巳義熙元六年日本史春正月立幡梭皇女爲皇后始置藏職因定藏部三月天皇不豫崩於稚櫻宮年七十七葬百舌鳥耳原陵日本史后幡梭皇女仁德女妃黑姬葦田宿禰女嬪大姬郎姬高鶴郎姬並鯽魚磯別王女子二黑姬生市邊押羽一作磐皇子御馬皇子幡梭生中蒂皇后

反正天皇

唐書日本傳次反正

宋史日本傳次反正天皇年代紀

日本史反正天皇仁德第三子履中同母弟也生於淡路宮生而駢齒汲瑞井具浴時多遲花飄落井中因名多遲比瑞齒別皇子及長美容姿身長九尺二寸五分初履中避住吉仲皇子之亂駐石上振神宮天皇迹而造焉履中疑不見天皇使人奏曰臣無黑

心憂太子不在故來赴耳履中使告曰我避仲皇子之難至此豈得不疑汝乎汝誠無黑心還難波而殺仲皇子天皇啟曰太子何憂之有今仲皇子無道羣臣百姓共怨惡之左右莫爲謀者臣雖知其逆以未受太子命徒自慷慨耳今已奉命何難誅之唯恐事平後猶且見疑願得忠直者一人與俱帝遣平羣木兔往天皇至難波誘仲皇子近習刺領巾曰爲我殺皇子我必厚報汝脫錦衣褌與之刺領巾遂刺仲皇子殺之天皇用木兔言誅刺領巾卽日赴倭夜半至石上復命履中召見褒寵之賜村合屯倉履中卽位明年立爲皇太子六年三月履中崩十月葬履中

丙午 二 元年〔日本史〕春正月卽位時年五十五秋八月立津野媛爲皇夫人冬十月遷都於河內丹比號柴籬宮

丁未 三 二年

戊申四 三年

己酉五 四年

庚戌六 五年

辛亥七 六年和漢年契春正月天皇崩年六十葬百舌鳥耳原陵日

本史皇夫人二津野媛木事女 弟媛津野媛妹子一 弟媛生高部皇子

允恭天皇

梁書倭國傳其後復立男王並受中國爵命晉安時有倭王讚

案此後通中國者名皆不符豈達於譯使者不用名邪宋初仍

封讚爲王則所謂讚者豈卽允恭邪不可考矣

唐書日本傳次允恭

宋史日本傳次允恭天皇年代紀

日本史允恭天皇仁德第三子反正同母弟也五年正月反正崩

羣臣議曰大鷦鷯天皇子存者惟雄朝津間稚子宿禰皇子大草香皇子耳雄朝津間稚子宿禰皇子長且仁孝乃擇吉上天皇璽天皇謝曰予不幸久羅篤疾不能行步請更擇賢立之羣臣再拜天皇再讓不許

壬子 八 元年日本史冬十二月羣臣又再拜固請乃卽位時年三十八都於遠飛鳥宮

癸丑 九 二年日本史春二月立忍坂大中姬爲皇后

甲寅 十 三年日本史春正月遣使新羅求醫秋八月醫至療疾得瘳厚賞遣之

乙卯 十一 四年日本史秋九月詔正氏族詐冒定貴賤之品

丙辰 二十二 五年日本史秋七月地震冬十一月葬反正

丁巳 二十三 六年

戊午 十四 七年〔和漢年契〕帝寵皇后妹衣通姬造藤原宮居之皇后不平於是更造茅渟宮居衣通姬

己未 恭帝元熙元 八年

庚申 宋武帝永初元 九年〔和漢年契〕行幸茅渟宮冬又幸

辛酉 二 十年〔和漢年契〕行幸茅渟宮

〔宋書倭國傳〕倭國在高麗東南大海中世修貢職高祖永初二年詔曰倭讚萬里修貢遠誠宜甄可賜除授

壬戌 三 十一年

癸亥 少帝景平元 十二年

甲子 文帝元嘉元 十三年

乙丑 二 十四年〔和漢年契〕獵淡路島

〔宋書倭國傳〕太祖元嘉二年讚又遣司馬曹達奉表獻方物

丙寅 三 十五年

丁卯 四 十六年

戊辰 五 十七年

己巳 六 十八年

庚午 七 十九年

〔宋書文帝紀〕元嘉七年倭國王遣使獻方物

辛未 八 二十年

壬申 九 二十一年

癸酉 十 二十二年

甲戌 十一 二十三年〔和漢年契〕立木梨輕皇子爲皇太子

乙亥 十二 二十四年〔和漢年契〕夏六月御膳羹凍卜曰當有內變太子偪通皇女及太子病薨流皇女輕大娘姬於伊豫國

丙子十三二十五年

丁丑十四二十六年

戊寅十五二十七年

宋書倭國傳讚死弟珍立遣使貢獻自稱使持節都督倭百濟新羅任那秦韓慕韓六國諸軍事安東大將軍倭國王表求除正詔除安東將軍倭國王珍又求除正倭隋等十三人平西征虜冠軍輔國將軍號詔並聽秦韓蓋即辰韓慕韓蓋即馬韓並音轉字變

梁書倭國傳讚死立弟彌

案宋書作珍此作彌互異

宋書文帝紀元嘉十五年以倭國王珍爲安東將軍是歲遣使獻方物

案稱都督六國軍事及後載東征毛人等語固非倭王不足當

之但元嘉十五年以前據日本史允恭在位無王卒別立之事
此後事實亦多不符則貢獻求封者疑皆其旁國所爲也

己卯十六 二十八年

庚辰十七 二十九年和漢年契顯宗天皇生

辛巳十八 三十年

壬午十九 三十一年

癸未十二 三十二年

宋書文帝紀元嘉二十年倭國遣使獻方物

宋書倭國傳二十年倭國王濟遣使奉獻復以爲安東將軍倭國王

甲申二十一 三十三年

梁書倭國傳彌死立子濟

乙酉 二十二 三十四年

丙戌 二十三 三十五年

丁亥 二十四 三十六年

戊子 二十五 三十七年 和漢年契 仁賢天皇生

己丑 二十六 三十八年

庚寅 二十七 三十九年 和漢年契 繼體天皇生

辛卯 二十八 四十年

宋書文帝紀 元嘉二十八年安東將軍倭王倭濟進號安東大將軍

宋書倭國傳 二十八年加使持節都督倭新羅任那加羅秦韓慕韓六國諸軍事安東將軍如故幷除所上二十三人軍郡

壬辰 二十九 四十一年

癸巳 三十 四十二年【和漢年契】春正月天皇崩年七十八葬河內長野陵【日本史】后忍坂大中姬稚野毛二派皇子女衣通姬后妹子五后生木梨輕皇子境黑彥皇子安康帝八釣白彥皇子雄略帝

日本源流考卷二一終

日本源流考卷三

長沙王先謙益吾撰

安康天皇

唐書日本傳次安康

宋史日本傳次安康天皇年代紀

日本史安康天皇諱穴穗允恭第三子也母忍坂大中姬皇后四十二年正月允恭崩十月葬允恭時太子淫虐羣臣不服歸望天皇太子集兵將襲天皇既而度事不成匿物部大前家天皇圍之太子自殺十二月卽位尊皇后曰皇太后遷都石上號穴穗宮

甲午孝武帝孝建元年日本史春二月殺皇叔大草香皇子納其妻中蒂姬爲妃帝欲爲大泊瀨皇子聘大草香妹幡梭皇女使根使主致其意大草香允諾因以其私寶押木珠縵者附根使主曰菲薄之

物願爲信契卿宜爲奏上根使主愛其美麗私匿之佯奏曰大草香皇子不奉命謂臣曰彼雖同族豈得以吾妹爲妻邪帝怒遣兵圍大草香第攻殺之乃取幡梭爲大泊瀨皇子妃

乙未 二 二年〔日本史〕春正月立中蒂姬爲皇后履中帝女也

丙申 三 三年〔和漢年契〕秋八月眉輪王弑帝〔日本史〕大草香子眉輪王中蒂姬所生以母故免罪養宮中三年八月帝幸山宮宴於樓上酒酣謂后曰吾妹本注[illegible]汝雖新昵唯恐眉輪王長之後知朕殺其父必有報仇之心朕常以爲念耳因枕后膝而臥眉輪王時年十歲遊戲樓下悉聽其言遂登樓伺帝醉睡刺而弑之年五十六葬菅原伏見陵

雄略天皇

唐書日本傳次雄略

宋史日本傳次雄略天皇年代紀

日本史雄略天皇諱大泊瀨允恭第五子安康同母弟也初生神

光滿殿長而剛健過人安康之暴崩於山宮也大舍人走告變天皇疑諸兄戎服率兵逼八釣白彥皇子問其故皇子不答天皇拔刀斬之又問坂合黑彥皇子亦不答天皇愈怒黑彥皇子懼與眉輪王俱亡匿大臣葛城圓宅天皇圍其宅縱火悉燒殺之初安康嘗欲傳位磐坂市邊押磐皇子豫屬後事天皇銜之十月誘殺市邊押磐皇子及其弟御馬皇子十一月命有司設壇於泊瀨朝倉宮卽位遂都焉以平羣眞鳥爲大臣

丁酉 大明元　元年(和漢年契)春三月立幡梭爲皇后

戊戌 二　二年(和漢年契)行幸吉野宮獵御馬瀨

己亥 三　三年

庚子 四　四年(和漢年契)獵川上小野秋八月獵葛城山

(宋書倭國傳)濟死世子興遣使貢獻

〔梁書倭國傳〕濟死立子興

〔宋書孝武帝紀〕大明四年倭國遣使獻方物

辛丑 五 五年〔和漢年契〕獵葛城山帝親殺野猪

壬寅 六 六年〔和漢年契〕行幸泊瀨小野

〔宋書孝武帝紀〕大明六年以倭王世子興爲安東將軍

〔宋書倭國傳〕世祖大明六年詔曰倭王世子興奕世載忠作藩外海稟化寧境恭修貢職新嗣邊業宜授爵號可安東將軍倭國王

癸卯 七 七年〔和漢年契〕帝奪吉備田狹妻爲女御

甲辰 八 八年〔和漢年契〕遣使於吳

乙巳 前廢帝景和元 明帝泰始元 九年〔和漢年契〕遣師伐新羅不克

丙午 二 十年〔和漢年契〕安閑天皇生

丁未　三　十一年

戊申　四　十二年〔和漢年契〕遣使於吳十月詔木工闘雞御田始起樓閣

己酉　五　十三年〔和漢年契〕遣小野大樹討播磨賊誅之

庚戌　六　十四年〔和漢年契〕根使主事覺伏誅

辛亥　七　十五年

壬子　泰豫元　十六年〔和漢年契〕詔宜桑國縣植桑

癸丑　後廢帝元徽元　十七年

甲寅　二　十八年〔和漢年契〕遣物部菟代討伊勢賊朝日郎誅之

乙卯　三　十九年〔和漢年契〕高麗滅百濟殺其王加須利

丙辰　四　二十年〔和漢年契〕詔攻高麗

丁巳　順帝昇明元　二十一年〔和漢年契〕春三月立百濟加須利王弟汶州

爲百濟王賜久麻那利地

宋書倭國傳興死弟武立自稱使持節都督倭百濟新羅任那加羅秦韓慕韓七國諸軍事安東大將軍倭國王

梁書倭國傳興死立弟武

宋書順帝紀昇明元年倭國遣使獻方物

戊午二十二年和漢年契立皇太子

宋書順帝紀昇明二年倭國王武遣使獻方物以武爲安東大將軍

宋書倭國傳順帝昇明二年遣使上表曰封國偏遠作藩於外自昔祖禰躬擐甲冑跋涉山川不遑寧處東征毛人五十五國西服衆夷六十六國渡平海北九十五國王道融泰廓土遐畿累葉朝宗不愆於歳臣雖下愚忝胤先緒驅率所統歸崇天極

道遙百濟裝治船舫而句驪無道圖欲見吞掠鈔邊隸虔劉不已每致稽滯以失良風雖曰進路或通或不臣亡考濟實忿寇讎壅塞天路控弦百萬義聲感激方欲大舉奄喪父兄使垂成之功不獲一簣居在諒闇不動兵甲是以偃息未捷至今欲練甲治兵申父兄之志義士虎賁文武效功白刃交前亦所不顧若以帝德覆載摧此彊敵克靖方難無替前功竊自假開府儀同三司其餘咸假授以勸忠節詔除武使持節都督倭新羅任那加羅秦韓慕韓六國諸軍事安東大將軍倭王

二十三年己未齊高帝建元元（日本史）夏四月百濟王汶州卒天皇召諭昆支王第二子末多使歸王其國賜以兵器使筑紫軍士五百人衛送之筑紫安致臣馬飼臣等率舟師擊高麗秋八月天皇崩於大殿年六十二天皇性好殺百濟釆女池津媛與石河楯姦執二人

縛手足於木燒殺之獵御馬瀨大獲鳥獸顧問羣臣曰獵場之樂使膳夫割鮮孰與自割羣臣莫能對天皇怒手斬御者大津馬飼見者震慄菟田人所畜狗齧鳥官之禽天皇怒黥其人爲鳥養部時信濃武藏直丁相謂曰我鄉多鳥積於巨陵何以一鳥之故黥人乎天皇聞而聚禽示之直丁不能遽辨并爲鳥養部其嚴峻如此逮末年留心政事國家無爲葬河內丹比高鷲原陵〔又〕后草香幡梭（即履中后）妃葛城韓媛（大臣葛城媛女）吉備稚媛（吉備田備女）童女君（春日和珥深目女）子三葛城韓媛生清寧帝吉備稚媛生磐城皇子星川稚宮皇子童女君生春日大娘皇后

〔南齊倭國傳〕建元元年進新除使持節都督倭新羅任那加羅秦韓六國諸軍事安東大將軍倭王武號爲鎮東大將軍（六國上奪慕韓七字）

梁書倭國傳齊建元中除武持節督倭新羅任那伽羅秦韓慕
韓六國諸軍事鎭東大將軍

清寧天皇

唐書日本傳次清寧

宋史日本傳次清寧天皇年代紀

日本史清寧天皇諱白髮長廣國押稚日本根子雄略第三子也
母妃葛城韓媛天皇生而白髮帝特異重之二十二年立爲皇太
子二十三年雄略崩星川皇子謀不軌據大藏大連大伴室屋與
東漢掬討而平之並殺磐城皇子

庚申 二 元年日本史春正月命有司設壇場於磐余甕栗卽天皇位
遂都焉時年三十七尊葛城韓媛曰皇太夫人冬十月葬雄略

辛酉 三 二年日本史天皇憂無子冬十一月播磨國司伊與來目部

小楯奏市邊押磐皇子二子億計王宏計王在赤石郡縮見屯倉首忍海部細目家天皇大喜使小楯持節迎之

壬戌　四

三年〔日本史〕春正月小楯奉億計王宏計王至攝津使臣連持節以王青蓋車迎入宮中夏四月立億計王爲皇太子以宏計王爲皇子秋九月遣臣連於諸國巡省風俗冬十月詔罷獻犬馬器玩

癸亥　武帝永明元

四年〔日本史〕夏閏五月大酺五日秋八月親錄囚徒蝦夷隼人內附

甲子　二

五年〔日本史〕春正月天皇崩於甕栗宮年四十二葬河內坂門原陵

顯宗天皇

唐書日本傳次顯宗

宋史日本傳 次 顯宗天皇紀 年代

日本史 顯宗天皇諱來目稚子初稱宏計王履中帝孫市邊押磐皇子第二子也母荑媛初雄略之殺押磐皇子也皇子帳內日下部使主與其子吾田彥奉天皇及母兄億計王避難於丹波余社郡使主變名曰田疾來恐見殺逃入播磨縮見山石室自縊天皇與億計王向播磨赤石郡爲縮見屯倉首忍海部細目家僮俱稱丹波小子吾田彥隨從不去固執臣禮清寧二年十一月播磨國司伊與來目部小楯徵新嘗供物至赤石郡宴細目家天皇謂億計王曰避亂於斯年踰數紀顯名著貴方在今夕億計王惻然曰自贊見害孰與隱忍全身天皇曰久苦廝役盍顯揚大名而死乎兄弟相持而泣億計王曰此事非弟不能濟天皇從之細目命二王秉燭夜深酒酣使家人起舞舞畢細目謂小楯曰僕見此秉燭

者先入而後己恭敬退讓可謂君子於是小楯撫絃使二王起舞兄弟相讓久之小楯責曰何不速舞億計王先起而舞旣而天皇起整衣帶作殊舞（本書注殊舞謂之立出舞立出讀云陀豆豆謂乍起乍居而舞也）而歌自言其名小楯大驚離席再拜率其屬承事供給發郡民造宮處之還奏其狀帝大喜與大臣大連定策迎入宮中立億計王爲皇太子天皇爲皇子五年清寧崩皇太子讓位於天皇天皇固辭不從於是飯豐清皇女自稱忍海飯豐青尊聽政忍海角刺宮十一月葬清寧是月飯豐青尊薨十二月百官大會於廷皇太子執璽置天皇前再拜退就臣位曰夫帝位有功者居之今日皆弟功也天皇固辭皇太子曰白髮天皇所以屬天下於我者徒以我居長之故弟謀脫家難彰顯帝孫搢紳忻戴黔首歸心我雖是兄實無功德非據而據咎悔必至唯弟社稷爲計百姓爲心其言慨慷至於流涕

天皇不得已許之而未遽卽位

乙丑 三 元年（日本史）春正月大臣大連等奏請天皇踐阼於是卽位

毋兄億計仍爲皇太子是月立難波小野爲皇后赦天下大臣平羣眞鳥大連大伴室屋如故二月詔曰先王遭離多難殞命荒野朕在幼年亡逃自匿猥遇推求忝纘大業廣求御骨莫能知者因與皇太子哭泣憤惋不能自勝召聚父老親臨歷問有一老嫗知其所於是行幸近江來田綿蚊屋野改葬押磐皇子

丙寅 四 二年（日本史）三月上巳幸後苑始設曲水宴夏四月召前播磨國司來目部小楯優詔褒其功因授山官改賜姓山部連以吉備臣爲副

丁卯 五 三年（日本史）夏四月天皇崩於八釣宮年三十八葬傍岳磐坏丘陵天皇久在民間知百姓疾苦及登天位留心政事賑恤孤

寡屏省傜役每見枉屈若納溝隍不數年而百姓殷富天下乂安歲又比稔穀斛銀錢一文牛馬被野（又）后難波小野磐城王孫丘稚子王女

仁賢天皇

唐書（日本傳）次仁賢

宋史日本傳次仁賢天皇年代紀

日本史（仁賢天皇諱大脚字嶋郎顯宗母兄也初稱億計王避難於丹波播磨之閒語在顯宗紀淸寧二年召至京師明年立爲皇太子淸寧崩仍爲皇太子三年四月顯宗崩

戊辰 六 元年（日本史）春正月卽位於石上廣高宮時年四十一大臣平羣眞鳥大連大伴室屋如故二月立妃春日大娘爲皇后雄略女也冬十月葬顯宗

己巳 七 二年（日本史）秋九月難波小野皇后崩

庚午　八　三年〔和漢年契〕敕羣臣議政法

辛未　九　四年

壬申　十　五年

癸酉　十一　六年

甲戌　明帝建武元　七年〔日本史〕春正月立皇太子

乙亥　二　八年〔和漢年契〕大有年

丙子　三　九年

丁丑　四　十年

戊寅　永泰元　十一年〔日本史〕秋八月天皇崩於正寢葬河內埴生坂陵初顯宗卽位謂天皇曰先王無罪而大泊瀨天皇殺之棄骨郊野至今未獲憤歎盈懷臥泣行號志雪讎恥吾聞父之讎弗與共戴天夫匹夫有父母之讎者遇諸市朝不反兵而鬬況吾既爲天子

今欲發其陵碎其骨以報之不亦可乎天皇泣諫曰大泊瀨天皇躬綜萬機照臨天下先王雖爲皇肖遭遇迍邅不登天位以此觀之尊卑分定而忍壞陵墓何以奉天之靈其不可一也陛下與億計共蒙白髮天皇殊恩以至於此大泊瀨天皇非其父乎億計聞無言不酬無德不報陛下饗國德行廣聞而以此見於華裔恐非莅國子民之道其不可二也顯宗嘉從焉天皇幼而聰敏仁惠謙恕在位之閒吏稱其官民安其業戶口蕃殖海内歸仁(又)后春日大娘雄略女生手白香皇后橘仲皇后武烈帝妃糠君娘和珥日爪女生

春日山田皇后

武烈天皇

唐書日本傳次武烈

宋史日本傳次武烈天皇年代紀

日本史武烈天皇諱小泊瀨稚鷦鷯仁賢子也母春日大娘皇后仁賢七年立爲皇太子十一年八月仁賢崩大臣平羣眞鳥驕橫擅政潛謀篡奪其子鮪無禮於皇太子皇太子與大伴金村謀金村將兵誅鮪十月葬仁賢十一月金村遂誅眞鳥十二月卽位於泊瀨列城遂都焉以金村爲大連

己卯 廢帝永元元 元年日本史春三月立春日娘子爲皇后不詳所出

庚辰 二 二年

辛巳 和帝中興元 三年

壬午 梁武帝天監元 四年日本史百濟王末多無道國人廢之立嶋爲王

梁書武帝紀天監元年倭王武進號征東將軍

梁書倭國傳高祖卽位進武號征東將軍

隋書倭國傳自魏至於齊梁代與中國相通

癸未 二 五年

甲申 三 六年〔日本史〕冬十月百濟入貢天皇以其久闕貢拘畱其使

乙酉 四 七年

丙戌 五 八年〔日本史〕冬十月天皇崩於列城宮葬傍丘磐坏陵天皇好刑理法令分明日晏坐朝幽枉必達斷獄得情然性忍酷好殺凡諸慘刑皆自臨視刳孕婦觀其胎解人指甲拔人頭髮使之上樹而伐仆其樹或射墜之爲快承隆平之餘百姓殷富於是大極奢侈錦繡爲席綺紈爲衣造作苑囿陂池多畜禽獸驅馬走狗出入無時不避風雨又集侏儒倡優縱作淫樂嬉戲日夜與宫人沈湎於酒民大苦之（日本國志自崇神至武烈凡十七世六百有六年）

繼體天皇

〔唐書日本傳〕次繼體

宋史日本傳次繼體天皇年代紀

日本史繼體天皇諱男大迹應神五世孫也父彥主人王子居近江三尾別業聘三國坂中井人某女振媛爲妃生天皇幼孤從振媛鞠養於高向武烈崩無嗣時仲哀五世孫倭彥王潛居丹波桑田郡大連大伴金村定議迎之倭彥王望見儀衞甚嚴大懼逃匿

丁亥 六 元年日本史春正月大伴金村更議曰男大迹王慈仁孝順可承天緒大連物部麤鹿火大臣巨勢男人等皆從其議乃遣臣連等持節備法駕迎天皇於三國天皇據胡牀自若齊列侍臣儼如帝坐持節使等望視其尊嚴內甚嚮之天皇猶豫未就道會河內馬飼荒籠者潛遣人具告大連奉迎之義天皇意決遂發歎曰微荒籠我其取嗤於天下及踐阼厚加寵待二月至樟葉宮大連大伴金村跪上鏡劒璽符天皇辭讓再三金村伏地固請天皇許

之卽位時年五十八大連大伴金村物部麤鹿火大臣巨勢男人並如故三月立手白香皇女爲皇后詔曰朕聞一夫不耕則天下或受其飢一婦不織則天下或受其寒是故帝王躬耕以勸農業后妃親蠶以勸女工況在羣寮百姓廢棄農績能致殷富乎有司普告天下令識朕意

戊子 七 二年〔日本史〕冬十月葬武烈欽明天皇生

己丑 八 三年

庚寅 九 四年

辛卯 十 五年〔日本史〕冬十月遷都山背筒城

壬辰 十一 六年

癸巳 十二 七年〔日本史〕夏六月百濟貢五經博士段楊爾奏伴跛國侵奪己汶之地冬十一月召會百濟新羅安羅伴跛使者下詔以己

汶帶沙地賜百濟是月伴跛入貢乞己汶之地不許十二月立皇
太子

甲午 十三 八年〔日本史〕伴跛築城備我侵掠新羅

乙未 十四 九年〔日本史〕春二月使物部連送百濟使夏四月伴跛出兵遮物部連於帶沙江大行劫掠物部連僅免

丙申 十五 十年〔日本史〕秋九月百濟遣其將軍州利卽爾送物部連且謝賜己汶之地貢五經博士漢高安茂請代段楊爾聽之

丁酉 十六 十一年

戊戌 十七 十二年〔日本史〕春三月遷都山背弟國郡

己亥 十八 十三年

庚子 普通元 十四年

辛丑 二 十五年

壬寅 三 十六年（和漢年契）梁司馬達來

癸卯 四 十七年（日本史）百濟王武寧卒

甲辰 五 十八年（日本史）春正月百濟王明立

乙巳 六 十九年

丙午 七 二十年（日本史）秋九月遷都於磐余號玉穗宮

丁未 大通元 二十一年（日本史）夏六月使近江毛野率眾六萬往任那復新羅所侵故地筑紫國造磐井叛據火豐二國與新羅通謀拒毛野秋八月詔以大連物部麤鹿火爲大將軍討之

戊申 二 二十二年（日本史）冬十一月大將軍物部麤鹿火擊磐井破之磐井伏誅筑紫悉定

己酉 中大通元 二十三年（日本史）春三月百濟請以加羅多沙津爲朝貢路許之遣物部伊勢父根吉士老等以津屬百濟加羅王怨之遣

近江毛野於安羅和解諸蕃夏四月任那王已能末多干岐來朝訴新羅背約侵掠遣使護送已能末多干岐勅近江毛野和解二國

庚戌 二 二十四年〔日本史〕春二月詔舉廉節之士

辛亥 三 二十五年〔日本史〕春二月天皇疾傳位皇太子是日崩於玉穗宮年八十二葬藍野陵〔又〕后手白香（仁賢女）目子媛（尾張草香女）稚子媛（三尾角折君妹）廣媛（坂田大跨王女）麻績娘子（息長眞手王女）關媛（茨田小望女）倭媛（三尾堅楲女）荑媛（和珥河內女）廣媛（根王女）子八手白香生欽明帝目子媛生安閒帝宣化帝稚子媛生太郎皇子倭媛生椀子皇子荑媛生厚皇子廣媛生兎皇子中皇子

壬子 四 〔和漢年契〕虛位

癸丑 五 〔和漢年契〕虛位

安閒天皇

唐書日本傳　次安閒

宋書日本傳　次安閒天皇 年代紀

日本史　安閒天皇諱廣武押武金日初稱勾大兄皇子繼體庶長子也母妃目子媛繼體七年立爲皇太子二十五年二月繼體傳位皇太子皇太子卽位時年六十八是日繼體崩大連大伴金村物部麤鹿火如故冬十二月葬繼體

甲寅 六 元年　日本史　春正月遷都於倭勾金橋因爲宮號三月立妃春日山田皇女爲皇后夏五月百濟來貢閏十二月行幸三島

乙卯 大同元 二年　日本史　春正月天下大酺五日冬十二月天皇崩於勾金橋宮年七十葬河内舊市高屋丘陵　又　后春日山田 仁賢女 妃紗手媛 大臣許勢男人女 香香有媛 紗手媛妹 宅媛 大連物部木蓮子女

宣化天皇

唐書日本傳次宣化

宋史日本傳次宣化天皇年化紀

日本史宣化天皇諱武小廣國押盾初稱檜隈高田皇子繼體第二子安閑母弟也二年十二月安閑崩無嗣羣臣請卽天皇位時年六十九大連大伴金村物部麤鹿火如故是月葬安閑

丙辰 二 元年日本史春正月遷都檜隈廬入野因爲宮號三月立橘仲皇女爲皇后秋七月大連物部麤鹿火薨

丁巳 三 二年日本史新羅寇任那遣兵救任那

戊午 四 三年

己未 五 四年日本史春二月天皇崩於檜隈廬入野宮年七十三葬桃花鳥坂上陵又后橘仲女仁賢 生石姬皇后上殖葉皇子妃大河

內稚子媛生火焰皇子

欽明天皇

唐書日本傳次欽明

宋史日本傳次天國排開廣庭天皇亦名欽明天皇年代紀

日本史欽明天皇諱天國排開廣庭繼體嫡子也母手白香皇后帝愛之常居左右宣化四年二月帝崩羣臣胥議奉天皇承纘大統十一月葬宣化十二月卽位尊皇后曰皇太后大連大伴金村物部尾輿大臣蘇我稻目並如故

庚申 六 元年和漢年契春正月以石姬皇女爲皇后秋七月遷都大和磯城島號金刺宮

辛酉 七 二年和漢年契下詔百濟興復任那

壬戌 八 三年

癸亥　四年

甲子　十五年　和漢年契　百濟上表陳復任那之策

乙丑　十六年　日本史　高麗大亂

丙寅　中大同元　七年

丁卯　大淸元　八年

戊辰　二　九年

己巳　三　十年

庚午　簡文帝大寶元　十一年

辛未　二　十二年　和漢年契　賜麥種千斛於百濟是歲百濟王率其衆及新羅任那兵伐高麗取漢城平壤復六郡故地

壬申　元帝承聖元　十三年

唐書日本傳欽明之十一年直梁承聖元年

宋史日本傳即位十一年壬申歲始傳佛法於百濟國當此土梁

承聖元年年代紀

案以和漢年契日本史覈之壬申實欽明十三年也唐書宋史

一當爲三

日本史夏四月高麗與新羅謀滅百濟任那冬十月百濟王明遣使獻金銅釋迦佛像及幡蓋經論上表讚述佛功德天皇疑其可禮否下議羣臣蘇我稻目奏宜禮之物部尾輿中臣鎌子俱奏不宜禮天皇從之仍賜佛像於稻目稻目捨向原家爲寺是時諸國大疫久而愈甚尾輿鎌子奏疫疾之起實佛之所致宜屏棄其像以絶禍原求後福詔許之乃命有司投佛像於難波堀江縱火燒伽藍是日大殿災是歲百濟棄漢城平壤新羅人居漢城

癸酉 十四年日本史春正月百濟遣使來請援夏五月河内言茅

渟海大鳴而有光敕溝邊直入海見之乃獲樟木命工造佛像二軀六月許百濟援兵賜船馬弓矢敕使醫博士易博士麻博士遞番往來秋七月行幸樟勾宮冬十月百濟王子餘昌與高麗戰大破之

甲戌三 十五年（日本史）春正月立皇太子二月百濟又遣使乞援夏五月遣內臣率舟師如百濟俱伐新羅冬十二月攻新羅函山城拔之百濟王上表奏捷獻其虜獲幷好錦氍毹及斧三百口是月百濟王明爲新羅所殺

乙亥敬帝紹泰元 十六年（日本史）春二月百濟王子餘昌使其弟惠來告哀天皇聞而傷之遣使慰問

丙子太平元 十七年

丁丑陳武帝永定元 十八年（日本史）春三月百濟王餘昌立

戊寅 二 二十九年

乙卯 三 二十年

庚辰 文帝天嘉元 二十二年〔日本史〕秋九月新羅遣使貢調饗賜超例

辛卯 二 二十三年〔日本史〕春正月新羅滅任那夏六月下詔諭勵任那臣民經略興復秋七月新羅貢調使至會新羅滅任那使者懼不敢歸卽編河內更荒郡爲民遣大將軍紀男麻呂副將河邊瓊缶討新羅新羅拒戰男麻呂擊破之瓊缶輕進失利爲新羅所虜調伊企儺死之八月遣大將軍大伴狹手彥率兵數萬伐高麗大破之獲婦女寶貨而歸吳人智聰齎儒釋方書明堂圖等百六十四卷佛像樂器相隨俱來冬十一月新羅入貢使人又留而不歸

癸未 四 二十四年

甲申 五 二十五年

乙酉 六 二十六年
丙戌 天康元 二十七年
丁亥 帝伯宗光大元 二十八年【日本史】郡國大水饑人相食詔賑給之
戊子 二 二十九年
己丑 宣帝太建元 三十年
庚寅 二 三十一年【日本史】春三月大臣蘇我稻目薨夏四月幸泊瀨
柴籬宮
辛卯 三 三十二年【日本史】春三月遣坂田耳子郎君於新羅責問滅
任那夏四月天皇不豫執皇太子手曰朕病甚以後事屬汝汝須
征新羅封任那朕死無恨是日崩於金刺宮九月葬檜隈坂合陵
天皇幼時夢有人曰天皇能寵遇秦大津父者必有天下既寤使
人旁求四方得之山背紀伊郡深草里天皇大喜命近侍左右恩

寵曰渥至踐阼拜大藏省天皇在位天下大風雨卜之賀茂神爲
祟乃涓四月吉日祭之於是穀稼豐熟賀茂祭始於此（又曰石姫
妃倉稚綾姫日影皇女俱宣化女　春日
日抓臣女子十七后生箭田珠勝大兄皇子敏達帝倉稚綾姫生石上
皇子日影生倉皇子堅鹽媛生用明帝臘觜鳥皇子推古帝椀子
皇子石上部皇子山背皇子櫻井皇子橘本稚皇子小姉君生茨
城皇子葛城皇子埿部穴穗部皇子崇峻帝及穴穗部間人皇后
糠子生橘麻呂皇子

敏達天皇

（唐書日本傳）次敏達案敏一作海誤

（宋史日本傳）次敏達天皇年代紀

（日本史）敏達天皇欽明第二子也諱渟仲倉太珠敷母石姫皇后

欽明十五年立爲皇太子三十二年四月欽明崩九月葬

壬辰 四 元年（日本史）夏四月卽位移宮於百濟大井尊皇后曰皇太后大連物部弓削守屋如故以蘇我馬子爲大臣

癸巳 五 二年

甲午 六 三年（日本史）新羅入貢

乙未 七 四年（日本史）春正月立廣姬爲皇后二月百濟貢調數倍常年天皇以任那未復爲憂詔諸皇子大臣計議夏六月新羅貢調數益常例幷獻多多羅須奈羅和陀發鬼四邑之調冬十一月皇后崩

丙申 八 ・五年（和漢年契）遷都於譯語田號幸玉宮立豐御食炊屋姬爲皇后廄戸皇子喜誦論語重聖教

丁酉 九 六年（日本史）冬十一月百濟王獻經論若干卷幷律師禪師

比丘尼呪禁師佛工寺工詔置之難波大別王寺

戊戌十　七年

己亥十一　八年〔日本史〕冬十月新羅貢調幷獻佛像

庚子十二　九年〔日本史〕夏六月新羅貢調卻之

辛丑十三　十年〔日本史〕春閏二月蝦夷數千寇邊境召其魁帥綾糟等責之綾糟等大恐謝罪誓不復叛

壬寅十四　十一年〔日本史〕冬十月新羅貢調又卻之

癸卯後主至德元　十二年

甲辰二　十三年〔日本史〕秋九月鹿深臣佐伯連至自百濟各齎佛像一軀來蘇我馬子造殿安之佛法自茲瀰漫

乙巳三　十四年〔日本史〕春二月疫疾流行民多死三月大連物部弓削守屋大夫中臣勝海奏言佛法興行疫疾愈甚請嚴禁斷其法

詔可之燒佛像塔殿棄餘像於難波堀江天皇欲速復任那差坂田耳子王爲使會天皇及大連守屋患瘡不果於是詔皇弟橘豐日皇子曰宜奉先皇遺敕以復任那爲事時京師患瘡死者甚多民間譌言燒佛像所致夏六月馬子因病請奉三寶天皇素好文史不信佛法詔馬子曰汝獨爲之勿惑他人秋八月天皇崩於大殿起殯宮於廣瀨年四十八崇峻四年葬磯長陵〔文〕后二廣姬息長眞手王女額田部女欽明夫人老女君春日仲君女兔名子伊勢大鹿小熊女子六廣姬生押坂彥人大兄皇子額田部生竹田皇子尾張皇女後爲推古帝老女君生難波皇子春日皇子大派皇子

用明天皇

〔唐書日本傳〕〔文〕用明亦曰目多利思比孤直隋開皇末始與中國通

案崇峻直開皇末用明不直也此記載之誤

〔宋史日本傳〕次用明天皇年代紀

〔日本史〕用明天皇諱橘豐日初稱大兄皇子欽明第四子也母堅鹽媛天皇尊神道信佛法敏達十四年八月崩九月天皇卽位都於磐余號池邊雙槻宮大臣蘇我馬子大連物部弓削守屋並如故

丙午 四 元年〔日本史〕春正月立穴穗部閒人皇女爲皇后夏五月穴穗部皇子殺三輪逆穴穗部欽明子也敏達崩穴穗部竊懷覬覦時羣臣悉集殯宮穴穗部發憤言曰何故事死王之庭而不朝生王之所既而用明卽位穴穗部陰謀弗軌元年五月欲烝炊屋姬皇后强入殯宮三輪逆麾兵衛鎖門不內穴穗部問曰何人在此兵衛答曰三輪君逆在焉穴穗部七呼不開門於是謂大臣蘇我

馬子大連物部守屋曰逆屢無禮余欲觀殯宮拒而不入七呼不應願斬之二人共曰唯命穴穗部素與守屋善便俱率兵圍磐余池邊逆知之逃於三諸岳夜半出山潛匿炊屋姬皇后別宮海石榴市爲族人白隄橫山所告穴穗部復遣守屋擊逆及其二子殺之

丁未禎明元二年日本史夏四月新嘗於磐余河上天皇得病還宮詔羣臣曰朕欲歸三寶卿等議之物部守屋中臣勝海奏佛番神不足敬蘇我馬子贊成詔旨引僧入宮於是守屋馬子怨隙滋甚馬子潛集兵守屋勝海亦聚兵自守迹見赤檮殺勝海天皇患瘡大漸崩於大殿葬磐余池上陵推古帝元年改葬河內磯長陵又后穴穗部間人女欽明嬪石寸名大臣蘇我稻目女廣子葛城磐村女子六后生廄戶皇子來目皇子殖栗皇子茨田皇子石寸名生田目皇子廣子

生麻呂子皇子

宋史日本傳有子曰聖德太子年三歲聞十人語同時解之七歲悟佛法於菩提寺講聖鬘經天雨曼陀羅華當此土隋開皇中遣使泛海至中國求法華經年代紀日本史聖德太子廄戶后娠時偶出巡視宮省至馬官廄戶不勞而產因名廄戶生而能言有聖智年數歲與諸皇子集於宮中相戲口闕帝聞取笞而起諸皇子皆走避太子獨袒而進帝曰汝何爾耶對曰天不可階而升地不可穴而藏所以進受笞也帝異之稍長好讀書性最聰敏兼聽十人訴事略無違錯帝愛之居之宮南上殿因號曰上宮廄戶豐聰耳皇子太子好釋教博覽典籍大臣蘇我馬子亦信佛敏達十四年馬子有疾奏請禱佛帝固不好佛謂太子曰我國自有神今馬子請祭異域之神爲之如何太子曰諸佛之道諸神亦不敢違今馬子請興佛法是國家之福也帝乃允馬子請是時天下疾疫民多死亡大連物部守屋中臣勝海奏馬子興行佛法所致於是帝下詔燒祠宇佛像太子馬子深惡二人所爲是歲帝崩用明即位二年患瘡彌留太子晝夜侍側祈請三寶口不絕嚮帝因欲歸佛而先是天子未曾禮佛是以召羣臣會議守屋勝海極陳不可馬子曰唯詔之從乃引豐國法師於宮中太子握馬子手垂涕曰三寶妙理人不知識妄生異議今大臣歸心於福田何喜如之馬子叩頭曰賴殿下聖德興隆佛法臣死之日猶生之年守屋睥睨大怒太子謂左右曰大連迷因果理禍今

將至但未覺耳或以告守屋守屋備兵自備勝海以眾助守屋太
子使舍入迹見赤禱陰殺勝海帝大漸與太子誓造寺及藥師佛
像以禱疾瘳既而帝崩時繼嗣未定守屋欲立穴穗部皇子馬子
先遣兵攻穴穗部太子子頗有言不聽而殺之遂與太子謀殺守屋
時用明喪在殯太子以東髮於頷身隨軍後守屋兵強太子自度非
假佛力不能克乃以白膠木作四天王像寘於項髮中發誓曰今
若使我勝歃當爲護世四王期建寺塔既而守屋敗死太子乃建
寺安四天王像收守屋奴婢資財田宅悉施捨焉分田一萬頃賞
赤禱崇峻立惡馬子驕暴密謂太子曰馬子內恣私慾外飾佛教
賓無忠義之情汝以爲如何太子對曰馬子誠驕臣也惟陛下忍
焉帝剛賜嫉惡時有忿言馬子聞而懼密圖不軌太子處其間兩
知其計而不能匡濟隱忍累日帝遂以弑崩太子聞而哭曰過去
報也馬子後捕行弑者東漢騎數罪殺之天下益憎之無太子曰亦曰
讒有此誅弑君之名干載不能雪矣然復翻卑附之無敢與忤羣
臣乃勸進敏逵皇后臨朝是爲推古帝推古元年立爲皇太子攝
政以萬機委焉二年詔太子及馬子興隆佛法於是諸臣連等競
造塔寺三年高麗僧慧慈來太子師之從受五戒做浮屠號自命
曰勝釁十一年太子始制冠位十二階明年制憲法十七條一曰
以和爲貴無忤爲宗二曰篤敬三寶三曰承詔必謹四日臣卿百
寮以禮爲本五日絕餐棄欲明辨訴訟六曰懲惡勸善七曰人各
有任掌宜不濫八曰羣卿百寮早朝晏退九曰信是義本十曰絕
忿棄瞋不怒人違十一曰明察功過賞罰必當十二曰國司國造
勿斂百姓十三曰諸任官者同知職掌十四日羣臣百寮無有嫉
妬十五曰背私向公十六曰使民以時十七日事不獨斷必與眾

論十四年帝令太子講勝鬘法華二經引諸名僧於前論問太子法服升法座揮麈尾酬應帝嘉之詔賜播磨水田一百町太子嘗疑法華經有脫字欲得全經十五年奏請使大禮小野妹子聘於隋其書皆太子之詞也明年妹子獲經而歸十九年五月帝將幸菟田觀野人逐獸太子諫曰佛教五戒一爲不殺生儒之所謂仁也願陛下永斷此事帝納之自是每歲以此日采藥名曰藥獵二十二年馬子疾太子奏爲馬子度僧尼千人二十五年帝令太子重講勝鬘經馬子因讚揚太子功德請賞其勞帝大喜益太子湯沐邑加給東宮俸二倍於常式太子皆施之其所掤寺二十八年與馬子撰天皇記國記及臣連伴造百八十部公民本記二十九年先是太子疾帝使田村皇子視疾且問所欲言太子便附田村皇子報奏而其所言不過紹興佛法造修伽藍事二月薨於班嶋宮年四十九葬磯長陵天下莫不哀惜哭泣之聲滿行路踰月不絕世傳太子生也身有異香手拳不啟二歲二月東向稱南無佛自啟手出佛舍利云及長常修梵行嘗遊片岡山覩飢者問其姓名不言太子命與飲食自解衣覆之明日遣人視之已死乃棺斂葬其所後數日太子謂左右曰前日飢者是眞人也復遣人開墓覩之棺中唯有衣時人甚驚異焉初欽明十三年百濟始獻佛像經論帝疑之未信歷問羣臣蘇我稻目最先信道物部尾輿中臣鎌子執正議排之法廢不行及太子與馬子相得而其道始熾不數十年寺四十六所僧尼千三百八十餘人太子所建寺曰四天王法隆中宮橘樹蜂岡池後葛城元興日向定林法興所著有勝鬘維摩法華經疏號曰上宮疏皆得深義云世稱上宮法王或稱法主王

案廄戸太子主持佛法遂成蘇我馬子之亂又弒君不討阿附
國賊所謂聖德安在此彼土僧徒感其崇奉之力飾爲虛美耳

崇峻天皇

唐書日本傳次崇峻

宋史日本傳次崇峻天皇年代紀

日本史崇峻天皇欽明第十二子也諱泊瀨部母小姉君用明崩
繼嗣未定大連物部守屋欲立穴穗部皇子六月大臣蘇我馬子
奉炊屋姫皇后詔使佐伯丹經手土師磐村的眞嚙殺穴穗部皇
子宅部皇子七月馬子與天皇及諸皇子羣臣率軍攻守屋大戰
敗之跡見赤檮射殺守屋賜田萬頃葬用明八月炊屋姫皇后與
羣臣定策奉天皇卽位大臣蘇我馬子如故

戊申二和漢年契元年遷都於倉梯號柴垣宮春三月立大伴康手

連之女小手子爲妃冬十月大臣馬子造元興寺
己酉 隋開皇九 二年〔和漢年契〕遣使於諸道觀察國境
庚戌 十 三年
辛亥 十一 四年〔日本史〕夏四月葬敏達詔羣臣議封任那冬十一月以紀男麻呂巨勢比良夫狹臣大伴囓葛城烏柰良爲大將軍復任那率兵二萬餘屯筑紫
壬子 十二 五年〔日本史〕冬十月人或獻山豬天皇指之曰何當斬朕所惡之人如斷此豬頭因多備兵仗大臣馬子聞而懼十一月天皇暴崩葬倉梯岡陵〔又〕妃小手子 大伴糠手女 子一蜂子皇子

推古天皇

〔唐書日本傳〕崇峻死欽明之孫女推古立
〔宋史日本傳〕次推古天皇欽明天皇孫女也 年代紀

日本史（推古）天皇諱豐御食炊屋姬母稱額田部皇女欽明女用明同母妹也年十八爲敏達后崇峻五年十一月崇峻崩羣臣請皇后踐祚皇后辭讓百寮勸進至三乃從十二月卽位於豐浦宮時年四十大臣蘇我馬子如故

癸丑十三 元年（和漢年契）夏四月立廐戶皇子爲太子攝政太子建天王寺九月改葬用明於河內科長陵

甲寅十四 二年（和漢年契）詔興隆佛敎於是羣臣競造佛寺

乙卯十五 三年（和漢年契）將軍紀男麻呂等至自筑紫高麗僧惠慈百濟僧惠聰來朝太子師之

丙辰十六 四年（和漢年契）法興寺成

丁巳十七 五年（和漢年契）百濟來貢

戊午十八 六年

己未 十九 十七年〔和漢年契〕百濟貢橐駝驢羊白雉

庚申 二十 八年〔日本史〕春二月新羅與任那戰詔以境部臣爲大將軍穗積臣爲副將軍將萬餘衆救任那大破新羅兵拔其五城新羅割地乞降天皇復遣使新羅任那檢問其狀於是二國貢調誓以寢兵每歲必朝因召還諸將比至新羅又侵任那

隋書倭國傳開皇二十年俀王姓阿每字多利思北孤號阿輩雞彌遣使詣闕

宋史日本傳案隋開皇二十年倭王姓阿每名自多利思比孤遣使致書自字誤衍北比未知孰是

辛酉 仁壽元 九年〔日本史〕夏五月大雨河水汎濫

壬戌 二 十年〔日本史〕春二月以來目皇子爲征新羅將軍率兵討新羅夏六月來目皇子病不果行冬十月百濟僧觀勒來獻厤本及

天文地理遁甲方術等書敕選書生受業

癸亥三十一年（日本史）春二月來目皇子薨於筑紫夏四月以當麻皇子爲征新羅將軍會妻喪不果冬十月天皇遷居小墾田宮十二月始定冠位十二階（曰大德小德大仁小仁大禮小禮大信小信大義小義大智小智）

甲子四十二年（日本史）春正月賜冠位於諸臣有差夏四月皇太后撰憲法十七條秋九月改制朝禮

乙丑（煬帝大業元）十三年（日本史）夏四月詔皇太子及羣臣同發誓願始造銅繡丈六佛像各一以鞍作鳥爲佛工高麗王大興聞之獻黃金三百兩秋閏七月皇太子命諸王諸臣著褶

丙寅二十四年（日本史）夏四月安丈六銅佛於元興寺設齋自是以四月八日七月十五日爲諸寺齋會每歲以爲常秋七月令皇太子講勝鬘經

丁卯 三十五年日本史春二月詔祭神祇秋七月遣大禮小野妹子於隋冬作倭高市池藤原池肩岡池菅原池山背栗隈溝河內戶苅池依網池每國置屯倉

隋書倭國傳大業三年其王多利思北孤遣使朝貢使者曰聞海西菩薩天子重興佛法故遣朝拜兼沙門數十人來學佛法其國書曰日出處天子致書日沒處天子無恙云云帝覽之不悅謂鴻臚卿曰蠻夷書有無禮者勿復以聞

隋書煬帝紀大業四年倭國遣貢方物

案據倭國傳四年當作三年

戊辰 十六年日本史夏四月小野妹子還自隋隋使裴世清從妹子來至筑紫遣難波雄成迎之造新館於難波六月世清至難波津以飾船三十艘迎入新館以中臣宮地烏麻呂大河內糠手船

王平爲掌客秋八月世清入京遣額田部比羅夫率飾騎迎於海石榴市世清詣闕奉其國書及信物饗世清等於朝九月又饗於難波世清等歸復以妹子爲大使難波雄成爲小使聘於隋

隋書俀國傳明年上遣文林郎裴清使於俀國度百濟行至竹島南望𨈭羅國經都斯麻國迥在大海中又東至一支國又至竹斯國又東至秦王國其人同於華夏以爲夷洲疑不能明也又經十餘國達於海岸自竹斯國以東皆附庸於俀俀王遣小德阿輩臺（郎難波雄成譯音）從數百人設儀仗鳴鼓角來迎後十日又遣大禮哥多毗從二百餘騎郊勞既至彼都其王與清相見大悅曰我聞海西有大隋禮義之國故遣朝貢我夷人僻在海隅不聞禮義是以稽留境內不卽相見今故清道飾館以待大使冀聞大國惟新之化清荅曰皇帝德並二儀澤流四海以王慕化故遣行人來此宣諭

既而引淸就館其後淸遣人謂其王曰朝命既達請卽戒塗於是設宴享以遣淸復令使者隨淸來貢方物此後遂絕

宋史日本傳自後漢始朝貢歷魏晉宋隋皆來貢

己巳 五 十七年日本史秋九月小野妹子等還自隋

庚午 六 十八年日本史春三月高麗貢僧曇徵法定冬十月新羅任那朝貢

辛未 七 十九年日本史夏五月藥獵於菟田野秋八月新羅任那朝貢

壬申 八 二十年日本史春正月置酒宴羣臣夏五月藥獵於羽田

癸酉 九 二十一年日本史冬十一月作掖上畝傍和珥三池難波達

京大開道路和漢年契建達磨寺

甲戌 十 二十二年日本史夏五月藥獵六月遣犬上御田鍬矢田部

造於隋

乙亥 十一 二十三年日本史秋九月御田鍬等還自隋

丙子 十二 二十四年日本史春正月桃李實秋七月新羅貢佛像

丁丑 恭帝義寧元 二十五年

戊寅 唐高祖武德元 二十六年日本史秋八月高麗貢調因獻隋俘及槖駝器物

己卯 二 二十七年

庚辰 三 二十八年日本史冬十二月赤氣長丈餘亘天形似雞尾是歲皇太子與大臣蘇我馬子議撰天皇記及國記臣連伴造國造百八十部公民等本記

辛巳 四 二十九年日本史春二月皇太子薨冬十二月穴穗部間人皇后崩是歲新羅貢調

壬午 五 三十年

癸未 六 三十一年日本史秋七月新羅任那貢調獻佛像金塔舍利大小幡等以佛像置葛野秦寺其餘納四天王寺唐僧慧齊慧光醫慧日福因等從新羅使來新羅復擊任那取之天皇召羣臣議討新羅乃遣難波磐金於新羅吉士倉下於任那察問其狀更以大德境部雄麻呂小德中臣國爲大將軍小德河邊禰受物部依網乙等波多廣庭近江脚身飯蓋平羣宇志大伴連大宅軍爲副將軍率兵數萬討新羅新羅恐怖請罪釋之冬十一月磐金等至自新羅是歲霖雨大水五穀不登

甲申 七 三十二年日本史夏四月有僧執斧毆祖父天皇召大臣議將處重科召諸寺僧尼推問將幷坐之百濟僧觀勒上表請獨罪其犯惡逆者而赦其餘聽之詔曰夫僧尚犯法何以誨俗自今以

後宜置僧正僧都檢校僧尼以觀勒爲僧正鞍作部德積爲僧都
阿曇連爲法頭秋九月校佛寺僧尼具錄造寺入道之緣得度之
年月日冬十月蘇我馬子奏請賜葛城縣爲封戶不聽
乙酉八 三十三年日本史春正月高麗貢僧慧灌
丙戌九 三十四年日本史春正月桃李華隕霜夏五月大臣蘇我馬
子薨六月雪三月至七月霖雨天下大饑盜賊蜂起以蘇我蝦夷
爲大臣
丁亥太宗貞觀元 三十五年日本史夏五月有蠅聚集可十丈音如雷越
信濃坂東至上野而散
戊子二 三十六年日本史春三月天皇崩於小墾田宮年七十五遺
詔曰比年五穀不登百姓大飢勿起山陵厚葬當就竹田皇子塋
葬之四月雨雹大如桃子春夏連旱九月葬竹田陵

舒明天皇

唐書日本傳次舒明

宋史日本傳次舒明天皇年代紀

日本史舒明天皇諱息長足日廣額初稱田村皇子押坂彥人大兄皇子之子敏達嫡孫也母糠手姬皇女三十六年三月推古崩天皇屬在元嗣且承遺詔山背王亦以爲受旨有意踐阼於是大臣蘇我蝦夷大會羣臣議定所立僉曰當從遺詔立田村皇子唯境部摩理勢等固欲奉山背王蝦夷殺摩理勢

己丑 三 元年日本史春正月卽位大臣蘇我蝦夷如故

庚寅 四 二年日本史春正月立寶皇女爲皇后三月高麗百濟朝貢秋八月遣犬上御田鍬藥師惠日於唐冬十月移宮於飛鳥岡號岡本宮

辛卯 五 三年日本史三月百濟王義慈納其子豐璋爲質秋九月行幸攝津有閒温湯冬十二月還宮

舊唐書倭國傳貞觀五年遣使獻方物太宗矜其道遠敕所司無令歲貢又遣新州刺史高表仁持節往撫之表仁無綏遠之才與王子爭禮不宣朝命而還至二十二年又附新羅奉表以通起居

唐書日本傳太宗貞觀五年遣使者入朝帝矜其遠詔有司無拘歲貢遣新州刺史高仁表往諭與王爭禮不平不肯宣天子命而還久之更附新羅使者上書

壬辰 六 四年日本史秋八月唐使高表仁送犬上御田鍬等至對馬冬十月遣大伴馬養以飾船三十餘迎高表仁入難波館

癸巳 七 五年日本史春正月高表仁等歸使吉士雄麻呂黑麻呂送至對馬

案新唐書作仁表舊唐書作表仁與日本史同

甲午　八　六年

乙未　九　七年日本史夏六月百濟朝貢

丙申　十　八年日本史春正月敕羣臣朝參鳴鐘爲期夏五月霖雨大水六月岡本宮災遷御田中宮是歲大旱天下飢

丁酉　十一　九年日本史春二月蝦夷叛大仁上毛野形名爲將軍討平之

戊戌　十二　十年日本史冬十月行幸有閒温湯百濟新羅任那朝貢

己亥　十三　十一年日本史春正月至自有閒九月新羅遣使送入唐學問僧慧隱慧雲至京冬十二月行幸伊豫温湯是月建九層塔於百濟川上

庚子　十四　十二年日本史夏四月還自伊豫自六年至十二年天變迭

見五月大設齋會使僧慧隱說無量壽經於大內禁中用僧自此
始也冬十月新羅百濟朝貢是月遷百濟宮
十三年（辛丑 十五）【日本史】冬十月天皇崩於百濟宮葬滑谷岡後改葬
押坂陵【又】后寶皇女（茅渟王女）夫人法提郎媛（大臣蘇我馬子女）宋女蚊屋后
生天智帝天武帝間人皇后後爲皇極帝法提郎媛生古人皇子
蚊屋生蚊屋皇子

皇極天皇

【唐書日本傳】次皇極
【宋史日本傳】次皇極天皇（年代紀）
【日本史】皇極天皇諱天豐財重日足姬初稱寶皇女敏達曾孫押
坂彥人大兄皇子孫茅渟王女也母吉備姬王天皇初適用明孫
高向王而生漢皇子後舒明納焉二年立爲皇后十三年十月舒

明崩
壬寅十六 元年〔日本史〕春正月卽位大臣蘇我蝦夷如故蝦夷子入鹿尊政威權過父二月高麗百濟入貢夏六月大旱秋七月大臣蝦夷以百姓大雩無應聚僧大寺讀大乘經燒香自禱亦無驗八月天皇行幸南淵河上跪拜四方仰天而祈雷雨忽至遂雨五日徧於諸國百姓呼萬歲稱曰至德天皇十二月葬舒明
癸卯十七 二年〔日本史〕三月遷都於飛鳥號板蓋宮九月改葬舒明十一月蘇我入鹿謀立古人大兄皇子遣巨勢德太古土師豬手襲山背大兄王王及妻子自經死
甲辰十八 三年
乙巳十九 四年〔日本史〕夏六月中大兄皇子誅蘇我入鹿於朝其父蝦夷亦伏誅蘇我族滅天皇傳位於輕皇子

孝德天皇

〔唐書日本傳〕穴孝德

〔宋史日本傳〕穴孝德天皇 紀年 化

〔日本史〕孝德天皇諱天萬豐日初稱輕皇子皇極母弟也皇極四年六月授國於天皇令踐阼天皇讓古人大兄皇子皇子固辭入吉野山法興寺爲僧世稱吉野太子於是天皇即位尊皇極帝曰皇祖母尊立中大兄皇子爲皇太子號大連始置左右大臣及內臣天皇與皇太子奉皇祖母尊盟群臣於大槻樹下以是歲爲大化元年年號始此秋七月立間人皇女爲皇后高麗百濟新羅朝貢九月古人皇子謀反吉備笠垂自首遣兵討之古人皇子伏誅遣使諸國錄民數詔曰歷世天皇必置標代民垂名於後故臣連伴造國造等亦各置私民恣情驅使且割國縣山海林野池田以爲

私財爭奪無已或兼并數萬頃田或無立錐地及進調賦亦先自收斂然後分進修治宮殿造營園陵亦各率私民而從事易曰損上益下節以制度不傷財不害民方今百姓猶乏而有勢者分割水陸以爲私地賣與百姓年索其價從今以後宜禁私賣地以杜兼并之路於是百姓大悅冬十二月遷都於難波長柄號豐碕宮日本國志今西成郡長柄村

丙午二十大化二年日本史春正月宣詔下新令一罷前代所置子代之民臣連伴造國造村首所有部曲田莊大夫以上賜食封官人百姓賜布帛各有差二定畿內國界置國司郡分大中小置大領小領主政主帳三造戶籍制班田收授法定田畝四罷舊賦役行租庸調法日本國志各州徧設國司郡司諸吏多以國造任之於時漸省國爲郡是月行幸子代離宮遣使郡國修兵庫二月詔曰朕懸鍾設匱置收表官每旦執省

庶無冤滯近日有投匱者言百姓有事至京師者官司輒留役朕始亦思之然遷都日淺作役未畢故不得已而役之近得此表嘉歎不已其罷各處雜役高麗百濟任那新羅朝貢至自子代離宮

三月詔東國朝集使曰去年八月朕諭曰莫藉官勢取公私物宜各食部內之粟騎部內之馬違諭者次官以上降爵位主典以下決笞杖贓物倍徵之今問朝集使及諸國造等備知違詔罪狀自今以後國司等謹遵前詔勿放逸優詔褒鹽屋鯯魚神社福草朝倉君椀子連三河大伴直蘆尾直等六人良政罷官司各處屯田免吉備島皇祖母所貸稻以其屯田班賜羣臣及伴造等先是命皇太子議子代入部御名入部及屯倉廢置之宜於是皇太子奏停之先獻入部民五百二十四口屯倉一百八十一所詔曰朕聞西土之君戒其民曰古之葬者因高爲墓不封不樹棺槨足以朽

骨衣衾足以朽宍而已故吾營此丘墟不食之地欲使易代之後不知其所無藏金銀銅鐵一以瓦器合古塗車芻靈之義棺漆際會奠三過飯含無以珠玉無施珠襦玉柙諸愚俗所爲也又曰葬者藏也欲人弗得見也廼者我民由營墳墓屢致貧窶盍由尊卑無制今新立定法凡王以下至庶民不得營殯畿內及諸國宜定一葬地不得散處凡自經及絞人爲殉或殺馬於壙或藏寶於墓或斷髮刺股而誄如此敝習一切禁遏若有違詔者罪逮其族又詔罷市司及要路津濟渡子調賦而給田地遣使諸國勸農事禁耕種以前飲酒食美味九月遣小德高向玄理於新羅徵質罷任那調行幸蝦蟆離宮是歲越國鼠晝夜相連東徙

丁未 二十一 大化三年（日本史）春正月觀射於朝高麗新羅貢調冬十月行幸有間温湯十二月還御武庫行宮是歲天皇遷御小郡宮

新制禮法定百官朝參時刻制七色十三階冠新羅遣上臣大阿湌金春秋爲質

戊申 二十二 大化四年〔日本史〕春正月行幸難波豐碕宮夏四月罷古冠新羅貢調

己酉 二十三 大化五年〔日本史〕春二月改制冠十九階置八省百官

庚戌 高宗永徽元 白雉元年〔日本史〕春正月行幸味經宮受朝賀二月穴戸國司草壁醜經獻白雉詔改元大赦夏四月新羅貢調〔唐書日本傳〕永徽初其王孝德卽位改元曰白雉

辛亥 二 白雉二年〔日本史〕夏六月百濟貢調冬十二月召僧尼二千一百餘人於味經宮讀大藏經然鐙二千七百餘於廷內讀安宅土測等經

壬子 三 白雉三年〔日本史〕春正月行幸大郡宮三月還宮夏四月洪

水壞屋傷稼作戸籍新羅百濟貢調冬十二月召天下僧尼於内裏設齋然鐙

癸丑 四 白雉四年（日本史）夏五月以小山上吉士長丹爲遣唐大使小乙上吉駒爲副使又以大山下高田根麻呂爲大使小乙上埽守小麻呂爲副使臨僧旻房問病六月百濟新羅貢調僧旻死遣使賜賻秋七月遣唐使高田根麻呂至薩麻竹島合船漂沒唯五人得免

（宋史日本傳）白雉四年律師道照求法至中國從三藏僧玄奘受經律論當此土唐永徽四年也年代紀

（日本史）是歳皇子奏請遷於倭京不許皇太子奉皇祖母尊皇后率皇弟移居倭飛鳥河邊行宮公卿百官皆從天皇不樂欲棄天位造宮於山崎

甲寅五 白雉五年日本史二月以大錦上高向玄理爲遣唐押使小錦下河邊麻呂爲大使大山下藥師慧日爲副使秋七月遣唐使小山上吉士長丹小乙下吉士駒等歸獻書籍寶貨

唐書日本傳永徽初其王孝德獻琥珀大如斗瑪瑙若五升器時新羅爲高麗百濟所暴高宗賜璽書令出兵援新羅

宋史日本傳唐永徽五年遣使獻琥珀瑪瑙

日本史冬十月天皇不豫皇太子公卿等悉詣難波宮天皇崩十二月葬河內大坂磯長陵又后開人（舒明女）妃小足媛（左大臣阿倍倉梯麻呂女）乳娘（右大臣蘇我倉山田石川麻呂女）子一小足媛生有開皇子

齊明天皇

唐書日本傳未幾孝德死其子天豐財立

宋史日本傳次天豐財重日足姬天皇（年代紀）

案合宋史及日本史考之知唐書以爲孝德子誤也

〔日本史〕齊明天皇者皇極天皇重踐阼也始天皇禪位於孝德上尊號曰皇祖母尊白雉五年十月孝德不豫天皇自飛鳥河邊行宮至難波宮既而帝崩十二月葬孝德是日天皇自難波還行宮

乙卯 六 元年〔日本史〕春正月天皇即位於飛鳥板蓋宮中大兄皇子仍爲皇太子左大臣巨勢德太古內臣中臣鎌足並如故八月小錦下河邊麻呂等還自唐冬板蓋宮災天皇遷飛鳥川原宮

丙辰 顯慶元 二年〔日本史〕改卜宮地於飛鳥岡本號後飛鳥岡本宮又起觀於田身嶺上兩槻樹下周以牆垣號兩槻宮又曰天宮又造吉野宮岡本宮災

丁巳 二 三年〔日本史〕秋七月吐火羅國人來假造須彌山狀於飛鳥寺西設盂蘭盆會遣閒人御廄依網稚子僧智達等於唐因命新

羅護送新羅不奉詔御廄等歸

〔宋史日本傳〕令僧智通等入唐求大乘法象教當顯慶三年年代紀

案智通蓋卽智達通達形近未知孰是據此則御廄等歸而智通仍行其至中國當顯慶三年矣

戊午 三 四年〔日本史〕夏四月阿倍比羅夫率舟師伐蝦夷降之冬十月行幸紀溫湯十一月有間皇子謀反伏誅黨與流斬是歲越國守阿倍比羅夫伐肅愼獻羆二羆皮七十張僧智踰造指南車

己未 四 五年〔日本史〕春正月至自紀溫湯三月行幸吉野近江平浦吐火羅舍衛國人來秋七月遣坂合石布津守吉祥聘唐將陸奧蝦夷男女二人進唐主

庚申 六 六年〔日本史〕夏五月敕作高座一百衲袈裟一百設仁王般若會皇太子始造漏刻秋九月百濟遣使奏新羅借唐兵滅其國

佐平鬼室福信與新羅戰圖恢復冬十月鬼室福信遣使獻唐俘
百餘人乞救且請迎其王子餘豐爲國主許之十二月將遣兵救
百濟行幸難波宮簡閱軍器救駿河造船

辛酉 龍朔元 七年（日本史）春正月親帥舟師西征至大伯海次伊豫熟
田津石湯行宮三月遷娜大津居磐瀨行宮改號長津夏四月百
濟佐平鬼室福信上表乞迎其王子糺解五月天皇伐朝倉社樹
造橘廣庭宮居之秋七月天皇崩於朝倉宮八月皇太子奉梓宮
還於長津宮葬小市岡上陵追謚前朝曰皇極天皇後朝曰齊明
天皇初天皇居飛鳥岡本宮屢興土木使水工鑿渠自香山西至
石上山以船二百隻運石上山石於宮東山壘以爲垣材木朽腐
委積山椒工匠役夫十餘萬人費用不貲士民怨苦謂之狂心渠

（日本國志）自繼體至皇極齊明復辟凡十二世一百五十五年

天智天皇

唐書日本傳死子天智立

宋史日本傳次天智天皇年代紀

日本史天智天皇諱天命開別初稱葛城皇子一名中大兄舒明嫡子皇極所生也天皇常見蘇我入鹿專橫僭僞迹露與中臣鎌足謀除之從其計納蘇我石川麻呂女爲援鎌足又薦佐伯子麻呂葛城稚犬養網田皇極四年六月三韓進貢帝御大極殿入鹿朝服而入天皇命石川麻呂讀三韓表子麻呂網田斬入鹿便戒衞門府鎖十二通門隔絕往來親執長槍立於殿側鎌足持弓矢侍衞石川麻呂讀表文將盡鎌足促子麻呂子麻呂畏縮不發石川麻呂手戰聲索汗出沾脊入鹿怪問之石川麻呂曰天威咫尺不覺而然天皇恐失機生變咄嗟而入劒擊入鹿中其頭肩子麻

呂等繼進揮劒斬其一脚入鹿攀御座叩頭曰臣不知罪請垂天鑒皇極謂天皇曰入鹿有何罪天皇伏地奏曰鞍作盡滅皇族將傾天皇位豈可以鞍作易天孫乎帝卽起入內子麻呂等遂斬入鹿天皇慮有他變入法興寺以備諸皇子公卿悉赴焉以入鹿屍賜其父蝦夷漢直等將率其徒助蝦夷爲亂天皇令將軍巨勢德大古諭以逆順賊徒潰散蝦夷伏誅皇極將傳位天皇天皇從鎌足之言密奏讓孝德皇極嘉之遂禪位於孝德立天皇爲皇太子匡輔朝政齊明帝再祚仍爲皇太子七年正月從西征七月帝崩皇太子素服稱制是月唐將軍蘇定方與突厥契苾加力等水陸倶進薄高麗城下八月皇太子奉喪還長津宮聽海表軍政遣前將軍大華下阿曇比邏夫小華下河邊百枝後將軍大華下阿倍引田比羅夫大山上物部熊大山上守大石等救百濟給兵仗五

穀九月授織冠於百濟王子餘豐還其國使大山下狹井檳榔小山下朴市秦田來津率兵五千餘護送之十月奉梓宮發長津還至難波十一月殯於飛鳥川原十二月高麗言大破唐兵取二壘

壬戌二元年（日本史）正月賜百濟佐平鬼室福信矢十萬枝絲五百斤綿千斤布千端韋千張稻種三千斛三月賜百濟王子餘豐布三百端是月唐人新羅人伐高麗高麗遣使請救五月大將軍大錦中阿曇比邏夫帥舟師至百濟宣敕立餘豐爲王賜金策於鬼室福信詔諭褒美六月百濟貢調

唐書日本傳天智立明年使者與蝦蛦人皆朝蝦蛦亦居海島中其使者鬚長四尺許珥箭於首令人戴瓠立數十步射無不中

案據日本史齊明時遣使聘唐將蝦夷進唐主卽此事也非天智時疑史傳誤

癸亥三 二年〔日本史〕二月百濟貢調鬼室福信獻唐俘續守言等三月遣前將軍上毛野稚子間人大蓋中將軍巨勢神前譯語三輪根麻呂後將軍阿倍引田比羅夫大宅鎌柄率兵二萬七千伐新羅八月新羅入百濟圍其王城諸將與唐兵戰於白村江不利小山下朴市秦田來津死之百濟王餘豐走高麗九月諸軍還自百濟佐平余自信達率木素貴子谷那晉首憶禮福留等率國民從來

甲子麟德元 三年〔日本史〕二月命大海人皇子改冠位號增爲二十六階定氏上民部家部其大氏之氏上賜大刀小氏之氏上賜小刀伴造等氏上賜干楯弓矢三月以百濟王子善光等居難波五月唐百濟鎭將劉仁願遣朝散大夫郭務悰等進表獻物十月饗郭務悰等賜物有差

乙丑 二 四年〔日本史〕二月間人太后崩處百濟男女四百餘口於近
江神前郡給田九月唐使沂州司馬劉德高等上表十月大閱於
菟道十一月饗唐使十二月劉德高等歸賜物有差是歲遣小錦
守大石小山境部石積大乙岐彌針間於唐
丙寅 乾封元 五年〔日本史〕正月高麗貢調耽羅貢獻七月大水免今秋
租調十月高麗貢調是冬處百濟男女二千餘口於東國僧智由
獻指南車
丁卯 二 六年〔日本史〕二月葬齊明七月耽羅貢獻八月皇太子如倭
京十一月唐百濟鎮將劉仁願遣熊山縣令司馬法聰等送還大
山下境部石積等於筑紫都督府司馬法聰等歸使小山下伊吉
博德大乙下笠諸石護送是月築城於倭高安讚吉屋島對馬島
金田

戊辰總章元年元年（日本史）春正月始行卽位禮時年四十三天皇至孝殯先帝六年至此登阼宴羣臣二月立倭姬爲皇后古人皇子女也夏四月百濟貢調五月獵於蒲生野秋七月高麗貢調是月講武於近江多置牧放馬越國獻然土然水九月新羅貢調冬十月唐滅高麗十一月賜新羅王絹五十疋綿五百斤韋百枚

己巳二年二年（日本史）春三月耽羅貢獻使歸賜五穀種於耽羅王夏五月獵於山科野秋九月新羅貢調冬十月臨內臣中臣鎌足第問病遣大海人皇子就鎌足第賜姓藤原授大織冠爲內大臣內大臣始於此內大臣藤原鎌足薨十二月大藏災是冬修高安城藏畿內租稅斑鳩寺災是歲遣小錦中河內鯨等於唐徙百濟男女七百餘口於近江浦生郡唐使郭務悰等二十餘人來

冊府元龜總章二年十一月倭國遣使獻方物

（咸亨元 庚午）三年〔日本史〕春正月制朝廷禮節及行路相避之儀禁遏諸妖妄事二月造戶籍糺斷盜賊浮浪行幸蒲生郡匱邇野觀宮地又修高安城蓄鹽穀修長門及筑紫城是歲造水碓冶鐵

唐書日本傳咸亨元年遣使賀平高麗

（二 辛未）四年〔日本史〕春正　大海人皇子奉敕頒冠位法度大赦天下高麗貢調唐百濟鎮將劉仁願遣李守眞等上表授百濟佐平餘自信沙宅紹明等五十餘人位各有差二月百濟貢調夏四月始置漏刻於新臺擊鐘鼓以警時〔日本國志定十陵隨世次遞除後世以帝爲中興之祖因奉爲百世不除之陵〕秋九月天皇不豫冬十月宮中開百佛眼遣使供袈裟金鏤象牙沈水旃檀及諸珍寶於法興寺十七日召大海人皇子屬以後事皇子再拜稱疾固辭請爲僧辭意懇至乃許之卽日剃頭敕賜袈裟十九日再入宮拜辭入吉野於是立大友皇子爲皇太

子十一月近江宮災十二月天皇崩於近江志賀宮年四十六葬
山背山科陵天皇好學能文明習治體設庠序徵茂才定五禮興
百度嘗命羣臣撰令二十二卷謂之近江朝命所製文章甚多今
皆不傳有書法一百卷孝謙帝時藏之崇福寺初天皇從齊明帝
西征造宮於朝倉山材木不斲務從質樸時人謂之黑木御所又
號木丸殿親製朝倉木丸殿歌後世以爲神樂曲又嘗欲修倭高
安城慮民疲弊重勞之而止者數焉時人稱其仁德〔又〕后倭姬古人皇子女嬪遠智娘右大臣蘇我倉山田石川麻呂女姪娘遠智娘姊橘娘左大臣阿倍倉梯麻呂女常
陸娘左大臣蘇我赤兄女色夫古娘忍海小龍女黑媛娘栗隈德萬女宅子娘伊賀采女越
道君伊羅都賣子四遠智娘生建皇子持統帝姪娘生元明帝色
夫古娘生川島皇子宅子娘生宏文帝伊羅都賣生春日宮天皇
施基施基生光仁帝

宏文天皇

〔日本史〕宏文天皇諱大友初稱伊賀皇子天智長子也母伊賀采女宅子娘魁岸奇偉天性明悟博學通古唐使劉德高見而異之曰皇子風骨非常不似世間人天智四年正月拜太政大臣總百揆羣下肅然十月帝大漸大海人皇子辭儲位帝許之於是立天皇爲皇太子十一月皇太子與左大臣蘇我赤兄右大臣中臣金御史大夫蘇我果安巨勢人紀大人誓於佛像前復盟於帝前十二月天智崩皇太子卽位時年二十四

壬申 三 元年〔日本史〕春三月遣使筑紫告喪於唐使郭務悰郭務悰等喪服擧哀東向稽首獻書函信物夏五月賜甲冑弓矢絁布綿於郭務悰等六月大海人皇子稱兵於吉野遣其將於美濃發兵塞不破道使伊勢國司三寶石牀等塞鈴鹿山道京師大震天皇

召羣臣會議或進策曰急發驍騎躡跡追之若緩則失事機天皇不聽遣韋那磐鍬書藥忍坂大麻呂於東國穗積百足及弟百枝物部日向於倭京佐伯男於筑紫樟磐手於吉備國發兵諭男磐手曰筑紫太宰栗隈王吉備國守當摩廣島雅屬心吉野若有不服就殺之磐手到吉備國授符紿廣島殺之男至筑紫栗隈王承符辭謝不肯出兵磐鍬等至不破藥大麻呂爲伏兵所虜磐鍬逃歸高坂王與穗積百足等營於飛鳥寺西槻下百足爲吉野將大伴吹負所誘殺百枝日向亦被擒繇是高坂王稚狹王懼出降秋七月吉野將坂木財陷高安城壹岐韓國分軍自大津丹比二道進攻財於高安城財等進兵渡衞我河韓國戰卻之河內國司來目鹽籠謀應不破軍韓國覺之鹽籠自殺時山部王蘇我果安巨勢人將兵數萬軍於犬上川欲進襲不破山部王爲果安人所殺

軍亂不進果安自殺羽田矢國其子大八以其族降於吉野將軍
大野果安擊大伴吹負於乃樂山大破之追至八口疑有伏不退
田邊小隅夜襲吉野將田中足麻呂所守倉歷營大破之進兵攻
莿萩野營不利而退境部藥與村國男依戰於息長橫河敗死秦
友足與男依戰於鳥籠山死之壹岐韓國與吹負戰於葦池上不
利吹負分兵來攻別將廬井鯨率精兵衝吹負營既而吉野將三
輪高市麻呂置始菟大破我上道軍於箸陵遂斷鯨軍後兵士驚
潰鯨單騎走社戶大口土師千嶋與男依戰於安河上被虜栗太
軍又敗男依等薄瀨田天皇悉衆軍橋西智尊率精銳爲先鋒撤
橋板三丈置一長板繫索設機吉野兵不敢進大分稚臣棄矛提
刀踏板疾度截斷板索冒矢以進我兵悉亂智尊怒斬退者然不
可禁智尊戰死軍遂敗績三尾城陷犬養五十君谷鹽手敗死羣

臣皆逃唯物部麻呂及一二舍人從天皇崩於山前時年二十五在位九月明治三年追謚宏文天皇〈文〉妃十市皇女（天武女）耳面刀自（内大臣藤原鎌足女）十市生葛野皇子耳面刀自生壹志姬王某氏生與多王

日本源流考卷三終

日本源流考卷四

長沙王先謙益吾撰

天武天皇

唐書日本傳天智死子天武立

案據日本史天武乃天智弟此云天智子誤

宋史日本傳次天武天皇年代紀

日本史天武天皇諱天渟中原瀛眞人初稱大海人皇子天智母弟也天智四年十月帝不豫令蘇我安麻呂召天皇安麻呂素善天皇密曰宜慮而言天皇頷之旣而入臥內帝屬以後事辭曰臣不幸多病何能奉社稷願陛下以天下屬皇后立大友皇子爲儲君臣請出家爲陛下修功德帝許之天皇退入省中佛殿踞朝床剃髮帝使次田生磐賜袈裟天皇收所有兵器納之官入宮拜辭

入吉野左大臣蘇我赤兄右大臣中臣金大納言蘇我果安等送至菟道翼日至吉野謂舍人等曰我今入道修行汝曹欲修道者留欲仕成名者歸舍人等不敢去及再命半留半去明年五月朴井雄君來告曰臣頃至美濃朝廷敕美濃尾張兩國司差山陵役夫各執兵臣意非爲山陵必有事矣若不早圖悔無及又有人告曰近江京至倭京多置斥候命菟道守橋者遮留舍人運私糧者天皇曰吾所以遁世者欲治病全身永終百年也事如此吾豈坐取亡耶六月遣村國男依和珥部君手身毛廣往諭美濃國司先命安八磨郡湯沐令多品治發本郡兵急塞不破道天皇將赴東國或諫曰近江羣臣蓄謀已久必告天下梗塞道路今欲徒手而東臣恐事不就矣天皇從之欲召還男依等乃遣大分惠尺黃書大伴逢志麼乞驛鈴於倭留守司高坂王因命惠尺等曰若不得

鈴志摩當歸報惠尺至近江召高市大津二皇子會於伊勢已而
高坂王不與鈴志摩歸白狀是日天皇發途入東國正妃鸕野皇
女輿從草壁皇子忍壁皇子及朴井雄君縣犬養大伴佐伯大目
大伴友國稚櫻部五百瀨書根麻呂書智德山背小林山背部小
田安斗智德調淡海等二十餘人女孺十餘人從焉時事出倉卒
不遑待車馬天皇步而出途獲縣犬養大伴鞍馬騎之比過津振
川車馬亦追至至菟田吾城大伴馬來田黃書大伴後至屯田司
舍人土師馬手餉從者過甘羅村召獵人大伴朴本大國等二十
餘人又徵美濃王皆來從掠馱米馬五十匹使步者乘至大野會
日暮壞民舍籬爲炬以前夜半過隱郡燒驛家呼曰天皇入東國
吏民來歸然無一人應者渡橫河有黑雲竟天廣十餘丈天皇舉
燭親秉式占曰此天下兩分之祥也然我終得之乎進至伊賀郡

又焚驛家還至中山郡司等率兵數百歸之至莿萩野停駕進食
赴積殖山口高市皇子率民大火赤染德足大藏廣隅坂上國麻
呂古市黑麻呂竹田大德膽香瓦安倍自鹿深來會進經大山至
伊勢鈴鹿國司守三宅石牀介三輪子首湯沐令田中足麻呂高
田新家等來會發兵五百塞鈴鹿山道天皇進至川曲坂下夜發
既而雷雨暴寒衆皆凍疲至朝明郡迹太川上望拜天照大神大
津皇子率大分惠尺難波三綱駒田忍人山邊安麻呂小墾田猪
手埿部眂枳大分稚臣根金身漆部友背等來會村國男依亦來
報發兵三千塞不破道天皇褒之乃命高市皇子監不破軍事皇
子往居和蹔遣山背部小田安斗阿加布於東海稚櫻部五百瀨
土師馬手於東山發兵是夜天皇次桑名郡宏文帝遺書藥忍坂
大麻呂等徵東國兵藥等至不破高市皇子伏兵虜之天皇入不

破尾張國司守小子部鉏鉤率衆二萬來歸天皇分遣其兵守諸
道道進至野上高市皇子來迎天皇撫背褒慰因命總統軍事於是
造行宮於野上而居焉如和蹔視軍大伴吹負與倭京留守司坂
上熊毛及漢直等謀奪飛鳥寺營殺其將穗積百足擒穗積百枝
物部日向招降留守司高坂王稚狹王遣大伴安麻呂等來報天
皇大悅就拜吹負爲將軍三輪高市麻呂賀茂蝦夷及諸豪傑相
率歸吹負七月吹負發軍赴乃樂分遣裨將守龍田大坂紀阿閉
麻呂多品治三輪子首置始菟將兵數萬自伊勢大山赴倭村國
男依書根麻呂和珥部君手膽香瓦安倍將兵數萬自不破向近
江衆皆以赤爲幟別命多品治率兵三千屯莿萩野田中足麻呂
守倉歷道近江將山部王等潰逃羽田矢國降因授斧鉞拜將軍
破坂本財於高安別將田邊小隅襲莿萩野多品治邀擊走之村

國男依等破近江軍於息長橫河斬其將境部藥又擊秦友足於鳥籠山斬之東道將軍紀阿閉麻呂等聞吹負敗遣置始菟赴援進屯金綱井軍復振敗壹岐韓國於葦池上別將廬井鯨亦率兵來會上道將三輪高市麻呂等大破近江軍於箸陵斷鯨軍後鯨潰走倭地盡定村國男依等戰於安河上獲社戶大口土師千島又擊栗太軍克之諸將進至瀨田近江軍陳橋西拒守大分稚臣挺身直進衆兵踵之近江軍敗績男依等進軍粟津岡下將軍羽田八國率出雲狛攻下三尾城男依與近江軍戰於粟津市斬其將犬養五十君谷鹽手於是近江軍潰散諸將會筱浪搜捕左右大臣以下諸將詣不破宮奏捷八月命高市皇子科近江羣臣罪狀右大臣中臣金處斬左大臣蘇我赤兄大納言巨勢人幷其子孫及中臣金子蘇我果安子悉配流其餘釋而不問九月天皇發

不破還桑名至倭京居島宮遷岡本宮十二月賞諸功臣是歲營
宮室於岡本宮南號飛鳥淨見原宮新羅貢調
癸酉 四 白鳳元年〔日本史〕春正月宴羣臣二月卽位於飛鳥淨見原
宮立正妃鸕野皇女爲皇后賜功臣爵有差三月始寫大藏經於
川原寺夏五月詔曰凡出身者先任大舍人然後選簡才能以充
職婦女欲進仕者聽之其考選准官人例閏六月耽羅朝貢秋七
月始置美濃不破關改元

甲戌 上元 白鳳二年〔日本史〕春三月對馬始貢白金

乙亥 二 白鳳三年〔日本史〕春正月始起占星臺二月敕大倭河內攝
津山背播磨淡路丹波但馬近江若狹伊勢美濃尾張等國選百
姓善謳男女及侏儒伎人以貢詔除甲子歲所賜諸氏部曲及所
賜親王諸王以下羣臣諸寺山澤浦嶼林野陂池行幸高安城夏

四月召僧尼二千四百餘口設大齋詔諸國貸稅自今以後明審
百姓貧富簡定三等中戶以下欲貸者許之八月耽羅入貢冬十
月遣使四方求大藏經十一月地大震
丙子 儀鳳元 白鳳四年日本史春正月詔凡諸國司選大山位已下任
之但畿內及陸奧長門二國司不在此限夏四月敕諸王諸臣之
封戶在西國者改於東國給之又敕諸國臣連伴造國造之子及
庶人有才能而欲仕進者並聽之五月按諸國司輸調殿最科罪
下野飢百姓請賣子國司奏狀不聽是夏大旱五穀不登百姓飢
秋八月詔諸國放生冬十月遣使諸國講金光明經仁王經
丁丑 二 白鳳五年和漢年契春正月射於南門著爲例夏六月地大
震秋八月設齋於飛鳥寺讀大藏經天皇御寺南門禮三寶豫詔
親王及羣卿各賜度者一人

戊寅 三 白鳳六年日本史冬十月詔定文武官考績進階之制十二月筑紫地大震
己卯 調露元 白鳳七年日本史春三月行幸越智謁後岡本天皇陵夏五月行幸吉野還宮秋八月詔諸氏貢女行幸泊瀨宴於迹驚淵上冬十月詔曰朕聞頃日暴惡者多在里巷或容忍不治或蔽匿不正是王卿等之過也自今以後嚴加捉搦勿有倦怠十一月始置龍田山大江山二關築羅城於蘭波
庚辰 永隆元 白鳳八年日本史夏五月賜京內二十四寺絁綿絲布各有差始講金光明經於宮中及諸寺六月雨灰秋八月大水冬十一月以皇后不豫爲搠藥師寺度一百僧赦囚天皇不豫度一百僧尋愈
辛巳 開耀元 白鳳九年日本史二月立草壁皇子爲皇太子攝萬機三

月天皇詔川嶋皇子等撰帝紀及上古事夏四月設禁式九十二條定親王至庶人服色制度敕凡諸氏有氏上未定者各定之申送於理官

壬午永淳元 白鳳十年日本史春三月幸新城詔停諸王諸臣著位冠又詔停親王以下食封悉納之官夏四月詔令男女悉結髮秋八月敕親王及羣臣各陳法式可施於時者天變數見地大動定禮儀言語之制詔曰凡應考選者審檢其族姓景迹而後考之若族姓未明者雖有行能不在考選之例以日高皇女疾赦大辟以下男女一百九十八人度僧一百四十餘人於大官大寺冬十月大酺

癸未宏通元 白鳳十一年日本史夏四月詔用銅錢始召僧尼安居於宮中冬十月獵於倉梯十一月詔諸國習陣法十二月遣五位伊

勢王等巡行天下定諸國疆域天皇欲建都於難波詔百寮各就擇宅地

甲申中宗嗣聖元 白鳳十二年（日本史）夏四月詔百寮肆進止威儀又詔曰凡政之要在軍事文武官務習武藝其兵馬器械儲蓄勿闕有馬者爲騎士無馬者爲步卒隊當以時檢閱若忤詔旨習練不精者親王以下至諸臣必罰大山以下當罰罰之當杖杖之其勤習精練者雖死罪減二等但恃己才而故犯者不在赦例秋七月行幸廣瀨冬十月詔改天下諸氏族姓定爲八等遣伊勢王等定諸國疆域京師諸國地大震山崩川溢人畜多死伊豫溫泉壅土佐田圃五十餘萬頃陷爲海伊豆島西北海中自成一島長三百餘丈

乙酉武后垂拱元 白鳳十三年（日本史）春正月改爵位號增加階級

諸王以上十二階諸臣四十八階三月信濃雨灰草木皆枯夏五月行幸飛鳥寺秋七月定明位以下進位以上朝服色詔免東山道美濃以東東海道伊勢以東諸國有位者課役八月行幸淨土寺川原寺賜衆僧稻九月天皇不豫誦經於大官川原飛鳥三寺三日冬十月詔禁諸國大角小角鼓吹幡旗弩杭之類藏私家咸收入郡廨

丙戌二三朱鳥元年日本史春正月難波宮火大酺五月天皇不豫說藥師經於川原寺安居宮中以禱焉六月遣伊勢王等於飛鳥寺禱病遣百官於川原寺然鐙供養設大齋悔過秋七月詔諸國大祓減天下戶調之半徭役悉蠲召一百僧於宮中讀金光明經詔天下事無大小悉啟皇后及皇太子詔天下貧民逋負在乙酉年十二月三十日以前者不問公私一切蠲除建元朱鳥因名宮曰

飛鳥淨見原宮度淨行者七十人設齋於御窟院是月諸王羣臣造觀世音像說觀世音經於大官大寺以禱天皇疾八月度八十人又度男女百人安百菩薩像於宮中讀觀世音經二百卷禱天皇疾於神祇九月天皇崩於正殿年六十五葬大內陵（又）后鸕野皇女後爲持統帝妃大田皇女大江皇女新田部皇女（並天智女）夫人冰上娘（藤原鎌足女）五百重娘（冰上娘娣）大蕤娘（左大臣蘇我赤兄女）額田姬王（鏡王女）尼子娘（胸方德善女）穀媛娘（宍人大麻呂女）子十鸕野生岡宮天皇草壁大田生大津皇子大江生長親王弓削皇子新田部生崇道盡敬皇帝舍人五百重娘生新田部親王大蕤娘生穗積親王尼子娘生高市皇子穀媛娘生忍壁親王磯城皇子（草壁娶阿閉皇女生文武元正二帝舍人生廢帝）

持統天皇

（唐書日本傳）死子總持立

宋史日本傳次持總天皇年代紀

案據日本史總持持總皆持統之誤

日本史持統天皇諱高天原廣野姬幼名鸕野讚良天智第二女也母遠智娘齊明三年爲天武妃舉兵每與謀議及卽位立爲皇后朱鳥元年帝疾劇敕天皇及皇太子同決機務九月帝崩天皇臨朝稱制冬十月大津皇子謀反發覺敕捕大津及其黨三十餘人大津皇子賜死詔曰皇子大津謀反今已伏誅其被詿誤吏民皆悉赦之唯礪杵道作流於伊豆新羅沙門行心與大津謀反不忍加法徙飛驒伽藍十一月地震十二月爲大行天皇設無遮大會於大官飛鳥川原小墾田豐浦坂田諸寺

丁亥 四三 元年日本史八月嘗於殯宮御青飯以大行天皇御衣裁爲袈裟三百遺直大肆藤原大嶋黃書大伴於飛鳥寺頒賜三百僧

九月設國忌齋於京師諸寺設齋殯宮十二月爲天智設法於崇
福寺永爲國忌
戊五子四 二年〔日本史〕春正月設無遮大會於藥師寺二月詔自今以
後國忌日設齋夏六月詔減極刑赦輕罪免調賦之半冬十一月
葬天武
己六丑永昌元 三年〔日本史〕夏四月皇太子草壁薨六月班令二十二
卷於諸司秋八月詔諸國司以今年冬造戶籍因糺捕浮浪限以
九月每國點其民四分之一講習武事冬十月禁雙六
庚七寅天授元 四年〔日本史〕春正月天皇卽位三月詔百官及畿內人
有位者限六年無位者限七年考其上日定爲九等其四等以上
依考仕令量其功能殿最氏姓大小以授冠位定服色八等秋七
月公卿百寮始著新制朝服九月朔詔諸國司凡造戶籍一依戶

令以將巡狩紀伊下詔勿收京師今年租賦行幸紀伊還宮冬十
月始行元嘉麻與儀鳳麻十二月行幸藤原相宮地公卿百寮皆
從

辛卯八二五年日本史春正月授位於親王諸臣內親王女王內命婦
等元注引公事根源日女敘位蓋始於此夏四月詔曰凡祖先所免奴婢既除籍者
其親族等不得更訴爲奴婢六月詔曰今夏淫雨過節恐必傷稼
思念厥愆夕惕迄朝其令公卿百寮禁斷酒肉攝心悔過京畿諸
寺僧誦經五日庶有應焉自四月雨至是月不止京師及郡國四
十大水冬十月詔曰凡山陵置五戶以上諸王有功者置守家三
戶若陵戶不足充以百姓免其徭役三年一代遣使鎮祭新益京元注引釋日本紀日新益京謂藤原宮地

壬辰九如意元六年日本史春正月天皇觀新益京路還宮三月行幸

伊勢還宮夏五月大水遣使巡行郡國稟貸遭災不能自存者弛山林池澤禁詔京畿講金光明經（和漢年契）始造鉛粉

癸巳 十 長壽元 七年（日本史）春正月詔天下百姓著黃衣奴皁衣三月賜大學博士上百濟食封三十戶以優儒道詔令天下勸植桑苧梨栗蕪菁夏四月設無遮大會於內裏九月爲天武設無遮大會於內裏悉赦繫囚冬十月始講仁王經於諸國四日十二月遣陣法博士等講武諸國是歲近江益須郡醴泉出

甲午 十一 延載元 八年（日本史）三月置鑄錢司五月分置金光明經一百部於諸國每年正月上旬讀之以其國官物爲布施

乙未 十二 天冊萬歲元 九年（日本史）三月新羅王遣其子良琳貢獻請國政夏五月觀大隅隼人相撲

丙申 十三 萬歲登封元 十年（日本史）秋七月太政大臣高市皇子薨

丁十四
酉神功元 十一年（日本史）二月立皇孫珂瑠爲皇太子三月設無遮大會於東宮六月天皇不豫詔讀經於京畿諸寺八月禪位於皇太子稱曰太上天皇太上天皇之號始於此大寶二年十二月崩遺詔停素服擧哀文武百官視事如常送終之儀務從儉約三年火葬於飛鳥岡祔於大內山陵謚曰大倭根子天之廣野日女尊追謚曰持統天皇

文武天皇

（宋史日本傳）次文武天皇（年代紀）

（日本史）文武天皇諱天之眞宗豐幼名珂瑠天武孫草壁子也母元明帝以天武十一年生持統十一年立爲皇太子

（日本史）秋八月天皇受禪即位於藤原宮時年十五以今年爲元年詔免今年田租雜徭及庸之半優恤高年賜親王以下百官物

有差令諸國每年放生以藤原宮子娘爲夫人冬十月新羅朝貢閏月禁正月往來行拜賀之禮如有犯者依淨御原朝制決罰之但聽拜祖先及氏上

戊戌十五 聖麻元 二年〔日本史〕二月詔諸國司等銓擬郡司勿有偏黨郡司居任奉法勿違夏大旱祈雨京畿名山大川秋七月始制笞法以檢覈公私奴婢又禁博戲遊手之徒

己亥二十六 三年〔日本史〕夏四月天皇幸大安寺聚五百僧設大供養秋七月多褹夜久菴美度感等人從朝使來貢方物度感島始通

庚子十七 久視元 四年〔日本史〕春二月重敕王臣及京畿備兵器三月詔王臣讀習令文又撰成律條定諸國牧地六月敕淨大參刑部親王直廣壹藤原不比等重選定律令冬十月始置製衣冠〔和漢年契〕僧道照死始行火葬之禮

辛丑　十八　大足元　大寶元年〔日本史〕春正月天皇御太極殿受朝儀衛嚴整蕃客列位文物之美於是大備以民部尚書粟田眞人爲遣唐執節使左大辨高橋笠間爲大使右兵衛率坂合部大分爲副使二月始釋奠三月對馬島貢金建元曰大寶始依新令改官名位號停賜位冠易以位記定服色制夏四月敕右大辨下毛野古麻呂等始講新令使諸王百官就習之六月令道首名講僧尼令於大安寺敕凡庶務一依新令國宰郡司貯置大稅必須如法如有闕怠隨事科斷遣使宣告七道并頒新印樣〔日本國志〕因山海形勢分六十六國內稱畿內外分七道國司限年遷任治所稱爲國府令四畿祈雨免今年調八月律令成遣明法博士於東海東山南海北陸山陰山陽六道講新令九月皇親年滿者不論有官無官定祿廩之制〔和漢年契〕聖武天皇生

壬寅　十九　長安元　大寶二年〔日本史〕春二月始頒新律於天下三月始頒

度量於天下六月先是遣唐使粟田眞人等會風浪留筑紫至是乃發秋七月敕禁親王乘馬入宮門冬十月頒律令於天下詔上自曾祖下至元孫奕世孝順者舉戶給復表旌門閭以爲義家十二月太上天皇不豫大赦天下度一百僧令四畿內講金光明經太上天皇崩設齋四大寺（日本國志）始用火葬

（唐書日本傳）長安元年其王文武立改元曰大寶遣朝臣眞人粟田貢方物朝臣眞人者猶唐尚書也冠進德冠頂有華蘤四披紫袍帛帶眞人好學能屬文進止有容武后宴之麟德殿授司膳卿還之

案日本國志云攷日本各籍稱守民部尚書粟田眞人葢粟田是其氏朝臣乃姓嵯峨帝賜其子姓爲源朝臣是也眞人則其名唐書稱朝臣眞人粟田誤矣

〔宋史日本傳〕大寶三年當長安元年遣粟田眞人入唐求書籍律師道慈求經〔年代紀〕

〔又〕長安二年遣其朝臣眞人貢方物

〔册府元龜〕長安三年日本遣朝臣眞人貢方物

案所記入唐年歲參差疑長安二年是也

癸卯二十二　大寶三年〔日本史〕秋七月以災異頻見年穀不登詔減京畿及太宰府管內諸國調半免天下之庸又詔五位以上舉賢良方正之士冬十一月太政官處分巡察使所上諸國郡司等有治能者式部依令稱舉有過失者刑部依律推斷十二月葬持統

甲辰二十三　慶雲元年〔日本史〕春正月始停百官跪伏之禮夏四月鑄諸國印五月慶雲見大赦改元六月敕諸國兵士團別分爲十番敎習武藝〔日本國志〕每番敎習十日 秋七月粟田眞人等至自唐

乙巳中宗神龍元　慶雲二年（日本史）冬十月新羅貢調十二月詔加親王
諸臣食封有差停五位食封易以位祿十二月重制天下婦女自
非神部齋宮宮人及老嫗皆髻髮是歲諸國飢疫給醫藥賑恤之
糺諸國斗升（日本國志）始以親王知太政官事列在左右大臣上
丙午二　三年（日本史）春三月詔曰夫禮者天地經義人倫鎔範也道
德仁義因禮乃弘教訓正俗待禮而成比者諸司儀容多違禮節
加以男女無別集會無度又聞京城內外多有穢臭良由所司不
存檢察自今以後兩省五府遣官吏衞士嚴加捉搦隨事科決其
不可罪者錄狀以聞又詔曰軒冕之徒受代耕之祿有秩之類無
妨於農畝所以召伯憩甘棠公儀拔園葵頃者王公諸臣多占山
澤競懷貪婪有務饕者輒奪其器賜地不過一二畝由是冒占踰
峯跨谷私爲疆界自今以後不得更然冬十月敕天下脫脛裳著

禱是歲諸國疾疫始作土牛大儺

（丁未景龍元）四年日本史春二月以諸國疫遣使大祓夏六月天皇崩（日本國志遺詔舉哀三日凶服一日）年二十五十一月火葬飛鳥岡葬檜隈安古山陵文后藤原宮子娘（淡海公不比等女）生聖武帝嬪紀竈門娘石川刀子娘

元明天皇

唐書日本傳文武死子阿閉立（案閉一作用誤）

宋史日本傳次阿閉天皇（年代紀）

日本史元明天皇小名阿閉天智第四女也母蘇我姪娘天皇適岡宮天皇草壁生文武元正二帝慶雲三年十一月文武不豫請天皇居皇位天皇不允四年六月文武崩天皇依遺詔攝萬機秋七月卽位於太極殿年四十七知太政官事穗積親王右大臣石

上麻呂並如故詔大赦天下賜高年布粟有差復京師畿內及太宰所部今年調諸國今年田租冬十一月葬文武詔曰爲政之道以禮爲先往年詔停跪伏禮內外廳前皆不嚴肅進退無禮陳荅失度自今以後宜嚴加糺彈革其澂俗使歸淳風

戊申二 和銅元年（日本史）春正月武藏秩父郡獻和銅宣詔改元大赦二月詔曰朕祇奉上玄君臨宇內以菲薄之德處紫宮之尊常以爲作之者勞居之者逸遷都之事未必遑議也而王公大臣咸言往古已降至於近代測日瞻星起宮室之基卜世相土建帝皇之邑定鼎之基永固無窮之業斯在衆議難捐詞情且切況京師者百官之府四海所歸唯朕一人豈獨逸豫苟利於物其可違乎昔殷王五遷受中興之號周后三定致太平之稱方今平城之地四禽叶圖三山作鎭龜筮並從宜建都邑其營構資須隨事條奏

待秋收後令造橋道子來之義勿致勞擾制度之宜令後不加夏五月始行銀錢秋八月鑄和銅開珎錢始行銅錢

己酉三 和銅二年（日本史）春正月禁私鑄銀錢三月以左大辨巨勢麻呂爲陸奧鎮東將軍民部大輔佐伯石湯爲征越後蝦夷將軍內藏頭紀諸人爲副徵遠江駿河甲斐信濃上野越前越中兵出自兩道征蝦夷始置造雜物法用司夏五月新羅來貢秋八月廢銀錢行銅錢征蝦夷將軍佐伯石湯副將軍紀諸人等凱旋行幸平城宮九月至自平城遠江駿河甲斐常陸信濃上野陸奧越前越中越後兵從役五十日以上給復一年遣使東海東山二道檢察關剗巡視風俗褒國守有政績者賜田穀衣物冬十月制畿內近江百姓不畏法律容隱浮浪及逃亡仕丁等私以驅使非獨百姓違慢法令亦是國司不加懲肅蠹害公私莫過於斯宜諭所部

嚴加檢括詔比者遷都易邑動搖百姓雖加鎮撫未能安堵宜免
今年租調
冊府元龜景龍五年十月丁卯日本國遣使朝貢戊辰敕曰日本
國遠在海外遣使來朝既涉滄波兼獻邦物其使眞人莫問等宜
以今月十六日於中書宴集乙酉鴻臚寺奏日本國使請謁孔子
廟堂禮拜寺觀從之仍令州縣金吾相知檢校搦捉示之以整應
須作市買非違禁入蕃者亦容之
案景龍止三年五益三之誤
庚戌睿宗景雲元 和銅三年日本史春二月初置守山戸禁伐木三月遷
都於平城置左右京坊以大臣石上麻呂爲留守
辛亥二 和銅四年日本史春正月始置都亭驛閏六月始遣挑文師
於諸國教織錦綾秋七月詔曰張設律令年月已久不能悉行頁

由諸司怠慢不存恪勤遂使名充員數空廢政事若有違犯而相隱考第者重罪之無有所原九月詔曰衞士者非常之設不虞之備而悉皆尫弱不習武藝徒有其名不能爲益如臨大事何任機要傳不云乎以不教民戰是謂棄之自今以後專委長官簡點勇敢便武之人每歲代易焉敕頃聞諸國役民勞於造都奔亡相踵雖禁不止方今宮垣未成防守不備宜權立軍營禁守兵庫因以從四位下石上豐庭從五位下紀男人粟田必登等爲將軍冬十月始依品位定其祿法十二月詔親王以下及豪强之家多占山野妨民產業自今而後嚴加禁斷若有可墾闢者宜告國司聽官處分

壬子先天元和銅五年〔日本史〕春正月正五位上太安麻呂上古事記夏五月詔諸國大稅三年賑貸者本爲濟百姓窮乏也今國郡司

及里長等因緣弄法害政蠹民莫斯爲甚其爲姦利者以重論之
罪在不赦詔諸司主典以上諸國朝集使等曰制法以來年月淹
久未熟律令多所錯失若有違令者據律科斷彈正每月三度巡
察諸司糺正非違若有廢闕者具狀移送式部省又國司欲奏事
宜擇幹事者充使隨問辨析不得礙滯若不盡者所由官人及使
人並準上科斷自今以後每年遣巡察使檢校國內豐儉得失使
者宜意存公平直告無隱若有經問發覺者科斷如前凡國司每
年實錄官人功過行能皆附考狀送式部省隨宜勘會九月詔曰
朕聞歲在子穀不登而天地垂祐今茲大稔伊賀國司獻黑狐殆
協上瑞古有言曰祥瑞之美無加豐年又曰王者治致太平則玄
狐見思與衆庶共此歡慶宜大赦天下所司知之太政官議奏建
國闢疆武功所貴設官撫民文教所崇嚮者北道蝦狄遠憑險阻

實縱狂心屢侵邊境自官軍雷擊凶賊霧消狄部宴然皇民無擾誠望便乘時機遂置一國式樹司宰永鎮百姓奏可於是始置出羽國

癸丑元宗開元元 和銅六年日本史夏四月割丹波五郡置丹後國割備前六郡置美作國割日向四郡置大隅國頒新格及權衡度量於天下五月制畿內七道諸國郡鄉之名務用佳字其郡內所產銀銅彩色草木鳥獸魚蟲等物具錄色目其土地沃瘠山川原野名號所由及耆老所傳舊聞異事皆載籍奏上制郡司大少領以終身爲限非遷代之任而不善國司情有愛憎以非爲是强使致仕奪理解卻自今以後不得更然若齡及從心氣衰神昏或罹痼疾不堪時務者請歸田養身於理合聽須得手書陳牒所司待其處分撰擇替補始令山背點乳牛戶五十

唐書日本傳開元初粟田復朝請從諸儒授經詔四門助教趙元默卽鴻臚寺爲師獻大幅布爲贄悉賞物貿書以歸其副朝臣仲滿慕華不肯去易姓名曰朝衡歷左補闕儀王友多所該識久乃還

舊唐書日本傳開元初又遣使來朝因請儒士授經詔四門助教趙玄默就鴻臚寺教之乃遺玄默闊幅巾以爲束脩之禮題云白龜元年調布人亦疑其僞所得錫賚盡市文籍泛海而還其偏使朝臣仲滿慕中國之風因留不去改姓名爲朝衡仕歷左補闕儀王友衡留京師五十年好書籍放還鄉逗留不去

宋史日本傳開元初遣使來朝

甲寅 二 和銅七年日本史春正月益二品長親王舍人親王新田部新王三品施基親王封各二百戶從三位長屋王一百戶全給食

封田租自此始二月詔撰國史遣使七道錄囚夏六月立皇孫爲皇太子加元服（和漢年契）定布二丈六尺爲端

乙卯三　和銅八年（日本史）春正月天皇御太極殿夏五月敕諸國朝集使天下百姓多背本貫流寓他鄉規避課役其淹留踰三月者即土斷輸調庸從當國法又撫導百姓勸課農桑心存字育能救飢寒國郡之善政也身在公廷心顧私門妨奪農業侵牟萬民國家之大蠹也其催勸產業資產豐足者爲上等雖加催勸衣食乏匱者爲中等田疇荒廢百姓飢寒因致死亡者爲下等十人以上須解見任又四民之徒各有其業今失職流亡是由國郡司教導無方也有如此類必加顯戮自今而後遣巡察使於天下觀省風俗宜勸敦德政庶彼周行其諸國百姓往來過所宜用本國印秋九月詔乾道統天文明於是馭寓大寶曰位宸極所以居尊昔者

揖讓之君旁求歷試干戈之主繼體承基貽厥後昆克隆鼎祚朕
君臨天下撫育黎元蒙上天之保佑賴祖宗之遺慶海內晏靜區
夏安寧然而兢兢之志夙夜不怠翼翼之情日愼一日憂勞庶政
九載於茲今精華漸衰耄期將至深求閒逸高蹈風雲釋累遺塵
將同脫屣欲以神器讓皇太子而年齡幼稚未離深宮庶務多端
一日萬機一品氷高內親王早叶祥符夙彰德音天縱寬仁沈靜
婉嫕華夏載佇謳訟知歸今傳皇帝位於內親王公卿百寮宜悉
祇奉以稱朕意焉是日傳位於氷高內親王養老五年十二月崩
於中安殿年六十一葬椎山陵諡曰日本根子天津御代豐國成
姬天皇追諡曰元明天皇

元正天皇

案唐書脫此一代據日本諸史元正亦無皈依之謚葢僧衆稱之

〔日本史〕元正天皇諱冰高一名新家文武帝姊也爲內親王位二品食封一千戶和銅八年進敘一品九月卽位於太極殿時年三十六左大臣石上麻呂右大臣藤原不比等並如故以獲白龜改和銅八年爲靈龜元年大赦天下

丙辰 四 〔日本史〕靈龜二年夏四月割河內大鳥和泉日根三郡置和泉監秋八月以從四位下多治比縣守爲遣唐押使從五位上阿倍安麻呂爲大使正六位下藤原馬養爲副使九月以從五位下大伴山守代安麻呂爲遣唐大使冬十月申禁內外諸司薄紗朝服六位已下羅幞頭

丁巳 五 養老元年〔日本史〕夏四月太政官奏定調庸斤兩長短法詔

禁遏僧徒濫惡五月詔曰率土百姓浮浪四方規避課役遂仕王
臣或望資人或求得度王臣不經本屬私自駈使屬請國郡遂成
其志因茲流寓天下不還鄉里若有斯輩輒私容止者揆狀科罪
並如律令頒大計帳四季帳六年見丁帳青苗簿輸租帳等式於
七道冬十月詔曰朕以今年九月至美濃國不破行宮觀當耆郡
多度山美泉親盥手面皮膚如滑洗澡疾痛莫不除愈又就而飲
浴之者或白髮反黑或昏目加明自餘痼疾咸皆平愈嘗聞後漢
光武時醴泉出飲者病愈符瑞書曰醴泉者美泉也可以養老蓋
水之精也寔惟美泉即合大瑞朕雖庸虛何違天貺可大赦天下
改靈龜三年爲養老元年詔定絹絁長短闊狹之法
冊府元龜開元五年日本國遣使朝貢命通事舍人就鴻臚宣慰
戊午 六 養老二年日本史夏五月割越前四郡置能登國割上總四

郡置安房國割陸奥十一郡以六郡置石城國五郡置石背國冬十一月始差畿內兵守衛宮城十二月詔曰朕君臨天下四年於兹上則昊穹下字黎庶庸愚之民自挂疏網有司之法寘於常憲每念於此朕甚愍焉思欲廣開至道遐扇淳風爲惡之徒感深仁以遷善有犯之輩遵令軌以靡風但古來大赦八虐不害朕恭思爲太上天皇降非常之澤可大赦天下養老二年十二月七日子時以前大辟以下罪無輕重繫囚見徒私鑄錢及盜賊八虐常赦所不原咸赦除之其廢疾不能自存者量加賑恤兼給湯藥布告天下知朕意焉多治比縣守等至自唐

己未七 養老三年（日本史）春二月初令天下百姓右襟職事主典已上執笏六月使皇太子聽朝政秋七月始置按察使巡省諸國閏七月新羅貢調十二月始定婦女衣服制

庚申 八 養老四年日本史春二月遣渡島津輕津司等於靺鞨國觀其風俗二月隼人反三月以中納言大伴旅人爲征隼人持節大將軍授刀助笠御室民部少輔巨勢眞人爲副將軍夏五月一品舍人親王上日本紀九月蝦夷反以播磨按察使丹治比縣守爲持節征夷將軍左京亮下毛野石代爲副將軍從五位上阿倍駿河爲持節鎭狄將軍以討蝦夷是月始修放生會冬十月始置養民造器二司

辛酉 九 養老五年日本史春正月地震詔文武庶僚若遇災異極言得失又詔文人武士國家所重醫卜方術古今斯崇宜擢學業優重堪爲師範者特加賞賜勸勵後生因賜諸道博士醫術伎工等物有差二月地震大藏省倉鳴日暈如白虹南北有珥詔曰朕德菲薄導民不明夙興以求夜寐以思躬居紫宮心在黔首無委卿

等何化天下國家之事有益萬機必可奏聞如有不納重爲極諫
汝無面從退有後言又詔曰諺云歲在申年每有事故去歲庚申
咎徵屢見水旱並臻平民流沒秋稼不登國家騷然萬姓苦勞加
以朝廷儀表藤原大臣奄然薨逝朕心哀慟況復災異之餘延及
今歲風雲氣色有違於常朕心恐懼日夜不休聞之舊典王者政
令不便事天地譴責以示咎徵或有不善則致之異今羣臣位高
任大豈可不盡忠誠其有政令不便直言盡意無有隱諱朕將親
覽於是公卿各仰屬司上意見三月敕左右兩京及畿內五國免
今年調七道諸國停今年役九日詔定親王以下至庶人畜馬之
限夏四月征夷將軍多治比縣守等還京令天下諸國舉力田太
政官奏請以按察使準正五位官賜祿及公廨田仕丁詔曰朕之
股肱民之父母獨在按察寄重務繁與羣臣異宜加祿一倍便以

當土物準度給之又陸奥筑紫邊塞之民數遇煙塵疲勞戎役加以父子死亡室家離散言念於此深以矜懷宜勿出今年調庸諸國兵衆殺獲逆賊戰鬪有功者給復二年冒犯矢石致戰死者父子並復一年如無子者鄉里議其親族亦聽復之割信濃置諏方國秋七月征隼人副將軍笠御室等還京冬十二月太上天皇崩遣使固守三關葬元明新羅貢調

壬戌 十 養老六年（日本史）自五月至八月不雨詔免天下諸國田租冬十一月始置女醫博士詔曰朕精誠弗感穆卜罔從降禍彼蒼閔凶遄及太上天皇奄有普天誠冀北辰合度永庇生靈南山協期常承定省何圖一旦厭宰萬方白雲在馭玄猷遂遠瞻奉寶鏡痛酷之情纏懷敬事衣冠終身之憂永結然光陰不駐倏及忌期汎愛之恩欲報無由不仰眞風何助冥路其謄寫佛經若干召僧

尼二千六百餘人以十二月七日設齋於京師畿內諸寺十二月敕造佛像薦天武帝持統帝冥福

癸亥十一養老七年日本史春二月遣僧滿誓於筑紫造觀世音寺秋八月新羅來貢冬十月詔曰頃左京人所獻白龜下所司勘檢圖牒奏稱孝經援神契曰天子孝則天龍降地龜出熊氏瑞應圖曰王者不偏不黨尊用耆老不失故舊德澤流洽則靈龜出是知天地靈貺國家大瑞以朕不德致此顯貺宜與親王公卿大夫百僚同慶斯瑞因賜物有差曲赦出龜郡免今年租調

甲子十二養老八年日本史春二月禪位於皇太子天平二十年四月崩於寢殿年六十九謚曰日本根子高瑞淨足姬天皇火葬於佐保山陵天平勝寶二年改葬於柰保山陵追謚曰元正天皇

聖武天皇

唐書日本傳死子聖武立改元曰白龜
案聖武改元神龜非白龜元正以獲白龜改元靈龜唐書涵二
爲一致脫元正一代聖武乃文武子非元明子也
宋史日本傳文聖武天皇寶龜二年遣僧正元昉入朝當開元四
年年代紀
日本史聖武天皇諱美麻斯文武子也母夫人藤原氏右大臣不
比等之女鎌足之孫女以大寶元年生帝元明和銅七年立爲皇
太子以其尚幼禪位於元正養老八年二月受禪卽位時年三十
一以獲瑞龜改養老八年爲神龜元年大赦天下春三月尊夫人
藤原氏曰皇太夫人蝦夷反夏四月以式部卿藤原宇合爲持節
大將軍宮內大輔高橋安麻呂爲副將軍征蝦夷冬十月太政官
奏上古湻樸冬穴夏巢後世聖人代以宮室又有京師帝王爲居

萬國所朝自非壯麗何以表德板屋草舍中古遺制難營易破空殫民財請命有司令五位以上及庶人力堪營辦者以瓦葺屋塗爲丹堊奏可征夷持節大使藤原宇合等還京

十三乙丑神龜二年日本史秋七月詔七道諸國曰除災祈祥必憑幽冥敬神尊佛清淨爲先今聞諸國神祇社內多有穢臭及放雜畜敬神之禮豈可如是其國司長官自執幣帛愼致灑埽常爲歲事又諸寺院勤加埽淨令僧尼讀金光明經或最勝王經以禱國家平安九月詔曰朕聞古先哲王君臨寰宇順兩儀以亭毒協四序而財成陰陽和而風雨節災害除而休徵臻故能騰茂飛英鬱爲稱首朕以寡薄嗣膺景圖戰戰兢兢夕惕若厲懼一物之失所睠懷生之便安教令不明至誠無感天示變異地頻動震仰惟災眚責深在予昔殷宗脩德消雊雉之妖宋景行仁弭熒惑之異遙鑑

前執盡忠敬畏宜令所司度三千人出家入道左右京及大倭諸寺轉經七日憑此冥福冀除災異冬十二月詔曰死者不可復生刑者不可復屬此先典之所重豈無恤刑之制令京師及天下諸國見禁囚徒死罪宜從流流罪宜從徒徒以下並依刑部奏

丙寅四十 神龜三年日本史夏六月新羅貢調八月造佛像寫經設齋藥師寺以禱太上天皇病九月敕朝野文人上詩賦

丁卯十五 神龜四年

戊辰十六 神龜五年日本史春正月渤海郡王大武藝遣使獻方物渤海始通夏四月敕曰如聞諸國郡司等部下有騎射相撲及膂力者輒給王公卿相之家有詔搜索無人可進自今而後不得更然若有違者嚴加黜罰國郡宜先事簡點待敕到卽時貢進秋八月詔禁天下養鷹始置內匠寮中衛府十二月頒金光明經六十四

帙於諸國國別轉讀以祈國家平安是歲始試進士〔日本國志〕始
置畿內總管諸道鎭撫使
己巳十七天平元年〔日本史〕春正月敕孟春之月萬物和悅宜給京畿
官人以下酒食價直酺一日詔五位以上高年不堪朝者遣使就
家慰問賜物二月左大臣長屋王謀反發覺賜死夏四月敕文武
百官天下百姓有學異端修妖術厭魅呪詛以爲民害者首斬從
流如有停住山林佯說佛法封印書符合藥造毒萬方作怪違犯
敕禁者亦同其罪六月講仁王經於朝堂及畿內七道左京職獻
龜背有文曰天王貴平知百年八月以獲瑞龜改元天平大赦天
下立夫人藤原光明子爲皇后十一月置京畿班田司
庚午十八天平二年〔日本史〕春三月太政官奏太學生徒既經歲月習
業庸淺猶難博達實是家道困窮無物資給雖有好學不能遂志

望請選性識聰慧藝業優長者十人以下五人以上專精學問以加善誘仍給夏冬服并食料又陰陽醫術及七曜頒麻等類國家要道不得廢闕但見諸博士年齒衰老若不教授恐致絕業請令吉田宜大津首等各教弟子以習其業給衣食準太學生又諸蕃異域風俗不同若無譯語難以通事令粟田馬養播磨乙安等各教弟子習漢語並許之夏四月詔改天下婦女衣服施用新樣始置皇后宮職施藥院九月詔曰京及諸國多有盜賊劫掠人家侵奪海舶蠹害百姓莫甚於此所在官司嚴加捉搦安藝周防國人等妄說禍福多聚徒衆妖祠死魄有所祈請京左山原有聚徒者妖言惑衆多則萬人少亦數千深違憲法爲害尤甚自今以後勿使更然又造阱捕獸先朝所禁擅發兵馬當今不聽而諸國造阱發兵殺害猪鹿非直害生實違章程宜頒諸道並須禁斷

辛未 十九 天平三年（日本史）春正月以神祇官奏庭火御竈四時祭祀立爲永制三月廢諏方國併信濃國

壬申 二十 天平四年（日本史）春正月天皇始冕服受朝夏五月新羅朝貢冬十月始置造客館司

癸酉 二十一 天平五年（日本史）秋七月始令大膳備盂蘭盆供著爲恆典八月天皇臨朝始聽庶政是歲諸國飢疫詔救恤之

（冊府元龜）開元二十一年八月日本國朝賀使眞人廣成與傔從五百九十舟行遇風飄至蘇州刺史錢惟正以聞詔通事舍人韋景先往蘇州宣慰焉

甲戌 二十二 天平六年（日本史）夏四月地大震山崩川壅民多死秋七月觀相撲戲御南苑命文人賦七夕詩九月地大震冬十月曲赦京師死罪

冊府元龜開元二十二年四月日本國遣使來朝獻美濃絁二百
匹水織絁二百匹
乙亥 二十三 天平七年日本史春二月新羅來朝以新羅私改國號責
卻其使三月多治比廣成等還自唐是歲自夏至冬天下患痘瘡
夭死者多
冊府元龜開元二十三年三月日本國遣使貢方物
丙子 二十四 和漢年契天平八年葛城王始賜橘姓改名諸兄
丁丑 二十五 天平元年日本史春二月遣新羅使還奏新羅失常禮不
受使命詔每國造佛像三軀寫大般若經一部秋八月命天下僧
尼每月讀最勝王經齋日禁殺生詔曰自春以來災氣劇發朝野
貴賤死亡實多良由朕之不德致此災殃仰天慚惶不敢寧處宜
優復百姓使得存濟其免天下今年租賦公私逋負諸國神祇能

興風致雨未預幣帛者咸入供幣之例十二月改大倭國爲大養德國是歲自春至秋疫瘡大發始自筑紫遂徧天下人多死亡

戊寅二十六 天平十年〔日本史〕春正月立阿倍內親王爲皇太子八月令天下諸國上國郡圖冬十月遣巡察使於七道採訪政績民風

己卯二十七 天平十一年〔日本史〕夏五月詔曰諸國郡司徒多員數無益任用侵漁百姓爲蠹實深減省舊員改定其數詔免諸國今年出舉正稅之利秋七月詔使天下諸寺轉讀五穀成熟經悔過七日夜祈風雨調和年穀成熟冬十二月渤海遣使獻方物

庚辰二十八 天平十二年〔日本史〕夏六月令天下每國寫法華經十部造七重塔秋八月省和泉監并河內國九月太宰少貳藤原廣嗣反〔日本國志〕帝醉心佛法建七層堂置國分寺任僧元昉蠱惑太后及皇后醜行無忌又令元昉圖姦藤原廣嗣妻廣嗣憤甚遂反以從四位上大野東人爲大將軍從五位上紀飯麻呂爲副討

之十一月藤原廣嗣伏誅十二月以將遷都使右大臣橘諸兄經略山背相樂郡恭仁鄉車駕至相樂郡玉井頓宮幸恭仁宮始作京都太上天皇皇后繼至

辛巳二十九 天平十三年日本史春正月御恭仁宮受朝宮垣未成繞以帷帳三月詔天下每國置金光明四天王護國之寺法華滅罪之寺九月以遷都免左右京百姓調租四畿內田租赦大赦天下免供奉行宮諸郡今年調遣木工頭智努王民部卿藤原仲麻呂等頒給京都百姓宅地賀世山西路以東爲左京以西爲右京十一月敕名新京曰大養德恭仁大宮十二月併安房於上總能登於越中

壬午天寶元 天平十四年日本史春正月以大極殿未成權造四阿殿受朝賀五日廢太宰府付官物於筑前國司陸奧雨赤雪二月新

羅使來朝六月京師雨飯八月令京畿七道諸國司等錄上孝子
順孫義夫節婦力田人名敕造宮卿智努王等造離宮於近江紫
香樂

癸未　二　天平十五年日本史春正月太宰府始供腹赤魚二月幷佐
渡於越後夏四月新羅使來責其失禮卻之冬十月詔造金銅盧
舍那佛大像十二月始置筑紫鎮西府以從四位下石川加美爲
將軍外從五位下大伴百世爲副先是毀平城太極殿遷於恭仁
宮四年功竣所費巨多至是更造紫香樂宮停營恭仁宮

甲申　三　天平十六年日本史春閏正月詔召百官於朝堂議恭仁難
波二京便利二月詔恭仁京百姓欲遷難波者聽之敕定難波宮
爲皇都夏四月廢造兵鍛冶二司九月遣巡察使於畿內七道須
三十二條於巡察使因敕曰頃聞國郡官人不奉法令擅求利潤

公民歲弊私門日增朕之股肱豈合如此自今以後宜依頒條每四考終必加訪察奏聞即隨善惡黜陟其人遂令涇渭殊流賢愚得所若有巡察使諂曲爲心升降失禮當據法律以明勸沮無偏無黨淸風肅俗拔自常班處以榮秩宜告所司知朕意焉

乙酉 四 天平十七年（日本史）夏四月地震三日不止美濃尤甚六月復置太宰府九月禁天下屠殺三年十一月配僧玄昉於筑紫尋死

丙戌 五 天平十八年

丁亥 六 天平十九年（日本史）春三月大養德國復爲大倭國京師大旱詔免今年租

戊子 七 天平二十年（日本史）夏四月太上天皇崩葬元正秋七月寫法華經一千部薦元正帝冥福八月改定釋奠儀式器服

己丑 八 天平勝寶元年（日本史）春二月以屢有匿名書下詔敎誡百官及太學生徒夏四月改元秋七月禪位於皇太子天皇篤崇佛法敬信僧行基等自稱三寶奴又稱沙彌勝滿（日本國志）天皇爲僧始此天平勝寶六年四月幸東大寺登壇從唐僧鑑眞受菩薩戒皇后及孝謙帝並受戒焉八年五月崩於寢殿年五十六葬佐保山陵葬儀用師子座香天子座金輪幢大小寶幢香幢花縵蓋繖等一如奉佛令笛人奏行道之曲天皇出家歸佛故不奉謚至天平寶字二年追尊曰勝寶感神聖武皇帝謚天璽國押開豐櫻彥尊後稱聖武天皇（又）后藤原氏諱光明子淡海公不比等第三女天平初僧玄昉還自唐帝以爲僧正安置內道場后甚寵異頗有醜聲夫人縣犬養廣刀自讚岐守唐女藤原氏左大臣武智麻呂女藤原氏房前女中衞大將廣岡古那可智正四位上橘佐爲女子二藤原后生皇太子某二歲薨縣犬養廣刀自生安積親王年十七薨后又生孝謙帝

日本源流考卷四終

日本源流考卷五

長沙王先謙益吾撰

孝謙天皇

唐書日本傳聖武死女孝明立改元曰天平勝寶

宋史日本傳次孝明天皇聖武天皇之女也年代紀

案日本諸史無孝明之稱此記載之誤

日本史孝謙天皇諱阿倍初稱高野姬聖武女也母皇后藤原氏右大臣不比等女以養老二年生焉爲內親王封一千戶天平十年正月立爲皇太子二十一年七月甲午受禪卽位於太極殿時年三十五左大臣橘諸兄右大臣藤原豐成並如故改元天平勝寶元年九月制紫微中臺官位和漢年契詔禁殺生賜僧行基菩薩號

庚寅九　天平勝寶二年日本史九月以從四位下藤原清河爲遣唐大使從五位下大伴古麻呂爲副冬十月改葬元正

辛卯十　天平勝寶三年日本史冬十一月丙戌以從四位上吉備眞備爲遣唐副使始置常樂會

壬辰十一　天平勝寶四年日本史夏四月幸東大寺慶盧舍那佛大像百官儀衛一同元會召僧一萬設齋會奏舞樂法會之盛前此未有比也

宋史日本傳天平勝寶四年當天寶中遣使及僧入唐求内外經教及傳戒年代紀

癸巳十二　天平勝寶五年日本史秋九月攝津大風海溢壞盧舍民多漂沒賑恤之

甲午十三　天平勝寶六年日本史春正月幸東大寺然鐙二萬大伴古

麻呂還自唐二月勅太宰府天平七年故大貳小野老遣高橋牛養於南島樹牌而經年朽壞令宜依舊修之每牌顯表島名及泊船處有水處去就行程令漂著之船知所歸向夏四月幸東大寺受菩薩戒冬十月禁官人百姓會集雙陸

乙未四十天平勝寶七歲（日本史）春正月勅改年為歲

冊府元龜天寶十四載日本國遣使貢獻

案十四蓋十一之誤

丙申肅宗至德元天平勝寶八歲（日本史）五月乙卯太上天皇崩遺詔以中務卿道祖王為皇太子天武孫新田部親王子壬申葬聖武丙子以僧法榮侍聖武醫藥有勞復其所生本郡丁丑禪師侍先帝病者一百二十六人免當戶課役六月庚寅詔天下始自今日至來年五月三十日禁斷殺生壬辰詔曰頃者分遣使工檢催諸國佛像兼造

殿塔宜會來年忌日然佛法以慈爲先不應因此辛苦百姓國司使工有稱朕意特加褒賞甲辰始築怡土城敕六道諸國造東大寺大佛殿步廊秋八月施近江國朝書法一百卷於崇福寺

丁酉 二 天平寶字元年（日本史）春三月寢殿承塵有文自生曰天下太平敕召親王及羣臣視瑞字廢皇太子夏四月辛巳立大炊王爲皇太子詔曰國以君爲主以儲爲固是以先帝遺詔立道祖王爲皇太子而諒闇未終陵土未乾矖狎頑童居喪無禮機密之事皆漏民間雖屢教敕無有悛心好用婦言稍多很戾潛出東宮乘夜微行自云爲人拙愚不堪承重故朕廢之立大炊王躬自乞三寶禱神明政之善惡願示徵驗於是朕所居承塵見天下太平之字斯乃上天所佑神明所標覽古檢往所未見聞方知佛法僧寶先記國家太平天地諸神豫示宗社永固戴此休符誠喜誠懼益

亦由王公等盡忠匡弼感此奇瑞豈朕一人所應能致宜與王公士庶共奉天貺洗滌舊瑕與衆更始可大赦天下其天下百姓成童入輕徭弱冠當正役愍其勞苦用軫於懷自今以後以十八爲中男二十二以上爲正丁古者治國安民必以孝理百行之本莫先於茲宜令天下家藏孝經一本精勤誦習百姓有孝行著聞者所由長官錄名薦之其有不孝不恭不友不順者配陸奧桃生出羽小勝以清風俗又有高臥潁川遁跡箕山者宜爲朕代之巢許以禮存問放令養性天下鰥寡孤獨篤癃廢疾者量爲賑恤高麗百濟新羅人慕化來附志願賜姓者聽之於是百官上表以賀瑞字五月辛亥以改修大宮遷御田村宮乙卯復置能登安房和泉等國丁卯始置紫微內相以大納言藤原仲麻呂爲之（日本國志）藤原仲滿以美姿容見寵遂由大納言爲紫微內相又聽其語廢皇太子忌宗室大臣多遭殺戮敕有司施行藤原不

比等所刊修律令秋七月庚戌左大辨橘奈良麻呂謀廢立事覺下獄捕其黨黃文王道祖王安宿王皆伏誅八月甲午敕曰朕以寡薄忝繼洪基君臨八方於茲九載曾無善政日夜憂思危若臨淵愼如履氷去三月二十日皇天賜我以天下太平四字表區宇之安寧示歷數之永固然賊臣廢太子道祖及安宿黃文橘奈良麻呂等稟性兇頑昏迷悖虐不顧君臣之道不畏幽顯之資潛結逆徒謀傾宗社悉受天責咸伏其罪二叔流言遂輟蕭牆四凶羣類遠放邊裔京師淸肅朝堂晏靜竊恐德非虞舜運屬時艱武慙殷湯任當撥亂晝思夜想廢寢與食爰得駿河國益頭郡人金刺舍人麻自獻蠶成字其文曰五月八日開下帝釋標知天王命百年息國內卽下羣臣議僉曰五月八日是爲太上天皇周忌設齋悔過之終日也帝釋感誠下鑑勝業以授百年之遠期仁化滂流

寓內安息慈風遠洽國家全平之驗也夫蠶之爲物虎文而有時蛻馬吻而不相爭生長室中衣被天下故使神蟲成字用表神異自天祐之吉无不利豈朕力之所致是賢佐之成功宜與王公共承斯貺思俾惠澤被於天下其改天平勝寶九歲爲天平寶字元年免天下田租之半本郡百姓給復一年己亥敕大學寮雅樂寮陰陽寮典藥寮內藥司置公廨田供給生徒

戊戌乾元元　天平寶字二年〔日本史〕春二月詔曰隨時立制有國通規議代行權昔王彝訓頃者民閒宴集動有違愆或同惡相聚濫誹聖化或醉亂無節使致鬬爭自今以後王公已下供祭療病之外不得飲酒其朋友親戚欲相訪者先告官司然後集會如有犯者五位已上停一年祿六位已下解見任已外決杖八十冀湻風俗能成人善講禮平日防亂未然八月庚子朔讓位於皇太子羣臣

上尊號曰上臺寶字稱德孝謙皇帝

湻仁天皇

唐書日本傳孝明死大炊立

案此云孝明死及下文大炊死證以日本史皆誤

宋史日本傳次大炊天皇年代紀

日本史廢帝諱大炊天武孫崇道盡敬皇帝舍人第七子也母夫人當麻氏天平寶字元年皇太子廢四月孝謙召羣臣議皇嗣右大臣藤原豐成中務卿藤原永手等推鹽燒王攝津大夫文室珍努左大辨大伴古麻呂等推池田王大納言藤原仲麻呂言知臣莫若君知子莫若父唯天意所擇孝謙曰宗室之長唯舍人新田部二親王故立道祖王爲皇太子而不順教誡遂縱淫行是以廢之今宜擇舍人親王子然船王帷薄不修池田王孝行有闕鹽燒

王先帝嘗責其無禮大炊王雖未長壯過惡不聞宜立爲嗣於是遣內舍人率中衛迎天皇於田村第立爲皇太子秋八月庚子朔天皇受禪卽位於太極殿時年二十六紫微內相藤原仲麻呂如故戊申追尊日並知皇子命稱岡宮御宇天皇丁巳以明年運當三合敕使文武百官天下百姓老幼念誦摩訶般若波羅密甲子敕紫微內相藤原仲麻呂中納言石川年足等改易官制改太政官爲乾政官太政大臣曰太師左大臣曰太傅右大臣曰太保大納言曰御史大夫紫微中臺爲坤宮官中衛大將曰太尉是日以藤原仲麻呂爲太保賜姓名惠美押勝十二月以唐安祿山反敕太宰府嚴海防

己亥 天平寶字三年（日本史）春正月渤海來貢夏五月敕諸國置常平倉六月詔追尊皇考曰崇道盡敬皇帝尊皇母當麻夫人曰

太夫人兄弟姊妹爲親王壬子以將伐新羅敕太宰府造行軍式
丁巳敕諸國置放生池嚴禁捕漁秋九月以征新羅敕諸國造戰
艦五百艘冬十月京畿大風壞廬舍
庚子 上元元 天平寶字四年（日本史）春三月丁丑敕鑄新錢金錢銀錢
並行秋九月新羅朝貢以其失禮卻之
辛丑 二 天平寶字五年（日本史）秋七月辛丑遠江荒玉河隄決修築
之冬十月癸酉以右虎賁衞督仲石伴爲遣唐大使上總守石上
宅嗣爲副使己卯以修平城宮暫御保良宮詔免近江及左右京
太和和泉山背今年田租曲赦近江是歲五穀不登多飢死者
舊唐書日本傳上元中擢朝衡爲左散騎常侍鎭南都護
唐書日本傳上元中擢左散騎常侍安南都護新羅梗海道更繇
明越州朝貢

王寶應 寅元 天平寶字六年〔和漢年契〕太上天皇與帝不和還柰良落飾

癸卯 代宗廣德元 天平寶字七年〔日本史〕春正月丙午渤海來貢庚申敕太宰府曰唐國喪亂使命難通唐人沈惟岳等宜安置優給如懷土願歸者給船發遣二月新羅遣使貢調卻之夏大旱五穀不熟民多飢死五月廢儀鳳麻行大衍麻九月庚子朔敕曰疫死多數水旱不時神火屢起耗損官物此國郡司等事神不恭之咎也一旬亢旱致焦枯之憂數日霖雨抱流亡之嗟此國郡司等使民失時不修隄堰之過也自今以後有若是者自目已上宜悉遷替不使久居其職勞擾百姓更簡良材可速登用使拙者歸田賢者在官各修其職無爲民憂癸卯以僧道鏡爲少僧都

甲辰 二 天平寶字八年〔日本史〕秋七月罷東海道節度使九月丙申

以太師押勝爲都督四畿內三關近江丹波播磨等國兵事使丙午押勝謀反走據近江立道祖王兄冰上鹽燒稱帝（日本國志上皇又寵僧道鏡押勝妬嫉遂謀反）勅從五位下藤原藏下麻呂將兵討之壬子押勝鹽燒伏誅餘黨悉平甲寅太上天皇下詔以僧道鏡爲大臣禪師職分封戶一準大臣丙辰太上天皇勅押勝所改官名悉復其舊冬十月乙丑廢放鷹司置放生司壬申太上天皇遣兵部卿和氣王左兵衞督山村王外衞大將百濟敬福等率兵數百圍中宮院廢天皇爲淡路公天皇惶遽不及衣履使者促之侍衞奔散從者僅兩三人步至圖書寮西北與所生當麻氏至小子門乘以驛馬使右兵衞督藤原藏下麻呂衞送配所幽之一院太上天皇重祚朝政明年二月詔曰廷臣或有通心淡路謀復位者彼爲人昏愚不善殆覆國家豈可再臨四海宜杜絕姦心遵守詔旨自是守衞益嚴

十月庚辰天皇不勝憂憤踰垣而逃佐伯助等率兵邀之明日崩於院中年三十三寶龜三年八月光仁帝遣從五位下三方王等於淡路改葬設齋度僧永修功德九年三月敕墓稱山陵所生當麻氏墓稱御墓置守陵一戶明治三年追謚曰淳仁天皇

稱德天皇

唐書日本傳死以聖武女高野姬爲王

宋史日本傳次高野姬天皇聖武天皇之女也年代紀

案此方以稱德爲聖武女由記載疏略不知稱德卽孝謙也

日本史稱德天皇初傳位於廢帝受尊號既而廢帝深惡僧道鏡常以爲言天皇不懌天平寶字六年自保良宮還平城宮天皇徙居法華寺召五位已上於朝堂宣詔曰岡宮天皇皇統將絕朕以女子奉皇太后命祇膺寶位行政日久立帝爲嗣而帝不恭不順

反成怨仇誣朕所不言以爲言之朕所不行亦爲行之朕之致此實由薄劣深自愧赧當發菩提心更緣在此故出家爲佛弟子但朝廷小事令帝行之國家大事賞罰二柄朕親決之八年冬十月壬申遣山村王宣詔曰頃歲帝德有闕不堪負荷大業且聞與藤原仲麻呂同心將圖朕躬竊謀發兵六千入關作亂故廢爲親王賜爵淡路公流船親王於隱岐池田親王於土左自是天皇重臨萬機右大臣藤原豐成如故甲戌敕禁天下諸國養鷹狗及鵜停御贄進肉魚又停中男作物用魚肉蒜等悉以他物易之但神戸不在此限丁丑宣詔曰百官所司僉謂當立皇太子以定鴻基朕非不念之然衆之所推不必克終天所不與雖得必喪人不可得而授力不能得而競天之所授自有其人朕非叨貪大寶不敢定嗣天意所嚮久而當彰又敕曰衆欲援立以成己功竊議儲位通

心合謀勸誘樹黨事不能成家門滅亡子孫永絕自今以後宜忠貞明白遵教奉承己卯勅曰朕忝臨萬邦軫慮一物昧旦思治夕惕兢兢而賊臣仲麻呂昏凶狂悖作逆逋亡天網高張咸服誅戮朕念黎庶洗滌舊惡遷善自新宜大赦天下但仲麻呂黨與及常赦所不免者不在赦限又頃年水旱不得豐稔民或飢乏軍役仍興宜免天下今年租甲申勅赦京師見禁囚徒大辟以下但逆賊仲麻呂及淡路公船王池田王黨與不在赦限十一月乙巳罷西海道節度使是歲兵旱相仍米石千錢

乙巳 永泰元 天平神護元年日本史春正月改元二月甲子改授刀衛爲近衛府始置內廐寮八月庚申朔參議兵部卿和氣王謀反伏誅參議式部大輔粟田道麻呂兵部大輔大津大浦式部員外少輔石川永年坐其黨遠竄九月更鑄新錢與舊錢並行冬十月辛

已淡路公薨閏月以大臣禪師道鏡爲太政大臣禪師詔使文武
百官拜賀之是歲造西大寺鑄金銅四天王像
丙午大曆元 天平神護二年（日本史）秋七月遣使造丈六佛像於伊勢
大神寺冬十月壬寅置隅寺毗沙門像所見舍利於法華寺詔百
官主典以上禮拜授太政大臣禪師道鏡法王位授大僧都圓興
法臣位僧基眞法參議大律師癸卯敕嚮有所思發菩提心歸無
上道因有靈示舍利三粒見於緘器數月感歎莫識所由朕聞麟
鳳五靈王者嘉瑞至德之世史不絕書未見全身舍利如是顯形
有感必通亘有以也朕以虛薄兢懼歷年撫育乖方冰谷在惕豈
思至道凝寂應微情而示眞圓性湛然結靈光而表質孤園絕跡
久矣驚心雙林晚容爛然滿目玄珪綵字何以同年西法東流知
在茲日猥荷希世之靈寶盍同衆庶之歡心宜文武官六位已下

加位一級
丁未 二 神護景雲元年（日本史）春二月丁亥車駕臨太學釋奠夏四月癸巳東院新殿成葺以琉璃瓦畫以藻繢時人謂之玉宮秋七月始置內豎省八月乙酉參河言慶雲見召六百僧於西宮寢殿設齋癸巳詔改元
戊申 三 神護景雲二年（日本史）夏五月敕曰入國問諱於禮有之頃見諸司入奏名籍或不避國主國繼之名或取眞人朝臣爲字又用佛菩薩及聖賢之號每經聞見不安於懷其如此之類宜卽改換務從禮典秋七月敕崇孔子用文宣王謚
己酉 四 神護景雲三年（日本史）春正月壬申法王道鏡居西宮前殿大臣已下拜賀丙子天皇御法王宮宴五位已上八月從五位下和氣淸麻呂以忤道鏡流於大隅（日本國志）道鏡出入乘鑾輿服食擬王者政無巨細皆取決弟

官大納言一門敘五位者男女十人有廟祝阿曾麻呂媚道鏡矯
八幡神語曰宜傳位於道鏡上皇命和氣清麻呂於宇佐廟詔之
曰朕昨夜夢汝宜往受神誨道鏡召見慍以禍福清麻呂出遇其
友路豐永曰子此行賜紫極大道鏡得天位當與子從伯夷游耳
清麻呂曰吾死生以之使還奏神語曰我國家惟神
承緒敢萌非望者速加誅戮道鏡大怒奪官當流　冬十月乙未
朔詔賜羣臣紫綾帶兩端以金泥書恕字辛亥幸由義宮詔以由
義宮爲西京河内國爲河内職十一月還宮
庚戌　五　神護景雲四年（日本史）夏四月戊午先是藤原仲麻呂之亂
天皇發願造三層小塔一百萬至是塔成分置諸寺八月己巳天
皇崩於西宮寢殿（日本國志道鏡進異味得疾不起）年五十三左大臣藤原永手
等議立大納言白璧王爲皇太子葬添下郡佐貴鄉高野山陵稱
高野天皇天皇尤崇佛道務恤刑獄勝寶之際政稱儉約自仲麻
呂誅道鏡擅權輕興力役務繕伽藍公私彫喪國用不足政刑日
峻殺戮妄加比初政頗多冤濫云後世稱前朝曰孝謙天皇後朝

曰稱德天皇

光仁天皇

唐書日本傳死白璧立

宋史日本傳次白璧天皇二十四年遣二僧靈仙行賀入唐禮五臺山學佛法年代紀

案光仁在位十二年無二十四年

日本史光仁天皇諱白璧天智孫春日宮天皇施基第六子也母紀氏以和銅二年十月乙未生天平九年敘從四位下天平寶字三年敘從三位六年任中納言八年敘正三位天平神護元年授勳二等二年爲大納言天平勝寶已來國家無儲貳人疑彼此罪廢者多天皇深慮橫禍縱酒自晦故數免害神護景雲四年八月稱德帝崩從四位上藤原百川與左大臣藤原永手右大臣吉備

眞備參議藤原宿奈麻呂藤原繩麻呂石上宅嗣近衛大將藤原藏下麻呂等定策禁中卽日以遺詔奉天皇爲皇太子六月丙午葬稱德天皇僧道鏡奉梓宮留廬陵下庚戌貶道鏡爲造下野藥師寺別當辛亥流大納言弓削淨人其子廣方等於土左乙卯以河內職復爲河內國九月壬戌沙汰令外官冗員甲子召還流人和氣淸麻呂十月己丑朔皇太子卽位於太極殿時年六十二先是肥後連獻白龜詔改神護景雲四年爲寶龜元年大赦天下賑贍高年貧窮及孝義者免天下今年田租左大臣藤原永手右大臣兼中衛大將吉備眞備並如故十一月追尊皇考曰春日宮天皇皇兄弟姉妹諸皇子悉爲親王立妃井上內親王爲皇后乙酉赦宥先後逆黨

辛亥六　寶龜二年　日本史　春正月立皇子他戶親王爲皇太子秋九

月罷左右平準署冬十一月遣使造齋宮於伊勢十二月追尊所
生紀氏爲皇太后墓稱山陵置國忌
壬子七 寶龜三年（日本史）春正月渤海來貢以表文無禮卻之二月
乙亥罷內豎署及外衞府三月皇后井上內親王坐巫蠱廢五月
廢皇太子八月遣使淡路改葬廢帝
癸丑八 寶龜四年（日本史）春正月戊寅立皇子中務卿山部親王爲
皇太子三月以天下穀貴廷議定常平法遣使七道糶穀賑民其
賤糶私稻者授位
甲寅九 寶龜五年（日本史）春三月癸卯新羅使來責其無禮卻之丁
巳敕罷員外國司秋七月敕陸奧鎮守將軍大伴駿河麻呂討蝦
夷九月修諸國溝池冬十月蝦夷平
乙卯十 寶龜六年（日本史）夏四月己丑廢后井上內親王卒庶人他

戸辛六月辛巳以正四位下佐伯今毛人爲遣唐大使正五位上太伴益立從五位下藤原鷹取爲副八月癸酉始設蓮葉宴庚辰先是敕京官祿薄不免飢寒之苦國司利厚自有衣食之饒因茲庶僚咸望外任多士曾無廉恥朕君臨區寓志在平分思欲割諸國之公廨加在京之奉祿至是太政官奏每國割公廨四分之一以益在京俸祿奏可

丙辰十一 寶龜七年〔日本史〕夏五月出羽志波村蝦夷叛發下總下野常陸等騎兵討之秋七月天下蝗十二月丁酉罷遣唐副使大伴益立以左中辨小野石根備中守大神末足代之

丁巳十二 寶龜八年〔日本史〕夏四月渤海來貢先是遣唐大使佐伯今毛人病不能行敕副使小野石根持節行大使事

戊午十三 寶龜九年

乙未十四 寶龜十年〔日本史〕春正月丙午渤海來貢三月辛亥遣唐副使大神末足等至自唐夏五月癸卯唐使孫興進等來丁巳饗唐使於朝堂授位賜物冬十一月太政官奏諸國正稅多欠負送納不給請停割諸國公廨加在京俸祿可之

庚申德宗建中元 寶龜十一年〔日本史〕春正月新羅來貢三月太政官奏分官設職不在繁多宣風導民務於簡要是以制令之日限置官員量才授能職務不滯今官衆事殷冗食者多穀帛難生而用之不節一歲不登便有菜色古者人稠田少而有儲蓄由節用也今者地闢戶減而患不足由糜費也臣等以爲當今之急省官息役上下同心唯農是務併省官員則倉廩實而禮義行國用足而廉恥興矣又奏方今諸國兵士率多羸弱徒免身庸不歸天府國司軍毅自恣驅役未習騎射唯事芻蕘以此赴戰是謂棄之請除三

關邊要之外隨國大小以爲額點殷富百姓才堪弓馬者專習武藝以應徵發其羸弱者皆令赴農此設守備省浮費之道也並許之丁亥陸奥言上治郡大領伊治呰麻呂反殺按察使紀廣純蝦夷大亂癸巳以中納言藤原繼繩爲征東大使正五位上大伴益立從五位上紀古佐美爲副使從五位下大伴眞綱爲陸奥鎭守副將軍從五位上安倍家麻呂爲出羽鎭狄將軍以討蝦夷九月以正四位下藤原小黑麻呂爲持節征東大使十二月甲午敕左右京今聞造寺悉壞墳墓採用其石非唯侵驚鬼神實亦憂傷子孫自今以後宜加禁斷甲辰敕左右京無知百姓招致巫覡崇奉淫祀芻狗符書百方作怪託事求福頗涉厭魅宜嚴禁之

〔唐書日本傳〕建中元年使者眞人興能獻方物眞人蓋因官而氏者也興能善書其紙似繭而澤人莫識

辛酉 天應元年〔日本史〕春正月辛酉朔詔曰以天爲大則之者聖人以民爲心育之者仁后朕以寡薄忝承寶甚無益萬民空歷一紀惠澤壅而不流憂懼交而彌積日愼一日念茲在茲比有司奏伊勢齋宮所見美雲正合大瑞彼神宮者國家所鎭自天應之吉無不利其大赦天下改元曰天應〔和漢年契〕奧賊悉平〔日本史〕夏四月辛卯禪位於皇太子十二月丁未天皇崩年七十二明年正月謚曰天宗高紹天皇葬廣岡山陵又謚光仁天皇延曆五年十月改葬田原陵天皇龍潛之時和光接物及正位南面臨馭億兆政舉大綱不在苛察官省無用化崇淸簡是以寶龜之間四海晏如刑罪罕用遐邇欣戴可謂寬仁大度有君人之德矣〔又〕后二井上內親王聖武女 高野氏和乙繼女出自百濟武寧王子純陀太子 夫人藤原曹子左大臣永手女 尾張女王湯原親王女 縣犬養男耳島姬縣主毛人女 子六井上生廢太

子他戶高野生桓武帝崇道天皇早良尾張女王生稗田親王縣犬養男耳生廣根諸勝僧開成失母氏

桓武天皇

宋史日本傳次桓武天皇年代紀

日本史桓武天皇諱日本根子皇統珍照尊初名山部王光仁長子也母高野氏本姓和氏乙繼之女其先出自百濟武寧王子純陀太子以天平九年生天皇天平寶字八年敘從五位下天平神護二年進位一階尋爲太學頭寶龜元年八月敘從四位下爲侍從十一月爲親王二年任中務卿三年五月皇太子廢羣臣奏定儲貳帝謂酒人內親王可立參議藤原濱成請立稗田親王參議藤原百川獨推天皇固請不已帝從之明年正月遂立爲皇太子天應元年四月辛卯皇太子受禪卽位時年四十五右大臣大中

臣淸麻呂內大臣藤原魚名並如故壬辰立皇弟早良親王爲皇
太子癸卯詔尊所生夫人高野氏爲皇太夫人五月乙亥爲皇太
夫人置中宮職十二月丁未太上天皇崩詔天下著服六月乃釋
尋敕改限一年
壬戌 三 延曆元年（日本史）春正月葬光仁閏月因幡守冰上川繼謀
反事覺流於伊豆三島貶黜其黨三十五人三月戊申從四位下
三方王及其妻弓削女王正五位下山上船王同謀厭魅乘輿詔
流三方王弓削女王於日向船王於隱岐秋七月庚戌公卿奏頃
者災異薦臻妖徵仍見乃命龜筮驗徵其由神祇官陰陽寮並言
方今天下素服依例祭祀故伊勢大神及諸神爲祟而陛下至孝
欲終喪服神道誠有難誣恐致聖體不豫伏乞以社稷爲念爲除
凶服慿神之意詔曰朕以霜露未變荼毒如昨方遂諒闇以申罔

極而羣卿再三執奏以宗廟社稷爲諭事不獲已一依來奏其諸國釋服者待祓使到乃釋不得飮酒作樂著雜彩八月辛亥朔百官釋服改天應二年爲延暦元年

癸亥 四 延暦二年日本史夏四月甲子立夫人藤原乙牟漏爲皇后六月乙卯敕申禁京畿私造佛寺冬十月戊申敕禁富民出舉錢財貧民宅地爲質及京師諸寺貪求財利取宅爲質

甲子 興元 延暦三年日本史夏六月始置山城國長岡郡秋七月修山崎橋冬十月天皇徙長岡宮

乙丑 貞元 延暦四年日本史夏五月詔曰臣子之禮必避君諱比者先帝御名及朕名公私觸犯自今以後並宜避諱於是改姓白髮部爲眞髮部山部爲山代八月乙卯盜射殺中納言藤原種繼丙辰敕搜捕賊黨推鞫事連皇太子誅首惡左少辯大伴繼人斬流

其黨庚子廢皇太子幽於乙訓寺冬十月流皇太子於淡路道卒

丁巳立皇子安殿親王爲皇太子大赦天下

丙寅 二 延厤五年日本史春正月造梵釋寺秋七月丙午太政官院成百官始就朝座冬十月改葬光仁渤海來貢

丁卯 三 延厤六年日本史冬十一月遣大納言藤原繼繩郊祀天神於交野以光仁配

戊辰 四 延厤七年和漢年契鑿難波堀江建延厤寺日本史秋七月以參議中衞中將紀古佐美爲征東大將軍

己巳 五 延厤八年日本史春正月勅大學寮諸學生年不滿三十不得任用夏四月征東大將軍紀古佐美伐奧賊六月敗績於衣河十二月皇太夫人高野氏崩

庚午 六 延厤九年日本史冬十一月太政官奏蝦夷干紀久遒王誅

大軍奮擊餘孽未絕坂東之國久苦戎役强壯者疲筋力貧弱者
困轉餉而諸國百姓未被徵發普天之下同曰皇民至於擧事何
不均勞請使京畿七道諸國司等不論土著浮浪王臣佃戸檢錄
財堪造甲者所蓄物數及鄉里姓名上之奏可是歲畿內大饑
辛未七 延曆十年〔日本史〕秋七月壬申以從四位下大伴弟麻呂爲
征夷大使正五位上百濟俊哲從五位上丹治比濱成從五位下
坂上田村麻呂巨勢野足爲副八月置畿內班田使
壬申八 延曆十一年〔日本史〕秋七月勅曰送終之禮須從省要如聞
豪富之室市廛之人猶競奢靡不遵典法妄結衆徒盛陳幡幢既
窆之後酣醉而歸不翅耗數貲財實有害於風教宜令所司嚴加
禁遏八月辛卯大雨洪水癸巳行幸赤目崎觀洪水〔和漢年契〕勅

癸酉 九 延厤十二年日本史春三月己卯朔巡幸新京丁亥改攝津職爲國庚寅築新京宮城

甲戌 十 延厤十三年日本史秋八月右大臣藤原繼繩等修國史成奏上之冬十月辛酉車駕遷葛野新京丁卯征夷大將軍大伴弟麻呂奏捷十一月丁丑詔曰今此山背山河襟帶自然作城因斯形勝可制新號宜改山背國爲山城國子來之民謳歌之輩異口同辭號曰平安京今宜從之（日本國志）即今西京

乙亥 十一 延厤十四年

丙子 二十 延厤十五年日本史春三月庚戌敕諸國舉武技出衆者又敕禁京畿吏民男女混殺濫祭北辰夏四月渤海來貢秋八月敕

丁丑 三十 延厤十六年日本史春二月學士菅野眞道等撰續日本紀諸國作地圖是歲刱東寺

成上之十一月以從四位下坂上田村麻呂爲征夷大將軍罷筑

前國司隸太宰府

戊寅十四延曆十七年日本史春三月式部省奏請立春秋公羊穀梁

二傳於學官許之冬十月己卯禁兩京畿內夜祭男女會飲歌舞

十二月渤海來貢

己卯十五延曆十八年

庚辰十六延曆十九年日本史春二月禁民輸錢求爵秋七月追號廢

太子早良爲崇道天皇追復廢后井上內親王爲皇后墓稱山陵

辛巳十七延曆十九年日本史春二月監試對策夏五月敕諸國設舟

檝浮橋以便貢調秋八月以從四位下藤原葛野麻呂爲遣唐大

使從五位下石川道益爲副九月征夷大將軍坂上田村麻呂奏

討平蝦夷日本國志蝦夷爲日本別種卽土人日本呼爲毛人其音同委奴古所謂長髮國者也日本開國自西而東崇

祚日本武皆力征經營遂之以威其來朝者或賜宴授官以要之然卒叛服不常陸奥以北盡蝦夷地和銅初特置出羽國神龜間又置陸奥鎭守府皆以備邊猶屢戕邊民及吏至光仁帝發諸道兵征討遷延無功復令藤原小黑麻呂蕩平之及帝之初乃城多賀營膽澤以扼地之要又從坂上田村之言招東國浮浪士四千人戍之蝦夷遂來降由是帝設征夷大將軍以爲鎭撫爾後遂爲霸朝幕府近三百年僅聚於奥北一島有口蝦夷奥蝦夷之稱維新後置北海道設官開拓今聞其種類僅存數千云

壬午十八 延厤二十一年

癸未十九 延厤二十二年〔日本史〕夏五月遣唐大使藤原葛野麻呂遭風不得渡海還上節刀

甲申二十 延厤二十三年〔日本史〕春正月甲辰以從三位坂上田村麻呂復爲征夷大將軍三月復授遣唐大使藤原葛野麻呂節刀如唐〔和漢年契〕僧空海最澄求法入唐

〔舊唐書日本傳〕貞元二十年遣使來朝留學生橘免勢學問僧空海 案僧空海當在學問上

〔唐書日本傳〕貞元末其王曰桓武遣使者朝其學子橋免勢浮屠
空海願留肄業歷二十餘年使者高階眞人來請免勢等還詔可
乙酉順宗永貞元　延厤二十四年〔日本史〕秋七月辛巳遣唐大使藤原葛
野麻呂等還自唐壬辰救如聞疫癘之行民庶相忌不通水火父
子至親畏諱無近遂致死亡衆多宜喻所司悉心救療八月召入
唐僧最澄於殿上悔過讀經最澄獻所齎佛像九月召最澄修毘
盧遮那法冬十月寫大藏經薦崇道天皇冥福十二月召公卿議
政事得失停兵役營造減仕丁衞士隼人歌女仕女之數免伊賀
伊勢等二十一國今年庸
丙戌憲宗元和元　延厤二十五年〔日本史〕春三月辛巳天皇崩於正寢年
七十謚曰日本根子皇統彌照尊又謚桓武天皇葬紀伊郡柏原
陵天皇天資好武自登宸極勵心政治大討蝦夷邊陲遂寧遷都

平安百世川頫初中院樓倒牛壓死天皇歎曰朕生年在丑殆不
利乎未幾不豫召皇太子特有所敕又召羣臣咨訪民瘼參議藤
原緒嗣言方今天下所苦在兵與土木請罷二者天皇善之乃從
停廢聞者莫不感歎又后藤原乙牟漏內大臣良繼女藤原旅子式部卿百川女
妃酒人內親王夫人藤原吉子右大臣是公女多治比眞宗參議長野女藤原
小屎中部大輔鷲取女女御紀乙魚百濟教法橘常子兵部大輔島田麻呂女橘御
井子左中辨入居女坂上春子大納言田村麻呂女紀若子大納言船守女坂上又子左京大夫
苅田麻呂女藤原上子大納言小黑麻呂女藤原河子從四位上大繼女河上好外從五位下錦
部春人女百濟教仁從五位上武鏡女百濟貞香從四位下教德女藤原東子中納言種繼女
藤原南子中納言乙叡女中臣豐子正六位上大魚女橘田村子入居女多治比豐
繼百濟永繼正五位上飛鳥部柰止丸女子十六乙牟漏生平城帝嵯峨帝旅
子生淳和帝吉子生伊豫親王眞宗生葛原佐味賀陽大德四親

王小屎生萬多親王坂上春子生葛井親王若子生明日香親王河子生仲野親王河上好生坂本親王敎仁生太田親王豐繼生長岡岡成永繼生良峯安世

宋史日本傳遣騰元葛野與空海大師及延麻寺僧隆入唐詣天台山傳智者止觀義當元和元年也年代紀

案此卽和漢年契所云空海最澄求法入唐者也僧奝然所記年代亦不盡符合

舊唐書日本傳元和元年日本國史判官高階眞人上言前件學生藝業稍成願歸本國便請與臣同歸從之

宋史日本傳元和元年遣高階眞人來貢

平城天皇

唐書日本傳次諾樂立

宋史日本傳次諸樂天皇年代紀

案據日本諸史有平城無諸樂然則諸樂卽平城矣

日本史平城天皇諱安殿桓武長子也母皇后藤原氏以寶龜五年八月壬午生初爲親王名小殿延麻二年改今名四年皇太子廢十一月立爲皇太子二十五年三月桓武崩皇太子哀慟不能起參議近衞中將坂上田村麻呂春宮大夫藤原葛野麻呂扶之遷東廂丙戌皇太子謂公卿曰奄丁酷疚若寘湯火今災眚頻見責深在予崇德消災著在前修內外臣工勤匡治道以輔不逮其近仗之甲盡從脫卻諸國關津宜停其守公卿言近仗著甲及固守關津往古恆制不唯今日報曰大行天皇聖德弘茂海內清平有何疑貳喪服加甲非所以枕伏草土攀慕哀號者也又固絕關津令人擁滯煩民害農無深於此宜下所司咸以開通己丑皇太

子猶御粥無餘味羣臣固請進膳從之夏四月葬桓武五月辛巳
即位於太極殿時年三十二改元大同追尊皇太后曰太皇太后
皇后曰皇太后立皇弟神野親王為皇太弟丁亥罷六道觀察使
上六月辛丑追冊故妃藤原帶子為皇后壬寅敕諸王及五位已上
子孫十歲已上皆入大學分業教習秋七月甲辰公卿奏即吉之
後宜御新宮請擇營構之帝慮勞民力不聽

丁亥二大同二年日本史春正月己酉勸課天下百姓植桑漆夏四
月癸酉詔罷參議置觀察使己卯改近衛府為左近衛府中衛府
為右近衛府秋七月聽畿內國守以下私佃八月甲戌頒憲法一
十五條九月癸巳觀射於神泉苑詔停正月射禮移於是日壬子
敕巫覡之徒妄說禍福庶民之愚仰信妖言淫祀斯繁厭呪亦多
積習成俗虧損淳風自今以後宜一切禁斷若深以此術猶不悛

革事覺之日徙於遠國所司知之不糺隣保匿而相容並准法科
罪冬十月己巳停內豎隸左右舍人壬申公卿議奏國司交替限
以四考宜以六歲爲限從之癸未中務卿伊豫親王謀反發覺遣
左近衞中將安倍兄雄左兵衞督巨勢野足等率兵圍其第十一
月乙酉幽伊豫親王於川原寺甲午以黨伊豫親王流大納言藤
原雄友於伊豫罷中納言藤原乙叡貶北陸道觀察使秋篠安人
爲造西大寺長官乙未伊豫親王賜死
戊子二　大同三年（日本史）春二月辛巳詔曰朕孝誠有闕奉親無從
橋山崩心仰遺劍而已遠轂林茹恨望遊冠而何及況復春風動
樹結蓼思於終天秋露霑叢貫棘心於畢地先帝及皇太后忌辰
正當三月臨時興感何堪宴樂其停三日節從五位下齋部廣成
上古語拾遺夏五月甲申衞門佐安倍眞直侍醫出雲廣貞等上

大同類聚方百卷丙戌以疫停馬射丙子停諸國貢相撲人辛卯
詔曰朕以寡昧忝嗣丕基履薄如傷黔首之隱是恤馭奔若厲紫
宸之尊非寧刻己思治勵精莅政而仁無被物誠未感天自從君
臨咎徵斯應頃者天下諸國飢饉滋甚疫癘相尋多致夭折朕之
不德眚及黎元撫事責躬惄焉疚首或恐政刑乖越上爽靈心渙
汗煩苛下貽人瘼此皆朕之過兆庶何辜靜言念之無忘監寐詩
不云乎民亦勞止汔可小康其飢疫諸國今年之調宜咸免除國
司親巡鄉邑藥療營救兼令國分二寺轉讀大乘經一七日左右
京亦宜遣使普加振贍庶幾爲善有效濟困窮於畝糧修德不虛
返遊魂於岱籙務崇寬惠副朕意焉丁酉復置筑前國司秋七月
壬寅廢衞門府併左右衞士府九月聽親王及觀察使已上幷六
衞府次官已上養鷹鷂冬十月丁丑制稽於前例大嘗散齋三月

自今以後以一月爲限

己丑四 大同四年日本史春正月丁亥停七日十六日諸國獻珍味

壬申天皇不豫夏四月丙子朔讀經宮中及京師諸寺天皇寢膳

寢不安是日傳位皇太弟從御東宮上尊號曰太上天皇太上皇

避病數處五遷之後宮於平城而事乖釋重政猶煩出尚侍藤原

藥子甚被愛寵執事於內矯附百端其兄右兵衞督仲成恃勢驕

恣太上皇幷寵之不察其奸稍納藥子之說有再臨阼之意嵯峨

帝竊嘗覺之是以卽位以來多以病不視事遂決遜位之策遣右

大臣藤原園人奉神璽致之於太上皇太上皇不聽弘仁元年九

月藥子矯太上皇旨擬遷都於平城以中納言坂上田村麻呂藏

人頭藤原冬嗣從四位下紀田上等爲造宮使朝野咸驚嵯峨帝

下詔聲藥子仲成罪太上皇大怒徵畿內及紀伊兵與藥子同輿

赴東國諸司宿衛士皆從至於添上郡越田邑聞大軍邀前而衆自潰太上皇知事不可成還宮薙髮仲成伏誅藥子仰藥而死越前介阿倍清繼權少掾百濟愛筌等舉兵應太上皇帝以從五位下登美藤津任越前介清繼等不受代遂執藤津至是帝遣民部少輔紀南麻呂等勘問處清繼愛筌於遠流初難起中納言藤原葛野麻呂左馬頭藤原眞雄固諫太上皇不納遂至於敗十二年太上皇就僧空海入壇灌頂帝王密灌始自此焉淳和帝時尊嵯峨帝曰太上天皇因稱太上皇曰先太上天皇太上皇遺書辭尊號減服御停諸司數矣其文必稱臣帝以其同上表封還不答天長元年七月甲寅崩年五十一謚曰日本根子天排國高彥尊葬添上郡楊梅陵稱曰平城天皇世稱奈良帝天皇識度沈敏躬親萬機克己勵精省撤煩費棄絕珍奇法令嚴整羣下肅然然性多

猜忌殺伊豫親王子母逮治者衆嗣位之初未踰年而改元晩惑
溺內寵政自婦人世以譏焉〔又〕后藤原帶子（式部卿百川女）妃朝原內親
王大宅內親王尙侍藤原藥子（中納言種繼女）伊勢繼子（木工頭老人女）高井藤
子（正五位下道依女）紀魚員（從三位木津魚女）子三藤子生阿保親王繼子生廢
太子高岳親王巨勢親王

嵯峨天皇

唐書日本傳亥嵯峨

宋史日本傳亥嵯峨天皇（年代紀）

日本史嵯峨天皇諱神野平城同母弟也延厤五年九月癸巳生
於長岡宮故事每皇子生以乳母姓爲之名天皇乳母姓神野故
名焉桓武尤鍾愛之初爲親王二十二年正月敘三品歷中務卿
彈正尹大同元年立爲皇太弟四年四月丙子朔平城因疾禪位

皇太弟固辭不聽戊子卽位於太極殿年二十四右大臣兼左近衞大將藤原內麻呂中納言兼右近衞大將坂上田村麻呂並如故己丑詔立皇姪高岳親王爲皇太子冬十月渤海來貢十一月甲寅太上天皇遣右兵衞督藤原仲成及田口息繼等造宮平城十二月乙丑太上天皇幸平城宮

庚寅五　宏仁元年日本史夏六月太上天皇詔曰嚮置觀察使各委一道而參議之寄望重守大歸任責成職非虛設宜罷觀察使復參議號封邑之制亦仍舊數秋九月癸卯太上天皇尙侍藤原藥子矯太上皇敕擬遷都平城人心騷動丁未宮中戒嚴遣使守伊勢近江美濃三國府及故關詔暴藥子及其兄仲成等罪惡戊申大外記上毛野穎人從平城來告太上天皇今曉率兵入東國天皇遣大納言坂上田村麻呂參議文室綿麻呂將兵邀美濃道又

發兵守宇治山崎與渡市津仲成伏誅己酉太上天皇還宮薙髮

藥子仰藥而死庚戌廢皇太子立皇弟中務卿大伴親王爲皇太

弟詔赦從太上皇於東國者不問日本國志帝敕皇女有智子內親王爲加茂齋主禱與上皇輯睦齋院始此

辛卯六 宏仁二年日本史春正月以上殿舍人復爲內豎三月始令

諸國進夷俘計帳夏四月正四位上文室綿麻呂爲征夷將軍從

五位下大伴令人佐伯耳麻呂坂上鷹養爲副

壬辰七 宏仁三年日本史春二月行幸神泉苑覽花花宴節始於此

夏六月令參議紀廣濱陰陽頭阿倍眞勝等十餘人讀日本紀從

五位下多人長講之秋九月辛巳敕曰怪異之事聖人不語妖言

之罪法制非輕而諸國信民誑言或言及國家或妄陳禍福敗法

亂紀莫甚於斯宜令諸國嚴加檢察自今以後輒稱託宣者不論

男女隨事科決但神宣灼然其驗尤著者國司檢察依實言上

癸巳
八 宏仁四年〔日本史〕春二月制損稼之年賑給土民而不及俘囚自今以後俘囚亦預賑給三月太宰府言新羅人到肥前小近島土民與之戰殺獲百餘人夏五月敕治國之要在於富民民有其蓄凶年是防故禹水九年人無飢色湯旱七歲民不失業今諸國之吏深乖委寄或差役失時爲廢農務或專事侵漁無心撫字因此黎元失業飢饉相尋非緣災祲常告民飢年年賑給倉廩殆罄儻有災害何以相濟自今以後非有田業損害及疾疫等不得輒請賑給秋九月癸酉宴皇太弟於清涼殿享用漢儀丙子敕邊要之地外寇是防不虞之儲以糧爲重今大軍頻出儲糧悉罄遺寇猶在非常難測若無貯蓄如機無急何宜以陸奥出羽兩國公廨混合正稅每年相換給信濃越後二國但年穀不登無物混合井

有不可得公廨之人合隨狀移送依實相換停止之事宜待後勅
冬十一月庚午勅夷俘之性異於平民雖從朝化未忘野心是以
令諸國司厚加教喩而更乖朝旨不事存恤彼所披陳經日不理
含愁積怨遂致叛逆宜令播磨備前備中筑前筑後肥前肥後豐
前守介等申加教喩所訴之事早與處分其事不可輒決者言上
聽裁若撫慰乖方令致叛逆及入京越訴者專當人等准狀科罪
癸酉簡諸國介已上一人爲夷俘專當

甲午 九 宏仁五年日本史夏五月賜皇子皇女未爲親王者姓源朝
臣詔曰朕當揖讓纂踐天位德愧睢邇化謝覃遠歲序屢換男女
漸衆未識子道已爲人父辱累封邑空費府庫朕傷於懷思除親
王之號賜朝臣之姓編爲同籍從事於公出身之初一敍六位唯
前號親王不可更改同母後產猶復一列其餘如可聞者朕特裁

下公卿論奏恐後世有陛下卑枝葉之議也不報皇子賜源姓始於此五月禁國司恣改造館舍秋七月庚午勅畿內近江丹波等旱災之時令官長潔齋自祈雨立爲恆例

乙未　十　宏仁六年（日本史）秋七月立夫人橘氏爲皇后己丑中務卿萬多親王右大臣藤原園人等上新選姓氏錄冬十月勅定婦人服飾乘車制十一月勅每歲孟冬奏斷死刑不得延及春月

丙申　十一　宏仁七年（日本史）春二月行幸嵯峨別館夏六月先是天皇受史記於外從五位下湧山文繼至是而畢因授文繼從五位下秋七月廢鑄錢司

丁酉　十二　宏仁八年

戊戌　十三　宏仁九年（日本史）春三月壬寅公卿奏頃年水旱相繼損害不少請省減臣下封祿以資國用俟年豐稔即復舊許之丙午詔

朝會之禮常服之制拜跪之等不論男女一準唐儀五位已上禮
服諸朝服之色及衞仗之服皆依舊儀秋八月遣使諸國巡省詔
朕以虛昧欽若寶圖撫育之誠無忘武步王風猶鬱帝載未熙咎
徵之臻此焉特甚如聞上野國等境地震爲災水潦相仍人物凋
損雖云天道高遠不可得言固應政術有虧致茲靈譴自貽民瘼
職朕之由薄德厚顏愧於天下靜言厥咎實所興歎豈有民危而
君獨安子憂而父不念者哉所以殊降使者就加存慰其有因震
潦而居業蕩然者使等與所在官司同斟量免今年租調并不論
民夷以正稅賑恤助修屋宇使免飢露壓沒之徒速爲斂葬務盡
寬惠之旨副朕迺睠之心丙子令畿內及京戶租入停錢收稻九
月詔曰受上天之命者其道貴於愛民處皇王之位者其功先於
濟物用能屈己以從人欲修德以答靈心旰日勿休乙夜忘寢而

智不周物誠未動天至和有虧咎徵頻應比者地震害及黎元吉凶由人妖不自作或恐渙汗乖越方失甿心降茲厚譴以警勖歟畏天之戒不遑寧處決之龜筮時行告咎昔天平年亦有斯變因以疫癘宇內凋傷前事不忘取鑒不遠竊惟佛旨沖奧大悲爲先理無微而不矜義無遠而不濟又祓除疾病抑有前典宜令天下諸國設齋屈僧於金光明寺轉讀金剛般若波羅密經五日兼遣使修禊除去不祥又畿內七道諸國上言宏仁八年以前租稅未納者一切停徵其左右京民租去年已往有懸負者不論上言不上言亦從原免庶幾冥道垂鑑塞患源於未流顯路提福拔疾根於將樹儻咎歸一己人無殀折欲移其災非志所避周文罪己實所仰止謂予不信有如皦日冬十一月辛巳朔鑄新錢文曰富壽神寶（和漢年契）新羅貢驢

乙亥 十四 宏仁十年〈日本史〉春二月公卿奏曰頻年不稔百姓飢饉倉廩空盡無物賑稟窮民臨飢必忘廉恥臣等伏望遣使畿內實錄富豪之貯借貸困窮之徒秋收之時依數俾償庶幾富者無失財之憂貧者有全命之歡許之三月敕曰倉貯已罄無物賑贍宜加借貸以救其急班給之法准賑給例冬十一月渤海來貢是歲敕大納言藤原冬嗣中納言藤原緒嗣等修日本後紀

庚子 十三 宏仁十一年〈日本史〉春二月丁丑改釋奠日用仲丁丙戌新羅人配遠江駿河者七百作亂二國發兵討之不克賊遂逃入海發相模武藏等七國兵討平之夏四月詔曰損上益下民慶無疆施舍已責王政所貴頃者水旱不適年穀不登家無京坻之儲戶有菜蔬之色一日餒乏之事等三秋眷言思之情深恤隱其天下百姓所負租稅未納及調庸未進者左右京畿內宏仁十年以前七

道諸國九年以前並不論多少咸宜蠲除或未上言無由追徵并去年借貸貧民逋負未報者亦免之神寺之稻亦宜准此雖府帑未充國度多遺未有子富而父貧者務加撫恤稱朕意焉施行宏仁格十卷秋七月己酉敕曰去天平神護二年九月敕天下勸課百姓種大小麥今聞黎民之愚不自恤顧及至絕乏更苦飢饉或耕種失時空費功力是國郡官司不慎格旨授時乖方之所致此而從政誰謂善吏月令云仲秋之月乃勸種麥毋或失時其有失時行罪無疑自今以後始自八月專務播種宜勿失時冬十一月詔五位已上封祿復舊公卿表請復常膳

辛丑穆宗長慶元　宏仁十二年（日本史）春正月定刑法斷例十條冬十一月渤海來貢十二月復置畿內諸國博士醫師

壬寅二　宏仁十三年（日本史）春二月戊寅制五位已上高年者但賜

節祿不預朝會三月乙巳公卿奏曰臣聞洪範八政以食爲首帶甲百萬非粟無守故先王制政務充倉廩往哲垂規期乎足食謹檢去天平神護二年敕書儞宜運近江國近郡穀五萬斛貯納於松原倉伏望准據舊例運近江緣江諸郡穀納穀倉院許之夏五月甲午詔聞者嘉雨不降炎旱淹旬走幣羣神闃然無感詩不云乎旱既太甚憂心如熏朕幷皇后服御物宜從省約是日公卿奏請復減五位以上封祿許之冬十一月詔神功不宰萬物樂其遂生聖德無外億兆悉其藏用故能光宅區宇經緯陰陽大庇生靈闡揚鴻烈朕以眇身忝膺司牧履薄乘奔常懷祇懼比有司奏儞今年十一月朔旦冬至終而復始得天之紀灰飛寒律節動微陽踐長之慶非無故實延祚之義抑有前聞朕之寡德何獨當之思與天下同享斯福其赦天下內外文武官主典已上敘爵一級史

生以下宜量賜物庶施恩榮於赤縣答露貺於蒼天布告遐邇知朕意焉

癸卯三 宏仁十四年（日本史）春三月丙辰朔割越前江沼加賀二郡置加賀國（日本國志嵯峨朝大國十三上國三十五中國十一下國九凡四等共六十九國於是古制一變而爲郡縣）夏四月甲午天皇遷於冷然院御前殿引皇太弟親諭曰朕本諸皇子也蒙太上天皇殊奬超登儲貳繼承鴻緒中間有小人之言適失太上皇之歡累朕不德而朕赤心有如皦日朕以寡昧在位十六年太弟賢明仁厚朕所固知年齒且與朕同念傳位於太弟者久矣今卽欲遂夙志宜知此旨皇太弟避席跪言臣以闇劣久忝儲貳不幸有犬馬之病常恐不堪承祧屢語右大臣未遑上聞今授臣以大寶心魂迷惑不敢奉敕天皇懇諭皇太弟遂卽位是爲淳和帝立正良親王爲皇太子天皇使權中納言藤原三守齎

書辭之其式一同上表淳和帝即令三守奉還其書乃上尊號曰太上天皇天皇固辭不從秋九月幸嵯峨莊淳和敕有司設御輿仗衞天皇辭之帝苦請再三天皇唯御馬卻前驅兵仗天長十年皇太子登阼是爲仁明帝淳和受尊號因稱天皇曰先太上皇承和九年七月丁未崩於嵯峨院年五十七遺詔停太上皇之葬禮親斟酌故事別爲之制名曰送終其略曰夫葬者藏也欲人之不得見也而周以棺槨隔以松炭期枯腊於千載留久客於一壙已乖歸眞之禮實遺愚俗之嗤焉況生無堯舜之德死何煩國家之費乎自古豐財厚葬賢者譏之故桓司馬石槨不如速朽然而楊王孫羸葬亦所不忍爲則漢魏二文是吾師也是以欲朝死夕葬夕死朝葬作槨不厚覆之以席約以黑葛置於牀上斂以時服皆用故衣莫更別制不加纏束著以牛角帶其餘衣衾飯含平生之

物一皆絕之擇山北幽僻不毛之地葬之穿坑淺深縱橫可容棺矣葬限不過三日勿信卜筮勿拘俗事夜刻向葬地院中之人可著喪服而給喪事挽柩者十二人秉燭者十二人並著麤布衣從者不過二十人男息不在此限婦女一從停止棺既下不封不樹令與地平均長絕祭祀但子中長者私置守冢而三年之後停之天下吏民不得著服朝官諸司不可哀臨但服衰絰者七日過此早釋（擇其近臣出入臥內者應著素服除亦准此）又釋家之論不可絕棄三七七七各麤布一百段周忌二百段以施於便寺追福（佛布施細綿十屯裹以生絹置素機上）不可配國忌每年忌日於一寺聊令誦經而其事必終當今而休他兒不效此若不從此是戮屍地下死而重傷魂而有靈則冤悲冥途長爲怨鬼他不在此制中者皆準制旨從事戊申定山陵以商布二千段錢一千貫文充葬費郎日襄事稱曰嵯峨天皇〔又后

橘嘉智子（內舍人清友女）妃高津內親王多治比高子（從五位下氏守女）夫人藤原產子藤原緒夏（右大臣內麻呂女）女御大原淨子（正六位上家繼女）百濟貴命（鎮守將軍俊哲女）更衣秋篠高子山田近子飯高宅眉尙侍百濟慶命（鎮守將軍教俊女）笠繼子大原全子高階河子（從四位上淨階女）交野女王（從五位上山口王女）文室文子（正五位下久我麻呂女）廣井氏上毛野氏安倍楊津田中氏粟田氏惟良氏長岡氏布勢氏當麻氏（正六位上治田麻呂女）紀氏內藏氏甘南備氏子二十一后生仁明帝秀良親王及漳和皇后高津生業良親王貴命生忠良親王基良親王高子生源濟近子生源啟宅眉生源常源明慶命生源定源鎮笠繼子生源生全子生源融源勤廣井氏生源信上毛野氏生源宏穆津生源寬中氏生源澄粟田氏生源安惟良氏生源勝長岡氏生源賢其源繼失母氏

日本源流考卷五終

日本源流考卷六

長沙王先謙益吾撰

淳和天皇

唐書日本傳次淳和

宋史日本傳次淳和天皇紀年代

日本史淳和天皇諱大伴桓武第三子嵯峨弟也母贈皇太后藤原氏延厤五年生初爲親王二十二年敘三品任兵部卿大同三年遷治部卿宏仁元年轉中務卿九月立爲皇太弟十四年四月庚子嵯峨傳位於皇太弟累辭不允壬寅立皇子恆世王爲皇太子嵯峨之志也恆世王固辭於是立嵯峨之子正良親王爲皇太子丁未詔曰詳觀列代緬鑑前王或因事以別名或乘時而異號太上天皇利見踐厤執象修機文敎與鵬翼齊飛武功將日車並

運樂推之望幽顯猶深謳歌之誠華夷未已爲而不恃成而弗居纖芥紫宸錙銖黃屋弛擔四海高謝萬邦遂乃抑損天皇之號俯同人臣之例稽諸往古未有前聞論之當今實非通式名不正則言不順言不順則事不成聖人無名雖絕言象稱謂之義非無故實宜上尊號爲太上天皇皇太后曰太皇太后皇后曰皇太后注元案是時無皇太后蓋指桓武藤原皇后乙牟漏也辛亥卽位於太極殿時年三十八右大臣兼左近衛大將藤原冬嗣如故夏五月甲寅朔詔追尊皇妣藤原氏曰皇太后癸酉詔曰乾坤交泰庶品賴其仁雲雨行施羣生仰其澤故提衡御極握契登樞莫不因時而布恩應天而分惠也朕居纘戎之業有若馭奔受光啟之符無忘履薄懼八政之或舛憂一物之未安務存含育情深施生今盛德在火長養應期思迪順陽之令範以播乘時之沛澤其僧綱及京畿諸寺僧尼智行有

聞并年八十已上宜量賜物但諸國僧尼百歲已上穀人四斛九
十已上三斛八十已上二斛天下高年者百歲已上三斛九十已
上二斛八十已上一斛其五位已上子孫年二十已上者特敍當
蔭之階力田超衆者敍爵一階孝子順孫義夫節婦表其門閭終
身勿事六月己丑追冊故妃高志內親王爲皇后冬十月癸卯召
僧長慧勤操空海等於清涼殿行大通方廣之法是歲渤海來貢

甲辰 四
天長元年（日本史）春正月乙卯改元三月丁巳詔曰朕以不
天幼罹衰疾未奉懷袖之教已違勤斯之恩歲月崢嶸其積久音
塵渺邈不能逮瞻紫極以摧屠望白雲而隕越雖愼終之道禮制
有限而追遠之悲胸襟無洩五月四日者皇太后昇遐之日也何
鄰忌辰遑恣艮遊五月之節宜從停廢雖然遏絕窺覦理資武備
防閑姦宄實屬戎容思欲依舊事以閱人徒是則居安慮危之道

也卿等宜衆議奏聞己亥公卿覆奏玄功播氣羣生莫貴乎人紫極提衡聖德詎加於孝伏惟皇帝陛下情深罔極事切終身對凱風以無忘瞻寒泉而永慕爰臻忌月停此娛遊凡厥羣臣不任悽感但馬射之道於武尤要冀北龍駒不調則難馭山西猨臂資習而增奇九月九日者所謂重陽也龍沙廣宴之辰馬臺高賞之序風至時涼馬肥人暇古之王者多以茲日有觀馬射伏望乘此良節以臨射宮臣等請奉詔付外施行是春大旱夏六月己亥始以僧義眞爲天臺座主秋七月甲寅先太上天皇崩己未葬平城天皇八月丙申公卿奏陳六條曰人主發號施令必奉天時政化不逆時則風雨應候災害不生尚書曰野無遺賢萬邦咸寧又曰任賢勿貳去邪勿疑宜舉賢德去邪枉當今諸國牧宰欲崇治聲則拘於法律不得馳騖邦國殄瘁職此之由宜妙簡清公美才以任

諸國守介其新除者特加引見喩以治方其反經制宜動不爲已者須從寛恕無拘常法古者分遣八使巡視風俗考治否問疾苦以舉善彈違宜遣巡察使於諸國考國守治否焉而國守良者不易多得得一良守則宜令兼帶數國小大之政從其所請一兩僚屬亦依請任之而祿不厚則人不勸人不勸則治不立若其公廨者攝國之中擇其殷阜以二守分給之試諸一國明知治否然後令兼之諸氏子孫宜令咸入太學習讀經史學業足用量才授職從之

乙巳敬宗寶曆元 天長二年日本史秋閏七月壬辰以江南四郡復隸攝津八月丁亥置畿內七道巡察使冬十一月庚午置施藥院使丙申賀太上天皇四十算御賀始於此渤海來貢

丙午二 天長三年日本史九月庚午始改上總常陸上野三國守稱

太守以親王爲之冬十二月百官以慶雲見表賀詔曰朕以菲薄
嗣膺丕基踐冰兢兢馭朽孜孜膏澤不浹於黎庶風化莫澄於寰
區克己惕懷未知攸濟今見公卿表賀慶雲之瑞朕德行無圓慙
以感物道化有缺何用動神但惟俊乂百工存職匪懈雖雲芝之不
效慶有餘焉萬民不贍帝則未順雖麟鳳在野吾猶懼矣自顧庸
虛何用慶賀朕不敢當辛酉公卿再奏賀詔赦天下
丁未文宗太和元天長四年（日本史）春正月丁丑置畿內校田使二月戊
午立正子內親王爲皇后五月庚辰詔中納言良岑安世東宮學
士滋野貞主等撰經國集冬十月癸卯置甲斐牧監戊申御紫宸
殿賜宴七月至是月地數震殆無虛日或有聲如雷十一月辛未
敕諸國修文殊會和漢年契文德帝主
戊申二天長五年（日本史）春三月壬子大中臣春繼坐射殺萩原王

流於伊豆夏五月丁未京師大雨山崩水溢漂損人畜遣使賑給之

三乙酉 天長六年（日本史）夏五月敕諸國造水車

四庚戌 天長七年（日本史）夏四月詔曰朕以菲昧祗膺瑤圖寅畏三靈憂勤四海景化未孚皇猷尚鬱咎徵之責不招而臻如聞出羽國地震爲災山河致變城宇頽毀人物損傷百姓無辜奄遭非命誠以政道有虧降斯厥譴朕之寡德慙乎天下靜念厥咎甚倍納隍夫漢朝山崩因修德以禳災周郊地震感善言而弭患然則克己濟民之道何不師古哉所以特降使臣就加存撫其百姓居業震陷者使者宜與所在官吏議量免當年租調並不論民夷開廩賑之葺修居宇勿使失職壓亡之徒早加葬埋務施寬恩式稱朕意冬十月大納言藤原三守等上新撰格式

辛亥 五 天長八年〔日本史〕秋八月乙亥召阿波守善道眞貞主稅頭安野眞繼直講苅田種繼等論三傳三禮義敕東宮學士滋野貞主等撰祕府略〔和漢年契〕光孝帝生

壬子 六 天長九年〔日本史〕夏四月癸酉行幸紫野院名院曰雲林亭丙子皇后幸雲林亭觀農桑賜物於執役男女

癸丑 七 天長十年〔日本史〕春正月辛巳天皇將讓位遷居西院乙酉讓位於皇太子上尊號曰太上天皇辭之仁明帝不從以嵯峨太上皇在故稱天皇曰後太上天皇承和七年五月不豫辛巳顧命曰予素不尙華餝況擾耗人物乎斂葬之具一切從薄葬畢釋縗莫煩國人送葬之辰宜用夜漏追福之事固須儉約又國忌者雖義在追遠而絆苦有司又歲竟分綵號曰荷前論之幽明有煩無益並須停之夫人子之道遵敎爲先奉以行之不得違失又

曰予聞人沒精魂歸天而空存冢墓鬼物憑焉終乃爲祟永貽後累宜碎骨爲粉散之山中中納言藤原吉野奏曰昔菟道稚彥皇子遺敎碎骨散棄後世效之然是親王之事而非帝王之跡不起山陵古所未嘗聞也山陵猶宗廟也若無宗廟臣子何所仰止天皇曰予氣力綿惙不能論決卿等宜奏嵯峨聖皇以仰裁耳癸未崩於淳和院年五十五諡曰日本根子天高讓彌遠尊火葬於乙訓郡物集村遵遺詔停裝束山作養民等司不置國忌陵戶不列荷前碎粉御骨散太原野西山嶺上稱曰淳和天皇又曰西院帝天皇嘗問僧道昌曰帝王殺生之罪孰與臣下對曰帝王重臣下輕小僧每見虞人供御者割鮮數十一御之費多兼飛走所羞雖少所殺亦多故其罪重至於臣下則不然山澤有禁不聽縱獵弋釣所獲纔資口腹故其業輕天皇曰善自是省遊虞緩山澤之禁

又后高志內親王桓武后藤原乙牟漏女　正子嵯峨女　女御永原氏橘氏子從三位永名女　尚藏緒繼女王　大中臣安子從四位上淵魚女　大野鷹子左近衛中將眞雄女　橘船子從四位上淨野女　丹墀池子從五位上門成女　清原春子右大臣夏野女　子五高志生恆世親王正子生廢太子恆貞恆統親王基貞親王安子生良貞親王

仁明天皇

唐書日本傳次仁明

宋史日本傳次仁明天皇年代紀

日本史仁明天皇諱正良嵯峨第二子也母皇后橘氏以宏仁元年生焉初爲親王十四年四月淳和受禪立爲皇太子嵯峨作書辭之淳和不從天長十年二月乙酉淳和帝詔傳位皇太子固辭不聽天皇乃謁嵯峨太上天皇及太皇太后於冷然院還御東宮

丁亥詔立恆貞親王爲皇太子淳和再辭天皇不聽上表請上尊號淳和再辭不從上尊號爲太上天皇皇太后曰太皇太后皇后曰皇太后癸巳卽位於太極殿時年二十四左大臣藤原緒嗣右大臣兼左近衞大將淸原夏野權中納言兼右近衞大將藤原吉野並如故夏四月戊寅詔曰雖觀之上日照先被龍輅所過恩典便降嵯峨院者先太上天皇光臨之地茅宮聳構分東洛之名區芝蓋駐蔭追汾陽之高賞宣遊斯在引年其深然則當邑之甿須霑慶幸近壤之戶豈無優恤時維長嬴方深亭育思順天序式施惠澤山城葛野郡貧民去年借貸未入者及雜賦未進等宜特免之是日制五月節復用五日十二月右大臣淸原夏野上令義解

甲寅 八 承和元年（日本史）春正月改元庚午以參議藤原常嗣爲遣唐持節大使彈正少弼小野篁爲副使秋八月丁亥先太上天皇

遷嵯峨院

乙卯 九 承和二年（日本史）春正月鑄承和昌寶錢三月太宰府言壹岐島遙居海中地勢隘狹若有外寇難以應急請發士民三百三十人常戍要害許之夏四月丙子敕曰象著損上禮存寧儉王者則之古今合契朕雖菲昧跂予思齊去泰就約夙闕情慮如今所有朕之兒息除親王之號賜朝臣之姓先太上天皇丕恩罔極玄澤更加不令別姓冒以源氏使與曾枝而同蔭其璿派而混流其前號親王仍舊不改同母後產猶復一例等制準宏仁五年天長九年兩度敕書宣告中外咸俾聞知己卯敕天下修文殊會秋七月丁巳御紫宸殿始令正四位下菅原清公侍讀後漢書

丙辰 開成元 承和三年（日本史）夏四月壬辰天皇御紫宸殿賜宴遣唐大使藤原常嗣等詔羣臣五位以上賦詩餞之秋七月太宰府驛

奏遣唐使船遭風漂回

丁巳 二 承和四年〔日本史〕春三月遣唐使發秋七月太宰府馳傳言遣唐使遭風而回

戊午 三 承和五年〔日本史〕夏六月令太學助教直道廣公讀羣書治要秋七月遣唐使自太宰府發冬十二月流遣唐副使彈正少弼小野篁於隱岐

〔冊府元龜〕文宗開成三年十二月日本國遣使來朝貢進眞珠絹

〔舊唐書日本傳〕開成四年又遣使朝貢

〔唐書日本傳〕仁明直開成四年復入貢

〔宋史日本傳〕當開成會昌中遣僧入唐禮五臺 年代紀

〔又〕開成四年又遣使來貢此與其所記皆同 謂年代紀也

〔又〕唐永徽顯慶長安開元天寶上元貞元元和開成中並遣使入

朝

〔元史日本傳〕其土疆所至與國王世系及物產風俗見宋史本傳日本爲國去中土殊遠又隔大海自後漢歷魏晉宋隋皆來貢唐永徽顯慶長安開元天寶上元貞元元和開成中並遣使入朝

案三年四年卽一役也各就其所見之時記之又次年卽會昌元年矣

己未 四 承和六年〔日本史〕春三月流遣唐知乘船事伴有仁麻請益刀岐雄貞麻留學生佐伯安道天文留學生志斐永世等於佐渡夏四月轉讀大般若經於八省院以祈雨諸司酺食三日秋七月令畿內國司勸種蕎麥九月甲午持節大使藤原常嗣還自唐己亥敕停諸國國分寺最勝王經會吉祥悔過修之國廳以爲恆例

庚申 五 承和七年〔日本史〕春三月壬午分遣六衛府搜捕京中竊盜

乙未敕頃者風俗澆漓凋敝相屬自今以後女所服裳夏之表紗
冬之中裙不論貴賤一切禁斷一裳之外不得重著宜從儉約夏
四月癸丑灌佛於清涼殿灌佛始於此丁卯頒行改正格式五月
癸未後太上天皇崩戊子葬淳和天皇壬辰公卿奏請易服臨朝
甲午詔曰昊穹不弔後太上天皇登遐龍髯之駕方遙鳳紼之行
靡反朕甫鍾煢疚痛結荒衿懷荼蓼以纏悲制苴菓而展禮夫愼
終追遠自有通規以日易月唯稱權變而葬訖釋縗載在遺訓羣
卿之議理當有從故今節中情以從權奪宜告中外俾知此意戊
戌天皇除服臨朝丙寅以年荒振贍公卿奏請減五位已上封祿
不聽壬申公卿又奏請於是有敕許減三位以上食封四分之一
十二月太宰府言新羅張寶高私遣使獻方物卻之

辛酉 武宗會昌元 承和八年（日本史）夏四月壬寅敕神明之感非信不通

帝王之功非道何遠宜令五畿內七道諸國國司講師相共齊戒於部內諸寺轉讀金剛般若經庶使紫宸增寶算之長赤縣絕夭折之患風雨調適年穀豐登冬十一月丁酉朔日南至公卿表賀丙辰赦詔賦象不忒九玄施仁與物爲春一人救世故功高振古軒昊之化允諧事美遐年勛華之業逾峻朕以寡昧忝臨黎苗撫事思懲每深懷抱迺者有司奏言今年十一月朔旦冬至當天統之嘉數發無疆之丕基歷駕說而希聞佇上德而演貺夫乾鑒玄遠必感聖荃自顧菲虛何入靈貺思與天下共斯休祉庶施愷澤於萌俗答嘉貺於昊穹十二月甲申左大臣藤原緒嗣等上日本後紀丁亥渤海來貢

壬戌二 承和九年（日本史）秋七月丁未太上天皇崩準據遺詔停百官及五畿七道諸國司素服舉哀戊申葬嵯峨天皇己酉春官坊

帶刀伴健岑但馬權守橘逸勢等謀反發覺令六衛府固守宮門
分遣右近衛少將藤原富士麻呂右馬助佐伯宮城捕之乙卯詔
廢皇太子奪大納言藤原愛發職安置京外貶中納言藤原吉野
太宰權帥參議兼春宮大夫文室秋津出雲員外守庚申流橘逸
勢於伊豆伴健岑於隱岐恒貞傳恒貞幼岐嶷能讀經史頗屬文嵯峨奇之仁明受禪立爲皇太子擇小
野篁春澄善繩爲東宮學士諳和累書爲辭儲貳仁明不聽恒貞
容貌端嚴威儀閑雅仁明以爲非常之器恒貞始朝於紫宸殿拜而
舞昇殿敕賜御衣受之拜舞而退時九歲其禮容如老成人既而
始讀孝經賜公卿宴恒貞嘗從容奏曰皇太子釋奠於太學是舊
儀也此禮久廢未知所以也仁明曰昔者天平末大臣吉備眞吉
勸高野天皇幸太學行此禮其後八十餘年廢而不行今太子心
存興復甚可嘉朗敕恒貞率百官修禮博士講經命羣僚賦詩恒
貞亦製詩菅原清公滋野貞主等甚賞焉各獻長句以勸勵之承
和五年十一月冠於紫宸殿詔曰皇太子恒貞風標岐嶷元稟溫
文毓問東華守器上序離幼從長日以躋昇今月休辰肇備元服
義兼四禮道重三加盛德以之克融承祧由其逾楙嘉慶之事豈
獨在予宜洽愷澤被之率土賜天下爲父後者六位已下爵一級
承和四年以往言上租稅未納咸從免除大赦天下恒貞才慧日
新深達世事自以爲身非眾嫡而居儲宮若兩太上天皇晏駕之

後禍機難測乃令春澄善繩作表冀效太伯劉彊以避賢路不許嵯峨深加敎督恆貞見大夫文室秋津亮藤原貞守等歎曰孤屢輸青蒲之款未蒙蒼昊之恩諸君柰孤身何語竟涕泣七年湻和崩九年嵯峨崩及伴健岑等謀反發覺恆貞恐又抗表辭位仁明優答曰健岑凶逆何關太子宜勿介懷恆貞猶不自安數日有飛書曰健岑反計爲太子發仁明信之會上避暑冷然院恆貞從焉敕左近衛少將藤原良相率近衛四十人圍太子直曹奪其帶刀等兵仗張幄於右兵衛陣下散禁坊司等百餘人雜色以下於左右衛門陣縛藤原愛發藤原吉野文室秋津分幽院中詔廢太子愛發等貶黜有差初圍直曹也恆貞晏然和暢謂人曰吾以非分荷此重任禍之萌兆早自知之故數年以來欲謝諸君不羅此敗而不忍離背以招憂患豈非天乎尋遣參議正躬王監送恆貞於湻和院於是降爲親王恆貞顧左右曰幸脫重負乃往院東亭子世稱亭子親王自是專歸佛妃嬪不復進御恆貞令聞夙著天下屬望一旦廢非其罪朝野悲之嘉祥二年敍三品遂爲僧改名恆寂持戒精進貞觀二年施其莊數十所於大覺寺造佛像寫經論安之又施定額僧十四口香鐙齋飯之資初受史傳於春澄善繩大江音人五經於中原月雄後受顯密祕要於僧眞如道昌皆究其奧尤妙草隸時兩太上皇工書論者曰嵯峨勁筋乏肉湻和豐肉輭筋惟恆貞筋肉雙奇肥瘦得適又善鼓琴盡得高橋文室麻呂曲調文室麻呂每曰曲折宛轉者勤習之功也敬以傳之音律淸雅者自然之妙也誠所不及初恆貞八歲猶養在內裏嵯峨聞其好音召令彈琴因親授羽調易水曲恆貞學畢請問其所起嵯峨曰昔者荊軻爲燕太子謀欲刺始皇太子餞於易水軻羽聲

歌曰壯士往兮不返匕首振兮染鍔慷慨感激怒髮指冠就車而去無復反顧事竟不成輒死後人寫之七絃乃此曲也恆貞曰此非正聲臣不欲學嗟峨悅貽書湻和曰親王非唯知音亦能知言帝亦悅附其書史局及在東宮好圖畫或進偃息圖一卷命焚之曰此致辱於所生也時人歎服元慶八年天子遜位於陽城院大政大臣基經屬心於恆貞率左大臣源融右大臣源多陳推戴之志恆貞泣曰內經有厭王位而歸佛道者未聞謝沙門而貪世榮者此邪緣也不食數日乃允是年九月薨年六十

八月乙丑詔立皇子道康親王爲皇太子戊子詔曰百城煙峙振綱紀者歸乎牧千里風行班章條者待乎宰是以懸衡御宇握鏡臨圖欲廣雍熙之功必資循良之吏朕以虛寡懋惟帝績割珪符以責成分憂之職攸憑紆銅墨以推最求瘼之寄斯在而朝章難副國憲易纏躬不率正私顧之謗滋興職乖恪居公方之節已墜單父之民未感絃歌清河之吏屢陷徽纆劾狀盈閣已洽斷文載車不勝近緣大行天皇聖躬不豫敷暢鴻恩洗滌塵穢而有司執奏不在赦限朕悲夫春枯之樹雷蟄之蟲或身歸農野撫華髮而惕慮或

志在名節望榮路而絕思此之可愍蓄於素懷宜令承和九年八月二十七日以前外吏秩滿未得解由者已言上未言上咸悉原免承和二年以往雜米雜穀及五年以往雜交易等並皆停之

癸亥 三 承和十年〔日本史〕夏五月置萬花會萬燈會於元興寺立爲恆例六月戊午朔令正六位上菅野高年讀日本紀於內史局冬十二月丙子從五位上文室宮田麻呂謀反覺流之於伊豆

甲子 四 承和十一年

乙丑 五 承和十二年

丙寅 六 承和十三年〔日本史〕春三月庚戌敕五畿內諸國徵錄所在皇肖冬十月乙未敕天下修佛名懺悔立爲恆式

丁卯 宣宗大中元 承和十四年〔日本史〕夏五月乙亥先是天皇受莊子於文章博士春澄善繩是日設竟宴於清涼殿辛卯召春澄善繩於

清涼殿讀漢書

戊辰 二 嘉祥元年【日本史】以獲白龜改元渤海來貢

己巳 三 嘉祥二年【日本史】春正月以去年天下洪水秋稼不稔廢朝

冬十二月太宰府驛奏豐後權守登美直名謀叛閏月巡省京城

賑給貧窮者至四獄司詔免罪人羣臣皆呼萬歲

庚午 四 嘉祥三年【日本史】春二月庚戌朔天皇不豫甲寅大漸召皇

太子及大臣於牀下受遺制遣使誦經諸寺奉馬於鴨松尾等名

神放鷹犬籠鳥修延命法於梵釋寺造續命幡懸十二大寺剎召

僧加持是日諸衞府警固丙辰遣參議藤原助右馬頭藤原春津

等於柏原山陵禱疾戊午分遣內豎誦經諸寺己未遣使賑恤京

師貧民壬戌誦經七寺甲子轉讀大般若經於紫宸殿三日又修

文殊八字法於仁壽殿辛未召僧實敏明詮光定圓鏡等於清涼

殿講論法華經三日天皇隔簾聽之丙子遣使誦經京城及平城四十九寺懸續命幡四十旒修延命法三日又命眞言僧徒修護摩法於豐樂院三月癸未轉讀大般若經於紫宸殿三日丙戌遣使誦經京畿及近江丹波等一百寺圖畫帝釋像一百鋪安置各寺戊子遣使誦經京城七寺己丑受不殺生戒於僧道詮等修理破壞寺院一百所遣使誦經十三大寺甲午天皇彌留左右檢非違使獄因除盜之外悉從放免乙未馳使誦經諸寺丁酉修七佛藥師法於淸涼殿懸七佛像於簾前立七重輪鐙於庭中度僧十人於紫宸殿南庭先是有詔度五百人是日天皇落飾受戒己亥天皇崩於淸涼殿年四十一葬於紀伊郡深草山陵謚曰仁明天皇世稱深草帝置國忌齋於東寺遺制薄葬以帛布代綾羅停鼓吹方相〔文〕后藤原順子（左大臣冬嗣女）藤原澤子（紀伊守總繼女）女御滋野繩

子參議貞主女藤原貞子右大臣三守女更衣紀種子正四位名虎女三國氏藤原賀

登子肥前守福當麻呂女藤原小重子從五位下道長女高宗女王從四位上岡屋王女百濟

永慶從五位上教復女山口氏子十四順子生文德帝澤子生成康親王

光孝帝人康親王繩子生本康親王貞子生成康親王紀種子生

常康親王三國氏生貞登賀登子生國康親王山口氏生源覺又

源多源冷源光源效並失母氏

文德天皇

唐書日本傳次文德

宋史日本傳次文德天皇當大中年間年代紀

日本史文德天皇諱道康仁明長子也母皇太后藤原氏號五條

后天長四年八月生初爲親王承和九年皇太子恆貞廢立爲皇

太子嘉祥三年春三月己亥仁明大漸遺詔皇太子樞前卽位既

而帝崩皇太子退御宜陽殿東庭休廬左右近衞少將各一人率近衞等陣於休廬左右大臣率諸卿及少納言左右近衞少將等獻神璽寶劍符節鈴印等卽日駕移東宮雅院癸卯葬仁明乙巳公卿上言施事天下猶稱令旨恐於視聽有所疑請改令爲敕不許四月庚戌公卿上奏勸進卽位至是凡三許之癸丑天皇公除百官吉服甲子天皇卽位於太極殿時年二十四左大臣兼左近衞大將源常右大臣兼右近衞大將藤原良房並如故尊所生女御藤原氏爲皇太夫人乙丑宣詔內外曰易月之制雖據舊章臣子之道須存心喪宜命有司期年之內禁宴飮作樂著美服夏五月辛巳太皇太后橘氏崩壬午葬嵯峨皇后秋七月庚辰備前獻白龜乙酉石見獻甘露八月丙辰公卿表賀天皇謙讓不當甲子羣臣又奏賀敕曰朕躬在大喪事委冢宰德未動近化何覃幽而

今白龜甘露之祥並至卿等表賀朕之菲虛自知不堪夫無災而
憂著自前蹟恃瑞而凶非無往鑒陳賀之言非所欲聽丙寅公卿
重表請賀瑞許之己丑詔曰乾監不測隨皇化而效靈神理非遙
應人事而通感是以恩有所漸龜龍不祕幽贊之符德有相覃雲
露豫彰昇平之瑞朕上遵遺制下酌羣言辭不獲免遂踐皇極然
猶集蓼之痛彌切擠壑之慮未申譬涉大川罔知攸濟卽知天上
甘露之淵未必爲朕而灑水中神蔡之智豈能賴朕而浮故斷尚
書之章不聽羣臣之賀而今攝津畿服之地獲神龜而獻之僉謂
不世之鴻符難得而廢朕重違敦請再三念之得非百神七廟之
潛祐萬民三槐九棘之緝熙庶績之所致哉有司其擇吉日告於
宗社夫封壇馬齒獻瑞不恆天貺攸降理須優異宜特令攝津島
上郡勿輸今年之調美作英多郡石見安農郡備前盤梨郡並免

當年庸獲蠱人村主岑成等敍從六位上賜物準例天下觀部各
免其租又五畿七道諸國承和六年以往調庸未進咸從免除冬
十一月丙申詔紫極高映運亭毒而不言黃屋尊居播惠愛而無
恃故勛華纔獨末隔於勤勞禹履垂風猶同於含育朕忝奉先訓
虔撫令圖飡荼蓼以銷神矜烝庶以紆思而今至誠不竭小信未
孚陰德愆和祇告譴出羽州壤偏應鍋龍之機邊府黎甿空破
梟禽之害邑居震蕩蹈厚載而不安城堺傾頹想艱虞而益恐咸
須子視或至於死傷獨非母臨何懈於拯救宜馳星使就展恩光
其被災尤甚不能自存使國司商量蠲免租調幷不問民狄開倉
廩貸振其生業莫使重困崩牆毀屋之下所有殘屍露骸官爲收
埋務申優恤庶俾委凍者知挾纊之溫阻飢者得廩牢之飽戊戌
立皇子惟仁親王爲皇太子

辛未 五 仁壽元年〔日本史〕夏四月丁卯召從四位下春澄善繩於北殿講文選庚午詔曰體元居正陽秋之格言去故成新易象之玄訓是以皇流異派帝寶分暉莫不改正朔以垂風變徽章以演化者也朕以不敏嗣奉鴻基諒陰之禮已終惻怛之情獨切但逾年以後日月推移不率舊章恐招新議去年即位之初頻得白龜甘露之瑞朕之不德推而不居而聽於公卿告之宗廟方今純陽布德萬物成文宜顧靈應於往時變年紀於今日其改嘉祥四年爲仁壽元年〔日本國志〕以藤原良房爲太政大臣賜劍佩上殿源信爲左大臣藤原良相爲右大臣兼左大將於是三公始備舊制三公每缺員至是以擢用信故備官初帝欲立長子惟喬爲儲貳以待太子之長憚良房而諷於源信信阻之良房深德信故用之

壬申 六 仁壽二年〔日本史〕春三月己卯敕洪範八政食居第一食貨

志云國無粟而可治者自古未聞然則王政之要生民之本唯在務農頃年諸國所告不堪佃其數居多是由國郡官司不勤地利不重民命所致甚非選擇良吏委付黎元之意也凡治田克勤則畝益三斗少惰則損亦如是其種而少惰所損尚然況廢而不耕其費更甚一畝之田可食一戶一畝不耕一戶受飢既多不耕之地何少受飢之人古者州郡官長春出行田若有不耕課而田之獲者公私牟之古人至重地利如此宜下諸道令曉此情國郡司等躬自巡視修固池堰催勸耕農力者褒而錄之懈者督而趣之

癸酉 七 仁壽三年(日本史)春二月庚辰制曰朕薰腴未施化迹仍疏恐黎氓之不親望列辟以懋德而今所生男女皆當享封爵之重疏湯沐之用思其煩費內以忸怩竊思皇祖貽厥之謀除親王之號賜朝臣之姓奕代相沿已爲成式誠宜陶聖風而長扇其源氏

而混流但前號親王不在此限同母後產亦復一例慶雲之惠既無愛憎若樹之華更有濃淡蓋以域中大寶在屈己以利人天下至公欲損上以益下普告中外咸俾聞知

冊府元龜 宣宗大中七年四月日本國遣王子來朝獻寶器音樂帝謂宰執曰近者黃河清今又日本國來朝朕愧德薄何以堪之因賜百寮宴陳百戲以禮之

杜陽雜編 大中中日本國王子來朝獻寶器音樂上設百戲珍饌以禮焉王子善圍棋上敕顧師言待詔爲對手王子出楸玉局冷暖玉棋子云本國之東三萬里有集眞島上有凝霞臺臺上有手談池池中生玉棋子不由製度自然黑白分焉冬溫夏冷故謂之冷暖玉又產如楸玉狀類楸木琢之爲棋局光潔可鑒及師言與之敵手至三十三下勝負未決師言懼辱君命而汗手凝思方敢

落指則謂之鎭神頭乃是解兩征勢也王子瞪目縮臂已伏不勝同語鴻臚曰待詔第幾手耶鴻臚詭對曰第三手也師言實第一國手矣王子曰願見第一曰王子勝第三方得見第二勝第二方得見第一今欲躁見第一其可得乎王子掩局而吁曰小國之一不如大國之三信矣今好事者尚有顧師言三十三鎭神頭圖

甲戌 八 齊衡元年日本史夏四月丁卯自梨下院御冷然院庚辰尊皇太后曰太皇太后皇太夫人曰皇太后冬十一月辛亥晦詔曰上稽帝載下酌皇流莫不鍾靈既以開元割神符以改號者近來石見國上醴泉味寫濁醪狀凝芳醴朕之不德何敢當之蓋是宗社降靈俊乂在官之所致豈其爲身有嗣辭乎有司宜擇吉日告宗社改仁壽四年爲齊衡元年授位賜物準例冀欲使曠代禎符及萬邦以共慶隨時德政逐五帝而齊衡

乙亥九 齊衡二年（日本史）春正月丙申陸奥奏奥地俘囚殺傷同種事須警備請發兵討平之二月丁卯詔右大臣藤原良房參議春澄善繩等修國史是歲地連震

丙子十 齊衡三年（日本史）秋七月甲子詔試諸沙彌讀經及第者聽度冬十月壬寅天皇受晉書於刑部大輔春澄善繩辛酉遣權大納言安倍安仁等於後田原山陵告將配天甲子遣大納言藤原良相祀天於郊野圓丘

丁丑十一 天安元年（日本史）春二月己丑詔曰玄穹質暗效珍符而不言皇王至公代神工而布德緬尋前載由來尚矣朕以寡昧纘守洪基埀拱巖廊如履冰谷勞形育物亭毒之仁未弘展敬奉天貫徹之誠或缺不知幽顯有何感通去歲冬中景貺薦委美作國貢白鹿一頭色均霜雪自絶毛羣性是馴良足稱仁獸不因仙馭來

在彤庭重彼遐齡毓於靈囿常陸國上言生連理樹二一郡山裏兩處森然分根合幹異體同枝或相連其閒一丈餘尺或交柯之上更挺好姿斯皆書緹史而可傳稽瑞圖而有慶朕之菲虛非可能致唯由宗社垂祐股肱叶贊今欲鍾此休徵不享獨美施之惠澤徧及萬方宜免美作常陸二國百姓當年傜役二十日就中瑞祥所出重以優矜苫田郡調眞壁郡庸今年可輸者並皆免之復諸國今年傜半文武官授爵一級天下老人賜穀鰥寡孤獨不能自存者量加賑恤夫隨時紀號邦國之恆規因瑞建元古今之通典宜改齊衡四年爲天安元年夏四月庚寅復近江相坂關新置大石龍華二關六月庚寅太宰府上言對馬島上縣郡擬主帳卜部川知麻呂下縣郡擬大領直浦主等相率焚守立野正岑宅射殺正岑及從者防人秋七月辛亥下制太宰府宥對馬島民爲賊

所詿誤及無罪死獄者妻子

（十二戊寅）天安二年〔日本史〕春三月丙子令相模介滋野安成講老子莊子於侍從所夏五月壬午大雨洪水河溢橋壞東堀川水入冷然院左衛門陣直廬漂流左右京溺死者多秋八月乙卯天皇崩於新殿年三十二葬眞原山陵殯葬之禮亦如仁明故事但有方相氏謚文德天皇後改陵名曰田邑置守陵四戶世稱田邑帝貞觀二年置國忌於西寺天皇留心政事性甚明察專思昇平之化不好巡幸遊覽仁壽齊衡之閒禁網漸密憲法頗峻官署屢聞遷除之事吏人還懷廢罷之憂天下以比漢明帝而聖體羸病頻廢萬機在位不長時人惜之〔日本國志〕（委任外戚吏民凋弊盜賊漸滋）〔又〕后藤原明子（太政大臣良房女）女御藤原古子（左大臣冬嗣女）東子女王藤原年子藤原多可幾子（右大臣良相長女）藤原是子更衣紀靜子（正四位下名虎女）滋野岑子（攝津守貞雄女）

滋野奥子參議貞主女　藤原今子參議貞守女　藤原列子從五位上是雄女　伴氏多治氏清原氏菅原氏布勢氏子十二明子生清和帝靜子生惟喬親王惟條親王奥子生惟彥親王今子生惟恆親王岑子生源本有源載有伴氏生源能有多治氏生源每有清原氏生源時有菅原氏生源定有布勢氏生源行有

清和天皇

唐書日本傳次清和

宋史日本傳次清和天皇年代紀

日本史清和天皇諱惟仁文德第四子也母藤原明子號染殿后嘉祥三年三月癸卯生帝於外祖右大臣良房一條第十一月立爲皇太子天安二年秋八月乙卯文德崩丁巳遷御東宮諸衛擐甲警備九月甲子葬文德甲戌天皇公除百官吉服冬十一月甲

子卽位於太極殿時年九歲尊所生藤原氏爲皇太夫人太政大臣良房左大臣源信右大臣兼左近衛大將藤原良相大納言兼右近衛大將安倍安仁並如故壬申詔改中宮職爲皇太后宮職十二月丙申始定十陵四墓丁酉改眞原陵爲田邑陵

己卯十三 貞觀元年（日本史）夏四月庚子詔曰朕聞自古體元居正者雖運殊根英事別沿革莫不改正朔變徽章以易民之視聽也故能皇派不測萬朔酌而不厭帝系無涯千載沿而無際方今春恩已達夏德爲敘衆鳥調翼而始飛百花成實而新結見候物之如此知開元之所宜其改天安三年爲貞觀元年將使皇猷正一被羣品以用全寶庥延長均兩儀以侔遠

庚辰懿宗咸通元 貞觀二年（日本史）春二月辛卯天皇始讀孝經夏四月己亥詔使天下僧尼誦佛頂尊勝陀羅尼祈國祚以爲永例秋九

月壬戌風雨不止京師大水諸國海溢人畜多死冬十月甲申以馬多傷農廢大隅吉多野神二牧丁酉敕禁諸國私畋獵十一月壬辰詔曰皇天無親以萬物爲芻狗聖人無心以百姓爲耳目是以資生無涯不言之化克隆樂推不厭無爲之業長逸朕以眇眇之身託萬民之上涉道已淺乘奔危懷但賴羣公卿士盡力貟翼朕躬迺者公卿奏言今年十一月朔旦冬至得天之紀終而復始連珠映五緯而懸芒台璧壘二離而摛彩雖理關恆筭而必感至仁朕之寡德何鍾斯祥肆思與天下共同休慶赦天下徒以下罪其門蔭久絕及功才早彰者特加榮奬式暢寵章內外文武官主典已上加爵一級在京正六位上諸吏及史生以下直丁以上天下高年人等宜量賜物庶覃鴻霈於浹宇答靈眷於昊蒼十二月癸丑新修釋奠式頒下七道諸國

辛巳 二 貞觀三年（日本史）夏六月行宣明厤秋八月天皇始講論語
冬十一月以凶猾爲盜置檢非違使於武藏等郡各一人
壬午 三 貞觀四年（日本史）夏四月癸丑詔曰朕聞自古聖明之君以
堯舜爲稱首然而諫鼓謗木設之於朝又俾大禹皐陶盡其謨訓
益以萬機之盛非廣詢難以興功四海之尊非下問無以成化也
朕以童丱嗣守鴻基器謝徇齊業慙迪哲實賴賢輔之保化將以
拱己而仰成然運接百代之叔末時遇萬邦之凋殘卽位以還五
年於茲徒聞府帑空竭經用不支貢賦逋懸吏人嗟毒未得救之
之要昔神農氏世衰天下倒懸黃帝代以修德卽隆垂衣之化殷
暴辛政亂百姓塗炭周興成康之時至刑措而不用是以古不常
湆今不常薄唯在君臣善惡政教得失而已若能羣臣大小戮力
傾心務求政美匡拂朝家訓導黎庶則國富刑凊時和歲阜醨變

爲樸僞反爲眞卽東戶季子之代亦何遠之有參議已上各宜論時政之是非詳世俗之得失傷化害人不便於時者節用謹度當利於國者並盡昌言以沃朕心勿爲華飾勿有隱諱五月丁亥以海賊公行奪備前貢使山陽南海二道捕殺之

癸未 四 貞觀五年（和漢年契）敕撰仁明帝紀

甲申 五 貞觀六年（日本史）春正月戊子朔天皇加元服甲午尊皇太后爲太皇太后皇太夫人爲皇太后

乙酉 六 貞觀七年（日本史）春二月壬戌詔曰皇乾播德亭毒之功自高哲匠裁規撫臨之道斯廣是知致庶績於和平唯資惠愛驅黎元於富壽實在憂勞朕以庸虛恭承緒業位雖尊於宸極化未洽於域中所以宵衣惕慮旰食兢懷欲使四海無凶札之嗟八荒絕烽燧之警然素情弗顯玄感猶睽孤負靈心招以變異去冬太宰

府言在肥後國阿蘇郡神靈池經淫雨而無增在亢陽而不減而今無故沸騰衍溢他縣龜筮所告兵疫爲凶朕之中腸冰谷最切夫備德嫁禍既有前聞行善禳殃非無往鑒宜每寺薰修每社奉幣賴茲冥祐防彼咎徵又天安二年以往租稅未納皆勿譴責一從蠲除所冀至精廣被消霧露於無形潛衛旁通靜風塵於未兆布告遐邇俾知朕意於是官符諸國令國司講師相與齋戒禁斷殺生七日於國分寺定額寺轉讀金剛般若經又諸社長官潔齋奉幣又鰥寡孤獨不能自存者以救急義倉量給之三月敕大搜宮中及諸司兩京

丙戌七 貞觀八年（日本史）夏四月辛卯下令太宰府曰迺者京師頻有怪異陰陽寮言鄰國之兵應有來窺宜勤警固以備不虞又譴責豐前長門等國司曰關司出入理用過所而今唐人入京任意

經過是國宰不慎督察關司不責過所之所致也自今以後若有
警急必處嚴科秋八月辛卯敕太政大臣良房攝行天下之政藤
原氏攝政始於此（日本國志相門自此專權）
丁亥八 貞觀九年（日本史）春二月癸未以是春饑饉畿內特甚盜賊
羣起劫人行火令國司每鄉結保督察三月丁卯下令五畿七道
頃年搜捕海賊督察奸盜而今如聞凶徒不絕侵盜尚繁水浮陸
行皆憂賊害實是牧宰不勤肅清之所致也夫五家相保一人爲
長以相檢察載在法條又容隱盜賊科罪非輕宜鄰伍之內必置
保長察以行來詳以去就其市津要路人眾猥雜之處勤施方略
多設偵邏募以捕獲之賞示以寬容之典使奸濫之徒無所匿跡
戊子九 貞觀十年（日本史）冬十二月己酉新定內外交替式成敕頒
天下

己丑十 貞觀十一年日本史春二月己丑朔立貞明親王爲皇太子夏四月庚子大納言藤原氏宗等上貞觀格六月辛丑太宰府言前月二十二日新羅海賊夜入博多津掠豐前貢絹追捕不獲秋七月肥後大風雨廬舍多倒人畜壓死海潮暴漲漂溢六郡田園數百里陷爲海八月己亥太政大臣良房參議式部大輔春澄善繩上續日本後紀九月辛酉頒貞觀格

庚寅十一 貞觀十二年

辛卯十二 貞觀十三年日本史秋八月右大臣藤原氏宗等上貞觀式

九月太皇太后藤原氏崩

壬辰十三 貞觀十四年日本史夏五月渤海入貢

癸巳十四 貞觀十五年日本史冬十一月甲戌詔曰垂鴻一德違道者先亂其行麻象同天變常者乃遭其怒朕政無寒暑化負水波淩

遲之運仰慚洪緒及至十一年夏旱暵甚於常時牲璧空投山澤之靈魚龍殆失淵源之府朕念而三復過在一人蠲衣以待天下之溫菲食以思天下之飽而卿等推心唱和取義往來論奏一成懇誠自露遂王公減封諸臣省祿縱令率如舊制伏臘之費難支何況法損恆規朝夕之儲逾乏朕之焦思已涉炎涼如聞今茲收藏不害民庶稍休非望棲畝之餘糧蓋聞載路之多黍而已夫先王之爲政也弛於急張於緩年荒節用無節不可以存穀熟復常不復難可以贍太皇太后皇太后宮春宮坊封及服用五位以上封祿諸王季祿等往年減省之物自今以後仍舊莫減唯至朕躬德淺責深堯之冷葛舜之輕壖朕雖未窺彼垣牆而今恨其珍麗夫羣囊之器非片漆之所能堅屢空之民豈一秋之所能富朕服御常膳左右馬寮秣穀或分折或權停之類尚如前令更不加進

丁丑公卿奏請服御常膳左右馬寮秣穀並復舊許之

（甲午僖宗乾符元）貞觀十六年（日本史）夏六月癸酉遣伊豫權掾大神已井等於唐市香藥禁諸國司娶部內女子秋八月庚辰大風雨折樹發屋公私廬舍無復全者衆水暴漲直衝城下壞豐財坊門橋梁人馬多漂沒冬十月戊寅詔曰朕聞哲王調序天吏於是休和睿后乘時風俗所以敦阜自朕纂業驟移寒暄澆耗之萌漸彰化育之孚難達中夜慙恧未暇歆眠去夏甘澤頻降苗稼肥好朕初謂上天錫祉黔黎之業能豐下土資腴紅粒之糧可蓄何意百年之老俄收擊壤之聲五尺之童更廢鼓腹之詠如聞諸國風水致災鄰河之鄉鼠居鳥樹之上濱水之地魚行人道之中老弱沒亡不得其死田園淹損或破其生靜而思之切於軫悼夫國宰者民之父母也豈有兒子既罹其憂父母不爲流涕者乎其屍骸漂散

不得主名者官爲鉤求加意埋掩被災郡縣免當年傜夫民之窮
不能自濟者量加救賑庶使已飢之口有再飽之期不存之魂銷
無聊之恨務盡恤隱之旨副朕惻然之懷

乙未 二 貞觀十七年〔日本史〕春正月壬子冷然院火

丙申 三 貞觀十八年〔日本史〕秋七月己丑參議源舒獲奇鳥獻之敕
放之北山冬十一月庚子天皇將傳位幸染殿院壬寅傳位皇太
子十二月上尊號爲太上天皇元慶元年閏二月太上皇使右大
辨藤原山陰辭封戶曰王風不競國弊民亡是故褫夫衮龍愛此
蘿薜豈復享太上之尊名致公家之煩費乎其封物等請悉還納
三月徙居淸和院三年二月辭封戶之半陽成帝上表固請又遣
參議源舒於淸和院奉表陳請固讓不受五月遷御攝政基經粟
田院落飾入道法名素眞陽成帝欲朝於粟田院乘輿既設太上

皇遣藤原山陰馳奏停之十月巡幸大和歷覽名山古寺帝遣參議左衛門督源能有率六府將曹志府生各一人近衛兵衛衛門各十人護衛太上皇太上皇悉還之四年遷御左大臣源融嵯峨棲霞觀十一月遷御粟田山莊圓覺寺冬十二月癸未崩於圓覺寺年三十一遺詔火葬中野不起山陵使百官及諸國不舉哀不素服不置監葬諸司喪事所用一從省約七日火葬愛宕郡上粟田山置御骨於水尾山稱清和天皇天皇好讀書傳潛思釋敎鷹犬之娛未嘗留意外祖太政大臣良房攝政樞機整密國家寧靜天皇恭己仰成默握憲綱及良房薨始親政事率由恭儉承和以往天子日御紫宸殿視政事仁壽之後遂廢天皇復之當時稱之既而藤原基經當國吏稱其職內外肅然故道前代之政者悉稱貞觀之治時有僧眞雅自天皇幼沖常侍左右眞雅死有僧宗叡

勸天皇結香火之緣既遜皇位常御菜蔬遂斷聲色入水尾山之後不御酒酢鹽豉隔二三日一進齋飯六時苦修毀瘠如削深厭世累欲絶膳捨身凡諸苦行無所不修及大漸命侍僧誦陀羅尼向西方結跏趺坐手結定印而崩宸儀不動儼然若生念珠猶懸在手云(又)后藤原高子(中納言長良第二女)女御藤原多美子(右大臣良相女)平寛子嘉子女王源濟子源貞子隆子女王兼子女王忠子女王藤原賴子(太政大臣基經女)藤原佳珠子(賴子妹)源嚴子(右大臣能有女)源暄子源宜子(參議興基女) 更衣藤原氏(神祇伯良近女)在原氏(中納言行平女)藤原氏(齋宮頭諸藤女)藤原氏(木工權大允直宗女)佐伯氏(信濃權介子房女)橘氏(治部大輔體蔭女)藤原氏(參議仲統女)王氏(中務大輔棟貞王女)藤原氏(中納言諸葛女)賀茂氏(越中守峰雄女)大野氏(石見守鷹取女)子十四后生陽成帝貞保親王佳珠子生貞辰親王良近女生貞平親王在原氏生貞數親王諸藤女生貞眞親王直宗女生貞賴親王

橘氏生貞固親王仲統女生貞元親王王氏生貞純親王佐伯氏

生源長鑒源長頼賀茂氏生源長猷大野氏生源長淵

日本源流考卷六終

日本源流考卷七

長沙王先謙益吾撰

陽成天皇

唐書日本傳次陽成

宋書日本傳次陽成天皇年代紀

日本史陽成天皇諱貞明清和第一子也母藤原高子號二條后右大臣基經妹以貞觀十年十二月十六日生於染殿院十一年立爲皇太子十八年十一月壬寅受禪於染殿院歸御東宮以右大臣兼左近衛大將藤原基經攝政詔尊清和帝曰太上天皇是歲渤海朝貢

丁酉 四 元慶元年日本史春正月乙亥卽位於豐樂殿時年十歲詔尊母藤原氏爲皇太夫人左大臣源融中納言兼右近衛大將藤

原良世並如故三月丁卯延一百餘僧於紫宸殿轉大般若經三日自是改貞觀四季例春秋修之夏四月庚辰造太極殿丁亥改元大赦

戊戌 五 元慶二年日本史春三月出羽俘夷叛討平之日本國志遣藤原保則討平蝦夷渡島津輕皆降而保則無賞基經捉之也秋九月關東諸國地大震相模武藏特甚數日不止公私廬舍無一全者百姓多壓死地陷道路不通

己亥 六 元慶三年日本史春三月壬子地大震癸丑太皇太后崩甲寅太上天皇設大齋會於淸和院親王公卿悉會焉乙卯葬淸和皇后夏五月丁酉太上天皇落飾冬十月甲子太極殿成右大臣基經上文德實錄庚辰詔曰朕以眇虛寄身臣佐蒼天可畏赤縣猶賒乃者有司奏言今月朔旦冬至理誠宜賀思之又思兢兢而已夫一陽之可以歡朕更增一日之愼履長之可以樂朕還切履

冰之憂苟曰休祥何爲抑遏自元慶三年十一月二十五日昧爽以前徒罪以下不論輕重咸從寬免常赦所不免及欠負官物之類不在赦限其門蔭久絶才效先著特加榮賞以穆朝章內外文武官主典以上敘爵一級在京正六位上諸吏及史生以下直丁以上又天下高年者宜量賜物欲俾彼出罪科者目見震雷之能作解縻好爵者耳聞陰鶴之不吞聲其賜級賜物之徒所司明加實覈

庚子廣明元 元慶四年〈日本史〉冬十二月癸未以右大臣藤原基經爲太政大臣攝政如故太上天皇崩於圓覺寺地大震甲申天皇遷居常寧殿遵遺詔停素服舉哀敕禁宴飲作樂及著美服丙戌葬清和

辛丑中和元 元慶五年〈日本史〉冬十月己丑禁男女著茜紅花文染支

子色搦奬學院

壬寅 二 元慶六年（日本史）春正月乙巳天皇加元服庚戌尊皇太后藤原氏爲太皇太后皇太夫人藤原氏爲皇太后冬十一月渤海入貢

癸卯 三 元慶七年（日本史）冬十二月丁巳敕諸國禁非受業人任當國博士醫師及郡司私相讓職

甲辰 四 元慶八年（日本史）春二月乙未天皇遜位於二條院文武官僚扈從卽日宣詔稱太上天皇（日本國志基經誘帝還陽成院帝始驚泣年十七）世稱二條院天皇帝稍長嬉戲無度至令宮人緣木而揞殺之遜位之後極意縱肆常與童子十數人執弓矢遊騁山野或微行入閭里劫奪廄馬鞭逐主人嘗入左大臣源融別業破壞其牆垣而去又嘗捕一女子以琴絃縛之置於水中以爲笑樂人間厭苦之天歷三

年九月不豫落飾己巳崩於冷泉院年八十二殯於圓覺寺葬神樂岡東北置國忌齋於西寺稱陽成院〔又〕後宮姉子女王藤原氏主殿頭遠長女紀氏伴氏佐伯氏子七姉子女王生元長親王元利親王藤原氏生元〔艮〕親王元平親王紀氏生源清蔭伴氏生源清鑒佐伯氏生源清遠

光孝天皇

〔唐書日本傳〕次光孝直光啟元年

〔宋史日本傳〕次光孝天皇年代紀

〔日本史〕光孝天皇諱時康仁明第三子也母贈皇太后藤原氏贈太政大臣總繼女天長七年生於六條第承和初爲親王十三年敘四品嘉祥元年爲常陸太守三年爲中務卿仁壽元年敘三品貞觀六年兼上野太守八年爲太宰帥中務卿如故十二年敘二

品十八年爲式部卿元慶四年再兼常陸太守六年正月敘一品八年二月乙未藤原基經廢陽成帝臣子廢帝自此始文武臣僚扈從參議藤原山陰藤原諸葛阿部清行等留守太政大臣基經與親王公卿定策奉璽鏡劒勸進天皇（日本國志）基經有廢立意密訪諸皇子皇子爭自修飾後詣親王第衣服雅素徐日何故見過基經服其雅量甲寅卽位於太極殿時年五十五追尊皇妣藤原氏爲皇太后太政大臣基經左大臣源融右大臣兼左近衞大將源多大納言兼右近衞大將藤原良世並如故夏四月天皇始讀文選六月詔百官奏事先諮稟太政大臣基經而後奏聞

乙巳光啟元 仁和元年（日本史）春正月癸丑始禁參議以下著貂裘二月改元夏四月辛巳敕朕以眇身猥承鴻緒膺登用之業有若馭奔受光啟之符無忘履薄綜覈前王搜羅囊制唯思宵衣是遵旰

食是勉躬行慈儉人臻富庶而運承澆季風頽俗弊庫藏虛耗經
用殷繁卿士羣吏受祿稍者既衆親王源氏賜時服者亦多計會
征入未供其費商折見用殆過其制夫域中大寶天下至公克己
惕懷未知攸濟豈有百官闕其祿賜而一人保其羨溢者乎朕之
服御絹綿二色暫從省減並依舊例庶推損上之誠用存經邦之
化冬十月辛未敕太宰府禁私買唐物〔和漢年契〕敦仁親王生是
爲醍醐帝

〔宋史日本傳〕遺僧宗睿入唐傳教當光啓元年也年代紀

丙午　二　仁和二年〔和漢年契〕基經男時平元服帝爲加冠

丁未　三　仁和三年〔日本史〕秋七月辛丑地大震天皇出避紫宸殿南
庭兩京諸司民屋多顚覆壓死者衆是日五畿七道諸國海溢人
多溺死攝津最甚此後京師地數震八月辛酉大風雨拔樹發屋

內膳司倒兩京廬舍多顛倒壓死者多鴨河葛河溢癸亥太政大臣基經左大臣源融右大臣源多等上表請立皇太子丙寅以皇子源定省爲親王丁卯不豫立定省親王爲皇太子是日崩於仁壽殿年五十八葬葛野郡田邑陵是爲後田邑陵諡光孝天皇世稱小松天皇置國忌於西寺又后王氏諱班子仲野親王女女御藤原佳美子平等子藤原元善中納言山陰女更衣讚岐氏大判事永直女王氏參議正如王女布勢氏多治氏子十九后生是忠親王是貞親王宇多帝源元長讚岐氏生源舊鑒布勢氏生滋水清實又源兼善源名實源篤行源最善源近善源音恆源是恆源貞恆源成蔭源國紀源香泉源友貞僧空性並失母氏

宇多天皇

宋史日本傳次仁和天皇年代紀

日本史宇多天皇諱定省光孝第七子也母皇后班子女王後稱洞院后以貞觀九年五月五日生元慶中加元服任侍從時稱王侍從八年賜姓源朝臣仁和三年秋八月光孝不豫太政大臣基經入奏請建皇嗣帝曰唯公所計基經請立天皇帝大喜急召之左執基經手右執天皇手泣曰大臣輔助恩深汝莫敢忘乃詔爲親王丁卯立爲皇太子是日光孝崩皇太子踐阼於宣耀殿太政大臣基經左大臣源融右大臣兼左近衛大將源多大納言兼右近衛大將藤原良世並如故冬十一月丙戌卽位於太極殿年二十一尊母班子女王爲皇太夫人庚寅詔萬機巨細皆關白於太政大臣基經關白始此

戊文德申元仁和四年日本史春二月丁亥特詔關白基經準三宮日本國志聽乘腰輿入朝秋九月己酉敕巨勢金岡畫弘仁以後能詩者像於御

所南廂障子

己酉昭宗龍紀元 寬平元年（日本史）秋七月自六月霖雨洪水兩京飢死者多冬十月天皇受周易於博士善淵愛成鑄寬平大寶錢（和漢年契）賜平姓於高望王

庚戌大順元 寬平二年（日本史）春正月戊子朔天皇拜天地四方屬星山陵後爲恆例冬十二月庚子太政大臣基經辭關白詔許之

辛亥二 寬平三年（日本史）春正月太政大臣基經薨秋八月庚辰定修理職官位準中宮職九月戊午禁諸國綱領奸官物及京貫人庶王臣子孫就姻逐業遂居畿外又禁畿外百姓姦附京畿戶籍

壬子景福元 寬平四年

癸丑二 寬平五年（日本史）夏四月壬午立敦仁親王爲皇太子閏五月庚午先是新羅海賊至是日下敕太宰府曰當今要務在農勿

令失時且征且田良將之術敕到奉行冬十一月乙酉禁以擬任
諸國郡司者爲內外官及補親王家令以下職
甲寅乾寧元 寬平六年（日本史）夏五月唐使至八月以參議菅原道眞
爲遣唐大使右少辨紀長谷雄爲副使既而止之秋九月甲子對
馬言新羅賊船至戊辰太宰府驛奏新羅寇邊戊寅太宰府驛言
守文屋善友與新羅賊戰大破之獲大將三人副將十一人卒三
百餘人復出雲隱岐烽燧
乙卯二 寬平七年（日本史）春二月己酉敕近者囚徒滿獄科決猶遲
或所犯是輕禁錮日久或本罪既重徒斷終身獄官之道理不可
然是以去年十月五日定左右檢非違廳每日行政之狀而猶遲
緩不肯遵行自今以後宜依前敕所行條目每日奏之三月敕王
臣家出舉私物貸民求利天平九年所禁也如聞比年不遵前格

致妨民業因茲租稅難收調庸未進蠹民害政莫甚於斯而國司
阿容曾不糺正爲吏之道何其然哉宜一切禁遏若違犯者沒物
科罪一如前格夏五月辛未唐使入朝渤海來貢
丙辰 三 寬平八年〔日本史〕夏四月癸丑禁諸院諸宮王臣家以百姓
請託爭訟田宅資財秋九月庚子皇太后二條后藤原氏避位流
僧善祐於伊豆以與善祐姦廢也
丁巳 四 寬平九年〔日本史〕秋七月丙子皇太子加元服是日天皇禪
位於皇太子詔大納言兼左近衛大將藤原時平權大納言兼右
近衛大將菅原道眞輔佐少主參決機務自著書歷舉臣庶賢否
國家得失以誡嗣帝曰明賞罰而莫迷愛憎用意平均莫徇好惡
能愼喜怒莫形於色訪治於有識求道於六經左大將藤原朝臣
功臣之後其年雖少旣熟政理新君愼之右大將菅原朝臣鴻儒

深知政事直言不忌朕嚮立東宮唯與朝臣定之且將讓位未果
朝臣曰事𦣻變生遂使朕意如金石朝臣非特朕忠臣新君功臣
新君愼之季長深熟公事長谷雄博涉經典共大器也莫不進用
醍醐帝受禪尊爲太上天皇致書再辭不從稱後太上天皇以別
陽成上皇八月從居東三條院昌泰元年二月遷朱雀院稱朱雀
院太上天皇太上皇敦尚佛法將落髮出家二年十月又辭尊號
請單稱朱雀院帝不從是月落飾於仁和寺法名空理灌頂號金
剛覺受三歸十善戒於僧益信十一月受戒東大寺頻致書辭尊
號帝從之稱曰法皇四年三月營室於仁和寺世稱御室登比叡
山謂僧增命曰我幼遊此山心願出家住此終不果既而受聲聞
戒於益信今復受菩薩戒於師以遂宿志遂造堂於千光院五年
四月受回心戒於增命又受胎藏金剛兩部大法七月致書辭封

戶七年十月初法皇薙髮親臣橘良利者亦披剃號寬蓮法皇既脫屣屢幸比叡石上每遊幸不欲人知之常屏去從衞惟寬蓮一人得從焉帝或命近臣扈從法皇輒避而潛出法皇居於宇多院於亭子院於六條院於中六條院承平元年七月甲辰崩於仁和寺年六十五遺詔以席裹棺以葛約之停任葬司造山陵置國忌列荷前及諸司諸國舉哀素服火葬大山內稱宇多院又稱亭子院天子稱院省尊號自此始帝嘗使畫工圖殷周以來名臣像於紫宸殿障子號賢聖障子卽位初語關白基經曰朕無臨馭四海之量願速去位基經陳其不可卽委以政事基經旣薨乃親庶政後世言政理必稱延喜天麻然帝治世反有上世無爲之風帝嘗曰自幼不食生鮮歸心釋門八九歲登比叡山愛慕僧儀自此常遊諸寺十七歲請出家於母后母后曰善然暫更事然後爲之猶

未晩也經三四月復請猶不肯許後四月先帝登極終不果又曰童稚之日作念不傷生類卽位來雖愛鷹鷂不敢貪獲惟助幽閒靜而惟之此亦煩惱薙髮後師僧益信灌頂於東寺旣而帝傳法仁和寺仁和寺御室推帝以爲宗祖焉〔又〕后藤原溫子（基經女）藤原胤子（內大臣高藤女）女御橘義子（參議廣相女）菅原衍子（右大臣道眞女）橘房子更衣源貞子（大納言昇女）尚侍藤原褒子（左大臣時平女）藤原氏（太和守繼蔭女）王氏（參議十世王女）藤原氏（參議有實女）有子十一胤子生醍醐帝敦慶親王敦固親王敦實親王義子生齊中親王齊世親王齊邦親王褒子生雅明親王載明親王行明親王又行中親王失母氏

醍醐天皇

〔宋史日本傳〕次醍醐天皇（年代紀）

〔日本史〕醍醐天皇諱敦仁初名維城宇多長子也母贈皇太后藤

原胤子仁和元年正月十八日生寬平元年爲親王二年更今名
五年四月立爲皇太子九年秋七月丙子加元服受禪於紫宸殿
癸未尊宇多帝曰太上天皇丙戌卽位於太極殿時年十三使大
納言兼左近衞大將藤原時平權大納言兼右近衞大將菅原道
眞參決政事壬辰追尊所生女御藤原氏曰皇太后己亥尊皇太
夫人班子女王曰皇太后宇多女御藤原溫子曰皇太夫人
戊午光化元 昌泰元年〔日本史〕春二月戊辰始讀羣書治要冬十一月
丙申朔日南至羣臣表賀大赦覃恩有差
己未二 昌泰二年〔日本史〕冬十月甲戌上皇落髮十一月甲寅先是
上皇累致書請去尊號至是詔從之
庚申三 昌泰三年〔日本史〕夏四月戊午朔皇太后崩辛酉葬洞院皇
太后五月己酉太皇太后藤原氏崩六月己巳令文章博士三善

淸行講史記冬十月己亥三善淸行上明年辛酉革命議

辛酉 天復元 延喜元年〔日本史〕春正月戊申貶右大臣兼右近衞大將菅原道眞爲太宰權帥〔日本國志〕初宇多欲倚道眞以分相門之權及拜右大臣道眞自以家本儒林而居台司恐不厭衆望上表固辭不聽帝覲法皇於朱雀院密召道眞諭使關白庶政如基經故事道眞固辭時道眞以格君致治爲己任知無不言綜理庶政裁決如流衆想望其丰采惟時平負氣不相下及聞關白密旨益不懌因與源光等共僭道眞欲廢帝立其壻親王帝震怒下敕貶謫道眞作和歌哀訴法皇法皇驚欲見帝申敕門者不許通道眞男女廿三人流徙各異處舉國冤之及道眞歿歲多旱災太子又卒世以爲崇下詔復其爵至今廟食徧於全國 秋七月改元八月左大臣藤原時平等上三代實錄

壬戌 二 延喜二年〔日本史〕秋九月有熊入西京傷人

癸亥 三 延喜三年

甲子 天祐元 延喜四年〔日本史〕春二月乙亥立皇子崇象親王爲皇太子三月丁酉盜射殺前安藝守伴忠行

乙丑 三 延喜五年日本史夏四月丙午詔大內記友則御書所預紀貫之等撰古今和歌集六月乙酉逮捕博徒冬十月戊子飛驛言盜殺守藤原辰忠

丙寅 三 延喜六年日本史夏五月戊辰天皇受史記於式部大輔藤原菅根

丁卯 後梁太祖開平元 延喜七年日本史夏六月壬子皇太夫人藤原氏薨冬十一月丙子鑄延喜通寶錢

戊辰 二 延喜八年日本史夏天下大旱渤海朝貢

己巳 三 延喜九年

庚午 四 延喜十年和漢年契夏大旱始行御影供三月廢太后藤原氏薨

辛未 末帝乾化元 延喜十一年日本史冬十一月戊申皇太子改名保明

讀御注孝經

壬申 二 延喜十二年

癸酉 三 延喜十三年

甲戌 四 延喜十四年〔日本史〕春二月壬午詔公卿大夫及諸國司進讜議盡謀謨六月禁衣服奢靡〔日本國志〕帝方勵精求治以連年水旱不登詔求直言式部大輔兼大學頭三善清行上封事略曰國朝天險土沃民庶臣服三韓所以能然者國俗敦厖民風忠孝輕賦斂簡徵調上以仁牧下下以誠戴上一國之政猶一身之治故也爾後教化漸薄法令滋彰賦役日增田疇日荒逮佛法東渡上下傾產造寺捨田施僧極於天平國分二寺各用其國正稅而天下費十之五矣桓武營宮城盡賦庸調又費五之三矣仁明好奢後房之飾竭帑倍賦又費二之一矣及貞觀中宮殿頻災屢詔修復又費一之半矣古以二十二取民今豈足供用乎臣嘗爲備中介試閱其一鄉皇極晚年有二萬兵士神護中有二千丁者至貞觀初七十餘人及臣任時僅得九人今聞乃無一人二百五十年來衰弊如此以此推之天下之虛耗可知也臣以爲當今要務在張紀綱飭風俗以復物力陛下察萬古興衰宵衣旰食降惠民庶苟用臣言太平復見臣謂不難謹陳便宜十二事惟陛下裁之其一請肅祭祀凡祈豐穰攘災患當竭誠敬勿徒備故事其二請禁奢侈貞元閒親王公卿以筑紫

絹爲夏衫今史生以白縑爲之婦女婢妾非紈綾不服富者以誇
人貧者恥不及一衣費中人之產一饌破八口之家田畝因是而
荒盜賊因是而滋望隨階定制諸凡喪葬皆有定則糺其借式毋
許奢靡則自上率下源澄而流淸矣其三請修口分田今之豪富
收兼并之利牧宰抱無用之籍富者連阡陌而不納租貧者無立
錐無以取調須令討口分田閱實班給所有遺田收爲公田任國
司估值或納地子以充無身之調租猶有遺稻存之勿動略計其
數必三倍調庸於國有利於民無損其四請復大學學田治國在
賢得賢在學今至大學爲坎壞之府凍餒之鄉望復學田以養貧
生又請嚴教博士公貢舉法專論材藝毋受請託其五請減五節
選妓員無襲前朝好內之例其六請增置判事舊制判事六員今
獨大判事用明法者以萬民死生繫一人胥吻括五刑輕重決獨
見纖書殊非國家仁育黎庶慎重刑章之意也望依舊補六員皆
擇明法律者使俱議科比詳定條章庶無濫獄無冤民其七請均
給百官四季祿比年官庫乏物唯公卿及出納諸司充給其餘皆
五六年止給一季料雖事有繁簡官有尊卑然同一從公至於頒
賜宜無差別其八請停諸國吏民越訴以牧宰之重與小吏賤民
比肩受鞫事雖得白威權已廢知恥之士雖甘爲吏望拘以文法
除反逆外概令牧令審鞫不發朝使其九請定勘籍人數自三宮
以下諸王大夫命婦諸司衞府式部兵部二省每歲籍人至三千
人之多國朝課丁課奧羽太宰九國外不滿三十萬而大半無身
則見丁十餘萬人而已其中歲除三千人未盈四十年天下皆爲
不課之民望年立定額大國十人以次差減載之錮符以爲永式
其十請選任檢非違使弩使檢非違使本以糺境內奸濫乃令民

纖貴者爲之何以稱任使望監試明法學生以充任令奥羽鎭西及沿海諸國弩師皆全給年俸許令斥賣唯論價直不問才伎望令六衛練習隨功勞任之其十一請禁僧徒濫惡及宿衛強暴鬬以官符禁權貴規取山澤侵奪田地吏易施治民得安居然害猶有甚於此者今諸寺度僧每年二三百人大半邪濫及逃課逋租者天下之民禿首者居三之一皆畜妻啖腥甚至羣聚爲盜竊鑄錢貨望痛禁懲之奪其度牒使反本役六衛舍人本以扈宮闕備儀從自宜結隊警備而散居諸國名存實亡此皆部內強豪遭國司糺勘潛入京師納貨充補者自今既補不得歸住有違歸者限以假日取府牒送國苟過限者解職送狀本府其十二請修魚住泊西南二道舟程自檉生至河尻凡五泊各行一日今此泊廢自韓泊直指論田每歲蕩覆舟過百艘望差官司修造以播磨備中稅給其費其餘嚮既獻言不更重陳帝雖嘉納然不能用惟於是歲禁奢靡而已

乙亥 貞明元 延喜十五年（日本史）春二月辛未信濃言盜殺上野介藤原厚載

丙子 二 延喜十六年（日本史）秋九月行幸朱雀院試學生冬十月甲子皇太子加元服

丁丑 三 延喜十七年（日本史）秋九月幸朱雀院召文人賦詩是秋旱

饑羣盜充斥冬十一月丙子朔日南至羣臣表賀大赦覃恩有差

自九月不雨京師井涸十二月辛未井泉盡涸京畿屢火

戊寅 四 延喜十八年日本史春三月禁服深紅色

己卯 五 延喜十九年日本史是歲三十五國穀稼不稔

庚辰 六 延喜二十年日本史夏五月渤海朝貢

辛巳 龍德元 延喜二十一年

宋史日本傳當此土梁龍德中遣僧寬建等入朝年代紀

案醍醐當梁代非仁德也年代紀繫仁德下誤

壬午 二 延喜二十二年日本史夏大旱

癸未 後唐莊宗同光元 延長元年日本史春三月乙未以皇太子疾大赦是夜皇太子薨夏四月甲子詔復故右大臣菅原道真本官庚午立女御藤原穩子爲皇后癸酉立皇孫慶賴王爲皇太子閏月乙酉

改元

甲申 二 延長二年

乙酉 三 延長三年〔日本史〕夏六月乙卯皇太子薨冬十月庚辰立皇子寬明親王爲皇太子十一月癸酉官符天下諸國司進風土記

丙戌 明宗天成元 延長四年

丁亥 二 延長五年〔日本史〕冬十二月癸卯左大臣藤原忠平等上延喜式

戊子 三 延長六年〔日本史〕夏五月使少內記小野道風書漢以來賢君名臣言行於淸涼殿南廂粉壁

己丑 四 延長七年〔日本史〕夏五月新羅全州酋甄萱遣使請歸化卻之

庚寅 長興元 延長八年〔日本史〕夏四月甲午朔東丹國使至丹後卻之

秋九月丁卯天皇病大漸壬午天皇讓位於皇太子詔左大臣藤原忠平輔幼主攝政事上尊號曰太上天皇欲遷御朱雀院疾篤不果遷左近衛府曹司法皇幸曹司視疾己丑薙髮號寶金剛是日崩於右近衛府年四十六葬宇治郡山階稱後山階陵遺詔不奉謚葬事從儉約稱醍醐天皇又稱小野帝置國忌齋於西寺天皇勵精圖治哀矜百姓寒夜親脫御衣以省民間凍餒每羣臣奏對必和顏接之嘗曰威嚴外見難爲盡言朕每待人必假辭色庶導忠讜以求啟沃是時國家無事民庶安堵世以比仁德帝後之言治者皆稱延喜焉〔又〕后藤原穩子基經女妃爲子內親王女御源和子並光孝女女御藤原仁善子藤原能子並右大臣定方女藤原和香子大納言定國女更衣藤原淑姬參議菅根女源周子右大辨唱女藤原鮮子伊豫介連永女藤原桑子中納言兼輔女源封子左京大夫舊鑒女滿子女王民部大輔輔相王女源貞子大納

言昇女藤原氏參議伊衡女源氏左兵衛佐敏相女子十八后生文獻太子保明朱雀帝村上帝和子生常明親王式明親王有明親王封子生克明親王鮮子生代明親王貞子生重明親王周子生時明親王盛明親王源高明淑姫生長明親王兼明親王源自明桑子生章明親王伊衡女生源爲明敏相女生源允明

朱雀天皇

宋史日本傳次天慶天皇年代紀

日本史朱雀天皇諱寬明醍醐第十一子也母皇后藤原穩子延長元年七月丙寅生於外舅右大臣藤原忠平五條第十一月爲親王三年十月立爲皇太子八年二月始讀書秋九月壬午受禪於宣耀殿以左大臣兼左近衛大將藤原忠平攝政右大臣兼右近衛大將藤原定方如故尊醍醐曰太上天皇己丑上皇崩冬十

月庚子葬醍醐十一月庚辰天皇即位於太極殿時年八歲
辛卯 二 承平元年〔日本史〕夏四月甲寅改元秋七月甲辰法皇崩九
月五日葬宇多天皇冬十一月辛亥尊醍醐皇后爲皇太后
壬辰 三 承平二年
癸巳 四 承平三年〔日本史〕春正月庚子以京師多盜敕諸衞結番每
夜巡察冬十二月南海道海賊起己未遣警固使於諸國
甲午 閔帝應順元 廢帝淸泰元 承平四年〔日本史〕冬十月己丑定追捕海賊使〔和
漢年契〕藤原純友反
乙未 二 承平五年〔日本史〕下總人平將門殺常陸大掾平國香〔和漢
年契〕吳越人入貢新羅亡
丙申 晉高祖天福元 承平六年〔日本史〕夏六月以從四位下紀淑人爲伊豫
守追捕海賊賊帥小野氏彥等率衆降〔和漢年契〕純友寇南海

丁酉 二 承平七年〔日本史〕春正月丁巳天皇加元服秋九月丁巳赦諸司官人奉使者病滿百二十日任意淹留無故不上者準恆典解官但稱親病者搜實量免申嚴深紅色之禁

戊戌 三 天慶元年〔日本史〕夏五月地大震戊辰改元壬申大雨河溢秋八月丁丑地大震

己亥 四 天慶二年〔日本史〕春三月太宰府卻還高麗使者夏四月戊子出羽言俘囚作亂秋八月己酉尾張言盜射殺守共理冬十一月辛巳天皇始讀史記戊子平將門反執常陸介藤原維幾武藏權守興世王應之十二月丁未將門陷下野辛亥陷上野略武藏相模劫國守奪印鑰遂自號新皇建都置百官先是前伊豫掾藤原純友招集海賊劫掠南海山陽二道至是應將門潛遣人行火於東西京京師騷擾壬戌藤原純友執備前介藤原子高播磨島

田惟幹乙丑敕符信濃發兵備境又發東西警固使戒諸衞固三
關
庚子 五 天慶三年〔日本史〕春正月官符東海東山二道募勇士其殺
魁帥者賜朱紫田地傳之子孫斬次將以下者隨勳賞之以參議
藤原忠文爲征東大將軍辛卯遠江伊豆言賊破駿河岫崎關掠
國分寺執官符使二月甲辰御紫宸殿賜節刀於征東大將軍藤
原忠文討將門三月辛未常陸掾平貞盛下野掾藤原秀鄉言將
門伏誅乙亥賞藤原秀鄉平貞盛等功進官爵有差〔日本外史一源氏前記平氏〕外史氏曰吾讀舊志見鳥羽帝時數下制符禁諸州武士屬源平二氏曰大權之歸將門也其在此時歟及讀三善清行封事陳宿衞豪横之患乃知制度之弊其來久矣非亶始於此也葢我朝之初建國也政體簡易文武一途舉海內皆兵而天子爲之元帥大臣大連爲之偏裨未嘗別置將帥也豈復有所謂武門武士者哉故天下無事則已有事則天子必親征伐之勢否則皇子皇后代之不敢委之臣下也是以大權在上能制服海內施及三韓肅愼無不來王也及至中世摹倣唐制官分文武乃特置將帥六衞

之將將天子親兵而兵部居八省之一建左右馬寮以畜貢馬而
邊要之國諸郡皆有軍團三分一國之丁而取其一五人爲伍伍
二爲火火五爲隊隊二爲旅旅十爲團各有首領一火六馬便騎
射者特爲騎隊皆由守令簡點衛京戍邊按籍差遣每舉征伐令
沿道諸國須契敕勘合凡征行萬人乃有將軍有副將軍有軍監
有軍曹有錄事每總三軍大將軍一人大將出征必授節刀臨軍
對敵首領不從約束者皆聽專決還日具狀以聞建勳位十二等
論功酬賞而罷其兵凡其器仗藏於兵庫出納以時皆管之於兵
部中朝制兵大略如此雖不及上世之旨其防亂慮禍可謂密矣
是故有事則下尺一之符數十萬兵馬立具而平時散歸卒伍爲
之將帥者或自文吏出臨兵陣畢事而歸脫介冑而襲衣冠未嘗
有所謂武門武士者也及藤原氏以外戚世執政權卿相之位非
其族人不擬官論品流因習成俗庶僚百揆槩世其職而將帥之
任每委源平二家於是平始有武門之稱焉光仁桓武之朝疆場
多事寶龜中廷議汰冗兵殿富百姓才堪弓馬者專習武藝以應
徵發其竊弱者皆就農業而兵農全分至貞觀延喜之後百度弛
廢上下隔絕奧羽關東之豪民以軍功至六衛舍人者或坐制鄉
曲不勤宿衛而守令莫之能制淸行所謂非六軍貔虎而爲諸國
豺狼者所在皆是平居藏甲蓄馬儼然自稱武士於是乎始有武
士之稱焉自從天慶驅至寬治源平二氏數鎭東邊每用此輩以
奏功效而各有所習用以相隸屬因襲之久如君臣然自是其後
苟有事輒命之二氏二氏各發其隸屬赴之如採物於囊不復煩
選將徵兵而討伐剿誅莫不立辦廟堂之上務取恬熙不憂其勢
之積重不囘方且延爲爪牙以相傾排而已鳥羽之下此令也如

察其弊者焉而不窮弊之所由於救之之術葢已疏矣當是之時源氏有梗命者敕平氏討之平氏有難制者令源氏誅之更相箝制以爲得控馭之術而不知異日摶噬攘奪之禍又基於此敗壞古制苟媮一時皆足以自取困躄也抑戎事民命所繫而兵食之權不可一日去國先王之必躬親之其深矣今委之一二宗族又賤其事而不省至於別其品類不齒之朝廷之上甚則加僕覗之曰是武門耳是武士耳及其論功存賞或恡而不與鳴呼幾何其不相率以自棄於法度之外也特以積威所約抑不敢發爾至於保元平治之際乃乘釁而起潰裂四出不復可收橫流之極終致失其干歲不拔之權而授之所嚮奴僕覗者可勝慨哉吾作外史首敘源平二氏未嘗不歎王家之自失其權而國勢之推移有非人力所能維持者因世變以見得失之後憂世者將有以畱心焉○平氏出自桓武天皇天皇夫人多治比莫宗生四子長曰葛原親王幼有才名長而謙謹好讀書史觀古今成敗以自鑒敘四品任式部卿子高見孫高望高望賜姓平氏拜上總介子孫世爲武臣其旗用赤高望四子國香良將良兼良文並仕東國守介鎮守府將軍國香子曰貞盛材武善射爲左馬允良將子將門性桀黠倚攝政藤原忠平求爲檢非違使忠平不省將門怒去之東國據相馬里劫掠常陸下總時國香爲常陸大掾良兼爲下總介皆與將門有隙承平中將門終攻殺國香將門之在京師也嘗詣敦實親王從兵可五六騎適貞盛亦來謁會將門出門貞盛謂人曰將門必生事天下者今日恨不率士卒即率士卒者當擊殺之至是貞盛棄官而東欲復父仇與良兼及從弟良正共攻將門不利貞盛謂是私鬭也不若受敕討之將還京師有所請將門要擊之

信濃貞盛大敗脱身入京師已而良兼卒將門乃據下總遂襲執常陸介藤原維幾取常陸武藏守興世王兒險喜亂往說將門曰關東八州沃饒而四塞可據以霸天下夫取一州誅取八州亦誅誅一耳顧公安所決將門大悅延爲謀主遂攻下野上總武藏相模悉下之弟正平諫曰帝王有命不可妄冀願熟圖之將門曰天縱我以武吾取帝位孰能拒之乃建僞宮於下總猿島置文武百官初將門與藤原純友者友善嘗同登比叡山俯瞰皇城曰壯哉大丈夫不當宅此耶遂與謀反謂純友曰他日得志吾王族當爲天子公藤原氏能爲我關白乎至是純友爲伊豫掾任滿不還據海島爲盜以遙應將門潛遣人入京師行火坊市京師戒嚴時天慶二年也三年朝廷拜參議藤原忠文爲征東大將軍率諸將東伐發東海東山兵募以重賞而任貞盛常陸掾發兵討將門將門聞之率兵索貞盛於常陸不得乃散其衆獨以千餘人至下野下野有押領使藤原秀鄉世爲大族及將門起兵往見之將門方梳髮捉髻而出款接之命食共食飯粒墮前拾而食之秀鄉知其輕率不足與有爲也乃從貞盛貞盛窺將門無備與秀鄉合兵四千餘人急襲之將門遠出拒之大敗貞盛乘勝疾攻將門欲誘之險阻走據島廣山貞盛火其營大戰於山北將門以見兵四百騎死鬪貞盛麾兵蹙之將門獨身出走貞盛叱咤追馳射中其右額墮馬秀鄉斬其首與世王以下悉伏誅梟於京獄八州皆定而純友尋平忠文等皆途還貞盛以功敘從五位上後遷從四位下任鎭守府將軍兼陸奧守世呼曰平將軍

秋八月乙卯

徵近江兵討海賊已未讚岐阿波言賊掠讚岐伊豫焚備後舟讚

岐介藤原國風奔淡路是月風雨穀不登民庶大飢冬十月甲寅安藝周防言純友陷太宰府

辛丑 六 天慶四年〔日本史〕夏五月戊寅征南海賊使小野好古奏賊劫掠太宰府以參議藤原忠文爲征西大將軍討之秋七月乙丑先是伊豫警固使橘遠保獲純友誅之是日傳首京師九月癸亥追討兇賊使源經基獲賊魁桑原生行丙子備前馳驛奏賊藤原文元三善文公等作亂己卯播磨馳驛奏獲三善文公冬十一月甲子以藤原忠平爲關白

壬寅 七 天慶五年〔日本史〕春三月戊辰詔公卿大夫內外五位以上官長秀才明經及第儒生各上封事陳時政得失夏四月行幸賀茂社奉神寶走馬賽賊平賀茂行幸始於此冬十一月出雲言新羅舟七隻至隱岐

癸卯 八 天慶六年日本史夏五月甲辰追復故廢太后藤原氏位號

甲辰 出帝開運元 天慶七年日本史春二月己酉盜殺美濃介橘遠保夏四月甲子立皇弟成明親王爲皇太弟

乙巳 二 天慶八年日本史秋七月先是民閒訛言志多羅神入京至是人民數百奉神輿到攝津豐島郡歌舞徹旦八月丙寅石淸水三綱等言有神輿自攝津島上郡至庶民奉幣帛歌舞圍繞者數千萬人

丙午 三 天慶九年日本史夏四月庚辰天皇讓位於皇太弟謙讓不受太上天皇尊號村上帝固請乃聽之秋七月徙居朱雀院數幸嵯峨醍醐大井河宇治東山遊獵芹河野栗隈野或召文人詩酒歡娛或御別宮觀騎射天厤六年三月薙髮法名佛陀壽四月遷仁和寺本院八月戊戌崩年三十遺詔停任葬司起山陵故事嗣

帝非大行天皇子則不赦是時特用文獻太子例大赦天下火葬來定寺北野藏御骨於後山階陵側不置國忌列荷前稱朱雀院天皇政尚寬仁議者以爲過寬藤原忠平嘗從容奏聞天皇曰朕聞之先帝公之先人嘗言政如張琴大絃急則小絃絕朕若嚴急下民何堪（又）女御熙子女王文獻太子女藤原慶子太政大臣實賴女

村上天皇

宋史日本傳次村上天皇當此土周廣順年也年代紀

日本史村上天皇諱成明醍醐第十四子朱雀同母弟也延長四年六月丁亥生十一月爲親王天慶三年冠敘三品五年拜上野太守六年爲太宰帥七年四月立爲皇太弟九年夏四月庚辰受禪於承香殿壬午遷御綾綺殿關白太政大臣忠平右大臣兼左近衛大將藤原實賴大納言兼右近衛大將藤原師輔並如故丙

戌尊朱雀帝曰太上天皇尊皇太后曰太皇太后戊子卽位於太極殿時年二十一

丁未（後漢高祖天福十二）天厤元年〔日本史〕春二月庚午伯耆言藤原是助率兵四百餘焚民舍甲戌鎭守府將軍平貞盛奏賊坂麻呂作亂討平之三月甲寅以太政官奏請減五位以上封祿四分之一夏四月丁丑改元六月甲寅朔課試醫道學生是歲疱瘡流行民庶多夭〔和漢年契〕建菅神祠於北野

戊申（乾祐元）天厤二年〔日本史〕春二月京師盜賊橫行入右近衞府曹司夏四月敕諸衞嚴備盜賊秋七月大雨八月庚子日月並見是歲二十五國損田

己酉（二）天厤三年〔日本史〕秋八月乙酉以關白太政大臣忠平疾大赦天下是日忠平薨九月庚申陽成上皇不豫薙髮己巳晦上皇

崩冬十二月壬申葬陽成

庚戌三天厤四年〔日本史〕秋七月庚辰以皇子憲平爲親王戊子立憲平親王爲皇太子九月庚寅詔曰望五雲而穿眼汾水之遊不歸攀九霞而摧心荆岫之駕彌遠九月者先帝昇遐之月也故九日之節廢而經年丹茱無驗徒傳禦寒之芳黃菊失時空綴泣露之蕚朕之長恨千秋無窮爰念洛水春遊昔日閣筆商飈秋宴今時卷筵鹿鳴再停人心不樂詞客才子漸呑吟詠之聲詩境文場已爲寂寥之地孔子曰文王既沒文不在茲乎宜開良讌於十月之首以翫餘芳於五美之叢凡厥儀式一準重陽冬十月壬寅置殘菊節明年以後定爲五日

辛亥周太祖廣順元天厤五年〔日本史〕冬十月置和歌所以左近衛少將藤原伊尹爲別當令讚岐權掾大中臣能宣等撰後撰和歌集

壬子　二　天麻六年（日本史）春三月庚午上皇落髮秋八月戊戌法皇崩癸卯葬朱雀

癸丑　三　天麻七年

（宋史日本傳）大中元啟龍德及周廣順中皆嘗遣僧至中國年代紀所載唐書五代史失其傳唐咸亨中及開元二十三年大麻十二年建中元年皆來朝貢其記不載

甲寅　世宗顯德元　天麻八年（日本史）春正月己卯太皇太后藤原氏崩乙酉葬太皇太后三月乙酉改冷然院爲冷泉院秋七月己亥敕大內記菅原文時等上封事言闕政是歲盜殺駿河益頭郡司伴成正判官代永康忠藤

乙卯　二　天麻九年（日本史）春正月甲戌太皇太后周忌天皇親寫法華經修八講於弘徽殿禁中八講始於此冬十一月乙未朔日南

至大赦覃恩有差是歲盜殺駿河介橘忠幹（和漢年契）以菅丞相
諡天滿大神
丙辰 三 天曆十年（日本史）秋八月壬申先是羣臣奏請減封祿不許
九月丁巳敕權減羣臣封祿十分之二
丁巳 四 天德元年（日本史）秋七月乙巳吳越持禮使盛德言來是歲
穀價騰貴運近國不動穀於穀倉院置常平所
戊午 五 天德二年（日本史）春三月丙午廢延喜通寶錢鑄乾元大寶
冬十月甲辰立女御藤原安子爲皇后
己未 六 天德三年（日本史）春正月戊午吳越持禮使盛德言來三月
戊午感神院與清水寺爭鬬遣檢非違使禁止秋八月己丑御清
涼殿詩合置酒張樂是歲民間多患頭腫世謂福來病
庚申 宋太祖建隆元 天德四年（日本史）春三月己巳晦御清涼殿歌合置酒

張樂大臣已下賜物有差禁中歌合始於此九月庚申夜禁中火宜陽殿累代重器溫明殿大刀節刀契印春興安福二殿戎器內記所文書仁壽殿太乙式盤至此蕩盡天皇避火神嘉殿又遷太政官朝所遂遷職曹司皇太子從焉天皇召左大臣藤原實賴詔曰朕以不德久居尊位遭此災殃憂歎無極辛酉廢務三日唯終讀經修法於八雀院左近衛大將曹司使左近衛中將源重光等索所失重器得神鏡於燼中形質無損韞之大藏省韓櫃奉安縫殿寮丙寅晦勸學院火冬十月庚午夜有鬼火徧滿京師辛未大學寮火乙亥大索京師十一月庚子遷御冷泉院皇太子從庚戌京師多盜使檢非違使禁諸寮官人夜行

辛酉二 應和元年〔日本史〕春正月庚子敘位用是日著爲恆典二月庚辰改元大赦天下三月戊戌親試文章生冬十一月丁卯供養

萬僧庚辰宮成徙御
壬戌 三 應和二年日本史冬十一月辛巳給東西京綿布
癸亥 乾德元 應和三年日本史春二月辛亥皇太子加元服秋八月庚子講法華經於清凉殿使南都北嶺僧各論宗義
甲子 二 康保元年日本史夏四月甲戌改元皇后藤原氏崩五月壬午葬皇后是歲栽櫻於紫宸殿
乙丑 三 康保二年日本史春正月戊戌栽橘於紫宸殿秋七月壬申雅樂寮火樂器悉焚八月庚戌使橘伸遠講日本紀冬十月己未行幸朱雀院柏梁殿觀左右馬寮騎皇太子從焉召文臣四十人獻詩親試擬文章生詩王卿以下恩賜有差癸亥兵庫火累代戎器悉焚
丙寅 四 康保三年日本史秋七月天下疾疫京師洪水

丁卯五 康保四年（日本史）夏五月癸丑天皇崩於清涼殿年四十二遺詔不置國忌山陵葬於葛野郡村上山陵置守陵五戸稱村上天皇帝天資明敏夙好文學其在藩邸使近臣選近代名文者十人律詩名曰日觀集御製詩文閒傳於世好詠和歌最喜琵琶寛裕溫恕嘗問侍臣曰外議以朕爲何如主侍臣應曰天下皆稱寛帝曰上若嚴酷下何堪命嘗御紫宸殿見一老吏問曰當世之政孰與延喜吏畏縮不言帝頻問不措吏曰方今太平無復庸議唯主殿寮多進松明率分堂生草蓋謂劇務至夜歳貢少輸也帝有愧色時論謂德亞醍醐（日本國志）惟通帝后妹之爲帝兄妃者還納爲向侍左大臣實賴惜其累德而不能匡正之（又）后藤原安子 左大臣師輔女 女御藤原述子 太政大臣實賴女 徽子女王 式部卿重明親王女 莊子女王 中務卿代明親王女 藤原芳子 左大臣師尹女 更衣源計子 中納言庶明女 藤原祐姬 大納言元方女 藤原正妃 左大臣在衡女 尚侍藤原登子 后同母妹 子

九后生冷泉帝圓融帝爲平親王莊子生具平親王祐姬生廣平
親王正妃生致平親王昭平親王芳子生昌平親王永平親王

冷泉天皇

宋史日本傳次冷泉天皇今爲太上天皇年代紀

日本史冷泉天皇諱憲平村上第二子也母皇后藤原安子天麻
四年五月辛酉生於丹後守藤原遠規家七月爲親王居外祖左
大臣師輔第立爲皇太子應和三年二月冠康保元年七月加封
五百戶五月癸丑村上帝崩即夜羣臣詣襲芳舍奉劒璽於皇太
子皇太子踐阼左大臣藤原實賴右大臣兼左近衞大將源高明
大納言兼右近衞大將藤原師尹並如故六月辛酉葬村上己卯
以左大臣藤原實賴爲關白大藏卿源盛明爲親王秋九月丙戌
朔立皇弟守平親王爲皇太弟己丑立妃昌子內親王爲皇后冬

十月丙寅天皇卽位於紫宸殿時年十八自在東宮罹病未愈以故不御太極殿卽位紫宸殿始於此十一月癸丑追尊后曰皇太后十二月丁卯以左大臣實賴爲太政大臣關白仍舊

戊辰 開寶元 安和元年（日本史）夏五月洪水河溢六月丁巳帝弗豫命關白實賴覽官奏秋八月丙寅改元

己巳 開寶二 安和二年（日本史）春三月癸卯左馬助源滿仲前武藏介藤原善時告中務少輔橘繁延等謀反貶左大臣兼左近衛大將源高明爲太宰權帥夏四月戊申朔流橘繁延於土佐（日本國志）有告橘繁延等謀廢立者帝不之信諸藤原氏矯詔討之悉處罪京師大擾是爲安和之變　己酉流前相模權介藤原千晴於隱岐秋八月戊子天皇讓位於皇太弟徙御弘徽殿帝容止閑都似村上帝然自爲儲貳多病時或發狂后妃嬪御近侍者皆疑懼不自安一時欲視神璽獨入臥內方啟函藏人頭藤原兼

家排闥突入奪之讓位後疾遂不瘳遷居冷泉院上尊號曰太上天皇天祿元年四月冷泉院火徙居朱雀院河內前司重通家在西京門前泥濘施板通路有老翁露頂褰裳將踏板而過重通向幼戲蹴撼其板翁顛仆地藏人二人自後來扶起而去問之則上皇也寬弘五年十二月還居冷泉南院八年不豫及至大漸藤原道長入侍上皇忽發聲而歌道長驚而去三條帝屢欲侍疾道長奏狀以故而止十月癸亥崩於南院年六十二火葬櫻本寺前野藏御骨於山側稱冷泉院〔又〕后昌子(朱雀女)藤原懷子(太政大臣伊尹女)藤原超子(關白兼家女)女御藤原忯子(右大臣師輔女)子四懷子生華山帝超子生三條帝爲尊親王敦道親王

本源流考卷七終

日本源流考卷八

長沙王先謙益吾撰

圓融天皇

宋史日本傳次守平天皇卽今王也凡六十四世年代紀

日本史圓融天皇諱守平村上第五子冷泉同母弟也天德三年三月丁未生十月爲親王康保三年八月始讀孝經四年九月冷泉踐阼立爲皇太弟安和二年八月戊子受禪於襲芳舍立皇姪師貞親王爲皇太子詔太政大臣實賴攝政左大臣兼左近衛大將藤原師尹右大臣藤原在衡大納言兼右近衛大將藤原伊尹如故庚子尊冷泉帝曰太上天皇追尊皇太后曰太皇太后九月甲子遷御清涼殿丁卯卽位於太極殿時年十一

庚午 三 天祿元年日本史春三月丙寅改元大赦夏五月戊午攝政

太政大臣實賴薨庚申以右大臣藤原伊尹攝政

辛未 四 天祿二年〔日本史〕春二月癸卯始行石淸水臨時祭著爲永式冬十一月甲午以右大臣伊尹爲太政大臣攝政如故

壬申 五 天祿三年〔日本史〕春正月甲午加元服於紫宸殿冬十一月丁巳朔太政大臣藤原伊尹薨

癸酉 六 天延元年〔日本史〕秋七月壬子尊冷泉皇后曰皇太后立女御藤原媓子爲皇后冬十二月庚子改元赦

甲戌 七 天延二年〔日本史〕春二月丁未以內大臣藤原兼通爲太政大臣三月乙亥以兼通爲關白冬十一月乙亥朔日南至壬辰赦

乙亥 八 天延三年〔和漢年契〕武德殿火天變數見

丙子 太宗太平興國元 貞元元年〔日本史〕春正月改元夏五月丁丑禁內火六月甲辰詔減服御常膳蠲除諸國天祿三年以前逋負免天下

徭半癸丑地大震天皇出南庭避之周幄爲御座

丁丑 二 貞元二年〔日本史〕秋七月戊子宮成徙御冬十月戊辰太政大臣兼通罷關白以左大臣藤原賴忠爲關白十一月甲午以太政大臣兼通病大赦是日兼通薨

戊寅 三 天元元年〔日本史〕春正月海賊殺備前介橘時望冬十月甲寅以左大臣賴忠爲太政大臣關白如故十一月庚戌改元大赦

己卯 四 天元二年〔日本史〕春三月丙午謁石清水石清水行幸始於此夏五月庚子下野言前武藏介藤原千常與源肥等搆兵相鬭六月庚戌皇后藤原氏崩乙卯葬堀河皇后

庚辰 五 天元三年〔日本史〕秋七月丙辰大雨洪水東西京民舍多漂流冬十一月辛酉禁內火殿舍悉燒天皇避之中院徙御職曹司諸衞警固丁卯詔減服御常膳免五畿七道諸國調庸逋負及天

下徭半修法兵衞府

辛巳 六 天元四年〔日本史〕春二月戊子行幸平野社加社司爵平野行幸始於此三月庚申詔免營造宮城諸國今年租半秋七月壬寅徙御四條後院九月丁未徙自後院御職曹司冬十月辛卯宮成徙御

壬午 七 天元五年〔日本史〕春二月辛巳先是海賊大起調庸路梗至是益熾劫掠行旅丙戌伊豫言獲賊魁能原兼信及黨與十五人是月京師多盜放火劫人三月癸卯立女御藤原遵子爲皇后冬十一月乙巳夜禁內火遷御職曹司丙午諸衞警固十二月壬午遷自職曹司御堀河後院〔和漢年契〕奝然入宋

癸未 八 永觀元年〔日本史〕春二月丁未捕京畿私帶弓箭兵仗者案之夏四月庚子改元大赦

甲申雍熙元 永觀二年日本史秋八月甲辰天皇讓位於皇太子九月上尊號曰太上天皇稱後太上天皇以別冷泉上皇寛和元年八月遁豫薙髮法名金剛法九月徙自堀河院御圓融院以十僧啟行僧正寛朝從焉二年三月幸東大寺受具足戒永延二年十月幸延厤寺灌頂受戒正厤二年二月癸丑崩於圓融院年三十二遺詔停素服舉哀及置山陵國忌火葬圓融寺北原藏御骨於村上山陵側是爲後村上陵稱圓融院讓位之後幸紫野爲子日遊又幸大井河詩歌管絃三船分科風流文雅後世稱焉又后藤原媓子關白兼通女 藤原遵子關白賴忠女 藤原詮子關白兼家女 妃尊子內親王冷泉女 子一 詮子生一條帝

華山天皇一作花山

日本史華山天皇諱師貞冷泉長子也母贈皇太后藤原懷子安

和元年十月丙子生於外祖大納言伊尹一條第十二月爲親王
二年八月圓融受禪立爲皇太子十一月入居凝華舍貞元二年
三月始讀書天元五年二月冠永觀二年八月甲辰皇太子受禪
於堀河院是日徙御新宮立圓融帝子懷仁親王爲皇太子關白
太政大臣賴忠左大臣源雅信右大臣藤原兼家權大納言兼左
近衞大將藤原朝光權大納言兼右近衞大將藤原濟時並如故
九月丙辰尊圓融帝曰太上天皇冬十月丙戌天皇卽位於太極
殿時年十七十一月壬辰追尊所生女御藤原氏曰皇太后癸卯
詔曰一人之耳不能盡聽天下一人之目不得廣視域中是以古
之王者或問謗譽於途有郛必正或採曠言於市有善則行朕在
東闈十餘年猶當少日臨北闕四五月旣親萬機朕粗聞前事彌
圖後治頃年荐荐屢降水旱之災元元勤勞土木之役倉廩已竭

田園自荒遊手浮食者多好儉處約者少書曰木從繩則正后從
諫則聖夫人主者以納敢諫爲先人臣者以進讜言爲任彼廣德
之戒樓船終就其安朱雲之折殿檻永令無理且夫國之將興也
上下聚脣國之將廢也道路以目至如破家爲國面折尸諫者是
朕之願也於戲莫道澆季之俗試忘身而扶之莫言疲極之民強
勠力而濟之人和天且和民足君可足晉平公問叔向曰國之患
孰爲大對曰大臣重祿不諫小臣畏罪不言下情不上通此患之
大者也靖而思之誠哉斯言宜令公卿大夫及京官外國五位以
上職居官長秀才明經課試及第名爲儒士者各上封事匡朕不
逮卿等自慮中心廣詢眾庶不失寡婦忘緯之說莫遺匹夫炙背
之談凡國之利害政之得失盡露其膽以沃朕心既容不諱之詞
欲聞無隱之議是月詔減服御常膳

宋史日本傳雍熙元年日本國僧奝然與其徒五六人浮海而至獻銅器十餘事並本國職員今王年代紀各一卷奝然衣綠自云姓藤原氏父爲眞連其國五品品官也奝然善隸書而不通華言問其風土但書以對云國中有五經書及佛經白居易集七十卷並得自中國（其年代紀所載分注歷朝紀年下自卷一始）太宗召見奝然存撫之甚厚賜紫衣館於太平興國寺上聞其國王一姓傳繼臣下皆世官因歎息謂宰相曰此島夷耳乃世祚遐久其臣亦繼襲不絕此蓋古道也中國自唐季之亂寓縣分裂梁周五代享厤尤促大臣世冑鮮能嗣續朕雖德慙往聖常夙夜寅畏講求治本不敢暇逸建無窮之業垂可久之範亦以爲子孫之計使大臣之後世襲祿位此朕之心焉其國多有中國典籍奝然之來復得孝經一卷越王孝經新義第十五一卷皆金鏤紅羅褾水晶爲軸孝經卽鄭氏注者

越王者乃唐太宗子越王貞新義者記室參軍任希古等撰也奝然復求詣五臺許之令所過續食又求印本大藏經詔亦給之二年隨台州甯海縣商人鄭仁德船歸其國後數年仁德還奝然遣其弟子喜因奉表來謝曰日本國東大寺大朝法濟大師賜紫沙門奝然啟傷鱗入夢不忘漢主之恩枯骨合歡猶亢魏氏之敵雖云羊僧之拙誰忍鴻霈之誠奝然誠惶誠恐稽首頓首死罪奝然附商船之離岸期魏闕於生涯望落日而西行十萬里之波濤難盡顧信風而東別數千重之山嶽易過妄以下根之卑適詣中華之盛於是宣旨頻降恣許荒外之跋涉宿心克協粗觀寓內之瓌奇況乎金闕曉後望堯雲於九禁之中嚴扃晴前拜聖鐙於五臺之上就三藏而稟學巡數寺而優游遂使蓮華回文神筆出於北闕之北貝葉印字佛詔傳於東海之東重蒙宣恩忽趁來迹季夏

解台州之纜孟秋達本國之郊爰逮明春初到舊邑緇素欣待侯
伯慕迎伏惟陛下惠溢四溟恩高五嶽世超黃軒之古人直金輪
之新脩然空辭鳳凰之窟更還螻蟻之封在彼在斯止仰皇德之
盛越山越海敢忘帝念之深縱粉百年之身何報一日之惠染筆
拭淚伸紙搖魂不勝慕恩之至謹差上足弟子傳鐙火法師位嘉
因（前作喜此作嘉必有一誤）并大朝剃頭受戒僧祚乾等拜表以聞稱其本國
永延二年歲次戊子二月八日實端拱元年也又別啟貢佛經納
青水函琥珀青紅白水晶紅黑木槵子念珠各一連並納螺鈿花
形平函毛籠一納螺杯二口葛籠一納法螺二口染皮二十枚金
銀蒔繪筥一合納髮鬘二頭又一合納參議正四位上藤佐理手
書二卷及進奉物數一卷表狀一卷又金銀蒔繪硯一筥一合納
金硯一鹿毛筆松煙墨金銅水瓶鐵刀又金銀蒔繪扇筥一合納

檜扇二十枚蝙蝠扇二枚螺鈿梳函一對其一納赤木梳二百七十其一納龍骨十橛螺鈿書案一螺鈿書几一金銀蒔繪平筥一合納白細布五匹鹿皮籠一納豻裘一領螺鈿鞍轡一副銅鐵燈紅絲鞦泥障倭畫屏風一雙石流黃七百斤

乙酉 二 寬和元年(日本史)夏四月先是左兵衛尉藤原齊明傷彈正少弼大江匡衡而亡至是官符諸國捕得誅之辛丑改元

丙戌 三 寬和二年(日本史)夏六月庚申夜潛出宮入華山元慶寺藏人藤原道兼僧嚴久從之道兼使左近衛少將藤原道綱奉劍璽於皇太子翌日天皇披剃爲僧法名入覺皇太子受禪上太上天皇尊號不受帝初親任權中納言藤原義懷權左中辨藤原惟成委決庶政以故紀綱振肅太宰府有私帶兵者卽位僅十日府中無帶者然而淫佚輕佻多納王卿女恩眷無常至納女御怟子寵

傾後宮及其卒悲不自勝遇事感愴有厭棄塵累之心適會所在
男女無故多爲僧尼帝聞之心益動又爲藤原道兼所誑遂及於
此常居元慶寺持律精嚴幸書寫山見僧性空登比叡山受回心
戒徧歷名山古刹其幸熊野也徒步抖擻備極艱苦至病臥海濱
作歌自歎數年之後入京居祖母家稍近婦女志操遂變初不受
尊號故不得年官年爵封戶及其居京東三條女院與藤原道隆
相議奏請裁置法皇心愈安焉常憚藤原道長欲得其歡心子賴
通充春日祭使會天大雪道長念之作歌法皇聞之亦作歌慰藉
之道長嘗觀賴通賀茂祭使行裝法皇駕塗金車盛飾從奴數過
道長棚閣前以見款曲道長大喜以故奉承周密其家設競馬遊
請法皇臨觀法皇性有巧思宮室器翫捌意出奇好和歌其所親
撰有拾遺集寬宏五年二月己亥崩於華山院年四十一遺詔停

素服舉哀葬於紙屋川上法音寺北稱華山院〔又〕女御藤原忯子（太政大臣爲光女）藤原姚子（左近衛大將朝光女）藤原諟子（關白賴忠女）婉子女王（爲平親王女）平平子（若狹守祐忠女）子四平子生昭登親王平子母中務帝乳母女也生清仁親王又僧深觀僧覺源不詳母氏

一條天皇

〔日本史〕一條天皇諱懷仁圓融子也母東三條院藤原詮子天元三年六月壬申朔生於外祖右大臣藤原兼家東三條第八月爲親王永觀二年八月華山受禪立爲皇太子入居凝華舍寛和二年夏六月華山遜位傳劒璽於凝華舍辛酉皇太子受禪以右大臣藤原兼家攝政太政大臣賴忠左大臣源雅信權大納言兼左近衛大將藤原朝光權大納言兼右近衛大將藤原濟時並如故秋七月辛未尊皇太后曰太皇太后所生女御藤原氏曰皇太后

大赦壬午立華山帝弟居貞親王爲皇太子戊子天皇卽位於太極殿時年七歲八月癸亥敕太宰府召還在宋僧奝然冬十二月壬寅始讀書

丁亥 四 永延元年〔日本史〕春二月甲辰僧奝然還自宋夏四月丁酉改元

戊子 端拱元 永延二年〔日本史〕夏六月丁巳禁僧徒從者踰制著奇服挾短兵

己丑 二 永祚元年〔日本史〕春三月癸卯行幸春日社春日行幸始於此夏六月乙亥太政大臣賴忠薨秋八月丙辰改元九月丁未以僧餘慶爲延厤寺坐主僧徒不奉命拒敕使壞宣命冬十月丁丑遣使延厤寺宥僧徒罪十二月丁卯以兼家爲太政大臣攝政如故

庚寅 遣化元 正暦元年（日本史）春正月壬午天皇加元服夏五月己卯攝政太政大臣兼家罷詔爲關白壬午關白兼家罷以內大臣藤原道隆爲關白丙戌以兼家疾大赦（日本國志）兼家有疾削髮稱東三條院相臣法典院皇太后亦削髮稱東三條院女院始此庚子以關白道隆攝政秋七月乙亥前關白兼家薨冬十月丁未立女御藤原定子爲中宮十一月戊寅改元大赦

辛卯 二 正暦二年（日本史）春二月癸丑法皇崩庚申葬圓融天皇秋九月癸卯以右大臣藤原爲光爲太政大臣壬子皇太后疾剃髮上號曰東三條院

壬辰 三 正暦三年（日本史）夏六月戊寅太政大臣爲光薨冬十月己未從五位下源忠良討阿波海賊俘獲頗多

癸巳 四 正暦四年（日本史）夏四月庚辰攝政道隆爲關白丁未詔遣使太宰府贈故右大臣菅原道眞左大臣正一位冬閏十月甲辰

遣使太宰府再贈菅原道眞太政大臣十一月甲寅朔日南至赦
庚辰行幸大原野社大原野行幸始於此

甲午 五 正麻五年〔日本史〕春二月壬辰盜火後涼殿己亥盜火弘徽殿飛香舍三月戊午分差武士索盜夏五月丁丑大赦六月丙申以京師訛言公卿至庶人閉門不出道路行絕秋七月壬申賑京師民冬十月壬寅地大震是歲正月疾疫起於鎭西彌漫天下自夏至秋轉熾僵死盈路

乙未 至道元 長德元年〔日本史〕春二月戊戌改元大赦夏四月己卯關白道隆罷丙戌前關白道隆薨癸卯以右大臣藤原道兼爲關白

丙申 二 長德二年〔日本史〕盜傷上皇夏四月甲午貶內大臣藤原伊周爲太宰權帥權中納言藤原隆家爲出雲權守其弟賴親周賴及黨與抵罪諸陣戒嚴五月甲辰安置伊周於播磨隆家於但馬

己未解嚴秋九月藤原伊周逃還押送太宰府是歲米價騰貴至冬京師屢火

丁酉 三 長德三年〔日本史〕春正月至二月京師屢火夏四月己亥召還藤原伊周藤原隆家六月丙午高麗獻書廷議不報嚴警邊備冬十月壬辰朔太宰府驛言高麗劫掠邊陲

戊戌 眞宗咸平元 長德四年〔日本史〕冬十二月丁亥盜入宣耀殿是歲自夏至冬天下患赤斑瘡夏秋之交殊甚京師男女多死

己亥 二 長保元年〔日本史〕春正月丁卯改元大赦夏六月乙丑禁中火天皇避之太政官丁卯徙御一條大宮院冬十二月庚戌朔太皇太后崩甲寅葬三條太皇太后丙子先是散位平致賴與前下野守平維衡搆兵而戰藤原致忠殺前相模守橘輔政子是日流致賴於隱岐徙維衡於淡路流致忠於佐渡

庚子 三 長保二年（日本史）春二月癸酉尊圓融皇后曰皇太后改中宮曰皇后立女御藤原彰子爲中宮夏五月甲申大和言興福寺僧擾添下郡敕令興福寺別當禁僧徒濫行冬十月甲寅宮成徙御十二月己未皇后崩庚午葬藤原皇后是冬疾疫起自鎮西流及京師

辛丑 四 長保三年（日本史）自春至秋天下大疫死者相繼冬十一月乙酉禁內火天皇避之職曹司己丑遷御一條院閏十二月己丑東三條院崩辛卯葬東三條院

壬寅 五 長保四年（日本史）冬十月乙亥右兵衛府火

（宋史日本傳）咸平五年建州海賈周世昌遭風飄至日本凡七年得還與其國人滕木吉至上皆召見之世昌以其國人唱和詩來上詞甚雕刻膚淺無所取詢其風俗云婦人皆被髮一衣用二三

鎌又陳所記州名年號上令滕木吉以所持木弓矢挽射矢不能遠詰其故國中不習戰鬬賜木吉時裝錢遣還

癸卯六長保五年（日本史）冬十月甲子宮成徙御是歲大有年

甲辰景德元寬弘元年（日本史）秋七月壬寅改元大赦冬十月辛丑行幸平野北野二社松尾北野行幸始於此

（宋史日本傳）景德元年其國僧寂照等八人來朝寂照不曉華言而識文字繕寫甚妙凡問答並以筆札詔號圓通大師賜紫方袍

（王氏談錄）公言祥符中日本僧寂照來朝後求禮天台山先中令守會稽寂照經由來謁寂照善書迹習二王而不習華言但以筆札通意時長兄爲天台宰中令以書導之兼贈詩云滄波泛瓶錫幾月到天朝鄉信日邊斷歸程海面遙秋泉吟裏落霜葉定中飄爲愛華風住扶桑夢自消既至天台致書來謝累幅勤至其字體

婉美可愛楊文公在禁中識之亦嘗序其事

〔元史日本傳〕宋雍熙元年日本僧奝然與其徒五六人浮海而至奉職貢幷獻銅器十餘事奝然善隸書不通華言問其風土但書以對云其國中有五經書及佛經白居易集七十卷奝然還後以國人來者曰滕木吉以僧來者曰寂照寂照識文字繕寫甚妙至熙甯以後連貢方物其來者皆僧也

乙巳 二 寬弘二年〔日本史〕春二月丙午盜殺大藏大輔平孝信冬十一月己未禁內火天皇避之神嘉殿遷職曹司遂御太政官朝所庚申奉置神鏡於職曹司諸衞護之自夏至冬天變數見神社佛寺多怪異

丙午 三 寬弘三年〔日本史〕夏五月癸丑大和守源賴親劾興福寺僧不法僧二千餘入京訴之左大臣藤原道長諭還之

丁未 四 寬弘四年〔日本史〕秋七月乙丑朔筑前人大藏滿高殺大隅守菅野重忠於太宰府

戊申 大中祥符元 寬弘五年〔日本史〕春二月己亥法皇崩戊申葬華山天皇

己酉 二 寬弘六年〔日本史〕春二月辛卯僧圓能呪詛事發覺捕訊鞫之丙午圓能及其黨與處罪有差冬十月丙戌一條院火延喜天厤御記累朝寶器多焚天皇避之織部司

庚戌 三 寬弘七年〔日本史〕春二月丁未造一條院冬十一月癸卯一條院成徙御

辛亥 四 寬弘八年〔日本史〕夏五月乙未弗豫六月乙卯天皇讓位於皇太子上尊號曰太上天皇薙髮法名精進覺甲子崩於一條院中殿年三十二遺詔停山陵國忌及素服舉哀火葬於北山長坂

野稱一條院寬仁四年藏御骨於圓融帝陵側帝慈仁爲心常憫民庶寒夜嘗脫御衣上東門院異而問之帝曰方今天寒天下窮民必有不堪者朕豈忍獨重襲哉好學崇文詞藻過人兼妙絲竹藤原齊信語人曰我嘗有所汲引將私奏請適聞玉音曰凡事須要反涫素我內甚愧終不能請而止時藤原道長日獻御膳自聞此言不復進御帝臨御日久一時人才輩出自謂朕之得人勝於延喜天厤之世然遭道長專權政不由己意雖惡之力不能制焉

又后藤原定子關白道隆女中宮藤原彰子攝政道長女女御藤原義子太政大臣公季女藤原元子左大臣顯光女藤原尊子關白道兼女子三后生敦康親王中宮生後一條帝後朱雀帝

三條天皇

日本史三條天皇諱居貞冷泉第二子也母贈皇太后藤原超子

貞元元年正月庚午生於外祖大納言兼家東三條第天元元年
十一月爲親王永觀元年八月始讀書寛和二年六月一條帝踐
阼七月冠於攝政兼家南院第是日立爲皇太子寛弘八年夏六
月一條帝弗豫召入禁中乙卯皇太子受禪於一條院立一條帝
第二子敦成親王爲皇太子左大臣藤原道長右大臣藤原顯光
內大臣兼左近衛大將藤原公季大納言兼右近衛大將藤原實
資並如故是夜天皇還御東三條第庚申尊一條帝曰太上天皇
辛酉上皇落髮甲子法皇崩秋七月己卯葬一條天皇八月壬子
夜自東三條第徙御禁中冬十月乙卯天皇卽位於太極殿時年
三十六癸亥上皇崩十一月癸酉京師火乙酉葬冷泉十二月丙
寅詔追尊所生女御藤原氏爲皇太后
壬子 五 長和元年日本史春二月壬子尊皇太后曰太皇太后中宮

曰皇太后立女御藤原妍子爲中宮夏四月甲子立女御藤原娍子爲皇后冬十一月甲午朔日南至赦十二月戊子改元

癸丑 六 長和二年

甲寅 七 長和三年（日本史）春二月乙丑夜禁中火天皇避之太政官朝所丙子徙御松下曹司

乙卯 八 長和四年（日本史）自三月至五月天下大疫死者盈路建疫神祠於紙屋川西號花園今宮奉神寶幣馬秋九月丁卯宮成徙御冬十一月癸亥夜禁中火天皇避之松下曹司乙丑徙御枇杷第

丙辰 九 長和五年（日本史）春正月甲戌天皇讓位於皇太子立皇子敦明親王爲皇太子以左大臣藤原道長攝政帝在位頗惡道長專權常慮爲其所忌意不自安嘗觀相撲默禱大神宮寶祚永安

則左得勝矣既而左勝帝悅後病失明朝會少臨御道長數諷去位帝不懌〔日本國志〕道長專政綱紀日壞帝有目疾道長諷使遜位不從陰令醫以寒水進金液丹遂喪明至是欲親諳名寺以禱病遂決意脫屣二月上太上天皇尊號仍居枇杷第後徙三條院五月登比叡山修七壇法七日十二月幸廣隆寺駐蹕九日寬仁元年四月薙髮法名金剛淨五月丙午法皇崩於三條院年四十二遺詔停素服舉哀火葬於石蔭藏御骨於北山稱三條院〔又〕中宮藤原妍子攝政道長女后藤原娀子大納言濟時女女御藤原氏關白道隆女尙侍藤原綏子關白兼家女子四小一條院敦明親王敦儀親王敦平親王師明親王並后生

後一條天皇

〔日本史〕後一條天皇諱敦成一條第二子也母上東門院藤原彰子寬弘五年九月戊辰生於外祖左大臣藤原道長上東門第十

月爲親王八年六月三條帝踐祚立爲皇太子長和三年十一月始讀書五年春正月甲戌皇太子受禪於上東門第立三條帝皇子敦明親王爲皇太子以左大臣藤原道長攝政右大臣藤原顯光內大臣藤原公季權大納言兼左近衛大將藤原賴通大納言兼右近衛大將藤原實資並如故二月壬午天皇卽位於太極殿時年九歲戊子尊三條帝曰太上天皇夏六月甲戌徙自上東門第御一條院

寬仁元年丁巳天禧元〔日本史〕春三月乙卯攝政道長罷以內大臣藤原賴通攝政夏五月丙午法皇崩己酉葬三條天皇六月戊辰朔太皇太后藤原氏崩壬申葬東北院太皇太后秋八月甲戌皇太子辭位聽之〔日本國志〕初三條將禪位其子敦明爲新帝儲貳母藤原濟時女也道長請立敦良帝不聽敦明長帝十四歲內不自安朝臣憚道長儗東宮屬者皆固辭至廝役皆不肯供職太子不能堪欲遜位道長遂廢之立皇弟敦良

親王爲皇太弟庚寅以前皇太子準太上天皇稱小一條院冬十二月戊辰以前攝政道長爲太政大臣改元

戊午二 寬仁二年〔日本史〕春正月丁酉天皇加元服辛丑尊皇太后曰太皇太后二月癸酉太政太臣道長罷夏四月辛卯宮成徙御冬十月乙巳尊三條中宮曰皇太后立女御藤原威子爲皇后

己未三 寬仁三年〔日本史〕春三月刀伊賊船五十餘寇對馬夏四月庚寅太政大臣道長病大赦〔和漢年契〕道長祝髮庚子京師多盜數放火劫掠敕立賞格購索捕之甲辰太宰府驛奏刀伊賊入壹岐島殺守藤原理忠虜掠人民遂侵筑前怡土郡壬子太宰府言刀伊賊寇筑前那珂郡肥前松浦郡遣前少監大藏種材藤原明範等擊卻之夏六月甲辰丹波百姓相帥守陽明門訴國守不法乙巳丹波守藤原賴任差吏卒捕之命檢非違使逮其爲首者十餘人秋九

月太宰府言新羅送還刀伊所掠壹岐對馬男女二百餘人冬十二月甲辰以攝政賴通爲關白

庚申 四 寛仁四年（日本史）夏四月癸卯大赦十二月太宰府言南蠻賊掠薩摩人詔討之

辛酉 五 治安元年（日本史）春二月丁未改元大赦秋七月戊戌以右大臣藤原公季爲太政大臣是歲旱大饑春夏疾疫死亡相繼

壬戌 乾興元 治安二年（日本史）秋七月壬午行幸前太政大臣道長所建法成寺大赦

癸亥 仁宗天聖元 治安三年（日本史）春二月己未盜火麗景殿撲滅之

甲子 二 萬壽元年（日本史）秋七月戊戌改元大赦

乙丑 三 萬壽二年（日本史）春三月丁未三條皇后藤原氏崩夏四月乙丑葬皇后藤原氏秋七月諸國旱和泉淡路殊甚

丙寅 萬壽三年（日本史）春正月丁酉上太皇太后號曰上東門院（宋史日本傳）天聖四年十二月明州言日本國太宰府遣人貢方物而不持本國表詔卻之其後亦未通朝貢南賈時有傳其物貨至中國者

丁卯 五 萬壽四年（日本史）春正月京師火延燒千餘家二月盜數劫路人又入禁中奪女官衣物秋九月辛亥皇太后藤原氏崩癸五葬枇杷皇太后冬十一月己酉以前太政大臣道長疾大赦壬戌行幸法成寺視道長疾庚午前太政大臣道長薨（日本國志）道長獨典樞機三十餘年進女於帝妝奩窮極工巧家出三后身爲兩朝外祖嘗詠和歌以月圓無缺自喻又作歌曰此世吾之世也及病帝問所欲言曰臣復何望惟營法成寺董役者未被賞耳帝卽敕行並賜寺封五百戶此時禁諸國營宅過制及六位以下版築作垣檜皮葺屋而道長營寺僭擬宮禁取材木徒役於官

戊辰 六 長元元年（日本史）夏六月甲申先是前上總介平忠常反燒

殺安房守惟忠（姓闕）詔檢非違使右衛門少尉平直方少志中原成道等討之官符東海東山二道同討秋七月戊午改元大赦冬十月甲戌金峰山僧百餘詣陽明門訴大和守藤原保昌苛政壬午京師火延燒五百餘家

己巳　七　長元二年（日本史）春二月甲子官符追討使平直方及東海東山北陸三道討平忠常

庚午　八　長元三年（日本史）春正月庚辰安房守藤原光業畏平忠常棄印逃還京師夏四月乙巳禁諸國吏營宅過制其及方一町者減爲四分之一又禁六位已下板築作垣檜皮葺屋秋九月壬子敕甲斐守源賴信率坂東諸國兵討平忠常召還追討使平直方

辛未　九　長元四年（日本史）夏四月乙巳甲斐守源賴信言賊平忠常降六月壬辰賴信斬忠常傳首京師（日本外史卷二源氏正記源氏上）源氏出自淸和天皇天

皇宮人王氏生貞純親王敘四品任兵部卿稱桃園親王親王二
子日經基曰經生皆賜姓源氏經基有武幹善騎射以親王爲帝
第六子世呼經基曰六孫王天慶中爲武藏介平將門之反間行
入奏之因拜從五位下從藤原忠文伐將門又從小野好古伐賊
黨藤原純友終敘正四位下任鎭守府將軍子孫世爲武臣其旗
用白有八子長滿仲生於攝津多田襲父職位得關東士心冷泉
帝安和二年中務少輔橘繁延前相模介藤原千晴等密謀挾爲
平親王奔闕東爲亂滿仲與焉已而滿仲與繁延有隙遂自首以
攝政藤原實賴旨與弟滿季捕繁延千晴流之當是時京師騷援
如天慶之亂云滿仲嘗謂武臣衞天子不可無利刀乃召筑前艮
治某鍛鍊從旬得二刀曰截鬢曰滕圓傳之子孫滿仲官至左馬
頭及卒贈六三位四子賴光賴親源賢賴信源賢爲僧賴親坐與
興福寺僧闕處流子孫居大和稱大和源氏賴光材武有名爲東
宮大進永延中攝政藤原兼家造新第落之賴光遺馬三十匹以
分賓客兼家子道隆襲攝政其弟右大將道兼與之爭權賴信素
事道兼謂賴光曰吾力能刺道隆使我主代之賴光掩其口曰毋
妄言事敗肝腦塗地汝主亦豈可宴然巳哉賴信乃止賴光有三
子長賴國子孫世居多田稱攝津源氏賴信允勇敢善用其兵長
元中爲甲斐守會上總介平忠常作亂朝廷令上野介平直方將
東海東山兵討之三歲不能平也乃以賴信爲常陸介伐之賴信
聞命卽往人勸其待兵集而進弗聽遂率子賴義等進赴鹿㞐忠
常奪舟列柵海岸不可濟賴信計示弱怠之賴使請和忠常不肯
於是聚眾議戰眾謂其無舟筏宜循海赴攻使信曰不可賊恃險
吾直渡攻其不備可一戰下也聞有淺處可騎渡軍中豈有知之

者乎有高文者自稱知之馳入海行立葦爲表賴信麾軍從之忠常驚怖出降斬之劾首京師以功敘從四位上任上野常陸介賴信謝曰臣藉天威得不血刃而降强賊何功之有臣老矣不堪遠任願得改守丹波非所敢望也不許 秋八月癸未先是齋宮頭藤原相通妻作大神宮寶殿於私室誑惑庶民至是流相通於佐渡妻於隱岐是月天皇每夜密御內侍所拜禱冬十一月甲戌朔日南至赦

壬申 明道元 長元五年日本史春三月丙子以地震雷大赦

癸酉 二 長元六年日本史春正月癸巳盜入東宮及御息所取衣物

甲戌 景祐元 長元七年

乙亥 二 長元八年

丙子 三 長元九年日本史夏四月乙丑天皇薙髮是日崩於淸涼殿年二十九臨崩將讓位於皇太弟使關白賴通詣昭陽舍傳旨歸則已崩遺詔祕不發喪奉劍璽於皇太弟數日移梓宮於上東門

第又遺詔停素服舉哀喪司國忌山陵火葬於淨土寺西原安聖容於菩提樹院藏御骨於淨土寺長久元年移於菩提樹院稱後一條院帝頗有文藻受史記文選於大江舉周其在位重勞民及葬役夫相語曰二十年間令我息肩今而可不效力哉〔又〕中宮藤原威子攝政道長女

日本源流考卷八終

清末民初文獻叢刊

日本源流考

（第二册）

［清］王先謙 著

朝華出版社
BLOSSOM PRESS

日本源流考卷九

長沙王先謙益吾撰

後朱雀天皇

〔日本史〕後朱雀天皇諱敦良後一條同母弟也寬弘六年十一月丙子生於外祖左大臣藤原道長上東門第七年正月爲親王長和四年十二月始讀書寬仁元年八月立爲皇太弟三年八月冠長元九年夏四月乙丑後一條帝崩羣臣就昭陽舍奉劍璽於皇太弟皇太弟踐阼關白左大臣賴通右大臣兼右近衛大將藤原實資內大臣兼左近衛大將藤原教通並如故五月丙申葬後一條秋七月丙戌天皇卽位於太極殿時年二十八九月辛巳後一條皇后藤原氏崩甲午葬皇后

丁丑 四 長麻元年〔日本史〕春二月丙辰立禎子內親王爲中宮三月

甲戌朔改中宮爲皇后立女御嫄子爲中宮夏四月癸亥改元秋
八月丙戌立皇子親仁爲皇太子
戊寅寶元元 長曆二年
己卯寶元二 長曆三年〔日本史〕春二月己卯延曆寺僧徒聞朝廷將以園
城寺僧明尊爲座主詣關白賴通第訴之者三千餘人守門不去
使兵士驅之捕首惡下獄三月丁未延曆寺僧徒火賀陽院索捕
下獄〔日本國志〕是爲僧徒橫肆之始夏五月丙戌禁內火天皇避之太政官朝所
秋七月壬寅徙御京極院乙卯大赦八月丁亥中宮藤原氏崩
庚辰康定元 長久元年〔日本史〕夏四月甲午盜殺前肥後守藤原定任
敕閉關搜索下符諸國購之五月丙辰京師盜賊帶弓箭往來連
夜行火又有羣僧殺掠行人設賞捕之丙子盜入宮中竊御衣是
月京師多暴死者久之不止秋九月庚申地大震辛酉京極院火

天皇避之法成寺遷御故正三位藤原惟憲家神鏡罹災收其燼餘冬十月甲辰徙御內大臣藤原敎通二條第辛亥地大震十一月辛酉改元十二月丙午行幸平野及還宮和泉民闕訴於路

辛巳 慶厤元 長久二年〔日本史〕冬十一月甲寅以天變大赦十二月甲午宮成徙御

壬午 二 長久三年〔日本史〕冬十二月丁未禁中火天皇避之太政官朝所

癸未 三 長久四年〔日本史〕春三月庚寅徙御一條院夏五月大旱冬十二月甲午朔一條院火天皇避之關白賴通賀陽院第甲寅徙御東三條院

甲申 四 寬德元年〔日本史〕夏五月己巳以關白賴通疾大赦六月自正月至是月天下疾疫死者盈路冬十一月壬午改元

二乙酉 寬德二年〔日本史〕春正月丁卯大赦先是天皇視除目見大人於四季屏風上驚悸得疾癸酉大漸讓位於皇太子上尊號曰太上天皇乙亥薙髮法名精進行崩於東三條院年三十七火葬於香隆寺藏御骨於圓教寺稱後朱雀院天皇頗睿明然關白賴通專權以故垂拱仰成無所施爲世以爲憾焉〔又〕后禎子（三條女）藤原嬉子（攝政道長女）中宮藤原嫄子（敦康親王女賴通養爲子）女御藤原生子（關白教通女）藤原延子（右大臣賴宗女）子二禎子生後三條帝嬉子生後冷泉帝

後冷泉天皇

〔日本史〕後冷泉天皇諱親仁後朱雀長子也母贈皇太后藤原嬉子萬壽二年八月壬子生於外祖前太政大臣道長京極第未幾喪恃後朱雀尚在東宮以故養於上東門院長元元年入居東宮七年十月始讀書九年四月後朱雀踐阼出居高陽院十二月爲

親王長麻元年七月冠於禁中授三品八月立爲皇太子明年正月徙凝華舍寬德二年春正月癸酉皇太子自京極第入東三條院受禪尊後朱雀曰太上天皇立尊仁親王爲皇太弟關白左大臣賴通右大臣藤原實資內大臣兼左近衞大將藤原教通並如故是日還京極第乙亥上皇崩二月戊申葬後朱雀天皇夏四月甲午天皇卽位於太極殿時年二十一秋八月甲子追尊所生尙侍藤原氏曰皇太后庚辰還御京極院冬十二月丁卯徙御太政官朝所

丙戌 六 永承元年日本史春二月己卯太政官朝所火天皇避之大膳職夏四月甲子改元丙午京師洪水秋七月戊子立章子內親王爲中宮冬十月甲寅宮成遷御

丁亥 七 永承二年日本史冬十二月甲子筑前入清原守武坐私往

宋流於佐渡

戊子八 永承三年日本史冬十一月丙申禁內火天皇避之太政官

朝所甲辰從御京極院庚戌太宰府獻宋麻

己丑皇祐元 永承四年

庚寅二 永承五年日本史冬十一月癸丑朔日南至大赦

辛卯三 永承六年日本史春二月甲午立女御藤原寬子爲皇后三

月乙亥作木雞較製造優劣爲戲謂之雞合夏五月甲寅菖蒲根

合宴樂終日帝親吹笛秋七月丁卯冷泉院成從御

壬辰四 永承七年

癸巳五 天喜元年日本史春正月壬子改元秋七月不豫丁巳以皇

居有忌徙御關白賴通賀陽院第八月庚戌大赦禳天變禱不豫

甲午至和元 天喜二年日本史春正月癸酉賀陽院火徙御冷泉院二

月庚戌又從御關白賴通四條第秋九月辛巳遷御京極院冬十二月丁酉京極院火天皇避之民部卿藤原長家三條第丁巳從御四條第

乙未 二 天喜三年〔日本史〕夏六月甲午造一條院

丙申 嘉祐元 天喜四年〔日本史〕春二月甲辰一條院成徙御秋八月壬子先是陸奥俘囚安倍賴時作亂命前陸奥守兼鎮守府將軍源賴義討之

丁酉 二 天喜五年〔日本史〕秋九月乙亥鎮守府將軍源賴義奏安倍賴時伏誅餘黨未平請徵諸國兵幷輸糧穀冬十一月賴義與賴時子貞任戰敗績十二月丁卯以源賴義復爲陸奥守源齊賴爲出羽守討安倍貞任

戊戌 三 康平元年〔日本史〕春二月丁卯禁內火延及太極殿中院朝

集堂是後京師數火秋八月丁卯改元

己亥四 康平二年日本史春正月癸卯一條院火壺切劍焚天皇避火上東門院室町第二月癸酉遷御關白頼通三條第三月壬寅以頼通疾大赦夏五月乙未大雨洪水是歲盜累行火皇居

庚子五 康平三年日本史秋八月丁卯賀陽院成徙御

辛丑六 康平四年日本史冬十二月己亥以頼通爲太政大臣關白仍舊

壬寅七 康平五年日本史秋九月丙午關白頼通罷太政大臣安倍貞任伏誅其弟宗任等率族降賊徒悉平

癸卯八 康平六年日本史春二月己亥賞源頼義及子義家義綱清原武則等軍功進官爵有差

甲辰英宗治平元 康平七年日本史春三月伊豫守源頼義以降虜至自

陸奧朝議不許降虜入京乙丑官符降虜安倍宗任正任眞任家任等幷家屬安置伊豫（日本外史二源氏上賴信子賴義沈斷有武略爲小一條院判官代每從獵善用弱弓殪猛獸平直方奇其材藝以女妻之既而賴義夢八幡神賜劒其妻有娠生子賴義喜曰此兒必興我家因名曰義家及長冠於八幡祠前稱八幡太郎爲人英果善射每有征行未嘗不從賴義爲相模守州俗好武賴義義家撫以恩威豪傑爭服樂爲之用當是時陸奧豪族安倍賴時幷諸部落爲六郡酋長國守與秋田城介合兵伐之賴時逆擊大敗之白河關以北傅海盡叛附焉朝議以賴義爲陸奧守與義家及次子義綱率兵赴伐會大赦賴時解兵而降臣事賴義賴義遂兼鎮守府將軍永承七年任滿將還入府視事賴時厚犒其軍既罷歸國府宿於阿栗川有人夜襲藤原光貞營初賴時長子貞任請婚於光貞不聽以故報之也於是賴義欲執貞任賴時乃舉兵反據衣川關賴義奏請再任發兵伐之賴時壻藤原經清平永衡來屬官軍或告永衡與虜有私賴義捕永衡斬之經清亦不自安遁歸於賴時賴時族富忠勇而有眾賴義以敕旨諭應官軍賴時亦親往說之賴義令富忠伏兵要擊獲賴時誅之而貞任軍猶張貞任魁傑善用兵官軍數不利屬歲比飢糧食不給天喜五年賴義奏請徵兵食其十一月自將兵千八百擊貞任於河碕會大風雪人馬凍飢貞任以選兵四千戰於烏海縱左右翼大敗我軍我軍所餘僅六騎虜急圍之矢下如雨賴義義家皆傷馬從騎下而授之義家與藤原範明等縱橫奮擊虜兵相警曰八幡太郎也遂退去賴義既免乃奏兵食不至遠近皆虜

然且出羽守不與臣戮力於是詔罷出羽守新守至亦不敢來援貞任勢益張令經清以私符徵官物令曰用白符勿用赤符赤符官符也賴義益困對守數歲康平五年任滿詔高階經重代任國民莫賴義不服經重經重不得已而去於是賴義矢必滅虜使人說出羽酋清原光賴及弟武則論以大義七月武則率子弟以下萬餘人而至賴義以三千人會議於營岡爲七陣以武則子等分將之而自將第五陣進至萩埣將攻小松柵以凶日不果會清原氏候騎誤失火民家柵中大囂賴義謂武則曰機不可失拘日何爲對曰我兵怒如火宜及此時用之乃遣騎兵絕其衝路而步兵薄攻之深江是則等以死士冒險入柵虜大擾貞任令弟宗任出戰賴義以麾下橫擊破之虜游軍入襲我第七陣亦擊大破之虜遂棄柵走乃焚柵而退會霖雨霤旬餘磐井以南盡應宗任侵奪我糧道賴義分兵赴拒九月貞任瞰我兵寡以精騎八千來襲武則曰我客兵糧乏之利在速戰彼不坐困之而來戰是自授首也賴義大喜爲長蛇陣遂戰半日大破之追走至磐井河曰吾欲乘機遂擣其巢穴也則令武則以八百騎夜追之武則更揀死士五十自間道焚貞任營內外合擊虜軍大亂走保衣川之險賴義義家進攻之河水方漲武則等戰不利見河岸有樹覆水武則使矯捷者攀樹踰河縱火虜營貞任駭走賴義追擊連破二柵進拔烏梅柵乃會將士飲謂武則曰吾得至於此子之力也子視吾面目奚若也對曰臣爲將軍執鞭何力之有將軍盡忠於天子暴露於野十餘年頭髮皆白天地爲動將士爲奮破虜如決河臣今視將軍髮復半黑也即獲貞任則全黑矣賴義喜又進破三柵追貞任至廚川柵柵據水澤高壘深塹塹中植刃以死守之殺我兵數百人賴

義令壞人家壍墪下馬遥拜京師手取火號爲神火投之會風起
壘柵皆火我軍因急圍之虜殊死戰武則解其一角虜逃走賴義
擊鏖之貞任乃獨身出鬬我兵叢刺之不殊載之巨楯六人昇之
至賴義視之腰圍七尺長稱之賴義數其罪斬之及其子千代其
弟重任經清亦被縛至賴義命用鈍刀斬之曰猶能用白符乎宗
任等皆降賴義見柵中有所虜掠美女數十人盡分賜將士六年
二月使人齎貞任以下首獻闕下詔敘正四位下任伊豫守敘義
家從五位下任出羽守義綱爲左衞門少尉清原武則爲鎮守府
將軍八月賴義建八幡祠於鎌倉鶴岡賽戰功七年春賴義義家
以諸降虜入朝奏請賞有功將士朝議未許以故未赴任任國不
登以私資濟貢賦如是二年上書請重任曰臣聞人臣建勳功受
恩賞和漢古今所同也是以或有起徒隸而係金紫出卒伍而至
將相者賴義以功臣之裔效恪勤之節舊矣適東夷蜂起侵盜郡
縣鈔略人民六郡之地不服皇威者數十年矣及於近歲日益猖
獵賴義以永承六年受任彼州至天喜中兼帥鎮府臣銜鳳皇之
詔以向虎狼之國被堅執銳身受矢石暴露千里之外而出入萬
死之途籍天子之威與將卒之力終得奏其功其巢帥安倍貞任
藤原經清等皆伏誅戮傳首京師其餘醜虜安倍宗任等束手歸
降埽其巢窟收之縣官叛逆之徒皆爲王民乃蒙錄功績得守伊
豫臣忝聖恩欽荷不暇而以鎮服餘燼猶留奧地且征戰之際有
功勞者十餘人爲請抽賞未得裁許是以不敢赴任況去歲九月
被賜任符遲引之罪出不獲已四歲之任空過二稔不能徵納官
物而封家納官督責如雲仍以私物且償進濟之間彼州吏言頻年
旱凶田無秋實民有菜色臣謹按倣例延莅境之年限以救闔國

之凋弊者其人實繁況致希世之功者甯無殊常之恩昔班超以
三十年平西域今賴義以十二歲誅東夷遲速優劣採擇非難饒
無受千戶之封爵不許重任之典望請天恩哀矜臣意忝賜
允可使臣徐得處興復之計以致辦濟之方臣不任懇款

乙巳 二 治曆元年〔日本史〕秋八月己丑改元冬十月丙午大赦

丙午 三 治曆二年

丁未 四 治曆三年〔日本史〕冬十二月己酉賴通罷關白特敕咨詢政事

戊申 神宗熙甯元 治曆四年〔日本史〕夏四月丁巳以左大臣藤原教通爲關白戊午尊皇太后曰太皇太后改中宮曰皇太后皇后曰中宮立準三宮藤原歡子爲皇后庚申天皇崩於賀陽院年四十四火葬於船岡西野藏御骨於圓教寺稱後冷泉院〔又〕中宮章子後一條女

皇后藤原寬子關白賴通女 藤原歡子關白教通女

後三條天皇

日本史後三條天皇諱尊仁後朱雀第二子也母陽明門院禎子內親王長元七年七月乙巳生於春宮亮源行任第九年十二月爲親王長久三年十一月始讀書寬德二年正月後冷泉受禪立爲皇太弟永承元年十二月冠治曆四年夏四月庚申後冷泉崩關白教通率公卿侍臣奉劍璽於閑院皇太弟踐阼關白左大臣教通右大臣兼左近衛大將藤原師實內大臣兼右近衛大將源師房並如故五月丙子葬後冷泉天皇六月丙寅徙自閑院御大納言藤原信長大宮第秋七月辛卯天皇卽位於太政官廳時年三十五卽位官廳始於此八月甲寅造太極殿九月癸酉遷御關白教通二條第冬十二月己酉二條第火避之閑院累代內印多亡丙寅遷御大宮第

己酉二 延久元年日本史春二月月甲寅上太皇太后號曰陽明門院

夏四月己酉改元甲子立貞仁親王爲皇太子六月丙辰徙自大宮第御賀陽院秋七月丁卯尊皇太后爲太皇太后中宮爲皇太后立馨子内親王爲中宮八月己未朔遣前駿河守平維盛檢非違使源家宗等於大和捕金摩多山賊致親（姓闕）冬閏十月丁卯致親伏誅甲戌始置記錄所於太政官朝所十一月癸巳朔日南至大赦

庚戌 三 延久二年（日本史）春三月甲寅以關白教通爲太政大臣職仍舊

辛亥 四 延久三年（日本史）秋八月壬戌關白教通罷太政大臣

壬子 五 延久四年（日本史）夏四月太極殿成甲子臨御冬十二月不豫讓位於皇太子徙御飛香舍上尊號曰太上天皇太上天皇辭尊號白河帝不從出居二條第世稱一院五年四月病劇欲御圓

宗寺而終焉不果徙御但馬守源高房大炊御門第是月薙髮法名金剛行初圓成寺奏請建戒壇而以延麻寺沮之不可其奏又以大僧都勝範爲天台座主以故園成僧徒不平之法皇以爲新羅明神祟致疾自作祭文禱之無驗五月庚戌法皇崩於大炊御門第年四十火葬於神樂岡南藏御骨於禪林寺置國忌於圓宗寺稱後三條院初後朱雀帝遺詔欲傳位於後冷泉帝以次及帝而帝無外戚之援事殆寢賴大納言藤原能信言得立爲東宮（日本國志）初後朱雀帝大漸將讓位欲立尊仁爲新帝儲貳告賴通賴通以非藤原氏出曰事未晚也賴通退藤原能信進御牀曰陛下欲以第二宮付何僧帝曰將置之東宮何謂付之僧曰若然事不可過今日帝悟卽日立之尙方有劍名壺切必傳東宮及帝爲皇太弟關白賴通不肯上曰縱雖正位靑闈自非藤原氏出則不可得帝聞之曰一劒何用我不欲焉及卽位後教通上之其在東宮孤立無援一日有罪人逃匿宮側別當源經

成率檢非違使等逮捕恐其逸入宮中合圍及宮經成親執兵在中門廊宮臣驚愕帝起更衣少時事定撤圍而去世疑儲位有變帝亦不安時有行親者善相嘗曰皇太弟必踐大位誰得動搖果如其言御府藏應神帝玉冠歷世天子每卽位必冠之而其制不適唯帝冠之宛如爲制帝嘗喜焉在儲位二十餘年見藤原氏擅權心甚不平又數緣事積怨賴通而含忍不發及卽位痛抑其權奪之政柄賴通退居宇治憚帝威嚴斂藏蹤跡教通雖居台輔備員而已〔日本國志〕時藤原氏以驕侈相高賴通造高陽院教通又興二條第益壯麗師實曰我家所爲誰敢議者自帝卽位皆畏憚自戢教通嘗請大和守留任帝不許奮髯曰攝關之可憚以其爲國戚若朕則何有教通亦拂衣起曰藤原氏爲卿相者皆罷春日神威今日墜地諸藤原皆退朝廷將爲一空帝不得已許之然諸藤卒不敢肆是時權貴多占莊園爲民蠹害帝命其家各上契券置記錄所檢覈虛實欲審量制命新作器使藏人頭藤原資仲督之帝自抽簾竹截爲之準及成資

仲等率藏人出納小舍人量殿庭沙試之而取穀倉院米量之後世遵用謂之延久宣旨升又造方櫃容壹斛以石爲錘衡其輕重其器傳在穀倉院後冷泉帝末年風俗華侈雖下吏車飾之以金帝欲革其弊即位初幸石清水都人士女出觀鹵簿車有金飾者帝爲駐鑾輿命盡剔去唯乳母所乘得請而僅免後幸賀茂絕無金飾車者專尚儉素御扇用檜柄藍紙炙青魚頭塗胡椒以充御膳其造圓宗寺慮損國用務從質樸性惡犬宮中有一犬命放之外京師諸國傳聞或有殺犬迎合者帝聞大驚下令禁止自少好學才能絕倫著禁秘記鈔旁通佛乘又好吹笙或問大江匡房曰主上文才誰比對曰殆與江佐國抗衡一條帝以來政歸相門朝憲稍弛帝剛健嚴明不受牽制勵精圖治躬親機務俗反渟素規模大定公道是從請託不行理苟不合雖太后所言猶不肯從自

是皇綱再張羣下肅然帝欲傳位東宮居院決政然去位未幾而崩賴通歎曰帝而早崩邦家不幸莫甚於斯大江匡房謂教化被世可比隆於承和延喜也〈又〉中宮馨子（後一條女）皇后藤原茂子（中納言公成女）女御藤原昭子（右大臣賴宗女）源基子（參議基平女）掌侍某氏（美濃守經國女）藤原氏（近江守實經女）子五茂子生白河帝基子生實仁親王輔仁親王經國女生源有佐實經女生皇子天

白河天皇

〈日本史〉白河天皇諱貞仁後三條長子也母贈皇太后藤原茂子天喜元年六月丁亥生康平六年十二月始讀書治麻元年十二月冠四年八月爲親王延久元年四月立爲皇太子四年十二月壬午受禪於昭陽舍立皇弟實仁親王爲皇太弟關白敎通左大臣兼左近衞大將藤原師實右大臣兼右近衞大將源師房內大

臣藤原信長並如故丙戌尊後三條帝曰太上天皇癸卯天皇卽位於太極殿時年二十

宋史日本傳熙寧五年有僧誠尋至台州止天台國淸寺願留州以聞詔使赴闕誠尋獻銀香鑪木槵子白琉璃五香水精紫檀琥珀所飾念珠及青色織物綾神宗以其遠人而有戒業處之開寶寺盡賜同來僧紫方袍是後連貢方物而來者皆僧也

癸丑 六 延久五年日本史夏五月己酉追尊所生藤原氏曰皇太后庚戌法皇崩庚申葬後三條天皇冬十月宋主趙頊附僧成尋獻金字法華經大藏經及錦二十段

甲寅 七 承保元年日本史春二月庚午前關白賴通薨夏六月乙亥延厤寺僧徒率衆焚園城寺壬午天皇御凝華舍上太皇太后號曰二條院丙戌冊女御藤原賢子爲中宮尊皇太后曰太皇太后

皇后曰皇太后中宮馨子內親王曰皇后秋八月戊子改元冬十
月丁卯上東門院崩庚午葬上東門院
八乙卯 承保二年日本史春二月延曆寺僧與園城寺僧爭建戒壇
相鬬秋八月壬寅册法勝寺於白河九月甲申關白教通薨冬十
月癸卯以左大臣藤原師實爲關白
九丙辰 承保三年
十丁巳 承曆元年日本史夏五月甲寅報書宋主贈物冬十一月甲
子改元
元豐元戊午 承曆二年
宋史日本傳元豐元年使通事僧仲回來賜號慕化懷德大師明
州又言得其國太宰府牒因使人孫忠還遣仲回等貢絁二百匹
水銀五千兩以孫忠乃海商而貢禮與諸國異請自移牒報而荅

其物直付仲囘東歸從之

己未 二 承厤三年〔日本史〕春二月辛丑京師火丁巳伊勢內宮外院火印鑰及累代文簿蕩盡夏六月己亥延厤寺僧數百人擐甲執兵入感神院訴祇園別當讓補事敕令諸衛檢非違使等拒之還山秋八月先是右兵衛尉源重宗與散位源國房搆兵戰於美濃壬子敕前下野守源義家討之是月相模國人權大夫爲季殺押領使景平景平族發兵攻爲季

庚申 三 承厤四年〔日本史〕春二月庚子賀陽院火還御大內癸卯高倉殿火戊申三條宮火是春京師數火秋八月甲辰以內大臣藤原信長爲太政大臣閏月甲子高麗王牒太宰府獻方物求醫朝議以牒狀失禮卻之

辛酉 四 永保元年〔日本史〕春二月丁卯改元赦三月壬辰興福寺僧

數千入多武峰燒民家三百餘區多武峰僧負大織冠像逃匿僅免因罷興福寺別當公範逮捕首惡繫獄夏四月壬申園城寺僧徒率兵數百淩辱日吉祭使不遂祭事乙酉延麻寺僧徒率兵赴園城寺園城寺僧徒出拒之兵各數千列陣未戰及晚延麻寺僧徒引去六月庚申遣使修日吉祭園城寺僧徒率衆邀之甲子延麻寺僧數千入園城寺燒堂社房宇二千餘區癸酉遣使園城寺檢察秋八月乙卯朔園城寺僧數千將燒延麻寺敕檢非違使禁之庚申遣使奉幣日吉告僧徒戰爭山僧以爲園城寺僧邀而射之官使不能畢禮僅免而還甲戌敕延麻寺園城寺捕僧徒兇魁九月丙申園城寺僧可三百乘夜攻延麻寺延麻寺僧擊殲之丁酉敕檢非違使率武士警衞禁內又敕遣檢非違使及前下野守源義家於園城寺逮捕兇徒戊戌延麻寺僧徒燒園城寺癸卯先

是園城寺兇魁走保牛尾山丁未遣前陸奥守源頼俊捕之冬十月丁卯謁石清水宮敕源義家源綱扈從乘輿以備僧徒十二月丙辰行幸春日社源義家率家兵候朱雀門西

壬戌 五 永保二年〔日本史〕秋七月戊申大内火起内膳司大炊屋延及神嘉殿天皇避之太政官朝所遂徙六條宮八月壬子遷御關白師實堀河第冬十月甲子能野僧徒三百餘人奉神輿至京師訴尾張人殺其徒

癸亥 六 永保三年

甲子 七 應德元年〔日本史〕春二月丙子改元大赦秋九月己未中宮藤原氏崩冬十月丁卯朔葬中宮

乙丑 八 應德二年〔日本史〕秋七月京師民每街建小祠榜曰福德神或曰長福神白朱社貴賤競集置酒縱飲敕檢非違使毀之冬十

一月戊戌皇太弟薨

丙寅哲宗元祐元 應德三年〔日本史〕夏六月壬子敕檢非違使刈西京田稻三百餘町以食牛馬秋七月規九條以南鳥羽山莊百餘町造離宮近臣以下至庶人賜宅地課五畿七道徭役穿池築山宏敞鉅麗營構極巧九月辛未參議藤原通俊上後拾遺和歌集冬十一月庚辰立善仁親王爲皇太子即日讓位於皇太子十二月上尊號曰太上天皇自中宮崩悲悼特甚應德元年至是歲節會宴會不復臨御寬治元年二月鳥羽宮成遷御儀衛如在位時五月幸宇治平等院攝政以下公卿從焉二年二月幸高野山路經奈良供張甚盛徧禮佛塔寺院遂至高野觀釋空海像使僧講經敕置阿闍梨營造大塔賜僧粟帛有差十一月幸延麻寺三年五月又幸使一千僧讀經十二月幸近江彥根西寺禮觀音像四年正

月幸熊野付近郡田圃百餘町十月幸清水寺六年七月幸金峯山藏法華經一百部金字五部大乘經宸筆金字法華經等賜袈裟於一百僧置阿闍梨嘉保二年造閑院六月宮成上皇與郁芳門院徙居之是後屢徙御鳥羽宮六條宮泉殿大炊殿八月前裁合於鳥羽宮以權中納言藤原基忠爲左隊長參議藤原宗通爲右隊長各上和歌使左大臣源俊房判其優劣永長元年八月郁芳門院崩上皇哀悼殊甚遂落髮康和三年三月慶鳥羽證金剛院天仁元年九月修百座仁王講於法勝寺金堂十月幸法勝寺使一千僧讀經二年四月藏金字佛經於賀茂石清水春日稻荷日吉祇園北野住吉八社是歲慶法勝寺曼陀羅堂及鳥羽塔天永元年三月幸法勝寺慶金字大藏經二年五月修三十講於法勝寺永久二年十一月慶白河蓮華藏院安大像九軀元永元年

八月開鳥羽倉廩振贍京師飢民閏九月幸熊野慶大藏經於本
宮保安三年四月造小塔三十萬大各五寸置於法勝寺舞樂慶
之大治四年五月端午午時敕鑄護劍取諸重午之義七月幸二
條東洞院第慶佛像三十軀還宮不豫癸未法皇崩於三條烏丸
第年七十七稱白河院火葬於依笠山東麓安御骨於香隆寺天
承元年七月以遺詔藏鳥羽塔中置國忌於法勝寺帝性嚴而溫
雅頗有後三條帝之風信賞必罰剛斷果決政出宸衷相門斂手
而愛惡任意授官任職率不遵舊典源俊明藤原顯隆等最被親
幸雖攝籙臣皆憚之初鳥羽帝之未生也堀河帝有病人皆屬望
輔仁親王帝聞之曰朕雖出家未嘗受戒制法名主上若有不諱
朕當再踐位既而鳥羽帝生其志遂寢暨堀河帝崩乃立鳥羽帝
而機務一出於院中至崇德帝卽位四十餘年間刑賞黜陟莫不

與聞凡以院宣號令天下置別當北面始自此焉嘗曰天下不如意者惟鴨河水雙陸采山法師而已善射好詩歌敕撰後拾遺和歌集金葉和歌集續本朝秀句篤信佛法自書金字大藏經受法華經於釋增譽玄義文句止觀於釋良眞屢幸法勝寺使千僧讀經慶大藏經常然百鐙其慶金字大藏經於法勝寺數遭雨不果帝震怒盛雨於器而下獄時人謂之雨禁獄帝前後四幸高野八幸熊野所慶畫佛五千四百七十餘幅丈六佛像一百二十七軀等身佛像三千一百五十軀三尺以下佛像二千九百三十餘軀七寶塔二十一基小塔四十四萬六千六百三十餘基嚴禁天下殺生放鷹隼鸕鷀諸籠鳥燒漁網八千八百餘張停式條所載諸國貢魚雖殿上臺盤殆如六齋日釋奠亦用素饌惟神廚僅存舊式屢事營造國用凋喪國司遷替頗乖舊典定任者三十餘國上

萬石萬匹者輒得爲國司至有父子三四人同時竝任童稚者亦得任焉是時競尙華麗如賤女子亦服文繡侈靡之風至此而極矣（日本國志）禪位後猶專政四十餘年國勢大敗不可收拾〔又〕中宮藤原賢子（右大臣源顯房女）女御藤原道子（內大臣能長女）典侍藤原經子（從三位經平女）源師子（中宮同母妹）藤原氏（參議師兼女）源氏（陸奧守有宗女）藤原氏（木工權頭季實女）源氏（備中守政長女）祇園女御（或云有娠賜平忠盛）子八中宮生敦文親王堀河帝經子生覺行法親王師子生覺法法親王師兼女生聖慧法親王有宗女生僧圓行政長女生僧行慶又僧靜證失母氏

堀河天皇

〔日本史〕堀河天皇諱善仁白河第二子也母中宮藤原賢子承麻三年七月乙亥生於但馬守橘俊綱第十一月爲親王應德三年冬十一月庚辰立爲皇太子卽日受禪於堀河院以關白師實攝

政太政大臣信長左大臣源俊房右大臣兼右近衛大將源顯房
內大臣兼左近衛大將藤原師通並如故十二月丙戌尊白河帝
曰太上天皇癸卯天皇卽位於太極殿時年八歲

丁卯 二 寬治元年〔日本史〕夏四月戊子改元冬十二月壬寅始讀書

甲辰陸奧守源義家上言俘囚淸原武衡伏誅〔日本外史二源氏 先是諸降虜皆處
流義家愛宗任勇特親信之一夜問所私女子乘車而往獨宗任
從心陰圖報復拔刀窺車中見其睡不敢發後遂傾心事之義家
嘗過藤原賴通第談陸奧戰事博士大江匡房在別室聞之曰好
男子惜未知兵法宗任微聞之櫨告義家義家曰其或然見匡房
出禮之遂就學焉承麻三年美濃亂詔義家往定之亂人聞之皆
遁延久三年陸奧亂守源賴俊討平之賴俊者賴親孫賴義從姪
也永保二年賴義卒三年詔義家爲陸奧守兼鎭守府將軍初淸
原武則有二子曰武貞武衡武貞生眞衡又納藤原經淸之寡婦
生家衡亦養經淸子淸衡而眞衡爲嫡嗣家衡淸衡以下皆臣事
之其姑夫吉彥秀武以事怨眞衡舉兵背之眞衡赴攻之秀武使
人說家衡淸衡襲其虛眞衡乃還救已而聞義家至迎饗之復往
攻秀武二弟又來襲義家從兵入其城拒卻之義家自赴出羽攻
家衡不利還武衡喜來謂家衡曰子克入幡太郎我曹之榮也當
與戮力遂合兵據金澤柵義家大怒寬治元年九月自將數萬騎

攻之去柵數里望見雁行亂曰是有伏也從兵援索果獲壘之謂眾曰兵法言鳥亂者伏也我不學則殆矣遂進圖柵相模人鎌倉景政挑戰敵射中其右目景政不拔箭而索射己者終射殺之武衡據險死鬭多傷我兵又使卒干任者詬言義家曰女父納名簿於我以獲克敵薄見在我女何以負我義家怒攻之未能下義家弟義光稱新羅三郎亦勇智多技能是時爲右兵衛尉在京師聞兄軍不利奏請赴援不許遂舍官赴之義光素好音嘗學笙於豐原時元是時時元已死其孤子時秋送義光至足柄山會月明義光因吹笙盡授所學訣別遂至陸奧義家喜泣曰吾見汝猶見先君也乃與俱進攻柵固不拔義家因會食設勇怯兩列以勵戰士義光從臣腰秀方無日不列勇列也吉彥秀武降在我軍進說宜持久困之義家從之下令休戰武衡使人來言曰我軍苦無事我有健兒龜次請得一力人角之乃遣鬼武者勝而殺之虜愧憤出戰已而虜食盡出羸兵來降秀武曰是紓糧也宜斬義家又從之虜益窘因義光乞降不聽再乞且請義光臨柵中爲要結義光欲往義家止之乃使秀方往虜露刃待之秀方夷然武衡賂之以金秀方卻之曰我輩將且暮分取之不煩汝賂也撫刀而出時天漸寒軍士恐凍一夜義家出令軍中曰燒我營取煖今夜虜柵陷矣不復用營也黎明柵中火起家衡遁武衡潛池水中義家獲之詰曰而父屬吾父樹功吾父請授官爵若以怨報德何也名簿果安在因執干任拔其舌令斬武衡武衡乞哀於義光義光請曰降者宜赦義家作色曰悔過來歸如宗任者是之謂降耳擒而求活生非降也遂斬之家衡爲其下所殺義家欲獻武衡家衡以下首奏請下官符廷議謂其私鬭也弗許以故不賞將士遂棄首於途而

還義家承父祖業善撫將士其征陸奧前者九年後者三年東國
士民皆服其恩信相與共請留其子弟擁戴之而自呼其家人稱
義家曰八幡公當是時八幡公威名徧於朝野白河法皇嘗患夢
魘詔義家獻其兵器鎮之義家獻一玄弓建御枕上郎無患法皇
問曰毋乃東征所執乎對曰臣不記也法皇嗟賞之然義家
官位甚卑以正四位下右衛門尉卒於天仁元年年六十八丙午

追尊中宮曰皇太后

戊辰 三 寬治二年（日本史）冬十一月癸酉朔日南至大赦十二月丙辰以師實爲太政大臣攝政如故

己巳 四 寬治三年（日本史）春正月丙子天皇加元服夏四月乙丑攝政師實罷太政大臣

庚午 五 寬治四年（日本史）冬十二月師實罷攝政爲關白

辛未 六 寬治五年（日本史）春正月壬午尊準母媞子內親王曰皇后夏六月前陸奧守源義家與弟源義綱搆兵詔五畿七道禁義家兵入京師及諸國百姓附私田公驗於義家

壬申七 寬治六年（日本史）春二月壬子興福寺僧與山城相樂郡賀茂邑人相惡燒其邑二百餘戶

癸酉八 寬治七年（日本史）春正月丁酉上準母皇后號曰郁芳門院二月己巳立女御篤子內親王爲中宮秋八月辛亥延麻寺僧數千攻座主良眞壞其宅甲子良眞率兵數百毀東塔房舍將及西塔西塔橫川僧徒擊而走之遂毀良眞弟子房舍焚坂下民家八十餘戶辛未興福寺僧徒數千奉神木入京訴近江守高階爲家侵掠蒲生郡市莊神人癸酉流高階爲家於土佐緣坐解任贖銅有差九月戊寅西院皇后崩冬十一月丁丑興福寺僧徒與金峯山僧鬭乙未興福寺僧又與金峯山僧鬭是年出羽賊平師妙平師季等燒守信明館剽掠資財敕陸奧守源義綱討之

甲戌紹聖元 嘉保元年（日本史）春正月戊子陽明門院崩二月丁未葬

陽明門院三月己卯平師妙平師季伏誅是日源義綱持其首入京師梟之西獄門樹庚辰關白師實罷以內大臣藤原師通爲關白冬十月壬辰堀河院火天皇避之於大炊殿東對乙丑修三萬六千神祭十二月壬午改元

乙亥 嘉保二年（日本史）冬十月丙戌延厤寺僧徒奉神輿詣闕訴美濃守源義綱殺其徒中務丞源賴治拒之射殺神人十一月僧徒奉神輿於中堂修五壇法詛國家敕奉神輿還山

丙子 永長元年（日本史）春正月壬寅覲上皇於六條殿秋七月己亥使侍臣爲田樂庚子上皇觀田樂自是朝野田樂盛行八月甲子郁芳門院崩丙寅上皇薙髮（日本國志）上皇置院別當設兵曹置北院士奉宣旨施行日院宣因所愛皇女准中宮死哀痛遂削髮稱法皇令皇子薙髮爲法親王 九月辛亥興福寺火冬十一月庚戌地大震御船避之十二月辛未造興福寺癸酉改元

丁丑 四 承德元年日本史冬十一月辛未改元
戊寅 元符元 承德二年日本史秋九月辛未法皇造鳥羽宮
己卯 二 康和元年日本史春正月丙辰以仁和寺主覺行爲親王法親王始於此夏六月己亥關白內大臣師通薨秋八月戊戌改元
庚辰 三 康和二年日本史夏六月甲寅大內成遷御
辛巳 徽宗建中靖國元 康和三年日本史春二月甲辰前關白師實薨秋七月丙寅對馬守源義親劫剽鎮西敕討之是歲京師有狐妖陳設食具於朱雀門東掖如行饗狀世謂狐大饗
壬午 崇寧元 康和四年日本史夏閏五月丙戌令宮中男女善和歌者作壽判其優劣謂之豔書合秋八月戊辰修三萬六千神祭於太極殿庚午小野皇太后崩冬十月己卯流前對馬守源義親於隱岐

癸未 二 康和五年日本史春三月乙巳興福寺僧徒奉春日神木入京訴罷講師信永湛秀秋八月甲子立皇子宗仁親王爲皇太子

甲申 三 長治元年日本史春二月甲寅改元大赦三月丁酉行幸尊勝寺修灌頂車駕臨之尊勝寺灌頂始於此

乙酉 四 長治二年日本史春正月庚午朔延暦寺僧徒數千奉祇園神輿詣闕訴園城寺僧證觀辛未敕許僧徒所請僧徒奉神輿而還夏六月己卯御靈會檢非違使中原範政兵士與祇園神人鬭神人詣闕訴之秋八月癸巳先是太宰權帥藤原季仲與石清水別當光清射竈門神輿殺日吉神人是日延暦寺僧徒日吉神人詣陽明門訴之九月庚戌二條院崩冬十月甲午晦日吉祇園神人延暦寺僧徒奉神輿又詣陽明門請速斷季仲範政光清等罪石清水神人詣待賢門請宥光清十一月乙未朔奪權中納言兼

太宰權帥藤原季仲官罷光淸職諭僧徒還山丁酉復光淸職奪檢非違使中原範政官十二月戊子以右大臣藤原忠實爲關白

五丙戌 嘉承元年日本史夏四月庚午改元赦

大觀元丁亥 嘉承二年日本史秋七月癸卯天皇崩於堀河院年二十九火葬香隆寺稱堀河院永久元年奉安御骨於仁和寺圓融院置國忌齋於尊勝寺天皇臨御日久而天下之事皆決上皇不復攬乾綱然留心政事諸司奏案夜必覆視有可疑者御批再令商議有公卿當追儺稱疾而參小朝拜者乃勒使歸家曰彼何病而愈之速也上皇聞之以爲過察矣嘗謂左右曰普天之下皆王民也遠民何疏近民何親一人之耳不得周聞四海之事是大患也卿等有聞告而無隱一宮女奏曰有所眾某貧窶將遁世天皇爲愍然乃敕僧良眞修臨時禱曰其修法及日時他日命之豫賜兵

衞尉一人師宜告有司而任之當時爲兵衞尉者出功錢五萬匹艮眞既任其人收功錢入請修法曰時天皇曰聞所衆某貧不能立朕不忍之王者可私人以財不可以官宜以師意私給功錢於某如其祈禱自有長日之修艮眞感泣曰何大法祕法過此功德況艮眞之微力何及百分之一遂以功錢給之一日命隨身淸房（姓闕）走馬淸房誤墜死天皇憫之賜食邑於其父天皇頗好文學能和歌當是時源俊房藤原通俊大江匡房藤原季仲等在朝天皇以爲得人不愧古也尤精音律善笙笛後以笙損氣惟吹笛當時無及其妙者源俊房曰式部卿宮薨後五十餘年再聞上霧嘗受神樂曲於伶人助忠後世神樂之說自天皇傳云（文）中宮篤子（後三條女）女御藤原苡子（大納言實季女）王氏（神祇伯康資王女）藤原氏（伊勢守時經女）藤原氏（近江守隆宗女）子三苡子生鳥羽帝時經女生最雲法親王隆宗女生僧

覽曉

鳥羽天皇

日本史鳥羽天皇諱宗仁堀河長子也母贈皇太后藤原苡子康和五年正月丙申生於左少辨藤原顯隆五條第未幾失恃白河法皇迎入宮六月爲親王八月立爲皇太子嘉承二年秋七月癸卯堀河帝崩法皇詔皇太子嗣位以關白右大臣忠實攝政公卿奉劒璽於大觀殿是日皇太子踐阼左大臣源俊房內大臣兼左近衞大將源雅實權大納言兼右近衞大將藤原家忠並如故戊申葬堀河天皇冬十一月壬子朔日南至赦十二月壬午朔天皇卽位於太極殿時年五歲尊準母令子內親王曰皇后甲午追尊所生女御藤原氏曰皇太后先是隱岐流人源義親逃至出雲殺目代掠官物至是赦因幡守平正盛討之

戊子 二 天仁元年（日本史）春正月源義親伏誅庚辰但馬守平正盛持義親首入京師（日本外史一平氏）貞盛四子季維衡最勇與平致賴源賴信藤原保昌齊名稱四天王任下野守後私與致賴鬬讁從淡路貞盛又養從子維茂亦勇敢亞維衡維衡曾孫正盛有武幹時平氏與源氏並爲武臣而源義家樹功邊陲宗黨尤强其長子義親爲對馬守剽掠九州殺官使流隱岐逃歸出雲殺吏奪貢賦勢甚猖獗於是詔正盛爲追討使賜鐸鈴率兵討之與義親戰斬其首梟於京獄時天仁元年也 二月癸酉延暦寺園城寺僧徒數千訴以東寺僧爲尊勝寺灌頂阿闍梨夏四月辛巳朔延暦寺僧徒數千擐甲奉日吉神輿入京敕遣檢非違使及源平兵士數萬禦之壬午法皇遣使諭之僧徒奉神輿還山秋九月丁巳興福寺僧徒登多武峯燒堂塔民舍改元

己丑 三 天仁二年（日本史）春二月庚子修法華八講於吉祥院著爲恒典是月左衛門尉源義忠爲其從者所殺廷議疑美濃守源義綱男義明及瀧口藤原季方所爲敕檢非違使源重時誅義明等

義綱亡據近江甲賀山遣源爲義討之義綱降流之佐渡（日本外史二源氏上）義家有六子義宗義親義國義忠義時義隆義忠最有名官至檢非違使季父義光嫉之誘義忠臣鹿島某使陰殺之初義忠叔父義綱與義家相惡搆兵詔禁兩家兵入京師事得寢後義綱以陸奧守擊平亂人平師妙於出羽以功拜從四位上其黨頗廣至此朝議以義忠死爲出於義綱子義明遣兵殺之義綱據甲賀山詔源爲義討之義綱自髡降流佐渡義光子孫世居甲斐稱甲斐源氏

庚寅 四 天永元年（日本史）秋七月庚戌改元

辛卯 政和元 天永二年（日本史）秋九月癸亥興福寺僧與東大寺僧鬭甲子興福寺僧燒東大寺民戶冬十二月壬寅始讀書

壬辰 二 天永三年（日本史）夏五月己巳賀陽院火徙御六條殿六月甲辰造大炊殿冬十月癸卯大炊殿成徙御十二月丁酉以忠實爲太政大臣攝政如故

癸巳 三 永久元年（日本史）春正月甲寅朔天皇加元服二月辛丑興

福寺僧徒五千奉春日神木抵勸學院訴佛匠圓勢補清水寺別當癸卯敕以僧永縁爲別當諭僧徒還寺夏四月辛亥朔延厤寺僧徒二千餘毀清水寺堂宇奉祇園北野神輿詣大炊殿訴興福寺僧徒辱祇園神人使檢非違使源光國平正盛左衛門尉源爲義率兵禦之法皇諭僧徒還山自是二寺仇視將構兵相攻京師騷擾壬戌敕二寺和解之僧徒不奉詔甲子攝政忠實罷太政大臣己卯晦興福寺僧數千將攻延厤寺遣檢非違使平正盛平忠盛源重時於宇治邀之戰於栗前山破走之遣檢非違使源光國左衛門尉平重盛於西坂下邀延厤寺僧徒僧徒既入京屯於祇園五月庚辰朔僧徒還山秋七月辛卯改元赦九月乙酉以不豫大赦冬十二月癸酉忠實改攝政爲關白

甲午 四 永久二年日本史春二月庚申禁京師民間服摺衣及博奕

丁卯始修法於蓮華藏院著爲永式秋八月乙巳太炊殿火天皇避之從四位上藤原長實萬里小路第庚戌遷御六條殿冬十月壬寅朔中宮崩是歲京師盜起公行劫掠南海道海賊剽竊貢調都鄙騷擾

乙未五 永久三年〔日本史〕冬十一月辛卯大炊殿成徙御

丙申六 永久四年〔日本史〕秋八月戊寅大炊殿火遷御土御門第

丁酉七 永久五年〔日本史〕春三月庚寅造土御門殿夏五月丙辰觀鬬雞鬬草秋九月己亥二條堀河皇后宮火冬十一月甲午土御門殿成徙御

戊戌重和元 元永元年〔日本史〕春正月己酉立女御藤原璋子爲中宮三月宋主趙佶付海商送書夏四月乙卯改元赦

己亥宣和元 元永二年〔日本史〕春天下饑饉民多死亡京師盜起殺人

行火夏五月辛亥使備前守平政盛索捕盜賊

二 庚子 保安元年〈日本史〉夏四月庚辰改元己丑堀河院火是月園城寺與延厤寺爭大津地界毀日吉鳥居法皇使公卿議其曲直諭僧徒建鳥居秋八月辛卯興福寺僧徒春日神人奉神木抵勸學院訴和泉守雅隆陵辱神人法皇敕罷雅隆諭僧徒還寺

三 辛丑 保安二年〈日本史〉春正月戊午關白忠實罷三月庚子以內大臣藤原忠通爲關白己未廷議報牒於宋夏五月庚申延厤寺僧徒燒觀音院一乘寺閏五月丙寅又燒園城寺堂宇蕩盡

四 壬寅 保安三年〈日本史〉冬十二月壬寅以右大臣源雅實爲太政大臣

五 癸卯 保安四年〈日本史〉春正月壬午立顯仁親王爲皇太子是日天皇禪位於皇太子二月上尊號曰太上天皇徙御三條烏丸尋

遷白河殿六月遷於二條東洞院新宮是後或御白河殿三條西殿又御白河北殿每遊幸與法皇同車舊例法皇車無隨身而以同車故儀衞如式天治元年二月從法皇幸白河觀郊外雪內大臣源有仁以下騎馬扈從上皇烏帽直衣御馬前行嵯峨上皇遷於嵯峨院御馬而出爾後始有此舉閏月從法皇幸法勝寺觀花後宮嬪御悉乘飾車攝政忠通太政大臣雅實以下公卿扈從前驅後乘衣服綺靡盡美競華還過白河殿飲宴命羣臣作和歌盡歡而罷十月幸高野山大治元年十一月從法皇幸熊野十二月又與法皇同車觀雪攝政以下從焉出歷西山舟岡上皇衷深紅被直衣騎馬而前二年二月從法皇幸熊野十月從法皇幸高野山四年七月法皇崩上皇居喪哀容過節其後上皇專理萬機一效法皇天承元年二月幸熊野長承元年刱得長壽院置觀音像

一千軀三月臨幸慶之賜導師天台座主忠尋穀一千石錢一千貫沙金一千兩施物無算保延二年三月幸熊野九月慶金字五部大乘經於石清水三年七月致書崇德帝辭尊號封戶隨身六年十月慶春日社五層塔儀準御齋會永治元年三月薙髮法名空覺修佛事五十日多嚫僧徒施食鳥獸及崇德帝禪位稱曰一院崇德帝曰新院康治元年五月幸柰良受戒於東大寺又受戒於延麻寺屢與新院御樓船遊於宇治或同車遊幸京外天養元年三月幸熊野十月幸延麻寺令一千僧讀經久安二年九月幸四天王寺修舍利會三年三月幸熊野九月幸四天王寺修萬燈會四年二月幸熊野九月幸四天王寺念阿彌陀佛名一百萬徧歲以爲常六年三月與美福門院幸熊野仁平三年二月幸熊野慶金字大藏經久壽元年七月徙御鳥羽新宮前太政大臣忠實

獻紙一千帖布一千端米一千斛二年八月不豫保元元年七月
辛丑法皇崩於鳥羽安樂壽院年五十四是夜葬於安樂壽院塔
以擬山陵置國忌稱鳥羽院天皇嘗受帝範於菅原在良又通天
文善歌催馬樂精於音樂最善吹笛其幸四天王寺羣臣奏管絃
天皇親吹笛謂侍臣曰沙門吹笛恐取嘲笑因以幛子蔽座人感
其音調嘗定樂十曲讚極樂土每月奏之名十樂講平生供佛施
僧其費不可勝計涉覽古記博通典故嘗曰任檢非違使別當者
當兼備重代才幹成敗容儀進退富有六事不則不得與職好修
容儀源有仁亦好修飾一時化風凡朝服嚴稜烏帽有額皆始於
此時然戒臣庶奢侈嘗御鳥羽南院修法會見童子服貼金衣謂
攝政忠通曰美服朕所不喜忠通請下檢非違使罪之天皇曰釋
之勿問第偏告羣下使知此意好色多內嬖又眈男寵前後有三

女院美福門院最被幸以所出體仁親王爲崇德帝儲貳逼使讓位是爲近衛帝及近衛帝升遐崇德上皇有復位之志天皇與美福門院關白忠通謀立後白河帝以其子守仁親王爲皇太子於是崇德上皇大失望陵土未乾遂致保元之亂讓位之後凡三十四年決政院中二十八年故後世擧仙院典章稱白河鳥羽二帝

〔又〕中宮藤原璋子（大納言公實女）皇后藤原泰子（關白忠實女）藤原得子（中納言長實女）女御橘氏（修理大夫俊綱女）藤原氏（左大臣實能女）藤原氏（中納言實衡女）藤原氏（參議家政女）紀氏（石清水別當光淸女）子十一中宮生崇德帝白河帝通仁親王君仁親王本仁親王得子生近衛帝橘氏生僧貞譽紀氏生道慧法親王覺快法親王又最忠法親王道果法親王失母氏

崇德天皇

〔日本史〕崇德天皇諱顯仁鳥羽長子也母待賢門院中宮璋子元

永二年五月癸酉生於三條烏丸亭六月爲親王保安四年春正月壬午立爲皇太子卽日受禪於土御門殿以關白左大臣忠通攝政太政大臣雅實右大臣兼左近衛大將藤原家忠內大臣兼右近衛大將源有仁竝如故二月丙戌尊鳥羽曰太上天皇癸卯天皇卽位於太極殿時年五歲己巳延厤寺僧徒奉日吉神輿入京訴越前守平忠盛殺神人遣兵邀之僧徒棄神輿據祇園忠盛及左衞門尉源爲義擊走之送神輿於赤山九月壬子法皇敕修神輿還日吉改造祇園神殿

甲辰 六 天治元年（日本史）夏四月庚戌改元六月庚申始修祇園臨時祭著爲永式秋七月壬午太政大臣雅實罷冬十一月丁酉上中宮藤原氏號曰待賢門院是歲法皇敕前木工頭源俊賴撰金葉和歌集

乙巳 七 天治二年日本史冬十二月壬寅京師火是歲申禁天下殺
生
丙午 欽宗靖康元 大治元年日本史春正月戊子改元冬十一月壬辰朔
日南至公卿表賀
丁未 高宗建炎元 大治二年日本史秋八月丁卯釋奠用素饌辛未太皇
太后崩戊寅葬四條太皇太后冬十二月庚辰始讀書
戊申 二 大治三年日本史冬十二月丁卯以左大臣忠通爲太政大
臣攝政如故
己酉 三 大治四年日本史春正月庚辰朔天皇加元服三月山陽南
海二道海賊起法皇敕備前守平忠盛捕之夏四月戊午攝政忠
通罷太政大臣秋七月丁丑朔忠通改攝政爲關白癸未法皇崩
辛卯葬白河天皇冬十一月丙辰上皇以佛匠長圓爲興福寺大

佛師興福寺僧徒毆長圓於柰良坂傷之遣檢非違使捕首惡僧
徒癸酉放還興福寺首惡僧等於本國舊寺

庚戌 四 大治五年日本史春二月甲午立女御藤原聖子爲中宮冬
十月丙子勑彈正臺左右京職檢非違使曰狩獵之誡嚴制重疊
而近日恣違制令私飼鷹鷂競馳郊野致屠猪鹿諮之憲章理不
可然宜令禁遏冬十一月辛亥先是有男子稱源義親入京上皇
處之前太政大臣忠實鴨院眞僞未決是日檢非違使源光信以
私怨發兵擊殺之及其從者壬戌流源光信及其黨奪其弟右兵
衛尉光保官

辛亥 紹興元 天承元年日本史春正月丁卯晦改元

壬子 二 長承元年日本史春三月甲辰得長壽院成上皇臨幸慶之
詔曰太上天皇鳳城之左鴨水之東建三十間之精舍安一千軀

之觀音殊澤良辰新設齋會爰爲增白業之勝因忽宥金科之禁
憲可大赦天下常赦所不免者皆悉赦除而所司稽留不速施行
恐令秋官之囚徒遲知春澤之洪化不待施行之符宜從原免之
例秋八月戊戌改元

癸丑 三 長承二年日本史秋七月甲戌延暦寺西塔學徒與中堂僧
鬭丙子敕遣檢非違使於坂本捕僧徒首惡

甲寅 四 長承三年日本史春三月乙巳尊上皇女御藤原泰子曰皇
后上皇準母令子內親王曰太皇太后

乙卯 五 保延元年日本史夏四月辛亥以西國海賊頻起貢調多滯
敕備前守平忠盛討海賊庚午改元秋八月庚申平忠盛獲海賊
三十餘人入京是歲春夏饑饉賊盜連起

丙辰 六 保延二年日本史春天下大饑道殣相望

丁巳七 保延三年〔日本史〕春二月壬寅興福寺僧徒七千餘奉春日
神木入勸學院訴僧定海超權僧正玄覺任僧正使兵士警衛禁
內院中癸卯罷僧正定海以玄覺爲僧正戊申僧徒還寺
戊午八 保延四年〔日本史〕春三月庚寅京師大火夏六月丙辰園城
寺僧徒燒別當禪仁房禪仁發兵鬭爭冬十一月丙午土御門殿
火累代御物象繪蝶丸焚天皇遷小六條殿
己未九 保延五年〔日本史〕春三月己丑興福寺僧徒燒別當隆覺坊
秋七月丙午上上皇皇后藤原氏號曰高陽院八月甲寅造土御
門殿甲子立體仁親王爲皇太子冬十一月丙戌興福寺僧徒與
別當隆覺鬭十二月戊申遣檢非違使於柰良捕隆覺黨與
庚申十 保延六年〔日本史〕夏閏五月戊申大山香椎筥崎等僧徒神
人燒太宰府數千家戊辰延厤寺僧徒與園城寺僧徒鬭燒園城

寺冬十一月甲辰土御門殿成自小六條殿徙御
辛酉十一永治元年〔日本史〕春三月己酉上皇剃髮秋七月丙午改元
冬十二月辛未天皇禪位於皇太弟天皇雖無去位之意法皇寵
美福門院欲立其所生故速禪位法皇諭旨書詔者改皇太子爲
皇太弟天皇大愕曰何遽如此也須明日審議是日百官就班待
詔書出天皇奉書法皇中使相繼法皇不從及昏始傳劒璽於昭
陽舍以故二宮不協徙御三條西洞院上尊號曰太上天皇稱新
院後遷鳥羽田中殿久壽二年近衞帝崩無嗣上皇以爲重仁親
王當承統輿議亦歸親王美福門院意疑上皇呪詛近衞帝故不
欲使其肩息得位屢告法皇欲立雅仁親王關白忠通亦慫慂之
法皇納其言遂立雅仁是爲後白河帝上皇亦不平之保元元年
七月法皇崩於鳥羽宮上皇入臨及門右衞門權佐藤原惟方奉

遺詔拒而不納上皇大恚而還謂左大臣藤原賴長曰以古揆今雖孝德有皇子承統者天智也雖滔和有皇子踐阼者仁明也華山先於一條三條先於後朱雀朕雖菲德先帝之嫡子也忝萬乘之位居上皇之尊皇統所係非重仁而誰先帝舍之立匪文匪武之小子父子抱憂徒經歲月今也先帝昇遐朕舉大事何憚之有賴長贊成之謀頗外泄後白河帝徵兵警備時鳥羽帝崩僅七日修法會於田中殿上皇不親臨之佯爲齋院行啟潛入居白河前齋院第參議藤原教長右馬權頭藤原實淸前山城守藤原賴輔左衞門尉平家弘父子從焉賴長自宇治取間道而至左近衞中將源成雅少納言藤原成隆能登守藤原家長藏人源賴憲右馬助平忠正前檢非違使源爲義等將士一千餘人來赴禁闕亦潛徵兵警衞京師騷然上皇自齋院第入北殿使平忠正源賴憲守

東門源爲義守西門源爲朝守西河原門平家弘守春日河原門爲朝陳策欲夜襲高松殿賴長不從後白河帝使下野守源義朝安藝守平清盛兵庫頭源賴政等來攻時夜未明義朝縱火上風會西風揚沙煙焰掩宮義朝等乘火奮擊守兵不能拒平家弘子光弘馳呼曰火勢甚熾不可復支乘輿宜速出避之上皇倉皇上馬而不勝騎藏人平信實重騎扶掖爲義忠正家弘光弘等從焉至如意山山路嶮難下馬徒步上皇疲頓絕而復蘇有僧攜瓶而過家弘乞水進之心神稍安上皇謂從者曰朕神耗力屈不得復行追兵及此亦不至加害汝輩速去眾固請從上皇不許曰汝輩不去祗爲朕累諸將不得已涕泣而去唯家弘光弘不肯去扶掖下谷潛匿待暮入夜遞負上皇至東光寺傍覓輿奉之請所幸曰欲往阿波谷家至則門閉矣去而赴左京大夫藤原教長家亦無

人夜深入知足院僧坊進湯粥上皇薙髮往仁和寺覺性法親王居上皇於法務寬偏坊以狀聞後白河帝使式部丞源重成守之遂徙上皇於讚岐使重成警衞道路過鳥羽欲拜陵重成不奉命帝遣人檢上皇東洞院書庫有一匣封縢甚牢發試之盡記夢也屢夢復位每夢必禱焉八月抵讚岐松山造宮直島後徙於志度鼓岡刺血親書五部大乘經三年而畢功送於覺性法親王請藏安樂壽院親王及關白忠通爲奏請帝不許卻還之上皇大恚曰朕親書佛經非爲今生而不許藏之非但今生之仇實爲地下之怨乃自齧舌出血每軸書曰願爲大魔王惱亂天下謹以五部大乘經回向惡道自是不復剃髮剪爪褐衣垢膩長頭巾憔悴骨立居常忿忿長寬二年八月己卯崩於志度年四十六火葬於白峰世稱讚岐院治承元年七月詔更稱崇德院天皇崩後逆亂相繼

災變薦至世以爲怨魂之所祟壽永三年四月後白河帝敕立廟春日河原謂之粟田宮建久四年敕每歲八月遣使祀焉（又）中宮藤原聖子（關白忠通女）掌侍源氏（參河權守師經女）宮人藤原氏（法勝寺執行信緣女）子二掌侍生僧元性宮人生重仁親王

近衞天皇

（日本史）近衞天皇諱體仁鳥羽第八子也母美福門院保延五年五月丁酉生七月爲親王八月立爲皇太子居昭陽舍永治元年冬十二月辛未以上皇旨改稱皇太弟受禪於土御門殿以關白忠通攝政左大臣源有仁內大臣藤原賴長權大納言兼左近衞大將源雅定權大納言兼右近衞大將藤原實能並如故癸酉尊崇德曰太上天皇辛卯天皇卽位於太極殿時年三歲尊中宮曰皇太后所生女御藤原得子曰皇后

壬戌二十康治元年日本史春三月己酉園城寺僧徒燒延厤寺堂坊延厤寺僧徒擊卻之庚戌延厤寺僧徒燒大津民家園城寺僧徒拒之殺傷頗多夏四月辛卯改元

癸亥二十三康治二年

甲子二十四天養元年日本史春二月甲辰改元夏四月壬寅太皇太后崩庚戌晦葬太皇太后

乙丑二十五久安元年日本史春三月興福寺僧與東大寺僧鬬燒坊舍秋七月丙寅改元庚午興福寺僧徒攻金峯山金峯山僧拒而破之八月乙未待賢門院崩丙申葬待賢門院九月丙辰興福寺僧徒又攻金峯山冬十一月壬申朔日南至羣臣表賀

丙寅二十六久安二年日本史春三月園城寺僧燒延厤寺僧房

丁卯二十七久安三年日本史夏四月庚子延厤寺僧綱詣法皇宮請頜

越前國白山事寢不省丁未法皇耀兵東河備延麻寺僧徒五月丙寅法皇敕以白山屬延麻寺六月丁未播磨守平忠盛及其子中務大輔清盛從者與祇園神人鬬矢注神殿庚申延麻寺僧徒奉日吉神輿入京訴平忠盛父子法皇諭之僧徒乃還秋七月庚辰法皇又耀兵東河備延麻寺僧徒丙戌法皇敕公卿議平清盛罪八月癸卯延麻寺僧徒欲以平忠盛父子處流怒座主行玄不力請其事逐之遂毀其房冬十月丁未法皇命延麻寺所司率兵捕僧徒首惡僧徒拒之焚其器仗毀所司坊庚申晦法皇敕延麻寺僧綱諭僧徒迎行玄十二月壬寅始讀孝經

戊辰　十八　久安四年日本史夏六月壬子禁內火天皇避之攝政忠通近衛第夜遷四條東洞院第秋八月辛巳興福寺僧徒將入京訴事法皇遣兵拒之宇治川壬午法皇使前太政大臣忠實諭僧徒

僧徒還寺

己巳 十九 久安五年〈日本史〉秋七月興福寺僧發佐保南陵八月壬子上所生皇后藤原氏號曰美福門院冬十月癸酉以攝政忠通復爲太政大臣職仍舊

庚午 十二 久安六年〈日本史〉春正月壬午天皇加元服二月甲戌上皇太后號曰皇嘉門院三月庚寅攝政忠通罷太政大臣辛卯立女御藤原多子爲皇后夏六月丁卯立女御藤原呈子爲中宮秋八月戊申興福寺僧徒數千春日神八二百餘奉神木入京師抵勸學院訴別當久闕敕檢非違使源光保率兵警衞禁門左衞門尉源賴賢護法皇宮檢非違使平家弘護上皇宮癸丑僧徒委神木於勸學院而還己未以僧隆覺爲興福寺別當甲子以右大臣藤原實行爲太政大臣春日神木還社冬十二月辛亥攝政忠通爲

關白

辛未 二十一 仁平元年〔日本史〕春正月戊戌改元大赦夏六月丙子四條東洞院宮火天皇御腰輿幸關白忠通第冬十一月戊戌八條殿火上皇避之徙御三條烏丸第

壬申 二十二 仁平二年〔日本外史一平氏〕正盛生忠盛忠盛居伊賀伊勢間爲人眇一目大治中山陽南海盜起忠盛追捕有功事白河鳥羽二上皇並有寵焉鳥羽上皇建得長壽院以忠盛董役役竣除但馬守聽昇殿舉朝惱之謀以豐明節會乘暗刺之忠盛曰朝則蒙詬不朝爲怯其辱宗一也乃帶刀而入家人平家貞與其子家長衷甲從焉吏訶止之家貞對曰主君有戒心臣將與之同死吏不得止忠盛昇殿就闇拔刀刀光外射衆大畏不敢發及宴召忠盛命舞衆歌曰伊勢瓶子醋貪蓋國音瓶子通平氏醋貪通眇也忠盛愧之不終宴退呼主殿司脫刀授之而出衆劾奏忠盛帶劍上殿以兵自衛請正典刑上皇驚召忠盛問之對曰臣之家人聞道路之言尾臣而來不使臣知唯陛下斷其罪如其佩刀請問之主殿司主殿司進刀木刀塗銀也上皇嘻曰忠盛用意良苦以死衛君則武人之習耳遂無所問忠盛累遷以正四位下刑部卿卒於仁平中

癸酉 二十三 仁平三年〔日本史〕夏六月甲子左大臣藤原賴長遣兵賀

茂捕南都僧玄忠血汚社中門

甲戌二十四 久壽元年（日本史）冬十月丁未改元赦十一月乙未右衞門尉源爲義坐其子爲朝在鎭西橫暴奪官

乙亥二十五 久壽二年（日本史）夏四月乙卯敕太宰府捕源爲朝（日本外史）

源氏上二爲義者義親子也義親爲對馬守以罪被誅爲義幼孤義家奇之欲以爲義忠之嗣甲賀之捷拜左兵衞尉時年十四其明年義家卒爲義遂直承義家之後居五歲南都僧兵攻叡山又命爲義爲義與十七騎逆擊於栗子山走之後十餘歲累遷爲檢非違使左衞門大尉敘從五位下爲義有二十三子長曰義朝尤善戰居相模鎌倉關東家人盡附之爲下野守第八子曰爲朝猿臂善射幼淩犯諸兄爲義患之逐之豐後曰鎭西八郎自稱九國總追捕使以妻父阿曾忠國爲鄉導數與菊池原田諸大姓戰比十五歲遂盡伏九國九國守介交訴之朝廷敕太宰府討之不能克爲義坐免官爲朝聞而病之與須藤家季等二十八人俱至京師待罪是歲近衞帝崩帝爲鳥羽法皇寵姬得子所出夙受禪於崇德上皇及帝崩上皇願復位法皇與得子議立帝兄卽位是爲後白河帝

秋七月先是天皇不豫至是大漸戊申非常赦戊辰天皇崩於近衞殿年十七火葬船岡山西野權藏御骨於知足院常行堂

稱近衛院置國忌齋於延勝寺長寬元年十二月奉安御骨於鳥羽東殿美福門院塔天皇美姿儀自幼好和歌嘗題法華二十八品作歌頗有古作者風在位之日政事悉出法皇左大臣賴長嫉攝政忠通而譖於法皇天皇惡之親信忠通然憚法皇不能如志居常鬱鬱積久成疾天皇幸石清水中路有葬車過近衞陣前又幸賀茂天皇髮髢無故而墮時人以爲不祥無幾而崩〔又〕皇后藤原多子右大臣公能女後入二條帝宮時人謂之二代后中宮藤原呈子太政大臣伊通女

日本源流考卷九終

日本源流考卷十

長沙王先謙益吾撰

後白河天皇

日本史後白河天皇諱雅仁鳥羽第四子崇德同母弟也大治二年九月戊戌生於三條殿十一月爲親王保延三年十二月始讀孝經五年十二月冠久壽二年秋七月戊辰近衛崩法皇與美福門院關白忠通議立天皇己巳踐阼於高松殿關白忠通太政大臣實行左大臣藤原賴長內大臣兼右近衛大將藤原實能權中納言兼右近衛大將藤原兼長並如故秋八月丙子朔葬近衛天皇秋九月丁卯以皇子守仁爲親王是日立爲皇太子冬十月庚子卽位於太極殿時年二十九十二月己丑高陽院崩

丙二十子六 保元元年日本史夏四月戊戌改元秋七月辛丑法皇崩

是夜葬鳥羽天皇壬寅京師流言上皇集兵東三條殿窺高松殿敕下野守源義朝收東三條殿留守少監物藤原光貞等鞫之甲辰以上皇徵兵道路騷擾敕源義朝及檢非違使源義康警衛禁內遣檢非違使平基盛於宇治源季實於淀平維繁於粟田口平實俊於苦集滅道藤原助經於大江山捕諸國兵士齎甲入京者乙巳平基盛獲太和人源親治繫西獄丁未以左大臣藤原賴長使僧勝尊修法於東三條殿呪詛國家使源義朝捕勝尊廷議處賴長流戊申上皇徙御白河前齋院第己酉遷白河北殿天皇使左衞門尉平信兼要藤原賴長於櫃河賴長開行入白河天皇遣左近衞大將藤原公敎參議藤原光賴報狀美福門院美福門院召安藝守平淸盛警衞禁內庚戌以皇居湫隘遷東三條殿天皇親執劒璽御腰輿關白忠通內大臣藤原實能以下文武諸臣從

爲黎明源義朝平淸盛兵庫頭源賴政式部丞源重成檢非違使
源義康源光信源季實平維繁平實俊藤原助經平信兼率兵一
千七百餘騎圍白河北殿縱火急攻大敗之上皇與親臣數人潛
出宮敕檢非違使燒上皇三條烏丸宮藤原賴長壬生第及黨與
十二家遣源季實於宇治備桒良僧徒天皇還御高松殿復關白
忠通氏長者以安藝守平淸盛爲播磨守下野守源義朝爲左馬
頭檢非違使源義康爲藏人辛亥上皇薙髮使式部丞源重成守
上皇於仁和寺使源季實捕藤原教長源成雅於廣隆獲之藤原
成隆藤原實淸以下將士剃髮相繼出降癸丑藤原賴長死甲寅
使藏人右少辨藤原資長權右少辨藤原惟方大外記中原師業
鞫問源師光俊通闕姓藤原家長於東三條藤原成憲及弟經憲泰
佐康於靭負廳使檢非違使平實俊幽重仁親王於東洞院戊午

斬平家弘源爲義平忠正及子弟黨類七十餘人（日本國志）是爲保元之亂（日本外史）一平氏）忠盛七子曰清盛經盛教盛家盛賴盛忠重忠度而清盛最極寵貴初忠盛之事白河上皇上皇有嬖姬居祇園祠傍常夜幸焉雨甚覩鬼髮如束針乍覩乍失命忠盛射之忠盛捕而視之一老僧束麥稈以代笠提火器行吹之曰將上燭於祠也上皇謂忠盛膽勇可倚益有寵所幸宮人兵衛佐局與忠盛私有身上皇卽賜之曰生女則朕取之卽男也卿以爲子也宮人免身生男是爲清盛後更娶妻生家盛賴盛清盛出依中御門氏大治中任左衛門尉累遷至從四位下安藝守航海赴任有魚入其舟或曰與家之兆也先是鳥羽太子受禪是爲崇德帝帝母璋子幼養於白河法皇鍾愛之及長不衰頗涉物議鳥羽是以不子視崇德也戲目之曰叔父兒鳥羽寵姬曰得子號美福門院生皇子體仁崇德令崇德養爲太子四歲受禪是爲近衛帝帝崩崇德希復位崇德皇子重仁又長而賢中外屬望而美福以近衛蚤世爲出呪詛乃密勸鳥羽立崇德同母弟雅仁是爲後白河帝朝野駭然崇德憤恚召左大臣藤原賴長語之以情賴長慧黠世稱惡左府與兄忠通爭權不逞欲使上皇復位而己專柄也乃慫恿舉兵物情悔然保元元年七月法皇崩卽夜葬之上皇遂舉兵據白河殿源爲義等屬之法皇豫度有變遺命諸將當召者清盛不與焉蓋以忠盛夫妻傳重仁也美福曰安有強如平宗而不召乎遂召之清盛舉其宗應召焉叔父忠政獨赴上皇宮清盛義子基盛爲檢非違使擒上皇黨源親治於宇治已而赦源義朝攻白河殿留清盛等衛宮少納言藤原通憲奏使清盛同往清盛長子曰重盛從父攻其

西門西門將源爲朝善拒我先鋒二將爲其所射殺清盛曰吾受命不必此門重盛不肯曰擇敵而進豈武臣所爲乎兒請當之清盛令兵士擁止重盛與共攻南門白河殿陷上皇出走入如意山削髮奔南都途被執遷於讚岐賴長中流矢已而自殺帝詔清盛捕爲義未獲忠政出依清盛乞降不聽殺之朝議因令義朝殺爲義以清盛爲播磨守超遷太宰大貳重盛以下受賞有差始與甲第於六波羅○〔日本外史二源氏上〕帝之保元元年法皇有疾召得子授之一篋戒曰緩急啟之七月法皇崩上皇起兵據白河殿左大臣藤原賴長爲謀主焉四募兵京畿大擾得子乃啟篋則書武臣十人名以義朝爲之首郎召義朝義朝乃率兵與族賴政等俱衛高松殿賴政者賴光五世孫也安藝守平清盛亦應召入衛於是上皇使使者召爲義爲義辭曰臣老羸非復平昔長子義朝勇而有眾而既赴禁內矣餘子獨爲朝可用君請用之毋以臣爲也且臣夢家所傳八甲爲風所漂臣心惡之往必不利也使者強之爲義不得已率諸子赴之上皇喜以爲判官代賜邑及寶劒以四子賴賢爲藏人因會議戰爲朝進而言曰臣大戰二十小戰二百以芟鋤九國以少擊眾每利夜攻臣請今夜襲高松殿火其三方而要之一而其善戰者獨有臣兄義朝然臣一矢斃之至如平清盛輩臣鎧袖一觸皆自倒耳則乘輿必不得出臣乃加矢其從兵從乘輿於此而奉陛下於彼易於反掌東方未白大事集矣賴長曰爲朝年少負氣所言皆鄙人私鬭之事安可施之帝王之戰耶兩帝爭國當用堂堂之陣南都僧兵應召且至成軍以戰未晚也爲朝退竊罵曰唉長袖者惡知兵哉家兄有謀將出我所欲爲僧兵寧可須也爲義又進策曰本宮垣溝單淺無地可據以寡兵

保此非計也陛下宜幸南都撤宇治橋以守郎不利幸於關東臣
糾合家人奉輿復關臣籌之不難賴長弗聽爲義退而言曰吾不
知死所矣與其六子賴賢賴仲爲宗爲成爲朝爲仲分八甲擐之
送一於義朝爲朝軀幹大不可服乃服他甲獨以二十八人守西
門餘子盡從父以百騎守南西門平忠政等諸將以兵數百分守
諸門義朝在禁內關白藤原忠通以下聚議不決義朝數趣之有
詔召義朝於階下問計對曰取勝一舉莫若夜攻臣聞南都兵千
餘應上皇徵已次宇治矣宜及其未至擊之從之詔戰勝聽昇殿
義朝對曰武臣赴戰不期生還臣請拜賜而死攝衣而昇藤原通
憲奏曰彼之曾祖祖父嘗聽昇殿而父則未也以子先父若何詔
曰勿問義朝感喜還營繫鞭車傍曰我郎戰死誰知我得昇殿此
識之也乃以選兵四百襲白河殿平清盛亦赴之兵凡數千人上
皇謀者還報爲朝哂曰固當然爾賴長恐爲朝不爲用遽拜爲藏
人爲朝曰吾何用藏人爲吾鎭西八郎可矣辭不拜將戰諸子爭
先不決爲朝曰臨戰何論兄弟然吾嚮以不遜獲罪故欲先而不
敢唯敵勁難當處輒命於我賴賢賴仲邀擊義朝敗退義朝隨攻
之平清盛攻西門其將伊東景綱與二子伊東五伊東六先進爲
朝射之洞五之胸而著六之袖清盛慴懼而退獨其騎山田伊行
返戰爲朝又射斃之馬逸入義朝陣鏃穿鞍大如巨鑿部將鎌田
政家取而獻之曰八郎君所爲也義朝曰彼弱齡未當至此設詐
以怖敵耳汝嘗試之政家自呼而進爲朝曰爾非吾家人乎對曰
昔爲主君今爲兇徒射中其冑爲朝大怒與二十八騎關門突出
政家辟易退走義朝以二百騎馳之呼曰吾奉宣旨來汝盡趣降
乃彎弓於其兄平爲朝曰判官公受院宣令爲朝等拒戰且彎弓

於其兄孰與推刃於其父因大戰義朝立馬莊嚴院門為朝望見
之注箭既而舍之曰父在此兄在彼焉知其不有所潛約勝敗互
相救護哉乃注鳴鏑顧謂家季曰吾且褫其魄家季曰得毋誤乎
為朝曰第觀吾所為乃射穿胄臍貫門肩義朝大驚乃呼曰八郎
射未為精為朝曰不敢焉耳即被許甲之鬲胄之題唯阿兄所命
乃注大箭深巢淸國進蔽義朝應弦而倒義朝兵死傷最衆為朝
亦喪二十三騎猶固守為義賴賢等又善拒天漸明義朝馳使奏
請用火攻聽之乃縱火上風煙焰蔽宮宮中大亂義朝等鼓譟終
陷之上皇出奔入如意山為義以下悉從之上皇親論散遣之皆
揮泣而散為義將遁東國病不能行抵蓑浦追兵來薄諸子力戰
卻之士卒垂盡乃削髮欲因義朝請降為朝諌曰上皇者帝同母
兄而左府為闘白親弟聞上皇已遷讚岐左府亦死骨肉之不可
恃如此大人盍鑒焉不若赴東國倚其豪族官軍即來兒為竭力
力盡而後死不亦可乎不聽遂出降初淸盛奉敕索為義不得會
平忠政出降其叔父也素與有隙則斬而獻之以搖義朝有詔令
義朝斬為義義朝數請以己戰功贖其命帝怒曰淸盛能誅叔父
義朝獨不能誅父乎果不能將命淸盛斬之義朝憂懼不知所出
謀之鎌田政家政家對曰此非臣所敢議也然既為國讎矣竟不
免於誅與其死於人竄死於子義朝意決使政家誘殺之自奉其
首詒鬪賴賢以下五人皆伏誅猶有四弟曰乙若龜若鶴若天王
皆幼義朝以詔遣人殺之鶴若謂使者曰抗鬬者當死吾儕何同
科恐語諺聞龜若曰家兄誤矣使吾輩存在多於數百士卒也乙
若諭諸弟曰女輩勿復言下野守既忍於父矣何有於弟哉是無
他陷淸盛計中自鍛其羽翼耳事已至此生猶蒙辱不若速死以

從父於地下也斬首受刃庚申遣左史生中原師信等於柰良發藤原賴長墓檢其屍壬戌遷上皇於讚岐京師流言平淸盛源義朝將戰朝野騷擾八月壬申流藤原賴長子兼長師長隆長及黨與十三人九月辛丑捕源爲朝流於伊豆大島（日本外史二源氏上）爲朝匿於輪田將奔鎭西聞平氏將平家貞要之也不果適有疾浴於民家或覘其身材魁偉告之於官官遣兵圍之爲朝裸體抉柱擊殺數人而就縛至闕庭特減死一等拔其臂筋流於大島爲朝筋力雖減用箭加長曰天子賜我大島遂幷有旁五島舊臣稍稍來附後數年敕狩野介攻之爲朝射沒其一艦而自逃入琉球云冬十月戊午復置記錄所參決庶務甲子敕改定今年麻日乙丑尊皇后曰皇太后中宮曰皇后立女御藤原忻子爲中宮十一月乙酉禁京師道路執兵仗是歲敕五畿七道造大內

丁二十丑七保元二年（日本史）秋八月壬寅太政大臣實行罷壬子以右大臣藤原宗輔爲太政大臣冬十月庚子大內成徙御十一月乙亥置漏刻十二月甲寅敕自今以後勿拘金神方忌

戊寅二十八 保元三年〔日本史〕春二月甲午尊皇太后曰太皇太后皇后曰皇太后準母前齋院統子內親王曰皇后夏四月庚戌以關白忠通家奴淩辱參議藤原信賴其家司平信範奪官藤原邦綱除籍下隨身七人於檢非違使忠通就第杜門秋八月戊戌天皇讓位於皇太子上尊號曰太上天皇遷御高松殿平治元年五月修五十講於高松殿先是上皇欲聽政院中如鳥羽法皇故事嬖臣權中納言藤原信賴與前少納言藤原通憲每相傾軋圖去通憲而專權引左馬頭源義朝爲黨十二月信賴與大納言藤原經宗右近衛中將藤原成親檢非違使別當藤原惟方等作亂信賴義朝舉兵夜犯上皇三條殿上皇大驚權中納言源師仲進車上皇倉皇與上西門院同載出宮信賴使式部丞源重成檢非違使源光基源季實等擁上皇入大內幽於一本御書所重成季實護

之義朝等放火三條殿煙焰蔽天左兵衞尉大江家仲右衞門尉平康忠力戰而死朝臣宮女赴火陷井死傷者多信賴入居大內分命將士嚴守諸門徙二條帝於黑戶御所令藤原經宗藤原惟方護之自爲大臣大將遂殺通憲既而經宗惟方悔黨賊勸帝潛幸太宰大貳平清盛六波羅第藏人右少辨藤原成賴入奏上皇曰天皇既幸六波羅宜速出宮上皇乃使左衞門尉平泰賴入居寢室而變服乘馬幸仁和寺既而清盛討信賴義朝皆伏誅永曆元年正月自仁和寺還御參議藤原顯長八條第時登棚閣以眺望經宗惟方矯詔以板蔽之上皇不悅經宗惟方謂帝當親政事不宜使上皇知焉上皇聞之震怒召清盛曰朕之抑鬱由是二人令朕得甘心清盛捕之將處死前關白忠通請減一等流之自是清盛威權漸熾顯官美職咸出其門三月幸日吉社應保元年將

慶平等院延麻寺疑建戒壇佛徒蜂起遂不果四月諭延麻寺臨慶之僧徒猶疑戎服陳於東坂下長寬二年使清盛造蓮華王院安觀世音像一千軀十二月臨慶爲永萬元年七月二條帝崩皇太子卽位是爲六條帝當是時清盛權勢赫奕上皇厭之及葬二條帝延麻寺僧與興福寺僧爭鬭延麻寺發兵燒清水寺京師訛言上皇使延麻寺僧徒討清盛上皇幸六波羅第親諭之清盛稱疾不拜謁仁安元年十月上皇立皇子憲仁親王爲六條帝皇太子皇太子於帝實爲皇叔帝年僅三歲太子六歲時人議其彝倫失敘十一月徙御鳥羽殿二年正月徙御法住寺殿三年二月六條帝傳位皇太子是爲高倉帝稱上皇曰一院初二條帝在位不得與政及高倉帝立上皇在院專決機務近習以下至北面遷官加恩莫不如意然是時清盛以積威弄朝權上皇雖嫉其橫暴而

不得制嘉慶元年三月上皇幸高野太政大臣忠雅內大臣源雅通以下扈從還過清盛福原別莊是後屢臨焉六月上皇薙髮法名行眞受戒於園城寺長老覺忠二年幸熊野巡行三山建幸堵婆於瀧本書曰智證門院阿闍梨瀧雲坊行眞四月幸奈良受戒於東大寺會一千僧供養之承安元年十月幸福原二年七月三條室町宮成徙御焉三年五月鵯合於院內權大納言平重盛爲左長權中納言藤原邦綱爲右長十月徙御法住寺殿新堂觀建春門院慶最勝光院四年三月幸福原遂幸嚴島九月令摎合選善謠者三十人限十五夜使大納言藤原師長權中納言源資賢判其優劣至十三夜法皇親唱一曲世傳稱之安元二年三月法皇壽五十高倉帝行慶壽禮於法住寺殿宴樂歌舞帝自吹笛四月造堂於法住寺殿安觀世音像一千軀幸延麻寺受戒於座主

明雲治承元年四月慶七條殿佛堂修法華八講於長講寺限百日是時權大納言藤原成親有寵於法皇藤原師光亦爲法皇所親近頗張威福成親有憾於清盛與師光相結引樹黨友圖滅平氏數會議於法勝寺執行俊寬鹿谷別莊法皇聞其謀欲密往而臨之僧靜賢諫而止既而事覺清盛收成親師光等或流或殺將幽法皇於鳥羽其子重盛切諫而止自是法皇與清盛益相猜忌十二月幸蓮華王院慶五重木塔二年六月角合於院內十二月修往生講自是月修之三年十一月清盛憾法皇收重盛舊領率兵入京師人情恟恟法皇憂懼遣僧靜賢於六波羅慰諭清盛清盛猶不釋然幽法皇於鳥羽殿四年二月高倉帝傳位於皇太子是爲安德帝時清盛子崇盛爲法皇屢說清盛因徙法皇於八條烏丸第稍緩防衛會以仁王起兵討清盛事敗六月清盛遂遷法

皇於福原新京幽於板屋八月源頼朝起兵伊豆九月源義仲起兵信濃十一月淸盛還京師法皇御平重盛六波羅舊第十二月從御權中納言平賴盛第與上皇同居淸盛從此不復禁近臣入侍獻美濃讃岐請聽政如故養和元年正月上皇崩安德帝尚幼法皇又聽斷萬機閏二月淸盛薨法皇遷法住寺殿十二月移法住寺殿於蓮華王院側徙御壽永元年四月幸延曆寺慶金泥如法經於日吉社京師訛言法皇敕僧徒討平氏兵士警衛內裏平重衡迎法皇而還二年七月平宗盛等聞源義仲迫京師將奔西海法皇夜出宮間道幸延曆寺左馬頭源資時檢非違使平知康等從以圓融房爲行宮宗盛遂挾帝及建禮門院西奔法皇還御法住寺殿源義仲源行家等入京師法皇敕討平氏以義仲爲左馬頭兼越後守行家爲備後守法皇憂京師無主將有所立而以

無三種神器疑之遂卜決之源義仲稱故以仁王功欲立其子北陸宮法皇與攝政基通前關白基房左大臣藤原經宗右大臣藤原兼實議立皇孫尊成親王是爲後鳥羽帝源義仲縱士卒侵掠輦下十一月法皇徵延厤寺園城寺僧徒備義仲橫暴義仲遂反襲法住寺殿遷法皇於攝政基通五條第十二月從御左馬權頭大江業忠六條西洞院第義仲逼請院宣討源賴朝法皇不得已而許之元厤元年正月源賴朝遣弟範賴義經討義仲義仲敗走義經等入京師護六條第法皇遂敕賴朝討平氏四月從御白河押小路殿文治元年是時源義經護衞京師與兄賴朝有隙叔父行家亦爲賴朝所疏斥每怨之義經遂與之合十月詣法皇宮請下追討賴朝宣旨法皇又不得已許之賴朝遣兵擊走義經以故賴朝憾法皇不肯入朝十一月法皇遣使於鎌倉告諭賴朝且下

院宣於諸國捕行家義經以悅其意賴朝遣北條時政於京師請置守護地頭於諸國十二月賴朝上書黜陟公卿悉奪黨行家義經者官職法皇曲意皆從其請三年八月受灌頂於園城寺建元九年十一月源賴朝入朝屢謁法皇陽陳誠款法皇大悅遇之極厚二年十二月不豫先是源賴朝爲法皇復造法住寺殿至是成徙御三年三月乙酉崩於六條殿年六十六葬於蓮華王院法華堂稱後白河院當卽位之初專任藤原通憲造營大內置記錄所復內宴相撲之儀世傳稱之法皇素好佛去位之後數幸石清水熊野日吉四天王寺等修法讀經殆無虛歲在院三十餘年擁立五帝而皆幼沖舉措黜陟如白河鳥羽二帝然自是亂逆相踵武臣專制大權一去不可復收焉〔又〕中宮藤原忻子（右大臣公能女）皇后平滋子（兵部少輔時信女）女御源懿子（大納言藤原經實女）藤原琮子（內大臣公教女）藤原氏

右大臣公能女高階榮子僧章尋女藤原成子大納言季成女坊門局兵衛尉信業女紀氏內膳司孝資女源氏延麻寺僧仁操女子十一皇后生高倉帝懿子生二條帝成子生守覺法親王以仁王坊門局生圓慧法親王定慧法親王靜慧法親王僧恆慧紀氏生承仁法親王源氏生道法法親王僧眞禎

二條天皇

日本史二條天皇諱守仁後白河長子也母贈皇太后藤原懿子康治二年六月壬寅生於三條東洞院第未幾失恃美福門院鞠之宮中仁平元年十月就仁和寺覺性法親王學久壽二年七月後白河帝卽位美福門院謂天皇長子宜居儲宮迺遣使仁和寺迎入宮中九月爲親王卽日立爲皇太子十二月冠保元三年秋八月戊戌受禪於昭陽舍關白忠通罷以右大臣藤原基實爲關白太政大臣宗輔左大臣藤原伊通內大臣兼左近衞大將藤原

公敎權大納言兼右近衞大將藤原公能並如故甲辰尊後白河
帝曰太上天皇丁未自昭陽舍徙御淸涼殿冬十二月丙午天皇
卽位於太極殿時年十六
己二十卯九平治元年日本史春二月戊戌上上皇準母皇后號曰上
西門院丙午改上皇中宮曰皇后立妃妹子內親王爲中宮夏四
月甲辰改元冬十二月己未權中納言藤原信賴左馬頭源義朝
反率兵夜襲三條殿放火燒宮幽上皇於一本御書所左兵衞尉
大江家仲右衞門尉平康忠死之信賴遂入宮中遷天皇於黑戶
御所癸亥藤原信賴殺前少納言藤原通憲壬申流參議藤原俊
憲於越後乙亥夜天皇潛出宮行幸太宰大貳平淸盛六波羅第
上皇幸仁和寺丙子左衞門佐平重盛與藤原信賴源義朝戰於
六條河原大敗之丁丑藤原信賴伏誅戊寅賞平淸盛平重盛等

功受官進爵褫藤原信頼黨與七十餘人官職己卯天皇遷御美福門院八條第

庚辰十三永曆元年（和漢年契）納近衛皇后爲皇后（日本史）春正月癸未源義朝伏誅乙酉上皇自仁和寺遷御皇后宮大夫藤原顯長八條第己丑改元三月庚寅流前權大納言藤原經宗於阿波前權中納言源師仲於下野前參議藤原惟方於長門源義朝子頼朝於伊豆其餘黨藤原信頼者處流有差夏五月壬辰先是肥前人日向太郎通良反平清盛爲太宰大貳奉敕討平之是日傳首京師上皇幸烏羽殿觀之（日本外史）一平氏義朝視平氏聲望出己上心常嫉之藤原通憲娶清盛女爲婦亦與義朝有隙通憲參與大議多所釐正帝授位太子是爲二條帝而上皇仍聽政政在於通憲上皇嬖人曰藤原信頼求爲近衛大將上皇欲聽之通憲不可因圖唐安祿山事跡上焉以諷之信頼懟恨乃與義朝深相結納陰謀作亂藤原經宗藤原成親藤原惟方等皆與其謀謀既定而畏清盛不敢發平治元年冬清盛重盛率筑後守家貞等五十人詣熊野行至切部六波羅使者來

告曰昨夜信賴義朝與源賴政源光基等率兵五百圍三條殿火之并火少納言第殺傷無算遂幽上皇及主上於禁內少納言亦遭害矣眾愕然清盛曰爲之如何宜到熊野計之乎重盛曰武臣赴天子之急何猶豫爲清盛曰如無甲何家貞曰臣豫慮有是事矣開其擔出甲冑五十器械弓箭稱之眾乃結束北還已而聞源氏兵要阿部野清盛曰彼眾我寡我且避之四國以謀再舉重盛曰機不可失失今不伐彼將先我我寡而敗何恥之有今日之事有死而已清盛曰吾志決矣率眾疾馳未至阿部野遇一騎眾意源氏使也騎至曰臣至自六波羅六波羅之兵迎駕見在阿部野請速歸眾相喜慶踊躍入京師當是時信賴自爲大臣大將義朝以下皆拜官信賴衣冠僭擬乘輿坐百官上聽斷庶政百官莫敢仰視獨左衛門督藤原光賴不屈因會議折信賴勸其弟惟方護二宮以待清盛清盛既還信賴聞之益諸門守兵清盛謀怠其備乃致名簿於信賴以示無他清盛計拔帝乃與惟方通謀夜放火二條大宮守門兵舍守救之天皇乃與皇后同車蒙衣而伏出藻璽門惟方從門者誰何惟方曰宮人也門者燭於車中曰是矣既出重盛以騎三百迎謁於途奉入六波羅百官萃焉關白藤原基實亦至眾以其妻信賴妹也疑之或告清盛曰關白至矣清盛曰此大臣也假令不來吾固將召焉眾心乃安已而上皇又逃於仁和寺而信賴等仍據大內帝召清盛命討賊且戒之曰宜佯退走誘賊出宮莫使宮闕罹兵燹也清盛對曰臣誅逆賊如指之掌勿以勞天心至若後命臣甚惑焉雖然不敢不盡心乃勒兵二千騎令重盛教盛賴盛將之分兵赴大內賊開昭明建禮二門關陽明待賢郁芳三門樹白旗二十餘旒守之我兵望見色動重盛厲眾

日年爲平治地爲平安而我平氏也天示吉兆獲勝必矣汝輩努
力乃分其兵爲二畱一於大宮巷以其一傳待賢門大呼挑戰信
賴怖墜馬重盛排門而入至大庭椋樹下與源義平大戰紫宸殿
前七市櫻橋樹出至大宮巷杖弓以息平家貞目之曰可謂平將
軍再生矣重盛更兵復入義平呼曰我源氏嫡子公平氏嫡子宜
與決死也重盛曰諾哉乃進戰且退與平卒景安家泰俱走義平
及鎌田政家追之至二條壕重盛踰壕政家射之中肩及背甲堅
不入射馬馬倒而胄墜政家薄之重盛扞以弓取胄被之景安至
摶仆政家爲義平所殺重盛怒欲親鬭家泰進與義平相摶爲政
家所殺重盛得間走當是時賴盛等攻郁芳門與義朝戰退走義
朝卒有善走者八町二郎以鐵搭鉤其胄賴盛拔刀截搭二郎仰
仆賴盛走源氏兵空宮而出教盛乃以千騎橫入大內闕諸門守
之義朝義平無所獲而還宮宮皆赤旗矣進退失據遂進攻六波
羅清盛乃上北臺踞床指麾賊兵沓至官軍逡巡賊乘勝而進矢
及內戶清盛怒上馬大呼馳出親突敵陣更兵交進賊遂大敗走
清盛乃入大內收名簿笑曰昨予今取何速也乃分兵追賊義朝
奔闕東信賴至仁和寺乞哀於上皇上皇爲請之於帝帝不許重
盛曰卽宥之彼何能爲淸盛曰首惡不可不誅且如帝命何乃遣
敎盛引兵圍仁和寺捕信賴及其黨源師仲藤原成親等五十餘
人斬信賴於六條磧重盛敎盛與成親有媚乞而宥之帝賞清盛
戰功進其子弟官爵尾張人長田忠致誅義朝獻其首梟之獄門
賴盛將平宗清亦捕義朝少子賴朝至將斬宗清憫之因池尼請
宥池尼賴盛母於清盛爲繼母清盛不聽尼怒曰刑部卿而在汝
安得侮我言平重盛與賴盛固請乃滅死一等流於伊豆義平變

服入京師狙擊清盛清盛覺之捕獲斬之平氏威振天下肥前人日向通良作亂遣平家貞討夷之當是時政在上皇藤原經宗藤原惟方勸帝親政兩宮交惡上皇引清盛自援永厤元年上皇進清盛正三位任參政清盛乃奉上皇旨收執經宗惟方帝嘗納故近衞帝后爲中宮世呼之二代后清盛以二人不諫陷帝於惡爲罪欲斬之前關白忠通救解乃宥死處流明年清盛累遷至權中納言六年遂進從二位任權大納言重盛至正三位參議○日本外史二源氏上義朝之捷也賞爲右馬權頭義朝奏曰是先臣滿仲所拜然彼左此右且曰權焉臣未知其榮也於是陞爲左馬頭而資望終不及平氏也平氏素與少納言藤原通憲善通憲以帝乳母予貴幸用事義朝欲以女爲其婦通憲鄙義朝卻之曰我子學生子女非偶也乃與清盛婚帝既禪位於二條帝而猶聽政嬖人藤原信頼與通憲惡則寖引義朝自援說以甘言義朝深結之平治元年十二月清盛如熊野信頼乃謂義朝曰通憲恃寵自專陰與清盛謀翦除子家彼之專橫雖上皇亦厭之矣吾欲發事誅夷讒人子何不相助義朝曰吾建殊功而不能贖父命親屬摧頹清盛欲乘此時以陷擠我我非不知之公有此舉敢不効力信頼大喜贈以鎧仗名馬義朝又教之招頼政於是義朝以五百騎夜圍三條殿焚之又焚通憲第所殺傷甚衆通憲遁逃追獲斬之信頼挾帝及上皇據大內義朝第三子曰頼朝稱鬼武者時年十三爲右兵衞佐進謂義朝曰聞清盛等將還盍逆擊乃坐待之乎頼朝長兄義平在鎌倉嘗與其叔父義賢有隙戰於大藏斬之人呼曰惡源太於是聞變晨夜馳至信頼欲授之以官義平辭曰嚮叔父八郎辭藏人不拜知緩急也吾亦始用惡源太之號可矣如闘

平氏將還願假吾一隊兵吾要之阿部野梟清盛以下首然後拜命耳信賴弗聽已而清盛入京師帝上皇皆乘夜逃出入平氏第信賴旦起乃覺之意大沮喪義朝檢其兵稍稍散亡所餘有二千騎乃分守諸宮門授賴朝以傳家寶刀截鬢攜以臨軍信賴不習騎騎而墜左右扶之守待賢門平重盛來攻信賴舍守走重盛以五百騎破門而入義朝望見咄嗟曰豎子敗吾事矣呼義平拒鬬義平乃與鎌田政家三浦義澄平廣常平山季重熊谷直實等十六騎躍馬而出指視其騎曰赤甲而黃馬者重盛也宜生擒之進戰於大庭騎皆注目重盛追之七帀重盛走出以生兵入義平復擊走之義朝馳使讓義平曰若何不善拒而使敵數入也義平乃出至大宮巷直衝平氏陣陣潰亂重盛與兩騎走義平追之垂及而馬跌重盛踰塹政家射之甲堅不入義平曰射馬射馬重盛墜追及之其兩騎遮鬬死重盛僅以身免義平慮義朝還而援之則義朝方與平賴盛戰於郁芳門大破之賴朝射斃二人傷一人義平至代父進戰平氏軍悉敗走退保六波羅第我軍追北信賴從出半途逃走平氏兵乘虛入大內義朝直進攻六波羅賴政獨陣於六條磧義平察其有二心以五十騎突之賴政走歸於清盛清盛聞我軍至大怖失措倒蒙胄從者言之清盛曰帝在於後不可背也乃闢門固守義平力戰排門而入敵分兵更戰我兵自旦至哺十餘合刀折矢盡人馬皆傷義朝欲親決戰政家扣馬諫曰眾寡勞逸不較明矣且走東國以爲後圖孰與殞身徒卒以辱家聲義朝乃收兵退至三條磧敵兵來薄平賀義信佐佐木秀義首藤俊通等救戰俊通死之義信者義光孫也義朝得閒與三十騎東走山門僧徒聞其敗也以三百人要於路義朝患之武藏人齋藤

實盛免冑謂僧徒曰左馬既死矣我輩新募之兵將歸鄉耳公等欲禱我鎧杖所不敢愛顧子眾我寡不能周給請拋擲之公等自取焉乃投其冑僧相蹂踐爭之三十騎因驅突而過至八瀨顧見信賴來呼義朝曰子何棄我義朝罵曰豎子首謀乃先走何面來見我乎舉鞭扶其面棄之而去至龍華又遇僧徒要路皆下馬破柵而過叔祖義隆中矢死子朝長被射股拔箭復戰義朝怒力戰走之至堅田見義隆首泣語其騎曰八幡公遺體獨見此人而至於此洗首湖水將渡會風濤起取路於勢多乃諭實盛等二十餘人令散去獨義平朝長賴朝義信政家及源重成豎金王從之賴朝騎睡而後夜過森山驛土兵聚且捕之賴朝乃覺拔刀斬二人義朝怪賴朝不在使政家返索獲之至鏡驛聞平氏拒不破關乃由間道東出會大雪馬不能前皆釋甲步行復與賴朝相失至青墓驛義朝嘗嬖驛長女延壽生一女於是投其家乃分遣義平朝長募兵於信濃飛彈朝長創劇途還義朝曰賴朝雖幼不如女怯欲之而去朝長請父殺己勿爲追兵所獲義朝乃刃之土兵聞義朝在焉羣聚圍之重成詐稱義朝射殺十餘人剺面自殺義朝乃走又遣義信募兵義信曰公欲安適曰欲適內海依長田忠致忠致者政家妻父也義信曰不可彼性趨勢恐不利於公弗聽而訣道塞不達聞大俠玄光者延壽母兄也遣金王就謀玄光乃航載義朝政家柴覆之由株瀨河如內海津吏覺呵止之玄光爲不聞而過吏追射之玄光回舟至岸吏入船發柴索之玄光曰義朝雖敗亦從二三十騎也安依吾儕求活乎假使在焉必自殺耳安落子等手義朝耳語政家曰玄光諷我自殺也如何政家曰且待之吏亦不究而去明日達內海忠致厚待之義朝欲亟東去時屬

除夜忠致固止之止三日忠致子景致密勸其父殺義朝忠致從
之乃伏力士三人於浴室而進浴金王操刀侍浴力士不敢發義
朝求浴衣不至金王自出取之力士乃入義朝赤手搏仆一人其
二人耦刺殺之金王聞浴室譁則返輒斬三人政家方與忠致飲
聞變且起行酒者拔刀政家奪其刀斬之景致自後斬政家忠致
女嫁政家者伏政家之刀而死金王玄光欲報忠致父子不獲殺
數十人取馬逃去忠致乃獻義朝及政家首於平氏義朝與政家
年並三十八信賴以下皆伏誅義平在飛彈來屬者甚眾聞義朝
死皆散義平欲自盡念當報父仇而死乃變服入京師適值舊臣
志內景澄因僞爲其僕出入平氏第舍於三條烏丸舍主人視僕
舉止非凡又怪主僕每食於隱處也竊窺之則易饌而食乃走告
平氏平氏使難波經房以三百騎圍之義平拔刀出斬數人躍升
屋不知所往經房乃執景澄去義平晝伏夜行以何平氏欲東倚
近江舊人行至逢坂經房詣闕神祠途見義平困臥以五十騎圍
之義平蹶起箭中其臂不可揮刀終被縛至六波羅坐之堂緣怒
日吾何坐此自起入堂清盛出見謂之曰脫於三百騎獲於五十
騎何嚮勇後怯也義平笑曰命焉耳子之命窮亦至於此吾爲子
之大患宜速見殺乃斬於六條磧義平臨刑仰首睨平氏第曰保
元之亂處斬者以夜今乃白日斬我平賊何無狀乎嚮使我言行
奴輩無遺類矣遂被斬時年二十賴朝之與父兄相失也夜迷失
路出於小平山有漁人知其非常人舍之裝爲女子而薦包其刀
自肩之送至青墓驛延壽家賴朝托截鬢刀於延壽而去之關東
遇平氏將平宗清被虜還過延壽門義朝所生女年十二聞之泣
日我他日受辱盍今從阿兄死將走出眾止之後獨赴水死也賴

朝既至六波羅就斬有日宗清謂之曰欲活邪曰然父兄皆亡非吾誰祈其冥福宗清詣清盛後母池尼尼從容問曰賴朝如何對曰肖右馬君右馬葢尼之子蚤死者尼悲之爲乞清盛再三乃得宥死流於蛭島道傍觀者見其有威容相語曰是猶放虎於野耳舊臣皆勸其剃髮獨秩父盛安附其耳語曰郞君宜存髮以待前途賴朝首肯而去賴朝有六弟曰義門蚤死曰希義居駿河被虜流土佐曰範賴爲藤原範秀所養稱蒲冠者平氏不問也曰今若曰乙若曰牛若三兒皆婢常盤出也並從母匿於龍門里平氏索之不獲因捕常盤之母常盤乃自至清盛悅其色密挑之不肯其母涕泣說以禍福不得已從之清盛乃釋三兒盡爲僧今若改名全成居醍醐乙若更名義圓事圓慧法親王牛若甫二歲居鞍馬山寺稱遮那王未削髮也平氏勢威歲熾月盛　六月辛酉前出雲守源光保及子備前守光宗坐謀不利於上皇流於薩摩秋七月丙申太政大臣宗輔罷八月丙辰以左大臣藤原伊通爲太政大臣冬十月丙辰延厤寺僧徒以訴事奉日吉神輿入京辛酉以僧徒訴流菅原資成奪治部權少輔菅原貞衡官十二月丁酉美福門院崩戊戌葬美福門院

辛巳三十一　應保元年（日本史）秋九月癸酉改元甲申左馬權頭平教

盛右少辨平時忠坐謀立皇弟憲仁爲皇太子奪官
壬午三十二 應保二年（日本史）春正月丁酉晦前太政太臣宗輔薨二
月壬寅號中宮妹子曰高松院丙辰立女御藤原育子爲中宮三
月乙未二條院成自高倉殿遷御夏六月癸未前太政大臣忠實
薨秋七月癸亥前太政大臣實行薨
癸未孝宗隆興元 長寬元年（日本史）春三月庚申晦改元夏六月戊辰延
麻寺僧徒攻園城寺燒堂塔房舍
甲申二 長寬二年（日本史）春二月甲戌前關白太政大臣忠通薨秋
八月己卯新院崩於讚岐冬十一月辛亥朔日南至公卿表賀
乙酉乾道元 永萬元年（日本史）春二月壬午太政大臣伊通罷甲午前
太政大臣伊通薨夏六月壬午改元是夏京師多杜鵑鬪墜殿上
天皇惡之捕入之獄壬寅大漸以皇子順仁爲親王是夜立爲皇

太子天皇讓位於皇太子在位八年上尊號曰太上天皇稱新院秋七月乙亥崩於三條院年二十三火葬於香隆寺稱二條院嘉應二年五月藏御骨於三昧堂帝性沈重不移信任藤原經宗藤原惟方政事一詢關白不使上皇與知焉由是二宮不協近臣用事者上皇逐之上皇嬖臣帝貶黜之放流相踵人懷危懼上皇嘗請進平信範平時忠官爵帝不聽曰天子無私親雖上皇言而政豈可私乎反奪信範時忠官授其所請官於藤原長方藤原重方上皇慶蓮華王院欲帝臨之而帝不省上皇使藏人平親範請賞造寺功又不肯從上皇灑泣曰何所惡而至此時論謂帝長於政事短於孝道(又)中宮妹子(鳥羽女)育子(左大臣實能女)宮人伊岐氏(大藏大輔致遠女)某氏(右馬助光成女)中原氏(大外記師元女)子二伊岐氏生六條帝某氏生僧尊慧

六條天皇

日本史六條天皇諱順仁二條第二子也母伊岐氏紀兼盛女長寬二年十一月乙未生中宮藤原氏子養之永萬元年二條帝不豫六月壬寅詔爲親王其夜立爲皇太子受禪於高倉殿以關白基實攝政左大臣兼左近衛大將藤原基房右大臣藤原經宗內大臣兼右近衛大將藤原兼實並如故丙午尊二條帝曰太上天皇秋七月甲戌卽位於太極殿時年二歲乙亥上皇崩八月癸未葬二條天皇諸寺僧徒會葬揭榜爲班延厤寺班於興福寺上興福寺僧怒斫延厤寺榜以辱之乙酉延厤寺僧徒戎服至清水寺火其堂宇以報興福寺京師流言上皇敕僧徒討平清盛清盛子弟會議六波羅聚兵自衛廷議使兵庫頭源賴政檢非違使平信兼等陣郊外內藏頭平敎盛若狹守平經盛等衛護大內上皇幸

清盛第親慰諭之〔日本外史一平氏〕永萬元年帝崩諸寺僧徒會葬延麻園城二寺爭禮欲鬪上皇召源賴政自衛有訛言上皇圖平氏平氏大驚聚兵自守重盛曰事必妄也請往法住寺親驗之法住寺上皇宮也乃往途遇上皇來幸平氏第欲口解諭因扈還清盛稱病不出重盛入而諫曰大人宜出謁吾宗有功無罪事何遽至此大人愼勿形之辭色不則讒惑因以入苟吾之執忠直何遽畏人言清盛善之而竟不出上皇還謂左右曰訛言誰使之者藤原師光前日天使之言耳衆無敢應者師光阿波人常以狡黠爲藤原通憲所愛使後剃髮稱西光爲院北面頗有寵心嫉平氏驕恣數承間說上皇是時太子嗣立是爲六條帝帝幼政復歸上皇甲辰行幸六條烏丸第避僧徒擾亂丙午晦遣中辨藤原俊經於興福寺諭僧徒僧徒不奉詔九月甲戌遣兵栗子山以備興福寺僧徒冬十月癸卯興福寺僧徒奉神木神輿入京請流延麻寺座主俊圓甲辰敕許其請僧徒還柰良京師解嚴

丙戌 二仁安元年〔日本史〕秋七月丁卯攝政基實薨戊辰以左大臣藤原基房攝政八月戊戌改元冬十月庚辰立皇叔憲仁親王爲皇太子〔日本國志〕後白河納清盛妹所生故立之

丁亥三 仁安二年〔日本史〕春二月庚辰以內大臣平清盛爲太政大臣夏五月甲寅太政大臣清盛罷六月己丑延麻寺所司三綱日吉社司等詣上皇宮訴座主快修燒山上房舍秋九月辛卯五條內裏火天皇避之高倉殿甲午晦徙御大內

戊子四 仁安三年〔日本史〕春二月丙午京師火延燒三千餘家己酉以前太政大臣清盛疾非常赦壬子天皇讓位於皇太子在位三年上尊號曰太上天皇稱新院未加元服而稱太上天皇者以帝爲始安元二年七月患痢出御藤原邦綱東山第庚申崩於東山第年十三葬於清閒寺稱六條院

高倉天皇

〔日本史〕高倉天皇諱憲仁後白河第四子也母建春門院平滋子應保元年九月壬申生永萬元年十二月爲親王仁安元年十月

立爲皇太子二年十二月始讀孝經三年春二月壬子自七條殿入閒院受禪攝政基房左大臣兼左近衛大將藤原經宗右大臣藤原兼實內大臣兼右近衛大將藤原忠雅並如故辛酉尊六條帝曰太上天皇三月丙子上皇太后號曰九條院壬午卽位於太極殿時年八歲尊所生女御平滋子曰皇太后八月己亥以內大臣藤原忠雅爲太政大臣

己丑 五 嘉應元年日本史夏四月甲午改元戊戌上皇太后號曰建春門院冬十二月甲辰延厤寺僧徒奉日吉神輿鼓譟入宮城安神輿於建禮門壇上訴權中納言藤原成親法皇慰諭僧徒不奉詔乙巳流成親於備後僧徒乃還己酉以奏藤原成親罪狀不實流權中納言平時忠於出雲藏人頭藤原信範於備後召還成親

庚寅 六 嘉應二年日本史春二月丁亥以延厤寺僧徒再訴奪藤原

成親官召還平時忠藤原信範夏四月命伊豆介狩野茂光誅源爲朝於大島六月乙卯太政大臣忠雅罷冬十二月己未以攝政基房爲太政大臣攝政仍舊

七 辛卯 承安元年日本史春正月戊寅天皇加元服夏四月甲子攝政基房罷太政大臣乙丑改元冬十二月丙寅以平德子爲女御清盛女也

八 壬辰 承安二年日本史春二月己酉尊皇后曰皇太后中宮曰皇后立女御平德子爲中宮秋七月丙子伊豆國司奏有番船泊嚴島形如夜叉者五六人登島傷殺十餘人衆欲殺之腋下發火燒禾稼遂逃去九月宋明州刺史奉書及信物於法皇廷臣以爲書辭無禮當卻不聽冬十二月辛酉興福寺僧徒奉神木入京師訴事遣兵防之攝政基房爲關白

癸巳 九 承安三年日本史春二月法皇贈書及染革沙金於宋宋復遣使來夏六月丙戌興福寺僧徒燒多武峯堂舍庚寅罷興福寺別當尋範秋八月乙亥皇后崩丙子葬皇后冬十月壬子法住寺新堂成法皇徙御戊辰以放火多武峯流興福寺僧覺興於播磨是月平清盛築經島於福原輪田泊十一月癸巳興福寺僧徒奉春日神輿至古津將入京請召還覺興流延麻寺座主下首乞没七大寺莊園者於獄遣兵於宇治備之丙申法皇遣右大辨藤原俊經於宇治宣諭僧徒不奉命庚子勅興福寺僧徒從其請僧徒奉勅還柰良

宋史日本傳孝宗乾道九年始附明州綱首以方物入貢

甲午 淳熙元 十 承安四年日本史夏四月乙亥設藤花宴於勸學院使學生賦詩

乙未 二 安元元年日本史秋七月丁未改元大赦

宋史日本傳淳熙二年倭船火兒滕太明毆鄭作死詔械太明付其綱首歸治以其國之法

丙申 三 安元二年日本史春三月甲子上西門院藏人平盛方坐殺中務少輔藤原爲綱流於佐渡夏六月乙酉高松院崩辛卯葬高松院秋七月辛亥建春門院崩癸丑葬建春門院庚申上皇崩乙丑葬六條天皇九月辛酉九條院崩冬十二月辛丑晦前兵衛尉源義經坐殺延麻寺僧流於佐渡

宋史日本傳三年風泊日本舟至明州衆皆不得食行乞至臨安府者復百餘人詔人日給錢五十文米二升俟其國舟至日遣歸

丁酉 四 治承元年日本史春三月乙巳以內大臣藤原師長爲太政大臣丁卯先是白山僧徒奉神輿至延麻寺訴加賀目代藤原師

經燒涌泉寺法皇諭座主止之僧徒不奉命又請罪加賀守藤原
師高及師經乙巳晦流師經於備後夏四月壬午延厤寺僧徒奉
日吉白山神輿犯闕又請流師高廷議命內大臣平重盛兵庫頭
源頼政禦之僧徒棄神輿於陽明門而去敕安神輿於祇園癸未
都下諠言僧徒又起民庶騷擾天皇駕腰輿如法住寺殿避之甲
申車駕還宮己丑流加賀守藤原師高於尾張下射神輿者六人
於獄丁酉京師火延及大內太極殿八省院會昌門應天門朱雀
門神祇官民部省主計寮主稅寮式部省眞言院主水司大膳職
大學寮勸學院燒邸第坊市二萬餘家死數千人天皇駕腰輿自
閒院徙權大納言藤原邦綱正親町第避之戊戌還閒院己亥晦
夜盜入假太政官中廳放火掠資財傷宿衞士五月辛亥延厤寺
僧徒鬪座主明雲將處流羣起擾亂宮城戒嚴庚申流明雲於伊

豆壬戌明雲至栗津僧徒奪之而還六月己巳朔平清盛殺前左衛門尉藤原師光庚午平清盛流權大納言藤原成親於備前是月平清盛流右近衛少將藤原成經檢非違使平康賴法勝寺執行俊寬於鬼界島及其黨蓮淨於佐渡山城守中原基兼於伯耆式部大輔章綱闕姓於播磨檢非違使惟宗信房於阿波平佐行於美作殺藤原師高右衛門尉藤原師親左兵衛尉藤原師平秋七月丙午平清盛殺藤原成親〔日本外史一平氏〕上皇寵后滋子爲清盛妻時子妹生憲仁上皇欲立之

仁安元年以清盛敘正二位任內大臣二年遂至從一位陞太政大臣賜隨身兵仗聽輦車入宮敕賜邑於播磨肥前肥後爲大功田世襲重盛敘從二位任權大納言聽帶劍昇殿次子宗盛敘從三位任參議三年二月憲仁受禪甫五歲是爲高倉帝帝母之兄大納言時忠謂眾曰方今天下之人非平族者非人也當是時平族爲朝官者六十餘人其采邑跨三十餘州朝政盡決於清盛清盛有疾詔行非常赦以禱之既而清盛削髮稱淨海與別第於西八條居焉選童三百服異服散布京城內外察誹謗者輒處法京師側目上皇積不能平嘉應元年上皇削髮稱法皇平氏益橫重盛次子資盛與數騎出獵途值攝政藤原基房不下馬徑衝其衛

衞士捽而下之重盛責資盛無禮基房縛送衞士以謝重盛釋其縛勞而遣之清盛聞之怒曰當今日誰敢辱淨海之孫者必報之重盛諫止清盛弗聽伏三百人要基房於路摧折其車切從者髻帝因輟朝一日重盛逐資盛之伊勢承安元年清盛進其女德子爲女御遂立爲中宮四年右近衞大將闕重盛奏請自拜之治承元年轉左近衞大將尋拜內大臣居小松第弟宗盛爲右近衞大將已而進正一位朝臣舉姤平氏藤原成親以權大納言爲法皇執事重盛娶其妹生子繼盛又聚其女爲子婦成親子成經娶教盛女然成親殊希爲大將而不得居常憤憤遂圖滅平氏乃與西光謀饗藏人源行綱密語之曰平氏專恣子所目也吾受院敕命圖之而未得將率焉子源氏胄也盍爲我將成殊功取顯位行綱諾之成親遂結檢非違使平康賴式部大輔藤原章綱前近江守源成雅等又欲結法勝寺執行俊寛數飲之酒令姬人侍焉因乘間說之會其鹿谷別館計事宴酣馬逸坐者驚起誤仆瓶子成親曰平氏仆矣西光曰盍梟其首康賴進曰梟首檢非違使之任也取瓶懸之柱上一坐大笑成親因建策曰祇園祭日京市雜沓乘此時縱火平氏第疾攻之可以逞矣乃遺行綱布五十匹部署諸將所向未發西光子師高之爲加賀守其目代師經與白山僧徒鬪僧徒來訴之延曆寺延曆寺僧徒與之合兵入京師犯闕重盛以三千騎衞宮門擊卻之山徒不服還圖再舉法皇令平時忠往諭解之五月詔師高師經流之西光慙恨終聞叡山坐主明雲於法皇處流明雲素善清盛清盛爲奏救之不省已而山僧奪還明雲法皇怒敕諸將士討之清盛不奉敕則更敕成親成親大喜因聚兵行綱自度事竟不成不若自首乃夜馳赴西八條聞清盛在福

原又赴焉請面告事清盛出面之行綱曰院中集兵君知其由乎清盛曰欲攻山徒耳行綱進附其耳語曰否否事係貴族嚮日新大納言死俄要行綱於鹿谷謀云云聞法皇亦欲親臨焉因法印靜憲諫之而止事已至此不敢不告清盛大駭直歸京師悉召子弟宗族遣檢非違使阿部資成就院中奏曰有凶徒圖滅臣宗臣且執而鞫之然事必有源是以敢奏法皇失色不知所荅乃縛西光至使跪階下清盛叱曰下奴恃過分之寵搆陷無罪又敢欲危我家西光笑曰何謂過分乎公之父但馬守朝官所愧齒公爲其嫡子常著高屐伺候中御門氏人呼曰高平太比十八九以捕海賊二十人功爲四位兵衛佐人以爲異數焉而今乃至於太政大臣是之謂過分耳清盛大怒躍起蹴其面痛掠治之得實命裂其口又使人召成親成親未知事覺曰平公欲宥山徒令吾請法皇耳乃往比及西八條見甲士繹騷心驚及入門平氏士難波經遠妹尾兼康耦進捽之囚於小室將待昏殺之成經康賴以下皆被逮捕久之重盛至衆迎而謂之曰有大事公來何晚重盛曰是私事何言大事入謂清盛曰聞欲殺大納言願再思之兒豈以姻戚云爾哉彼爲名族受君寵未可用私怨殺也往時少納言信西興行死刑發惡左府之墳未二歲信西之墓亦爲藤原信賴所發善惡之應殃慶立至願再思之出見經遠兼康讓其亡狀因戒之曰愼勿使我公乘怒抵悔乃歸敎盛亦爲成經固請皆得減死而清盛怒不自禁乃就見成親成親低首清盛呼而仰之曰公面可憎公當死於平治者因内府之請宥之祿位並隆何苦而反成親曰僕何與知焉事必出讒口僕於貴族有何所怨敢倍畔也清盛顧左右取西光狀來乃自讀二過曰猶言不與知乎公面可憎以其

狀擲成親面而入令經遠兼康拷掠成親二人畏淸盛下成親於
庭附其耳曰我公隔壁而聽君第叫號二人擊地成親輒叫淸盛
曰可矣於是淸盛乃被甲執長刀而出召平貞能曰亟戒將士今
舉朝之人嫉我圖我蓋謂我官爵蹌分耳在昔田村丸微者也以
下東夷功超拜大將他多類此者豈獨淨海淨海勤勞非一日也
保元之變我宗族大半赴新院且重仁親王者我父所覆育也而
我思故院遺詔獨屬官軍終克平亂逆平治之變信賴義朝之猖
獼吾而自愛事未可知重命輕躬夷滅凶黨以至於收經宗惟方
等數冒大難無非爲官家者以此言之官家恩宥雖窮子孫可也
今乃輕信讒言欲見族滅卽毋告者豈不危殆異日細人有再進
言則下宜討我目我爲賊不可悔也吾欲先發移之烏羽宮否者
請幸於此耳北面奴輩或且扞我亟戒將士有主馬盛國者馳告
重盛重盛大驚急命駕赴之入第門族人皆擐甲鞍馬旗幟成列
將起重盛烏帽直衣而入宗盛叩其袖曰公何以不被甲重盛睨
曰汝等何以被甲敵人何在乎吾爲大臣大將自非有寇賊犯闕
則不宜被甲也淸盛望見之遽起表黑衣而出數正襟襟呿甲覩
謂重盛曰吾察西光狀如成親等乃其枝葉耳閒羣小彙進覬覦
不已而御以輕躁之君何所不至我欲且請幸一邊以待事定語
未畢重盛泣數行下久之言曰重盛熟視尊貌知家門已屬衰運
也重盛聞之世有四恩皇恩爲最抑我門雖辱桓武葛原之肩而
降爲人臣中徽不顯以平將軍之功而不過國守刑部卿聽內昇
殿萬人反脣及至大人乃陞太政大臣以兒之不肖且辱大臣大
將宗族騈植朝廷田園半於天下叨恩極矣爲官家所疾誰謂不
宜而命運末艾讒人旣獲宜論罪所當退陳事由則公家豈有不

霽威何必草草爲也兒又聞之以王事辭家事不以家事辭王事況善惡較著者乎重盛自六位至三公沐浴君恩不可勝舉嚮背之決自有在焉素所撫循士願爲重盛死者二百餘人保元之亂源下野守以敕命斬六條判官兒在當時以爲大逆無道不忍言者也此非大人所親睹乎欲忠則不孝欲孝則不忠重盛進退窮於此矣生是人感不若死也大人必欲遂今日之舉先刎重盛首然後發且言且泣舉坐感動清盛曰淨海以衰老爲此舉非爲一身計徒慮子孫耳乃以爲不可汝好計之乃起入內重盛顧讓諸弟曰今日之事縱令公老耄發事子等何不匡救乃從恿之也出敕將士曰欲從公赴院者見重盛剄首然後行也乃還小松第既夜憂慮弗能措於是出令徵兵曰有大事速來會衆相告曰沈重無人出如此令必有由也於是爭赴之一夕二萬餘騎而西八條復一人重盛乃令家貞貞能往護清盛清盛問曰小松第何由徵兵二人對曰院宣內府曰汝父忘君恩欲亂國家命汝討伐之內府慮君自急也令臣等來護曰君安之重盛在焉當以身請清盛惶懼曰爲我語內府吾前途已迫不復事事唯卿令之二人還報重盛漣然曰使父爲此語吾罪大矣乃親臨勞兵曰汝等應召來眞不負平生而事出謬傳宜急罷去後有緩急幸毋狃焉因盡罷去法皇聞之泣曰重盛報怨以恩使人慙愧已而清盛使武士尚西光幷殺師高師經流成親於備前後使人殺之放成經康賴俊寛於硫黃島敎盛常餽遺成經成經分之二人因得不乏

丙寅奉謚讃岐院曰崇德天皇置國忌贈故左大臣藤原賴長太政大臣正一位八月辛未改元大

赦辛巳以修閒院徙御八條院

戊戌五 治承二年〔日本史〕秋九月丙子先是延麻寺堂衆聚羣盜與學生戰學生屢敗奏請討之冬十月甲午法皇命平清盛遣兵援學生討堂衆不利冬十二月丁酉以皇子言仁爲親王甲辰立言仁親王爲皇太子

己亥六 治承三年〔日本史〕夏五月辛未祇園僧與清水寺僧鬭燒八坂塔秋七月辛巳敕遣兵討延麻寺堂衆據山谷者其逃入京師者使檢非違使搜索竄於諸國者宰吏捕之乙酉晦前內大臣平重盛薨冬十月丁亥敕參議平敎盛遣兵討堂衆堂衆走保橫川己酉遣藏人頭平經房於延麻寺宣諭堂衆與學生講和十一月丙辰堂衆焚西塔房舍己巳平清盛罷關白基房以右近衞中將藤原基通爲內大臣關白辛未清盛奪太政大臣師長權大納言

源資賢以下至北面親近法皇者三十九人官職壬申清盛貶前關白基房爲太宰權帥流前太政大臣師長於尾張源資賢於丹波甲戌清盛幽法皇於鳥羽殿〔日本外史一平氏〕二年中宮姙清盛親祈嚴島神冀得皇子敎盛乃因重盛請下赦令成經康賴得歸俊寬終死島中十一月中宮將產而艱人或謂成親俊寬所祟令衆僧禳之法皇乃爲誦經卒分身生皇子淸盛喜極而哭獻金帛謝之法皇弗懌拋其謝書曰驗者視朕耶三年立爲皇太子淸盛驕恣益甚重盛日夜憂懼一夕夢淸盛被誅覺而泣會維盛至飮之酒令好以刀維盛意是小烏小烏者平氏傳家寶刀也受而視之乃無文刀葬時所佩者乃變於色重盛曰毋尤也使公令終吾將佩焉今賜之女女後當知之五月重盛造熊野祠祈死歸獲瘍疾適有醫至自宋淸盛欲使治之重盛辭以失國體且曰兒之獲疾命也遂不使治法皇臨視其疾三月遂薨年四十二法皇與攝政基房議收其封戶會中納言闕淸盛壻藤原基通當任而基房子師家任之甫八歲是時淸盛在福原十一月地大震京師相驚曰太政入道來矣已而淸盛以數千騎入京師基房入泣訴法皇曰聞淸盛來欲修怨於臣果被竄流不復能奉左右矣法皇曰雖朕亦不能自保也明日使法印靜憲往諭淸盛且問其意淸盛不見及昏無所答靜憲請去淸盛使子知盛出答曰臣耄矣不復能事君如此而已靜憲趨出颺言曰賢相明德踴天踏地淸盛聞之召返面之曰聞子諫止鹿谷之幸者吾是以見子也抑我家何所負官家重盛新死遊幸自如獨

不憫老夫乎重盛見危授命者數官家賜之越前曰傳女子孫而死卽見穢死者何罪且吾爲基通請中納言再三而超拜師家何也凡如淨海者卽有過惡當宥及七世今餘命無幾動將見誅身後可知矣言畢垂淚靜憲亦泣少焉說以大義且慰藉之清盛意頗解禮而遣之旣而奏帝貶基房代以基通削師家以下四十三人官爵流前太政大臣藤原師長使宗盛率衆造法皇法皇問曰將見流遠地乎宗盛曰非敢然也且幸鳥羽殿以待事定遂移之鳥羽靜憲請而從焉清盛乃使人白帝曰今後諸政陛下親之卽日還福原庚七子

治承四年〔日本史〕春二月癸卯天皇讓位於皇太子在位十三年上尊號曰太上天皇稱新院自清盛跋扈法皇幽閉皇威不振朝野多事上皇常憂之久欲遜位嘗奉書法皇竊道其意法皇慰諭懇止至是遂內禪三月徙御正親町第上皇欲悅清盛意以爲法皇紓難以謂清盛崇信嚴島神若車駕臨幸則清盛當歡喜至是將幸嚴島諭旨清盛清盛果大悅園城寺僧徒聞之與延厤寺興福寺僧徒議曰讓位之後先幸石清水賀茂或熊野日吉今

幸嚴島何也欲入京挾兩皇去京師騷擾淸盛遣使諭之其夜幸淸盛西八條第過鳥羽殿覲法皇相視悲泣遂幸嚴島四月至淸盛福原第還御八條坊門櫛笥第六月淸盛遷都福原上皇悒悒不樂七月不豫敕天下事務一切勿上聞九月又幸嚴島淸盛及子宗盛等從駕迫上皇作誓書十一月還京師御權中納言平賴盛六波羅第自法皇被幽積憂成疾及聞平氏燒東大寺興福寺驚歎遂至大漸養和元年正月辛酉上皇崩於六波羅第年二十一火葬東山淸閒寺稱高倉院帝賢明仁孝慍不形色建春門院崩悲慕特甚至廢寢膳當除服侍臣藤原泰通進御衣帝不忍釋服泫然泣下泰通亦悲不自勝左右近侍無能仰視者初受學淸原賴業才藻英發治承中宴侍臣於淸涼殿帝賦詩世傳稱焉兼善音樂學笛藤原實國特造其妙帝幼時有獻紅樹者帝極愛之

命藤原信成守之一日仕丁乘信成不在斫枝爲薪以煖酒信成歸見而大驚縛仕丁會帝使信成上其樹信成具奏其狀叩頭請罪帝從容曰唐詩有云林間煖酒燒紅葉誰敎仕丁作此風流無所復問帝嘗避方忌夜聞女子哭聲使人問之曰妾事女官某氏某氏素貧營一衣極艱今新製朝服而妾今在途爲盜所刦奪欲再製之某氏力不能辦妾無辭以反命是以泣其人還報帝惻然曰朕聞堯民以堯心爲心今朕不德令人作姦盜是朕之恥也乃召女子問其色樣賜中宮御衣而遣之其寬恵如此及崩朝野莫不哀惜法皇歎曰使帝久在大位則延喜天厤之治可以復見溘然早世非特朕之不幸國家衰弊百姓何憑（叉）中宮平德子太政大臣清盛女掌侍平氏宮內少輔義範女典侍藤原殖子修理大夫信隆女藤原氏參議賴定女藤原氏中納言成範女葵前中宮婢子四中宮生安德帝殖子生後高倉

院守貞後烏羽帝掌侍生惟明親王

日本源流考卷十終

日本源流考卷十一

長沙王先謙益吾撰

安德天皇

日本史安德天皇諱言仁高倉第一子也母建禮門院治承二年十一月辛未生於內大臣平重盛六波羅第十二月爲親王立爲皇太子四年春二月癸卯受禪於前權大納言藤原邦綱五條東洞院第以關白內大臣基通攝政左大臣藤原經宗右大臣藤原兼實大納言兼左近衞大將藤原實定權中納言兼右近衞大將藤原良通並如故己酉尊高倉帝曰太上天皇夏四月甲辰天皇卽位於紫宸殿年三歲五月乙丑平清盛請法皇徙於八條烏丸第日本外史平氏四年二月帝禪位於皇太子世稱其出清盛意也清盛夫人時子既拜一位帝剃髮稱一位尼於是夫妻并惟三宮二月上皇幸嚴島蓋希解清盛之意臨發觀法皇泣之徙鳥羽中外皆如宗盛不若其亡兄也宗盛數諫清盛乃奉還法皇於

八條烏丸丙寅先是前兵庫頭源賴政奉以仁王起兵討清盛下令旨
於諸國是日朝議流以仁王於土佐遣檢非違使源兼綱源光長
圍以仁王高倉邸以仁王奔園城寺虜右兵衛尉長谷部信連已
已園城寺僧徒牒延厤寺興福寺請援癸酉源賴政自火其家率
兵據園城寺天皇徙御清盛八條坊門第甲戌源賴政縱火法皇
山科宮興福寺僧徒應園城寺丙子以清盛請下院宣於延厤寺
不援園城寺丁丑以仁王源賴政奔奈良遣藏人頭平重衡右近
衛權少將平維盛等將二萬餘騎追擊之戰於宇治河以仁王源
賴政敗死辛巳晦賞戰功敘任有差六月癸未清盛奏遷都攝津
福原今兵庫〔日本國志〕甲申車駕至福原以權中納言平賴盛第爲宮法
皇御參議平教盛第上皇御清盛別第乙酉天皇徙御清盛別第
上皇徙平賴盛第〔日本外史一平氏〕五月熊野別當上變告以仁王下令舉東國源氏欲滅平氏廢帝而自立曰

事成有重賞那智新宮僧徒亦應之清盛大驚率兵入京師與公卿議遣檢非違使源兼綱等以官兵圍高倉宮將徙王於土佐兼綱父賴政爲王謀主爲平氏未之知也賴政急使王先奔倚園城寺僧徒而自率子弟從之清盛聞之怒曰吾嘗奏賴政授三位聽昇殿何負我乎清盛將藤原忠清獻策曰聞叡山南都僧兵皆應於王我前後防敵曠日將彌久諸國源氏來會勝敗未可知也宜速下院宣於山徒因陷以利清盛從之山徒乃倍王王奔南都清盛遣子重衡等將二萬騎追擊於宇治河王入平等院斷橋而軍僧徒善闘我將平盛淸請分兵由河內進遮敵前路下野人足利忠綱進曰我家嘗與秩父氏夾利根河相挑未嘗不亂流決戰令日利在速戰何猶豫爲乃以手下三百騎先渡下令曰上駿者下鴛者操於淺而縱於深其步卒迭相提挈或溺者授猶援之令畢而濟不亡一人忠綱呼曰我藤原秀鄉六世之孫也盍來決死兼綱笑曰女以名族乃爲平氏所驅役邪對曰平氏奉詔討亂賊安得不從也乃大戰終射殺兼綱我軍悉渡擊大破源氏兵賴政及子仲綱等皆死王南出走中流矢薨南都僧兵至木津川聞之引去仲衡等凱旋獻首闕下淸盛賞忠綱淸盛常愛福原又築島其南以便漕運終欲遷都焉六月遂決意趣帝三宮百官徙焉奉帝於賴盛第遂徙之己第使軍守法皇議建宮城地狹不可建乃權造焉物議囂然

辛丑收園城寺莊園罷圓惠法親王天王寺檢校解僧綱等見任秋八月丁酉解興福寺僧綱見任收莊園流人源賴朝奉以仁王令旨起兵伊豆殺前檢非

違使平兼隆等戊戌復園城寺僧徒職任莊園丁未相模人大庭景親與源頼朝戰於石橋山敗之九月甲寅敕右近衞權少將平維盛薩摩守平忠度參河守平知度等將兵五千餘騎發東海道東山道兵討源頼朝丙辰源義仲奉以仁王令旨起兵信濃應頼朝冬十月乙亥平維盛等進軍富士川源頼朝逆至黃瀨川維盛等不戰而走是月先是武田信義舉兵應源頼朝駿河目代橘遠茂發兵三千赴甲斐途與信義兵戰敗死十一月癸丑平維盛等還京師近江以東諸源蠭起〔日本外史二源氏上〕頼朝在配所以乏伊豆人伊東祐親北條時政奉平氏令監視之關東舊臣齋藤實盛大庭景親畠山重能以下皆叛事平氏其屬意頼朝者亦弗敢來通獨佐佐木秀義自近江來寓相模倚澁谷重國使其子定綱等數問頼朝安達盛長加藤景廉等數人亦往來給事焉頼朝深沈有大略性堅忍喜怒不形於色爲衆所畏愛中宮屬三善康信其故人也一月三使使以報京師動靜淸盛累遷至太政大臣其妻姊幸於法皇生皇子遂受禪是爲高倉帝淸盛納女立爲中宮先是常盤寵衰出嫁於人牛若年已十一嘗見諸家系譜自知

其先世恨久之於是晝讀書夜學劍搏爲人短小精悍面白齒
出甚矯捷爲衆僧所患苦師勸其削髮對曰二兄爲僧吾已恥之
可復傚乎竟弗聽時藤原清衡孫秀衡爲鎭守府將軍牛若欲往
倚之適有鐵賈吉次往來陸奧會其詣山牛若乃陰語之以情吉
次曰事甚易然取子而去恐遭僧徒怒牛若笑曰彼輩苦我我去
其所欲已又會下總人深棲賴重詣山牛若與之狎於是三人與
偕東至鏡驛牛若乃自加冠名曰義經稱九郎遂至下總居數月
適有一强盜盜馬衆追之盜負樹衆不敢迫義經徒手捕之又有
盜數十爲劫義經赴救立斬四人賴重服其勇而憚物議稍戒之
義經乃去經上野得伊勢人義盛者約爲君臣至陸奧因吉次通
秀衡秀衡善遇之義經請之金以報吉次在陸奧又得佐藤嗣信
兄弟時承安四年也當是時除陸奧出羽外盡係平氏所管所在
源氏皆爲人所擯斥獨兵庫頭賴政平治中決意屬官軍多材藝
聽昇殿嘗奉敕射怪禽寢殿上獲之帝嘉之後遂敍從四位下治
承元年比叡山僧徒擁神輿犯闕詔諸武臣拒之賴政守達智門
僧兵來攻賴政免冑下拜遣其裨將言之曰賴政崇敬山神有年
矣不幸奉敕弗敢闗弓向神輿昔源平氏並衞朝廷保元以降平
盛源衰況以賴政老憊寡兵敝甲不足以迎公等左近衞大將平
重盛以大兵守陽明門避彼攻此不可謂勇公等思之即不見許
賴政與衆卒駢死輿前而已僧兵乃向陽明門敗還世稱賴政以
智辯免禍也是時僧兵欲再舉敕大納言藤原成親討之成親初
稱受法皇密旨陰圖平氏託事聚兵攝津源氏有行綱者與其謀
已而度衆寡不敵自告清盛清盛捕成親等悉殺之二年清盛女
生皇子立爲太子明年清盛使其次子宗盛將兵徙法皇幽之鳥

羽四年廢帝立太子是爲安德帝平氏以外祖益專橫賴政爲從
三位削髮而老子仲綱爲伊豆守有名馬宗盛數欲借之仲綱弗
肯賴政懼令仲綱許之宗盛借而不還大會客而出其馬烙記仲
綱二字日騎仲綱曰鞭仲綱仲綱與父言而憤之賴政素善於以
仁王以仁王者法皇次子也第在三條高倉稱高倉宮賴政嘗夜
詣高倉從容說曰大王者於上皇爲庶兄於今上爲伯父才德兼
備天人交應而齡已及壯未得爲親王臣竊爲大王羞之王亦見
清盛所爲乎廢立生殺一從其私當今之時大王亦竟不能保終
自平氏之專權也諸州源氏列於編戶皆見奴僕使憤怨鬱積因
屈指擧之得賴朝義經以下四十餘人曰大王誠能仗義聲罪此
輩皆可傳檄而致也王何不速擧大事上拔法皇幽厄下援萬姓
塗炭耶王意悅終聽之會源行家自熊野來賴政薦之於王行家
故爲義第十子也是歲五月拜行家爲藏人密齎王令旨以諭諸
源以賴朝爲嫡宗特賜一通行家又密誘新宮僧徒爲援行家旣
發僧徒相告語謀泄熊野刖當平氏黨也聞而攻之敗還馳告平
氏平氏未悉事端也遣兵圍王宮賴政次子兼綱爲檢非違使在
遣中急告之賴政賴政卽馳使王宮告曰王急逃之闔城寺臣等
將追赴焉王隸士長谷部信連被王以婦人服遣之開門而待昧
爽吏卒入門呼索王信連大罵殺傷十餘人而被執終不告王所
在賴政焚其第率仲綱兼綱等五十餘人追赴王所其舊臣渡部
競居平氏第後衆欲呼之與借賴政曰毋以爲也彼不呼而來者
已而宗盛聞賴政奔使人闕競在焉乃召見之問曰三位逝矣汝
何以不從競伴答曰臣近與三位有隙故不相聞知也宗盛誘以
厚賂競伴喜從之因言新圖報效獨患無馬宗盛與以所愛駿馬

競乃歸舍結束騎其馬過平氏門呼曰渡部競源家舊臣何能改慮仕仇敵哉今將赴援三位何不要擊平氏莫敢出者遂至園城寺仲綱大喜截其馬鬣尾烙記宗盛二字夜使人驅入之平氏第馬入廄與他馬相踶齧一第驚騷宗盛慙恚於是賴政招叡山南都並援王因建策曰今夜遣羸兵千縱火三條以誘平氏兵且戰且卻而以精騎數百繞襲六波羅必得克矣僧眞海者陰附平氏故發異議沮之天遂明平氏亦以利啗山徒山徒叛欲攻賴政賴政乃奉王走南都王不習騎墜者六因息於平等院平知盛等以二萬騎追至賴政撤宇治橋板拒之會曉霧平氏兵緣橋架來戰渡部競等善拒殺傷過當已而敵亂流大至賴政中流矢傷膝兼綱亦戰死賴政乃與王訣使王脫走而自還戰亂射敵不敢進乃入院釋鎧而坐謂其騎曰吾年已七十七矣爲天下倡義可以死也與仲綱皆自刃王途爲追兵獲殂皆傳首京師清盛聞諸源圖己幽法皇益固六月迫徙都福原奉帝於己家作三間板屋以囚法皇遂欲誅鋤諸源三善康信飛書戒賴朝使早爲備賴朝初寄伊藤祐親家以事相惡遂欲殺賴朝祐親子祐清密告之賴朝賴朝乃倚北條時政時政素器之妻以女政子會以仁王令旨至賴朝大喜陰與時政謀舉兵平兼隆平氏疏屬也爲伊豆目代居八牧寨賴朝計先擊之竊遣京人藤原邦通與兼隆游圖其地形還會大庭景親自京師歸以清盛旨圖賴朝語之佐佐木秀義秀義密使其子定綱馳告之賴朝賴朝已得康信書知其信然也乃欲先發因語定綱以所爲舉大事曰吾欲首擊目代以卜成否子宜茜此招致諸弟定綱請還取鎧仗與俱來乃去久之不至賴朝疑其意變悔語之也已而定綱率三弟經高盛綱高綱而至甲冑敝

惡羸馬繩轡賴朝目之慘然泣下於是賴朝令時政等八十騎攻
八牧出圖指授其所嚮畨盛綱及加藤景廉自衞時八月十七日
也時政待昏而發賴朝呼時政還之曰吾何以知勝敗對曰勝卽
舉火苟敗矣馳使報之君自爲計乃往敵驍將堤信遠別居寨北
遣佐佐木氏攻之經高自前門入射之信遠知有寇亦射揮刀而
出時月已出經高覩之舍弓交刃定綱高綱繼至遂斬信遠亦赴
八牧賴朝使人升樹望火火不舉也顧景廉赴援授以薙刀曰爲
我斬兼隆景廉與僕洲崎三郎俱赴八牧則戰方酣寨堅不拔景
廉進而迫塹合楯數枚綴以弓弦投諸塹以渡踰壘而入敵有善
射者闕屋八郎自櫓上呼曰吾箭一而已誰當之者三郎伴稱景
廉而進當箭死景廉進擊殺八郎遂入又殺一人及寢寢戶闕戶
內有燭乃脫冑冒於薙刀伸刀入戶如人窺戶狀兼隆在戶側謂
敵人入也擊之景廉揮刀斬兼隆用燭火傳屏障以出賴朝望火
舉則大喜已而時政等凱旋景廉提兼隆首覩賴朝曰公定天下
可以此卜也兼隆族知親爲蒲屋邑吏爲民所患賴朝自稱受令
旨幸闕東因罷知親民大悅伊豆人狩野茂光相模人土肥實平
等稍稍來集會於七肥里計事於是使安達盛長傳令旨歷說八
州豪傑先抵大庭景親景親素爲平氏所厚遇弗聽兄景能謂之
日女爲恩也吾爲義也乃來歸次抵首藤經俊經俊嘲笑之曰以
流人圖平氏猶鼠圖猫耳乃去抵三浦義明義明聞使者至扶病
出召諸兒孫謂曰吾家世仕源氏吾今餘喘未絕得遭此舉汝等
勉之事克興家不克死義禮盛長遣之遂抵千葉常肩常肩遲疑
其子肩正諫常肩乃決意因進策曰鎌倉地形險固源家之故也
公宜先據之臣亦將赴焉盛長經抵平廣常廣常心持兩端依違

慮之盛長乃還而常肩義明等未至二十三日賴朝以三百騎軍
於石橋山明日大庭景親以首藤經俊等三千騎來攻會日且暮
或議待明日戰景親欲及三浦黨未至而戰也進而挑戰自名曰
我鎌倉景政裔也倡亂者何人賴朝使人對曰我君八幡公四世
孫也奉王命誅無道東國士族誰非君家人女獨不記乃祖之從
八幡公於陸奧平乃背義嚮利以讖家聲也景親語塞乃與弟景
尙先進賴朝召岡崎義實問孰當彼兄弟者義實乃三浦義明弟
居伊豆者也於是薦其予義忠義忠受命而退召僕家安曰我欲
爲佐公死也女全身而歸語之我妻予家安不肯歸曰郎君年二
十乃能爲佐公死臣年六十焉不爲郎君死乃從而進義忠遇景
尙摶而伏之呼從者從者未屬而敵人長尾爲宗來援景尙時夜
黑大雨咫尺不辨義忠曰上者景尙也景尙曰上者義忠也爲宗
進摸其鎧義忠揚足蹴之急拔刀刺景尙刀不脫室爲宗弟定景
亦來義忠終被殺家安死之比明我兵遂大敗走入杉山敵兵羣
追賴朝殿而親射敵應弦而倒景廉扣馬諫止自與佐佐木高綱
天野遠景等亂戰高綱弟義淸娶景親妹在追騎中高綱呼曰汝
以一婦人故背君離親何無恥之甚因奮鬪數却敵兵賴朝得間
獨與土肥實平冒險逃走狩野茂光老大艱步使子親光舍己從
賴朝乃自殺親光與時政景廉高綱等六人俱蹤跡賴朝見其立
偃樹上請生死以之實平曰多人則顯宜散去之賴朝乃遣時政
赴甲斐發其諸源其餘皆期後會散之獨與實平俱匿景親大索
山谷其族梶原景時知賴朝所匿處故導之他景親亦聞賴朝自
殺馳使告之京師賴朝既免出杉山匿筥根山初三浦義明遣子
義澄義連庶孫義盛等以三百騎會賴朝於石橋山至酒勾聞賴

朝敗死乃還與畠山重忠戰於小坪克之而歸守衣笠城重忠以
三千騎攻之義明年八十九力疾上馬欲親戰義澄等止之出戰
不克城竟陷義明謂義澄等曰佐公有勇略非一敗而死者女輩
宜索而從之吾老矣不能行當止死於此吾耄耋死不足惜獨恨
不目佐公成業耳義澄等固請扶行弗聽逡巡間遂爲敵兵所獲
死義澄等航海走安房索賴朝賴朝之匿筥根山投僧家僧弟嘗
善於平兼隆者欲爲復仇乃逃出循山走土肥自眞鶴碕上舟赴
安房獨土肥實平岡崎義實從之當是時海陸皆敵二人盡心防
護數日望見一大船載甲士者二人急匿賴朝於船腹而待大船
至則三浦氏也見義實爭問佐公何在義實不輒對曰吾亦索公
耳義澄等泣曰吾棄父而去者欲見公焉耳今如此悔不與俱死
賴朝聞之匍匐而出義澄驚喜拜曰君在此耶亡父之言果驗矣
賴朝聞義明死悲慟義實亦語石橋之戰義忠死狀相共泣涕義
盛進曰諸君何徒泣爲今得與佐公遭盍議大事諺曰欲食者先
器嚮藤原忠清以相國命得爲士所別當八州士人羣聚其門臣
意歆之君而得志願授臣以此職賴朝笑而諾之於是賴朝乃上
安房移檄遠近來會其開敵地者使由海路來九月徵小山朝政
下河邊行平得三百騎進赴下總千葉常肩擒州目代千田親政
以兵三百迎謁於國府因建策曰宜多張旗幕以誘觀望者賴朝
從之進至隅田川於是平廣常乃以萬騎來會欲見賴朝賴朝不
輒見使實平言曰吾奉敕舉義女何不速來當在後陣以待召呼
廣常悚然退謂人曰此公必成大事吾以我衆援其孤弱不圖其
如此也賴朝既并廣常兵又會石橋散兵來歸軍大振先是石橋
報至京師淸盛大喜已而聞賴朝未死勢復振則恐十月遣孫維

盛弟忠度以五萬騎來攻以藤原忠清監軍齋藤實盛爲嚮導賴朝召諸將議曰吾欲徇上野下野然後進如何廣常曰不若及敵未踰足柄而取武藏相模二州既獲天下唯君所欲爲賴朝然之濟河而軍畠山重忠江戶重長等來降賴朝詰重忠以攻三浦氏之由對曰臣父重能在京師故以藉口耳非臣本心實平常肩請而釋之乃命在前軍立功自贖於是武藏相模豪傑相告來降兵凡十餘萬乃入鎌倉立爲幕府部署諸將士遂親將而西逆擊平氏八州將士爭追附之比踰足柄山凡二十餘萬騎北條時政引武田信義等兵會之信義者義光曾孫也世居甲斐於是與子信光弟安田義定等舉州兵二萬南入駿河是時大庭景親與弟景尙以兵千餘走欲歸維盛聞甲斐兵塞路景親窘蹙乃與首藤經俊長尾定景等俱來降景尙遇義定於波太山戰敗遁走歸維盛信光又擊破州目代斬長田入道父子平賀義信其子維義亦發信濃兵來屬賴朝賴朝乃合諸軍進與維盛夾富士河而陣初維盛遇行旅自東來者問賴朝兵數對曰八州草木無不風靡無山無河皆其兵也已而賴朝至河東白旗林立望之無際維盛召齋藤實盛問曰女知東事者度賴朝兵挽强如汝者幾人曰弓五箇力箭十五拳以貫甲七札若是者一隊不下二十人人畜五六馬馳山谷如平地戰而喪親踐尸而進如臣者斗量帚埽不足數耳如我畿內西國兵幺麼厖弱託喪稱創動輒欲退而所乘皆鴑豈可與彼輩較哉盍實盛與藤原忠清議事不合既對維盛遂辭而西一軍恐怖維盛以忠清爲先鋒進至河岸河水方漲兩軍相持未戰武田信光爲我先鋒遣使平氏營與約戰期平氏不答信光乃潛兵由閒道夜出西軍後道徑大澤鵰鴨驚起西軍大駭潰走

賴朝欲追走遂西經肩廣常義澄皆說曰常陸陸奧諸州未服恐窺我後先定關東然後西伐未爲晚也賴朝從之乃令信義守駿河義定守遠江而引兵還次於黃瀨河會有一將率二十騎來因土肥實平求見賴朝賴朝問狀對曰其年齒二十左右面目俊邁日陸奧九郎也亟呼入實平導入幕果義經也日聞阿兄起義喜不自禁因辭秀衡而來賴朝大喜曰八幡公之東征也遇新羅公來援日猶見故將軍也令吾遇女猶見頭公也兄弟相對涕泣是時賴朝諸弟希義在土佐爲平氏所殺範賴全成義圓皆來歸賴朝還鎌倉大行刑賞梟長田入道父子首斬大庭景親乃召首藤經俊言曰鼠圖猫如何將斬之其母嘗乳養賴朝因爲哀請宥之賜長尾定景於岡崎義實曰乃予之仇也義實又請而宥死伊藤祐親欲航海西奔爲天野遠景所捕因於三浦氏召祐清欲報其德祐清固辭以嘗受平氏厚恩請去而從之賴朝義而許之佐佐木義清降亦以父兄故宥之十一月賴朝將兵攻佐竹義政於常陸以廣常爲其姻戚使說降誘殺之其姪秀義據金砂城廣常又誘秀義叔父義弘以利令爲內應潛兵入城擊走秀義分其邑賜將士十二月新館成徒居焉令將士三百餘人各占邸第別置士所以和田義盛充別當焉踐其前諾選壯士十一人每夜直寢室以自衛當是時諸道豪傑起兵以應賴朝者甚多河野氏起南海菊池氏緒方氏起鎮西山木氏柏木氏起近江而木曾義仲起於信濃義仲於賴朝爲從弟其父義賢爲義平所殺者也義仲幼孤畠山重能受義平命欲殺之而不忍託之齋藤實盛實盛更託之中原兼遠於木曾稱木曾氏義仲常憤宗族殘滅陰圖報仇與羣兒嬉戲每爲騎射狀稍長壯偉多力善射潛入京師覘平氏者數

攻以仁王令旨至喜而集兵立得千餘人平氏聞之召詰兼遠兼遠敎義仲出依根井行親招甲斐下野諸源聞石橋事起欲赴援會州人笠原賴直爲平氏來攻義仲擊走之因據木曾峽乙卯敕東海東山北陸三道討源賴朝己未新都宮成徙御辛未淸盛奏復舊都車駕發福原甲戌入京師天皇御藤原邦綱五條東洞院第法皇御平重盛六波羅故第上皇御平賴盛第十二月庚辰京師戒嚴分遣將士討東國諸源左兵衛督平知盛自近江右近衛權少將平資盛自伊賀伊勢守平淸綱自伊勢知盛與前右兵衛尉山本義經柏木義兼等戰於近江敗之壬午召還前關白基房丙戌法皇徙御平賴盛第己丑以延麻寺園城寺僧徒黨義經遣淡路守平淸房等討之癸卯遣藏人頭平重衡將兵數千討興福寺東大寺僧徒丙午重衡放火燒東大寺福興寺〔日本外史一平氏八月源賴朝奉以仁王令擧兵伊豆相模人大庭景親擊走之武藏人畠山重忠又擊破其黨三浦氏景親急騎報捷且曰賴朝走死已而東人交來告賴朝未死兵復振淸盛大怒曰東國奴輩皆彼父

祖家人而我流彼於東國是使彼胥以滅我家也何異借盜鑰乎切齒久之曰向使吾不聽池尼請彼惡得保首領忘恩規利敢敵我子孫其能免神明之罰耶重忠父重能與弟有重在福原進而言曰東人獨北條時政與賴朝婚其或附之其他豈肯黨流人君勿爲意平氏子弟人人奮願東伐淸盛輩入見上皇曰陛下妙齡蓋未及知耳往時有爲義義朝者敢行兇逆欲敵法皇臣以謀略誅夷之而義朝少子有賴朝者此豎子獲之伊吹岳麓當斬臣繼母爲請宥之臣卽召見之曰十三歲短身涅齒有問輒苔不知臣惘其幼稚且自謂與源氏非有宿怨特以君命焉爾遂宥之今聞其在配所敢謀不良臣不堪悔恨請得宣旨討之上皇曰稾法皇答曰主上幼陛下親父決在聖斷何直稾法皇爲陛下莫乃庇源氏平上皇哂曰猶爲此言邪卽賜宣旨因問大將可屬誰曰臣嫡孫維盛可卽命維盛以右近衞中將爲追討使而忠度翼之用高祖正盛伐源義親故事賜驛鈴將五千騎發福原以齋藤實盛諳東事以爲鄉導行收兵至駿河實盛曰宜急踰足柄收武藏相模兵藤原忠淸曰今我兵皆京畿新募以此深入未見其可維盛從之實盛乃辭而西維盛曰無實盛吾盜不能戰平以忠淸爲先鋒進軍於富士河當此時畠山重忠以下皆附賴朝以二十萬騎至河東使使者來貽書多讒言忠淸勸維盛斬其使者相持未戰我軍夜聞水禽起相驚以爲敵大至也人馬相蹈藉而走維盛怒欲畱戰忠淸固諫乃西歸平明源氏軍乃知之令一將來追伊藤某殿戰而死維盛歸至近江淸盛弗許其入京師曰女奉王命討亂賊不交兵而歸何面目來見我乎軍卽不利盡橫尸原野因欲流維盛剄忠淸衆救解之而止先是源義仲起兵於信濃義仲幼孤

齋藤實盛取育之已而屬之木曾人中原兼遠於是宗盛召兼遠命亟縛義仲來獻兼遠效誓書還逐義仲是月上皇再幸嚴島清盛從焉因要上皇作書誓不右源氏既還造宮於夢野以奉法皇自清盛還都上下苦之山徒亦數請復舊都清盛會諸公卿問兩都孰便公卿皆希其旨曰福原便獨左大辨藤原長方曰平安便清盛作色而入衆爲長方危之已而清盛卽奉三宮以下復都平安衆大悅時十一月也或問長方曰子何以能忤相國答曰使無悔心何問於人我因而導之耳清盛素重長方先是長方建議於朝曰亂人得志是天意人心所致宜復政於法皇召還基房師長等改過遷善庶幾免焉清盛㣲從其言平氏家多怪清盛嘗獨坐見階下有數百人頭合爲一大頭瞋眼視清盛清盛亦瞋眼視之人頭漸縮小而滅占者曰爲義義朝等鬼也又有鼠巢廐馬尾占者曰小侵大子犯午爲源逼平之兆復都之月近江源氏兵起翌月遣知盛資盛等將兵擊夷之初園城寺黨賴政得重譴益怨平氏至是與山徒皆應近江源氏乃遣淸房攻園城寺燒夷之殺僧八百人又聞南都叛遣殊尾兼康赴攻僧徒逆擊敗之又造木丸呼爲淨海頭蹴擊之淸盛積怒是月遣重衡率兵數千騎擊之燒東大興福二寺殺僧數百人而諸道源氏益興

辛丑八

養和元年（日本史）**春正月戊申朔敕大和捕興福寺僧徒諸衛官人以下戎衣辛亥解東大寺興福寺僧綱以下見任收莊園乙卯以前權大納言平宗盛爲畿內伊賀伊勢近江丹波等總管**

辛酉上皇崩是夜葬高倉天皇乙亥尾張驛言源行家將兵數千人入尾張二月平知盛平通盛平清經平忠度擊源行家於美濃板倉破之丙戌先是前武藏權守源義基據河內石川城應源賴朝是日遣源季貞等討斬之傳首京師虜義基弟義資義廣下左獄己丑平知盛平清經還京庚寅宇佐大宮司宇佐公通奏菊池緒方臼杵戶次松浦黨應源賴朝燒太宰府癸巳伊豫奏河野通信殺額西寂國人多附之者甲午遷御權中納言平賴盛八條第是月肥後人原田種直募西海兵二千擊菊池隆直緒方惟能閏月庚戌前太政大臣清盛薨先是平宗盛奉院宣將赴東國以清盛疾遂不果辛酉平重衡平維盛將一萬三千餘騎齎院宣諭東國討源賴朝辛未法皇自鳥羽宮徙御法住寺殿三月丁丑朔復東大寺興福寺莊園僧綱官丙戌平重衡平通盛平維盛平忠度

等與源行家戰於洲股河大敗之斬卿公義圓夏四月己未赦平宗盛討菊池隆直辛巳吉野僧徒蜂起有稱以仁王子者法皇敕奈良僧徒索捕之六月越後人城長茂與源義仲戰於信濃敗走秋七月戊子改元非常赦八月丁未以前筑前守平貞能爲肥後守討鎭西叛者戊午詔中宮亮平通盛但馬守平經正討源義仲己未以藤原秀衡爲陸奧守平親房爲越前守城長茂爲越後守討源賴朝源義仲庚申遣伊勢守平清綱上總介藤原忠清等討源賴朝九月己卯平通盛與源義仲兵戰於越前而敗退據敦賀城奏請益兵癸卯城長茂奏言北國悉屬源義仲無應募者辛丑遣左馬頭平行盛薩摩守平忠度率數千騎援平通盛熊野僧徒塞鹿春山應源賴朝遣權中納言平賴盛討之冬十月己未遣加賀守平爲盛討熊野僧徒十一月壬辰平通盛還京師

和元年正月上皇病崩清盛益悔悟復政於法皇法皇不聽固請
而聽乃獻美濃讃岐爲御邑詔以宗盛總管近畿二月斬河內人
源義基聞源行家舉兵至美濃遣知盛通盛清經忠度等伐之敵
據板倉壘我兵繞出其後縱火攻拔之走行家清盛又令南海兵
控扼東兵而徵糧於北陸西海西海菊池氏緒方氏皆應源氏肥
後守平貞能請往定之法皇令院廳官從貞能已而知盛在洲股
病作置戍而還源氏益振宗盛乃欲親將大軍東伐法皇許之命
統諸武官以官符徵兵刻日而發衆曰此行必夷源氏以二十七
日發行先發一日清盛疾作宗盛止行車馬集於六波羅清盛病
煩熱浴於冷水水輒沸叫號聲徹門外聞二月疾大篤舉族擁枕
問所欲言清盛太息曰生者必死何獨我我自平治年閒建功王
室專制天下位極人臣爲帝者外祖復何所遺憾所遺憾者未睹
賴朝頭而死吾死之後毋以供佛爲毋以誦經爲特斬賴朝頭懸
我墓前我子孫臣隸咸服我言勿敢或怠病七日薨歲六十四遺
表法皇事必與宗盛議清盛既薨宗盛奉還法皇於法住寺殿奏
曰臣不肖不能救父過以至於今今後將唯聖旨是仰法皇乃會
公卿議調兵食遣重衡維盛通盛忠度等入美濃併其戍兵與源
行家源義圓夾水而戰斬義圓破行家虜行家子行賴追行家至
參河而還賴朝數遺書於賴盛謝其舊恩又閒上書曰臣非敢爲
亂乃靖亂耳陛下尙不棄平氏則請兩講和二姓並仕如往昔事
其忠其否簡在陛下法皇以書示宗盛宗盛荅曰臣父臨終命臣
等曰必與賴朝決死語猶在耳臣不能和矣於是請敕陸奧藤原
秀衡擊賴朝敕越後城資長擊義仲資長平維茂七世孫也六月
資長與弟長茂收兵南擊義仲不利還八月除資長越後守秀衡

陸奧守趣伐源氏資長復發疾作卒九月宗盛遣從弟通盛經正東與源氏戰於越前敗績經正走入若狹通盛退保敦賀城召經正未至義仲兵來攻乃解兵西還○〔日本外史〕二源氏上養和元年春清盛薨宗盛嗣以遺命遣諸弟將兵東下賴朝聞之遣和田義盛援安田義定守遠江賴朝叔父義廣在常陸欲襲取鎌倉聚兵三萬入下野誘足利忠綱小山朝政忠綱應之朝政詐應設伏擊破之義廣奔歸於義仲賴朝季父行家在美濃與平氏戰敗退賴朝遣弟義圓將兵赴援三月行家義圓以兵二千與平重衡七千騎夾墨股河軍義圓夜挺身渡河爲平氏邏騎獲戰死行家繼進不利戰且走保矢矧川使人爲役夫狀西行遇西兵問鎌倉援兵來否對曰前軍及菊河後軍及見附重衡大恐而退行家使人馳徇美濃尾張曰平氏走矣不射之者我敵也二國人爭起要擊西軍狼狽而去行家欲遂入京師請援於山徒山徒不應奔歸於賴朝先是平宗盛令陸奧藤原氏攻賴朝藤原氏不聽又令越後城氏攻義仲城氏聽之六月城資永發兵萬餘入信濃義仲設三伏擊殺其九千人九月平通盛等亦來攻亦逆擊之越前大敗之

丁酉上高倉中宮號曰建禮門院十二月丁未皇嘉門院崩是夜葬皇嘉門院

壬寅 九 壽永元年〔日本史〕夏五月戊子以延麻寺僧永雲顯眞送以仁王子及源仲綱子於源義仲所流永雲於薩摩顯眞於土佐丙

申改元秋七月壬子尊準母前齋宮亮子內親王曰皇后冬十月庚子以大納言平宗盛爲內大臣〔日本外史一平氏〕壽永元年九月城長茂復南伐義仲不利還是月宗盛任內大臣賜隨身兵仗具騶從拜賀二年二月敍從一位○〔日本外史二源氏上〕壽永元年城長茂以四萬騎來攻義仲有見兵三千以源光基策分爲七隊張赤旗迎之敵以爲平氏黨也及漸近仆赤旗樹白旗急追之敵軍驚潰長茂被創走北陸豪傑悉附義仲武田信光欲以其女妻義仲子義高義仲曰娶爲其妾耳信光搆義仲於賴朝曰義仲數捷張於北國平宗盛嘗養其兄女欲以妻義仲與連和共東賴朝大怒會行家來鎌倉請邑給賴朝曰吾取十州義仲取五州公亦盍自取行家慍以千餘騎白去歸義仲賴朝忿怒二年三月親將十萬騎入信濃義仲集將士議樋口兼光今井兼平欲壁於富部拒之義仲曰世皆言源氏相肉又舍深仇之平氏而與同宗交兵若人笑何乃引兵避之越後賴朝亦引兵還使使言義仲曰平氏罪惡貫盈朝廷命我宗討之當日夜赴命而十郎私搆兵圖我子乃庇之舍西向東何也予苟無他心則請速逐十郎否則得養貴息爲子二者不聽則將以八州之卒與子相見義仲將小室忠兼勸聽其請兼平曰君聞大藏之事乎佐公豈終釋然於君哉不若蚤絕之義仲從忠兼言遣義高爲質

癸十卯

壽永二年〔日本史〕夏四月辛亥遣右近衞中將平維盛中宮

亮平通盛左馬頭平行盛參河守平知度但馬守平經正淡路守
平淸房等率兵十萬討源義仲辛酉平維盛等拔燧城復越前五
月乙丑平維盛與源義仲將林光明富樫家經等戰大敗之復加
賀甲戌平維盛等與源義仲戰於礪竝山敗績平知度館貞康以
下死者五萬餘人六月甲午朔平維盛平通盛等與源義仲戰於
篠原敗績逃歸辛亥肥後守平貞能定鎭西還京師秋七月庚申
以源義仲兵入近江中外戒嚴辛未金峯山多武峯僧徒與源賴
政遺黨作亂戊寅遣薩摩守平忠度率兵赴丹波癸未使左近衞
中將平資盛肥後守平貞能等將兵一千餘騎赴近江甲申源義
仲進據延麻寺總持院權中納言平知盛左近衞權中將平重衡
將二千騎赴近江聞義仲迫京師皆引兵而還知盛與加賀人大
田兼定等戰於粟津不克遂還京師薩摩守平忠度退至大江山

丁亥天皇擁神器赴西國平宗盛舉族扈從八月己酉車駕至太宰府壬子法皇使皇孫尊成踐阼京師九月緒方惟能叛臼杵戶次松浦等應之惟能犯太宰府肥後守平貞能菊池隆直原田種直等防戰於博多不利天皇御腰輿幸箱崎公卿宮人徒步從焉自箱崎遷藤原秀遠山鹿城御船至柳浦謁宇佐宮民部大輔紀光季奉船百三十餘艘遂至讚岐菊池肖益運阿波材造行宮於屋島阿波人田口成良將一千餘騎來屬四國將士悉應成良以成良爲阿波守冬十月癸卯瀨尾兼康誘殺倉光成澄據板藏源義仲攻拔之閏月壬戌朔先是復山陽南海十四國是日遣左近衞中將平重衡越前守平通盛能登守平教經將兵七千戰艦二百艘與源義仲將足利義清高梨高信海野幸廣等戰於水島斬之十一月辛卯朔日南至己亥平重衡將三百餘騎與維資戰於

東川走之已未平敎盛平重衡將兵一萬與源行家戰於室山敗之復備前播磨〔日本外史一平氏〕四月以維盛通盛忠度等爲追討使將山陽山陰西海諸國及參河以東若狹以南徵兵十餘萬人入北陸道將東義仲然後及賴朝也齋藤實盛在遣中謂大度景尚日平替源與盍降木曾景尚日東人無不知盛吾輩姓名以興衰變節若人言何實盛日吾徒以試子耳入見一宗盛日越前臣鄉也古日衣錦歸鄉臣受君恩久矣今老矣唯有一言死以報君君盍賜錦直垂臣衣以歸死有餘榮宗盛憫之如其言義仲聞我軍向越前遣將守燧城城據山帶谿最爲要地我軍阻谿水不能近城將有齊明者爲書約之矢以射我軍曰源氏築隄貯水君決東山趾立涸矣臣爲内應焉我軍從之立拔其城連戰皆捷追至三條野敵將齋藤光平出戰實盛曰與我同姓寧死於我與鬭斬之我軍長驅定越前進入加賀源氏兵退據安宅渡平盛俊令子盛綱試水還報曰可亂矣盛俊以兵五千先渡大軍從之遂拔林富檉二城據之降將齊明進言曰義仲在越後越後越中之界有寒原之險君宜急扼此毋使敵踰焉乃遣盛俊赴之至般若野敵已踰寒原盛俊與戰不利退維盛乃以七萬騎軍砥並山忠度以三萬騎軍志雄山義仲以五萬騎至令行家攻忠度而自當維盛維盛恃險不備義仲乘夜來襲維盛大敗走義仲乘勝追之參河守知度清盛七子也與五十餘騎大呼冒敵陣馬仆而徒敵有岡田親義來擊知度知度舉刀斫其冑冑墜因斬其首親義子重義踵至我騎遮鬭知度自屠而死敵益進右兵衛佐爲盛賴盛次子也亦爲樋口兼光所殺維盛退保佐良岳當此時忠度

與盛俊擊破行家而聞維盛敗引兵與之合退據安宅渡忽有鞍
馬十匹濟水而至畠山重能在前軍視之曰敵近矣乃與三百騎
登篠原岳瞰之馳使中軍告曰源氏兵悉濟臣將先進請賜後繼
義仲召樋口兼光指岳頂問曰女知彼一隊將爲誰曰畠山重能
也臣數遊武藏記其旗章矣義仲曰此可與鬭者遣兼光與鬭殺
傷相當維盛等乃進當義仲戰且退至成合返擊大戰大庭景尚
自呼而鬭義仲曰名士也麾騎逆之景尚斬十三騎被創自殺眾
悉退實盛獨留戰敵將手塚光盛呼問其名實盛曰女斬我首獻
木曾公公知我也進薄光盛光盛從騎遮之實盛攫騎將殺之光
盛救之三人相搏墜馬光盛遂刺實盛獻頭於義仲告其狀曰單
騎衣錦其語東音義仲曰莫乃實盛乎召兼光視之兼光曰是也
義仲曰吾知實盛年高今其髮黑者何對曰實盛嘗與臣言於東
國曰自頭從軍吾將涅我髮否則難以伍壯者矣蓋踐其言也乃
洗其頭頭髮皆白義仲泣曰吾幼孤爲此老所鞠育使其來歸將
父事之乃重恩就死可不謂義乎收尸葬之義仲復追我軍平盛
綱藤原景高等十餘人死之我諸將敗歸法皇會議藤原長方引
漢和匈奴故事請遣使赦諸源罪不聽平氏遺書山徒誘之山徒
不從七月平貞能既定西海以降將菊池高直原田種直以下兵
千騎糧十萬石至平氏咸喜欲用禦東北美濃人來告曰義仲已
至近江矣於是資盛知盛重衡與貞能等守宇治勢田又遣賴盛
繼之賴盛辭不往強遣之已而源行綱等四窺京師山徒亦黨義
仲宗盛乃召還諸將遣貞能擊行綱於攝津知盛以五百騎次粟
津與義仲前軍戰不利退義仲進軍叡山宗盛大召族人議曰兵
寡我欲奉帝及法皇奔西國以圖再舉何如知盛進曰不可我祖

桓武實肇此都後降爲武臣於今八世未嘗退避寧決戰於此刀折矢盡而後已教盛經盛等皆以爲然宗盛不聽使人造法皇法皇不在宗盛大失意乃奉帝及皇太后皇弟惟明收劒璽縱火諸第率其子右衛門督清宗其弟中納言知盛右中將重衡淡路守清房其義弟式部丞清定丹波守清邦其叔父參議經盛中納言教盛薩摩守忠度經盛子皇后宮亮經正若狹守經俊教盛子越前守通盛能登守教經從五位下業盛知盛子武藏守知章經俊弟敦盛清房二弟維俊良衡故基盛子左馬頭行盛等及攝政藤原基通大納言平時忠而西權大納言賴盛從而後比及鳥羽撤赤巇而東時法皇伏匿基通亦還走平盛嗣欲追之宗盛曰舍之吾無所用此不義人也因問日小松中將何如曰未來宗盛日亦賴盛比卵乃召畠山重能兄弟日汝子弟在武藏汝盍東二人對日臣等蒙平氏恩二十年於此見危而遁不忍爲也宗盛曰父子相慕無貴賤一也父在西子在東以相殘滅吾心憫之汝宜亟去從賴朝二人泣辭而東宗盛等至關戶顧見數百騎至則維盛也率其弟右中將資盛左中將清經左少將有盛侍從忠房備中守師盛來眾大喜維盛日吾遺妻拏而來皆唬哭牽我吾是以後宗盛日眾皆挈家子何獨否荅日挈焉而行終可庇乎眾相顧悽然經正幼仕仁和寺法親王既其所愛琵琶雖征行未嘗不攜是日齋返謁王日臣等事已至此願得一敘別而行因卽席彈數曲王及左右皆垂淚經正日臣嘗欲守此賜以傳子孫今行且死亡不忍并寶器滅沒之乃奉還琵琶而去忠度亦自淀河還詣其和歌師藤原俊成夜叩門通刺請面謁俊成微啟門見之忠度曰自兵興不得數於君門今當遠別聞君奉敕有所撰輯臣幸得收一章

焉死且不朽乃出其歌集於鎧縫俊成泣而受之行盛師俊成子定家亦遺其集留別焉俊成定家後弁撰集收二人所作云於是舉族奉與而西會平貞能自攝津還下馬跪曰諸公欲何之宗盛告故貞能大諫其不可不聽貞能獨東入京師則諸第皆爐矣乃夜詒重盛墓白日君豫知有今日爾然願以冥護圖恢復旦日發墓收其骨而西追至福原宗盛等方會將士議曰我家不足惜如帝王神器何皆泣而對曰臣等世受君恩不以隆替易志窮海極天唯君所適鳥獸且記恩況於人乎宗盛喜乃相率拜清盛墓張樂於墓前徹夜天明燒其宮殿諸第航赴西海法皇敕奪平族百八十餘人官爵沒其邑分賜之義仲等乃立高倉帝第四子郎位平氏聞之悔其不取去也遂奉帝建行在所於豐後豐後國司藤原賴輔之子賴經與州人緒方維義傳院宣收西海兵使使來告日公等不宜止此時忠讓之曰正統天子在此若胡爲者維義不對以三萬騎來攻乃遣貞能高直種直等拒之敗還乃奔箱崎遂徙山鹿聞菊池原田諸族皆叛則又徙柳浦祈於宇佐宮聞維義來終航海而遁清經自度終不可免夜上舵樓看月吹笛投海死時長門國爲知盛所管其目代紀通資獻船百餘艘以從讚岐屋島阿波豪傑田口成能以千騎來附且爲徇四國諭以順逆多來屬者因建屋島爲行宮遂徇山陽道閏十月源義仲遣足利義清高梨高信海野幸廣來犯而身繼之重衡通盛敎經以三百餘艘逆擊之據水島城源氏以千餘艘負陸敎經出城東北門挑敵敵以五千騎來攻敎經佯走重衡通盛將舟師自島西南縱左右翼繞之教經豫連舟布板以便進退親射殺高信北兵不習水戰屬日蝕晦冥我兵乘之北兵遂大敗走追擊斬義清幸廣獲首干二

百級。初筱原之戰妹尾兼康爲敵將倉光成澄所虜因仕成澄見親信今井兼平謂義仲曰彼瞻視異常不若殺之義仲不聽兼康從容說成澄以其鄉妹尾地肥美狀成澄乃請義仲往收之兼康爲鄉導先往會其子宗康以下千餘人掩殺成澄據板倉寨義仲將赴備中聞而怒令今井兼平來擊兼康兼康戰且走欲赴屋島宗康體肥不能行兼康棄之走行里許復還視之追兵薄至乃刃宗康而死義仲將遂攻屋島聞賴朝來討己則東還十一月教盛教經重衡等與源行家戰室山大破之山陽南海十餘州多來屬者當是時義仲縱兵暴掠京師亦以事怨望法皇謂將士曰女與其敵凡人盜敵王者遂舉兵反焚法住寺殿矢及乘輿遂幽帝於閑院法皇於五條宮公卿皆裸跣遁義仲乃謂將士曰爲帝爲院唯吾所欲爲公爲卿唯女所請乃奪公卿以下四十九人官爵以其妻兄藤原師家爲攝政京師苦其暴乃思平氏也義仲既與賴朝有隙恐其來討欲與平氏爲從貽書屋島言其意宗盛欲許之知盛曰義仲使我至此極我乃與之和恐賴朝之笑我也公宜答曰天子在焉女免冑弛弓自來乞降吾則許之宗盛從之○日本外史二源氏上四月平氏以十餘萬騎東伐先擊義仲義仲乃遣其將仁科幸弘等拒之於燧城豬日野河爲壕西兵不能進我新附將齊明者通款平氏決水導兵城輒陷西兵乘勝連陷諸城五月西將平盛俊進至般若野義仲在越後國府遣今井兼平馳先奪寒原之險擊破盛俊西軍退陣於志雄礪並二山礪並山南有粟殼壑深數千仞義仲發國府行收兵得五萬騎閱兵於六動寺自向礪並山謂樋口兼光等曰彼衆我寡彼舍山東下就平地戰非我利也我先陣山東麓敵必下巓而陣我一軍則繞出山西驟敵於南壑中可一舉而鏖也諸將皆曰善乃分萬人屬兼光等而自將三萬人進至東麓益旗幟蔽林而軍平氏望見之果下巔陣於山腹兩軍射戰終日而兼光等已在敵背日暮萬人鼓譟突出義仲麾兵而上夾擊西軍西軍大駭潰走陷南壑死者幾二萬人壑爲塡塞平氏將帥僅以身免收散兵保佐良嶽初義仲使行家別將兵向志雄山戰不利義仲赴援西軍不戰而走六月追走陣於小楯林相持未戰西兵獲我芻者問曰北軍何謀曰謀夜襲西兵怖走爭渡安宅渡溺者千餘既渡截橋而陣義仲至渡頭濁流方漲試放馬十匹水及馬腹全軍從之終大破之乘勝追走進至越前獲齊明及齋藤實盛等平氏既連爲義仲所破走歸京師義仲進至近江使其史覺明牒誘山徒七月濟湖軍於叡山平宗盛大恐舉族挾乘輿西獨賴盛其母嘗德於賴朝賴朝間通書招之且欲報其臣宗清故不從奔法皇避平氏之叡山義仲與行家帥北兵六萬分路入京師京師人相告曰不圖今日復見白旗也

宋史日本傳十年日本七十三人復飄至秀州華亭縣給常平義倉錢米以賑之

甲辰 十一 壽永三年（日本史）春正月天皇在屋島罷朝拜諸節會是月從御攝津福原宮讚岐左廳與源氏交通中納言平教盛越前守平通盛能登守平教經擊敗之進兵擊源義嗣源義久於淡路斬

義嗣虜義久擊河野通信沼田某於沼田城虜沼田某通信走伊
豫教經又敗安摩宗益園部重茂於吹井浦又攻河野通信緒方
惟能海田宗親臼杵維高等於今木城破之二月甲子源義經入
三草山襲左近衛中將平資盛資盛敗走丙寅源範賴源義經將
兵數萬犯行宮官軍大敗平重衡就虜平通盛平忠度平知章平
師盛平經正平經俊平業盛平敦盛平清定平清房平盛俊等死
之天皇御船遷屋島夏四月甲戌京師改元元曆冬十月權中納
言平知盛復安藝周防十二月壬戌平行盛與佐佐木盛綱戰於
備前兒島敗〔日本外史一平氏〕明年以山陽既定奉帝復福原因
城焉負山臨海集兵守之二月教盛以五百騎屯備
中下道會讃岐廳眾二千騎叛應源氏乘船過下道仰射我營教
盛怒曰此輩嘗秣我馬飲我馬者今敢亡狀如此飛舸追之鏖眾
走淡路倚源義嗣源義久教盛攻而鏖之并殺義嗣義久遂攻河
野通信於伊豫通信遁走安藝與緒方維義合東入備前據今木
城教經赴攻一晝夜拔之宗盛奏帝進教盛正二位大納言辭不
拜是時賴朝二弟範賴義經討義仲殺之終以院宣大舉來攻闕

東將士悉從之刻期會戰知盛重衡拒東門貞能等拒西門而資
盛有盛師盛等以兵七千守北山義經以萬騎夜襲之我兵大敗
走資盛愧之獨奔屋島宗盛令諸將代之皆憚往敎經請當之郎
夜與通盛盛俊往守北山範賴至東門土肥實平等至西門藤原
景清等力拒西門敵不能入重衡知盛又擊東門敵卻之已而義
經自間道來襲縱火城卒陷重衡西走東人莊家長追射其馬馬
倒其騎騎副馬重衡呼而致之騎爲不聞走重衡欲自殺遂爲家
長所獲忠度亦爲岡部忠澄所追忠度紿曰吾東兵也忠澄曰帽
而涅齒者非東兵也忠度返鬪拘忠澄伏之三刺之不入忠澄僕
來終爲所殺忠澄檢其鐙得歌稿因知其爲忠度也經正走過大
藏谷莊高家呼而求鬪顧荅曰吾羞與若鬪也高家怒逼之經正
下馬自殺其弟經俊及遁盛業盛師盛清定清房盛俊等皆死通
盛妻聞其夫死投海而死敎經航赴淡路宗盛奉帝於舟諸敗兵
爭舟而溺者無數知盛初爲武藏守國人識而追之垂及其子知
章時年十七遮鬪斬其一騎死之知盛得間而逝下馬上舟舟隘
不容馬則北馬首鞭之馬躍上陸田口成能曰亘馬也與其獲於
敵噬射殺之知盛吾由此免不忍殺之馬望知盛三嘶終爲義
經所獲知盛謂宗盛日子死以救父父棄子而走使他人如此吾
當唾其面今吾爲之謂之何哉因歔欷流涕敦盛亦與知章同齡
望知盛舟馳之爲籠谷直實所獲是日直實冒曉向西門聞城上
有笛聲及獲敦盛見其腰插笛念其所聞者是也乃請首於義經
井其笥歸之經盛義經以諸首虜歸獻法皇法皇使人論重衡曰
女貽書宗盛使效祠器則宥女死放還屋島對曰臣宗世建勳王
家而子孫卒爲君所棄以至於此命也勝敗豈闕臣一人臣不才

至爲纍囚假令生還將何面目見宗族哉宗族亦必不肯以臣易神器也雖然臣不敢不奉敎乃作書從院宣使至屋島時子得書悲泣欲聽之知盛執不可敎宗盛作荅表曰謹領宣旨通盛以下既授命矣重衡豈獨欲生哉至若神器不可須臾離聖體也陛下尚思貞盛淸盛遺勳則辱枉龍駕臨幸西州臣等護以西南四道兵以討亂賊不者臣等有赴三韓契丹而已不能奉命平時忠捕院使剃而遣之法皇怒以重衡付賴朝誅焉賴朝檻致之鎌倉延見使梶原景時將命來跪重衡傍重衡不肯聽遙語賴朝曰重衡至此命也公尙記先人之德則請速賜之死賴朝乃屬之狩野宗茂具湯沐令姬千手侍浴因問其所欲重衡欲削髮賴朝不許因饋酒遣千手及工藤祐經佐之祐經楇鼓千手彈琵琶重衡屬杯千手朗吟曰燭暗數行虞氏淚夜深數面楚歌聲賴朝微行側耳戸外聞而憐之更遣名姬伊王與千手更直明年六月以南都僧侶請斬於奈良阪二女皆削髮爲尼云初重衡之虜入京師也維盛妻孥在京師聞三位中將被虜意其維盛也使僕視之非也然見師盛首則憂恐維盛在屋島亦懷家不措是歲三月間出之京師途梗弗達於是赴高野山偶値其舊臣爲僧者語之以情曰先君嘗德賴朝內府以故猜疑比吾於賴盛吾故遁至此欲一詣熊野寺赴水而死乃與俱詣焉投那智海死傔命隸人還告資盛曰唐皮甲小烏刀在貞能許公宜取之萬一事平幸傳之我兒初平氏有小烏拔圓二刀例傳嫡長至忠盛傳小烏於淸盛傳拔圓於賴盛二家自是相惡賴盛於是在京師是歲五月賴朝以書召之且曰必攜宗淸賴盛郞東行宗淸不肯從曰臣非不辨禍福獨不愧西海諸公舊僚乎乃送賴盛至近江辭而西來至屋島是月貞

能弟貞繼起兵伊賀應平氏集二百人襲破州守護大內惟能遂入近江與源秀義戰而斬之已而爲惟能所敗死之世呼曰三日平氏平氏欲復山陽道九月行盛以兵二千屯兒島範賴以十萬騎來攻我軍敗還宗盛以下日悒悒不樂知盛曰吾儕欲守京師公等不從今終如何宗盛莫以應

乙巳十四壽永四年〈日本史〉春二月壬申源義經至尼子浦虜守將櫻閒艮連進攻勝浦守將櫻閒艮遠棄城走癸酉源義經犯屋島天皇浮海避之甲戌義經放火燒民舍行宮焚燬乙亥天皇次志渡源義經犯志渡天皇幸引島田口成直降義經三月丁未大戰於壇浦田口成艮降義經前內大臣平宗盛權大納言平時忠右衞門督平清宗等被虜中納言平教盛權中納言平知盛參議平經盛右近衞中將平資盛左近衞少將平有盛左馬頭平行盛能登守平教經等死之天皇崩於壇浦年八歲神器沈海文治三年夏四月奉諡曰安德天皇建久二年敕長門建阿彌陀堂薦天皇冥

福明年春知盛城長門引島扼門司關又遣兵
祁擊破土肥實平於備前復兒島又擊破河野通信斬其族黨百
六十人效首屋島宗盛檢之時聞源義經自阿波來攻而未得確
報明日望高松里火起田口成能日敵來襲也請急御舟令將士
拒於陸從之義經果襲至我兵能拒義經火行在我兵盡上舟海
陸交射景清上岸挑戰美尾屋十郎者來鬭而走景清追攫其錏
錏斷挂之薙刀掀而呼曰吾景清也盍來決死敵莫敢近我兵踵
上大戰佯卻上舟以誘致義經幾獲而逸之宗盛召教經曰我兵
數逸義經義經兵不過數百騎耳煩公一戰教經乃與盛嗣景清
等三十人迫陸而射教經勁弓長箭射殺敵精騎數十人會日暮
義經退軍高松教經軍八島欲夜襲源氏盛嗣與江見盛方爭先
徹曉不果襲天明義經以七千騎來攻我三十人步行持短兵接
戰敵騎披靡教經因射之戰終不利遂上舟而退熊野湛宗河野
通信等盡屬源氏源氏軍日盛平氏奉神輿避於志度義經復來
攻乃退保引島已而長門周防悉應源氏乃赴箱崎聞範賴以大
眾在豐後則旋泊於壇浦源氏軍充塞海陸兵艦三千四面來攻
我有五百艘知盛立船首謂諸將士曰勝敗之決在於今日汝輩
有進死毋退生一心戮力必獲義經而後已景清盛嗣等爭願決
戰田口成能潛通款於敵知盛謂宗盛曰士氣奮矣獨成能可疑
請斬以徇不聽固請宗盛乃召成能勸之成能唯唯知盛握刀目
宗盛宗盛終不能斷也已而大戰我兵奮擊東軍數卻成能降義
經告之曰平氏從帝於兵船從兵於帝船欲誘敵而夾擊之義經
知乘輿所在合軍疾攻知盛乃赴帝船諸嬪迎問狀知盛大笑荅
日卿等當睹東國男兒耳一船皆哭知盛手埽除船中盡棄汗穢

物時子乃抱帝相約以帶挾劒璽出立船首帝時八歲問時子曰
安之也時子曰虜集矢於御船故將他徙也遂與俱投海死皇太
后繼投東兵鉤其髮獲之行盛有盛聞之皆力戰死敎經驍名素
著敵爭欲獲之敎經殊死戰殺敵無數知盛呼曰公盍早自爲計
多殺雜兵毋爲也敎經曰中納言欲吾與盛義經決死耳乃進索義
經卒與之遇敎經免胄撤鎧袖躍入其船敵兵遮鬪輒搏仆之直
逼義經敵中有安藝家村力兼三十人率二力士進當敎經敎經
藏仆其一人挾二人投海死宗盛與清宗不能自裁從士擠之海
泗而遁敵兵鉤獲之藤原景經景清從弟也見之曰奴輩敢辱我
君進斬一人中箭死知盛聞而切齒久之日吾可以死矣與敎盛
皆自殺平家長等八人殉之時壽永四年三月二十四日也經盛
資盛皆遁已而自殺宗盛父子與皇第皇太后平時忠以下從義
經而東有命徇宗盛以下於京師宗盛自輿中四望清宗不仰覩
既罷皆拘於義經第宗盛不解衣寢以袖庇清宗守兵見而惘之
五月送於鎌倉賴朝延之前舍隔庭相見將命者至宗盛悚然請
宥死賴朝措魚於俎加刀焉示之諷使自殺宗盛不曉其意又送
還京師至篠原父子別拘知將被殺也乃請僧稱神曰吾不死於
壇浦以有清宗故耳於是皆被斬宗盛有次子曰副將先斬於京
師初壇浦之敗時子謂衆曰宗盛非故相國之子也吾之再姪也
相國期其生男而女生焉吾恐相國恨怒也密使人易之一織工
男兒宜矣其不若重盛以至於此也宗盛既死時忠等皆處流時
義經與賴朝有隙逃奔西海賴朝恐其與平氏遺黨相依託作亂
也逭北條時政於京師購索平氏肩子伏匿所在者幼孩生埋之
稍長者刃之其母若保往往隨死嘑哭四閭維盛子曰六代依其

母匿大覺寺側爲人所告當斬其乳母因倩文覺請宥賴朝素重文覺且思重盛德己也特宥之削髮爲文覺弟子及文覺圖不軌六代坐死初維盛弟忠房遁壇浦匿紀伊知盛六子知忠當族人西奔時甫二歲乳母子紀友方擁匿備後後匿伊賀平氏舊臣藤原忠淸先宗盛一年見捕斬平貞能削髮泰重盛肩隱於常陸忠淸一子忠光景淸與平盛嗣等潛匿會虜後八年鎌倉有土木事賴朝臨焉忠光雜役徒欲刺賴朝嵌魚鱗於眼以爲眇荷畚出入賴朝見而怪執之懷利刃曰平氏臣忠光欲爲故主復仇究問其黨曰獨有盛嗣聞前在丹波不知今何之不復言絕飲食月餘死賴朝大索天下無所獲後五年知忠自伊賀遁入京師匿於法性寺側盛嗣景淸聞之北至諸舊臣稍稍來屬謀襲賴朝誅背藤原能保能保覺之令兵圖攻我兵一十餘人亂射殺敵而死知忠與友方俱自殺盛嗣景淸遁走聞忠房在紀伊往歸之舉兵據湯淺城爲熊野別當所攻破忠房被捕誅盛嗣景淸又遁會賴朝慶東大寺景淸雜衆中欲刺之事覺被捕屬之和田義盛義盛吾其不遂也辭之乃屬於八田知家景淸殺不食而死盛嗣變姓名仕但馬人氣比道虜爲其廐卒因通其友毋浴臣爲驗射狀源廣知其盛嗣而不問旣而隨道廣如京師遊故妾宗妾家告之五氏乃令道虜捕之道虜遣力士數人候其浴圖之盛嗣罵曰奴事吾欲遇卽通而不欲累主入出而就縛賴朝面讓之曰去死於壇捕對曰欲擁一平氏脂以復讎業耳又問曰闘汝依義經有諸盛嗣曰否也爲在京圖抑官而不遂爾來頤儲利刃銳鎌欲一試之於將軍之身遂被斬

○外史氏曰自我先王之關國也非無僭亂之臣也而未有謀危社稷者獨有一將門焉而出於平氏豈非其宗之大

恥哉然能討滅之者亦出於平氏焉則足以相償矣且自將門一伏誅而後世無復覬覦神器者可謂彼以其身標天下大戒也抑使將門得一檢非違使則未必甘爲反賊故天慶之亂皆相門驕傲壅塞上下之所致也當其無事也寵朝廷名爵於私門而不恤人之失職及其急也乃遽揭其朱紫呼號天下使天下英雄有以竊朝廷後世源平爭起以功邀其上者焉知其不基於此也世稱淸盛功不償其罪舉不臣者輒以爲稱首而不知相家不臣已什倍清盛清盛蓋覦而學之否則何遽至此詩云唯其有之是以似之自相門之專權也后皆其女天子皆其女所生而卿相皆其子弟親屬苟非其族類鋤而去之雖皇族不能免焉甚則易置其主猶覦奕綦淸盛所爲無一不似彼已氏者而加以鷙悍其意曰以無功之人猶擅權寵如此吾之有大造於王室何爲而不可世以其拔興之無漸羣起咎之而不言有爲之師者焉且清盛所以至此由後白河帝養成其勢爾夫名爵公器不可私用人臣而私名爵是負其君也人君而私名爵是負其先王也帝濫授先王名爵於清盛藉以濟其私焉而長其負功邀上之心至於不可制將誰咎哉雖然成平氏之勢者不獨始於帝也初忠盛受寵於白河鳥羽連進官爵人以爲不次蒞朝廷倚其力以抑源氏抑源氏所以殺相家之權也源氏自滿仲賴光每爲相門之爪牙攝政兼家之驅花山也源賴信實捍衞道塗降至文治之際朝廷疑關白兼實之助源賴朝亦非以其世相黨援哉由是觀之延平宗以抗相門院政國論所相傳承其猶寬平之擢任菅氏耶文武雖異其意一也以菅公之賢猶不能無戀權之意平氏除重盛之外皆不學無術其矜功擅寵進不知止曷足尤焉假設重盛後父而死盡反其所

為戒飭子弟輔翼王室則雖接踵比隆於藤原氏可也而源氏何資以起哉源氏名為治暴亂而其實攘竊王權源平之罪未易輕重也且夫源氏猜忍骨肉相食孰與平氏鬩門至死不失懿親耶世傳平語倚琵琶演之其音悲壯感憤聽者莫不悽愴余嘗西遊長門過壇浦觀平氏覆滅之處矣又抵肥後聞其州有五家山山谷深阻平氏或竄匿焉子孫至今猶有存者不與外人交通云夫平氏於王家功罪相償天不必勦絕其後則是其或然也

○外史氏曰王權之移於武門始於平氏成於源氏而基之者藤原氏也故略敘王室相家之系統以備參觀云蓋神祖而後三十九世曰天智是為中宗天智子大友即位而天武以叔父篡立傳之持統文武元明元正聖武孝謙帝大炊凡七世而天武之嗣絕光仁以天智孫入繼大統傳之其子是為桓武帝桓武三子平城嵯峨淳和兄弟相及仁明以嵯峨子繼之文德以仁明子又繼之文德幼子以藤原氏故立即位是為清和帝清和子陽成為藤原氏所廢光孝以文德弟代之光孝而下宇多醍醐朱雀村上父子相繼村上之子冷泉圓融兄弟相及花山以冷泉子繼圓融一條以圓融子代花山三條又以冷泉子繼一條一條之子後一條後朱雀兄弟相及後朱雀而下後冷泉後三條白河堀河鳥羽崇德父子相繼崇德而下詳於源平語中崇德而上至於文德廿一世其非藤原氏之出者宇多後三條而已故皆計抑其權而在位不長莫能遂志然宇多以後三朝不置攝關政在天子白河以後已辭位而猶聽政政在上皇其餘皆仰藤原氏之成而其擅政始於文德云然余謂藤原氏驕專其來久矣非獨始於文德時也鐮足助天智效力王室其子不比等為四朝元老文武聖武並娶其女而孝謙

其外孫女也而皆淫縱惠美押勝孌於孝謙殆危國家實不比等
孫則其家法可知也其後光仁桓武仁明獨不出於藤原氏而自
平城至文德又皆其出文德外舅左大臣冬嗣爲不比等四世孫
冬嗣之子良房又納其女文德生淸和文德欲立長子惟喬而憚良
房遂立淸和則藤原氏之威懾人主非一日又可知也淸和生九
歲卽位良房以外祖攝政其子基經廢陽成立光孝關白萬機攝
關之號始此基經二子時平忠平忠平攝政於朱雀之朝與其二
子實賴師輔並列三公於是乎有天慶之亂冷泉二弟爲平守平
村上欲立爲平爲冷泉儲貳而實賴等以其非藤原氏出沮之而
立守平是爲圓融於是乎有安和之變師輔三子曰伊尹兼通兼
家兼家三子日道隆道兼道長皆兄弟爭政伊尹女生華山兼家
女生一條故兼家令道兼賺華山遜位而以一條代之是其最甚
者也後一條而下三帝皆道長女所生是以最極寵榮者也道長
二子賴通敎通相繼執政而賴通生師實師實生忠實忠實疏其
長子忠通而變少子賴長於是乎有保元之禍忠通三子基實基
房兼實基實生基通基房生師家兼實生良經更執朝政於源平
之際其論議可觀者獨有兼實他充位而已其後一姓分爲五派
更爲攝關而其進退皆不復驕天下事不足錄也總之良房而下
奕葉秉鈞大抵務營私門不以國家休戚經心而當其爭權父子
兄弟且不相保奔競從諛擧朝成風宜乎大亂之基於是而其終
與王室俱衰共頽徒存空名不可哀耶外史氏日吾閱史而知王
霸所以廢興也源賴朝嘗奏大江廣元爲廳使衛尉攝政兼實議
其不可日非儒家進仕之例嗚呼以門閥爲賢以格例爲政驅其
才俊以資梟雄而猶不覽悟爭此區區兼實且然其他可知向使

相家有憂國之心通變之略何患於主權之外移耶顧嚮者天慶之亂也亦由藤原忠平之不許廳使於平將門也久矣哉相家之沈滯豪傑也抑將門欲自與也而以得失爲榮辱賴朝欲與之其下也而不以從違爲損益又可以觀世變也夫

後鳥羽天皇

日本史後鳥羽天皇諱尊成高倉第四子也母七條院藤原氏治承四年七月乙丑生壽永二年秋七月平宗盛等挾養和帝及神器走西海法皇敕源義仲源行家討之又詔平時忠諭宗盛等還帝於京師宗盛不奉命於是議更立主議者謂故三條宮子北陸宮年長亂離之際宜援立以安國家或曰法皇宜重登阼或曰女主承統非無故事宜立八條院法皇欲擇高倉帝諸子立之而二宮從養和帝在西海三宮四宮留在京師八月法皇卜二皇子三宮吉時法皇寵姬丹後奏妾夢四宮出遊儀如行幸手執松枝法皇意動欲遣卜立之乃召見二皇孫三宮五歲四宮四歲三宮見

法皇怍啼不進四宮卽據法皇膝法皇欣然曰是眞朕孫也酷似
故院幼時因歔欷嗚咽丹後從傍奬贊曰大位當速決弗可他議
源義仲盛稱故三條宮功請立北陸宮法皇患之數遣使諭之義
仲固執前議法皇乃與攝政基通前關白基房左大臣藤原經宗
議之皆曰不可然義仲所議亦難違拒宜再卜之於是復卜二皇
子及北陸宮四宮大吉三宮吉凶相半北陸宮大凶議乃定法皇
敕削平氏二百餘人官爵壬子立四宮爲皇太子著袴於法皇宮
卽日踐阼於閑院不傳劒璽而踐阼古來所無也攝政基通左大
臣藤原經宗右大臣藤原兼實內大臣兼左近衞大將藤原實定
權大納言兼右近衞大將藤原良通竝如故九月辛巳法皇命左
馬頭源義仲討平氏冬十月庚子復源賴朝位癸卯源義仲攻瀨
尾兼康於板藏破之乙巳敕平氏所侵奪東海東山二道諸國貢

稅及神社佛寺王臣家領莊園各還本主閏月壬戌朔源義仲將
足利義清海野幸廣與平氏戰水島不克義清幸廣戰死丙子義
仲還京師十一月辛卯朔日南至羣臣表賀戊戌備前守源行家
帥兵討平氏戊申車駕潛幸法住寺殿戒嚴己酉源義仲反舉兵
犯法住寺殿縱火燒之攝政基通遁官軍潰死者百餘人圓慧法
親王及延厤寺座主明雲爲亂兵所害天皇遷御皇母七條第法
皇幸攝政基通五條第庚戌天皇御閑院辛亥源義仲請法皇罷
攝政基通內大臣藤原實定以權大納言藤原師家爲內大臣攝
政戊午源義仲罷法皇親臣中納言藤原朝方及文武諸司諸國
守數十人己未源行家與平氏戰於室山敗績十二月庚午法皇
遷御左馬權頭大江業忠六條西洞院第法皇下院宣於源義仲
討源賴朝乙亥法皇以義仲請敕藤原秀衡討源賴朝元厤元年

正月辛卯朔日忌罷小朝拜院拜禮庚子以源義仲爲征夷大將軍庚戌先是源頼朝遣其弟範頼義經將兵討源義仲是日戰於宇治勢多大敗之義仲伏誅〔日本外史三源氏正記源氏下〕是月法皇會諸公卿論討平氏功頼朝第一義仲第二敘義仲從五位下任左馬頭除越後守除行家備後守二人不悅更除義仲伊豫守行家備前守並聽院昇殿收平氏五百餘邑賜其百四十於義仲畱衞京師世呼曰旭日將軍義仲生長山野舉止粗鄙不任衣冠爲京人所嗤笑初以仁王子爲僧奔越後稱北陸宮年十七義仲奉以入京師八月法皇以乘輿西奔京師無主議立天子時有高倉帝皇子二人叔五歲季四歲法皇欲擇而立之因宣問之義仲義仲屬意於北陸宮奏曰立君重事非鄙人所敢聞然辱受咨問敢不竭情故三條宮憤平氏之專橫欲拔陛下於幽厄時命未會不隕身鋒鏑天下悲之臣之樹功於今日亦奉遺令也今議建立而不及其肖人心云何法皇以其嘗爲僧不聽卜二皇子叔吉法皇納寵姬言欲立季再卜而立之是爲後鳥羽帝法皇頗厭義仲欲召頼朝來京師義仲爭爲不可弗聽義仲憤懣而北兵乏糧四出攜掠法皇患之時平氏在南海乃屢侵山陽行家請赴討詔許之義仲曰行家雖勇數奇不可使將更命義仲發京師以足利義清等爲先鋒閏月義清與平氏戰於水島敗死義仲欲進攻南海途聞頼朝遣兵且入京師則引還有詔止之不肯先是法皇使者至鎌倉頼朝延見言曰平氏棄京師自逃而義仲行家擣虛入之乃矜功要賞敢擇任國胡爲者

也臣當疾往伐之而藤原秀衡等日窺臣背臣未可以奉詔且帥
大兵入輦下徒爲騷擾使者歸報公卿皆想望賴朝風采爭問狀
使者言賴朝軀矮而面大然舉止詳雅言語明晰非義仲比也賴
朝又使使奏曰平氏所侵諸邑宜盡復其故主臣等不宜利之平
氏降者宜從赦宥臣嚮被宥故有今日源平竝立同衛王家古之制
爲然自朝廷視之何有彼此哉法皇益屬意於賴朝屢使使召之
於是賴朝使弟範賴經監關東貢賦西上以詗義仲義仲欲拒
之與行家謀奉法皇於軍行家素有寵於法皇密奏之法皇乃使
僧靜憲詰義仲義仲對曰孰造此言者臣徒慨官家之貳於賴朝
也故欲舉決雌雄耳願得賜討賴朝宣遂詣法皇宮獻誓書且請
閒執讒人詔慰解之十一月屢詔趣義仲西征曰或謂女之不西
欲謀不良也義仲對以備東兵而鹵掠益甚法皇遣其幸臣平知
康詰之知康善擊鼓稱鼓判官義仲曰鼓判官反欲爲人所擊乎
知康怒還報曰義仲反形已成請討之法皇聽之驟徵叡山園城
寺僧兵以知康將之義仲會將士言曰我有功無罪何遽至此我
以五萬士馬畱衛京師而官無所給不剝豪戶何以生存然未嘗
敢鈔掠皇人也彼鼓乃讒我以至此我將擊而破之樞口兼光今
井兼平切諫之勸其詣闕降義仲怒曰吾自起兵數十戰未嘗知
有所謂降者卽降吾反爲鼓所擊殺耳遂令將士曰吾今日決死
汝輩勉之勿爲賴朝所笑乃分軍爲七隊圍法住寺知康上牆踊
躍罵義仲義仲咄嗟赴之知康走匿北兵縱火索之不獲遂奉法
皇於攝政第帝於閑院停公卿以下至知康官爵自爲院廐別當
先是義仲娶藤原基房女於是基房徐開諭之乃從法皇於西洞
院自辭其官爵元麻元年正月義仲敘從四位下任征夷大將軍

先是行家與平氏戰室山敗遂據河內畔義仲義仲遣樋口兼光將兵擊之而範賴義經已至伊勢橘公友者往告變馬遂赴鎌倉賴朝見公友曰義仲有罪宜詔臣誅之知康何人也焉得與義仲敵乃檄八州將士西討義仲而知康來鎌倉欲自解說賴朝戒內外勿爲通知康至無肯顧者無幾何徵兵聚者六萬乃盡委之於範賴義經因令曰木曾阻我兵必於宇治河皆具善馬可以騎渡賴朝有駿馬二曰池月曰磨墨枕原景時有寵其子景季年少銳勇於是請得池月以先登賴朝曰乞焉者多吾不與也顧範賴等戰不能克吾且親往此吾乘也乃賜磨墨諸將士皆發明日佐佐木高綱自近江來諷賴朝問曰聞女在近江盍直從軍入京平高綱對曰臣如從軍不敢期生一見君訣別且奉指揮也馳三日乃達臣唯一馬罷不可用故後期至此賴朝喜因謂之曰女能爲我先登於宇治乎曰能臣居河上識其淺深也於是遂出池月賜之高綱感喜謝曰君聞高綱未戰而死則不能先登也聞未死而戰則先登者高綱也拜舞而出賴朝呼返戒之曰景季等乞焉而不與女記之對曰諾時大軍陣於浮鵠原景季覷羣馬無過磨墨者牽而上高巨誇示於眾已而有大嘶聲畠山重忠曰池月聲也何以至此已而高綱僕牽池月至過巨下景季問曰誰乘僕對曰佐佐木氏之乘景季大慍曰不圖公之視彼蹤我我盍與彼死使公喪二良郎扣刀要路而待高綱望見之謂其騎曰彼非枕原耶公之屬我殆爲是也漸近景季呼曰四郎久闊彼乘公所賜乎高綱哂曰否吾患無善馬欲就公厩借之聞磨墨已賜於子矣池月不得命矣子且然況於高綱乎然君事方急不遑顧慮遂誘厩人竊之矣後有責問子幸救解之景季色解笑曰悔我不竊也乃與

俱西範賴向勢多義經向宇治義仲聞之議戰守見兵千騎乃遣今井兼平山木義弘拒勢多根井行親楯親忠拒宇治撤橋板樹柵張繩於水中守之二十日義經以騎二萬五千至東岸戒居民避軍而火其廬舍以布陣焉起櫓自登具筆硯書將士功最曰將以報鎌倉也將士皆奮欲戰義經又發令而軍囂甚不聞令乃取平等院鼓譟於櫓下一軍屬耳義經乃令二萬人中必有善泅者直前嘗之我勇士緣橋架防敵勿使敵射我泅者泅者爭射釋甲而沒刀截其繩平山季重澀谷重助熊谷直實等上架而射射戰良久有二騎鞭馬亂流而進先者景季後者高綱高綱自後紿景季曰子之馬絛慢矣景季駐馬約絛高綱則超乘而過上岸自名景季踵上義經上功簿高綱爲先登第一景季爲第二畠山重忠以手兵纜渡行親射之中其馬重忠泅而達岸揮刀而進北兵辟易義經乃以全軍渡擊大破之行親搏戰而退義仲馳使請法皇幸醍醐寺弗聽則率兵馳赴其宮拔刀瞋目立於階下具輿趣幸宮中殷栗會有來告東軍已至木幡矣義仲驚出過五條第訣妻藤原氏久之不出有二士諫之自殺帳前義仲乃出遇行親親忠合其兵兵塵三百騎望見東軍旗幟彌天曰吾死矣諭將士散去衆請生死相從義仲乃進冒東軍重忠景時等累進皆潰義仲驅進與義經遇義經以數百騎攢蹄衝擊因亂射之義仲大敗被創以殘兵西走義經使其兵追之而與重忠等詣法皇宮大江業忠上宮垣望見之曰義仲復至矣一宮驚怖業忠又報曰旗號自別蓋東兵也義經躍門下馬厲言曰臣源賴朝使者義經也破賊而至矣願爲奏之業忠驚喜跳下匍匐入奏之法皇大喜延六人列立中門外見之使人指問其名穿赤錦袍者曰源義經被緋甲帶大

刀者曰畠山重忠亞重忠者二人曰澀谷重助河越重賴玄甲者梶原景季黃甲者佐佐木高綱法皇曰皆壯士也因敕護宮焉義仲既敗欲挾法皇西奔還至於宮義經等擊卻之義仲走至三條磧東兵爭要擊之義仲且戰且走殘兵十三騎重忠復追之義仲妾曰巴兼平妹也有膂力每從軍是時單騎止鬭重忠欲生得之注目薄之攫巴甲袖巴策馬馬躍袖絶重忠舍之而返義仲以七騎走會範賴既破勢多而入遠江人內田家吉在其先鋒巴與之搏斬其首以視義仲義仲歎曰家吉美而勇乃授首於女子不知吾亦終死何人手也因諭巴遁去曰臨死攜妾人謂我何巴請共死義仲強之巴乃泣涕辭去義仲走至栗津遇兼平兼平曰義弘戰死矣臣未審主公爲何狀是以脫歸耳義仲曰吾宜死於京中欲一見汝故忍而至此身創力竭可以自殺矣兼平曰主公努力方今平氏在西佐公在東主公盡走保北國以圖三分臣請畱防敵主公可以逃也乃樹旗集潰兵潰兵稍聚得數百騎進衝敵陣貫而過者三乃有二十餘騎範賴以數千騎圍之義仲奮戰盡亡其騎獨有兼平兼平乃指一巨樹謂義仲曰君赴於彼徐自爲計臣請拒於此義仲徑田赴巨馬陷於淖顧視兼平箭中額死年三十一兼平方奮鬭箙餘八矢射斃八騎聞敵中傳呼木曾公死曰吾事終矣銜刀墜馬自貫而死東軍振旅而兼光方破行家追之紀伊聞難還京師其兵道亡比及鳥羽有三十騎東兵赴擊兒玉黨與之有姻諭降以歸請宥死朝議不聽義經傳義仲以下首京師帛書其髻曰賊義仲縛兼光從其後終斬之義仲叔父義廣初防一口兵敗逃伊勢後爲賴朝所攻殺義仲子義高嚮質於鎌倉賴朝妻以女後欲殺之義高覺而遁追捕見斬妻悲慟不食賴朝

歸罪於追者斬之欲改嫁女於藤原高保不肯而死義仲妾巴既別義仲釋甲冑行歸信濃遇義仲親故具語以故相泣也時年二十八削髮爲尼居越後友松祈義仲冥福以終身云壬子攝政內大臣師家罷復基通攝政藤原實定內大臣丙辰敕源賴朝討平氏是日梟義仲首己未晦敕源賴朝搜捕義仲餘黨遣源範賴源義經討平氏法皇敕範賴義經奉還神器二月丙寅源範賴源義經攻平氏於一谷大破之斬平通盛平忠度等虜平重衡殺獲甚多平宗盛奉養和帝走讚岐壬申梟平通盛等首甲戌敕平重衡使諭平宗盛奉還養和帝及神器戊寅以武士驕縱非理徵發侵奪神社佛寺之供院宮諸司所領下敕五畿七道禁遏之辛巳敕諸國司停徵兵糧於公田莊園夏四月癸酉先是法皇造崇德帝及贈太政大臣賴長廟於春日川原至是成甲戌改元元厤五月辛卯源賴朝將士與義仲黨志太義廣戰於伊勢斬之六月壬戌復平賴盛及子光盛官爵

秋七月出羽守平信兼平田家繼起兵伊賀乙己家繼及富田家資等入近江佐佐木秀義戰死大內惟義擊平之甲寅天皇即位於太政官廳時年五歲八月丁卯源義經擊平信兼於伊勢平之九月戊子遣參河守源範賴討平氏冬十二月壬戌源範賴將佐佐木盛綱與平行盛戰於備前兒島敗之二年春正月甲午遣源義經討平氏二月丙辰院廳符豐後數力討平氏先是鎮西多屬平氏唯豐後不從至是獎諭之癸酉源義經率兵燒牟禮高松民舍平宗盛奉養和帝而遁義經與平氏戰於屋島破之三月丁未源義經大敗平氏於壇浦養和帝投海而崩獲神鏡神璽迎建禮門院及二宮虜平宗盛平時忠等餘黨悉平

乙己二十文治元年〔日本史〕夏四月庚辰御大內安鏡璽於溫明殿奏神樂三日五月戊子奏幣二十二社告謝鏡璽入京幷祈得寶劍

己丑遣源義經押平宗盛平清宗等赴鎌倉壬寅流平時忠於能登平信基於備後平時實於周防藤原尹明於出雲六月壬申斬平宗盛平清宗梟首甲戌斬平重衡梟首於奈良〔日本外史三源氏下〕義仲既死平宗盛自南海徙山陽山陽將士自室山水島二役服從平氏平氏終復福原築城據焉負山臨海生田爲東門一谷爲西門勝兵十萬餘繫大艦數千平教經轉戰於備前安藝淡路和泉皆捷源賴賢子義嗣賴仲子義久居淡路皆爲所殺平氏威鎮關西期犯京師賴朝聞之趣二弟赴伐以二月三日攻一谷範賴以五萬騎向東門梶原景時監軍焉義經以萬騎向西門土肥實平監軍焉以明日爲清盛忌辰延至七日先期三日早發義經取丹波路兼行比暮至三草山聞平資盛等七千騎陣山西也召實平議曰夜襲之乎抑待旦也實平未對田代信綱進曰敵謂我恃衆稽留也則急襲之必勝義經曰是得我心卽發命僕辨慶火沿道家取明而過夜半至山西急襲資盛資盛果不備大敗走天明令信綱實平以七千騎赴西門而自將精騎三千向鵯越鵯越者城後間道也日暮駐軍熊谷直實平山季重在麾下直實謂其子直家曰冒險混進孰後孰先欲立功者不若向西門直家曰然此公常先士卒不可隨也未知平山子何如使僕覘之季重甲冑按刀獨語曰誰能先我僕歸報直實曰彼所見亦同我也乃馳至一谷天未曙薄門自名季重踵至敵闔門二人突入奮鬬城兵辟易季重出亡其旗卒乃復入斬其敵而出實平信綱皆至令士卒繼攻門堅

不破範頼亦令諸軍薄東門武藏人河原高直與其弟踰柵先登
中箭死梶原景時使輕卒拔柵以五百騎入鬪旣退顧失景季所
在復入索之景季在敵中被髮而鬪箙插梅花以自標景時識見
挈之而出當是時平氏專防東西二門而不圖義經之向鵯
越也路險夜黑令辨慶索鄉導辨慶認火光得一人家見翁嫗對
坐告以故翁曰小人以獵爲業諳知山路而今老矣有一兒膽氣
可用呼起從辨慶謁義經義經執火視之長身高顴持獵弓矢問
其齒曰十七義經爲冠之命姓名曰鷲尾經春給鎧仗以爲鄉導
問鵯越如何經春曰太險人馬不可行唯鹿能踰之義經曰鹿四
足馬四足等耳先衆馳之至鵯越則天明頫視城中二門戰方酣
義經欲急應之而懸崖數百仞如經春所言衆相目莫敢進者乃
試驅鞍馬二下之一傷一達義經曰可下矣乃屈其所騎馬後足
一鞭而下三千騎皆倣之冑鞍相觸直達城後大呼而入平氏軍
駭擾自相擊刺敎經等敗走義經縱火乘之煙燄漲城範頼實平
破東西門而入三面合擊斬平通盛等十人擒平重衡宗盛奉衆乘
輿航海而逃衆攀舟爭乘斷臂滿舟遂奔讚岐倚田口成能之
保於屋島九日範頼義經以首虜還京師請徇而梟之不許義經
抗疏曰臣父義朝盡忠於保元而爲人所註誤卒宣詬於獄門平
氏昨爲戚動今爲國賊臣等竭力攻討進不顧死者不獨重王命
乃欲雪父恥也臣兄頼朝深存是志今而不見許焉臣等復何所
望朝議終許之三月頼朝以平義仲功敘正四位下遣梶原景時
檻致重衡於鎌倉面見使景時將命曰吾非忘相國之德若王
何然不圖公之卒臨此也公至若右大臣氏亦當不日相見重衡
請速死頼朝屬之於狩野氏侍以二姬餽酒食焉以平族未夷不

輒殺也是月令土肥實平鎮撫山陽道六月奏請任範賴參河守
敘從五位下範賴來謝鎌倉置酒勞之八月復遣西征是月法皇
以義經任左衛門尉補檢非違使時伊賀人作亂應平氏州守護
平賀惟義討平之餘黨竄匿京師義經捕斬之九月賴朝以範賴
統西海軍事義經統南海軍事令範賴先發以三萬騎下山陽道
聞平行盛軍兒島赴攻陣於藤戶阻海水望敵敵招之挑戰我兵
不能渡佐佐木盛綱潛問土人以津夜與俱濟植竹條爲標而還
旦日敵復挑戰盛綱躍馬破濤而進衆從之擊走行盛進入周防
是月義經敘從五位下聽院昇殿十月賴朝置公文所以大江廣
元爲別當焉以出政令置問注所以三善康信爲執事焉以決訟
獄令將士曰凡武門之事悉奉法皇旨有不便者徐分疏之遂奏
曰方今天下半定貢賦闕乏請簡擇國守撫輯流民京畿控弦之
士悉從義經西討平氏其有功者宜附臣論賞焉僧徒帶兵者宜
附臣禁止收取焉又檄關西諸族援攻平氏文治元年正月範賴
至赤間關無舟可濟軍疲糧乏將士皆思東歸範賴以書請濟軍
食賴朝荅書因戒範賴曰在軍務綏撫衆心愼勿左右耳語致其
危疑乃至進戰愼勿犯先帝太后願使二位尼奉帝而至也宗盛
恇怯必生得之範賴諭臼杵氏給戰艦木土氏餽糧食遂進濟海
諸千葉常胤曰吾聞之家兄周防通京畿控宰府爲西國咽吭吾
今欲令智勇而有衆者居守焉誰可者對曰三浦義澄其人也乃
命義澄固辭不許範賴以諸軍濟海二月賴朝所給糧船至軍益
振與原田種直戰於葦屋浦大破之得其子賀摩先是義經數請
征南海法皇以京師多賊黨不許許先遣其將校義經奏曠日彌
久範賴糧盡東歸而鎭西兵士寢屬平氏則勢難拔也乃許之義

經乃戎服抵法皇宮白曰自平氏奔竄關西奪官稅亂官民三年於此臣既奉追討之命鬼界高麗究其所至鏖之而後已否者不復入王城矣二月發京師艤於渡部東兵不習水戰人人自危柁原景時曰請爲逆櫓義經曰何謂逆櫓曰舳艫皆設櫓進以舳退以艫義經曰求進進而退兵之通患乃欲求退乎曰宜進而進宜退而退良將也有進而無退野猪而介者耳義經變色曰猪乎虎乎吾不自知吾唯知進而勦敵爲快而已公若爲大將逆櫓千百聽公所爲若義經則不欲也眾目笑景時景時慙恚義經遂令將士曰進而死者從我退而生者自此去畠山重忠熊谷直實金子家忠佐佐木高綱等願從者數百人將發逆風俄起舟艦破壞乃留修艦成義經託言順落宴以具糧食即夜令解纜時風反而益暴舟人不肯義經曰風盡發伊勢義盛張弓注矢曰不用命者射殺舟人相謂曰行死止死死一耳乃發從者五艦百五十騎獨置炬於舟義經乘艫而南舟駛如射黎明達尼子浦望岸上有赤幟可三百騎義經令曰我馬足瑟縮不可直用驅而游之結束騎焉勿虛發以費箭眾從之上岸大戰擒敵將田口良連其捕虜言櫻間良遠以五千兵守勝浦城義經馳抵城疾攻拔之進至中山見一卒齎書京人也義經問曰子何之曰抵之屋島義經曰吾阿波人應內府徵者如聞源氏艤淀河子必途觀之其兵幾何卒曰可六萬曰子所齎誰書曰六條夫人書夫人內府妹也曰書中何言曰吾焉得知之獨口授我曰九郎既發兵矣彼眞可畏者以木曾如鬼神彼一舉取之君急修城集兵以爲之備書辭亦如是耳若公等亦宜亟赴之曰諾且子屢赴屋島乎曰然曰聞其城甚固然否曰否潮來則須舟潮去可騎渡義經乃叱曰吾九郎也奪其書縛

卒於樹以五十騎疾馳明日至屋島縱火於高松里平氏大驚以
爲大兵至也舉族乘舟而義經已至城下矣騎能屬者七人而已
城兵有平有國呼曰大將誰伊勢義盛對曰九郎判官曰是義朝
婢子從鐵賈如陸奥者乎義盛怒城兵嘲罵不已金子家忠令弟
近範注箭射殺罵者義經恐敵知其寡單也乃縱火燒城平氏兵
皆航更來迫岸七騎拒射我兵後者稍稍來屬又有州人藤原範
忠者以生兵數騎來曰臣曾祖範明嘗從八幡公戰陸奥者義經
喜以爲先鋒戰而交退日旣晡敵以一舟載美姬插扇於竿植之
舳去陸五十步麾而請射義經曰誰命中之者衆薦下野人那須
宗高義經召而命之宗高騎而獨出兩軍注視宗高一發斷扇轂
扇翻而墮兩軍大呼平氏兵怒而來戰義經親擊卻之追而入海
遺其所執弓於坡上俯欲取之敵兵爭以鐵搭鉤其冑義經以刀
扞之鞭扱其弓從兵呼曰舍之義經不聽終取之還從兵曰君何
輕身而重弓曰否也使吾弓如叔父鎮西八郎之弓則可否者是
貽敵笑也宗盛恨失義經令教經率精兵迫岸射義經佐藤嗣信
以身蔽義經輒仆教經豎菊王下舟欲斬其首嗣信弟忠信射殺
菊王扶兄還營義經親視嗣信枕之膝問所欲言嗣信曰臣自出
陸奥已委身於君代君而死死且不朽獨不覩君鏖敵爲憾耳義
經泣曰我鏖敵在旬日而不及睹女勞嗣信肯謝而絕是日鎌田
光政亦被箭死義經請僧葬光政嗣信於高松賵以名馬蓋藤原
秀衡所贐宇治一谷二役所騎也一軍感泣皆思爲義經死是夜
西軍陣屋島故址東軍陣高松東軍皆倦臥獨伊勢義盛虞敵來
襲徇警徹明明日義經侵晨復赴屋島西兵善戰擊破之平氏走
保志度浦義經追擊復破之因降將言聞平氏將田口成能遣其

子成直以兵三千徇伊豫命伊勢義盛往說降之義經幷其兵使成直作書招成能成能終送款焉平氏舟逃志度而西義經循陸追之東軍阻風後發者悉來屬軍益振時三月二十三日也宗盛欲赴鎭西範賴以三萬騎軍豐後平氏不能入還泊壇浦兵艦凡五百艘熊野湛增河野通信皆來附義經明日義經以兵艦七百艘大戰海上西兵殊死戰我兵少卻義經厲衆進和田義盛挺進而射箭軼二百步及平知盛舟知盛使新居親清荅射箭汏義盛冑傷其後騎我軍羞之義經命安田義遠還射義遠按其箭曰幹短且弱請以我箭乃注十四拳箭洞親淸胸而過海三十步義遠義定弟也義盛憖憤迫敵亂射殺傷甚多義經以成能言知宗盛等所在麾軍萃之令成能爲內應西軍大敗教經怒入我船薄義經義經躍入別舟教經不能及乃赴海死知盛以下六人前後皆死二位尼懷養和帝投海平太后繼投我兵搭得之義經使徇曰赴海者貴人也我兵勿得辱於是奉太后以下於其船遂生擒宗盛鏖平氏軍海水爲之赤四月東軍振旅以俘獲旋徇之京師還納鏡璽範賴留鎭西海六閱月乃還賴朝遣使二名西禁兵士侵掠事無大小一奉朝旨行將士不因其奏而拜衞府官者不許東歸詔敘賴朝從二位五月檻致宗盛父子於鎌倉義經護送行至內海使父子徒行七市義朝墳六月至鎌倉於是賴朝大會諸將士自坐簾內而延宗盛於前舍使比企能員言之曰賴朝非敢復私仇乃成王命爾今日之臨何幸甚也宗盛懾伏請宥死不許諷使自殺不解乃復令護送西還更宗盛名末國貶爲讚岐權守斬之於筱原傳首京師梟於右獄斬平重衡於南都處大納言平時忠於流

秋七月庚寅地大震地坼水

涌踰月不止八月甲子改元赦冬十月丙寅源賴朝遣土佐房昌俊於京師襲源義經義經捕斬之丁卯法皇賜討源賴朝院宣於源行家源義經十一月壬午行家義經赴西國辛卯下院宣搜捕行家義經甲辰敕源賴朝索捕源行家源義經是月賴朝遣北條時政護衛京師法皇以賴朝請置守護地頭於諸國以備盜賊常賦之外計畝課兵糧自是兵權一歸賴朝

日本國志先是昇平日久藤原氏世專國權國司多在京以吏代治公卿之莊園皆以家人爲地頭徧於七道治體漸變及賴朝裂地以授家臣奏置守護地頭往往世襲國司復不赴任於是封建之勢漸成○日本外史三源氏下八月詔使使就義朝墓贈內大臣正二位是月賴朝奏請以同姓五人補東國諸守特詔任義經伊豫守兼院廐別當宿衛京師初賴朝擇西征大將欲試諸弟之材陰以火烙盥器而使諸弟更侍執焉執輒驚釋獨義經終盥不釋神色自若賴朝是以知其堪事而心陰畏之枕原景時有寵監義經軍義經不與諮事景時怒屬範賴畠山重忠初隸範賴憎景時負寵淩人去屬義經景時益怒寖譖之於賴朝賴朝性忌克平廣常源忠賴皆以驕傲見誅殺聞義經亦負功自專也稍惡之景時又爭逆櫓議相銜益甚壇浦之役請爲先鋒義經不聽而自先景時詬罵不已義經怒欲誅殺之景時撫刀曰

我知有鎌倉公而已諸將居間事乃解景時歸鎌倉百方讒之平時忠爲平氏疏屬其從西奔竊贊謀畫及其就擒有簿書一篋爲義經所收時忠與其子謀奪還之以除禍本乃以女妻義經義經乃還其篋賴朝聞而惡之賴朝方舉一男而親信其外舅北條時政諸骨肉皆被猜防義經東獻俘鎌倉至腰越驛賴朝弗許入使時政出受俘義經乃寄書於大江廣元自訴曰義經代征討之勞上夷國賊下雪家恥心竊期褒賞不圖忽蒙讒言曠日於此莫以自明徒涕泣爾將永違恩顏骨肉誼絕自非先人之再生誰爲分疏焉義經幼孤從母逃匿流寓諸國爲泯隸所役未嘗一日安居焉然而幸慶忽會至忝重任或策馬峻阪或淩風大海不敢顧軀命欲以慰冤魂伸宿憤豈有他哉既辱五位尉榮顯何加而忽遣此厄憂深悲切敢上誓書要之百神而威猶不霽也不得不仰公之救護伏願乘聞進說庶幾亮其無他卒被恩宥得享終身之安不報義經快快而西賴朝聞其怨望也怒奪其邑時行家匿京師義經潛相往來賴朝遣枕原景季命義經討行家且訶之義經稱病間日乃見景季景季反言其病羸狀景時曰兩日間廢寢食以裝病焉爾賴朝乃召諸將言日誰爲我擊九郎者九郎亦不負我知耳而先我昇殿不告我爲五位尉車服華侈翱翔院中饒有君寵何不自孫壇浦之役與太后同舟叉娶平虜女橫恣如此不得不誅鋤誰爲我擊九郎者眾莫敢荅賴朝不憚乃命景時景時辭日判官素惡於臣臣往判官必備之不若遣其意外者襲之乃命昌俊昌俊者南都僧也因事在鎌倉以勇捷見親近於是授計而西至京師去義經堀川第四町而舍義經尤其不亟來謁召而詰之對日臣此行詣七人寺欲畢事然後謁耳義經笑曰否否得非

以二位旨圖我乎吾今欲囚汝顧恐人謂吾爲怯也且汝兄氏使者吾不可先發昌俊獻誓書歸舍義經所幸舞姬曰靜關昌俊謂義經曰彼將去四顧第中而注目於厩恐有異志義經不爲意及昏又告曰大逵塵起人行踵躡不可不虞也使二童往詞昌俊舍久之不還又使婢婢走還曰童騂死於門門內鞍馬可五十匹士攫甲將騎焉夜既三鼓第外大課直於第者僅七人靜急取甲被義經義經令開門騎而突出呼曰在今口誰敢圖義經者昌俊與兒王黨六十餘騎散而亂射義經從士聞變四至行家亦來救昌俊終敗走義經徑詣法皇宮箭蜎集於胄而在箙者三奏變而還昌俊逃較馬山山僧與義經有故索獲獻之義經諳其背誓對曰誓者昌俊襲者二位義經怒毆其面曰我面卽二位面毆我面是毆二位面也義經壯之欲使活還昌俊請速死乃斬之義經行家遂追請討賴朝宣旨公卿皆憚義經欲權許之獨藤原兼實不肯日賴朝罪未至當討且命弟討兄如之何法皇遂許之義經僕安達清經常爲賴朝間義經於是走報之鎌倉賴朝方落長勝壽院聞報曰可也畢禮而歸曰彼殺吾使可以伐也乃戒諸將束裝日旦口將發小山朝政以下五十餘人請即夜發乃以爲先鋒命之日及我未至誅彼二兇後五日親發鎌倉撤諸道會軍於途義經聞之詣法皇請赦關西兵援己法皇許之補義經九國地頭行家四國地頭十一月三日義經與行家及女壻源有綱等俱奔竄西海不知所往伊勢義盛與義經訣歸伊勢襲守護首藤經俊敗匿鈴鹿山經俊攻殺之賴朝至黃瀨河聞義經既奔乃還鎌倉以朝廷宣討己訴冤不已法皇乃急宣諸州索義經未獲也平氏餘黨又竄匿所在天下騷然賴朝患之大江廣元建策曰方今大亂初

平關東倚安帥府而姦蒙伏匿於諸道隨起隨討輒發東兵則勞費不量民苦誅求爲今計者莫若國司置守護莊園置地頭所在追捕則天下可坐而定也賴朝大悅遣北條時政護衞京師因奏請之且請課畿內及西南四道每畝五升以充兵食朝議從之賴朝薦家人有功勞者分爲守護地頭而身統之世因稱賴朝曰六十六國總追捕使賴朝素聞兼實賢且德其爭院宣也貽之書曰賴朝當平賊之職孤身舉義得至奏功而不敢自專今亂人乃挾命恃柄敢規非分賴朝特恐禍亂之端復自此起近日所奏請非以營私乃爲天下定亂焉耳因奏請置議奏官十人撰公卿充焉按治公卿以下預東討宣者○日本外史四源氏後記北條氏外史氏曰北條氏之事吾不忍言之也而諸敘其事晦澀不啻亦有疑於文飾者獨源親房之論頗可取信云其論曰源氏以武臣掌握天下朝廷蓋不能平況其後嗣既絕寡妻陪隸繼當其家欲乘此時而甃之以復舊權似也雖然王綱之衰久矣賴朝奮一臂以平其亂雖朝廷不復其舊而民庶息肩非有德政足以勝之則安克甃之縱使克甃之民之不安天豈與之王者之師必加有罪賴朝陛高官管重職皆出法皇之允裁非私竊之也北條氏以其外家久司其權未嘗失人望非有顯然之罪也而欲遽加之誅是朝廷未爲無過而北條氏又不可比之反賊獲利者也夫以賴朝之業而猶不能過二世北條氏乃以陪臣執國命奕世累葉是豈偶然哉蓋義時非有才德過人也泰時繼之修政立法專操正直不獨不踰己之分戒飭親族及諸將士莫敢規望高爵至其子孫能守其法不敢失墜雖其政漸衰卒至於亡而得傳之七世之久亦可謂無憾矣大凡以保平以未之亂而不有若賴朝有若泰時則

六十州之民何所底止不詳於此而特稱皇威之衰武臣之專者謬矣外史氏曰吾讀親房之論而悲其意焉其亦出於不得已而告君之體宜如此爾後之君子因其言而詳其事可也蓋源氏之嗣既絶藤原賴經爲征夷大將軍其子賴嗣襲職既而宗尊親王往代之傳之其子惟康久明親王又往代之傳之其子守邦而兵馬之政每在於北條氏故凡事皆不得不係之北條氏○北條氏出於平貞盛貞盛七世之裔時政其父曰時家時家父時方養於祖父直方直方父維時維時父郎貞盛次子常陸介維將也維將後三世始與源氏婚子孫世居伊豆北條因氏焉北條氏以豪族世屬源氏源義朝與平清盛戰京師敗績宗黨死亡略盡義朝子賴朝被執宥死流於伊豆時政以清盛命與州人伊東祐親並監護之賴朝四世祖義家樹恩威於東國郎直方女所生以故時政頗屬意於賴朝賴朝初寄伊東氏通其女生男女之繼母告之祐親祐親懼平氏疑己投其男於水嫁女於江聞某遂圖賴朝賴朝逃依北條氏久之問人曰聞時政多女孰尤美曰長美次否否者後妻出也賴朝徵伊東氏欲通次女作書託僕安達盛長致焉盛長竊慮次女無貌頓朝情好不終徒足階禍也更作書致於長女前一夕次女夢鳩銜金函至覺語之其姊姊心動曰吾當買妹夢乃與妹以其妝鏡曰薄以償直旦日得書遂通之情好日密女名政子時年二十一是時時政役於京師役滿而歸路遇平兼隆兼降淸盛族人爲伊豆目代者時政與借歸許以政子妻之已聞其與賴朝私且驚且喜而難違兼降約則爲不知嫁於兼隆其夜雨甚政子出奔匿伊豆山與賴朝俱居焉兼隆索之不得時政素器賴朝且思其高祖事至是陽怒而陰益厚之賴朝亦謂時政謀慮

可倚深相結託治承四年以仁王討平氏令至賴朝先示之時政遂發東國家人家人至者頗多賴朝輒延之別室曰為我努力人人各自以為賴朝特厚己也而至其陰謀獨時政得知之八月時政率佐佐木經高等八十五騎夜襲平兼隆斬之遂糾伊豆相模豪傑以擁賴朝據石橋山令政子居守賴朝與大庭景親戰而敗走時政疲而後加藤景廉狩野祐茂堀親家小山實政等請從焉時政揮之令從賴朝而自之甲斐欲發其諸源長子宗時至平井鄉為伊東氏兵所圍中箭死逮夜時政遇賴朝於杉山箱根別當行實素善賴朝聞其敗使弟永實來餽餉先見時政時政給曰大將既死矣永實曰子疑吾歟大將而死子豈生存者時政哂使見賴朝賴朝乃匿箱根令時政及其次子義時如甲斐而自走土肥使土肥遠平存問政子航抵獵島時政與三浦義澄等出迎賴朝賴朝曰卿何以在此時政曰吾銜命北行而中道自度不覩君所底安所取信故跡君至此請自此行矣於是終抵武田一條諸族得二萬人助賴朝擊平氏於駿河走之賴朝還至相模國府論功行賞以時政為首武田信義以下次之賴朝挪鎌倉府政子助之於內而時政義時輔之於外諸將士目以北條公莫敢抗禮明年七月政子生男是為賴家立為世子北條氏以外祖益貴重陰收人心以自固賴朝有嬖姬託之伏見廣綱家時政妻牧氏知之告政子政子性妬悍卽使牧宗親毀廣綱宅驅逐其姬姬走依大和義久者賴朝聞之託事往義久宅召宗親罵之親截其髻時政聞而耻之不告而歸其邑賴朝謂枕原景季曰江馬必不從汝往覘之江馬者義時也還報曰在賴朝召義時曰汝可託吾子孫者已而事釋時政還鎌倉被親信如初賴朝忌弟義經勇智謀除之文

治元年冬親將擊之京師義經奔竄賴朝途還遣時政以千餘騎護京師因索不獲於是以賴朝意奏請諸國司置守護莊園置地頭所在追捕弗被允時政抗辨再三終被允自爲七國地頭已而辭之當是時大亂初平京畿多事時政身當其衝事無不立辨歲餘東歸以詔舉從弟時定自代亦賴朝意也

丙午十三文治二年〔日本史〕春三月庚寅攝政基通罷以右大臣藤原兼實攝政夏五月己丑北條時定襲源行家於和泉斬之〔日本外史三源氏下〕二年春兼實遂爲攝政四月賴朝又詣書議奏官曰僕生武門長鄙野不諳知朝章偶有所奏願諸公簡之專執公平以安天下至如宣旨或有不便民亦當盡言焉面從非忠也時北條時定代時政護京師獲行家於和泉有綱於太和斬之十二月以天野遠景爲筑紫奉行聞行家義經黨與竄鬼界島擊平之先是賴朝奏以比年軍興民不任農鐲其管內九國逋租遂薄其正稅而諸國準之是歲又發倉賑相模窮民

丁未十四文治三年〔日本史〕夏四月甲午諡養和帝曰安德天皇六月戊戌上準母皇后號曰殷富門院秋八月敕源賴朝捕京師羣盜賴朝遣千葉常胤下河邊行平詗察〔日本外史三源氏下〕三年春遣中原親能大江廣元等修

閑院殿時輦下多强盜遣千葉常胤下河邊行平按之寓書於藤原經房稱鎮壓亂賊莫若二人二人至京師賊盜悉平

戊申 十五 文治四年〔日本史〕春三月壬子赦天下每家門戶安置四天王經仁王經等夏五月己未先是源賴朝遣藤原信房及天野遠景擊鬼界島是月降之

己酉 十六 文治五年〔日本史〕春二月丁丑下院宣源賴朝繕治大內閏四月己未晦藤原泰衡攻源義經殺之秋七月丁丑敕源賴朝討藤原泰衡戊寅上西門院崩己卯葬上西門院九月庚申源賴朝擊藤原泰衡克之泰衡部下斬泰衡而降冬十二月己亥以兼實爲太政大臣攝政仍舊敕源賴朝入朝〔日本外史三源氏下〕四年六月造六條殿五年正月敘正二位三月修大內七月奏請討陸奧藤原氏以其舍義顯也義顯即義經削籍改名義經之出京師也上舟於大物浦遇颶與行家相失匿吉野五日山僧羣聚捕之佐藤忠信曰臣兄既授命於屋島臣今亦將代君死乃佯稱義經亂射義經得間逃至多武峯又從十津川復還匿京師忠信亦來匿而發覺與吏卒鬭終自殺義經乃與妻河越氏及辨慶等僞道士裝由北陸道奔陸奧初

義經姬靜從匿吉野義經諭之訣別使僕齎資送歸京師僕奪其
資棄靜靜獨行風雪中為山僧獲致於北條時政送之鎌倉詰義
經所在靜固陳不知以其有娠畱之夫人政子聞其善歌舞欲一
見引病不往賴朝夫妻詣鶴岡祠召靜命舞垂簾觀焉靜固辭強
之再三乃起上場工藤祐經撾鼓畠山重忠擊銅拍子靜整衣而
進唱離別曲又作歌言慕義經意眾皆垂泣賴朝色變曰賤婢不
肯頌我而敢慕亂人欲誅之政子諫止賜纏頭罷之祐經與梶原
景茂等俱就靜舍飲景茂景時季子也醉挑靜靜怒而泣曰吾曾
侍豫州豫州非鎌倉公親弟哉女乃公家人何遇吾亡狀使公而
全友道女欲識我面得乎景茂大慙巳而分身生男安達清經受
命奪而戕之靜見放還政子厚賜遣之初賴朝聞藤原秀衡舍義
經奏劫其納亂人院宣讓秀衡秀衡陳謝尋病卒遺言子泰衡等
舉二國聽於義經以抗賴朝有院宣使泰衡圖義經泰衡疑惑是
歲二月賴朝奏曰泰衡庇反者罪與反同臣請奉王命伐之因大
徵兵四月晦泰衡遣兵襲衣川辨慶經春等奮戰死義經手刃妻
子而自殺五月泰衡乃使使齎義經首來獻鎌倉賴朝方落鶴岡
浮圖使使止之於遂六月首至盛以漆函醇酒浸之令和田義盛
梶原景時檢之或曰義經不死匿在蝦夷賴朝不復推究遂奏泰
衡負險阻化不速奉敕不可不伐朝議未許而徵兵稍聚賴朝詔
之大庭景能景能曰大將臨事不顧君命且泰衡先世為君家人
君討其罪何須敕允聚兵徒費毋為也賴朝從之使景能及三善
康信等畱守鎌倉分為三軍常陸下總兵自東海道進千葉常胤
八田知家將之武藏上野兵自北陸道進比企能員宇佐美實政
將之賴朝自將中軍以畠山重忠為先鋒自東山道直入陸奧次

於多古小山政光迎犒之入謁見一甲士侍問其名賴朝曰此本朝無雙勇士熊谷直家者也政光曰此輩單進與臣等異故易成名耳士赴君難何有彼此顧其子朝政朝光曰女等亦單進八月賴朝進至白河關泰衡軍於鞭楯而城厚樫山北使庶兄國衡將精兵二萬守之國衡將金剛秀綱以數干人爲先鋒山下穹大壕引遇隈河豬之賴朝令重忠赴攻發卒塡壕朝光挺身與加藤景簾等進擊重忠繼進大破之秀綱退合於國衡日既暮賴朝令軍中明日攻城三浦義村葛西淸重先登襲數千人旦日賴朝親進攻城甚固國衡善拒朝政朝光以下皆殊死戰呼聲動地積鏃成堆朝光與族朝綱豫遣死士七人自城後冒險入大呼而射城兵謂大兵來擊則大亂國衡潰圍北走和田義盛張弓追之國衡亦回馬射義盛先發中其左膊國衡傷走重忠部將大串某追斬之朝光亦追獲秀綱泰衡聞敗而遁賴朝進至國府東海道軍斬敵將佐藤元治以下十八輩而來會賴朝未詳泰衡所在使朝政等攻物見岡而自圍誰毋城城兵皆降乃出令曰我軍至津雲橋則敵避之平泉以死守之先鋒諸將勿貪功輕進傷吾一士遂以諸軍進連破栗原三迫諸寨遂至平泉泰衡已火城遁使使乞降不許九月進軍陣岡北陸軍度念珠關斬敵將田河行文等而來會兵總三十萬騎白旗薇空泰衡奔蝦夷至贄柵其將河田二郎襲殺泰衡持其首來降賴朝請讓之曰泰衡在吾掌中何須若力哉若忘恩規利大逆無道乃斬之命梟泰衡首而宣旨適至乃進至厨川泰衡族後衡以下悉出降賴朝出鐮倉四十餘日而平陸奧出羽乃索其版籍皆羅兵燹既聞實俊實昌者諸州事召見之使圖其所記以知其戶口阨塞復流民賚老人放俘囚禁鹵掠取糧

於上野下野毫不累土人乃至國府大書其廳曰國法一切仍秀衡之舊勿得更革令葛西清重留釐州事使使奏捷謝其擅伐簿上將士功請分予二州地十月還鎌倉十一月法皇欲賞其戰功遣大江廣元辭之請賑貸陸奧窮民十二月法皇封賴朝以伊豆相模促朝京師

庚戌光宗紹熙元建久元年〔日本史〕春正月戊午天皇加元服二月先是藤原泰衡將大河兼任作亂陸奧出羽源賴朝遣兵擊平之夏四月甲午改元壬寅攝政兼實罷太政大臣乙巳上所生準三宮藤原氏號曰七條院己酉立女御藤原任子爲中宮法皇敕源賴朝修六條殿冬十月壬午朔始讀史記十一月己未源賴朝入朝十二月甲午源賴朝還鎌倉〔日本外史三源氏下〕先是出羽留守檢邑將廢開田賴朝禁止之以安人心已而泰衡舊臣大河兼任在出羽聚數千人詐稱源義經木曾義高建久元年正月轉入陸奧由利維平逆戰死之淸重上變使者謬報曰由利維平奔橘公成死賴朝曰維平非奔者公成非死者驗之果然乃令上總介足利義兼與千葉常胤比企能員將兵伐之小山朝光以下邑陸奧者道會之相模以西具兵待命脅從降者勿斬二月義兼等與兼任戰於栗原大敗之兼任卻阻衣川陣義

兼等亂流又大敗之清重率州兵來會兼任逃之外濱壘於兜昧山義兼等圍而鏖之兼任脫走蹤龜山爲樵夫斧殺賴朝責出羽留守失政罰甲二百賴朝以天下全定乃議入朝重忠爲前隊常肩殿之十月發鎌倉由海道入朝途過內海謁義朝冢至青墓召女延壽先是延壽聞賴朝起返致其所託刀截鬢於是相見道舊故十一月入京師居六波羅先謁法皇創日朝帝帝直授權大納言尋兼右近衛大將法皇待之甚厚每入見漏數刻不許出十二月辭兩職賜大功田百町薦功臣十人拜衛府官使藤原高能留守六波羅而辭歸鎌倉凡往還所需不累百姓遠近悅服

辛亥二　建久二年（日本史）春三月丙子以內大臣藤原兼房爲太政大臣夏四月癸卯延厤寺僧徒奉日吉祇園北野神輿詣閑院訴左兵衛尉佐佐木定重殺傷神人宮仕法皇諭僧徒還山僧徒不奉詔棄神輿於陣頭而去甲辰還祇園北野神輿於本社權遷日吉神輿於祇園丁未晦流佐佐木定重於對馬定重父定綱於薩摩兄廣綱於隱岐弟定高於土佐下其從者五人於獄五月戊申朔僧徒迎日吉神輿而還六月癸卯進準三宮覲子內親王號曰

宣陽門院冬十二月辛卯以攝政兼實爲關白

壬子三 建久三年〔日本史〕春三月乙酉法皇崩丁亥葬後白河天皇

秋七月壬午以前權大納言源賴朝爲征夷大將軍〔日本外史三源氏下二年正月政公文所稱政所凡事以政所下文行二月修法住寺殿冬法皇弗豫賴朝齋戒禱祈焉三年三月遂崩賴朝因大張法會施浴於民一百日七月天皇詔以賴朝爲征夷大將軍使中原景能就拜之賴朝曰吾爲武臣敢坐受王命乎使三浦義澄迎天使於鶴岡祠受詔書思其父死義以榮之也〕

癸丑四 建久四年〔日本史〕春正月辛未以天皇患痘瘡修不空羂索法天曹地府泰山府君祭

宋史日本傳光宗紹熙四年泰州及秀州華亭縣復有倭人爲風所泊而至者詔勿取其貨出常平米賑給而遣之

甲寅五 建久五年〔日本外史三源氏下四年正月定將士坐次四月獵於那須野五月大獵於富士野長子賴家從焉罷將還伊藤祐成者與弟時致夜入工藤祐經舍斫殺之會雷雨士卒出鬭多死者遂斬祐成時致犯幕被捕旦日賴朝親詰之

蓋祐成父祐泰嘗爲祐經所殺奪其曾我莊故復仇也賴朝問何犯吾幕曰吾祖祐親將軍仇之吾仇祐經將軍寵之吾是以怨焉賴朝壯之思宥其死祐經子哀訴乃處斬復曾我莊租以弔二孤二孤之變鎌倉訛傳賴朝遭害夫人駭悲範賴曰安之範賴在焉賴朝聞而惡之初義經負功專恣而範賴每事稟賴朝及義經反令範賴討之固辭不許將發入見賴朝曰汝亦爲九郎之貳舞者範賴大懼不敢發獻誓書十通至是又獻焉就大江廣元謝失言賴朝見其誓書署源範賴曰稱姓濫也使者辨之不釋賴朝夜聞牀下有人氣息急呼衛士結城朝光發牀獲一人乃範賴力臣當麻也曰臣視參州憂迫欲聞幕中之議耳掠治之無異辭八月遂命狩野氏拘範賴於伊豆修禪寺其羣臣相聚據濱館遣兵夷之枕原景時勸殺範賴以其手兵五百襲之範賴射殪十餘人縱火自殺五年八月安田義定亦被殺義定子義資嘗挑賴朝侍女爲景時所發處斬義定坐免憤怨有告其反者於是殺之

乙卯寗宗慶元元 建久六年（日本史）春三月己丑源賴朝入朝夏六月戊寅源賴朝還鎌倉

丙辰二 建久七年（日本史）夏六月癸酉平知忠作亂擊平之冬十一月庚子關白兼實罷以前攝政基通爲關白十二月甲寅太政大臣兼房罷（日本外史三源氏下）六年三月賴朝與政子賴家赴南都落東大寺寺嘗爲平氏所燒東法皇修之賴朝爲給

其資令僧文覺司役慶以馬千匹遂朝京師踰月而歸時平賀義信爲武藏地頭百姓便之賴朝揭其廳曰凡守國者當則義信八月令東國地頭有匿姦盜者皆奪其職以予捕獲者七年六月平知忠者聚兵京師謀襲賴朝妹夫藤原能保能保初請賴朝延後藤基清自衛於是基清攻殺知忠平氏餘黨於是悉平

丁巳 三 建久八年

戊午 四 建久九年［日本史］春正月己酉立皇子爲仁爲皇太子即日傳位於皇太子上尊號曰太上天皇帝在位十五年齡未滿二十諸皇子尚幼而施爲不得如意遂有脫屣之志權大納言源通親贊成之帝意乃決然聽斷機務一如在位徙二條殿後御賀陽院或御鳥羽白河宮又造離宮於水無瀨極泉石之勝及土御門帝去位稱本院屢幸宇治熊野四天王寺常惡關東之專權建四天王院於白河詛源實朝承久元年正月實朝見殺實朝母北條氏及其宰北條義時奏請擇雅成賴仁二皇子立爲將軍上皇以爲

兄既登天位而弟又專制關東是地有二王也不許義時乃迎藤原道家子賴經立之朝權下移上皇謂自賴朝握兵權當時既患其難制今幸其嗣絕矣義時何爲者身爲家人廢格詔旨今而不圖王道墜地會義時收信濃人仁科盛遠食邑上皇敕還之又以攝津長江倉橋二莊賜倡龜菊地頭侮慢龜菊不以領主待之龜菊訴之因下敕停地頭義時皆不奉命上皇蓄怒決意討之三年五月託城南寺流鏑馬集山城大和等十四國兵士聲罪討義時義時遂反遣弟時房子泰時等將兵十九萬犯京師六月官軍連敗上皇憂迫計無所出自賀陽院遷四辻殿既而泰時等陷京師七月上皇遷於鳥羽殿薙髮受戒法名良然未幾遷於隱岐海部郡苅田鄉依巖穴爲宮茅茨松椽僅蔽風雨在隱岐十九年矣世稱隱岐院延應元年二月崩於隱岐年六十火葬於苅田山中遺

詔不置國忌山陵故北面藤原能茂收御骨還京師藏於大原西林院稱曰顯德院仁治二年二月造法華堂於大原安御骨及後嵯峨帝登極改稱後鳥羽院寶治元年四月北條時賴建祠於鎌倉鶴岡西北山稱曰今宮帝敏慧多能最妙和歌讓位後置和歌所於禁中及水無瀨宮命源通具藤原有家等撰新古今和歌集親臨裁定又好講究故實嘗與羣臣習節會除目儀帝自爲內辨執筆學琵琶於藤原定輔深造精微善蹴鞠藤原泰通藤原宗長藤原雅經等嘗上表稱蹴鞠長者又善相劍每造刀親淬之世謂御所鍛多賜武人佩之有膂力好武技最善弓馬始置西面以配北面命關東選貢練達射藝材力絕倫者先是今津有盜遣西面捕之盜多力不能捕獲帝駕船往觀舉櫂指揮盜乃受縛帝問曰健兒何輒見縛曰見大家執櫂如揮扇不覺慴服帝赦爲奴每遊

幸必從焉帝在位日憤王室陵替有恢張之志而志業不就遂遭播遷之禍矣〔又〕中宮藤原任子（攝政兼實女）典侍某氏藤原重子（式部少輔範季女）源在子（法勝寺執行能圓女）藤原氏（內大臣信清女）藤原氏（大納言定能女）源氏（少納言信康女）尾張局（法眼顯清女）丹波局（父織簾爲業）瀧（舞女）姬法師（舞女）子十四重子生順德帝雅成親王寬成親王某氏生僧尊守在子生土御門帝信清女生長仁親王賴仁親王定能女生尊圓法親王僧行超尾張局生朝仁親王瀧生覺仁法親王姬法師生僧覺譽僧道伊僧道緣

土御門天皇

〔日本史〕土御門天皇諱爲仁後鳥羽第一子也母承明門院源在子建久六年十二月壬子生九年春正月己酉立爲皇太子卽日受禪於閑院以關白基通攝政戊午尊後鳥羽帝曰太上天皇三

月庚子卽位於太政官廳時年四歲尊準母前齋院範子內親王曰皇后

己未 五 正治元年（日本史）春正月乙巳征夷大將軍源賴朝薨戊午敕左近衛權中將源賴家總督諸國守護（日本外史三源氏下）八年十二月賴家敍從五位上爲右近衛權少將九年十二月稻毛重成修相模川橋賴朝親臨落之歸墜馬疾作明年正月遂薨年五十三賴朝年三十三起兵六歲夷平氏握天下兵馬者十五年乃沒詔以賴家爲右近衛權中將總天下守護地頭是歲正治元年也 夏四月戊子改元六月壬午以右大臣藤原賴實爲太政大臣

庚申 六 正治二年（日本史）夏四月庚子立守成親王爲皇太弟六月壬子上上皇中宮號曰宜秋門院

宋史日本傳慶元六年至平江府嘉泰二年至定海縣詔並給錢米遣歸國

辛酉 嘉泰元 建仁元年（日本史）春正月甲戌越後人城長茂率兵圍小

山朝政第不克入二條殿請討源賴家上皇不聽二月甲午改元
癸卯城長茂伏誅冬十二月戊戌始讀孝經甲子太皇太后藤原
氏崩

壬戌 二 建仁二年（日本史）春正月辛酉號所生準三宮源在子曰承明門院秋七月甲子以左衛門督源賴家爲征夷大將軍（日本外史三源氏下）賴家年十八北條時政以外祖執政不使賴家親聽訟獨與其狎臣五人游處寖淫縱母政子驟戒之不悛時政如不聞知也賴家有弟曰千幡爲賴朝所愛嘗置之懷中召宗族諸將屬之小山朝光與焉及賴朝薨朝光欲爲削髮以有遺託未果一日衆言其意梶原景時讒之於賴家曰朝光有忠臣不事二君之語恐有異志朝光聞而自危問計於三浦義村義村義澄子也固善朝光乃與和田義盛安達盛長以下六十六人俱罪狀景時因大江廣元上焉廣元欲其和解不敢上義盛促廣元廣元以實對義盛責之乃上賴家以其疏示景時景時奔其邑一宮無何潛返鎌倉賴家命義盛等逐之毁其第景時據邑聚兵欲擁武田有義爲將軍約至京師舉闔西兵有義者信義子也二年正月景時舉族西奔賴家遣兵追之景時至狐崎爲土豪吉香某所鏖殺衆快之景時終賴朝世信寵不衰建久中熊谷直實與久下直光爭疆而訟直實口訥不能辨怒曰景時黨直光臣無所望矣走出拔刀斷髮西

奔京師賴朝使人遮止之而不問景時義盛有疾景時借其士所
別當而遂不還焉至是義盛乃得復職建仁元年正月越後人城
長茂作亂於京師襲小山朝政第朝政時從幸不在其兵拒卻之
賊闖上皇宮請討賴家宣不許奔匿吉野賴家下令急索二月獲
而誅之長茂姪資盛據鳥阪反賴家命佐佐木盛綱伐之盛綱適
出在其門外命至不入家而發三日至鳥阪其子盛季先登資盛
逃亡其姑曰板額醜而多力善射遂被虜送到鎌倉安田義遠請
娶之賴家問其意對曰欲使生勇士以益於君耳賴家笑而聽之
賴家累遷是歲七月終襲征夷大將軍敘從二位五月有告叔父
全成在阿野謀反使武田信光捕放之常陸尋命八田知家殺之
當是時幕政無大小皆決於時政其族黨半於一府賴家受制心
不能平○日本外史四北條氏賴朝嘗獵富士野賴家甫十二射
中走鹿賴朝大喜使人報知政子政子曰彼將家胄子獲一禽何
頓專使賴朝愧之正治元年正月賴朝薨賴家立政子剃髮為尼
而與聞政事時政敘從五位下任遠江守為政所別當與大江廣
元三善康信中原親能三浦義澄八田知家和田義盛比企能員
安達盛長足立遠光梶原景時藤原行政參決諸政餘毋得傳宣
賴家有狎臣五人下教曰五人親黨有罪勿論七月三河盜起遣
安達景盛討之景盛新買妾於京師殊弗欲行不得已而行歸則
賴家已奪其妾絕愛幸之有告景盛怨望者賴家令五人討之府
下大擾時賴朝薨纔六閱月政子急如安達氏使使請讓賴家且
曰汝不聽我言吾以身當汝箭賴家乃止政子徵景盛誓書使佐
佐木盛綱齎送賴家以和解之因諭賴家曰視汝近狀倦政忘民
遠賢近佞止聲色是溺無禮於親戚願少留意勿及於悔賴家殺

樂如故已而聽梶原景時讒欲誅結城朝光朝光與諸將連署抗訴景時出奔旋還鎌倉時政逐之景時終奔京師令人追誅之二年五月有爭疆而訟者賴家親其地圖援筆抹圖中央曰廣狹命也不能費按檢凡疆場之訟以此爲準卽不厭心不如無爭十一月辛未朔日南至公卿表賀乙丑攝政基通罷以左大臣藤原良經攝政

宋史日本傳嘉泰二年見前慶元六年下

癸亥 三 建仁三年日本史秋八月丙申朔延麻寺西塔釋迦堂學生與堂衆不協築城逼堂衆辛丑堂衆率莊官攻學生院宣喩之堂衆解去九月丁卯北條時政殺源賴家子一幡壬申源賴家母北條氏廢賴家立其弟實朝詔以實朝爲征夷大將軍冬十月庚戌延麻寺堂衆據金子山遣佐佐木經高佐佐木盛綱援學生攻之官軍多死堂衆引去

甲子 四 元久元年日本史春二月甲寅改元三月乙酉先是平氏族

富田基度三浦盛時等作亂伊賀伊勢遣武藏守源朝雅討平之

秋七月戊寅北條時政殺前征夷大將軍源賴家〔日本外史三源氏下〕八月賴家有疾政子與時政議令傳總守護於其長子一幡而割關西三十八州地頭以與千幡一幡外祖比企能員因其女謂賴家曰近日之議分權起爭不便莫大焉賴家亦憤北條氏所爲密召能員於臥內與議事政子於側耳障外聞之使人馳告於時政時政與其黨謀之伏甲而託事召能員能員子弟皆曰毋往即往以兵自備能員曰是啟釁也彼何有他意遂往甲起殺之從者走歸告之其子宗員宗員舉族奉一幡據小御所時政遣長子義時率諸將攻之宗員員等奮擊卻之畠山重忠選兵疾攻宗員力盡焚第自殺遂悉夷其族幷殺一幡諸與能員親善者皆見誅竄賴家病間聞變大恨怒時政政歸罪於仁田忠常殺之忠常刃能員者也既而宣言賴家與忠常圖己遂迫賴家剃髮幽之修禪寺以千幡代之賴家幽囚無憀寄書於母與弟請得故近臣數人侍己不荅遣三浦義村視察之禁其通書明年七月時政遣一人圖之憚賴家矯捷候其浴圍之飛經約首以殺之年二十三子一幡先卒猶有二子長者四歲政子使千幡養之遂爲僧曰公曉次者曰千壽丸爲中務丞某所養千幡十二歲而立詔敘從五位下襲征夷大將軍賜名實朝居北條氏第下令安撫諸將徵誓於京畿西國將士遣武藏守平賀朝雅率關西地頭監護京師元久元年三月伊賀伊勢盜起伊賀守護守藤經俊逃走實朝令朝雅討之獲盜魁平基度平盛時乃奪經俊職授於朝雅朝雅義信子也與畠山重忠皆娶時政女

而朝雅所娶其後妻牧氏出也以故時政偏愛朝雅寝惡重忠終欲殺之誣以謀反令二子義時時房攻殺重忠子重保其第重時而重忠在其邑時政遣人給告鎌倉有難宜赴援重忠卽從百餘騎而發中途望見大兵蔽野而來始知其實部下交勸其據邑聚兵重忠不肯曰吾不傚梶原景時之苟免而貽譏也奮戰中箭死重忠族稻毛重成榛谷重朝等同日皆斬重成初媚時政構陷重忠而終爲時政所殺北條氏忌重忠日久重忠勇而有衆從賴朝常爲軍鋒而性忠厚不欲與人爭功賴朝深知其長者委託後事而爲北條氏所陷天下冤之七月分畠山氏邑以賞將士實朝在時政第時政終謀弑實朝立朝雅因聚兵事覺閏月政子遣諸將遷實朝於義時宅兵皆從歸焉義時終從時政夫妻於北條里令京師將士誅殺朝雅當是時諸豪傑千葉常胤土肥實平等皆老死佐佐木高綱熊谷直實前後逃隱獨北條氏專掌幕府事而實朝仰其成○〔日本外史四北條氏〕建仁元年秋大風雨關東禾稼不登下總海溢民死者千人九月蹴鞠工紀行景至自京師大江廣元攜謁賴家賴家素好蹴鞠請上皇得行景也自是日學其技不復視朝義時有子曰泰時少有器局密召賴家狎臣中野能成謂曰蹴鞠無害於事獨不畏災異乎故將軍每逢天變輒止出遊是後世所當法耳子親臣也盡嘗試諷之時北條告饑泰時且往覘之會僧觀淸至曰將軍聞能成語怒曰言非無理踰祖父而言何也公且稱病歸邑族其怒衰可也泰時曰吾聊語鄙意於侍臣耳豈敢諫[illegible]卽被譴怒非所避也吾有事如邑旦日將發子莫以爲避焉乃[illegible]蓑笠視之遂至邑邑人去歲貸籾種約明稔償之而不稔也相[illegible]謀逃亡於是泰時召諸負債者悉燒其券曰父老安之饑

使年豐吾不復責也乃賜酒食人給斗米皆泣拜祝曰願使君多子孫二年七月泰時娶三浦義村女義村義澄子也三年七月賴家有疾政子議使其遜職分其所管傳之同母弟千幡與子一幡一幡母比企能員之女也能員陰懷異議使其女說賴家賴家遽召能員欲圖北條氏政子微聞之急作書使侍女齋致時政時政將赴召越第途得其書按轡思念直詣大江廣元曰能員憑恃外戚之親淩蔑眾士今又乘將軍不省事矯命圖逆宜先發誅之否乎廣元曰僕自先將軍在日獨執文墨議論至於兵事不敢與知今日之事在公之心耳時政即起天野遠景仁田忠常在從騎中至荏柄祠前時政顧謂二人曰能員反矣子等將兵伐之遠景曰殺一老翁何必發兵宜召而誅之耳時政至第又召廣元廣元有戒心而屏從士獨從一人曰有急刺我遂往時政與之坐良久乃罷於是時政衷甲令遠景忠常伏中門而遣人謂能員曰吾修佛事公盍一臨因與計事能員輒往入門二人突出捉其左右手伏而斬之其僕走歸比企氏族擁一幡據其第遣義時泰時將兵攻之比企氏縱火自殺一幡燒死賴家病間聞之大怒使堀親家密命和田義盛仁田忠常誅時政義盛告之時政時政召忠常久之不出其馬卒怪而歸告忠常二弟危疑遂攻義時第義時不在其家人防戰斬之忠常歸途聞之遂赴幕府爲加藤景廉所殺政子終令賴家削髮徙於伊豆無幾何薨於是以千幡爲嗣奉之於時政第更名實朝時政與妻牧氏保護之侍姬阿波局密語政子曰牧氏笑詭中挾忮心不可託保姆之任政子以爲然乃迎實朝置府中以義時弟時房掌營中事是歲時政令女壻源朝雅率關西守護往鎮京師元久元年義時爲相模守二年有告畠山重忠反

義時時房將兵擊之初重忠與朝雅皆時政壻而朝雅所娶牧氏出也以故最被親愛是歲實朝娶於京師命重忠子重保等迎之候朝雅於六波羅與飲爭禮相鬩朝雅終惡之於牧氏牧氏慫與時政謀殺重忠父子誣以謀反召義時時房議擊之二子諫止時政怒而入牧氏使人謂義時曰以繼母故目吾爲讒乎義時不得已從之擊殺重保遂與重忠戰於鶴峰斬之七月時政遂欲立朝雅代實朝實朝時在時政第政子遣諸將徙之於義時第時政兵率歸義時時政遽削髮老於北條年六十八後十一年卒是月義時時遣兵誅朝雅以時房代爲武藏守八月癸丑流延麻寺堂衆冬十二月乙未太政大臣賴實罷壬寅以良經爲太政大臣攝政仍舊

乙丑開禧元元久二年（日本史）春正月辛酉天皇加元服三月癸未新古今和歌集成秋七月丙寅立女御藤原麗子爲中宮閏七月辛亥源實朝殺武藏守源朝雅於京師

丙寅二建永元年（日本史）春三月戊子攝政太政大臣良經薨辛卯以左大臣藤原家實攝政夏四月戊寅改元大赦秋九月庚辰上準母皇后號曰坊門院乙巳延麻寺堂衆聚徒大津圖亂遣兵捕

斬之冬十二月甲寅攝政家實爲關白

丁卯三 承元元年〔日本史〕夏四月戊戌前關白兼實薨六月辛亥號準三宮藤原重子曰修明門院冬十月丁卯改元

戊辰嘉定元 承元二年〔日本史〕秋八月乙亥尊姉準三宮昇子內親王曰皇后冬十一月癸亥閑院火天皇避之大內十二月壬午以賴實再爲太政大臣

己巳二 承元三年〔日本史〕春正月乙卯太政大臣賴實罷戊子上皇姉皇后號曰春華門院秋八月癸酉皇太后藤原氏崩

庚午三 承元四年〔日本史〕春二月丁未號中宮麗子曰陰明門院夏四月己巳坊門院崩冬十一月己酉天皇傳位於皇太弟上尊號曰太上天皇帝溫醇淵懿仁慈矜物施爲不耀後鳥羽帝深愛順德帝使亟傳位帝雖心不懌而無幾微形於色從此居閒詠和歌

自娛後鳥羽帝之討北條氏帝謂時未至屢諫止之後鳥羽帝不聽及王師敗北條義時遷二帝於海外帝以不預軍事獨不及焉然不忍留京師使攝政道家諭旨鎌倉義時徙帝於土左世稱土左院居一年義時以爲尙遠改徙於阿波世又稱阿波院寛喜三年十月薙髮法名行源甲子崩於阿波年三十七火葬送御骨於京師藏西山金原法華堂稱土御門院初後鳥羽帝欲立長仁親王爲儲貳而未決及將脫屣齋戒七日禱大神宮探籌首得帝意甚不樂及上食輟箸不御沈吟久之曰無如之何無如之何左右不知故承明門院尙列嬪侍左傍顧曰往告乃父今宮膳羞宜加意門院悟旨趨告其父通親今宮卽帝也帝遂得承大統矣又中宮藤原麗子太政大臣實賴女 典侍源通子參議通宗女 掌侍高階氏大舍人頭仲資女 源氏貞光女 源氏通子同母妹 藤原氏中納言範先女 源氏權中納言有雅女 藤原氏

法印定勝女　源氏僧都證偏女　某氏法眼覺亮女　某氏法眼圓讐女　某氏法印尋慧女　丹波
局法橋雲顯女　某氏律師兼尊女　子十一　通子生後嵯峨帝仁助法親王靜
仁法親王高階氏生道仁法親王定勝女生道圓法親王覺亮女
生尊守法親王圓讐女生最仁法親王尋慧女生尊助法親王兼
尊女生僧增仁又僧懷尊僧寂惠失母氏

順德天皇

日本史順德天皇諱守成後鳥羽第三子也母修明門院藤原氏
建久八年九月庚戌生正治元年十二月爲親王二年四月立爲
皇太弟建仁三年十二月始讀孝經承元二年十二月冠四年冬
十一月己酉受禪於押小路殿關白家實左大臣藤原隆忠右大
臣藤原良輔內大臣藤原公繼權大納言兼左近衛大將藤原道
家大納言兼右近衛大將藤原公房竝如故十二月己未尊土御

門帝曰太上天皇壬午天皇卽位於太政官廳時年十四

辛未 四 建曆元年〔日本史〕春正月丙午立女御藤原立子爲中宮夏六月丙午準母八條院崩冬十一月丙辰春華門院崩甲子葬春華門院

壬申 五 建曆二年

癸酉 六 建保元年〔日本史〕夏五月和田義盛攻北條義時於源實朝第敗死〔日本外史三源氏下〕實朝性喜文事師文章博士源仲章學和歌於中納言藤原定家而武技不及賴家然賴家荒淫至奪安達景盛妾欲殺景盛賴朝召呼諸將不敢名之賴家輒名之平知康等以技藝進負寵淩人將士憤怨實朝爲人優柔爲將士所愛初年令將士各獻賴朝所下文書爾時所授地頭不輒褫職自賴朝賴家之世數禁守護地頭干與吏務侵取分外至是又徵其下文辨恩勳之殊使結番追捕遣使者行管內問吏民冤枉然政權在於義時實朝日夜與文士飲宴耽溺歌詠不問外事義時益專建保元年信濃人泉親衡奉故賴家子千壽丸起兵討義時使僧安念說諸將諸將多應者義盛二子義直義重姪肖長等與焉次至千葉成肖成肖不肯執安念送之義時義時令家臣金窪行親安藤忠家鞫之得狀遣兵執親衡親衡姓源經基子滿

快之遠孫也有勇力殺吏卒數十人而逃千壽丸削髮匿京師義直等就虜是時義盛在上總馳歸面謁請贖二子義盛爲實朝所親信特受命與結成朝光並統衞兵於是聽其請義盛大喜而出旦日以其族九十八人列幕府南庭因大江廣元乞赦胤長義時素忌其彊宗欲激而除之命行親忠家縛胤長過義盛前而屬之吏放陸奥義盛慙忿塞門不出胤長第在便地多欲得之者義盛請實朝遣人守焉義時請而奪之逐守者割與行親忠家義盛大怒遂欲滅北條氏日夜會宗黨謀之謀泄幕府使者來問之義盛陳謝無他使者徵見其子弟閱兵狀還報有令徵兵更遣使者詰義盛義盛乃對曰老夫受故將軍殊恩豈敢謀反獨兒輩憤義時專恣欲往問狀老夫諭之而弗聽也遂以百五十騎分爲三隊分攻義時廣元第而急赴幕府欲取實朝其族三浦義村與弟胤義約守北門而意中變走告義時義時與廣元自北門入義盛隨圍之三子義秀排門而入所向皆破與足利義氏遇攫其甲袖義氏鞭馬蹂壕袖斷義秀與土屋義清古郡保忠俱奮擊一府中皆辟易有縱火者煙燄滿天義時廣元挾實朝避之法華堂接戰一晝夜黎明義盛兵疲退軍前濱會橫山時兼舉族來援得三千騎軍復振近國兵聞變來聚義時召之疑而不至請實朝教書示之乃至既而義直戰死義盛泣而氣沮終爲江戶能範所射殺七子皆死義秀以五百人航海而逃義時分和田氏邑以賞將士○日本外史四北條氏先是和田義盛求爲上總國司賴朝制諸士不得爲國司以故不許義盛獻書因大江廣元苦請三歲不獲命乃請還前書亦不省建保元年義盛子姪黨於泉親衡者謀擁故賴家子作亂事覺義盛請宥其子得釋遂舉族抵幕府又請宥其姪姪

爲首謀不可釋義時縛之屬吏五月二日義盛輒舉兵反三浦義村以族人故黨之既而與其弟胤義議自白於北條氏北條氏有宴義時方與客棋報至終局而起更被烏帽子穿水干衣以赴幕府與大江廣元奉實朝徙於賴朝影堂令長子泰時將兵防之次子朝時與義盛子義秀鬪破創義盛兵乘勝而進呼聲震天申而戰見星未已泰時督戰身先士卒黎明擊卻義盛兵自扼衢路遣足利義氏追擊之敵兵復振義時與廣元連署令武藏相模諸國來援敵驍將土屋義淸中流矢死敵兵大沮義盛以下敗死泰時獻首虜置酒勞諸將士謂之曰吾不復飲酒昔與宴其明亂作吾擐甲上馬而宿酲未醒吾意自今禁飲已而戰數十合渴而索水葛西六郎執榼進酒我輒飲之甚矣吾無常操也吾不復飲也已而論功行賞泰時辭賞曰義盛無反心獨恨臣父爾而諸將士多爲之致死臣爲父擊仇焉可受賞宜以賞臣者恤死事之家弗聽義時代義盛爲士所別當即日移書京師鎭安將士九月故畠山重忠季子僧重慶在日光山謀反遣小山宗政捕之宗政斬之還報實朝使人言曰重忠冤死其肩爲變虛實未可必汝輒斬之何也宗政瞋目曰彼髡反跡已明臣所以不生致者恐將軍聽內謁宥之也將軍詠歌蹴鞠廢棄武備重婦女輕戰士諸沒官之邑舉與嬖妾故將軍之業墜矣實朝怒禁其朝從無幾何得解實朝爲人優柔耽溺歌詠雖有罪者獻歌則免而軍國事一決於義時

秋八月辛未淸水寺僧徒與延麻寺僧徒爭地築城將戰遣使毀城罷兵延麻寺僧徒不奉命慢罵使者官兵捕斬之甲戌延麻寺

僧徒釘中堂滅三昧堂燈破七社簾鏡鎖諸門逐祠官朝廷患之罪行事西面解之約以日吉祭準賀茂祭給六月會費學頭一人歲任律師僧徒乃定冬十一月癸未興福寺僧徒怒清水寺割地入延厤寺將燒延厤寺率二萬人奉春日神木至宇治燒小倉遣檢非違使遏之甲申遣權中納言藤原光親於宇治諭之罷延厤寺座主公圓罪僧綱十二月壬寅改元己酉建禮門院崩

甲戌七 建保二年(日本史)夏四月己酉延厤寺僧徒怒園城寺僧徒將奪日吉社日御供神田屬新羅社行火園城寺堂舍盡焚六月癸卯號準三宮禮子內親王曰嘉陽門院秋八月己亥興福寺僧徒將援園城寺攻延厤寺奉神木入京師遣官兵於宇治勢多淀遏之冬十一月癸酉和田義盛餘黨挾故征夷大將軍源賴家子僧榮實謀攻六波羅大江廣元遣兵掩捕榮實自殺(日本外史三源氏下)二年

六月畀實朝齋戒誦經既而雨滅東國租稅十一月義盛遺臣奉
下壽丸聚兵京師事覺大江氏卒攻殺之十二月實朝命僧修法
會日晦昔夢義盛率族羣至我前吾爲修其冥福也○日本外史
四北條氏二年冬和田氏餘黨作亂京師戍卒擊夷之七月定鎌
倉賈人
之貝

乙亥 八 建保三年日本史春三月甲戌園城寺僧徒燒東坂本

丙子 九 建保四年日本史夏四月乙酉準母殷富門院崩丁亥葬殷富門院

丁丑 十 建保五年日本史春三月乙巳前太政大臣兼房薨

戊寅 十一 建保六年日本史秋九月庚寅先是筥崎宮留守殺大山寺神人議罪下留守於獄延厤寺僧徒不服是日奉日吉祇園京極寺北野神輿詣闕請流管主石清水別當僧宗清及以筥崎宮屬本寺官兵遏之誤傷駕輿丁僧徒棄神輿去冬十月丁未以內大臣藤原公房爲太政大臣辛亥神輿歸座十一月甲午立懷成親

王爲皇太子

己卯二十承久元年〔日本史〕春正月甲午故征夷大將軍源賴家子僧公曉殺征夷大將軍右大臣兼左近衛大將源實朝〔日本外史三源氏下〕先是實朝已累敘正二位任權中納言六年累遷至權大納言三月權右近衛大將大江廣元從容言曰將軍欲貽慶來裔宜戒滿盈盡辭諸官獨帶征夷將軍及高年然後求大將實朝曰吾非不悅以卿所言然吾念源氏正統縮於今日不可慮子孫吾欲飽取官職以舉家聲不暇慮子孫也廣元無言而退先是宋佛工陳和卿來在大和實朝不朝召見之和卿自稱知實朝前生實朝遂欲如宋命造巨舩旣成不可用是歲北條氏召故賴家子公曉至自京師用補鶴岡別當公曉常憤父幽死謂實朝父仇也竊謀報復稱有所祈祈鶴岡祠者千日時鎌倉傳言幕府有怪物被婦人衣行步如飛十月實朝任內大臣十二月進右大臣承久元年正月拜賀於鶴岡祠卜二十七日戊時將出廣元進謂曰臣久平生未嘗出涕今無故迻然臣危疑焉先大將落東大寺衷甲自備君宜倣焉毋輕舉也源仲章曰大臣大將不可衷甲廣元又請晝日行禮仲章曰秉燭故事也實朝臨出使秦公氏梳髮拔髮一縷與之酒曰吾遺物也公尋以下悉從隨兵千騎義時侍持劍焉比入祠門稱病作授劍於仲章而歸實朝乃悉屏隨兵獨仲章從儀畢揖公卿降階有一人自陪側跳出揮刀斬實朝及仲章持其首逃去時方闇黑內外騷擾不知何人所爲已而有大呼者曰吾公曉也報父仇矣眾始

知公曉所爲鬭其所居公曉提實朝首直赴備中某宅以食手不釋首二浦義村少子爲公曉弟子公曉因使使問計於義村義村給日將以兵迎而告義時義時命速殺之義村乃遣長尾定景率力土五人赴之公曉望迎兵久之不至乃自踰祠後高阜如義村家途過五人奮鬭定景自傍斬其首送之義時公曉年十九實朝年二十八明日葬實朝不得首以所遺一髮代之源氏正統於此而絕

○外史氏曰余嘗踰函嶺望八州之野北控奧羽知源氏基業深且遠矣世傳八幡公臨終遺書其家曰吾後世必有操天下之權者雖信否未可知非無其謂也蓋我王化自西漸東東之強悍雖服足以敵全國雖中古鋤治纔就條緒叛服不常每爲國患而廟堂不以爲變蓋綱紀之弛非一日也相門爭寵骨肉相軋而不能制也盜賊公行劫公卿焚宮闕而不能禁也則何暇恤邊疆哉而彼貞任家衡等皆桀黠之才足以乘而遑焉微源氏父子封豕長蛇荐食上國誰能拒之其有大功德於天下如此而朝廷讎功不塞其什一賴義遷任適致困敝義家官不過四位衛尉子孫或以罪誅或以謫遂保平之亂又鬭其骨肉殘亡垂盡何報施之劍也天之福人縮於父祖則羸於子孫固其所也故源氏之福大發於賴朝遂得司天下之權義家儻預賭之耶然余嘗謂天下之權歸源氏久矣而源氏不自知也賴義義家經略東北捍護其民前後十有五年而朝廷如不關知焉及其奏功爲將士請賞格遷延不決甚而日以私鬭停之官符使其以私恩噢咻之則是朝廷自舍其征伐刑賞之柄而付之源氏遂令東北豪傑曰盥背天子勿負源氏當是之時使義家一唾手起則函嶺以東非朝廷之有不必待賴朝也而不敢失臣節以終其身乃所以貽慶子孫也舊

志稱賴朝之遺伊東也心私祝日願得主關東八國否則猶領伊豆得以報伊東氏由此觀之其初念不過割據一隅而豪傑之素附焉者爭爲之用兵鋒所嚮莫不克捷又得廷臣抱才而不逞者以轄其所不及而會於國家綱紀極蕩之時碁布所謂素附者於七道而坐制其命是雖其智術有以劫持上下籠絡一世則亦時勢之自至焉而其源實出於父祖之餘慶焉爾吾嘗聞之搢紳之家鎌倉之興大江三善之徒有竊抱民部省簿記而往者亦可以見人心所向矣夫王家自放失其權而莫之或收民安所倚哉於是王族之任其器者代而操之以宰天下亦不得已之勢也源氏以清和之胄世勤勞王事以至於賴朝經營艱苦剏建大業以致天下小康而不敢僭踰恭順其跡又再傳乃亡天未艾源氏之福也是以足利氏新田氏皆以清和之源更起宰天下而皆以上將代操國權以殿事天子莫非襲賴朝之故者則是賴朝爲天下萬世刱不得已之事以立不可踰之限而君臣之際兩得其宜也不然焉知莽操懿卓不接踵我國哉雖日賴朝有功德於天下勝其父祖可也

○日本外史四北條氏當是時鎌倉權勢日盛後鳥羽上皇居常憤憤謀藏蒸氏剏讓位於太子是爲土御門帝尋又使禪之少子是爲順德帝而致常在上皇自後白河時置北面武士上皇益開西面廣斂材勇覲鑄刃竊欲驕實朝以寵之連進其官爵賓朝不覺遂求左近衞大將義時謂廣元日故將軍每宣下輒辭之以爲後肩之地而今將軍年未壯昇進太速又令家臣不朝而取官爵僕愚昧竊危之欲爲入言而恐遣譴怒公盡言焉廣元日僕亦思之故將軍每事下問今也則否故默以至今耳將軍坐享成業而不夭榮進積殃嬰害其能免乎公有言焉僕敢不言遂

入言實朝不聽六年遂爲大將累進右大臣承久元年正月拜賀於鶴岡祠卒爲故賴家子公曉所狙擊薨公曉因欲自立爲將軍義時以政子令誅之初政子與義時俱詣熊野過京師上皇召見政子辭曰東鄙老尼不閑禮節則令前相國賴實妻勞之政子與語曰實朝卽無子敢請得一皇子爲鎌倉主至是令諸將連署奏請曰願擇於上皇二皇子得戴一人上皇不許曰是樹二主也及實朝薨請藤原賴經初賴朝妹壻藤原能保以女妻攝政良經良經關白兼實子也良經生道家道家生賴經以故義時定議遣時房請七月至鎌倉甫二歲政子聽政簾內政子爲人明決佐賴朝定天下爲諸將士所畏服目曰尼將軍以其拜從二位又曰二位尼義時爲右京權大夫兼陸奧守與廣元等令諸將修賴朝舊規義時妻弟伊賀光季與廣元子親廣並護衞京師夏四月

丁丑改元六月丙寅北條義時請迎左大臣藤原道家子三虎而奉之許之秋七月丙午大內守護右馬權頭源賴茂謀亂遣官兵討之賴茂縱火仁壽殿自殺殿舍寶物多焚

庚辰十三承久二年〔日本史〕春三月壬子造大內夏四月戊辰先是興福寺僧忠慶燒藥師寺別院是日敕索天下

辛巳十四承久三年〔日本史〕夏四月甲戌天皇讓位於皇太子上尊號

曰太上天皇帝英敏開朗好典籍最能和歌所親撰有八雲鈔禁祕鈔以修明門院有寵特爲後鳥羽帝所鍾愛故得蚤踐位其討北條氏也專參謀謨及京師陷遷於佐渡世稱佐渡院仁治三年九月十二日崩於佐渡年四十六寛元元年奉安御骨於大原法華堂側建長元年追稱順德院〔又〕中宮藤原立子（攝政良經女）藤原氏（內大臣信清女）藤原氏（權中納言範光女）藤原氏（從三位清季女）宰相局（法印公雅女）子七中宮生九條廢帝範光女生彥成王善統親王清季女生忠成王尊覺法親王覺慧法親王公雅女生皇子某

日本源流考卷十一終

日本源流考卷十二

長沙王先謙益吾撰

仲恭天皇

〔日本史〕仲恭天皇諱懷成順德第三子也母東一條院藤原氏建保六年十月戊申生十一月爲親王遂立爲皇太子承久三年夏四月甲戌受禪於閒院年四歲關白家實罷以左大臣藤原道家攝政太政大臣公房右大臣兼左近衞大將藤原家通內大臣源通光大納言兼右近衞大將藤原公經並如故丁丑尊順德帝曰太上天皇（日本國志時有三上皇後鳥羽曰本院專決政事土御門曰中院順德曰新院）五月丁酉本院將討北條義時稱鳥羽城南寺流鏑馬徵兵山城大和近江丹波美濃尾張伊賀伊勢河內和泉紀伊丹後但馬將士來集凡一千七百餘人拘大納言藤原公經父子於弓場殿召京畿守護大江

親覷藤原光季光季不奉詔戊戌下院宣天下曰近來關東處置亂天下政務將軍猶在幼稚彼義時假言於敎命致斷於都鄙耀己威蔑皇憲論之政道可謂謀反須下知五畿七道諸國追討義時諸國莊園守護人地頭等有上言各宜詣院廳奏隨狀聽斷又竊諭關東諸將募以厚賞遣佐佐木高重三浦胤義等討藤原光季光季伏誅（日本外史四北條氏）實朝遭害之翌月故阿野全成子時元起兵駿河謀自立爲將軍義時遣兵擊殺之賴經至鎌倉之月大內守護源賴茂與子賴氏入仁壽殿縱火自殺蓋賴茂源賴政孫自以爲源氏嫡宗因圖自立事覺被誅上皇謂源氏衰滅王政可復而關東權勢自如會關東家人仁科盛遠者挈二子詣熊野遇上皇幸焉錄其子爲西面盛遠大喜留不東歸義時怒收其邑上皇令復之不奉詔上皇嬖妓龜菊食長江倉橋二莊其地頭侮慢之上皇怒令褫其職義時對曰先右大將以王命誅平氏乃請置地頭以賞有功義時不敢無故褫之上皇積怒遂決意討義時義時素善右大將藤原公經上皇欲殺公經右大臣藤原公繼止之且諫曰臣聞本邦稱曰葦原原之大處是爲關東葦西瀞小以小敵大以弱抗强不待時而行行以無謀臣未知其可也義仲之難可以鑒焉權中納言藤原光親亦切諫上皇皆弗聽使西面藤原秀康誘三浦胤義胤義妻初爲賴家婢生一

男義時殺之妻悲痛胤義戍京師不復欲東秀康於酒閒微說之胤義奮躍應命曰臣兄義村力能擒義時上皇大悅五月使順德帝讓位於太子以便計議太子立是爲九條廢帝上皇乃託城南寺流鏑馬徵畿兵千七百因公經召親廣光季親廣脅從光季不至令胤義秀康討之光季及子光綱奮鬭而死六角西洞院火天皇避之賀陽院乙巳北條義時反發兵犯京師遣弟時房子泰時率十萬餘騎由東海道武田信光小笠原長清率五萬餘騎由東山道北條朝時結城朝廣佐佐木信實率四萬餘騎由北陸道己酉檢非違使藤原秀澄自美濃關報急中外失色壬子參議藤原信成兵河勾家賢據越後願文山與佐佐木信實戰而敗癸丑晦筑井高重起兵赴京師爲北條時房所殺六月乙卯分將士拒險要遣檢非違使大內惟信左衞門尉筑後有長糟屋久季等二千餘騎於大井戶藏人神地賴經等一千餘騎於鵜沼判官代朝日賴時海泉某等一千餘騎於板橋判官代土岐某左衞門尉關某等一千餘騎於池瀨能

登守藤原秀康檢非違使三浦胤義前下總守中條盛綱等萬餘騎於大豆渡阿波某左衛門尉山田某等五百餘騎於食渡判官代長瀨某五百餘騎於稗島檢非違使藤原秀澄山田重忠一千餘騎於洲股前伊勢守加藤光員五百餘騎於市河又遣宮崎定範糟屋有久仁科盛遠等於越中塞北陸道戊午院宣諭武田信光小笠原長淸歸順信光斬詔使進攻大井戶守將大內惟信等大敗大妻兼澄死之己未北條泰時濟大豆渡官軍敗走洲股市河皆不守右衛門尉鏡久綱死之辛酉宮崎定範糟谷有久仁科盛遠等率國人林石黑等與北條朝時戰敗林石黑降糟谷有久死之藤原秀康等還奏諸道失守中外震駭本院戎衣與中院新院幸延厤寺道過法印尊長宅議戰守天皇駕婦人輿奉神器出宮與三院晉西坂本梶井御所壬戌本院欲御延厤寺僧徒不奉

命癸亥本院同天皇二院還自梶井御所居賀陽院公卿建議分遣諸將備禦要害釋藤原公經父子乙丑遣山田重忠延厤寺僧兵二千餘騎於勢多藤原秀康三浦胤義大江親廣佐佐木高重中條盛綱等一萬餘騎於食渡前權中納言源有雅參議藤原範茂右衛門佐藤原朝俊佐佐木廣綱熊野柰良僧兵一萬餘騎於宇治橋判官代長瀨某左衛門尉足立親長五百餘騎於牧島參議藤原信能法印尊長一千餘騎於芋洗大納言藤原忠信二千餘騎於淀河野通信五百餘騎於廣瀨丙寅北條時房宇都宮賴業偪勢多山田重忠拒卻之北條泰時抵宇治丁卯北條泰時等壞屋縛筏濟宇治河源有雅藤原範茂望風潰走藤原朝俊佐佐木氏綱筑後知尚萩野成時等拒戰不克死之賊兵放火食渡廣瀨牧島皆不守戊辰三浦胤義山田重忠藤原秀康還奏諸道失

守本院閉門不內中院新院遷於賀茂貴布禰北條泰時等陷京師三浦胤義山田重忠自殺已巳北條泰時等入六波羅本院遣使諭之復義時本官停征伐院宣壬申本院自賀陽院移四辻殿中院新院還京師下院宣討藤原秀康等癸酉天皇還閑院北條朝時入京師丁丑本院收前權中納言藤原光親源有雅藤原宗行參議藤原範茂送於六波羅戊寅收權大納言藤原忠信參議藤原信能送於六波羅秋七月癸未朔泰時押送忠信光親有雅宗行範茂信能於關東殺之於路忠信獨見釋戊子北條時氏圍四辻殿本院遷於鳥羽殿庚寅本院薙髮攝政左大臣道家罷辛卯天皇遜位於九條院委棄神器於閑院在位七十餘日是爲承久之變文麻元年夏五月戊午崩於九條院年十七稱九條廢帝又曰半帝明治三年追贈曰仲恭天皇〔日本外史四北條氏〕卽日上皇詔五畿七道討義時

召將士問曰東人黨義時者有幾肩義對曰不過千許人莊家定
者進曰不然彼收人心有年於此願爲之死者不可勝計使臣等
在東國亦被籠牢耳上皇弗懌彌益聚兵遣善走者押松齎詔懸
説東國諸豪特使肩義作書以重賞啗義村義村以示義時義時
日唯子意所嚮義村誓無貳心義時哂曰吾預知有此事久矣因
大索鎌倉獲押松奪詔燒之啟狀於政子政子乃大會諸將於簾
下使安達景盛傳命曰吾今日將訣於諸君也先將軍被堅執銳
闢草萊以刱大業諸君所知也令讒諛之徒詿誤人主欲傾危闢
東之業諸君苟不忘先將軍之恩則協心戮力誅除讒人以全舊
圖卽欲應詔西上者今決之諸將皆感激願效力莫敢異辭於是
會義時宅議事義村景盛等皆曰宜扼足柄箱根以待官軍廣元
日不可守險曠日人心內變是自敗之道也宜直進兵攻京師聽
成敗於天耳政子從之以泰時爲將泰時時爲武藏守待武藏兵
至而發居五日或議其懸軍遠進是危道也廣元曰待武藏兵非
計所以生此異論也遷延如此雖武藏兵不保其無變今夜武州
宜單身揚鞭東兵猶雲從龍已三善康信方臥病政子召而諮之
康信對如廣元議於是令泰時卽夜發程黎明泰時帥十騎而入而
西相摸守時房前武藏守足利義氏驍河守三浦義村等從之行
三日得十萬騎自東海道進式部丞朝時自北陸道進武田信光
小笠原長清等自東山道進凡從役者父行畱子子行畱父行者
凡十九萬義時乃放還押松使歸上言日臣無罪被討不敢逃避
聞陛下喜戰謹獻臣長男泰時次男朝時以下十餘萬人使之爲
戰陛下觀焉猶不厭於心則猶有二十萬人在臣將自將以繼之
押松走歸白之內外失色上皇曰可也東人必有乘虛誅義時者

六月朔部署諸官軍宮崎定範仁科盛遠等拒越中藤原秀康三
浦胥義等部諸將為九隊距尾張美濃兵凡一萬七千餘人信光
長清以四萬騎亂大井渡擊官軍將大內惟信走之胥義欲赴援
秀康曰吾腹背受敵不若退守宇治勢多敕旨如此乃鞭馬先走
胥義以下皆從之官軍將山田重忠源滿政苗裔也奮而畱戰泰
時亂流而前重忠連射斃東兵泰時麾軍萃之重忠敗走官軍將
鏡久綱自書名於旗與大江季光戰而敗曰恨與懦夫共事乃自
殺泰時進與信光合義村建策分為五隊其子泰村請曰嚮與右
京君約從武州生死因辭義村從泰時鼓行而西京師震動乘輿
幸叡山山徒遜辭力不足以扞東軍乃還分見兵二萬五千守宇
治勢多及濺時房攻勢多山田重忠帥山徒二千截橋力戰時房
不利而卻泰時攻宇治前中納言源有雅參議藤原範茂等率南
都僧萬人壓河而軍時霖雨水漲泰時欲待旦而進泰村夜挺前
夾水射戰義氏赴援泰時遂以全軍從之橋板已撤兵援架進官
軍矢石雨下東兵多死泰時令芝田兼義試水春日貞幸佐佐木
信綱等繼之貞幸馬傷而溺從者援還泰時親為炙之乃蘇將士
爭渡溺者八百信綱先達中島其子重綱年十五攀父馬尾泗而
渡信綱之使者還請兵泰時諾而遣之召其子時氏曰我軍敗汝
進死之時氏以六騎渡泰村繼之泰時乃親渡貞幸扣馬諫不聽
貞幸紿曰釋甲而渡不則沈溺泰時下馬釋甲貞幸乃奪馬去不
得渡其兵渡者五百騎與兼義信綱皆達進冒官軍殺傷相當義
氏撤民屋縛筏以濟軍泰時遂至前岸武藏相摸將士奮進大戰
有雅以下潰走右衛門佐藤原朝俊帥八田知尙佐佐木氏綱等
畱戰死之時氏縱火而進義村季光攻大納言藤原忠信於淀破

之重忠胤義走歸奏事上皇閉門不納重忠擊門而罵曰懦主誤我遂走謙義自殺胤義遁走泰時進至樋口河原遇院宣使至下馬使人讀之宣曰近日之事非出朕意皆臣僚所爲唯汝論其罪莫使兵士擾輦下泰時乃與時房館於六波羅朝時之出北陸道也從軍四萬官軍張弩扼寒原塞朝時夜收數十牛束薪其角火之驅赴官軍官軍弩發東兵乃踰塞至市振官軍據險設柵東軍騎兵渡海而步兵破柵戰礪並山殺盛遠走定範進會泰時於京師於是東軍塡塞街衢四出捕斬胤義以部下據東寺遣佐原景吉攻之胤義叱曰女非吾族人乎與戰走之盡亡其騎獨與長子逃去欲投其妻家匿木島叢祠中遇所識僧勸其自裁長子先卒胤義謂僧曰以我父子首覲於我妻然後致之駿州爲我告駿州日阿兄自剪手足當逞於意僧如其言義村送之泰時泰時聞佐佐木經高贊上皇謀亡匿鷲尾欲宥之經高自殺其子高重兄子廣綱等皆死虜綱稚子當宥叔父信綱之請而斬之泰時與時房議凡論罪從輕不復究捕遂奏求首謀者上皇以忠信有雅光親及中納言藤原宗行參議藤原信能苔乃分屬之諸將時氏召所同渡六騎置酒勞之捷報以鎌倉上下相慶初義時既遣軍日夜疑懼會雷震其庖義時大怖以告廣元曰吾命窮乎廣元曰君臣之命皆天所司今事之曲直斷在天心公何必怖也故將軍之捷陸奧雷震其陣此安知非吉兆哉於是捷鬪果至廣元引文治故事論公卿斬泰時難戮之於京師七月令諸將押送之東國皆斬於途獨忠信以其妹嘗適實朝宥死流越後後泰時得光親諫疏大悔殺之云於是義時廢帝立高倉帝孫守貞親王之子是爲後堀河帝遂偪上皇削髮從之隱岐從順德上皇於佐渡兩親王於但馬

備前土御門上皇不與謀且諫之以故不問乃赦義時曰朕安忍獨留十月徙之土佐後徙於阿波是月獲秀康父子於南都諸所籍沒三千餘邑義時悉分與戰功將士一無所取焉而北條氏勢威滋熾〔又〕後宮某氏法印性慶女

後堀河天皇

〔日本史〕後堀河天皇諱茂仁高倉孫後高倉院第三子也母北白河院藤原氏建曆二年二月乙未生承久三年秋七月北條義時兵入京師辛卯天皇踐阼於閑院以前關白家實攝政太政大臣公房右大臣兼左近衛大將藤原家通大納言兼右近衛大將藤原公經並如故北條泰時北條時房在六波羅鎮京師泰時居北方時房居南方兩六波羅是爲始〔日本外史四北條氏〕泰時既破官軍與時房留鎮京畿四年分居六波羅南北號兩六波羅泰時在京師聞梅尾僧高辨名往訪之高辨語泰時曰治國猶治病也不究其因而藥焉徒益病耳治亂之因在人之欲公苟絕欲以率之治可幾矣泰時大悅乙未本院出居於隱岐壬寅新院居於佐渡丙午遷雅成親王於但馬丁未遷賴仁親王於備前八月

丁卯尊守貞親王曰太上法皇九月庚寅大炊殿火太上法皇徙居賀陽院癸巳熊野本宮火冬閏十月庚寅中院出居於土佐十一月庚戌朔日南至公卿表賀十二月庚辰朔卽位於太政官廳時年十歲尊準母邦子內親王曰皇后己亥太政大臣公房罷以家實爲太政大臣攝政仍舊

壬午十五　貞應元年（日本史）春正月壬子天皇加元服三月癸酉上佐渡院中宮號曰東一條院夏四月戊子攝政家實罷太政大臣辛卯改元是月中院自土佐遷阿波六月丁巳號皇母準三宮藤原陳子曰北白川院八月戊子以內大臣藤原公經爲太政大臣冬十二月壬午始讀孝經

癸未十六　貞應二年（日本史）春二月戊戌立女御藤原有子爲中宮夏四月甲戌太政大臣公經罷丙辰太上法皇崩葬北白河冬十二

月壬午以攝政家實爲關白

甲申　十七　元仁元年〔日本史〕夏六月己卯前陸奧守北條義時卒是月

北條時氏來居六波羅北方北條時盛居南方〔日本外史四北條氏〕元仁元年大旱世以爲亂逆所致也北條氏祈禳甚力六月義時病卒泰時時房皆東歸政子欲以泰時襲執權以傳賴經以其在服疑之諮於廣元廣元對宜速定議以鎭人心泰時有八弟多後母藤原氏出泰時劃與之父邑自取太少曰吾爲執權何求焉而藤原氏與其弟光宗謀以其所生子四郎政村爲執權以其女壻參議藤原實雅爲將軍政村之冠三浦義村爲賓約爲父子於是光宗與弟光重驟適三浦氏府下洶洶口耳相屬人或警泰時勸其兵備泰時曰置之乃故禁人出入獨許數人給仕而已遣時氏及從弟時盛於六波羅二人曰鎌倉可虞泰時曰不如京師可虞也遂遣之有婢密告泰時曰光宗兄弟失於太夫人之前曰莫之或渝是必有異圖也泰時曰兄弟莫渝爲可嘉耳已而騷擾不已政子從一侍女夜造義村義村惶恐出迎政子曰近日物議騷然聞政村光宗日聚守於子家所謀何事得非圖武州義村曰不知也政子作色曰何得曰不知也且子挾政村以圖反乎抑計和平也義村乃誓曰四郎無佗獨光宗徵有異圖臣當禁止之明日義村往謁泰時曰僕記故大夫眷遇公與四郎於僕何擇焉所願安平是已日者光宗欲云云僕盡心諷導終得服從泰時顏色自若曰僕於政村固無釁隙安有所偏私也居十餘日府下又大擾政子終抱賴經

戊子紹定元 安貞二年日本史夏四月丙寅興福寺僧徒燒多武峯坊

庚午京師大火延及大內冬十二月乙卯改元

丁亥三 安貞元年日本史春二月庚子號皇后曰安喜門院夏四月入京遣兵宇治防遏之

宮八月丁亥小守勝手神人訴金剛峯寺僧燒藏王堂奉神輿將

征夷大將軍秋七月壬午改中宮爲皇后立女御藤原長子爲中

丙戌二 嘉祿二年日本史春正月癸未以右近衛少將藤原賴經爲

乙酉理宗寶慶元 嘉祿元年日本史夏四月庚戌改元秋七月甲子前太政大臣賴實薨日本外史四北條氏嘉祿元年六月廣元卒七月政子薨泰時置評定引付兩職諮詢政事又置家令以平盛綱尾藤景綱爲之申禁地頭侵攘不得與京官抗置京師篝卒鎌倉將士帶衛府官而不衛衛而後期者皆納直縣官

秋八月戊戌上準母皇后號曰安嘉門院冬十一月壬午改元入泰時第召義村及諸宿將令廣元論決送實雅歸京師流光宗於信濃遷藤原氏於北條廷議流實雅於越前事郎定不問黨與

舍六月丁未延厤寺僧徒訴多武峯火秋九月丙戌七條院崩冬
十二月癸亥關白家實罷以前攝政道家爲關白
己丑 二 寛喜元年（日本史）春三月癸酉改元夏四月乙卯號中宮曰
鷹司院
庚寅 三 寛喜二年（日本史）春二月戊寅立女御藤原竴子爲中宮三
月北條重時來居六波羅北方秋八月園城寺僧徒放火相鬬遣
兵止之僧徒解去冬十二月乙酉前關白太政大臣基房薨
辛卯 四 寛喜三年（日本史）夏四月庚辰定大臣以下禠制秋七月己
丑關白道家罷以左大臣藤原敎實爲關白冬十月甲子中院崩
於阿波庚辰立秀仁親王爲皇太子
壬辰 五 貞永元年（日本史）春正月壬午朔以前年無冰不奏冰様夏
四月壬子改元冬十月庚辰天皇禪位於皇太子在位十二年上

尊號曰太上天皇徙御冷泉富小路第文厤元年八月壬申上皇崩於持明院殿年二十三葬於東山觀音寺稱後堀河院置國忌於安樂光院帝容止詳雅喜怒不形於色性寬仁政不苛酷頗有藻鑑好學每召對儒臣談論移刻凡百玩好未嘗留意如遇嬪御恩眷均一無有濫幸其秉心類如此（又皇后藤原有子太政大臣公房女中宮藤原長子關白家實女藤原竴子關白道家女號藻壁門院典侍藤原氏權中納言家行女藤原氏權大納言兼良女子一竴子生四條帝

四條天皇

（日本史）四條天皇諱秀仁後堀河子也母藻壁門院藤原氏寬喜三年二月己巳生四月爲親王十月立爲皇太子貞永元年冬十月庚辰受禪於閒院以關白左大臣敎實攝政右大臣兼左近衛大將藤原兼經內大臣兼右近衛大將藤原實氏並如故癸未尊

後堀河曰太上天皇冬十二月庚辰卽位於太政官廳年二歲（日本外史四北條氏）貞永元年泰時與三善康連議立式目五十條以貸聽斷與評定衆十二人誓曰吾曹爲天下司直所挾偏私者國神殛之又令諸吏斷獄輕罪止其身毋有羅織盜竊者倍而贖之武田信光與海野幸氏爭界幸氏直泰時予之或曰信光銜公泰時曰嚮和田氏請宥胤長而先人流之和田氏不能爭也顧公私如何耳畏怨而不決何取於執權乎信光聞之自懼效書誓無佗泰時以示諸將終爲恆例

癸巳六 天福元年（日本史）夏四月丁丑上上皇中宮號曰藻壁門院己丑改元丁酉興福寺僧徒燒多武峯坊舍延厤寺僧徒將燒清水寺敕禁遏之五月癸酉晦前攝政內大臣基通薨六月癸巳尊準母前齋宮利子內親王曰皇后秋九月己未藻壁門院崩辛未晦葬藻壁門院

甲午端平元 文厤元年（日本史）夏五月戊午廢帝崩秋八月壬申上皇崩丁丑葬後堀河天皇冬十一月庚子改元

乙未　嘉禎元年〔日本史〕春三月甲辰以攝政教實疾赦辛酉教實薨以前關白道家攝政夏六月甲子先是石清水神領薪莊民與春日神領大住莊民爭水殺之興福寺僧徒燒薪莊殺神人至是敕遣兵拒之閏三月庚戌遣使石清水覈問神人與僧徒爭鬭狀神人逐使者辛亥石清水神人移神輿於宿院將入京訴興福寺事狀遣使諭之甲寅遣大納言源定通權大納言源通方於石清水慰諭神人神人不奉命戊午改奉因幡於石清水宮己未石清水神輿歸座秋七月甲申延厤寺僧徒奉日吉十禪師客人八王子神輿入京訴左衛門尉佐佐木高信傷宮仕使右衛門尉遠政等拒之於近衛河原僧徒棄神輿而走九月己卯改元冬十二月庚戌興福寺僧徒與春日神人奉神木將入京請賜薪莊流石清水別當宗清誅神人交野宗成遣兵宇治徹橋拒之辛亥遣左少

辨藤原兼高慰諭僧徒壬子下交野宗成於獄石淸水神人斫獄
奪宗成癸丑遣藏人頭左大辨藤原爲經重諭僧徒僧徒不奉命
丙申三 嘉禎二年日本史春正月己未朔興福寺僧徒棄神木於宇
治而去春日神人安之平等院二月辛丑北條泰時遣使諭興福
寺僧徒僧徒畏服戊申神木歸座秋七月癸未興福寺僧徒以所
請不允移春日神木於金堂八月壬辰以北條泰時請敕延麻寺
召前年入京首惡者僧徒不奉命移日吉神輿於中堂九月興福
寺僧徒築城修戰具冬十月己丑北條泰時收僧徒莊園權直大
和守護補地頭塞道路禁出入遣兵備僧徒侵軼辛丑僧徒墮城
解兵十一月乙卯神木歸座丁卯北條泰時罷大和守護地頭十
二月號準三宮諦子內親王曰明義門院
丁酉嘉熙元 嘉禎三年日本史春三月辛酉攝政道家罷以左大臣藤

原兼經攝政冬十二月丙午始讀孝經
戊戌 二 厤仁元年日本史春二月癸巳征夷大將軍藤原賴經入朝
秋七月癸巳以前左大臣藤原良平爲太政大臣冬十月己巳前
攝政師家薨甲寅藤原賴經還鎌倉十一月甲午改元十二月己
巳宜秋門院崩
己亥 三 延應元年日本史春正月庚寅太政大臣良平罷二月丁未
改元壬戌本院崩於隱岐夏五月戊戌晦追稱本院曰顯德院冬
十一月丁丑上準母皇后號曰式乾門院
庚子 四 仁治元年日本史春三月辛巳前太政大臣良平薨秋七月
戊寅改元冬十一月庚寅朔日南至公卿表賀十二月癸酉以兼
經爲太政大臣攝政如故
辛丑 淳祐元 仁治二年日本史春正月甲午天皇加元服冬十一月癸

丑晦以前攝政家實疾非常赦十二月癸酉攝政兼經罷太政大臣

壬寅十二　仁治三年日本史春正月壬辰天皇崩於閑院年十二葬泉涌寺稱四條院帝幼沖嬉戲宮廊塗滑石末欲令嬪御顛仆而調笑之反自誤倒犬遮繞吠之人以爲不祥適京師怪異數見亡幾帝崩又女御藤原彥子攝政教實女

後嵯峨天皇

日本史後嵯峨天皇諱邦仁土御門第七子也母贈皇太后源氏承久二年二月丁亥生當土御門之南遷天皇年二歲依外家大納言源通方通方薨後供奉稍怠天皇厭之徙承明門院所居土御門殿及長欲爲僧承明門院止之天皇意未決潛謁石清水宮通宵默禱夢壇上有聲曰椿葉之影再改天皇覺而心喜之自是

勵精學問仁治三年正月四條帝崩無後時論洶洶人懷疑惑修
明門院及前攝政道家欲立順德帝皇子忠成王北條泰時意在
立土御門後詣鶴岡宮探籌亦協於是決意遣秋田城介安達義
景於京師立天皇謂曰京師如立新院皇子雖既立宜卽廢之義
景入京師承明門院使人覘之時羣臣造忠成王第待義景至獨
前內大臣源定通侍天皇於土御門殿義景至門庭荒蕪闃無人
跡義景見定通具陳泰時之意於是百官奔赴癸卯冠於土御門
殿爲親王卽夜踐祚於權大納言藤原隆親冷泉萬里小路第時
曠大位十二日以攝政兼經爲關白左大臣藤原良實右大臣藤
原實經內大臣藤原兼平權大納言兼左近衞大將藤原實有大
納言兼右近衞大將藤原實基並如故戊申葬四條天皇三月庚
子卽位於太政官廳時年二十三丁未關白兼經罷以左大臣藤

原頁實爲關白夏四月乙卯御太政官廳六月丙寅前武藏守北條泰時卒〔日本外史四北條氏〕嘉禎二年泰時進從四位下仁治三年六月卒年六十泰時爲人敦親族常推叔父時房而下之嘗在評定所聞弟朝時第有寇輒起赴援平盛綱曰是小事耳公任重職何自輕也泰時曰兄弟有難何曰小事以吾視之與建保承久二役奚擇苟喪吾親重職何爲朝時書藏於家曰世世子孫毋背武州裔也泰時不以權勢自異常與諸將更直幕府逮老不懈當直之夕不敢蓐也每詣賴朝墳拜於堂下或曰盍上曰將軍在時吾未得登豈死將軍乎其進四位也謂人曰無功進爵恐不保終吾將祈之神也有僧說之曰建一佛寺可以治安曰糜財蠹民何治安之有遂逐其僧泰時銳意求治其參政府先衆而入躬執勤儉以率將士將士貸於富家者自爲償息尤貧者幷償子本遇有饑歲發倉賑之或設場救濟流民及其卒天下惜之子時氏先卒時氏子經時嗣爲執權秋七月戊子遣使大原法華堂追改顯德院稱後鳥羽院辛卯追尊所生源通子曰皇太后癸巳先是金剛峯寺奧院僧徒與傳法院僧徒爭鬭遣使禁止之至是奧院僧徒燒傳法院復遣兵防遏之八月己未立女御藤原姞子爲中宮九月辛卯新院崩於佐渡冬十二月前關白家實薨

癸卯 三 寛元元年〔日本史〕春二月庚午號準三宮藤原彥子曰宣仁門院癸酉改元夏六月辛未號準三宮覺子內親王曰正親町院秋八月癸未立久仁親王爲皇太子九月辛酉陰明門院崩冬十二月丙戌號準三宮暉子內親王曰室町院

甲辰 四 寛元二年〔日本史〕夏四月戊戌征夷大將軍藤原賴經辭職以其子賴嗣爲右近衛少將征夷大將軍〔日本外史〕四北條氏〕泰時常愛儒人謂經時曰吾以汝在文下可專用武斷經時長吏事世稱有祖父風遂襲其官寛元二年將軍賴經讓職於其子賴嗣甫六歲四年經時有疾亦尋致禪於弟時賴五月卒 秋八月丁酉前太政大臣公經薨

乙巳 五 寛元三年

丙午 六 寛元四年〔日本史〕春正月戊午關白良實罷以左大臣藤原實經爲關白己未行幸冷泉萬里小路第禪位皇太子在位五年二月上尊號曰太上天皇及龜山帝立稱上皇曰一院文永五年

十月薙髮法名素覺修佛事於東大寺資後福六年四月受戒東大寺七年十月慶宸筆法華經於龜山殿修八講九年二月丙午崩於龜山別院藥草院年五十三火葬奉安御骨於淨金剛院遺詔稱後嵯峨院十年六月移藏御骨法華堂帝性溫柔仁而愛物既賴北條氏之推戴不敢自專朝廷大事皆仰成鎌倉當時四方無事逍遙遊歷怡然自適屢幸熊野高野修鳥羽殿又造宮於嵯峨稱龜山殿移植芳野櫻建藥草院如來壽院就檀林寺故址造淨金剛院置淨土宗模四天王寺金堂造多寶院帝研精佛宗究盡法理受止觀於僧經海達員言天台淨土奧旨屢親寫經論藏石清水北野每春必謁石清水宮齋宿七日尤長和歌所至吟詠命藤原基家藤原爲家等撰續古今和歌集親臨裁定相傳龍潛之時八月朔近臣偶盛糄土器進之及登大位以爲嘉瑞每歲必

御後遂徧於天下脫屣後二皇子相踵臨祚帝聽政院中殆三十年矣特屬意龜山帝欲使其胄子承纘大統立後宇多帝居東宮後北條時宗建議立伏見帝爲後宇多帝太子自是後深草龜山二帝之後迭承皇統朝廷益弱矣〔日本國志〕二統迭承限十年禪授厥後南北分爭實基於此至足利氏循沿其例初賴朝以藤原氏近衞九條二家更爲攝政後九條分爲一條二條近衞亦分爲鷹司至是北條氏奏請五家更替攝政名爲尊上實分朝權也〔日本史〕中宮藤原姞子太政大臣實氏女更衣藤原氏大炊助役盛女典侍平棟子木工頭棟基女掌侍藤原氏刑部卿孝時女御匣殿藤原氏太政大臣公房女宮人藤原氏太政大臣公經女藤原氏權大納言隆衡女藤原氏太政大臣兼房女藤原氏中納言能保女藤原氏權中納言實世女源氏不得其父從三位賴政曾孫子十五中宮生後深草帝龜山帝恆尊親王雅尊親王貞良親王棟子生宗尊親王孝時女生覺助法親王公房女生省仁親王忠助法親王公經女生慈助法親王隆衡女生最助法親王兼房女生仁慧

法親王能保女生圓助法親王實世女生淨助法親王源氏生僧勝助

後深草天皇

日本史後深草天皇諱久仁後嵯峨第三子也母大宮院藤原姞子寬元元年六月乙卯生未閲月爲親王八月立爲皇太子四年春正月己未受禪於前右大臣藤原實氏冷泉富小路第以關白左大臣實經攝政右大臣藤原兼平內大臣兼左近衛大將藤原忠家大納言兼右近衛大將藤原實基並如故二月癸酉尊後嵯峨曰太上天皇三月癸巳以前右大臣藤原實氏爲太政大臣庚子卽位於太政官廳時年四歲秋七月甲申前征夷大將軍藤原賴經爲北條時賴所逐歸京師冬十月戊戌北條時賴罷京師警兵十二月甲午太政大臣實氏罷

丁未

七 寶治元年〔日本史〕春正月癸酉攝政實經罷以前關白兼經攝政二月壬子改元夏六月丙戌三浦泰村等圖滅北條氏北條時賴擊殺泰村〔日本外史四北條氏〕故朝時子光時有寵於賴經因勸圖時賴欲自代之兵士集府下時賴遣吏卒扼衢路而以兵自衛賴經使者來不許見光時削髮謝罪流之伊豆送賴經還京師其近士三浦光村與爲護兵至京師辭還嗚咽日臣必有以報君也既歸鎌倉潛徵兵其邑勸其兄前若狹守泰村反泰村不果泰村義村子也時義村已卒泰村威權仍盛族黨最廣時賴外祖安達景盛削髮在高野寶治元年四月景盛來府下數往時賴家已而謂其子義景孫泰盛曰汝輩不日三浦氏近狀乎而頻首之也五月有榜於鶴岡祠前曰泰村將被誅時賴因事寄宿三浦氏氏族悉集獻酒迭出更入時賴頗怪之其夜聞障外有鎧胄聲決起曰果然麾一從者徒步而歸泰村驚惋不措翌夜時賴使人詗三浦諸第皆蓄兵仗時賴益有戒心將士聞之爭至明日泰村第有匿名書曰子將被誅盡戒泰村曰是毒我者取而毁之使人謝時賴曰聞道路之言如關泰村者家僕傳聞爭來相衞郎見尤怪當速散去之如事關他人有須眾力當率焉以奉援時賴慰諭遣歸大江季光妻泰村妹也來勸其兄決意反亦不果會時賴誓書至令速罷兵泰村大喜從之使者出其妻賀進食泰村一嘆未能下聞門外大譟安達氏兵來攻泰村瞑眙急防之時賴於是遣弟時定將兵援攻三浦氏令金澤實時守幕府實時泰時弟實泰之子也大江季光將往屬時賴其妻慍曰良人非士

也季光乃屬泰村時賴令人火三浦氏北隣泰村大敗走入賴朝影堂光村以八十騎據永福寺以呼泰村泰村不敢往光村乃至堂中諸軍圍之於是三浦氏宗族列坐影前光村慷慨曰向從殿下密旨則我族將專軍政若州猶豫以取此辱引刀自剺其面問曰猶可識乎遂自殺殿下謂道家也泰村泣曰我四世積功於幕府又以北條氏外戚輔佐內外乃不能免於禍耶雖然焉知非先君多殺之報哉何遽北條氏之懟與其族二百七十餘人皆死諸三浦氏妻孥皆釋之後泰村女野本尼者謀作亂被殺先是時賴從祖父重時鎭六波羅北方時賴欲召之泰村止之建長元年召至並執權時賴爲相模守四年道家暴卒　秋七月北條長時居六波羅北方冬十二月庚子東一條院崩

戊申　八　寶治二年（日本史）春正月丙寅太政大臣通光罷丁卯通光薨夏六月甲午上中宮號曰大宮院秋八月壬午尊前齋宮曦子內親王曰皇后

己酉　九　建長元年（日本史）春二月癸卯朔閑院火天皇避之冷泉富小路第三月庚寅改元乙未京師大火延及蓮華王院秋七月己丑追稱佐渡院曰順德院八月丁巳前太政大臣公房薨

庚戌十 建長二年（日本史）夏四月丁酉造閒院

辛亥十一 建長三年（日本史）春正月癸亥式乾門院崩三月丁亥上上皇準母皇后號曰仙華門院夏六月丙辰閒院成徙御冬十一月戊戌號準三宮穠子內親王曰永安門院甲子始讀孝經

壬子十二 建長四年（日本史）春二月乙亥前攝政道家薨夏四月甲寅朔以北條時賴請以三品宗尊親王爲征夷大將軍辛未前征夷大將軍藤原賴嗣爲北條時賴所逐歸京師（日本外史四北條氏）賴嗣又圖時賴遣長久連等誘諸將士佐佐木氏信縛送之於時賴時賴乃廢賴嗣送還京師迎後嵯峨帝皇子宗尊親王爲鎌倉主成政子志也時賴循守泰時式目內外稱治而其自奉多人所不堪大佛宣時時房孫也嘗詣時賴時已深夜時賴手一壺酒曰欲與子共之顧安所得肴照紙燭索於庋覩碟有殘醬取而佐酒其儉薄如此其用人不拘門地嘗擢青砥藤綱藤綱微者也少好學師僧行印遭年旱時賴聚僧施之又親祈於三島祠其束載之牛溲於水藤綱在傍叱曰汝亦倣北條公薦事耶衆問其說曰方旱牛而有知盍溲於田今之施僧不甄其貪廉廉者寧餓不來徒飽貪者耳是奚異牛之溲於水也時賴聞之召見與語大說之竟擢爲引付衆有公文

者與北條氏封人爭畔而訟衆皆畏時賴曲公文獨藤綱直之公文德之欲有所報夜苞錢投其後圃而去藤綱大怒曰相摸公司天下之直直公文乃直相摸公公宜見報是何舛也郵還其錢嘗夜行遺十錢於水中乃買炬照水撈之炬直五十錢或曰得不償失藤綱曰五十錢吾失人得十錢誰得之者我取六十錢以益於世不亦大得乎藤綱自儉而喜施日食一脯布衣袴褶刀室不漆時賴欲加之祿曰神見夢於我曰汝願治者增藤綱祿藤綱固辭時賴曰何辭曰神曰增藤綱祿增之則神曰斬藤綱首斬之乎時賴又從容問其所欲藤綱乃陳鎌倉及諸州吏姦狀曰管子稱階前千里門外萬里是也乃罰其尤姦者世以此稱時賴得人云

冬十月甲寅攝政兼經罷以左大臣藤原兼平攝政十一月癸未左大臣兼平爲太政大臣攝政仍舊

癸丑寶祐元　建長五年（日本史）春正月壬午天皇加元服冬十一月癸未攝政兼平罷太政大臣己亥以前內大臣藤原實基爲太政大臣

甲寅二　建長六年（日本史）春二月甲寅太政大臣實基罷冬十二月庚午以攝政兼平爲關白

乙卯 三 建長七年
丙辰 四 康元元年〔日本史〕春二月己巳號準三宮體子內親王曰神仙門院夏四月北條時茂來居六波羅北方冬十月壬戌改元
丁巳 五 正嘉元年〔日本史〕春正月立女御藤原公子爲中宮三月庚子改元秋七月丁巳承明門院崩
戊午 六 正嘉二年〔日本史〕秋八月癸未立皇弟恆仁親王爲皇太弟
己未 開慶元 正元元年〔日本史〕春三月庚午改元夏五月丁未前關白兼經薨乙丑間院火天皇避之三條坊門殿冬十一月己巳朔日南至甲午天皇禪位於皇太弟〔日本國志〕上皇迫令禪位在位十四年上尊號曰太上天皇以後嵯峨上皇在稱上皇曰新院後宇多立改曰本院正應三年二月剃髮受戒龜山殿法名素實四年十一月受戒東大寺永仁二年五月受戒延麻寺嘉元二年七月丙寅崩於富

小路殿年六十二藏御骨於法華堂稱後深草院帝孝友和順脫
屣之後每侍後嵯峨法皇宴遊必從愉色婉容承意不違法皇崩
時人皆謂萬機當出於帝而龜山帝親決庶政置後院別當管院
中事帝無所預焉及後宇多登祚帝益憂鬱北條時宗以爲上皇
身居正嫡雅無失德宜使其胄踐天位遂議以上皇第一皇子爲
後宇多帝儲貳於是帝意釋伏見登祚淺原爲賴謀逆衆論喧然
以謂實龜山法皇之所使權大納言藤原公衡勸帝遷法皇於六
波羅帝潸然曰浮言難信何遽至此也先帝而有知將謂朕何事
亦尋釋[又]中宮藤原公子 太政大臣實氏女 典侍藤原氏 參議茂通女 御匣殿
藤原房子 內大臣公親女 三善忠子 康衡女 藤原愔子 左大臣實雄女 藤原相子 太政
大臣公相女 藤原成子 太政大臣公經女 子七茂通女生恆助法親王公親女
生久明親王行覺法親王忠子生深性法親王愔子生伏見帝滿

仁親王公經女生幸仁親王

龜山天皇

〔日本史〕龜山天皇諱恆仁後嵯峨第六子後深草同母弟也建長元年五月戊戌生於外祖前太政大臣實氏今出川第八月爲親王正嘉二年八月立爲皇太弟正元元年八月冠十一月甲午受禪於冷泉富小路殿關白兼平左大臣藤原公相右大臣藤原實雄內大臣兼左近衛大將藤原基平大納言兼右近衛大將藤原公親並如故十二月庚子尊後深草曰太上天皇丁巳上中宮號曰東二條院丙寅卽位於太政官廳時年十一

庚申 景定元 文應元年〔日本史〕夏四月庚戌改元秋七月丁亥仙華門院崩

辛酉 景定二 弘長元年〔日本史〕春二月庚子立女御藤原佶子爲中宮王

子改元三月庚午號準三宮義子內親王曰和德門院夏四月乙卯關白兼平罷庚申以前關白良實爲關白秋八月庚戌改中宮爲皇后立女御藤原瑄子爲中宮冬十二月癸卯以前左大臣藤原公相爲太政大臣

壬戌三 弘長二年〔日本史〕春正月壬戌宣仁門院崩

癸亥四 弘長三年〔日本史〕秋七月乙巳號準三宮綜子內親王曰月華門院冬十一月己亥前相模守北條時賴卒〔日本外史四北條氏〕康元元年時賴有疾剃髮先是時賴學禪於宋僧道隆爲造建長寺又造最明寺於是老於最明寺長子時宗猶幼以重時子長時執權弘長三年時賴卒作偈曰業鏡高懸三十七年一槌破碎大道坦然蓋享年三十七也時宗年十三敘從五位下任左馬權頭外舅安達泰盛參與軍政

甲子五 元世祖至元元 文永元年〔日本史〕春二月癸酉改元三月戊戌先是前權大納言藤原實藤殺延麻寺宮仕法師僧徒請流實藤

又訴四天王寺別當職永屬園城寺朝議不決至是僧徒自火講堂四天王院戒壇院常行堂法華堂等庚子僧徒奉日吉神輿入皇居二二條東洞院及一院新院宮官兵拒之僧徒棄神輿而走辛丑遷神輿於祇園社壬寅流藤原實藤於淡路四天王寺別當職改屬延曆寺夏五月乙亥延曆寺僧徒燒園城寺戒壇堂塔房舍悉亡是歲北條時輔來居六波羅南方

元史日本傳元世祖之至元元年以高麗人趙彝等言日本國可通擇可奉使者

乙丑二度宗咸淳元 文永二年日本史夏四月丁巳關白良實罷以左大臣藤原實經爲關白

丙寅三二 文永三年日本史秋七月庚戌征夷大將軍宗尊親王爲北條時宗所逐歸京師甲寅以宗尊子惟康王爲征夷大將軍日本國志

年甫三歲（日本外史四北條氏）文永三年將軍宗尊稱病不出僧良基入禱之而不徵藥府下頗有物議兵士四至良基出奔幕府近臣稍稍出番侍者五人而已宗尊竟還京師立其子惟康代之

（元史世祖紀）至元三年以兵部侍郎黑的禮部侍郎殷宏使日本

（元史日本傳）三年八月命兵部侍郎黑的給虎符充國信使禮部侍郎殷宏給金符充國信副使持國書使日本書曰大蒙古國皇帝奉書日本國王朕惟自古小國之君境土相接尚務講信修睦況我祖宗受天明命奄有區夏遐方異域畏威懷德者不可悉數朕卽位之初以高麗無辜之民久瘁鋒鏑卽令罷兵還其疆域反其旄倪高麗君臣感戴來朝義雖君臣歡若父子計王之君臣亦已知之高麗朕之東藩也日本密邇高麗開國以來亦時通中國至於朕躬而無一乘之使以通和好尚恐王國知之未審故特遣使持書告布朕志冀自今以往通問結好以相親睦且聖人以四

海爲家不相通好豈一家之理哉以至用兵夫孰所好王其圖之
黑的等道由高麗高麗國王王禃以帝命遣其樞密院副使宋君
斐借禮部侍郎金贊等導詔使黑的等往日本不至而還
丁卯三四 文永四年〔日本史〕冬十月乙丑前太政大臣公相薨十二月
辛酉關白實經罷以左大臣藤原基平爲關白
〔元史世祖紀〕四年黑的殷宏以高麗使者宋君斐金贊不能導達
至日本來奏降詔責高麗王王禃仍令其遣官至彼宣布以必得
要領爲期
〔元史日本傳〕四年六月帝謂王王禃以辭爲解令去使徒還復遣黑
的等至高麗諭禃委以日本事以必得其要領爲期禃以爲海道
險阻不可辱天使九月遣其起居舍人潘阜等持書往日本留六
月亦不得其要領而歸

戊辰四五文永五年日本史春二月丁亥北條時宗奏蒙古因高麗求通好高麗奉書附使獻方物朝議草荅書時宗以蒙古書辭不遜抑而不遣卻其使秋八月甲辰立世仁親王爲皇太子冬十月壬午一院薙髮十一月丙寅關白基平薨十二月壬午號中宮曰今出川院丙戌以左大臣藤原基忠爲關白癸卯北條時宗沒梶井青蓮院兩門跡付於天台座主慈禪

元史世祖紀五年命兵部侍郎黑的禮部侍郎殷宏齎國書復使日本仍詔高麗國遣人導送期於必達毋致如前稽阻

元史日本傳五年九月命黑的宏復持書往至對馬島日本人拒而不納執其塔二郎彌二郎二人而還

己巳五六文永六年日本史春正月丙辰梶井青蓮院門徒奉八王子客人等神輿入京訴座主慈禪遣兵禦之二月壬辰復梶井青蓮

院兩門跡丙申神輿歸座三月丙午朔月華門院崩夏六月辛巳
前太政大臣實氏薨秋九月先是蒙古使黑的殷宏奉書來求答
書對馬島拒而不納蒙古虜島人二人而去是月令高麗送還
元史日本傳六年六月命高麗金有成送還執者俾中書省牒其
國亦不報有成留其太宰府守護所者久之十二月又命祕書監
趙良弼往使書曰蓋聞王者無外高麗與朕既爲一家王國實爲
鄰境故嘗馳信使修好爲疆埸之吏抑而弗通所獲二人敕有司
慰撫俾齎牒以還遂復寂無所聞繼欲通問屬高麗權臣林衍構
亂坐是弗果豈王亦因此輟不遣使或已遣而中路梗塞皆不可
知不然日本素號知禮之國王之君臣寧肯漫爲弗思之事乎近
已滅林衍復舊王位安集其民特命少中大夫祕書監趙良弼充
國信使持書以往如卽發使與之偕來親仁善鄰國之美事其或

猶豫以至用兵夫誰所樂爲也王其審圖之𡊮彌將往乞定與其王相見之儀廷議與其國上下之分未定無禮數可言帝從之

庚午六七文永七年〔日本史〕秋八月戊子五條殿火天皇避之萬里宮小路殿九月甲辰徙御二條殿冬十一月乙未晦前關白𡊮實薨

〔元史世祖紀〕七年命陝西等路宣撫使趙𡊮彌爲祕書監充國信使使日本

〔元史日本傳〕七年十二月詔諭高麗王禃送國信使趙𡊮彌通好日本期於必達仍以忽休失王國昌洪茶三將兵送抵海上比國信使還姑令金州等處屯駐

〔元史趙𡊮彌傳〕至元七年以𡊮彌爲經略使領高麗屯田𡊮彌言屯田不便固辭遂以𡊮彌奉使日本先是至元初數遣使通日本卒不得要領於是𡊮彌請行帝憫其老不許𡊮彌固請乃授祕書

監以行良弼奏臣父兄四人死事於金乞命翰林臣文其碑臣雖死絕域無憾矣帝從其請給兵三千以從良弼辭獨與書狀官二十四人俱

辛未 七八 文永八年〔日本史〕秋九月癸亥北條時宗奏高麗奉書告蒙古圖來寇冬十月癸丑北條時宗奏蒙古使趙良弼與高麗使俱來求通好寫國書進之不報十二月北條義宗來居六波羅北方〔元史日本傳〕八年六月日本通事曹介升等上言高麗迂路導引國使外有捷徑儻得便風半日可到若使臣去則不敢同往若大軍進征則願爲鄉導帝曰如此則當思之九月高麗王禃遣其通事別將徐稱導送良弼使日本日本始遣彌四郎者入朝帝宴勞遣之

壬申 八九 文永九年〔日本史〕春二月甲辰北條時宗殺六波羅南方北

條時輔〔日本外史四北條氏〕七年長時卒時宗執權時宗庶兄時輔與長時弟義宗俱鎮六波羅時輔居常怏怏愧降於弟九年二月時宗令義宗擊時輔殺之聞其有異志也時宗爲人强毅不撓幼善射弘長中大射於極樂寺第將軍欲觀小笠懸顧命諸士無敢應者時賴曰太郎能之太郎時宗幼字也召而上場時年十一跨馬出一發而中萬衆齊呼時賴曰此兒必任負荷丙午法皇崩戊申葬後嵯峨天皇秋八月甲午皇后崩戊戌葬京極院

〔元史世祖紀〕九年奉使日本趙良弼遣書狀官張鐸同日本二十六人至京師求見

〔元史日本傳〕九年二月樞密院臣言奉使日本趙良弼遣書狀官張鐸來言去歲九月與日本國人彌四郎等至太宰府西守護所守者云曩爲高麗所紿屢言上國來伐豈期皇帝好生惡殺先遣行人下示璽書然王京去此尚遠願先遣人從奉使回報良弼乃遣鐸同其使二十六人至京師求見帝疑其國主使之來云守護

所者詐也詔翰林承旨和爾果斯以問姚樞許衡等皆對曰誠如
聖算彼懼我加兵故發此輩伺吾強弱耳宜示之寬仁且不宜聽
其入見從之是月高麗王禃致書日本五月又以書往令必通好
大朝皆不報
癸九酉十 文永十年日本史春二月丁酉前太政大臣實基薨夏四月
乙巳詔曰我朝之言聖代者莫不歌延喜之治稱天厤之政然猶
屈明問化焦思於滈素之風虛心求規側耳於守文之日朕以不
敏謬受洪緒譬猶欲涉淵水未知所濟爰彗客春見示奇合之徵
坤儀夏震覩厚德之應是朕政之有闕歟若民心之未慊歟況頃
者陰陽失節水旱不時雖有帑藏之名更無貢賦之實庶官常乏
榮辱之主兆民併爲游惰之輩但行帝道則帝行王道則王無謂
澆訛之時聚脣議之無謂疲弊之國勠力救之古不云乎天時不

如地利地利不如人和宜令公卿大夫重官外國五位已上職居官長秀才明經課試及第名爲儒士者各上封事極陳得失凡號令之不便於時言而無諱政化之有益於國犯而勿隱庶得忠謨以匡政術五月丙辰關白基忠罷以前右大臣藤原忠家爲關白

〔元史世祖紀〕十年使日本趙良弼至太宰府而還具以日本君臣爵號州郡名數風俗土宜來上

〔元史日本傳〕十年六月趙良弼復使日本至太宰府而還

〔元史趙良弼傳〕良弼舟至金津島其國人望見使舟欲舉刃來攻良弼捨舟登岸喻旨金津守延入板屋以兵環之滅燭大譟良弼凝然自若天明其國太宰府官陳兵四山問使者來狀良弼數其不恭罪乃喻以禮意太宰官愧服求國書良弼曰必見汝國王始授之越數日復來求書且曰我國自太宰府以東上古使臣未有

至者今大朝遣使至此而不以國書見授何以示信良弼曰隋文帝遣裴清來王郊迎成禮唐太宗高宗時遣使皆得見王王何獨不見大朝使臣乎復索書不已詰難往復數四至以兵脅良弼良弼終不與但頗錄本示之後又聲言大將軍以兵十萬來求書良弼曰不見汝國王寧持我首去書不可得也日本知不可屈遣使介十二人入覲仍遣人送良弼到對馬島十年五月良弼至自日本入見帝詢知其故曰卿可謂不辱君命矣後帝將討日本三問良弼言臣居日本歲餘覩其民俗狠勇嗜殺不知有父子之親上下之禮其地多山水無耕桑之利得其人不可役得其地不加富況舟師渡海海風無期禍害莫測是謂以有用之民力塡無窮之巨壑也臣謂勿擊便帝從之

甲十十
戌十一
文永十一年〔日本史〕春正月甲辰天皇禪位於皇太子在

位十五年上尊號曰太上天皇稱新院及伏見登極改稱中院正應二年九月薙髮法名金剛眼嘉元元年四月受戒東大寺三年秋九月己未法皇崩於龜山殿年五十七火葬分藏御骨於淨金剛院法華堂南禪寺金剛峯寺遺詔稱龜山院帝天資英鋭多材藝大炊御門殿火大宮院皇太子倉皇出宮求門鑰不得火已及車蓋帝雅多力足蹋開之皆得無恙禪位之後聽政於院中者十餘年弘安中蒙古來寇帝深憂之御書願文奉大神宮祈以身代國難伏見之立也固非帝之本意是以不樂適狂賊淺原爲賴入犯宮闈時論疑帝之所使帝甚不安賜誓書北條貞時以白焉帝深信佛法最崇禪法捨禪林寺離宮剏南禪寺御製願文梁牌嘗和達磨忌倡曰江涙激奔嵩雪寒棲棲南北不安閒當時若得親相見不在魏梁庸主間（又）皇后藤原佶子（左大臣實雄女）中宮藤原瑄子

太政大臣公相女 女御藤原位子 關白基平女 典侍藤原雅子 從二位雅平女 藤原氏
正三位實平女 平氏 兵部卿時仲女 宮人藤原瑛子 太政大臣實兼女 藤原禖子 左大臣實雄女
藤原壽子 大膳大夫景房女 資子 不詳姓氏 藤原氏 內大臣公親女 藤原氏 權中納言實任女
藤原氏 權中納言雅藤女 藤原氏 權中納言公雄女 源氏 左近衛少將宣通女 廊御方 僧元駒女
督局 不詳姓氏 貫川 御靈社女巫 子二十四皇后生知仁親王後宇多帝位
子生啟仁親王繼仁親王實平女生良助法親王聖雲法親王覺
雲法親王平氏生順助法親王慈道法親王行圓法親王瑛子生
恆明親王壽子生定良親王資子生尊珍法親王公親女生性慧
法親王實任女生守良親王雅藤女生道澄法親王公雄女生恆
雲法親王源氏生性覺法親王性融法親王廊御方生兼良親王
督局生僧道性又益性法親王寬尊法親王僧尊誓失母氏
〔元史世祖紀〕至元十一年敕鳳州經略使忻都高麗軍民總管洪

茶丘等將屯田軍及女直軍并水軍合萬五千人戰船大小合九百艘征日本

〔元史日本傳〕十一年三月命鳳州經略使忻都高麗軍民總管洪茶丘以千料舟拔都魯輕疾舟汲水小舟各三百共九百艘載士卒一萬五千期以七月征日本冬十月入其國敗之而官軍不整又矢盡惟虜掠四境而歸

後宇多天皇

〔日本史〕後宇多天皇諱世仁龜山第二子也母京極院藤原氏文永四年十二月癸丑朔生五年六月爲親王八月爲皇太子十年十二月始讀孝經十一年春正月甲辰受禪於二條殿以關白忠家攝政左大臣兼左近衛大將藤原家經右大臣藤原師忠內大臣藤原師繼權大納言兼右近衛大將藤原家基並如故二月己

酉尊龜山天皇曰太上天皇三月癸卯卽位於太政官廳時年八歲六月甲子攝政忠家罷以左大臣藤原家經攝政冬十月丁未蒙古來寇對馬守護代右馬允惟宗助國死之丙辰寇壹岐守護代平景隆死之辛酉寇筑前掠沿海郡邑壬戌太宰府兵拒之不利既而賊船二百餘漂沒餘賊宵遁（日本外史四北條氏）當是時宋氏爲胡元所滅諸鄰國皆服於元獨我邦不通使聘元主忽必烈令韓人致書於我曰不服則尋兵朝廷欲荅之下鎌倉議時宗以其書辭無禮執爲不可元主復遣使者趙良弼來時宗令太宰府逐之凡元使至前後六反皆拒不納十一年十月元兵可一萬來攻對馬地頭惟宗助國死之轉至壹岐守護代平景隆死之事報六波羅令鎭西諸將赴拒少貳景資力戰射殪虜將劉復亨虜兵亂奔（日本國志）元兵十月五日拔對馬十四日攻壹岐翌日城陷遂及肥前沿海郡邑十九日入博多明日舍舟登岸騎而進至今津佐原百道原赤阪諸地還上舟會矢將盡二十日夜大風雨多觸礁遂還

乙亥十二 恭宗德祐元 建治元年（日本史）春二月壬子司鷹院崩三月己亥號準三宮藤原位子曰新陽明門院夏四月丙辰蒙古改國號

曰元使其臣杜世忠何文著撒都魯丁等至長門室津丙寅改元秋八月乙丑以前右大臣藤原通雅爲太政大臣九月甲戌北條時宗斬元使杜世忠何文著等五人於鎌倉減省公私用費權停京師大番兵選武幹士分遣鎭西諸國以備元寇冬十月戊午攝政家經罷以前關白兼平攝政十一月辛未立熙仁親王爲皇太子是月北條時宗以北條實政爲筑紫探題以備元寇〔日本外史四北條氏〕而元主必欲遂初志後宇多天皇建治元年元使者杜世忠何文著等九輩至長門留不去欲必得我報時宗致之鎌倉斬於龍口以上總介北條實政爲鎭西探題遣東兵備京師西兵備者悉從實政益築太宰府水城省宂費充兵備十二月北條時國來居六波羅南方

〔元史世祖紀〕十二年二月遣禮部侍郎杜世忠兵部侍郎何文著齎書使日本國

〔元史日本傳〕十二年二月遣禮部侍郎杜世忠兵部侍郎何文著

計議官撒都魯丁往使復致書亦不報

元史耶律希亮傳至元十二年既平宋世祖命希亮問諸降將日本可伐否夏貴呂文煥范文虎陳奕等皆云可伐希亮奏曰宋與遼金攻戰且三百年干戈甫定人得息肩俟數年興師未晚世祖然之

（丙端宗景炎元 子十三）建治二年日本史春三月甲午太政大臣通雅罷

夏五月戊戌前太政大臣通雅薨

（丁二 丑十四）建治三年日本史春正月癸巳天皇加元服夏四月乙酉攝政兼平罷太政大臣

元史日本傳至元十四年日本遣商人持金來易銅錢許之

（戊帝昺祥興元 寅十五）弘安元年日本史春正月北條時村來居六波羅北方二月壬午改元閏十月壬辰二條殿火天皇避之萬里富小

路殿乙酉以攝政兼平爲關白乙巳續拾遺和歌集成
〔元史世祖紀〕至元十五年詔諭沿海官司通日本國人市舶
己卯二十六弘安二年〔日本史〕夏六月辛丑斬元將夏貴范文虎使於
博多冬十月北條時宗遣兵筑紫備元寇
〔元史世祖紀〕十六年范文虎言臣奉詔征討日本比遣周福欒忠
與日本僧齋詔往諭其國期以來年四月還報待其從否始宜進
兵又請簡閱舊戰船以充用皆從之
庚辰十七弘安三年〔日本史〕夏六月甲午延麻寺僧徒聞慶園城寺金
堂將準御齋會率衆攻之與衞兵戰
〔元史世祖紀〕十七年二月日本國殺國信使杜世忠等征東元帥
忻都洪茶丘請自率兵往討廷議姑緩之六月召范文虎議征日
本十月發兵十萬命文虎將之賜右丞洪茶丘所將征日本新附

軍鈔及甲十二月高麗王王睶領兵萬人水手萬五千人戰船九百艘糧一萬石出征日本給右丞洪茶丘等戰具高麗國鎧甲戰襖諭諸將征日本兵取道高麗毋擾其民以高麗中贊金方慶爲征日本都元帥密直司副使朴球金周鼎爲管高麗國征日本軍萬戶並賜虎符以高麗國王王睶爲中書右丞相復授征日本軍官元佩虎符

（元史日本傳）十七年二月日本殺國使杜世忠等征東元帥忻都洪茶丘請自率兵往討廷議姑少緩之五月召范文虎議征日本八月詔募征日本士卒

（元史昂吉兒傳）日本不庭帝命阿塔海等領卒十萬征之昂吉兒上疏其略曰臣聞兵以氣爲主而上下同欲者勝比者連事外夷三軍屢衄不一以言氣海內騷然一遇調發上下愁怨非所謂同

欲請罷兵息民不從旣而師果無功

十八辛巳弘安四年（日本史）夏五月丙辰元兵大舉來寇敕諸寺誦經禱寇平六月己巳元兵侵太宰府丁丑破元兵殺獲千餘人太宰府言自本月六日至十三日與元兵日夜會戰殺千餘人賊兵少卻閏七月乙丑遣大納言藤原經任於伊勢奉幣大神宮祈弭元寇丁丑太宰府驛奏本月朔大風元軍艦悉歿於肥前鷹島（日本外史）四北條氏弘安二年元使周福等復至宰府復斬之元主聞我再誅使者則憤恚大發舟師合漢胡韓兵凡十餘萬人以范文虎將之入寇四年七月抵水城舳艫相銜實政將草野七郎潛以兵艦二艘擊於志賀島斬首虜二十餘級虜列大艦鐵鎖聯之彀弩其上我兵不得近河野通有奮前矢中其左肘通有益前仆檣架虜艦登之擒虜將王冠者安達次郎大友藏人踵進虜終不能上岸收據鷹島時宗遣宇都宮貞綱將兵援實政未到閏月大風雷虜艦敓壞少貳景資等因奮擊塵虜兵伏屍蔽海海可步而行虜兵十萬脫歸者纔三人元不復窺我邊時宗之力也（日本國志）元史稱得還者纔三人此指文虎所率江南軍而言耳癸辛雜識云全軍十五萬歸者不能五之一此令史李顚所目擊者可以爲據八月北條貞時流北條時光於佐

渡

〔元史世祖紀〕至元十八年正月詔阿剌罕范文虎囊加帶同赴闕受訓諭以拔都張珪李庭留後命忻都洪茶丘軍陸行抵日本兵甲則舟運之所過州縣給其糧食用范文虎言益以漢軍萬人文虎又請馬二千給禿失忽思軍及回回礮匠帝曰戰船安用此皆不從六月日本行省臣遣使來言大軍駐巨濟島至對馬島獲島人言太宰府西六十里舊有戍軍已調出戰宜乘虛擣之詔曰軍事卿等當自權衡之以阿剌罕有疾詔阿塔海統率軍馬征日本八月詔征日本軍回所在官爲給糧忻都洪茶丘范文虎李庭金方慶諸軍船爲風濤所激失利餘軍回至高麗境十存一二

〔元史日本傳〕十八年正月命日本行省右丞相阿剌罕右丞范文虎及忻都洪茶丘等率十萬人征日本二月諸將陛辭帝勅曰始

因彼國使來故朝廷亦遣使往彼遂留我使不還故使卿輩爲此行朕聞漢人言取人家國欲得百姓土地若盡殺百姓徒得地何用又有一事朕實憂之恐卿輩不和耳假若彼國人至與卿輩有所議當同心協謀如出一口荅之五月日本行省參議裴國佐等言本省右丞相阿剌罕范右丞李左丞先與忻都茶丘入朝時同院官議定領舟師至高麗金州與忻都茶丘軍會然後入征日本又爲風水不便再議定會於一岐島今年三月有日本船爲風水漂至者令其水工畫地圖因見近太宰府西有平壺島者周圍皆水可屯軍船此島非其所防若徑往據此島使人乘船往一岐呼忻都茶丘來會進討爲利帝曰此閒不悉彼中事宜阿剌罕輩必知令其自處之六月阿剌罕以病不能行命剌塔海代總軍事八月諸將未見敵喪全師以還乃言至日本欲攻太宰府暴風破舟

猶欲議戰萬戶厲德彪招討王國佐水手總管陸文政等不聽節
制輒逃去本省載餘軍至合浦散遣還鄉里未幾敗卒于閶脫歸
言官軍六月入海七月至平壺島移五龍山八月一日風破舟五
日文虎等諸將各自擇堅好船乘之棄士卒十餘萬於山下衆議
推張百戶者爲主帥號曰張總管聽其約束方伐木作舟欲還七
日日本人來戰盡死餘二三萬爲其虜去九日至八角島盡殺蒙
古高麗漢人謂新附軍爲唐人不殺而奴之閶輩是也蓋行省官
議事不相下故皆棄軍歸久之莫靑與吳萬五亦逃還十萬之衆
得還者三人耳

〔元史張禧傳〕十七年加鎭國上將軍都元帥時朝廷議征日本禧
請行卽日拜行中書省平章政事與右丞范文虎左丞李庭同率
舟師泛海東征至日本禧卽捨舟築壘平壺島約束戰艦各相去

五十步止泊以避風濤觸擊八月颶風大作文虎庭戰艦悉壞禧所部獨完文虎等議還禧曰士卒溺死者半其脫死者皆壯士也曷若乘其無回顧心因糧於敵以進戰文虎等不從曰還朝問罪我輩當之公不與也禧乃分船與之時平湖島屯兵四千乏舟禧曰我安忍棄之遂悉棄舟中所有馬七十四以濟其還至京師文虎等皆獲罪禧獨免

十九壬午 弘安五年

元史世祖紀十九年秋七月高麗國王請自造船一百五十艘助征日本九月福建宣慰司獲倭國諜者有旨留之給新附軍賈祐衣糧祐言爲日本國焦元帥壻知江南造船遣其來候動靜軍馬壓境願先降附

二十癸未 弘安六年日本史春正月辛酉延麻寺僧徒以不聽祇園赤

山京極寺訴奉祇園京極寺八王子十禪師客人神輿入京遣六波羅兵禦之僧徒闖入禁闕納諸神輿於紫宸清涼等殿截御簾破年中行事障子天皇避之西小御所御腰輿幸內大臣藤原家基近衛第尋幸故內大臣源通成三條坊門第以有狐妖遷御萬里富小路殿遷神輿於祇園社二月庚戌遷幸大炊御門殿秋九月乙卯安嘉門院崩冬十月辛丑從二條東洞院新宮日吉神輿歸座

〔元史世祖紀〕二十年正月預備征日本軍糧令高麗國備二十萬石以阿塔海依舊爲征東行中書省丞相丙寅發五衞軍二萬人征日本發鈔三千錠糴糧於察罕腦兒以給軍匠命右丞闍里帖木兒及萬戶三十五人蒙古軍習舟師者二千人探馬赤萬人習水戰者五百人征日本二月賜日本軍官布古帶及軍士銀鈔有

差三月罷女直造日本出征船四月阿塔海求軍官習舟楫者同征日本命元帥張林招討張瑄總管朱清等行以高麗王就領行省規畫日本事宜命樞密院集軍官議征日本事宜程鵬飛請明賞罰有功者軍前給憑驗候班師日改授從之五月御史中丞崔彧言江南盜賊繼起皆緣拘水手造海船民不聊生日本之役宜姑止之江南四省應辦軍需宜量民力勿强以土產所無凡給物價及民者必以實召募水手當從所欲伺民之氣稍蘇我之力粗備三二年復東征未晚不從六月以征日本民間騷動盜賊竊發忽都帖木兒忙古帶乞益兵禦寇詔以興國江州軍付之七月諭阿塔海所造征日本船宜少緩之所拘商船其悉給還八月浙西道宣慰使史弼言頃以征日本船五百艘科諸民間民病之宜取阿八赤所有船修理以付阿塔海庶寬民力并給鈔於沿海募水

手從之
元史日本傳二十年命阿塔海爲日本行省丞相與徹里帖木兒右丞劉二拔都兒左丞募兵造舟欲復征日本淮西宣慰使昂吉兒上言民勞乞寢兵
元史劉宣傳宣爲吏部尚書及再征日本宣又上言其略曰近議復置征東行省再興日本之師此役不息安危繫焉唆都建伐占城海牙言平交趾三數年間湖廣江西供給船隻軍需糧運官民大擾廣東羣盜並起軍兵遠涉江海瘴毒之地死傷過半卽日連兵未解且交趾與我接境蕞爾小邦遣親王提兵深入未見報功唆都爲賊所殺自遺羞辱況日本海洋萬里疆土闊遠非二國可比今次出師動衆履險縱不遇風可到彼岸倭國地廣徒衆猥多彼兵四集我師無援萬一不利欲發救兵其能飛渡耶隋伐高麗

三次大舉數見敗北喪師百萬唐太宗以英武自負親征高麗雖取數城而還徒增追悔且高麗平壤諸城皆居陸地去中原不遠以二國之眾加之尚不能克況日本僻在海隅與中國相懸萬里哉帝嘉納之

元史相威傳十八年左丞范文虎參政李庭以兵十萬航海征倭七晝夜至竹島與遼陽省臣兵合欲先攻太宰府遲疑不發八月朔颶風大作士卒十喪六七帝震怒復命行省左丞相安塔海征之一時無敢諫者相威遣使入奏曰倭不奉職貢可伐而不可恕可緩而不可急向者師行迫期戰船不堅前車已覆後當改轍今為之計預修戰艦訓練士卒耀兵揚武使彼聞之深自備禦遲以歲月俟其疲怠出其不意乘風疾往一舉而下萬全之策也帝意始釋遂罷其役

甲申二十一 弘安七年（日本史）春二月丁未號準三宮悅子內親王曰延政門院夏四月壬午相模守北條時宗卒（日本外史四北條氏
七年時宗卒子貞時
甫十四繼執權襲父官爵安達泰盛以外祖益事太宰府之捷其
子弟與有力焉威望日盛與內管領平賴綱爭權內管領郎家令
也泰盛子宗景性狂易謂其曾祖實賴朝子也遂改姓源賴綱因
譖之曰彼更姓冀爲將軍也十一月貞時發兵夷滅安達氏人以
爲三浦氏之報也賴綱獨執政後賴綱亦圖
反其長子宗綱告之貞時誅賴綱流宗綱）秋七月甲午前關白
左大臣實經薨冬十二月北條兼時來居六波羅南方
（元史世祖紀）二十一年遣王積翁齎詔使日本賜錦衣玉環鞍轡
積翁由慶元航海至日本近境爲舟人所害
（元史日本傳）二十一年又以其俗尚佛遣王積翁與補陀僧如智
往使舟中有不願行者共謀殺積翁不果至
乙酉二十二 弘安八年（日本史）夏四月丁卯以前關白左大臣基忠爲
太政大臣秋八月己未立姈子內親王爲皇后冬十一月乙酉北

條貞時殺前陸奧守安達泰盛
〔元史世祖紀〕二十二年遣使告高麗發兵萬人船六百五十艘助征日本仍令於近地多造船以占城迺還忽都虎劉九田二復舊職從征日本增阿塔海征日本戰士萬人回回礮手五千人從樞密院請嚴立軍籍條例選壯士及有力家充軍敕樞密院向以征日本故遣五衛軍還家治裝今悉選壯士以正月一日到京師江淮行省以戰船千艘習水戰江中

丙戌二十三 弘安九年〔日本史〕春二月癸卯安嘉門院崩
〔元史世祖紀〕二十三年春正月帝以日本孤遠島夷重困民力罷征日本召阿八赤赴闕仍散所顧民船秋九月高麗遣使獻日本俘十月高麗遣使獻日本俘十六人
〔元史日本傳〕二十三年帝曰日本未嘗相侵今交趾犯邊宜置日

本專事交趾

丁亥二十四　弘安十年（日本史）秋八月己巳關白兼平罷以左大臣藤原師忠爲關白辛未太政大臣基忠罷冬十月辛酉以中納言兼右近衛大將源惟康爲親王征夷大將軍如故戊寅天皇禪位於皇太子在位十四年上尊號曰太上天皇稱新院常居磐井殿或御大覺寺及後二條登阼稱一院預聞政事德治二年七月薙髮法名金剛性十一月受戒東大寺屏絕婦女延慶元年正月灌頂東寺受眞言奧祕於仁和寺僧禪助築一堂於大覺寺側謝絕人事覃思密敎躬爲大阿闍梨後使皇子性圓法親王住大覺寺永傳眞言之流又徵元僧一寧屢問禪要及死贈國師號親滌宸奎贊其像命前權大納言源有房作文祭之及後醍醐卽位徙居恆明親王大炊御門第專聽萬機三年矣以羣臣奏請動妨薰修遺

大納言藤原定房諭北條高時不復預焉正中元年六月己卯崩於大覺寺年五十八葬於蓮花峯寺遺詔稱後宇多院帝好學博綜眾藝時論謂帝文學亞於後三條〔又〕皇后姈子（後深草女）典侍藤原忠子（參議忠繼女）源基子（內大臣具守女）掄子（中務卿宗尊親王女）瑞子（宗尊親王女）藤原氏（大納言長雅女）藤原氏（參議實俊女）藤原氏（參議宗親女）子五基子生後二條帝忠子生後醍醐帝承覺法親王性圓法親王實俊女生良治親王後入後醍醐帝宮

伏見天皇

〔日本史〕伏見天皇諱熙仁後深草第二子也母玄輝門院藤原愔子文永二年四月壬戌生建治元年十月爲親王十一月立爲皇太子二年六月始讀孝經三年十二月冠弘安十年冬十月戊寅受禪於富小路殿關白左大臣師忠右大臣藤原忠教內大臣藤

原家基權大納言兼左近衛大將藤原兼忠大納言兼右近衛大
將源通基並如故十一月壬寅尊後宇多天皇曰太上天皇
戊子二十五 正應元年〔日本史〕春二月北條盛房來居六波羅南方北
條兼時移居北方三月庚子卽位於太政官廳時年二十四夏四
月壬午改元秋八月癸酉立女御藤原鏱子爲中宮冬十二月丁
卯號所生準三宮藤原愔子曰玄輝門院
己丑二十六 正應二年〔日本史〕夏四月壬戌關白師忠罷以右大臣藤
原家基爲關白甲戌立胤仁親王爲皇太子秋八月丙子晦以準
大臣源基具爲太政大臣冬十月丁未朔征夷大將軍惟康親王
爲北條貞時所逐歸京師以本院皇子久明爲親王乙卯以久明
親王爲征夷大將軍〔日本外史四北條氏正應二年九月府下騷擾貞時廢惟康倒載之輿送還京師東人曰將軍被流京師也乃請後深草帝三子久明爲將軍〕十二月乙酉號準三宮懌子內親王曰

五條院

二十七庚寅 正應三年〔日本史〕春三月癸丑賊淺原爲頼入宮作亂天皇避之春日殿衞兵赴討爲頼自殺事定還宮丙辰太政大臣基具罷

二十八辛卯 正應四年〔日本史〕夏五月癸亥關白家基罷以左大臣藤原忠教爲關白秋八月己巳上上皇皇后號曰遊義門院冬十二月己丑以前内大臣藤原實兼爲太政大臣

二十九壬辰 正應五年〔日本史〕秋九月丁卯大宮院崩冬十二月乙卯太政大臣實兼罷

〔元史世祖紀〕二十九年日本舟至四明求互市舟中甲仗皆具恐有異圖詔立都元帥府令哈喇帶將之以防海道

三十癸巳 永仁元年〔日本史〕春二月壬子關白忠教罷以前關白家基

爲關白三月北條貞時以北條兼時爲筑紫探題夏四月己亥鎌
倉地大震山崩屋壞死者二萬餘人是月北條久時來居六波羅
北方秋八月戊子改元冬十月一乘院僧徒與大乘院僧徒戰十
二月甲午前攝政家經薨
甲午 三十一 永仁二年日本史春二月戊子號準三宮久子內親王曰
永陽門院秋八月丙戌前關白太政大臣兼平薨
乙未 成宗元貞元 永仁三年日本史春三月改補一乘院大乘院兩總管
冬十一月丙申大乘院僧徒與一乘院僧徒戰於春日社各取神
木或遷之放光院或遷之興福寺金堂
丙申 二 永仁四年日本史春正月辛卯新陽明門院崩夏六月乙卯
關白家基罷丙辰家基薨秋七月辛卯以左大臣藤原兼忠爲關
白八月丁亥號準三宮喜子內親王曰昭慶門院秋九月壬午奪

大乘院僧慈信檢核職付之一乘院僧覺意〔日本外史四北條氏〕永仁元年置長門探題四年僧良基誅故源範賴裔吉見義世謀亂捕誅之

丁酉大德元　永仁五年〔日本史〕春正月辛未興福寺僧徒以奪大乘院慈信檢校職付於一乘院覺意使神人毀藏人平信忠宅夏四月庚戌冷泉富小路殿火天皇避之春日殿六月乙巳北條貞時置地頭於一乘院領地庚戌多武峯神人以訴置一乘院領地地頭奉神寶入京是月北條宗方來居六波羅北方秋七月北條宗宣來居六波羅南方冬十月戊申北條貞時罷一乘院領地地頭閏十一月己丑朔日南至賜宴羣臣乙卯造富小路殿

戊戌二　永仁六年〔日本史〕春正月乙未六波羅捕前權中納言藤原爲兼八幡執行聖信白毫寺妙智房三月癸卯六波羅流藤原爲兼於佐渡秋七月丁未天皇讓位於皇太子在位十一年上尊號

曰太上天皇徙御二條高倉殿帝藉北條時宗力踰次得立後復以詭詞嚇北條時貞由是富仁親王亦得立爲儲貳後伏見卽位上皇聽政院中及後二條登極稱中院延慶元年富仁親王踐阼是爲花園帝上皇再聽政應長元年正月徙常盤井殿正和二年十月屬機務於後伏見上皇移居伏見殿幽閒度日薙髮法名素融乾元元年三月徙持明院文保元年九月丙寅崩於持明院年五十三火葬於深草祔御骨於後深草帝法華堂稱伏見院帝善和歌工書命藤原爲兼選萬葉集以下和歌曰玉葉和歌集初帝爲北條時宗所援立因與時宗子貞時謀立後伏見後宇多上皇因讓其違先帝詔貞時遂議定使後深草龜山二帝之後迭立限以十年終馴致元弘之亂云(又)中宮藤原鐘子太政大臣實兼女宮人藤原經子參議經氏女藤原季子左大臣實雄女藤原氏權大納言實明女藤原英子權中

納言公宗女 掌侍某氏倭衛女 源氏參議具氏女 藤原氏參議茂通女 治部卿局法印任快女 西御方不詳姓氏 子九季子生花園帝寬性法親王經子生後伏見帝某氏生尊彥親王源氏生吉永親王實明女生道熙法親王茂通女生尊熙法親王治部卿局生慧助法親王西御方生聖珍法親王

元史日本傳成宗大德二年江浙行省平章政事也速荅兒乞用兵日本帝曰今非其時朕徐思之

日本源流考卷十二終

日本源流考十三

長沙王先謙益吾撰

後伏見天皇

日本史後伏見天皇諱胤仁伏見第一子也母准三宮藤原經子正應元年三月戊子生爲永福門院所子養八月爲親王三年四月立爲皇太子永仁二年六月始讀孝經六年秋七月丁未受禪於二條富小路殿以關白兼忠攝政左大臣藤原兼基右大臣藤原師教內大臣兼右近衛大將藤原公衡權大納言兼左近衛大將藤原冬平並如故八月丁巳尊伏見曰太上天皇甲子立皇從祖兄邦治親王爲皇太子辛未遷二條高倉殿乙亥上上皇中宮號永福門院冬十月丁卯卽位於太政官廳時年十一十二月癸酉攝政兼忠罷以左大臣藤原兼基攝政

正安元年〔日本史〕夏四月乙亥改元六月辛亥以前內大臣藤原公守爲太政大臣冬十月辛酉太政大臣公守罷十一月戊戌以兼基爲太政大臣攝政仍舊

〔元史成宗紀〕大德三年三月癸巳命妙慈弘濟大師江浙釋教總統補陀僧一山齎詔使日本詔曰有司奏陳向者世祖皇帝嘗遣補陀禪僧如智及王積翁等兩奉璽書通好日本咸以中途有阻而還爰自朕臨御以來綏懷諸國薄海內外靡有遐遺日本之好宜復通問今如智已老補陀僧一山道行素高可令往諭附商舶以行庶可必達朕特從其請蓋欲成先帝遺意耳至於惇好息民之事王其審圖之

〔元史日本傳〕三年遣僧寧一山者加妙慈弘濟大師附商舶往使日本而日本人竟不至

元史鐵木兒塔識傳曰日本商百餘人遇風漂入高麗高麗掠其貨表請沒入其人以爲奴鐵木兒塔識持不可曰天子一視同仁豈宜乘人之險以爲利宜資其還已而日本果上表稱謝俄有日本僧告其國遣人刺探國事者鐵木兒塔識曰刺探在敵國固有之今六合一家何以刺探爲設果有之正可令覩中國之盛歸告其主使知嚮化

明史日本傳宋以前皆通中國朝貢不絕事具前史惟元世祖數遣使趙良弼招之不至乃命忻都范文虎等帥舟師十萬征之至五龍山遭暴風軍盡沒後屢招不至終元世未相通也

庚子 四 正安二年日本史春正月庚辰天皇加元服夏五月戊寅攝政兼基罷太政大臣秋閏七月丙午賜西大寺僧叡尊號興正菩薩賜菩薩號始於此冬十二月丁亥以攝政兼基爲關白

辛丑五 正安三年（日本史）春正月壬戌天皇禪位於皇太子在位四
年徙御二條富小路殿上尊號曰太上天皇稱新院及後醍醐帝
卽位更稱本院正和二年伏見薙髮上皇專裁政事初上皇在位
時北條貞時定後深草龜山兩宗迭立之策限以十年至元亨元
年十月上皇祈石清水宮以皇子量仁親王居東宮嘉麻元年量
仁立爲皇太子上皇又祈賀茂社以皇太子早承大統元弘元年
後醍醐帝幸笠置山北條高時奉皇太子踐祚上皇御常盤井殿
又決政事三年三月赤松則村奉後醍醐帝詔來攻上皇與光嚴
帝花園帝徙御六波羅敕徵諸方兵五月足利尊氏到京師上皇
以爲助我既而尊氏奉後醍醐帝詔攻六波羅上皇大驚突圍東
出幸伊吹太平護國寺閏十八日歸京師六月薙髮於持明院法
名理覺後改行覺延元元年四月壬午法皇崩於持明院殿年四

十九火葬於嵯峨野奉安遺骨於深草法華堂遺詔稱後伏見院

又女御藤原甯子（左大臣公衡女）藤原氏（權大納言實明女稱對御方）藤原氏（亦實明女稱廊御方）高階氏（從三位邦經女）治部卿局（即伏見帝宮人）右京大夫局子十二甯子生光嚴院光明院景仁親王實明女對御方生尊實法親王尊省親王廊御方生一皇子高階氏生甯永親王後改名法守法親王治部卿局生尊胤法親王長助法親王寬胤法親王承胤法親王亮性法親王

後二條天皇

日本史後二條天皇諱邦治後宇多第一子也母西華門院源氏弘安八年二月乙巳生九年十月爲親王永仁六年六月冠七月後伏見登阼八月立爲皇太子正安三年春正月壬戌受禪於二條高倉殿關白兼基左大臣藤原師教右大臣藤原公孝內大臣

藤原冬平權大納言兼左近衛大將藤原內實權大納言兼右近衛大將藤原家平並如故己巳尊後伏見曰太上天皇（日本國志）帝年長於上皇三歲時後深草稱本院龜山稱中院後宇多稱新院並伏見後伏見同時有五上皇三月己未號準三宮藤原瑛子曰昭訓門院甲子即位於太政官廳時年十七六月庚午以前內大臣源定實爲太政大臣是月北條基時來居六波羅北方八月辛巳以皇從祖弟富仁爲親王庚寅立富仁親王爲皇太子辛卯前攝政兼忠薨九月丙辰大和國民據二上山作亂發兵討之賊逃走冬十月丁卯大和國民掠春日四社神鏡各二若宮神鏡十又據二上山官符發大和兵士及興福寺僧徒討之賊伏誅十二月乙亥北條貞時奏元兵寇薩摩子敷島

六壬寅 乾元元年（日本史）春正月乙卯號準三宮瑞子女王曰永嘉門院三月己酉號準三宮媖子內親王曰陽德門院秋七月太政

大臣定實罷金澤貞顯來居六波羅南方冬十月乙丑以北條貞時子菊壽麻呂死不奏事七日十一月庚戌改元辛亥以右大臣藤原公孝爲太政大臣〔日本國志〕命太宰府築石砦於博多海濱造兵船嚴海防

癸卯七 嘉元元年〔日本史〕秋八月庚寅改元九月己卯立女御藤原忻子爲中宮冬十二月壬寅新後撰和歌集成

甲辰八 嘉元二年〔日本史〕春正月甲戌東二條院崩三月乙丑太政大臣公孝罷秋七月丙寅本院崩丁卯葬後深草天皇冬十一月北條時範來居六波羅北方

乙巳九 嘉元三年〔日本史〕春三月壬子聽講羣書治要癸丑蹴鞠詩歌合夏四月戊子關白兼基罷以左大臣藤原師敎爲關白己亥北條宗方矯征夷大將軍久明親王命殺北條時村五月己酉北

條貞時誅北條宗方（日本外史四北條氏正安三年貞時削髮而老使時賴孫師時政村子時村並代執權師時從弟宗方爭權矯命先殺時村遂欲殺師時貞時怒命宣時子宗宣誅之）秋七月丁巳前太政大臣公孝薨九月己未禪林寺法皇崩辛酉葬龜山天皇

丙午十 德治元年（日本史）春三月庚子晦前太政大臣定實薨冬十二月壬寅以前內大臣藤原實家爲太政大臣庚戌改元（日本國志）時禁不通商海船往來皆奸利小民元亦懸禁久之遂流爲海寇後日本內亂分南北朝盜賊競起頻擾沿海郡縣至明而患益甚

丁未十一 德治二年（日本史）春正月戊寅修結緣灌頂於石清水宮著爲式夏六月乙卯號準三宮譽子內親王曰章義門院秋七月丙戌遊義門院崩戊子葬遊義門院

戊申武宗至大元 德治三年（日本史）秋八月庚寅征夷大將軍式部卿久

明親王爲北條貞時所逐歸京師丙申以守邦王爲征夷大將軍
辛亥天皇崩於二條高倉殿年二十四在位七年葬於北白河殿
稱後二條院又中宮藤原忻子（太政大臣公孝女）尚侍藤原頊子（攝政實經女）
掌侍平氏（少納言棟俊女）御匣殿藤原氏（內大臣公親女）藤原氏（權中納言公泰女）藤原
宗子（參議宗親女）平氏（參議信輔女）新大納言局（法眼良珍女）子五宗子生皇太
子邦良邦省親王公親女生尊濟法親王公泰女生祐助法親王
聖尊法親王

花園天皇

日本史花園天皇諱富仁伏見第三子也母顯親門院藤原氏永
仁五年七月丙戌生後伏見養爲子正德三年八月爲親王遂立
爲皇太子嘉元元年十二月始讀孝經德治三年秋八月後二條
崩壬子皇太子踐阼於土御門東洞院殿以關白師教攝政太政

大臣實家左大臣藤原冬平右大臣藤原家平內大臣藤原道平
權大納言兼左近衛大將藤原經平大納言兼右近衛大將源具
守竝如故甲寅葬後二條天皇九月甲辰立皇從祖兄三品太宰
帥中務卿尊治親王爲皇太子冬十月甲子改元延慶甲戌以征
夷大將軍守邦爲親王十一月乙未攝政師敎罷以左大臣藤原
冬平攝政辛丑卽位於太政官廳時年十二十二月丙辰朔號上
皇所生準三宮源基子曰西華門院是月北條貞房來居六波羅
北方

配二 延慶二年日本史春正月丁酉號準母藤原盈子曰廣義門
院二月丁巳號準三宮永子內親王曰章善門院夏六月戊寅號
準三宮禱子內親王曰朔平門院冬十月乙卯以北條貞時女死
不奏事五日甲子太政大臣實家罷以前內大臣藤原信嗣爲太

政大臣

庚戌三 延慶三年〔日本史〕秋七月北條時敦來居六波羅南方冬十二月丙辰太政大臣信嗣罷戊午以冬平爲太政大臣攝政如舊壬戌上後二條中宮號曰長樂門院是歲金澤貞顯來居六波羅南方

辛亥四 應長元年〔日本史〕春正月丙子天皇加元服三月丁亥以攝政冬平爲關白壬辰前太政大臣信嗣薨夏四月丙寅關白冬平罷太政大臣庚午改元秋九月甲子相模守北條師時卒冬十月癸巳前相模守北條貞時卒〔日本外史四北條氏延慶元年廢久明立其長子守邦代之應長元年貞時師時相繼而卒貞時嚮意於政治景時賴之風初時政義時以來數遣使分曹行郡國問吏民冤枉至於時賴貞時發間使被緇衣四出多所擿發吏不得欺也而間使又稍稍成奸時賴貞時終覩出按之云〕

壬子仁宗皇慶元 正和元年〔日本史〕春三月丙辰改元甲子玉葉和歌集

成

癸丑　二　正和二年〔日本史〕秋七月庚子關白冬平罷以左大臣藤原
家平爲關白

甲寅　延祐元　正和三年

乙卯　二　正和四年〔日本史〕春正月辛未造富小路殿二月壬寅號準
三宮延子內親王曰延明門院秋七月辛酉前相模守北條熙時
卒八月北條維貞來居六波羅南方九月丙寅關白家平罷丁卯
以前關白冬平爲關白冬十二月壬寅北條高時拘前權大納言
藤原爲兼於六波羅

丙辰　三　正和五年〔日本史〕秋八月癸巳關白冬平罷以左大臣藤原
道平爲關白冬十一月戊辰朔日南至公卿表賀

丁巳　四　文保元年〔日本史〕春二月庚子改元夏四月乙卯富小路殿

成自二條殿遷御秋九月丙寅中院崩丁卯葬伏見天皇
戊五午文保二年日本史春二月戊午天皇禪位於皇太子在位十
二年上尊號曰太上天皇稱新院與後伏見俱居持明院殿情愛
最厚元弘三年三月從後伏見徙御六波羅建武二年十一月薙
髮法名偏行居萩原殿稱萩原法皇正平二年八月不豫三年十
一月甲辰法皇崩於萩原殿年五十二葬於十樂院山上遺詔稱
花園院帝好學善詩歌親撰風雅集深好禪法以僧妙超慧玄爲
師捨花園離宮爲妙心寺居慧玄刱一室於方丈側號玉鳳院徙
御之遺像向存焉又典侍藤原氏從三位賴任女藤原實子權大納言實明女藤
原氏實子妹先入後伏見宮子三實子生直仁親王業永親王實子妹生覺
譽法親王日本國志自後堀河至此凡十世九十七年兵馬之權
皆在鎌倉自北條時政至高時凡九世一百五十四年君之廢立

宰輔將軍之進退皆惟命是聽其遲之久而後滅亡者立主以嗣源氏遷官猶稱原銜子孫相承終身不過相模武藏守又務爲勤儉以養民其取禍不速操之葢有術也至高時荒縱則一敗塗地矣

後醍醐天皇

日本史後醍醐天皇諱尊治後宇多第二子也母談天門院藤原氏正應元年十一月癸未生龜山愛其穎悟常置左右嘗祈其獲位於石淸水宮然以後二條長且無它過失不得越立乾元元年六月爲親王嘉元元年十一月冠敘三品二年三月爲太宰帥德治二年五月兼中務卿延慶元年八月花園踐阼時後二條皇子邦良當立爲儲嗣後宇多法皇曰朕有所思宜先立尊治次及邦良九月立爲皇太子文保二年春二月戊午受禪於冷泉萬里富

小路殿法皇臨萬機關白道平左大臣藤原經平內大臣藤原公茂權大納言兼左近衛大將藤原內經權大納言兼右近衛大將藤原家定並如故三月庚午立皇姪邦良親王爲皇太子辛未尊花園天皇曰太上天皇庚寅卽位於太政官廳時年三十一夏四月癸卯號所生準三宮藤原忠子曰談天門院丙辰今出川院崩秋八月壬子以前內大臣藤原實重爲太政大臣十一月辛巳盜殺前參議源有時於郁芳門十二月丙申晦關白道平罷以內大臣藤原內經爲關白

己未（一千九百七十九）元應元年（日本史）春三月癸未尊皇姊前齋宮奬子內親王曰皇后夏四月癸丑改元秋八月己未立女御藤原禧子爲中宮冬十月己巳太政大臣實重罷以前內大臣源通雄爲太政大臣十一月丙申號皇姊皇后曰達智門院是日談天門院崩

庚申七　元應二年日本史春三月丙午號準三宮藤原頊子曰萬秋門院夏四月戊辰前權大納言藤原爲世上續千載和歌集秋七月甲申前攝政左大臣師敎薨八月己巳號準三宮媖子內親王曰壽成門院

辛酉英宗至治元　元亨元年日本史春二月丁卯改元冬十一月常葉範貞來代北條時敦居六波羅北方十二月戊申法皇還政是歲復記錄所親聽訟廢諸新關特存大津葛葉關

壬戌二　元亨二年日本史秋九月乙巳前太政大臣實兼薨

癸亥三　元亨三年日本史春三月庚申關白內經罷以左大臣藤原房實爲關白夏五月癸巳太政大臣通雄罷冬十一月丁酉以前關白冬平爲太政大臣

甲子泰定帝元　正中元年日本史夏五月己亥前關白家平薨六月己卯

法皇崩壬午葬後宇多天皇秋九月壬寅先是天皇常有討北條氏之意中納言藤原資朝藏人藤原俊基等參豫計議竊徵諸國武士土岐賴兼多治見國長應徵先至既而事洩是日北條高時殺賴兼國長於京師丙午六波羅兵執藤原資朝藤原俊基送於鎌倉丁未天皇使中納言藤原宣房於鎌倉賜誓誥高時冬十一月金澤貞將來居六波羅南方十二月辛酉改元己卯關白房實罷以太政大臣冬平爲關白

乙丑二 正中二年〔日本史〕冬十二月戊寅前關平內經薨甲申參議藤原爲定上續後拾遺和歌集北條高時遷藤原資朝於佐渡釋藤原俊基還京師〔日本外史四北條氏〕貞時既卒長子高時甫九歲宗宣及時村孫熙時並執權無幾皆卒長時姪基時及實時孫金澤貞顯代之高時舅安達時顯泰盛之弟也內管領長崎圓喜賴綱之甥也以貞時遺命共輔高時五年遂立高時執權文保元年高時爲相模守高時性頑率委政於時顯圓喜二人協心修泰時舊規既而圓喜老子高資代之高資性多欲

黜陟子奪一以賄成元亨二年陸奧人安藤堯勢與族季長爭邑而訟皆賂高資高資兩納之不決二人怒據邑反承久以來士之叛北條氏者始於此北條氏遣兵討之不克高時不以爲意日夕飲宴一日見狗鬭於庭喜之遂令吏民貢獒獒數千分附諸將養視輿載往來遇獒不下者有誅獒羣鬭哮噉如爭尸者狀高時又喜田樂樂師亦數千纏頭費每以萬數一夕高時獨醉舞有十餘倡來聚以助之姬人闚之倡皆天狗歌曰不見天王寺妖靈星乎歌終而去獸跡滿座高時醒無所見已而有疾高資勸其削髮讓職於貞顯高時弟泰家慍其不讓己亦削髮高時病起欲誅貞顯貞顯自髡謝之諸將爭倣之圓顱滿朝高時頗不平高資密令長崎高賴誅之高資覺捕高賴流之內外憤怨攝津渡部氏大和越智氏皆起兵高時命吏擊之又不克正中二年高時流中納言藤原資朝於佐渡以其圖北條氏也初北條氏定承久之亂立後堀河帝帝傳位於太子是爲四條帝帝崩朝議欲立順德皇子泰時思土御門帝不與亂謀也遣安達義景立其皇子義景途還曰有如順德皇子立則奚爲曰廢之遂入京師立後嵯峨帝二子曰後深草龜山相繼昇位後嵯峨特愛龜山遺詔時賴曰龜山之後永承皇統乃以長講堂領爲後深草湯浴邑後深草上皇欲倚時宗力以得政柄時宗不敢從已而龜山傳位於太子是爲後宇多帝上皇憤恨欲削髮時宗乃以上皇皇子爲後宇多儲貳是爲伏見帝伏見帝立三年有賊淺原爲賴夜入宮中謀逆不成自殺六波羅檢之事連龜山上皇上皇賜書於貞時誓無它帝密敕貞時曰龜山之在位憤成久事陰有所圖而不敢廢立其後非卿利也貞時乃立帝皇子是爲後伏見帝後宇多上皇遣使責貞時貞時乃

廢帝立後宇多皇子是爲後二條帝因定議後深草龜山二統每十年更立先是時賴分藤原氏爲五派更任攝籙貞時之議天位蕃做之也及帝崩立後伏見之弟是爲花園帝朝議欲立後二條皇子邦良承其後龜山上皇特屬意於後宇多次子遣使諭貞時立之是爲後醍醐帝邦良爲其太子帝憤北條氏以陪臣世主廢立也陰謀滅之覘高時失政竊喜之令資朝及右少辨俊基等誘致美濃源氏土岐賴兼多治見國長等事覺或告之於六波羅北方北條範貞會攝津民作亂範貞因召四十八所篝卒得三千人以襲賴兼國長殺之是時正中元年九月也明年五月高時遣兵收致資朝俊基按問之不服遂謀廢立帝因賜誓書高時奉還其書釋俊基遂流資朝也

丙寅三 嘉曆元年（日本史）春二月壬午號準三宮藤原季子曰顯親門院三月乙丑皇太子薨夏四月庚子改元秋七月丙寅立本院皇子量仁親王爲皇太子先是皇太子邦良薨天皇因欲選諸皇子立之北條高時執兩宗迭立之議天皇遣中納言藤原定房於鎌倉依後嵯峨帝遺詔責讓高時高時遂不奉詔冬十月辛丑晦前征夷大將軍惟康親王薨

丁卯四　嘉麻二年〔日本史〕春正月己未關白太政大臣冬平薨二月壬午以前關白道平爲關白三月壬子前關白房實薨陸奥人藤原季長起兵與族人相攻高時遣兵討之不克

戊辰明宗政和元文宗天麻元　嘉麻三年〔日本史〕冬十月癸卯前征夷大將軍久明親王薨

己巳二　元德元年〔日本史〕夏六月壬子前太政大臣實重薨秋八月壬子改元冬十二月癸巳前太政大臣通雄薨

庚午至順元　元德二年〔日本史〕春正月戊寅關白道平罷以右大臣藤原經忠爲關白秋八月癸酉關白經忠罷以左大臣藤原冬敎爲關白是月北條時益來居六波羅南方冬十二月北條仲時來居六波羅北方

辛未二　元弘元年〔日本史〕夏五月癸酉北條高時遣兵執僧圓觀文

觀忠圖致於鎌倉秋七月乙酉六波羅兵就禁內執右少辨藤原
俊基送於鎌倉新院亦密遣使於鎌倉告變丁亥北條高時徙文
觀於硫黃島忠圓於越後拘圓觀於陸奧八月癸丑改元乙丑北
條高時遣二階堂貞藤等率兵三千餘至京師丁卯尊雲法親王
知高時將行廢立遽奏之其夜天皇奉神器駕婦人車從陽明門
出大納言藤原師賢中納言藤原藤房從之至三條河原中務卿
尊良親王及大納言藤原公敏中納言源具行左近衞少將源忠
顯追至敕藤原師賢著御衣乘御輿如延麻寺權中納言藤原隆
資左近衞中將藤原爲明源定平從之揚言車駕幸延麻寺以綴
賊兵且試僧徒向背戊辰遲明行次古津進御膳至奈良東大寺
僧聖尋奉迎御松嶺寺北條時益北條仲時聞天皇出幸遣兵索
宮中執大納言藤原實房中納言藤原公明左衞門督藤原實世

前參議平成輔已已車駕發奈良次鷲峯山庚午至笠置山北條時益北條仲時迎本院新院及皇太子御六波羅辛未北條時益北條仲時聞車駕在延麻寺遣兵攻之尊雲法親王尊澄法親王督僧徒破之辛崎日本外史四北條氏嘉麻元年邦良薨帝初欲廢邦良立皇長子尊良高時不可至是又欲立三子護良遣使申後嵯峨遺命高時執貞時議立後伏見帝子量仁爲東宮帝怒與護良謀誘諸寺僧徒因以護良爲山門坐主召僧圓觀等呪詛北條氏元弘元年事覺捕圓觀等鞫而得實再執俊基後伏見法皇亦使人來具告帝陰謀高時乃大聚諸將問計衆莫敢言高資曰主上親王流之公卿黨者斬之如此而已勿再貽悔也二階堂貞藤諫曰北條氏世尊王室惠下民所以執國命幾乎百六十年也今已執公卿又欲遷帝王如天道何苟使我而無釁朝廷何能爲高資睥睨貞藤曰迂腐之論何陳於今日公獨不知承久故事乎高時從之八月遣貞藤等以三千騎入京師之基時子仲仲時政村曾孫時益方鎮南北得貞藤與計事事泄帝逃之南都仲仲時時益遣兵索宮中不獲帝則奉兩上皇太子於六波羅北方僧豪譽來告帝在叡山則遣近江守護將兵攻之不利其夜僧徒覺非眞天子相率離叛藤原師賢等奔歸行在伊賀伊勢大和河內兵多至行在遣中納言藤原藤房召見河內人楠正成

委以興復

日本外史五　新田氏前記楠氏

外史氏曰余修將門之史至於平治承久之際未嘗不舍筆而歎也嗚呼世道之變名實之不相讐一至於此歟古之所謂武臣者勤王云爾如源氏平氏莫不皆然至於平治之後乘綱維之弛以逞鴟梟之欲有暴悍無忌者焉有雄猜匪測者焉雖所爲不同而其蔑王憲營私利一耳然猶有可言曰王族也將家也至於北條氏以將門屬隸而坐制朝廷天下之事不復忍言也且夫承久之事孰曲孰直筆而傳之者皆出北條氏盛時今安考信焉況君臣之際猶可較曲直也乃指斥憑怒極其淩辱視萬乘之尊不啻如孤豚嗚呼八州生民誰不被先王之遺澤當時所謂武士者恒其不豢養供其使嗾雖名位族望遠出其右者奔走驅馳甘爲之役之不暇氣類所召習以爲常豈可勝言哉郎稱爲公卿者平時趨蹌朝廷之上取天子之餌秩以驕天下而及於此際未嘗畫一策以救危難袖手旁觀以聽其所爲是曷尤於武人耶雖時勢有所未可君德有所未洽以致乎此禍而亦臣子之罪矣自是以來百餘年間廢立黜陟一仰其處分而朝廷蹙蹙如被束縛至於窺其顏色以爲憂喜何其甚也余聞後鳥羽上皇之徙隱岐也因石窟縛屋纔蔽風雨十有九年乃崩蓋父子三帝隔絕千里各居窮海終天不得相見是其心何嘗一日忘北條氏哉則元弘之事萬不可已也而其勤王之功余以楠氏爲第一微楠氏則西狩之駕吾見其與承久歸一轍而止而已何哉彼北條氏雖失於政其權力有更甚焉藉累世之威而加積弱之餘百萬虎狼隨其指呼鳬啾中國莫之或攖天下方以承久爲戒重踵屏息莫敢言勤王之事而楠公獨以眇眇之軀唱義其間當其衝路挫其爪牙以鼓舞四方義士之氣使

之一時鞭起殄滅元惡於斧鉞之下報列聖之深仇雪累世之大恥天下萬姓再得仰日月之光雖曰屬皇運之泰而非公爲之倡焉能至此是烏知非天生斯人以匡濟世道哉後之論者或有比之唐張巡者巡戴全盛之唐室拒狂胡之偏師有二顏爲之先有許遠爲之助而不過遮蔽江淮守城致死以公視之勢之難易功之大小豈可同日而語也要之位不滿其器莫能展其才而終能以身殉國靖獻先王餘烈所及不獨其子孫自公卿至將士各執弓箭以勤王事概皆聞楠氏之風而起者也嗚呼如楠氏者眞可謂不愧武臣之名矣余故敍楠氏事以繼源平氏云

○楠氏本姓楠氏出於敏達天皇天皇曾孫曰諸兄爲左大臣賜姓橘橘氏後裔或降在民閒其居河內者以楠爲氏楠氏始著於後醍醐天皇之時云天皇於後烏羽爲玄孫後烏羽二子順德土御門二帝並爲北條氏所徙以崩後嗟峨帝以土御門之皇子爲北條氏所立而常痛先帝之蒙塵欲族時報之而後深草龜山相繼即位皆帝之子也帝謂後深草優柔不足與有爲而愛龜山有英氣可以繼其志故遺詔龜山之後永承皇統故後宇多以龜山太子立即位而北條氏立後深草之皇子又立其皇孫承其後後宇多上皇遣大納言藤原定房責其再違遺詔乃立上皇皇子實後二條帝遂建兩統更立之議及帝崩又立後伏見之弟時後宇多次子尊治幼有英質龜山上皇奇之遺定房論北條氏而立之是爲後醍醐天皇當天皇之時北條高時失政其家宰長崎高資等恣權將士離心多背叛者天皇陰謀乘是時討滅之乃厲精求治置記錄所親聽訟訴與大納言藤原資朝右少辨藤原俊基等謀稍延攬豪傑置酒款語破禮節結歡心目曰無禮講美濃人士岐賴兼多治

見國長與焉賴兼族賴春娶齋藤利行女利行六波羅府吏也一夕賴春偶與妻語泣下妻問何泣賴春告實妻走告其父父告之六波羅府發兵襲賴兼國長二人力鬬不克自殺高時聞之遣兵來執資朝俊基帝因賜誓書事得寢乃釋俊基流資朝而帝志益銳與皇子護良謀收結南都叡山僧徒高時又覺之捕僧圓觀等再執俊基遂與宰高資定議欲廢帝如承久故事遣二階堂貞藤潛兵西上夜至六波羅府將北條仲時北條時益得高時書未發封也帝諜知之乃用護良計御藍輿逃之南都使大納言藤原師賢服帝衮衣詐稱帝赴叡山僧徒大喜來聚一夕得萬人而仲時時益謂帝猶在宮中也遣兵索之不獲則收大納言藤原宣房等四人而去以萬人攻叡山護良等擊卻之而僧徒知帝非眞悉散去當是時帝在笠置山仲時時益聞之遣兵來攻未至帝下詔四方赴難莫復應命者帝憂迫適夢紫宸殿南有大樹樹下設虛位二童子來垂泣白曰天下無地容陛下獨有此座而已既覺自念文木從南爲楠當有姓楠人出扶朕以定禍難因詔山僧訪之曰地方豪傑豈有姓楠者乎對曰金剛山之西有楠正成者焉正成之父嘗憂無子與其妻禱於志貴山而生焉少字多聞長以材武名嘗平土寇以功爲兵衛尉帝曰是也使中納言藤原藤房往召正成正成即決意赴之從藤房詣行在帝使藤房言曰討賊之事朕一以託汝因命坐問計正成感泣對曰天誅乘時何賊不斃東夷有勇無智如較於勇舉六十州兵不足以當武藏相模較於智則臣有策焉雖然勝敗常也不可以少挫折變其志陛下苟聞正成未死也則毋復勞宸慮乃拜辭還實元弘元年八月也

王申尊澄法親王奔笠置尊雲法親

王弁奈良九月丙子北條時益北條仲時遣兵犯笠置癸巳北條高時以皇太子量仁王稱帝於京師是爲北朝庚子賊將大佛貞直金澤貞冬足利高氏率大軍逼笠置辛丑六波羅兵陷行在判官代錦織俊政飛驛守石川義純及子義右死之天皇徒步突圍而出大納言藤原師賢中納言藤原藤房權中納言源具行扶行三日夜至有王山下賊兵追及親王以下文武官僚悉見執是月楠正成築河內赤坂城備後人櫻山玆俊築一宮城並起義兵冬十月甲辰六波羅兵奉天皇幸平等院大佛貞直等請傳神器於新主天皇使藤原藤房宣傳曰神器歷朝相承親所受授雖時或有亂臣未聞悉相與奪且璽鏡遺之笠置惟有寶劍自隨若欲强得之朕將先親用之貞直無所復奏乙巳又請幸六波羅敕備鹵簿儀仗乃逗留三日具袞衣法駕如儀遂幸六波羅御南方戊申

復請傳神器乃授以新器是冬大佛貞直等圍赤坂楠正成焚城逃櫻山茲俊聞行在不守自殺〔日本外史五楠氏正成於是城於赤坂將以奉乘輿焉而賊兵已圍行在三河人足助重範善拒備後人櫻山茲俊起兵應之高時乃遣北條貞直足利尊氏等六十二將以武藏相模等五州兵十餘萬騎西上未至而笠置陷重範被擒錦織俊政石川義純死之帝與藤房奉神器逃於是貞直等諸軍徑赴赤坂城城纔成取農之粟充糧焉兵僅五百人正成分其三百以弟正季族和田正遠將之出城草山而竢東軍東軍至望見其城可方百餘步乃憫笑曰此可隻手掀耳爭下馬肉薄攻之正成令士卒齊射立斃千餘人東兵阻卻卸甲且息而伏兵自左右起正成以二百騎闢門突出三面合擊東軍大驚擾亂棄器械而走旦日東軍分爲二一備伏一圍城正成豫築複垣繩懸其外垣敵蟻附焉乃斷繩敵與垣俱墜乃投大石巨材殺七百餘人居四五日東軍修攻具蒙楯而進東鉤鉤垣垣殆崩正成令城兵人執長柄杓沃沸湯敵焦爛而退東兵於是築營環城爲持久計而城內餘五日食正成謂衆曰吾先天下舉大事固不獨生雖然天子在焉吾未可以死也吾今佯死敵則去去則復起使彼疲奔命是全軀以亡敵之術也衆曰善乃鑿坑塡尸以薪蔽之乘風雨夜稍稍逃出入金剛山留一人誡曰度我遠而舉火火起敵爭上城見坑中積尸謂正成既死也引兵東去使湯淺定佛代守其城櫻山寺兵聞之潰散茲俊自殺

壬申　三　元弘二年〔日本史〕春正月天皇在六波羅南方北條高時欲

諷天皇令薙髮因獻僧衣天皇卻之三月丙子天皇遷於隱岐左
近衛中將藤原行房左近衛少將源忠顯從之備前人兒島高德
候車駕於塗將奉天皇討賊不成〔日本外史五楠氏附兒島氏〕賊
執帝於宇治奉於平等院遂欲
從之六波羅帝令備行幸儀乃往賊乃立後伏見帝子量仁即位
實光嚴帝請帝傳神器弗聽請帝削髮又弗聽每旦沐浴拜皇祖
如常禮賊畏憚之僧亘良忠謀奪帝不成二年二月高時從帝於隱
岐其禮比承久頗厚參議源忠顯嬪藤原氏從而賊將佐佐木高
氏等以兵三千護送由山陽道兒島高德又謀奪之復不成○兒
島氏本三宅氏世居備前兒島範長者爲備後守子高德稱
備後三郎帝之在笠置也範長高德欲赴援聞笠置陷楠氏敗乃
止已而聞帝西遷高德謂其衆曰吾聞志士仁人有殺身以成仁
見義不爲無勇也盍要奪駕以舉義衆奮從之伏舟阪山而待久
之不至遣人候之曰駕向山陰道乃間道至杉坂則已過矣衆乃
散去高德悵恨不能去乃變服尾駕而行數日欲一見帝有所言
而不得間於是夜入帝館白櫻樹而書之曰天莫空句踐時非無
范蠡旦日護兵聚視不能讀也乃奏
之帝熟視之欣然心知有勤王者也高時遷中務卿尊良親王於
土佐尊澄法親王於讚岐恒良親王於但馬夏四月辛丑車駕至
隱岐以國分寺爲宮北條高時命佐佐木清高護衛〔日本外史四北條氏〕已而

南都僧來告帝在笠置山三帥乃使近江兵備叡山而遣檢斷糟
谷宗秋隅田通倫等圍笠置城因不拔高時遣大佛貞直金澤貞
冬將數萬騎助攻未至陶山義高小見山氏眞率五十餘人夜乘
風雨縋城而入縱火呼譟外兵應之城郎陷帝逃走追獲拘之六
波羅南方高時遣貞藤及安達高景立量仁郎位是爲光嚴帝令
員直引兵攻官軍將楠正成走之二年請光嚴帝詔從帝於隱岐
千葉貞胤小山秀朝佐佐木高氏將兵護送

壬寅楠正成復赤坂城率兵徇和泉河內

丁卯新主改元正慶是爲光嚴天皇五月辛未高時殺足助重範

己丑楠正成與六波羅兵戰於四天王寺大敗之（日本外史五楠氏附兒島氏）

帝至隱岐居國府島高時遂令隱岐守護佐佐木清高將兵監護焉
又流藤房以下公卿六人殺藤原俊基等四人藤原資朝在佐渡
其子國光自京師赴省父父已爲本間三郎者所殺國光夜斬三
郎而去高時遂流皇子尊良宗良恆良殺恆性獨第三子兵部卿
護良逃奔吉野於是四方無復勤王之師矣四月正成出金剛山
以五百騎攻赤坂城城將湯淺定佛徵糧於紀伊正成遮奪之充
苞以甲使三百人荷至城下別分兵追之城兵望見謂敵且奪我
糧也開門納之三百人取甲於苞而甲吶喊起鬭正成奪門而入
定佛不知所爲乃降正成併其兵將七百騎徇河內和泉悉下之
比及渡部得二千人進陣於天王寺北條氏自從天子謂天下無
復足虞也及正成起則大驚六波羅二帥遣隅田通倫高橋宗康
將五千騎擊之正成分兵爲四隊伏其三隊而以羸兵一隊扼渡

部橋而陣敵望見易之輙競渡嬴兵佯走敵追北過天王寺陷於伏急麾兵卻我兵疾擊乘之敵兵卻走不可復制爭橋而溺者無數京師爲之請曰渡部之川墜橋決田二帥愧之更命宇都宮公綱以紀清兩黨五百騎代赴正成族和田某請逆戰曰我已勝五千何有於五百正成默然良久曰勝敗之機在離同不在衆寡公綱素負勇名而以寡兵承敗其將士同心於死可知也我藉使克之能無失亡吾受大任前途甚遠而首傷我士後誰爲我用者吾將不戰而屈之也遂拔營而去公綱代營焉旣夜望四面皆炬火漸多漸近乃不釋甲而待者三晝夜兩黨懼請歸曰楠氏兵日加也公綱乃引歸正成復軍天王寺數出耀兵令軍中禁虜掠遠近歸心多來屬者正成威振京畿寺舊藏有一上宮太子讖文正成請僧發視之文有曰當人皇九十五代天下一亂而主不安此時東魚來呑四海日沒西天三百七十日西鳥來食東魚海內歸一三年如獮猴者掠天下三十餘年大凶變歸一元正成指而諭衆曰所謂九十五代非今上耶東魚乃高時而爲西鳥所食則終歸族滅耳日沒西天三百七十日上之復辟蓋在明春諸君勖之衆皆奮厲

庚寅高時殺參議平成輔尋遷大納言藤原師賢於下總前權大納言藤原公敏參議藤原季房於下野中納言藤原藤房於常陸僧聖尋於下總僧俊雅於長門六月庚子高時殺中納言藤原資朝辛丑殺右中辨藤原俊基丁巳殺權中納言源具行是冬楠

正成築千劒破城尊雲法親王還俗更名護良築吉野城赤松則村應護良親王令起兵於播磨築苔繩以絶山陽山陰兩道癸酉順宗元統元元弘三年（日本史）春正月天皇在隱岐二月北條高時遣阿曾時治圍赤坂大佛高直圍千劒破二階堂貞藤圍吉野丙午伊豫人土居通治得能通言起義兵與長門探題北條時直戰於伊豫星岡大敗之癸丑北條高時遷皇子恆性於越中守護名越時有害之是月赤坂城陷閏月乙丑朔吉野城陷左馬權頭村上義光及子義隆死之護良親王走高野山阿曾時治二階堂貞藤遂併兵圍千劒破楠正成拒戰數破之赤松則村出自苔繩徇山陽道進屯攝津摩耶山與六波羅兵戰敗之此時所在義軍並起兵勢大張護良親王密疏奏之行宮北條高時懼有奪駕者益嚴警衛而衛士稍歸心天皇夜使侍姬賜酒中門番直衛士

富士名義綱義綱密致誠款勸天皇潛幸出雲伯耆之間天皇乃遣義綱往諭其族出雲守護鹽冶高貞戊子曉天皇潛出宮源忠顯從之途闇不知所嚮有一人負天皇至千波港適得商舟御之佐佐木清高迅檝追天皇天皇與忠顯俱隱船底壬辰至伯耆大坂港名和長年奉迎造行宮於船上山聚兵護衛（日本外史五楠氏附兒島氏）

當是時皇子護良起兵據吉野又諭赤松則村勤王八月則松起兵播磨於是京畿聳聞交至鎌倉高時乃檄東北三道大發兵以子時治於高直大臣貞藤將之而宰高資監焉西擊正成等正成相金剛山之千窟城之城挾山帶壑周圍一里高數百仞中有五泉雖旱不涸造槽蓄之養以黃土雨則引屋溜於槽乃使別將守赤坂而自從金剛山三年二月東兵自三道上分爲三軍攻金剛山及吉野赤坂赤坂城兵力拒殺傷過當賊絕其水道城遂陷吉野受圍七日乃陷吉野赤阪既陷關東三軍皆萃於金剛山而西南諸道兵應高時徵者亦會焉稱八十萬合勢攻正成正成以千餘人拒之賊兵四面仰攻呼聲動天地正成令士卒投大石隨亂射之無復虛箭軍監高資令十二史記死傷三晝夜不闕筆乃令諸軍勿復薄城時大旱賊火箭射城正成以機注水使不能焚賊將高直議曰蕞爾山巔不容有水得非乘夜出汲乎前攻赤坂絕水而克此計可襲也遣名越某將三千人柵守東溪久之無出汲者

正成敵其倦怠夜出兵擊走之奪其幟而還旦日樹之壁上呼曰此名越公所贈有公徽號焉我無所用願奉還之名越慚恚舉族薄城城上豫橫懸大木及敵薄而發之因射斃四千餘人賊益畏憚休戰築長圍環守城兵困之正成乃作藁人數十被以甲冑夜列城下兵伏其後乘曉霧大鬨賊相告曰城兵窮蹙出戰也舉軍競進我兵頗發矢輒退入城而敵集於藁人則巨石已碎其頭立死五百餘人賊不敢復薄城也三月高時遣使者督促諸將進攻諸將合議命工造雲梯長二十丈跨壑架壁銳兵六千欲緣乘城正成令投大炬喞筒注油以燒雲梯烟焰噴起賊兵前後喧騰梯遂中斷陷壑焚死者數千人諸道豪傑望正成之風多應官軍者護良又命太和土寇絕敵糧道敵兵多逃亡敵中有新田義貞請護良令稱病東歸謀攻鎌倉於是六波羅二帥又遣宇都宮公綱以千餘人來援急攻拔柵鑿城址正成應機拒之敵竟弗能拔北條氏以天下多勤王者虜帝逃出戒佐佐木清高益嚴防備而清高族義綱守中門竊謀脫帝未敢發一夜宮女傳帝旨賜酒守兵義綱因白曰上未聞之乎楠正成據金剛山舉義兵高時以百萬兵攻之三閱月不能拔也播磨備前伊豫將士並起應之或謀迎駕或竊京師是皇運將回之秋也苟如聞高時兇懼陰謀不良上宜急艤千波港幸出雲伯耆之開臣佯追而從之事必濟矣帝不輒信因賜其宮女以察之義綱志益固帝乃令先往出雲誘其族人來迎義綱往爲族鹽冶高貞所拘留帝以其久不返遂決意夜僞稱嬪御與源忠顯徒行逃出叩一民家問港所在主人熟視帝狀貌知非常人也乃負帝至港託諸舟人舟人亦有感喜色忠顯告以實揚帆而南天明顧見數十艘近則清高也舟人伏帝與忠

顯於船底覆以鰲魚而坐其上清高來索舟人曰何索曰先帝逃矣舟人曰果有是事嚮京裝者二人乘船發港因指曰在彼清高赴之帝遂達名和港依名和氏癸巳晦佐佐木清高率兵犯船上山名和長年拒卻之〔日本外史五楠氏附名和氏〕名和氏本村上氏世居伯耆名和承久之役有名和行秋者焉與孫行高從官軍事敗奪邑行高四子長高長重長生氏高皆有武幹帝至名和港令忠顯登岸問途人豪傑可倚者荅以長高忠顯乃踵其家家方宴忠顯直入傳詔長高未荅長重進曰人之所重名而已矣今忝受帝者自託事無成否皆足以揚大名於天下長高乃決意計奉帝於船上山令長重等五人擐甲走迎帝跪御舟傍帝欣然長重蔽薦於甲背負帝登山藉木葉進食長高欲移倉粟於山募村民能運一擔者賞錢五百一日致五千餘石乃盡燒其宅率百五十騎以護行在因樹植柵列扉爲垣氏高造布旗數百煤印近國諸豪章識張之山上明日清高以兵三千自山前後來攻望見旗章不敢進我兵蔽林而射射殺一將敵八百騎乃來降清高在山後未之知也更兵急攻會日且入大雷雨長重長生乘而疾擊擠賊於谷麾千餘人清高單舸逃去帝授長高左衛門尉兼伯耆守賜名長年子弟拜官有差鹽冶高貞富士名義綱等率兵來歸乃下詔諸國討北條高時於是山陽山陰南海西海兵士並起勤王三月癸卯赤松則村與六波羅兵戰於瀨河甲辰復進戰於桂河累破之長驅入京

師乙巳本院新院新主入於六波羅赤松則村左衛門佐藤原忠俊與六波羅兵戰不利丙午敕左近衛中將源忠顯帥山陽山陰二道兵援赤松則村菊池武時起兵討九州探題北條英時於博多不克死之戊申赤松則村以左近衛中將源定平詐稱聖護院宮營於男山山崎塞西海道六波羅兵攻之則村逆擊破之辛酉延曆寺僧徒復奉護良親王令與六波羅兵戰於法勝寺不利但馬守護太田守延奉恆良親王會左近衛中將源忠顯於丹波夏四月乙丑源忠顯奉恆良親王率兵二十萬陣於峯堂丙寅赤松則村與源定平僧良忠攻六波羅不利辛未源忠顯與六波羅兵戰於京師官軍敗績太田守延死之忠顯奉恆良親王走男山結城親光歸順（日本外史四北條氏已而楠正成復起兵皇子護良赤松則村並起據千窟赤阪吉野白旗諸城高時遣義子阿曾時治與貞藤高直高資以五萬騎赴攻三年二月時治攻赤阪人見恩阿本間資貞先登資貞子甫十八隨父死城遂陷

閏月貞藤亦陷吉野與時治俱援高直圍千窟不能下三月六波
羅二師徵山陽兵兵降於則村爲守三石則村進據摩耶山二師
又徵四國兵伊豫豪族亦應官軍二師遣近江兵攻則村大敗於
是數警隱岐守護備帝逃遁而帝果逃歸伯耆二師再遣萬人攻
則村又敗則村與藤原宗鎮縱火來攻遣宗秋通倫以兵二萬拒
之桂川則村子則祐亂流來擊我兵又大敗時已夜新帝兩上皇
入六波羅二師大出兵於七條磧陶山高通河野通盛巷戰走則
村則村退走扼八幡山崎運路梗塞二師遣兵擊之陷伏敗還而
山徒亦以護良令來攻二師遣彍騎擊走僧兵因陷以利又使近
江守護佐佐木時信備之高通通盛又敗則村於京南而官軍將
源忠顯大兵來攻二師悉甲乘陣時信以五千人擊走忠顯　而
結城親光遽降官軍士卒多逃二師告急於鎌倉使者相踵　己
卯北條高時遣名越高家足利高氏率兵入京師庚寅赤松則村
擊名越高家於久我畷斬之先是足利高氏竊納款至是遂歸順
日本外史七足利氏正記足利氏上足利氏出於源義家義家在
京師其子義國以事謫關東居上野生二子義重義康義康食下
野足利郡因氏焉爲檢非違使左衛門尉保元之亂從源義朝於
京師衛守大內捕平家引補藏人聽昇殿生三子義清義長義兼
義兼雄偉而循謹其二兄皆爲源義仲將西與平氏戰水島死之
而義兼從征夷大將軍源賴朝於鎌倉最見親待從擊平氏筑紫
又從擊藤原氏陸奧陸奧再亂義兼統諸將往討之賴朝因定天
下奏授之上總介使北條時政以女妻之生義氏義氏數助北條

氏靖其家難爲正四位下左馬頭義氏生泰氏泰氏生賴氏賴氏生家時家時生貞氏皆居足利旗用白旗號重畫細川畠山仁木岩松桃井吉良今川斯波石橋澁川石堂一色諸族皆出於足利氏足利氏世與北條氏婚更相倚賴然時家貞氏自負門地恥立人下思族時滅之貞氏娶上杉氏生二子曰高氏曰直義高氏稱又太郎任治部太輔直義任兵部少輔高氏爲嫡嗣娶赤橋守時妹生子千壽赤橋北條氏族也元弘元年後醍醐天皇起兵據笠置山討北條高時高時乃遣高氏直義等往攻之高氏兄弟時丁外憂強起而西城陷乃返二年高時流天皇於隱岐立光嚴帝已而帝歸伯耆官軍並起攻六波羅府府帥北條仲時北條時益數戰不利高時遣高氏及名越高家赴撥高氏有疾不欲往強之再三高氏大慍乃荅使者曰當不日發矣因陰謂其親信曰彼舊爲我家臣隸時遷世變乃至僕役我我欲以今日歸官軍以輿我家如何上杉憲房細川和氏等皆贊成之高氏乃欲挈家行或說高時曰源氏失天下兵權久矣今日之勢焉知其無異圖宜質其孥且要其誓高時然之以溫言來請焉高氏患之謀於直義直義曰公欲誅無道神豈不右焉要盟神所不譎也宜畱親信護孺子而夫人則屬赤橋氏當無所憂公第聽彼所言亟成大事高氏從之高時祖道取一白旗授高氏曰是自八幡公傳至右大將而我家受之者請以爲贐八幡公謂義家右大將謂賴朝也高氏受之心竊喜焉乃率直義以下宗族三十二人兵三千而西至三河告謀於其故黨吉良貞義貞義曰臣固將言焉高氏意益決抵京師郎密使使伯耆請降帝素聞其家聲則大悅賜使者以邑勅曰諸國官軍汝其帥之以滅國賊賊滅之後賞當從所請已而名越高家

後至與官軍將源忠顯赤松則村戰於狐川敗死高氏方張宴於桂川西指一佛舍問其名或荅曰勝持寺高氏哂曰吾將勝而持之矣乃聲言往攻行在遂上馬行入丹波三年四月二十七日至篠村建旗於八幡廟前州人久下時重以二百騎先至旗號一番字高氏見之問故對曰右大將之起臣祖重光先衆而至右大將親書賜焉遂以爲號高氏大喜曰我家之嘉兆也五月乙未下條制源忠顯曰朕於諸院崇奉之意無或渝易特敕諸軍勿敢侵暴仙洞近側及諸莊園犯者處以重科須北條仲時北條時益伏誅奉還兩院新主於本所嚴戒震驚至其扈從卿士具以名聞至決其罪合在後日行軍用師要在和調前軍進戰後軍不繼罰奪三勳諸將雖素有仇怨臨陣勿圖報復務期立效凡給糧糗務在周均不可私增減建功之徒本領外加重賞子孫世襲死傷者具狀申上陣亡者擇子孫如支親授以舊領朝士武人及僧徒祠官歸順者本領外更有推恩若不能躬至而有能獻策輸糧助軍國者亦賞格準之降服之人一從宥貸竢其建功自效而後錄

用凡賊軍所過剽劫焚燒斬艾無辜甚爲暴逆天討所致專爲此
故諸軍主帥宜體朕意軍之所在則禁戢士卒莫恣抄掠非預軍
機勿得放火勿課取糧米以致刻虐止伐叛亂不擾平民庶幾得
天地神祇之佑賴宗廟社稷之靈以致克捷之功其宣布四方明
使知聞己亥源忠顯足利高氏赤松則村併兵攻六波羅北條仲
時北條時益挾本院新院新主東奔時益伏誅官軍收復京師本日

外史五楠氏附名和氏義綱高貞以千餘騎至山陰山陽豪族來
屬數十姓而兒島高德從備前往帝令高德等從源忠顯攻六波
羅長年子義高初應高時後圍金剛山聞長年應官軍拔歸亦從
忠顯忠顯行收兵得三萬人遇但馬守護大田守延擁皇子恆良
來會合兵軍於峯堂僧良忠軍男山赤松則村軍山崎皆奉兵部
卿護良令與叡山僧徒約將戮力入京師而忠顯欲專功獨進敗
走守延死之高德義高留而力戰忠顯在峯堂恇怯不安欲卻軍
避敵使使召還高德等高德切諫止之自以三百騎守七條橋備
敵夜襲夜半顧望峯堂炬火稍熸乃怪而還遇丹後人荻野朝忠
日大將逃矣高德往視其營則錦幟仆地鎧仗狼藉高德取錦幟
追及朝忠收潰兵守高山寺高時聞金剛山久不拔遣足利尊氏
名越高家助攻率萬騎至京師忠顯則村破殺高家尊氏家聲素

著得新帝密旨欲犯行在意持兩端比及丹波聞高家敗死乃屬官軍反攻京師將士競附之獨高德不欲附與朝忠由若狭路入京師五月從諸將圍六波羅結城親光出降忠顯恐金剛山賊兵解圍來救也急攻之伯耆出雲兵聯車數十輛積以屋材傳城火之城兵逃亡相踵二帥遂東走死近江而金剛山之圍始解矣○〔日本外史七足利尊氏上〕五月七日高氏引兵南攻六波羅自祈戰勝納一矢於廟直義以下宗族皆倣之矢積成堆乃發沿道兵皆附之比入京師凡五萬人軍於神祇官址府帥遣兵二萬來拒我軍擊大破之與忠顯則村合兵圍府細川和氏說曰圍之者固彼志而損我兵也不若誘而走之高氏乃闕其一角果多逃降者府帥遂奉新帝走死近江高氏乃奏捷於行在

庚子源忠顯得神鏡於權大納言藤原公宗北山第安之禁中是日上野人新田義貞奉護良親王令舉義兵關東豪傑爭先響應辛丑守良親王起兵要擊北條仲時於近江番馬仲時伏誅獲本院新院新主及所授劍璽〔日本外史四北條氏〕四月高時遣名越高家足利高氏等西上半守京師半攻行在高家朝時五世孫也與則村戰狐川被鮮甲挺前中箭死高氏徬觀不戰下馬張飲遂降官軍合兵攻京師京師兵三萬大半吏胥不習戰二帥乃深溝固壘守之擊卻忠顯已而城兵大潰餘千餘人二帥聽宗秋議夜奉兩上皇新帝太子空城東走土兵環起而射太子以下四走矢中新主肘時益死之天明又遇敵數百擊破而過明

日至番馬驛遇土兵數千人奉龜山皇子守良夾路而陣宗秋擊破其前鋒而兵疲矢盡走入佛寺與仲時謀欲據近江一城時近江守護殿而後待之不至仲時曰是亦叛矣乃謂其兵曰獻吾首於官軍是我所以報君之勞也乃自殺宗秋以下四百餘人從死新主兩上皇被收入京師壬寅大佛高直阿曾時治二階堂貞藤解千劍破圍走奈良甲辰源忠顯足利高氏赤松則村等馳使船上奏收復京師天皇召羣臣議還幸勘解由次官藤原光守建言六波羅雖亡餘黨猶熾陛下宜暫駐驛船上命諸將圖進取竢關東之捷聞而後發也天皇猶豫乃親以周易筮之獲師上六吉乃敕嚴行新田義貞與鎌倉兵戰於久米河敗之丁未進戰分陪不利戊申又戰大敗之甲寅新田義貞攻破鎌倉北條高時伏誅鎌倉平日本外史六新田氏正記新田氏外史氏曰新田足利二氏皆出於八幡公其門閥固不相下也而新田氏爲嫡宗舊志皆以足利氏承源氏之統號曰將軍者以成敗之跡軒輊之耳然二家聲威有優劣者有由來矣蓋二家之所同祖者義國義國以八幡公之子而謫於上野所謂新田郡其所食也二子義重義康義康依其外家田原氏居足利郡終得分食其半而義重繼有新田又襲義國官爵則義重

之爲嫡宗明矣然及源賴朝起義重與之有隙以大炊助終其身子孫不過曰上野一武族而義康遭遇事變頓進官爵又與源義朝同娶於熱田故子孫受賴朝親昵又世結婚於北條氏互相倚賴著於鎌倉後醍醐帝之未起事蓋稔聞足利氏之爲強宗也是以及聞其倒戈遽許寵爵其褻玩朝廷覬覦非望帝有以啟之而新田氏之功勞遠出其上者則待二家交訟之日然後知及之尊氏叛逆乃命義貞宗族以防之而其勢既成不可復過可勝歎哉世或謂義貞族望不及尊氏故不能獨立而倚朝廷以爲重余以爲不然朝廷倚新田氏非新田氏倚朝廷也新田氏將帥材武部屬精勁非足利氏所企及而數奇敗衄終至銷亡者無他故也天下厭苦朝政而謳歌武治故利尊氏之營私而不便義貞之奉公不得已而從之勉強而赴戰維以衣纓之偏裨畿甸之召募掣肘牽累動不如意爲之將帥者豈不難哉嚮使義貞亦出足利氏所爲則介冑之族將雲合霧集而歸之而足利氏焉能加之天下之事皆可圖也何至困踣如此哉是其禍福利害雖三尺童子亦能知之義貞寧有不知而終不改其節者豈非以已任王家倚賴不忍倍畔也邪否則源氏之統其歸新田氏久矣是寧可以成敗論也且夫將門之有統非必如帝室也況足利氏之所謂將軍者始於其第三世如其父其祖皆非受命於正統之朝也受命於正統之朝而爲將軍者乃護良成良二親王而非必有其實至於中興總戎之寄固屬義貞云余之列敘兩家也以此然新田氏起義由於護良親王而足利氏謀逆亦以此爲首故附見焉○新田氏出於源義家義家第三子曰義國敘從五位下任式部大輔嘗入朝途遇右大臣藤原實能實能從者叱辟之墮焉義國隸士怒焚實

能宅義國坐謫上野生二子義重義康義重食新田郡義康食足
利郡治承中平氏失政源氏競起義重集兵據寺尾城源賴朝起
於鎌倉招之不答及賴朝定關東與義康子義兼等並往歸焉賴
朝欲娶義重女爲妾又不肯遂與有隙及奏請諸源官爵義重纔
得襲父爵任大炊助有七子其第二義包爲嗣義包生義房義房
生政氏政氏生基氏基氏生朝氏凡六世皆襲邑新田遂以爲氏
旗用白旗號中黑脇屋里見大館堀口鳥山羽川山名桃井一井
金谷細谷江田大井田德川世良田諸族皆新田氏自出分處上
野越後而皆役屬於北條氏北條高時之遷後醍醐天皇於隱岐
也楠氏起兵於金剛山高時遣關東將士攻之朝氏有子曰義貞
亦在遣中焉已而城固不拔東兵多逃亡義貞召其家宰舟田義
昌語之曰源平相制並護王家自古爲然吾雖無似忝列源氏胄
裔特以時勢爲北條氏所驅使遂敵官軍豈其本心也吾視高時
近狀亡滅非遠吾欲歸我國舉義兵上以除宸憂下以興家聲而
非有所受命不可安得大塔宮令旨則吾事成矣大塔宮者帝第
三子護良也護良初疾北條氏專權與帝密謀討滅之敘二品任
兵部卿充山門座主號尊雲居大塔世因稱大塔宮及謀泄東兵
來執帝護良先諜知之敎帝逃笠置山而自與弟宗良將兵邀擊
破賊已而兵潰與宗良分路走匿南都般若寺笠置既陷宗良就
謁賊遣兵圍寺護良潛經函中而免遂與從事九人爲道士裝負
笈南走至十津川依土豪戶野兵衛蓄髮娶兵衛族女爲賊聞之購
其頭千金護良逃入吉野山明年五月起兵吉野據寺爲城又遣
從士赤松則祐諭其父則村起兵播磨已而賊將二階堂貞藤等
大兵來攻護良親戰不支城遂陷從士村上義光僞稱護良死護

良竟匿高野山谷間指使山寇以助楠氏又奪賊糧餉義貞頗知
其蹤跡而未詳所在也故謀於義昌義昌乃使三十人爲山寇狀
而自爲亡卒闕於山下山上寇見之下援義昌生得之縱其一人
遹意於護良護良素知新田氏名族大喜卽爲令與之權用詔辭
義貞感喜出意外翌日稱病東歸與子義顯弟脇屋義助等謀討
高時高時未之覺也以金剛山久不拔官軍並起益調發兵食新
田素多豪戶因課六十萬錢限以五日縱吏卒催迫義貞曰奴輩
亡狀敢蹈藉我地遣兵捕其吏梟首里門高時聞而大怒下令擊
新田氏新田氏會議或曰距利根河或曰赴越後依其宗族義助
進而言曰二者皆非計也坐待強敵情見形屈則我兵內潰一敗
塗地使人曰新田氏戕使者而誅死死一也竄死於王事今雖匹
馬單兵出徇於國中眾附則進攻鎌倉不則戰死孰與坐取誅殺
平眾以爲然乃起兵大館宗氏堀口貞滿岩松經家里見義氏江
田行義等百五十騎推義貞爲將豎旗於邑生品祠前以舉義焉
寶元弘三年五月八日也義貞拜讀詔書畢進陣於笠懸野比日
暮利根河側塵起有兵至可二千騎眾謂敵來矣漸近則越後宗
族來援也義貞驚喜曰諸君來何速何以知吾舉義大井田經隆
伏鞍而對曰今旦羽黑俊賢來徇國中是以馳至在遠境者明日
當至俊賢經隆弟善走者也明日越後全兵及甲斐信濃諸源以
五千騎至乃合兵進入武藏近國將士不期而會者一日二萬人
軍於入間河北高時聞義貞起事不以爲意也發兵十一萬以族
貞國貞將將之前後來擊貞國抵河南望見新田氏軍甚盛乃不
敢進而義貞已亂流而至大戰於武藏野兩軍皆東國驍兵素習
騎戰地亦平曠射戰罷卽相馳突凡三十餘合乃交退旦日又戰

於久米河每戰鎌倉兵死傷輒倍高時使弟泰家以生兵數萬來援夜抵其軍義貞不察侵晨又戰不利而退泰家益輕新田氏曰敵中必有斬致義貞者皆釋甲飲酒相模入三浦義勝心素嚮義貞率兵六千來屬之義貞禮而詢計焉義勝曰方今天下分崩勝敗互變而天命所歸終有在焉公幸幷僕兵可以一戰義貞曰以疲兵當新勝之衆若何曰戰勝而將驕卒懈者敗泰家之謂也敗兆已備不足畏耳詰朝之事僕請爲公先焉旦日卷旗徐進敵相指語曰嚮聞三浦氏應徵而至是也俄而義貞等翼而進三面掩擊泰家軍大敗貞將一軍與小山千葉氏戰於鶴水亦大敗皆走入鎌倉八州豪傑響應爭歸義貞義貞進至關戶兵凡十二萬騎分爲三軍三道攻鎌倉大館宗氏江田行義自極樂寺堀口貞滿大島守之自兒囊坂義貞義助自率諸將自假妝坂縱火五十餘所而進鎌倉震駭而北條氏見兵猶十餘萬分距三道義貞貞滿進入山內而宗氏戰死其兵皆卻義貞以選兵二萬乘夜赴之則敵大兵據海岸樹柵兵艦列其南以備傍射義貞下馬免冑向海拜曰天子爲逆臣所遷越在西海臣義貞不忍坐視提兵討賊伏願海神眷臣忠義退潮以開道因釋所佩金裝刀投之海中比曉潮大退兵艦皆漂去義貞大喜麾衆而進諸將從之直入府中乘風縱火煙燄漲天義貞縱兵鏖戰高時舉族遂伏誅自舉兵府中至此蓋十五日矣義貞因居鎌倉誅餘黨撫新附威振關東征夷

大將軍守邦親王爲僧乙卯車駕發船上山大和守金持景藤執旗爲左伯耆守名和長年帶劒爲右鹽冶高貞前驅朝山義連後

拒左近衛中將藤原行房勘解由次官藤原光守文服其餘文武百官戎衣扈從丁巳詔廢新主己未幸書寫山以安室鄉充不斷如法經料庚申幸法華山辛酉新田義貞獲北條高時子邦時斬之壬戌晦次兵庫赤松則村土居通治得能通言奉迎是月平泉寺僧徒發兵誅賊將淡河時治於越前能登越中兵攻越中守護名越時有時有伏誅長門探題北條時直就僧俊雅降時車駕在途鎌倉捷聞未至上下猶懷危懼六月癸亥朔新田義貞使至兵庫上捷書於是始知高時伏誅關東悉平衆莫不歡呼敕授使者三人官〔日本外史六新田氏〕先是天子在伯耆聞京師平將還闕或諫曰雖京師平金剛山攻兵猶滿畿內且諺曰八州敵海內鎌倉敵八州承久之役誅伊賀光季甚易而與東兵鬭乃取敗衄今天下十得一二耳宜暫居此以覘東國之變諸公卿皆然之帝不聽而發至兵庫得義貞捷書上下大喜詔以義貞爲左馬助義助爲兵庫助賜使者爵建武元年舉族入朝義貞敘從四位上任左兵衛督兼播磨守領上野守護義助任兵部少輔充武者所頭人領駿河守護義顯領越後守護並宿衛京師

甲子

楠正成將兵七千至兵庫謁見天皇勞慰之以其衆前導丙寅還
京師御東寺廷臣百官奉迎時議或疑當用重阼之禮左大臣藤
原道平奏言陛下雖在外久然躬奉神璽臣以爲宜用巡狩還宮
之儀制可丁卯車駕還宮去正慶號悉削新主所署官爵廢關白
特詔左大臣藤原道平右大臣藤原經忠參輔庶政己巳菊池武
重等[illegible]言北條英時伏誅九國悉平甲戌詔復源長通右大臣藤
原公賢內大臣乙亥以護良親王爲征夷大將軍中務卿尊良親
王尊澄法親王中納言藤原藤房及僧圓觀文觀忠圓等至自遷
所戊子本院薙髮是月詔源定平楠正成討北條高時餘黨於柰
良招宇都宮公綱降之由是降者相踵阿曾時治大佛高直二階
堂貞藤等薙髮出降秋七月庚子斬時治高直等十五人於阿彌
陀峯特宥貞藤（日本外史四北條氏曰高時未之知也獨聞高氏叛則恐發上野下野等六國兵附弟泰家西上因徵

糧於諸邑次至新田義貞邑義貞斬其吏高時大怒乃專北向其鋒遣金澤貞將櫻田貞國分道攻義貞貞國與義貞戰於入間河殺傷相當退至久米河明日又戰不利退至分陪高時遣泰家援之黎明令兵三千人齊射而全軍從之大破義貞軍旣勝驕不設備會三浦義盛叛屬義貞合兵來襲泰家駭走橫溝某安保某還鬪死之而小山千葉二族皆叛貞將與戰敗走諸軍敗歸鎌倉則六波羅敗聞至矣內外失色間一日義貞三道來攻高時乃遣基時貞直守時守時長時孫而足利高氏妻兄也拒子囊坂大敗曰吾被猜疑不若速死乃自殺貞直拒極樂寺坂敗退家臣本間某獲罪家居是日出戰斬敵將大館宗氏獻首貞直而自殺貞直感激冒敵陣死基時與義貞相持於假粧坂而義貞選兵自稻村崎入縱火府中高時以千餘人逃於東勝寺先塋貞將戰死基時國時鹽飽聖遠父子皆自殺三道軍皆潰一安東聖秀自極樂寺軍還則府第已灰矣憤激曰百年之跡何無一死節尸乎下馬將死其從女爲義貞妻贈書招降之聖秀作色謂使者曰吾姪士家女何爲此無恥之言而義貞亦不呵止之也以書握刃割腹而死義貞軍進入府中無復抗者獨長崎高資子高重力戰敵四面萃之高重左右衝突所向皆披還見高時曰事已至此公自爲圖雖然臣猶欲一快戰公且待之乃乘其愛馬與百餘騎撤幟裹刃雜入新田氏軍狙擊義貞垂及而覺敵兵圍之高重乃大呼奮擊馬上掀敵一將投數步外敵軍辟易高重走至東勝寺則高時以下方訣飮屬觴高重高重三醻傳之攝津道準而自屠抉腸出之道準笑曰好下物也因滿酌盡半以傳諏訪直性而死直性與長崎圖喜皆死高時乃自殺從死者凡六千八百餘人高時有二子曰萬壽

龜壽萬壽之母之兄五大院宗繁受高時遺託爲匿萬壽義貞購
求高時遺肯宗繁欲斬送萬壽而憚物議乃給萬壽曰敵且來捕
宜逃伊豆萬壽從之宗繁走告義貞追獲斬之義貞疾宗繁所爲
將誅之宗繁亡匿無舍者道餓死初泰家密諭諏訪盛高曰萬壽
既託宗繁矣汝奉龜壽以爲後圖雖家兄自招禍而天豈遽忘我
祖宗德哉時高時逃葛西谷而龜壽猶孩從在母所盛高往言於
眾婢曰速付次郎我公欲訣之間大郎已死次郎亦終難免耳眾
婢皆泣盛高佯怒取之而去走信濃匿於諏訪祠官賴重家泰家
既遣盛高欲自脫走爲重傷歸鄉者狀臥畚中以蟻衣自覆南部
景家伊達匡衡舁之令二卒繫新田氏號騎而先導走陸奧餘兵
三百餘人度其行遠火第二自殺新田氏至以爲泰家已死也鐮倉
與六波羅間十五日皆夷滅長門探題時直時房第五子也爲土
居氏得能氏所攻航而東走闔高時死欲還筑紫筑紫探題北條
英時亦爲小貳貞經所攻殺時直因貞經降宥死歸邑尋病死淡
河時治時房孫也初屯越前扼北陸道已而越中守護名越時有
戰死平泉僧兵來攻時治時治與妻子皆自殺時直時治之亡與
鐮倉六波羅皆同月是月大佛高直二階堂貞藤長崎高資等解
千窟圍退保南都七月謀犯京師官軍來攻高直等削髮而降斬
於阿彌陀峯以貞藤嘗諫高時特宥死歸邑尋謀反見誅○〔日本
外史五楠氏 附名和氏菊池氏土居得能氏捷報伯耆天皇議還
闕親筮之遇師之蒙曰大君有命開國承家小人勿用乃決議二
十三日車駕發名和氏長年帶劍侍右百官戎服至播磨得新田
氏捷報高時已伏誅矣正成乃以七千騎迎謁於兵庫天皇親勞
之曰今日之事皆汝忠誠所致正成曰不賴陛下威靈臣安得脫

重圍再覲天日哉。詔使正成先驅歸闕，廢新帝而復位。於是大索賊餘黨，詔以藤原師基爲太宰帥，討鎮西探題北條英時。未發，菊池氏與少貳氏、大友氏並馳使報鎮西之捷。○菊池氏本藤原氏，其先政則者防元寇有功，及子則隆賜肥後菊池郡，世襲。後十餘世曰武時。是歲三月，武時與少貳貞經、大友貞宗謀應官軍，謀泄。北條英時在太宰府，召武時。武時欲先發，使使少貳、大友約期。貞宗依違不荅，貞經亦聞京師官軍數失利也，遂斬其使，送首於英時。武時大怒曰：吾誤矣，與此奴輩謀事。奴輩不在，吾盍不能戰乎。乃以百餘騎發，過櫛田祠前，馬俄不前。武時曰：何物牛鬼，敢沮義兵。顧射其龕，馬輒前。前攻英時，戰譙門外，克之。前逼內城，英時將自殺。會貞經、貞宗以六千騎來救，武時乃遣歸長子武重，自與次子四人進戰，死之。已而貞經、貞宗聞京師平，金剛山圍解，則懼，合議攻陷探題府，殺英時。長門探題府亦爲土居、得能氏所攻陷。○土居、得能氏皆出於河野氏，河野與兒島同姓，世著於伊豫。承久時，河野通信者死王事，其庶子分爲兩家，曰土居，曰得能。及元弘時，有土居通治、得能通言，皆勇毅好義。是歲二月，並起兵應官軍，署地土佐。長門探題北條時直以兵艦三百來攻，通治、通言逆戰星岡，大敗之。四國兵多來屬焉。乃艤於今治，欲東攻六波羅，聞金剛山圍解，車駕歸闕，則往兵庫謁。馬時直既爲二人所敗，走歸英時，英時已死，則從小貳、島津氏而降。於是天下大定。而金剛山潰兵聚般若寺，猶數萬人。正成與源定平將畿兵攻之。時治、高直、貞藤、高資、公綱等六十人率眾降，皆處斬，獨公綱以特旨宥罪。丁巳，詔：兵革始收，民宜安堵。日者遠近士民走集闕下，徒妨農業，其禁止之凡除賊黨外將士所有食田領職一皆襲故不須更來請如特旨所予奪勿得準此八月甲子議軍士賞丙寅左兵衛督足利高氏賜名尊氏九月二階堂貞藤陰圖不軌伏誅冬十月壬申中宮崩追號後京極院是月以參議源顯家爲陸奧守與上野介結城宗廣奉皇子義良出鎭陸奧出羽前六納言源親房輔之顯家以任重不練戎事固辭詔曰古者皇子皇孫及執政大臣子內輔朝政外總戎旅方今海內統一朝野俱治文武之道何爲二揆其遄往守爾藩屛十二月丁卯立珣子內親王爲中宮庚午詔號廢主爲太上天皇詔曰朕恭承帝系叨握神符王道難覃謝德於姬周之賢庸昧可恥宣化於夷夏之俗而皇太子謙讓合道惠澤普及今避儲位於靑闈之月伴仙遊於射山之雲雖無準的之舊蹤加以禮制之崇敬宜上尊號爲太上天皇普告遐邇俾知朕意

是月以成良親王為上野太守出鎮鎌倉以左馬頭足利直義為相模守輔之〔日本外史七足利氏上帝乃還闕廢新主而復位即日以高氏敍從四位下任左兵衛督聽昇殿直義敍正五位下任左馬頭以甲士五千扈乘輿後於是高氏遣細川和氏與弟賴春將兵往定關東先是千壽逃歸下野聞新田義貞起兵往從之義貞義重遠孫也北條高時伏誅鎌倉平義貞閱源氏故器得白旗旗號重畫新田氏號中黑故不可用和氏聞之以其有足利氏之號就而求之義貞不與也和氏乃大稱高氏在京師得寵遇狀以搖將士將士稍稍去義貞就千壽新田氏於是與足利氏有郤而帝方寵高氏進從三位參議賜御諱尊字改名尊氏十二月遣皇子成良鎮鎌倉直義執權焉

甲戌 二 建武元年〔日本史〕春正月辛丑營大內以安藝周防租賦充其料費又徵諸國地頭所入二十分一始用楮幣壬子立恆良親王為皇太子戊午晦改元二月丙戌詔曰國家有錢尚矣自天平寶字至天德改鑄十次自近古外境之貨濫布民閒國錢不行甚違彝典當茲庶政方始新命官鑄欲以濟用便民文曰乾坤通寶其銅楮並用交易莫滯三月丁酉北條高時餘黨本閒某澀谷某

反襲鎌倉相模守足利直義討平之是春高時餘黨規矩高政絲
田貞義亦起兵筑紫僧憲法據河南飯盛山赤橋重時據伊豫立
烏帽子山冬十月庚申權中納言藤原藤房棄官而去〔日本外史五楠氏附土居得能氏建武元年帝論賞戰功以正成爲攝津河內守護名和長年爲因幡伯耆守護正成任檢非違使左衛門尉特與長年並直決斷所聽斷訟獄令天下休兵務農武人領邑安堵如故帝以京師之復爲足利氏之功也歸闕之日首超擢之至是又管四大國尊氏猶觖望陰有異心帝以高時邑自奉以泰家邑賜皇子護良以貞直邑賜三位局三位局即嬪藤原氏有殊寵內謁漸行時諸皇子皆復故而恆良爲藤原氏所生又生成良義良意害護良尊氏潛與合謀遂搆陷之當是時帝寢倦政足利氏資望獨盛新田氏亞之正成以下充驅使而已是歲春北條憲法作亂據飯盛山赤橋重時起伊豫正成討憲法土居得能氏討重時纔平之而帝遊宴自如益徵珍異鹽冶高貞獻千里馬帝出觀之以爲祥瑞也藤原藤房諫曰天馬毋用於平世近日賞罰無信工役繁興文臣內訌武臣外怨而奸雄窺覺其間天馬之出焉知非亂兆丁哉帝變色入藤房驟諫弗聽遂舍官遁去帝驚使追之不及
丑禁征夷大將軍護良親王於馬場殿是月河內守楠正成攻僧
憲法土肥通治得能通言誅赤橋重時少貳貞經大友貞宗誅規

矩高政綵田貞義並傳首京師十一月己亥流護良親王於鎌倉

（日本外史六新田氏）足利尊氏者義兼遠孫也地望素著佐攻京師首蒙寵爵官祿皆遠出新田之上遂陰蓄異圖而忌義貞及皇子護良初帝之歸闕護良居志貴山近畿兵爭歸之將率以入朝而不果帝使參議藤原清忠就言曰天下既定汝將何爲盍削髮復舊護良對曰高時雖伏誅餘黨未殲宜嚴武備以絕覬覦且陛下之德微臣之謀以致有今日而足利尊氏攘爲己功臣觀其志有不可測者不及其力微而除之復生一高時也臣聞佛有二道曰攝受曰折伏願陛下任臣以戎事臣將爲陛下折伏焉帝不懌勉從之拜爲征夷大將軍而不許誅尊氏護良具騶從入朝赤松則村爲先驅焉尊氏深嫉之乃結於帝寵姬藤原氏陰謀排陷焉而護良不察輒欲除尊氏多蓄死士密徵兵尊氏得其檄上變告大將軍反欲廢帝立其子興良爲帝藤原氏自傍贊之帝怒十月伏甲召護良執之囚於宮中護良憤怨因所識宮人上書曰臣以罪纍敢訴冤枉唯陛下憫察之臣夙憤武臣專恣釋法服被戎衣甞受世譏而爲君父忘軀在廷臣子莫敢效力而臣獨張空拳以抗强敵號之耳目集於臣身購臣以萬戶臣晝伏夜行匿山谷踐霜雪殆死而復生者數焦思運籌遂得底誅夷之績而不圖獲罪於此仰將訴天日月弗照不孝之子俯將哭地山川弗載無禮之臣父子義絕乾坤其棄臣不敢復有望於世也儻宥死刑削籍歸佛臣終身毋悔抑申生死而晉國亂扶蘇刑而秦世傾聖明盍延古以鑒今焉涕隕心悟不終所欲言書入莫敢奏達者諸從護良終始者皆被誅赤松則村亦褫其守護職十一月敕附護良於足

利直義徒之鎌倉穿窖於二階堂谷幽之縱一宮人侍焉是月津輕賊時如高景降是歲以上野太守成良親王爲征夷大將軍置關東廂番奧州評定衆掌治其方事置新決所於郁芳門側以卿相爲頭人分治五畿七道事其大事天皇親臨記錄所裁斷卿相及太史外記判事河內守楠正成伯耆守名和長年等預焉凡聽事一月六日上直分爲三番置武者所以新田氏族爲頭人諸國將士悉朝京師以參議足利尊氏爲武藏常陸下總守護相模守足利直義遠江守護左馬助新田義貞上野播磨守護新田義顯越後守護兵庫助脇屋義助駿河守護楠正成攝津河內和泉守護名和長年因幡伯耆守護赤松則村播磨守護尋奪則村職授以佐用莊〔日本外史七足利氏上〕建武元年廷論戰功尊氏爲首管武藏常陸下總守護直義管遠江守護時關東承大亂之後人心未定直義修北條氏舊政招散亡撫瘡痍遠近歸心焉而京師之政務改其舊徵守護地頭食邑二十分一以修大內又造交鈔民不便之朝廷臣僚異時爲武人所輕侮者至

是競驅役武人武人效力於興復者奉狀冀賞羣聚闕下有司不能甄別月餘乃定十餘人而內敕已以北條氏邑分給於妃藤原氏皇子護良等其餘悉散賜京官內臣歌童舞妓六十餘州無復遺地當是時朝議內旨相爲牴牾往往數人同爭一邑許食邑如故者旋被沒收赤松則村授播磨守護已而褫之僅食佐用一莊時有綸旨翻覆之譏諸武人私相語曰如是而不止我輩皆奴虜矣安得戴一將種執天下權尊氏聲望素著衆屬意焉皇子護良爲大將軍心深疾尊氏尊氏之初定京師也護良將殿良忠不戢其下尊氏捕十餘人梟之護良怒欲誅尊氏帝不聽護良耽聲色又喜客客多奸豪酗而殺人又私徵兵圖尊氏尊氏得其徵兵書上焉誣以謀反帝乃使人執護良流於鎌倉直義迎而幽之是歲北條氏餘黨本間澀谷作亂直義遣兵擊夷之

乙亥至元元建武二年（日本史）春二月號準三宮懽子內親王曰宣政門院夏六月壬申權大納言藤原公宗謀反使左近衞中將源定平左衞門尉結城親光伯耆守名和長年收之禁於定平宅鞫問秋七月北條時行嘯聚其餘孽作亂族人名越時兼應之時行進攻鎌倉相模守足利直義使刑部大輔澀川義季岩松恆家下野守小山秀朝邀擊全軍覆沒直義出戰於井出澤又敗癸卯足利

直義害護良親王〔日本外史六新田氏〕二年七月北條時行作亂足患可患者兵部卿宜乘此時除之義博往窺窖中護良方焚燭誦經顧而蹶起曰女欲殺我耶前奪其刀義博斫其膝踣之跨胸刺吭護良縮頭齧其鋒鋒折拔貳刀刺心二乃絕年二十八義博欲以首示直義見其不瞑而含鋒棄去所侍宮人收葬之將歸奏狀而帝已命尊氏東伐時行

奉征夷大將軍成良親王而走大江時古奉成良親王逃歸京師戊申北條時行入鎌倉八月辛亥藤原公宗伏誅

以參議足利尊氏爲征東將軍往討北條時行尊氏不辭而發丁巳足利尊氏與北條時行兵戰於橋本大破之戊辰時行戰敗逃竄尊氏入鎌倉越前人瓜生保加賀人敷地上木山岸關名等攻名越時兼於大聖寺斬之〔日本外史四北條氏〕明年赤橋茂時僧憲房及本間澀谷規矩絲田氏等並起皆敗死而泰家自陸奧潛來京師依藤原公宗公宗公經裔與北條氏有舊相倶窺伺朝廷時朝廷失政天下士民皆思北條氏泰家於是蓄髮更名時興時龜壽在信濃亦更名時行約期攻京師事覺公宗被誅時興與逃亡不知所終而時行與諏訪賴重招聚黨故旬日得五萬人東攻足利直義於鎌倉走之尊氏自京師來討時行遣名越時基將三萬人逆擊臨發大風破屋時基更卜日兼行戰

於橋本後軍多亡者且戰且退阻相模河而陣水方漲時基不備足利氏夜濟時基大敗與三百人走歸賴重使時行脫走而與四十餘人剝面自殺足利氏至謂時行既死也時行起兵二旬而敗世目之曰廿日前代時行之起也名越時兼亦起北國及時行敗爲加賀將士所攻滅遣藏人頭源具光召足利尊氏還京師尊氏不奉詔冬十月足利尊氏自署征夷將軍東國管領據鎌倉反以誅新田義貞爲名十一月戊申朔日南至公卿表賀己未以中務卿尊良親王管領東國賜節刀於左兵衛督新田義貞率兵部少輔脇屋義助治部大輔宇都宮公綱千葉貞胤肥後守菊池武重左近衛將監大友貞載鹽冶高貞等奉尊良親王以討足利尊氏義貞由東海道大智院宮闕名彈正尹忠房親王權中納言藤原實世修理亮江田行義左京大夫大館氏明等將五千餘騎由東山道信濃國司藤原光繼發二千餘騎會之詔義良親王鎭守府將軍源顯家發陸奧出羽兵竝與大軍會（日本外史七足利氏上二年北條時行起兵數攻鎌倉直義迎擊不利遂

奉成良西走使人陰害護良報急京師尊氏請親將東伐被許又請任征夷將軍管領關東不許曰族事平議之尊氏怒不告而發諸武人奮躍爭起從之至矢矧驛合於直義自海道進與時行兵七遇七捷遂入鎌倉時行兵奔潰詔敘尊氏從二位敘義詮從五位下義詮干壽也又詔趣其西歸直義說尊氏曰朝廷與義貞皆忌公公免而至此天也何再赴虎口爲尊氏從之於是自稱征夷將軍關東管領曰帝所許也開府於源賴朝故基賞有功納降附收新田氏邑在關東者割予將士將士爭附之京師傳言尊氏反帝使人往訶焉而細川和氏齎尊氏劾新田氏書至曰嚮當東藩之爲逆臣尊氏以身爲倡首奮臂一戰決勝驛息義貞舉事於不得已及聞臣定京畿乃以討賊爲名三戰不克纔爲守計臣長男義詮起下野遠邇爭歸義貞憑之以得克賊遂攘其功敢邀重賞是國之蠹也今臣勞苦於外而內有讒諛之臣是非趙高專奏章邪降楚之謂乎願得明詔以誅義貞義貞聞之亦收足利氏邑在其管內者上書告護良遭害狀時直義密徵諸道兵西國得其檄上之十一月遂詔削奪尊氏直義官爵遣皇子尊良來討義貞爲副焉○〔日本外史六新田氏尊氏遂據鎌倉自稱將軍奪新田氏邑在關東者以分予將士抗疏罪狀義貞義貞乃上書曰嚮者當天下大亂乘輿播遷楠正成等豪傑並起相共勤王而足利尊氏首鼠兩端觀望勝敗自非賊軍失利蓋不肯降也功微賞多遂冀非望害臣之忠義欲詭言陷之臣以五月八日起兵上野彼以其七日佐攻六波羅而曰臣聞京師復乃肯起兵以欺罔天聽其罪一也臣以五月二十二日率諸軍誅高時而彼之兒子率從士百餘人以六月三日入鎌倉而曰臣賴其兒子以成功其罪二也彼

在輦下擅誅親王之卒其罪三也征夷之任在兵部卿親王而彼輒掠其號其罪四也矯稱管領務張威福其罪五也中興之業雖因天運抑兵部卿之謀策居多而彼百方讒構遂抵流謫其罪六也陛下心期兵部卿自艾而彼修私仇辱之牢狴其罪七也直義乘亂遂傳刃於兵部卿大逆無道其罪八也此八罪者天地所不容措而不論百敗將隨而至後噬臍無及願陛下照鑒之速下明詔以誅伐尊氏兄弟廷議疑未決會護良侍婢至奏狀而尊氏反迹遂暴於天下十一月乃下詔討尊氏徵兵六萬陛授節刀於義貞以總諸將奉皇子尊良自海道進忠房親王以一軍自山道進

壬申新田義貞與足利尊氏兵戰於矢矧走之癸酉細川定禪起兵讚岐應尊氏高松守將舟木賴重討之不克備前人飽浦信胤田井信高叛據福山城兒島高德淺山條就討之不克甲戌詔削足利尊氏等官爵越中守護普門利清叛能登國司近衛中將源定清死之十二月壬午新田義貞與足利直義戰於手越河原大破之己丑新田義貞進與足利直義相持箱根脇屋義助大友貞載鹽冶高貞等奉尊良親王與足利尊氏戰於竹下敗績左近衛中將藤原爲冬死之貞載高貞

降尊氏官軍大潰退屯尾張丙申先是赤松則村叛丹波人久下時重波波伯部爲光中澤玄甫應足利尊氏攻守護碓井盛景盛景走攝津於是召新田義貞還京足利尊氏躡官軍後西上招誘諸道兵竝入京師〔日本外史五楠氏附土居得能氏〕二年春藤原詔誅之夏北條時行等作亂關東攻陷鎌倉帝命尊氏往平之尊氏遂據鎌倉反帝震怒冬遂詔菊池武重等諸將從新田義貞東伐尊氏正成與名和長年居守京師直義距箱根之險武重時爲肥後守以其兵先登仰攻卻敵追北陣山腹諸軍乃繼進而別軍攻竹下敗退大友貞宗鹽冶高貞叛降足利氏諸軍崩潰武重以四百騎扶義貞而西赤松則村等並起應尊氏帝賜天馬於使者召還義貞天馬途斃〇〔日本外史六新田氏〕義貞常掄精兵七千屬爲中堅而栗生顯友篠塚伊賀畑時能亘忠景由良具滋長濱顯寛等十六騎最精悍善戰擊同其徽號進退與俱義貞至於矢矧河河東皆足利氏兵義貞召顯寛覘津還報曰津有三處然前岸峻絕敵攢鏃守之不若誘敵使渡而蹙之水也義貞從之賊分兵左右渡戰且卻終縱萬騎自中渡犯義貞義貞乃以中堅追擊破之賊退陣鷺坂又進擊破之足利直義以二萬騎來援盛兵手越河義貞望之曰敗卒在後必先走餘衆不能支也戰而逮夜夜遣彍騎循間道薄射其後隊後隊擾走諸營遂大潰走返鎌倉尊氏大窘欲削髮出降未果也義貞引降附數萬至伊豆府遲山道軍

者數日賊軍復振凡數十萬人直義出距箱根十二月十二日義貞令義助奉皇子向竹下而自攻箱根上高覽親將士將士皆奮戰直義兵沮靡殆不能支而尊氏以十餘萬出竹下竹下官軍七千人其隸皇子者先進先走義助以手兵代之格鬪交退其子義治年甫十三與三騎陷賊中撤號被髮與賊偕退義助還營不見義治復進索之直冒賊軍軍潰走義治知父來救也佯呼賊兵益返戰二賊從之比及我軍義治目從騎斬其賊歸獻義助義助大喜乃退息遣鹽谷高貞等更進高貞等叛降賊亂射官軍義助夜退欲合於義貞義貞方克直義族明且進舟田義昌在前軍聞直義陣中傳呼將軍捷也乃巡視我諸營帷幕儼在而無復一人走告之義貞義貞默然曰是或降或逃也吾少退捉其逃者復戰乃下山而西兵靡五百人聞尊氏兵數十萬充牣伊豆府栗生顯友筱冢伊賀據鞍顧眾曰一騎當千諸君之謂矣乃先眾而前賊爭薄義貞伊賀蹴而仆之立斬九人餘賊不敢薄義貞行收散兵得二千人至天龍河造浮橋濟軍軍悉濟義貞乃與義昌濟有叛者潛絕其組僕牽馬前輒陷義昌曰誰援之者顯友重鎧沒水兩手提人馬達前岸時橋陷丈餘義貞義昌相挈而跳既濟或議撤橋沮追兵義貞曰我且爲之彼寧不能爲哉存橋而去屯矢矧驛兵多道亡宇都宮公綱其退阻洲股義貞從之朝廷亦以近畿皆叛四窺京師急召還義貞義貞乃還京師部署諸將自以萬人守大渡義助與權中納言藤原公泰僧文觀等以七千人守山崎江田行義以五千備應援〇日本外史七足利氏上當是時諸國兵士赴關東者與歸京師者東西旁午道路如織直義以下將校盡戎裝入見請邀擊官軍尊氏默然良久曰我官位顯達得伸宿憤

雖由微功豈非君恩恩可背乎今之所以觸宸怒曰戕親王也曰徵兵也二者非尊氏所爲詳訴其冤猶得霽威卽不被許有剃髮遁世而已諸君好自爲計尊氏終不能西向關弓矣作色而入諸將愕眙居二日有來告曰義貞至三河矣上杉憲房其子憲顯細川和氏其族一賴春等並謂直義曰將軍所言非無理也然天下武士翹足思亂一聞將軍起則雲合景附矣將軍豈不辨禍福乎今曠日彌久使敵過要害悔莫及焉直義乃使諸將先發再戰皆敗直義自以二萬騎赴援亦敗十二月諸將還詣尊氏第第門閉矣衆亂敲之有一人出曰將軍逃建長寺欲剃髮我曹百方止之切髻而未剔也將士大沮憲房義子重能僞作官檄十餘紙曰尊氏族類罪惡深重雖遁世晦迹而勿得宥釋直義持至建長寺泣曰獲之敵死尸中尊氏熟視太息曰誠如是乎則吾亦當從諸君執弓箭與義貞決死也乃釋法衣穿錦袍而出諸軍大喜讙呼皆自切髻以亂其狀將逃降者四面來還一日號三十萬直義先將六萬拒義貞於箱根東軍稍卻尊氏聞之以十八萬騎繼進曰拒其面不若出其背引兵出竹下竹下官軍呼譟而進赤松貞範等爲我先鋒望其陣曰是京兵耳乃聯鑣馳下官軍敗走尊氏追北至伊豆府義貞西走乃使義詮守鎌倉而合軍追躡之京畿震駭帝遽榜朝堂能拒賊者有重賞莫復應者

丙子二 延元元年（日本史）春正月甲寅延麻寺僧徒拒足利尊氏於伊岐洲大敗使左兵衛督新田義貞守大渡權大納言藤原公泰

兵部少輔脇屋義助守山崎河內守楠正成守宇治參議源忠顯伯耆守名和長年左衛門尉結城親光等守勢多權大納言藤原師基守峯堂乙卯久下時重等攻峯堂師基敗走時重等進據大江山丙辰兵部大輔江田行義擊久下時重等走之尊氏攻大渡不克丁巳細川定禪赤松範資攻山崎官軍敗退宇都宮公綱大友氏泰降於足利尊氏新田義貞退還京師天皇奉神器及法皇如延麻寺御大宮彼岸所細川定禪陷京師放火燒宮闕戊午足利尊氏入京師結城親光欲刺尊氏不克死之尊氏遣細川定禪據園城寺日本外史五楠氏附土居得能氏延元元年正月尊氏直義入犯京師正成以兵五千守宇治名和長年與源忠顯結城親光以二千守勢多皆受制於新田氏先失大渡山崎之守尊氏乃入京師結城親光佯降欲刺尊氏不成而死帝幸叡山正成聞之徑赴行在名和長年欲一視宮闕而行還入京師賊軍塡塞長年十七戰而至大內則諸殿已爲賊軍所毀長年下馬向闕伏泣久之終赴行在信濃人敕使河原某在大渡未知帝所之謂其二子曰吾亡朝之臣何顏事逆臣哉亦還京師自

殺於羅城門賊焚宮闕進據園城寺以逼叡山山徒英憲祐覺等贊拒守之計祐覺又受詔以舟七百艘泛湖迎北畠氏兵入援

庚申鎮守府將軍源顯家奉義良親王尾足利尊氏至近江攻佐佐木氏賴觀音寺城拔之辛酉顯家至坂本官軍大振壬戌源顯家新田義貞攻園城寺千葉宗胤戰死官軍繼進縱火細川定禪敗走將與足利尊氏軍合義貞追擊又破之癸亥進與尊氏戰尊氏潰走其夜義貞爲定禪所襲引軍還坂本尊氏又入京師丁卯大智院宮彈正尹忠房親王權中納言藤原實世信濃國司藤原光繼等師二萬自東山道還至坂本甲戌藤原實世源顯家新田義貞楠正成名和長年前上野介結城宗廣等擊足利尊氏走之丁丑晦官軍又與尊氏戰於京師尊氏大敗遂西走收復京師車駕還御成就護國院〔日本外史五楠氏附北畠氏〕北畠氏姓源出於具平親王世爲名卿及元弘時有顯家焉

帝復位以從三位參議拜陸奥守與父親房奉義良親王出鎮東邊結城宗廣世居陸奥與其子親光先歸官軍於是受命副顯家

顯家年甫十七固辭乃詔曰文武不可岐貴戚掌軍古之制也顯家赴任東邊無虞尋任鎮守府將軍及帝討足利尊氏詔顯家會軍顯家至鎌倉則尊氏業已西矣顯家並程追之東北兵爭附顯家凡五萬人至近江攻六角氏賴觀音寺城拔之斬首五百級遂至叡山諸將因會議戰或欲速襲之正成等然之卽夜顯家與諸將攻破園城寺新田義貞遂復京師而夜爲賊所返襲敗還尊氏復入當是時諸道賊軍悉聚京師凡數十萬人而官軍不滿十萬諸將分將之復攻京師兵各可二萬正成將五百騎軍於糺林縱火於出雲路尊氏令上杉憲顯足利高經等以東國騎兵五萬來衝擊之正成豫造楯數百鈕而聯之自蔽以射賊卻輒縱騎乘之賊辟易逃走顯家義貞遂擊走尊氏而日暮義貞欲留陣京中正成往說之曰今日我軍克而少所獲以寡兵屯京中鹵掠四散盍徽前日之敗使敵復振後難爲力也我且引還養銳再舉以驅敵於數百里外是全勝之策也義貞然之乃皆退陣坂本尊氏收諸軍復入京師正成素蓄一卒善泣者且日教其卒與僧數人行物色原隰賊兵問故輒泣曰昨日之戰七將皆沒將獲尸葬之尊氏聞而大喜曰彼戰勝而退有以也乃索義貞正成首獲稍肖者梟之以示於衆其夜正成遣卒數千執炬北走纍纍不絕尊氏軍望見謂官軍喪其將領而潰去也急分其兵四出要擊在者不復設備正成與諸將合兵夜發昧爽直薄尊氏軍縱火鼓譟尊氏軍大潰而走委甲蔽野官兵不甚追賊前者顧後者以爲追兵也往往自殺死亡大半。〔日本外史六新田氏〕延元元年正月行義擊丹後賊兵於峯堂走之而尊氏已將數十萬抵大渡義貞豫撤橋板截桁不殊樹柵水中令兵呼於岸曰丹後之兵我巳殲之矣公盍亦來決死賊兵怒造筏以渡遇柵而止我軍亂射賊紛擾筏壞而溺者數百人又令呼於橋曰舟筏無益請由此來賊千餘人爭進桁斷皆溺尊氏遂休戰不進已而賊兵二萬來攻山崎公泰文觀隸士爭降賊賊郎入義貞聞山崎軍破賊兵指闕則馳援義助將與俱奉帝於叡山賊將細川定禪將兵六萬尾之義顯以三千騎不告而返射戰久之度義貞已至闕則大呼衝敵大友氏泰守都宮公綱新降在賊中識義顯欲必獲之義顯奮戰八合被大創數十流血淋漓還至紫宸殿前帝親臨勞之遂與義貞義助俱扈乘輿赴叡山細川定禪來據園城寺相持未戰會陸奧守源顯家入援新田氏族在東國者相率從之大館氏明宗氏子也從至近江攻拔一城遂來會於義貞顯家欲休馬而後戰氏明曰我馬遠來休則足重不可輒用不若今夜直襲園城寺出其不意義貞然之郎夜出兵唐崎黎明與諸將將騎六萬圍園城寺賊自門中叢槍拒之亘忠景奪其十六槍畑時能舉足躡門扇倒之我軍人而縱火走定禪斬首七千餘級顯家乃退義貞亦欲收兵舟田經政扣馬說曰兵利在乘勢賊兵一敗魄穖氣沮我困躡之乘勝連進可以終獲其渠魁也義貞曰然卽率二萬騎追之遇險逼擊遇夷遙射賊不得返戰伏尸狠藉餘眾走歸京師合於尊氏軍義貞進上華頂山望尊氏軍尊氏軍充塞京師不知其幾千萬也義貞計以寡當眾不可徒戰而勝乃令我兵略相識面者每五十爲伍卷旗撤號爲敗卒狀混入彼軍待戰而起部二千騎遺之已而兩軍接戰六十餘合我軍每勝以至日暮所遺二千騎在賊軍中揚旗並起賊軍大驚擾亂自相擊刺遂大潰奔我軍乘勝追之短兵急接尊氏迫慼欲自刃者三義貞自桂河還陣京師其兵四散鹵掠在

者亦疲賊軍返襲不支而退舟田義昌等戰死之會山道兵失戰期者還至諸將復議戰夜下山陣旦日楠正成源顯家分路進戰尊氏親與顯家戰於四條義貞義助建旗五十旒橫擊之馳出其背賊軍呼曰中黑至矣輒崩駭義貞獨變服入賊中索尊氏不獲分兵追之日暮乃退還軍坂下誘尊氏還京師而間日襲擊之尊氏大敗走攝津義貞率諸將追擊又大敗之尊氏狼狽航海諸軍爭舟而溺者數千人委棄鎧仗海濱。(日本外史足利氏上)延元元年正月尊氏攻義貞於大渡我軍多溺先是赤松則村叛應尊氏徇下山陽細川和氏從弟定禪顯氏並在讚岐徇下南海至是定禪等與赤松範資合兵攻山崎尊氏聞之遣貞範助攻破之義貞顧而敗走奉乘輿據叡山尊氏乃入京師範資貞範皆則村子也於是尊氏誘園城寺下之遣定禪據焉以逼叡山會北畠顯家舉陸奧兵入援行在定禪連請益兵尊氏不以爲意旦日定禪敗還義貞追至陣於東山尊氏指語將士曰聞義貞喜平地騎戰今負山不出者意其兵寡使我不識兵數耳遣一將嘗之不利卻尊氏乃親進會敵兵雜入我軍軍遂亂走及日暮敵亦引去細川定禪謂其兵曰敗由於我我欲一雪其恥料敵兵皆疲不疲者出掠可以襲也以兵三百夜返縱火其前自後襲之義貞果不備敗走定禪追擊獲其將領數十人尊氏復入京師已而官軍復來攻我軍不利陸奧兵二萬騎火粟田口而來尊氏望之曰彼其北畠氏也吾自當之進鬬於四條義貞軍大至我軍顧之遂敗走止戰於桂河鏖其一隊官軍乃引還謬聞義貞等死其兵逃走也分兵要之官軍乘虛來攻尊氏敗走丹波

二月己卯移居前右大臣藤原家定華山院第

治部大輔宇都宮公綱式部大輔武田某來降癸未源顯家新田義貞楠正成追足利尊氏至攝津與足利直義戰於豐島破走之先是正成遣族人左近衛將監正家於常陸徇郡邑是日與尊氏別將佐竹義冬戰於久慈西斬之甲申義貞破直義於湊川戊子義貞破細川和氏等於瀨川庚寅足利尊氏足利直義走筑紫源顯家新田義貞等振旅還京師〔日本外史五楠氏附北畠氏〕二月尊氏直義走於湊川官軍追擊與直義戰於豐島勝敗未決正成後至繞出敵後直義不戰而走會土居通治得能通言以舟師來援擊破賊先鋒大友貞宗兵復擊走直義尊氏終令赤松則村守播磨而航海走鎮西〇〔日本外史七足利氏上〕二月尊氏赴兵庫熊野道有者在軍中與廢主臣僚相識尊氏召而謂之曰吾之數敗非戰之罪也以吾負賊名焉爾吾始欲擁立一皇肩以其悉在叡山不可如何吾意廢帝抑鬱不得志久矣汝安爲我得其詔旨吾將使兩主爭位以成吾事也道有諾而去赤松則村請尊氏入保摩耶城或曰是失天下之望也今見兵猶足以取京師乃屬兵於直義東上戰於豐島敗還會大友貞宗大內弘世等以兵艦來援迎擊官軍於湊川又大敗則村又說尊氏曰師不可用公宜留諸將於中國及南海而身赴鎮西以圖再舉尊氏從之與書則村呼之爲父以深結納之於是尊氏

與直義乘貞宗舟而西諸將士多降義貞義貞頗驕怠耽溺女色不復窮追尊氏尊氏得達赤間關〇〔日本外史六新田氏〕二月乘輿還闕義貞振旅而還詔遷義貞左近衞中將義助右衞門佐時新附兵萬餘嚮用足利氏旗號重畫者皆墨抹其中爲中黑淡濃可辨京師傳以爲笑已而足利氏保聚西土勢復大振赤松則村石橋和義及菅某等並起應之

丙午改元以義良親王爲陸奧太守源顯家爲鎭守府大將軍與結城宗廣奉以歸鎭少貳貞經叛菊池武敏討克之是月仁木頼章據高山寺城赤松則村據白旗峯美作人菅江見弘戶諸族據奈義能仙菩提寺等城備前人石橋和義據甲斐川三石等城備中人莊眞壁氏等據勢山叛三月己酉菊池武敏攻足利尊氏於多多良濱不克阿蘇大宮司宇治惟直筑前權守秋月種道死之〔日本外史五楠氏附北畠氏菊池武敏武重弟也時在肥後聞少貳頼向發兵迎尊氏也將三千人追之至水木渡頼向已濟餘衆待舟武敏擊殲之遂攻少貳貞經於內山斬之遂與尊氏戰於輸濱有叛降者武敏敗歸菊池城城尋陷武敏逃匿山中於是九國悉附尊氏〇〔日本外史七足利氏上〕三月菊池武敏起兵應官軍攻殺少貳貞經貞經遺屬其子頼尚曰吾爲三浦義明也女體吾志愼仕將軍頼尚引兵迎尊氏

尊氏問貞經死否賴尚恐沮軍氣也荅曰訛傳耳因導至宗像氏會武敏來攻尊氏上香椎祠以望其軍可四五萬騎而顧我兵僅五百人鎧馬不具曰吾死矣乃進陣赤坂遣直義先進賴尚曰彼鬬士不過三百其餘聞將軍至皆將降也進戰於輣濱仁木義長細川顯氏等奮搏敵兵剝鎧奪馬而進會北風起沙石皆走敵兵沮卻直義憑風縱擊追至博多武敏以全軍返戰直義自慮不支馳使尊氏截衣袖遣之爲訣曰公亟走長門直義將留死於此尊氏得報曰吾弟如死吾何生爲親將赴援松浦氏神田氏謂大兵至矣舉其衆來降合擊大破武敏軍追至太宰府於是聞貞經定死尊氏直義爲之舉哀尊氏乃遣一色賴行仁木義長攻陷菊池八代諸城鎮西皆服而中國南海諸將又並起應之義長兄賴章與久下時重等據丹波赤松則村據播磨石橋和義據備前辛

亥詔左近衛中將新田義貞管領山陽山陰十六國往討足利尊氏義貞會疾江田行義及左馬助大館氏明先發癸丑江田行義等與赤松則村兵戰於播磨室山敗之癸亥結城宗廣與相馬光胤戰於陸奧熊野堂不利己巳修理亮廣橋經泰攻相馬光胤小高城不克是月新田義貞發京師圍赤松則村於白旗城遣右衛門佐脇屋義助略定山陽道夏四月戊寅號準三宮璜子內親王

曰章德門院壬午本院崩甲申葬後伏見天皇甲午備後守兒島範長及子高德舉兵於備前熊山與脇屋義助約攻船坂拔之義助進圍三石城江田行義進圍奈義能仙菩提寺三城式部大輔大江田氏經進據福山城甲辰足利尊氏率兵東上五月辛酉足利直義陷福山城大江田氏經退走癸亥脇屋義助解三石圍乙丑兒島範長與赤松則村兵戰於播磨死之戊辰新田義貞解白旗圍退屯兵庫〔日本外史五楠氏附北畠氏〕尊氏之西也正成欲窮追之義貞遷延及三月乃發攻赤松則村於白旗城城固不拔義貞弟義助說之曰嚮楠氏據金剛山北條氏舉天下兵攻之不克竭力一城而顧失天下君盍監焉聞尊氏已并九國且東上君宜分兵圍城而急拔舟阪以徇山陽義貞乃令義助攻舟阪舟阪賊兵據險不下初尊氏犯關山陽皆應之獨兒島高德以孤軍攻福山城不克其兵連叛乃逃三石山及聞義助攻舟阪則喜遣間使告曰三石之南有間道可以出舟阪之背吾起兵於熊山使賊分兵公則一軍由間道夾攻之必拔舟阪舟阪拔則西國無不服者矣義助大喜與約期先期一夜高德與父範長上熊山倉卒不及聚族人兵僅二百天明舟阪賊果分三千人七道來攻高德防戰重傷終奮擊走賊兵而義助潛軍出賊後遂拔

舟坂遣一將據福山赤松則村馳使告尊氏曰白旗城陷則公雖有眾莫所用之尊氏乃大舉東上水陸並進福山城陷義助引兵退菊池武重殿之賊舟師上陸陣西川尻高德聞之欲合於義助踰山而東創劇範長詑之僧寺以八十餘人東走會義貞已釋白旗圍赤松氏兵三百騎見範長過呼曰敗卒盍釋甲降範長笑曰嚮尊氏百方招我我輒毀其書投火今曷降汝輩哉潰其陣出賊傳呼敗卒過土兵羣起範長悉亡其兵所餘者六人曰悔我不舉族來乃伏刃死賊軍乘勝而進義貞軍兵庫飛書告急朝廷震動

○〔日本外史六〕新田氏〔三〕三月詔義貞管領山陽山陰十六國西伐會有疾遣江田行義大館氏明將二千騎先發遇赤松則村兵於書寫山下擊走之義貞疾愈將五萬騎出次鹿子河並降附萬人進至班鳩驛且攻則村白旗城城壁未成則村請降義貞喜爲請於朝比朝旨至壁成則村乃不降義貞大怒曰吾寗禽之而後前行合軍闔之城險不下義助諫之乃分二萬人附義助進攻石橋和義一和義據三石拒舟阪義助得兒島高德鄉導乃畱一軍於舟阪而一軍衙校縛馬舌自間道出舟阪之背賊顧而驚駭義助夾擊拔舟阪遂攻三石城遣江田行義攻菅氏菩提城遣大井田經隆孫氏經以二千人進據福山城城未修而尊氏直義舉九國兵而來城兵欲避之氏經不肯五月直義將兵數萬圍之氏經出擊潰圍東走合於義助義助馳使告義貞義貞答曰敵海陸並進郎捍陸者則海者直犯闕矣吾欲退屯兵庫合捍海陸於是白旗三石菩提三城圍皆解義貞先至鹿子河河水方漲眾以敵逼於後請將帥先濟義貞曰敵來則背水決戰吾殿而濟耳乃令創病者先濟明日水減而義助行義亦至遂濟至兵庫則其兵亡者過半

〇〔日本外史七足利氏上〕於是義貞攻則村白旗城城壁未成則村詐遺之書曰元弘之初臣數挫强賊而賞出於降虜下故背此嚮彼豈其志也願得州守護以圖報效義貞喜爲請詔旨往反旬餘詔至而壁成則村還詔書不受曰守護已獲之於將軍矣何以此翻覆綸旨爲義貞大恚合兵六萬圍則村使弟義助攻石橋和義和義則村皆堅守不下遣使告急於尊氏五月尊氏使賴行義長守鎭西而率諸軍發太宰府至嚴島會僧賢俊奉廢帝書至尊氏大喜令諸將立錦旗遠近競附兵艦凡七千餘艘進至鞆津以小貳賴尚策附二十萬人於直義上陸拔福山義貞遽釋圍而走備前丹波美作官軍望風解去

詔楠正成赴援

已巳源顯家討相馬光胤斬之庚午新田義貞與足利尊氏戰於兵庫不利河內守楠正成死之〔日本外史五楠氏附北畠氏〕時北畠顯家已歸鎭京師兵寡帝命正成往援義貞正成奏曰尊氏新擧九國而來其鋒甚銳我以疲兵格鬪無宅奇道其敗必矣爲今計者陛下復幸叡山召還義貞縱賊入京師而臣歸河內絕其糧道則賊兵日散我兵日聚於是夾而攻之可一戰而破也義貞之計蓋亦出此顧慮人言耳戰道非一要歸於勝願朝廷再計之諸公卿皆然之獨參議藤原清忠不可曰賊雖衆甚不過於前役王師有天命宜防之外也帝從之正成退謂其子弟曰事已至此何必抗議五月十六日與弟正季子正行等辭闕而西至櫻井驛正行時年十一矣正成遣之歸河內誠之曰汝雖幼已過十歲猶能記吾言今日之役天下安危所決意吾不復見汝也汝聞吾已戰死矣則天下盡歸足利氏可知也

愼勿計較禍福嚮利忘義以廢乃父之忠苟使我之族隸而有一
人存者則率以守金剛山舊址以身殉國有死無它汝所以報我
莫大於此因以帝所嘗賜寶刀授之訣別正行請從共死正成叱
之起正行揮涕而去正成乃至兵庫慰勉義貞訣飮終夜當是時
尊氏將水軍直義將陸軍陸軍稱五十萬正成率手兵七百陣於
湊川以當之義貞以三萬騎陣於和田崎以捍水軍水軍先鋒過
而東義貞拔軍循之而尊氏全軍已上和田崎矣正成復謂正季
日我腹背受敵不可遁也先破前者而後援背者如何正季曰然
於是兄弟並突入陸軍七離七遭欲獲直義直義馬傷而墜我兵
垂及有一敵將遮鬭而逸之尊氏亦分兵來援包我軍後正成兄
弟回馬當之血戰十六合盡亡其騎所餘七十三騎猶可以潰圍
而正成心不欲生乃走入湊川北民舍坐釋鎧身被十一創顧謂
正季曰死而何爲曰願七生人間以殺國賊正成欣然曰是獲吾
心耦刺而死正成年四十三宗族十六人從士五十餘人悉死之
菊池武重在義貞軍使弟武吉來視湊川戰狀會正成且死不忍
去亦死之義貞敗退尊氏入京師送正成首於河內一家聚哭正
行起入室其母尾而闚之則執父所授刀將自殺母徑入奪刀而
泣曰汝何惑焉乃父之遣歸汝豈教汝自殺也女銜遺命歸來告
我而女先忘之惡能任王事正行大悟自是以討國賊復父仇爲
志嘗與兒童嬉戲爲馳逐狀曰追足利也爲斬首狀曰獲尊氏元
也楠氏族黨多死湊川而河內紀伊之間猶有義故存者皆思戴
正行○〔日本外史六新田氏〕帝遣楠正成來援義貞迎問曰朝議
如何曰吾欲召還公奉駕叡山不聽也義貞曰驅敗卒當銳師吾
知其必敗耳顧去歲敗於闕東今復未拔一城何以復命吾故欲

決一死戰正成曰進退從宜是謂良將公且徐計之且前殪高時
後攘尊氏公武多矣衆言何足恤哉義貞色釋旦日尊氏兵艦蔽
海而至而直義來自須磨旌旗彌天義貞令正成拒直義令義助
氏明拒尊氏而自居其後相持未戰我軍有一騎挾弓立岸呼曰
將軍西來必載津妓置酒高會請進一物佐酒注箭而鏃適有鶚
攫魚而舉乃馳而射之斷其隻翼墮敵舟中兩軍讙呼尊氏使人
問其名荅曰東人或識請投刺焉復發一箭軼三百步貫船舷尊
氏覗其箭彫於笴曰相模人本間資氏敵中傳觀資氏揚扇呼曰
方今戰國一矢可愛願見返賜賊中有荅射者箭不達岸我軍齊
笑射者慙憤以三百人上岸義助擊殲之賊先鋒七百艘過而東
將自西宮上新田氏軍三萬欲先往拒之循岸而馳騎者如走舟
者如追而兵庫無人矣賊後隊六千艘盡上兵庫楠正成戰沒乃
與其陸軍合以躡義貞義貞曰吾覘西宮旗幟支賊耳自兵庫來
者乃其渠魁吾所願擊乃還背生田林而陣迎戰終不利走義貞
自殿數返擊馬殪而徒上臣待救敵環射之義貞揮二刀截十六
箭小山田高家望見還救授其馬而畱死初高家從軍刈民麥法
當斬義貞使人覘其營則鎧馬鮮而無粒粟義貞曰吾罪也士不
可亡法不可亂乃爲償田主而賜粟於高家高家感愧故死之義
貞因得脫自丹波以殘兵六千歸京師上下失色天子復幸叡山
○〔日本外史七足利氏上〕尊氏至室津赤松則村出園迎謁收敵
所遺旗幟百餘於城下以獻尊氏覗其旗號多故部屬曰避害焉
耳今將來歸已而來降者果多而陸軍亦會夾擊楠氏兵於兵庫
慶之合軍擊義貞義貞走歸復奉乘輿據叡山法皇廢帝廢
帝弟豐仁親王皆託疾不從往依尊氏尊氏據東寺爲城
壬申

天皇又奉神器如延厤寺廢主稱疾留京師甲戌晦足利尊氏陷京師六月丙子足利尊氏遣直義犯延厤寺丁丑足利尊氏迎法皇廢主豐仁親王遷於男山辛巳足利尊氏兵犯西坂新田義貞宇都宮公綱拒破之參議源忠顯近衞少將藤原雅忠死之壬午足利尊氏兵犯東坂脇屋義助名和長年等拒破之戊子足利尊氏奉法皇廢主豐仁親王移營於東寺辛卯足利尊氏兵犯西坂諸將拒破之壬辰延厤寺僧光澄叛導賊登山官軍擊而殲之甲午諸將擊破尊氏兵虜其將高師重斬之足利直義退營於京師甲辰晦新田義貞與足利尊氏戰於京師不利伯耆守名和長年死之〔日本外史五楠氏附北畠氏〕當是時天子避賊於叡山名和菊池土居得能氏皆從義貞捍禦源忠顯戰歿官軍遂出攻京師路人指名和長年曰正成忠顯等既死獨有此人及戰大敗長年退至大宮巷自閉後門與二百人力戰死〇〔日本外史六新田氏〕六月尊氏入京師使高師重等來攻分陣三百餘所義貞義助以諸將拒東阪使公卿僧徒守西阪賊乃先攻西阪二卿戰死

僧徒力不支告急於義貞義貞與紀清兩黨赴援擠賊於谷殺數千人因陣於大嶽賊又攻東阪義助擊卻之賊更欲攻西阪以熊野兵五百爲前鋒皆被黑甲自雲母阪上本間資氏相馬忠重一在義貞側瞰而笑曰今日之事不復煩諸君下百餘步相命各射一賊貫甲穿胄賊不敢前二人顧我軍曰戰且合矣爲吾立的吾將習射我軍植畫月扇二人相戒勿射月乃發兩箭挾月乃解箙鼓弦自名於敵曰盍受吾箭試甲堅脆賊懼不戰而卻會山徒一光澄叛夜啟賊兵紀清兩黨覺而麾之初我軍約有急撞鐘相報一日有一羣猿撞鐘諸營皆警賊兵以爲官軍下擊乃大騷官軍遂開諸門一時並下縱火賊營擊大走之生擒高師重義貞付山僧斬梟其首賊兵四潰既而又聚官軍猶謂賊兵寡也出攻之尊氏挾光嚴帝據東寺爲城出兵京師要擊官軍官軍敗還○[日本外史七足利氏上]六月遣軍仰攻叡山不利義貞追入京師尊氏伏兵於街巷而出羸兵且戰且卻誘敵入京中伏起大戰義貞敗走又聞義貞計夾攻也乃遣兵邀擊走之義貞誘興福寺僧徒令譏內南海兵絕我糧道乃遣細川定禪今川範國擊走南海兵

秋七月乙酉前權大納言藤原師基率北國兵至延麻寺官軍又振壬子藤原師基及新田義貞進戰不利辛酉延麻寺僧徒牒興福寺戮力討賊興福寺應之遣權中納言藤原隆資於男山絕川尻路遺近衛中將源定平於宇治絕大和路額田爲綱奉大覺寺宮屯

於長坂絶丹波路延麻寺僧兵守鞍馬路愛智信樂兵扼勢多壬戌詔延麻寺丞領近江國衙增進七社九院封戶賜僧徒輸軍糧者八百餘人邑丁卯命藤原隆資新田義貞進軍天皇親臨勞慰剪所御紅袴以頒賜將士隆資義貞剋期分道並進隆資差誤先進大敗義貞血戰遂不利諸路軍並引還〔日本外史六新田氏〕七月藤原師基以北兵三千入援諸將議曰前日之戰取路京中所以敗也不若由內野磧二道赴之已而有叛者泄其議尊氏乃以大兵激擊焉官軍復敗還天子乃賜邑於叡山僧徒以奬激之令招南部南部氣應之纖內兵聞之所在相聚各請將鎮四塞糧道賊窮困至粥鎧馬遂大出鹵掠義貞於是議出戰遣四國兵列屯於阿彌陀峯約諸將帥齊進天子親臨勞軍剪所御紅裳分賜之以為笠識義貞發白日勝敗天也不可逆睹今日之戰不可不送箭尊氏營者毋復生還矣已而北白河失火燕隆資以為戰合也先期自八幡入敗走南都兵亦失期不至義貞以二萬騎行破賊軍終抵東寺執弓注矢呼尊氏語之曰天下擾亂久矣雖曰皇統之爭亦由公與義貞而已與其為一身苦萬民寧各以單騎決鬭決雌雄請送一箭箭軼門樓入尊氏帳中尊氏不出時諸公卿軍及四國兵皆為賊所破賊兵悉萃於義貞義貞返擊奮戰破之至五條賊復四合義貞額中流矢流血被面乃令其騎皆西其馬首欲決死紅笠識者八

百騎來救之擁義貞潰圍歸山門於是諸將帥皆棄守走歸。日本外史七足利氏上七月義貞以數不得志計四面來攻藤原隆資先至攻南門我兵盡北出拒義貞獨高師直與弟師泰在焉出戰而敗敵焚門樓城內惶擾尊氏方誦經自若土岐賴氏侍坐曰惡源太如在於拒之何有惡源太其子賴直也適賴直入見賴氏喜問曰北面之戰未平曰不知也適在三條望東寺煙揚乃還耳師直曰敵至南門煩公出拒賴直諾而出尊氏呼返之賜之寶刀賴直拜而受之自北門出於敵左下馬而射敵兵亂潰乃上馬騎而馳之手斫六人師直等復出援擊遂走隆資而義貞已至北門請與尊氏各獨身決鬭尊氏奮然起曰亟開門吾非敢敵官家獨欲與義貞決耳上杉重能諫曰彼窮而出於此將軍何自輕也會土岐賴遠破大宮敵乘勝踵義貞軍後義貞大敗傷其左肩走歸叡山

八月戊子足利尊氏以豐仁親王稱帝於京師是爲光明院用建武號九月庚申先是興福寺僧徒叛足利高經絕北陸道小笠原貞宗屯野路篠原並扼延麻寺餉道官軍大困於是延麻寺僧徒攻小笠原貞宗丙寅復攻之並不利佐佐木高氏至近江梗延麻寺糧運壬申晦脇屋義助討之不克冬十月足利尊氏上書請降且迎車駕於京師天皇聽之辛巳敕新田義貞奉皇太子專句

當軍國事往北國更爲經略（日本外史六新田氏）

八月足利高經佐佐木高氏等絶我糧食九月遣兵擊高氏敗歸我軍多逃亡尊氏佯乞降請帝歸闕密使人致款帝信而聽之尊氏又陰招諸將諸將多應之十月左衛門督藤原實世使人來告義貞營曰尊氏納款車駕赴其營公知之乎義貞時延見將士得報不信曰是使者誤聽耳美濃守堀口貞滿曰今旦氏明行義無故赴中堂吾固怪之請往詗焉馳至行在則乘輿方駕矣貞滿揖進攀其轅泣曰臣聞道路之説未知信否今乃信矣不審義貞有何罪而陛下乃囘其聖眷以庇反賊耶當元弘初義貞奉辭伐罪殪元兇於旬日以除宸憂雖古忠臣恐不能過自尊氏反以來又擧族勤王爲陛下數冒萬死宗族死義者八千餘人而賊勢滋熾王師失利者豈盡戰之罪哉蓋天未眷聖德焉耳今日西駕之轅竟不可還乎則召義貞以下族屬見在者五十餘人賜死於御前然後發帝憮然頃焉義貞與義助義顯率三千人入列陛下色慍而禮恭上前義貞兒弟慰諭之曰當尊氏反卿爲其同宗乃挺歸義支傾扶廢終始不渝朕深嘉之欲仗卿宗族以鎮平四海天運未會兵疲勢蹙是以權講和議以待時焉耳本宜謀及而慮於漏泄欲臨期相告顧貞滿未之察也然由其言亦有所省朕聞越前地方多歸順者又有前所遣將士卿宜赴彼經略北陸以圖恢復以朕還京師恐卿得賊名今特以太子相附卿視之猶朕軍國之事無小大當由卿處分朕已爲卿忍恥卿亦爲朕努力言畢垂涙將士皆泣莫能仰視於是遂令義貞奉皇太子赴越前義貞卽夜造日吉祠納寶刀禱曰神鑒吾忠義使吾行無恙得發兵滅賊卽不得然猶使子孫有再起者明日奉東宮及皇子尊

貞北行舉族從之獨大館氏明江田行義及宇都宮公綱本間資氏等從乘輿入京師尊氏四帝及從者殺資氏以報兵庫雲母阪之役○日本外史七足利氏上足利氏於是議奉廢帝復位眾以元弘事以爲不祥也八月乃立豐仁親王是爲光明帝號用建武後改厤應尊氏爲權大納言直義爲左馬頭九月議以利啗興福寺令足利高經以越前兵小笠原貞宗以信濃兵並絕東北糧道又令佐佐木高氏援貞宗擊新田義助兵走之山門援絕食竭於是尊氏陰獻誓書曰臣初被讒獲罪削髮待命而義貞義助假公義修私怨以至於此陛下苟諒臣志回駕來還則當歸政朝廷諸廷臣安堵如故帝遽納之義貞聞而弗懌帝使義貞奉太子赴越前而命駕返闕直義將兵迎之乃爲新主請劍璽帝傳僞器乃褫文臣官爵執武臣寘帝於華山院請其詔下越前

壬午車駕還京師御華山院足利尊氏置兵監衛奪公卿以下官職拘諸將士新田義貞與藤原實世等奉皇太子及尊良親王赴北國尊澄法親王走遠江式部卿懷良親王走吉野藤原隆資走紀伊藤原師基藤原光繼源定平走河內準大臣源親房走伊勢癸未皇太子至近江鹽津土居通緇得能通言在後遇敵戰歿千葉貞胤叛降乙酉皇太子至越前氣比社司氣比氏治奉迎入金崎城

是月足利高經仁木賴章高師泰等圍金崎城十二月甲辰足利尊氏請傳神器於新主以新造劒璽鏡授之丙辰新主以成良親王爲其太子是月左近衞少將源顯信起兵伊勢十二月癸巳天皇夜奉神器出華山院幸吉野刑部大輔大江景繁從之有赤雲燭路甲午至內山吉水院僧宗信率兵來迎入吉野帶刀楠正行和田正朝眞木定觀三輪西阿恩地牲河志貴湯淺等率兵迎衞

(日本外史五楠氏 附北畠氏)冬尊氏佯降請帝還闕菊池武重等從之皇子宗良走遠江懷良走大和義貞以詔奉皇太子恆良及尊良親王之北國土居通治得能通言等從之通言與族通縄殿會大雪至鹽津迷失道適值賊兵將士凍飢不能操兵三百人皆植刀於地伏之自貫而死通治與諸將守金崎城城陷力戰自殺尊良薨太子被虜入京師帝之還闕也尊氏已擁立新帝之弟是爲北朝光明帝請帝傳神器焉帝弗聽尊氏囚帝於花山院殺從行者僧祐覺等拘執其餘獨三條景繁得侍景繁潛進計逃幸大和帝夜服婦人衣由壞牆出扶上馬景繁荷神器從夜方黑逢赤電照路比曉達空生遣景繁諭吉野僧宗信宗信嘗助將軍護良者於是先衆來迎正行聞而大喜與從弟和田正朝等馳赴之護駕入吉野河內紀伊將士相踵來衞官軍復振帝思正成死王事

追贈正三位左近衛中將叙正行正四位下爲帶刀遂襲父官任檢非違使左衛門尉兼河內守於是建行宮於吉野號令四方○日本外史七足利氏上足利高經因併州兵圍義貞於金崎又遣高師泰助攻之既而帝逃走不知所之內外驚騷尊氏曰是吉祥善事也使帝猶在監護無期亦不可襲承久元弘之爲而今乃如是豈非善事乎度其必在畿內任其所底而徐圖之可也○日本外史六新田氏義貞以七千騎至鹽津聞足利高經大兵塞途轉由木芽嶺行會大雪士卒凍飢燎弓箭相抱取煖土居得能氏遇賊兵自殺千葉氏舉其衆叛降於賊義貞行三日纔至敦賀河島維賴氣比氏治迎入金崎遣義顯義助於越後至杣山杣山賊自瓜生保厚待之而高經詐傳詔旨討新田氏檄至保信之閉關主守其弟僧義鑑來謁曰臣兄愚魯輕信賊計雖然苟曉是非終歸順耳臣願得擁戴一公子候時乃起義助察其無它遂以其子式部少輔義治託之而引兵還金崎兵道亡有二百騎會今莊淨慶聚兵塞道淨慶父嘗屬我軍者義助乃令由良光氏往說之淨慶荅曰臣去就與父異不得不沮願得部下一名士以藉口光氏歸報義顯曰諸君從我至此情同父子寧我代士莫士代我往更告之弗聽則齊戰死耳光氏往告焉淨慶不決光氏下馬坐曰將帥身係天下輕重猶欲以身代吾輩吾其可不致命拔刀將自殺淨慶感歎遽止之曰吾寧當罪耳開道跪伏義助義顯撫勞而過其兵又亡在者僅十六騎而鬪敵以三萬騎圍金崎欲衝圍入城衆難之粟生顯友出策夜使衆解衣帶挂之樹爲旗幟狀以張疑兵武田與一傷右手約木刀於腕顯友亡副刀斫木爲梃乘曉薄敵呼曰杣山援兵至矣敵駭顧義貞因出擊走之納義助義顯於是

相與奉東宮皇子於船置酒奏樂以慰藉之

辛丑詔高野山禱難平且約幸其地僧徒不奉詔是月造行宮於吉野詔新田義貞以北國兵經略京師越前人瓜生保起兵杣山推式部大輔脇屋義治爲將足利高經分兵攻之瓜生保擊走之又攻高經新善光寺城拔之足利尊氏幽成良親王

日本外史六新田氏尊氏又遣高師泰等將兵六萬海陸來攻城負山臨海城兵拒戰日斃千餘人十一月城兵望見海上有人泅者望城而來至則亘忠景也結詔書於髻進之蓋天皇逃於吉野建行宮詔義貞攻京師也義貞等大喜時瓜生保屬賊軍在城下而其諸弟起杣山以應義貞保將拔還思得同志者宇都宮泰藤天野政貞與保鄰營一日有客問二人曰重畫中黑孰美泰藤曰中黑哉三鱗廢而重畫興代重畫者非中黑乎三鱗者北條氏徽號也政貞曰然保聞而竊喜寢與二人款因告其志二人同之時高師泰四設關以符出入保詐請以百五十人歸邑取萩吏給符如其言保削符改書三百人與泰藤政貞俱出關入杣山義鑑及三弟源淋重照皆大喜推義治爲將舉旗招兵兵聚一千餘扼守北道師泰聞之遣六千騎來擊保悉焚聚落故遣湯尾一驛以誘敵敵至宿驛中保與泰藤遣輕兵夜襲敗之聞足利高經引兵歸國府又要擊破之傍近望風爭附義治義治有不豫色義鑑曰郎君可喜而憂何也曰思金崎城守之苦焉爾義鑑泣下泰藤政貞隔牆聞之曰此子有心腸如此吾曹曷可不出

力
丁丑 三 延元二年〔日本史〕春正月庚戌陸奥賊起鎮守府大將軍源
顯家討之不利奉義良親王保伊達郡靈山癸丑伊賀守里見時
成及瓜生保僧義鑑率兵援金崎不克死之二月丙子權中納言
藤原實世左近衛中將新田義貞右衛門佐脇屋義助出金崎城
往杣山招援兵是月足利尊氏拘前參議藤原公量源親光殺前
參議藤原宗兼三月丁未金崎城陷皇太子見執中務卿尊良親
王左近衛中將藤原行房越後守新田義顯大炊助里見時義氣
比氏治氣比齊晴等死之〔日本外史六新田氏〕明年正月推里見
時成爲將以五千騎救金崎師泰遣兵
二萬逆戰諸將敗走時成爲賊所圍保義鑑挺身赴援其三弟欲
從之義鑑叱曰吾兄弟皆死誰翼式部君者三弟乃止時成保義
鑑皆死餘衆走歸杣山保有老母酌酒獻義治曰兒輩不力乃亡
里見公然使兒輩盡還則妾心云何今二兒致命足慰妾心耳將
士爲之奮激然力不能再舉金崎城中日望杣山援不至已而糧
竭義貞義助殺所愛馬以食士卒將士皆勸其出赴杣山以計夾

攻義貞義助從之三月以河島維頼爲鄉導乘夜出城潛入杣山
城城兵大喜日議援金崎而賊兵乘暇來聚至十萬騎杣山兵僅
五百人甲馬不備逗撓二旬金崎食馬馬盡無可食者覘候知之
四面齊登城兵力竭不能戰外城既破由良具滋長濱顯寛入見
義顯曰事已至此脫東宮而畱死臣等請拒戰君徐爲計率五十
人出割死尸相共食之力拒前門義顯謂皇子尊良曰臣將種不
可不死殿下與臣異勿遽自殘皇子笑曰吾視卿死豈可獨生因
問義顯自殺之方如何義顯曰視臣所爲即拔刀自樹左脇劃至
其右奉刀於皇子而伏皇子取刀血滑不可握以衣袖自刃而
死藤原行房里見時義武田奥一氣比氏治等皆殉死之氣比齊
晴有膂力善泅舟載太子無楫櫓施絙於舟執之而游游千餘步
至蕪木浦託土人使奉之杣山而歸死於金崎具滋顯寛謂事畢
矣開門冒陣進薄師泰賊認其疲羸覘輒殺之凡城兵八百降者
十二人而已其餘皆死栗生顯友船田經政等四人匿巖穴免焉
太子匿蕪木浦浦人叛告之賊賊取太子問義貞兄弟所在太子
給曰昨自殺矣其兵火之賊乃押送太子於尊氏傳義顯首而不
問義貞○日本外史七足利氏上二年瓜生保自杣山援金崎師
泰令今川頼國逆擊破而殺之金崎益困義貞出走杣山或說師
泰曰聞城兵不浴馬得非糧竭食馬也於是師泰高經凌
城齊登城兵果飢羸不能戰皆自殺太子就虜後遭害

夏五月

壬子中宮崩是夏前治部大輔宇都宮公綱至吉野宗良親王起
兵於遠江井伊城大館氏明起於伊豫兵部大輔江田行義守丹

波高山寺城治部大輔金谷經氏守丹生山北條時行遣使奏請討足利尊氏自贖詔許之〔日本外史四北條氏〕延元二年時行遣使詣吉野行在上言曰臣父伏天誅臣不敢怨所怨者足利尊氏世受恩於臣家而卒背之今又困天子臣願討尊氏以贖父罪詔許之尋以五千人發伊豆從官軍將源顯家擊走足利義詮於鎌倉追至美濃與上杉憲顯等戰於靑野原轉戰至和泉及顯家敗歿赴行宮任左馬權頭三年從宗良親王至遠江擊破今川範氏兵於匹馬驛從親王投井伊高顯亦不知所終〇外史氏曰北條氏之於源氏則藤原氏之於王家也皆不用寸兵尺鐵而簒其國於衽席之上何其易也蓋人情莫不知親其宗而顧謂不如妻黨之可倚也於是削弱兄弟疏斥親族以爲爲子孫除患害而不悟其自剪伐以資異姓可不哀哉源氏之成國也固懸殊王家而其謬計出王家所未爲故其受禍有更烈者而北條氏之陰謀狡智乃非藤原氏所及也鬭其骨肉翦其手足潛收默竊其權而如己未嘗措手及其得權亦有翼戴而不手敢自居辭其名而取其實舍其利而操其柄使天下不能議己決孫守其遺謀而加以周密終使帝王之廢立攝籙之進退盡取於己而如己無所關不得已而爲之措置是北條氏家法所以能長持天下權衡焉而至於盡心民事前後武族所罕覩也葢自知其悖逆人神所不容惴惴焉計以此贖之而泰時其最著矣世之論者於泰時無所間然已余謂承久之事泰時其罪之魁也何哉使泰時之賢果如所傳乎則既定禍難擁大兵於輦下諸大處分莫不由己其於朝廷與幕府往復之際豈無所以善處之已可以

理導又可以勢禁是之不思而陷其父於大惡雖有善政寧贖其罪邪是知舊史所稱秦時勸其父詣闕納降不聽臨發問遇親征則何爲曰降之否則決前皆史氏爲之文過耳不足信也至其立後嵯峨亦出恩仇之私論者謂之天命正理亦過褒矣然北條氏七世其可以人理論者獨有泰時其它如義時輩皆蛇虺鬼蜮又曷足責歟或傳義時誅深見某者而近其子卒爲所殺噫是其或然也昔平清盛源義仲並稱兵抗上皇皆除讒人而已不敢遂其幽囚之計也然猶不免誅滅如義時者眞無前逆賊而得脫拔名於世天其假手其臣僕斃之也及其子孫遇新田氏之斧鉞抉其巢穴殲其醜類天網恢恢疏而不漏豈不信哉外史氏曰時宗之禦元虜保我天子之國足以償父祖之罪矣虜蓋以其所以恫喝趙宋者來擬於我我卻其使不納未有曲直也及彼以兵來脅翦屠我邊疆則曲在於彼彼使再來不可不執而戮之折彼凶威定我民志奪其所挾而決死待之可謂深中機宜矣否則我幾何而不爲趙宋也其後惟菊池氏之待明庶幾接武足利氏屈膝外嚮不足言已豐臣氏能不辱國體勝足利氏萬萬然至與明戰張皇太甚內自困敝雖攻守異勢不及北條氏遠矣北條氏之策守則土著不煩徵發軍需不擾經費委任將帥不自中掣之其戰則憑陸誘寇走舸逆戰短兵急接皆可以爲後世之法也吾嘗觀鎭西土人所傳元寇圖卷虜盛以礮臨我而我兵揮刀奮前虜不暇發焉蓋是時我未有火器相敵吾是以知兵之勝敗在人不在器我長技自有在爲可恃也

秋八月丁亥源顯家奉義良親王率兵西上與足利義詮兵戰利根河破之冬十二月

甲午左近衞少將宇都宮公綱新田義興北條時行等發兵會源顯家進攻鎌倉克之足利義詮出走〔日本外史五楠氏附北畠氏〕先是菊池武重從帝被拘候大館守者懈逃歸據菊池帝因拜皇子懷良爲征西將軍赴菊池起兵氏明亦逃於伊豫土居通治子通朝得能通言子彈正迎而起兵北畠顯家弟顯信亦起兵於伊勢而顯家討國內叛者據靈山明年秋顯家欲入援行在得結城宗廣等兵奉義良親王軍白河關兵來屬者數萬人進與尊氏子義詮相距利根川齋藤實永亂流先渡全軍繼之水激於西岸賊兵漂溺敗走顯家追北攻義詮於鎌倉走之○〔日本外史七足利氏上〕時帝在吉野建行宮焉自是天下稱京師曰北朝吉野曰南朝義貞復起杣山高經拒之義貞少子義興與北畠顯家起兵關東義詮在鎌倉遣細川和氏上杉憲顯等距利根川敗還冬顯家以十餘萬騎逼鎌倉鎌倉兵可一萬諸將欲避匿安房上總聞義詮時十一歲叱諸將曰勝敗兵之常也卽怖敵不若不將義詮在此委衆而逃天下謂之何我兵雖寡猶可一戰不免則死死免乃避匿尾敵而西與家君夾擊之耳諸將皆奮分兵爲四逆戰不克奉義詮逃匿顯家等西上諸將乃起尾之

是冬新田義貞保杣山與足利高經相持〔日本外史六新田氏〕義貞在杣山常欲一戰雪恥以爲行宮聲援聞招聚義故夏大館氏明自京師逃伊豫江田行義逃丹波金谷經氏逃播磨並起兵義貞次子德壽在上野聞源顯家西上聚兵應之欲先發攻鎌倉及顯家至合兵攻拔之於是歸義貞者頗多尊氏聞義貞未死也冬遣足利高經舉北

陸兵來擊據越前府出兵交戰義貞遣畑時能糾加賀兵攻拔大聖寺城遣義助及細谷秀國入越前築三砦與高經相持

戊寅 四 延元三年〔日本史〕春正月庚辰鎮守府大將軍源顯家發鎌倉宗良親王熱田大宮司尾張昌能美濃守堀口貞滿塗與顯家會與土岐賴遠桃井直常等戰於青野原敗之二月庚申源顯家與高師泰戰於雲津川破之進屯奈良是月源顯家與桃井直常戰於奈良及四天王寺敗績走河內義良親王宗良親王赴吉野左近衛中將新田義貞拔越前府城足利高經走保足羽城三月源顯家出師和泉遣左近衛少將源顯信守男山高師直圍之夏四月戊寅足利尊氏弑皇太子及成良親王〔日本外史六新田氏明年二月雪釋義助欲益築城逼敵率百餘騎相地於鯖江遇賊將細川孝基以五百騎奄至義助擊走之因舉火招援義貞來援高經又以數千騎來夾水而陣我兵亂流大戰擊破高經高經走保足羽賊望風解走者三千餘人義貞因據國府事聞京師尊氏直義怒曰太子給我至此遂鴆殺之〕五月丙申新田義貞攻足羽不克丙辰鎮守府大將軍源

顯家檢非違使名和義高與高師直戰於界浦死之〔日本外史五楠氏附北畠氏〕三年春與宗良親王合兵偕走京師賊兵大起擁後顯家同戰於青野原破之聞尊氏遣高師泰來迎乃轉出伊勢師泰尾擊顯家回戰於雲津川破之至南都結城宗廣曰避敵於行宮不若攖賊於王城顯家從之逢賊兵逆擊顯家敗走乃使兩親王赴行宮自收敗兵軍安倍野五月高師直來襲顯家與二十餘騎衝圍而死名和義高死之宗廣走歸吉野師直遂圍顯信於男山〇〔日本外史七足利氏上〕明年正月至美濃土岐賴遠桃井直常與顯家戰復不克顯家焚掠而進京師諸將議拒宇治勢多高師泰曰自古未有拒於此而克者也何者攻者勢伸於千里之外拒者力縮於咫尺之內焉爾不若邀擊之幾外尊氏曰善附師泰以萬人赴美濃背黑血川而陣顯家避之取路伊勢二月師泰追擊之雲津破之顯家入南都將攻京師高師直薦桃井直常往擊直常與兄直信受命即發奮擊走顯家顯家弟顯信收敗軍據男山諸將視直常不獲賞無赴攻者師直助直常攻之不能下四月師直聞顯家在和泉慮其與楠氏合也分兵而南擊殺之安倍野

壬戌左近衛少將源持定源家房援男山是夏手詔促新田義貞救男山義貞遣脇屋義助率兵赴援

秋七月丙申彈正少弼大井田氏經等破普門利清於越中富樫高家於加賀遂進與新田義貞軍合己亥高師直焚石清水宮辛

丑源持定源家房戰敗出走甲辰源顯信棄男山走河內脇屋義助至敦賀聞男山陷班師（日本外史五楠氏附北畠氏）顯信善拒而糧竭潰圍走河內帝初遣廷臣將兵救顯信又詔北國將士援己之義貞欲驟赴援兒島高德從在軍中說曰前日之敗以賊絕我糧道今無若遣數千人據叡山取糧北陸而時出擾京師是深根固蒂之策也請遣書山徒焉義貞從之山徒肯之義貞遣義助赴之望男山火逡巡而去○（日本外史六新田氏）當是時官軍頗振德壽從顯家至美濃堀口貞滿亦附之皆願與義貞合軍以入京師而顯家欲獨專其功遂引兵向出南都時叡山僧徒又多望義貞來而義貞欲必拔足羽而後西是時顯家敗死和泉其弟顯信與德壽等據男山帝手書諭義貞援男山時大井田氏經等發越後兵擊破普門富樫二氏七月進至越前義貞併其兵將攻高經而詔書適至義貞感奮曰自有源平氏未聞得天子親書詔者也因欲直赴援用兒島高德策自以兵三千備高經以二萬附義助至敦賀聞男山陷引還

閏月甲子左近衛中將新田義貞攻藤島於是合兵專攻高經死之癸酉脇屋義助收兵保越前府（日本外史七足利氏上）五月高經相持使義助以二萬騎赴山門七月尊氏急召還師直師直夜遣諜燒男山積聚顯信遂棄守走義助望火退去於是義貞與助合三萬騎攻高經足羽城城兵不滿三百高經曰守不可克走義不可達盍守而死焉城土朝倉廣景贊之乃修塹壘屬之藤島平

泉僧徒來告曰叡山與我爭藤島今公附之於我則願效力焉高經許之新田氏兵攻藤島僧兵力拒高經使細川孝基鹿草公相以三百人救之途與敵兵遇蔽楯亂射斃其一將氏家重國持其首歸高經視之曰何肖左中將之酷也果然則左眉當有箭瘢命洗面瘢覩驗其尸齎帝詔書驗其二刀鏤曰鬼切鬼丸乃知其義貞也收尸葬之獻首於尊氏徇梟獄門北朝於是陛尊氏正二位任征夷大將軍○〔日本外史六新田氏〕高經誘平泉寺僧兵修藤島以下七寨守之義貞在河合城夢己爲龍臥地高經駭走衆以爲吉夢或曰龍爲陽物方陰而見是凶兆也是月二日義貞以諸軍攻足羽至鐙明寺前分兵爲七隊以當七寨藤島兵擾動我兵困疾攻不能拔義貞望見遽以五十餘騎赴之遇賊兵三百於田中矢下如雨我兵無楯以身蔽義貞中野宗昌勸義貞獨身遁逃義貞曰失士而獨免非吾志也鞭馬且進馬被箭殪義貞欲起有白羽箭中其眉間乃拔刀自刎而死年三十八賊未知其何人也見宗昌等環尸自殺又檢尸得錦囊書書辭曰討賊之役朕一煩卿蓋帝手書乃知其義貞也時日暮我軍無赴援者已而見數騎還河合也以爲義貞各自退還義助還至河合求義貞不在久而知實將士惶惑有叛者夜將火城者三天明檢其兵則二千而已義助乃走歸國府使河島維賴保三峰烟時能保湊城瓜生照保柚山照歸遇藤原氏於淺津橋藤原氏者中納言行房妹而義貞夫人也初爲句當內侍延元初義貞夜入直見其彈箏心慕焉帝聞而憐之召義貞賜酒因賜內侍爲妻伉儷甚篤義貞之受詔北行置之於近江居二歲迎致柚山既至聞義貞在足羽轉赴之途遇照照下馬跪輿前曰夫人安往公已戰沒矣夫人大慟殆絶歸

柵山欲執喪於義貞舊居以敵來逼遂歸京師是時義貞首傳至京師足利氏君臣相慶終梟之藤原氏聞之即夜削髮遂匿西山終身藤原氏無子義顯義興義宗皆產於東國義顯先義貞殉難義興妾出故義宗代義顯爲嗣六歲爲左兵衛佐兼武藏守義興即德壽男山之陷走歸吉野帝壯其貌曰汝眞乃父家者因賜名義興授右兵衛佐**丁亥遣鎭守府將軍源顯信及前上野介結城宗廣奉義良親王往鎭陸奥節度東北諸軍事準大臣源親房輔之宗良親王左兵衛佐新田義興左馬權頭北條時行經略東國並由海路九月壬申進至伊豆崎遇颶風義良親王船漂至篠島顯信從焉源親房到常陸遂入關城糾合義旅前上野介結城宗廣卒於安濃津**〔日本外史六新田氏〕義貞沒二旬令義興與北條時行從皇子宗良赴東國遇颶相失漂至武藏於是與義宗皆匿東國義助義治在北國○〔日本外史五楠氏附北畠氏〕尋義貞戰死結城宗廣請及顯家餘威未盡收東邊兵帝令宗良親王先發至遠江待之遂以顯信襲兄官職與親房及宗廣奉義良親王海路赴任遇颶於天龍洋舟四散親房抵常陸宗廣至安濃津顯信與義良親王抵篠島宗廣病死**是月以懷良親王爲征西大將軍掌九州節度**

己卯五　延元四年（日本史）秋七月癸酉右衛門佐脇屋義助攻足利高經於黑丸城破之高經奔加賀（日本外史六新田氏）七月義助稍收敗軍與畑時能由良光氏一井氏政等各屠諸城而會河合以兵六千攻足羽時能先往夜薄城挑戰足利高經火城而走是歲帝崩後村上天皇卽位十二月詔義助代義貞統帥　八月乙未不豫立義良親王爲皇太子辛丑天皇讓位於皇太子壬寅崩於吉野行宮年五十二遺詔稱後醍醐天皇河內守楠正行等宿衞戒嚴天皇天資英毅博涉書史篤信釋氏於密宗禪旨特所研究又留心典故爲治慕延喜之風自還闕廢關白躬攬庶務多所更革曰今日舊例乃往日新制安知朕之新制不復爲後日之舊例其聽訟記錄所亦效後三條天皇之制焉元德中引元僧楚俊於正殿問法楚俊善相退曰天皇有亢龍之悔然必得再登極矣其幽六波羅淨席擬石灰壇日拜大神宮如在位時臨崩口敕妻子珍寶及王位及命終時不隨者若彼穆公

殉三良始皇藏寶玉素所不取但逆賊不平四海未安惟此爲恨太子卽位其任賢使能錄義貞義助之功務成恢復以稱朕志朕身雖瘞南山而神常望北闕若有墜命者子臣繼體臣乖盡忠言訖左把法華經右按劍以崩羣臣亦奉其言不改服御北面葬於藏王堂之塔尾〔日本外史五楠氏附北畠氏四年三月顯信奉親王歸吉野先是皇太子及成良親王皆爲尊氏所鴆殺乃立義良爲皇太子八月帝獲疾大漸乃遺詔曰朕憾不滅國賊平天下雖埋骨於此魂魄常望北闕後人其體朕志竭力討賊不者非吾子孫非吾臣屬按劍而崩帝既崩羣臣氣沮欲逃散僧宗信力言止之已而正行與正朝率兵二千來衛衆情大安於是相與俱奉太子拜神器卽位是爲後村上天皇須先帝遺詔於四方〕

〔又〕中宮藤原禧子太政大臣實兼女珣子後伏見帝女藤原廉子右近衛中將公廉女女御藤原榮子關白道平女典侍藤原親子參議宗親女藤原爲子權大納言爲世女藤原實子左大臣實雄女初入後宇多宮藤原守子左大臣實泰女源親子權大納言師親女初入龜山帝宮菅原氏正三位在仲女藤原氏大納言隆資女藤原氏左近衛中將爲道女大納言局權中納言局民部卿局坊門

局左衛門督局爲忠女　近衛局某氏龜山女　昭慶門院某氏基時女　子十
七廉子生皇太子恆良親王成良親王後村上帝藤原親子生滿
良親王藤原氏生世良親王靜尊法親王爲子生尊良親王宗良
親王源親子生護良親王守子生玄圓法親王菅原氏生聖助法
親王隆資女生僧尊眞爲道女生躬良法親王後改名法仁　懷良親王
近衛局生皇子某龜山女生僧恆性昭慶門院生僧元選

日本源流考卷十三終

日本源流考卷十四

長沙王先謙益吾撰

後村上天皇

日本史後村上天皇諱義良初名憲良後醍醐第八子也母新待賢門院夢抱日有身嘉麻三年生元弘三年十月出鎭陸奥出羽參議陸奥守源顯家爲之輔建武元年夏爲親王二年十月足利尊氏反詔發兵赴難延元元年三月帥陸奥出羽兵躡尊氏後西上二月冠敘三品爲陸奥太守還鎭二年正月國人多離叛因與鎭守府大將軍源顯家保靈山城國人聞車駕幸吉野又歸順八月率源顯家發陸奥十二月進討足利義詮於鎌倉克之三年正月赴京師至青野原與足利尊氏兵戰走之二月赴奈良戰不利遂入吉野五月源顯家戰沒閏七月還鎭密詔許爲儲貳前大納

言源親房爲之輔左近衛中將源顯信爲鎮守府大將軍陸奥介東國皆受其節度九月至伊豆碕會大風暴起船皆飄蕩所御幾沒旣而風忽變還至伊勢篠島勅遣僧賴意慰問四年三月還吉野立爲皇太子八月辛丑受禪於左大臣藤原經忠第壬寅帝崩是月葬後醍醐九月足利高經陷杣山城右衛門佐脇屋義助走美濃保根尾城北國諸城皆陷畑時能守鷹巢城冬十月庚寅卽位於吉野行宮時年十二權中納言藤原隆資權大納言藤原實世對掌機務時軍國多故行宮湫隘諸儀不行僅遣使伊勢奉幣大神宮告卽位且拜神器而止丁未畑時能與足利高經戰伊城山死之是月土岐賴遠土岐賴康陷根尾城脇屋義助走吉野〔日本外史六新田氏〕義助聞先帝臨崩特眷新田氏也方思報效焉而尊氏發七國兵來攻諸城悉陷義助走美濃獨畑時能以殘兵二十七人據鷹巢城城甚險固賊不能拔足利高經高師治合兵圍之結三十七營互進迭攻時能幼喜角觝材武絕人姪僧快舜善

戰僕惡八郎缺脣而有力又畜一狗名犬獅子三人者夜出襲賊每向一營輒使狗先往賊有備則吠不則搖尾還報三人者乃斫營入大呼奮擊賊輒委甲走各潛賂時能曰願勿襲我營時能驍名震入敵中呼曰畑將軍會一井氏政來入城共守時能乃嚭氏政於城而自以十六人夜出伊地山高經以爲平泉僧徒來援城兵也將三千騎邀擊時能鮮甲鐵馬躍出曰畑將軍在此高經陣動時能馳而乘之高經潰走而快舜被七創卽日死時能甲隙皆創飛鏃沒肩病三日死自是北國無復官軍矣賊乃攻義助於根尾城城陷義助以族從數十人微服投尾張氏嚭十餘日道伊賀伊勢而至於行宮帝延見泣而勞之詔加一級且賞從者藤原實世竊言曰是何異平維盛敗歸而加爵哉藤原隆資折之曰義助之敗非其罪也近日北國將士不由大將而取裁於南山南山臣僚以服微勞而得邑於北國將權以輕士心以驕而義助受其敗豈其罪也主上察之乃有是命猶秦穆勞孟明耳予何失喩實世不能苔帝遂拜義助刑部卿○〔日本外史〕七足利氏上四年遣諸將援高經走新田義助殺畑時能北陸盡平義助走美濃土岐賴遠攻走之

十二月辛丑宣遺詔勤王是時楠正行和田正朝並率兵警衛行宮征東將軍中務卿宗良親王在遠江征西大將軍式部卿懷良親王在筑紫鎮守府大將軍源顯信左近衛少將新田義宗左兵衛佐新田義興其宗族江田大館及土居得能菊池三角櫻

山氏等竝據國郡圖恢復是歲以故征夷大將軍護良親王子陸
良爲征夷大將軍
庚辰六 興國元年〔日本史〕春二月高師泰陷遠江井伊城三月伊豫
義徒奏請將帥適會備前人飽浦信胤歸順道路始通遣刑部卿
脇屋義助總督四國九國諸軍夏四月丙午脇屋義助至伊豫官
軍大振辛亥改元五月丁巳刑部卿脇屋義助卒壬寅鎭守府大
將軍源顯信赴於鎭庚戌高師冬陷下總駒城辛亥源顯信攻駒
城大敗之高師冬燒營而逃是月修理大夫金谷經氏拔鞆城細
川賴春陷河江城經氏與賴春戰千町原敗秋九月癸丑賴春陷
世田城左馬助大館氏明死之〔日本外史五楠氏附北畠氏〕興國元年春土居通鄕得能彈正等奏請得一將帥會新田義助戰敗與兒島高德等來詣吉野因詔義助赴伊豫無幾何病死高德等逃歸備前五月賊將細川賴春來攻河江通鄕彈正推金谷經氏爲將舟師赴救値賊海上戰不利轉攻取鞆城據之拒賊十餘日聞賴春已陷河江將攻世田勸經

氏救之選死士三百選內日而發與賊七千戰於千町原盡亡其卒與經氏等十七騎潰圍走備後自是西南官軍不振。〔日本外史六〕新田氏興國元年三月伊豫官軍請得將帥朝議擬義助而海陸皆敵會備前人飽浦信胤應官軍道乃開於是義助以兵五百發四月至伊豫國府遇大館氏明氏明初逃詣京師行宮得爲伊豫守護與土居得能氏保守諸城及得義助軍益振議者皆謂西南可復也五月義助疾作七日而卒將士秘喪而賊已知之來攻河江城金谷經氏統伊豫兵救之大戰海上會風起我船漂去賊船達岸我兵欲冒風返之經氏曰我軍數奇至此返不必利唯當前至山陽取一城據之乃上備後攻鞆城拔而據之山陽賊兵來議未決聞賊將細川賴春圍氏明於世田城經氏乃將數百人赴救與賊兵數千戰敗卒殘兵歸備後賴春乃以萬騎攻世田三句城內食竭氏明以下悉自殺筱塚伊賀在城中開門提鐵梃而出呼曰吾新田公親兵筱塚也盍殺我以得賞賊皆披靡乃徐行而去賊不敢追躡至今治浦見賊空船獨有舟人筱塚遊而達之跳入船自名曰送吾於隱岐手拔錨樹桅登船屋舁睡舟人畏怖送至隱岐以終焉筱塚有女仕皇太后曰伊賀局後嫁楠正儀勇力類父云義貞義助既死足利氏無復忌憚兒島高德在備前招新田義治於上野謀起兵不克乃間入京師欲襲尊氏又不克義治走匿東國與從兄義興義宗皆潛圖復父仇窺覺未發也。〔日本外七足利氏上興國元年義助病卒於伊豫細川賴春攻拔諸城悉殺其族黨於是官軍諸將大半死亡其將士相率來降而尊氏之業終如初志

辛巳至正元 興國元年(日本史)夏六月丙辰高師冬攻源親房近衛中將源顯時於小田城癸亥源親房出兵擊高師冬敗之冬十一月小田治久降於高師冬源親房走保關城源顯時走保大寶城請援修理權大夫結城親朝不果(日本外史五楠氏附北畠氏明歲北畠顯信居白河親房居小田賊將高師冬以大兵來攻親房請援於結城親朝親朝宗廣子也宗廣臨死遺言討賊而親朝送款於尊氏以故不輒援數月城將出降親房走保關城親房從子顯時保大寶城賊陳二城間父子數出力戰而城且陷親房間使告顯信使率親朝子弟來救親朝擁之不遣)

壬午二 興國三年(日本史)夏五月丁丑永福門院崩六月己未征西大將軍懷良親王討島津貞久於薩摩破之(日本外史七足利氏上尊氏使直義與高師直並執政謂之曰吾慕右大將之信賞必罰而恨其多疑刻刑也女副我意勿猜且吝於功臣焉宿仇勁敵降輒納之當是時氏族最富貴者四十三人割地賞功徵發軍糧雖朝貴之邑不避也至朝貴務學東人言貌以討免侮謾初尊氏之立光明帝時人爲之語曰王無一戰之功而受帝位於將軍光嚴上皇嘗出行途遇土岐賴遠前驅叱下馬曰院也賴遠時被酒怒曰院邪犬邪誰能

下我者環射其輿而去蓋院大國音相近也直義聞之誅殺賴遠使姪賴康承家時人復相謂曰院且下之卽遇將軍當手行夘天下方服足利氏恩威稍屬無事而連年飢疫多災異僧疏石進說曰是先帝憤怒所致宜興寺以修冥福時帝旣崩行宮後村上天皇卽位故稱先帝也尊氏直義以爲然興寺於龜山殿址自興國至正平七歲乃成名曰天龍以疏石爲主親臨慶之大設法會又爲文祭先帝敘其舊恩然行宮君臣及新田楠北畠菊池氏遺孽伏匿諸國者欲必報足利氏三年高師直從弟師冬攻北畠親房於陸奥四年親房走歸行宮新田義治匿京師謀襲尊氏不成

癸未 三 興國四年（日本史）是歲關城大寶城陷准大臣源親房等走至吉野結城親朝降於足利尊氏（日本外史五楠氏附北畠氏）四年春親房手書切諭親朝弗聽遂降賊親房走歸吉野自是東北宮軍不振顯信當居陸奧於是四方勤王之師所在耗散而足利氏勢威擅天下

甲申 四 興國五年

乙酉 五 興國六年（日本史）是歲兒島高德荻野朝忠迎式部大輔脇屋義治於上野起兵朝忠與山名時氏戰於丹波而敗朝忠出降義治高德入京師謀討足利尊氏事敗走信濃

丙戌 六 正平元年日本史改元

丁亥 七 正平二年日本史秋九月丙辰河內守楠正行與細川顯氏戰於譽田林敗之冬十一月甲子楠正行邀擊山名時氏細川顯氏於瓜生野大敗之日本外史五楠氏附北畠氏正行在金剛山漸保聚義故時出兵攝津縱火掠賊正平二年秋尊氏令細川顯氏將三千騎來攻未至金剛山七里止舍聞正行且攻箭尾城也欲族其離山而絕其後正行諜知之以七百人行火聚落爲向箭尾而還伏於譽田林敵望火起輒趨山下亂隊疾馳過林遇伏起大駭敗走退守天王寺山名時氏以六千騎來援軍於住吉正行曰先破時氏則顯氏不戰而走分兵二千爲五隊進向住吉時氏分兵當之正行視北軍塵起曰敵陳四處而衆倍於我我不可分兵也乃復合五隊爲一疾行擊時氏麾下時氏被創走歸顯氏顯氏軍亂走過渡部溺者無數京畿震駭正行援溺卒五百人與衣甲禮而遣之多願留仕者正行遂進逼京師尊氏大懼乃發二十餘州兵以高師直統諸將帥以擊正行正行與弟正時率諸宗族詣行宮因中納言藤原隆資上言曰先臣正成嘗以微力挫强賊以安先帝宸憂及天下再亂逆賊四襲遂致命於湊川臣時年十一命歸河內屬以收合餘燼報復國讐臣年已壯矣而稟性羸弱常念不及今力戰以有待之身罹無虞之疾上爲不忠之臣下爲不孝之子而今賊渠帥大舉來犯是眞臣效命之秋也非臣獲彼首則授臣首於彼臣生死決於今日切希得

一拜天顏而行隆資入奏帝揭簾臨視將士前正行勞之曰曩日兩捷大殺賊勢甚慰朕心朕深嘉女世忠今賊悉鋭而來眞安危之決矣雖然兵之進退貴於從宜朕以女爲股肱女其自愛正行俯伏垂泣而出辭訣後醍醐帝崩題族黨百四十三人姓名於廟壁然後上途帝使隆資援之

戊子 八 正平三年〔日本史〕春正月壬寅高師直師泰入寇河內守楠正行及楠正時和田正朝和田賢秀拒戰四條畷死之天皇避師直兵幸穴太壬戌師直縱火吉野行宮神社佛寺蕩盡楠正儀與師泰相持石川〔日本外史五楠氏附北畠氏〕明年正月北軍至四條畷分爲五隊四隊在前左右相向而師直中軍遙居其後兵凡八萬騎正行使隆資綴賊前軍而自將三千騎直指其中軍賊前隊馳而遮之正行以先鋒擊破而過賊隊又至與我後軍戰我後軍終敗走正行不顧以三百騎直前賊將細川清氏仁木賴章等更進遮鬭正行盡破之乃聚其騎馬皆重傷乃舍馬跳隴而餉賊衆環視不敢迫開其走路皆合於中軍正行餉畢起謂衆曰必與師直決死進衝其中堅我兵殊死戰無不一以當百賊軍披靡正行追逼師直師直臣僞稱師直死正行大喜抛首於空而手承者三軍士有告其實者正行投頭於地蹴且罵曰唉汝亦無雙國賊矣已而曰其勇可嘉也自斷袖裹首置隴上復進索師直望見其幟欲追之正朝曰彼騎我步不可及也不若佯走

誘之乃與殘兵五十餘人負楯以北師直不肯追令其裨將以數百騎尾擊之正行大呼返戰追走復逼師直相去數步而我兵自晨至晡三十餘合力索莫能起正行注目於師直勉眾前進敵連射之止行身被箭如蝟乃呼曰已矣勿為賊所獲與正時相刺北向而斃年二十二餘兵皆自刃騈斃和田賢秀正朝弟也獨混敵卒何擊師直楠氏卒湯淺者降在賊軍識見賢秀從後斬之賢秀瞋眼視湯淺湯淺懼後獲疾死正朝欲還奏狀有一賊呼曰忍獨亡乎正朝笑而返之賊輒走如此者數賊數騎至正朝遂死於是百四十五人悉死之賊軍進犯行宮帝逃入穴生賊縱火索之正行弟左衛門尉正儀出兵於石川與高師泰相持師直則不敢深入引兵而去（日本外史七足利氏上）正平三年正月楠正行起諸兵河內遣細川顯氏山名時氏戰於攝津敗還更遣高師直率將擊之四年師直與正行戰四條畷縣某擊其前武田信氏擊其後佐佐木高氏等繼之大敗正行正行決前將上散走上山高元者以常服從在師直麾下會正行突入高元急取師直副甲左右叱止之師直曰毋也彼能代我死者我何惜一甲焉高元感激僞稱師直死師直因得免竟斃正行進焚行宮使師泰築壘於石川以攻楠正儀

夏五月旱紀伊官軍與足利直冬戰敗冬十月庚寅光明院讓位於太子興仁是為崇光院

十一月甲辰花園天皇崩（日本外史七足利氏上）是歲北朝太子受禪是為崇光帝師直兄弟屢立功專橫時方大亂親王公卿多流離者師直乃略其子女為妾妾有數十嘗譏殺鹽冶高貞欲奪其妻師泰嘗與剛第發菅原氏墳墓闢

參議菅原在登出怨言密使人刺之世莫敢言上杉重能畠山直宗嫉其權勢計輔直義以排之直義方學禪於疏石疏石弟子妙吉最所崇信人爭事之獨師直兄弟輕侮之重能直宗因結妙吉妙吉從容說直義曰自古家之安危由宰之賢否君獨不聞趙高離間骨肉乎公速誅師直代以上杉畠氏以輔郎君郎君謂直義幼子也直義又養尊氏庶長子直冬任左兵衛佐於是出爲中國探題居鞆津按驗守吏功罪而二高過惡益著八月直義與重能直宗及粟飯原清肩齋藤利康等謀伏甲而召師直師直至直義三條第清肩意中變目師直使去師直覺輒起出其夜清肩與利康就告其謀師直乃聚族黨自衛召師泰於石川乃使畠山國清代守而還直義聞之使人逆說之曰我欲以子代乃兄師泰曰翦枝及根尊意可知臣將面荅之率騎三千卒七千人持一楯即日人京師師直令赤松則村挑杉舟二阪以備直冬尊氏驚使使召直義直義人尊氏東洞院第其兵稍稍去歸師直師直畱者不滿千人旦日二高以兵數萬來圍之尊氏使人出責問之荅曰欲執讒人與耳毫兵遏攻尊氏怒欲親出戰直義捉之曰且聽其所言何遽與家僕爭尊氏從之師直乃解圍而去遣兵捕妙吉弗獲流重能直宗於越前召義詮執政以其弟基氏代居鎌倉師冬與上杉憲顯輔焉贊直義居錦小路第人莫敢往獨僧玄慧時問之而已尋削髮以堅二高之意二高密使人殺重能直宗及直冬直冬逃於肥後少貳賴尚以女妻之

己丑九

正平四年〔日本史〕畠山國清代高師泰屯石川與楠正儀相

持〔日本國志〕先是建武中興命以功臣爲守護使就國司治所至足利氏分國郡封家臣稱爲守護皆以地傳之子孫正平四年置關東管領以鎮鎌倉統八州及奧羽於是形勢一變而爲封建

庚寅十正平五年〔日本史〕冬十二月庚寅足利直義歸順由是將士歸降者衆甲午詔左馬頭足利直義討足利尊氏畠山國清棄石川圍桃井直常起兵越中皆應之〔日本外史五楠氏附北畠氏四年畠山國清來代師泰正儀益堅守五年足利直義與尊氏有隙乃來附朝議納爲大將國清等附之〻日本外史七足利氏上三角某起兵於石見以應直冬五年二高往擊之會土岐賴明叛尊氏乃召還師直佐義詮擊賴明虜之義詮任參議兼左近衛中將師泰攻拔石見五城終圍三角未能下而鎮西悉附直冬師直勸尊氏親征以示嚮背尊氏從之師直又欲殺直義而行直義卽夜出奔南都不內走倚越智某終降於南朝石堂義房其子賴房畠山國清上杉顯能皆降焉顯能重能子也〕

辛卯十一正平六年〔日本史〕春正月丁巳左馬頭足利直義等將兵進據男山桃井直常與直義通謀率北國兵至延麻寺逼足利尊氏

於京師癸亥上杉朝定應足利直義以備後備中安藝周防兵與高師泰戰於備中勢山敗乙丑足利義詮出奔桃井直常入京師義詮與足利尊氏俱還攻直常直常敗走丙寅足利尊氏師潰遂與義詮西奔桃井直常還守京師丁卯上杉能憲起兵上野遥應官軍攻高師冬於甲斐殺之二月甲申石塔賴房等駐軍光明寺尊氏來攻賴房等連戰敗之足利直義遣石塔義基畠山國清等救賴房丁酉石塔賴房畠山國清與足利尊氏戰於御影濱敗之己酉晦足利直義畠山國清復叛秋七月赤松則祐歸順請奉征夷大將軍陸良起兵討足利尊氏尊氏聽之八月足利尊氏請降不聽冬十月足利尊氏及義詮復請降許之庚子詔足利尊氏討足利直義十一月庚戌足利尊氏將兵赴關東義詮留守京師請車駕還闕詔許之（日本外史五楠氏附北畠氏）六年詔正儀助直義擊尊氏京師走之已而直義叛去遂走關東尊氏欲往

擊之。而恐楠氏窺後也，則使子義詮伴降請帝歸闕。帝知其情，亦伴許之。尊氏乃東。〔日本外史六新田氏〕正平六年，尊氏與直義有隙，使長子義詮守京師，而自東擊直義，殺之。入居鎌倉，立次子基氏，管領東國。義詮僞請降，帝許之。〔日本外史七足利氏上〕明年，直義入據男山，桃井直常素怨師直不賞己也，以越中兵入據叡山，約攻義詮。義詮西走，遇尊氏、師直，還自備前，合兵擊直常，走之。而將士多叛，旦日義詮走丹波，尊氏、師直走播磨。直義遣賴房來攻。尊氏會師泰至自石見，尊氏併其兵，逆擊賴房。時赤松則村已死，子則祐保白旗城不出。直義又遣國清援賴房，戰於御影濱，尊氏大敗，入松岡城。城狹隘，兵士塡咽，師直逐雜卒出之，衆怒而散，將士亦出亡，在者僅五百人。尊氏、師直釋甲且自殺，訣飲至夜半。會亡將饗場氏直敵門來報曰：「臣潛就國清謀媾，國清曰：『錦小路公固願之矣。』」因出示男山來書，書辭信然。尊氏喜，挺身歸京師。二高不知所出，欲剃髮降。藥師寺公義勸其戰死，不聽。二高欲奔四國，聞細川顯氏舉四國應直義，則欲航海東投師冬。師冬會甲斐人來告上杉憲顯與義子能顯起上野應直義，擊師冬，師冬終走甲斐，爲諏訪氏所攻殺。二高愕然，遂削髮被笠蔽面東走。欲追及尊氏，上杉顯能兵故遮其間，使不相及。比濟武庫川，三浦某叱師直曰：「何物比丘，敢爾蔽面！」奪笠覘面，曰：「是也。」薙刀斫之。師泰望見欲走，吉江某鎗刺之。師直子師夏等皆被殺。於是尊氏自播磨，義詮自丹波，直義自男山，皆入京師，置酒會宴，然寡語而罷。直義素飾情要譽，多歸之者。上杉顯能以擅殺師直，爲尊氏所逐。而畠山、石堂、桃井氏乘勢驕肆，與仁木、細川、土岐、佐佐木氏相惡。時訛言每夜有勒兵於郊者，二黨交爲警備。少納言藤原有範以儒學爲直義所親信以太公望自比說直義曰參議淫亂軼於商紂公修周文之德誰不嚮服直義意益驕七月直常義房又說曰聞仁木賴章等各歸其國赤松則祐與南朝通皆以將軍父子意而圖公也公宜速赴北國連臣邑越中甲斐以自固直義遽出奔將士卒從之京師空虛義詮大懼且抵尊氏第請備其返襄尊氏曰有命在天何足虞也吟嘯自如八月聞直義在敦賀以萬人赴討九月直義兵六萬來陣八相山迭有勝敗細川顯氏畠山國清勸直義媾和不聽二人怒降尊氏十月直義自越前走赴鎌倉尊氏患之乃因赤松氏請和南朝盟義詮守京師而自將東伐遠江以東盡附直義尊氏以三千人保薩埵山直義陣伊豆府遣上杉憲顯石堂義房等將數十萬迎擊尊氏十二月宇都宮氏綱發下野兵應尊氏遇桃井直常於利根川戰而克之進至足柄山麓炬火彌野直義兵望見輒潰仁木義長以三百騎追擊至伊豆憲顯走信濃直義與義房匿於北條尊氏遣義長等執直義入鎌倉基氏切救解之不聽基氏出奔安房尊氏使人召還之無幾直義暴卒尊氏留鎭關東癸丑足利義詮廢崇光院及太弟直仁去觀應號奉正平號己未先是藤原公賢事崇光院嘗爲太政大臣是日任左大臣庚午議以今年方忌定待明年春車駕還京師十二月戊戌敕左近衞中將源具忠收新劍璽鏡送行宮癸卯號准三宮藤原廉子曰新待賢門院號光嚴院崇光院並

曰太上天皇以前左大臣藤原師基爲關白源親房準三宮頒賞從駕羣臣有差是月崇光院所署關白藤原良基以下公卿百僚皆詣行宮敕降官爵各一等

壬辰二十正平七年北朝文和元年〔日本史〕春正月庚申足利義詮獻黃金三千兩馬十匹贈金帛馬匹於後宮百僚有差二月辛亥朔長樂門院崩庚子車駕發賀名生至東條百僚戎衣先是改穴生爲賀名生王寅至任吉御神主津守國夏家左衛門尉楠正儀和田正忠及眞木野三輪湯淺山木氏熊野八莊司吉野十八鄉兵七千餘人警衛是月由良信阿兒島高德並奉密旨赴東國使左近衛少將新田義宗左兵衛佐新田義興式部大輔脇屋義治等起兵討足利尊氏閏月己未行幸四天王寺右近衛大將源顯能率伊賀伊勢兵至行在所新田義宗新田義興脇屋義治發兵徇上野武

藏將士響應癸亥車駕至男山御法印定清家以兵塞赤井大渡甲子源顯能自鳥羽近衞少將源顯經自唐櫃越楠正儀和田正忠諸將自桂川倶入京與細川顯氏細川賴春戰破之斬賴春足利義詮走近江敕準三宮源親房與源顯能總決京師諸務征東將軍宗良親王起兵信濃會新田義興新田義宗脇屋義治等與足利尊氏戰於武藏金井原大破之乙丑使源顯能右衞門權佐藤原光資詔左大臣藤原公賢迎光嚴院光明院崇光院及直仁親王抵男山行宮丁卯新田義興脇屋義治攻鎌倉破走足利基氏壬申足利尊氏襲宗良親王新田義宗於笛吹嶺宗良義宗逆戰小手差原敗績是月陸奧國司源守親將兵至白河三月丙子徙光嚴院光明院崇光院直仁親王於東條丁丑新田義興脇屋義治棄鎌倉保河村城戊子足利義詮屯東山逼男山源顯能退

軍淀河撤橋拒之甲午足利義詮據東寺源顯能退軍男山赤松則祐叛降於義詮丁酉斯波氏經斯波氏賴斯波詮經塞東條路逼男山庚子楠正儀和田正忠與細川淸氏細川顯氏土岐康貞戰於荒坂山正忠斬康貞遂退保男山夏四月癸亥左兵衞督藤原康長與山名師氏戰於淀河不利丁卯足利義詮犯男山源顯能楠正儀和田正忠等防戰於園殿口佐羅科敵縱火民舍官軍引還己巳宗良親王發自信濃新田義宗自越後桃井直常自越中吉良滿貞石塔義房自駿河土居得能自伊豫率兵勤王五月丙子藤原康長夜襲細川顯氏營敗之楠正儀和田正忠還河內圖集兵攘男山敵和田正忠卒壬午矢野某湯川莊司等二百餘人叛降於足利義詮癸未夜天皇被甲御馬潰圍幸㮈良敵前後來逼權大納言藤原隆資等三百餘人死之一宮有種逼天皇藤

原康長擊踣之至木津川敵又圍而射之矢及御鎧康長單騎防
戰忽有兵百餘來擊敵走之甲申道招提寺還賀名生宮是月宗
良親王新田義宗等聞男山陷引兵而還六月癸卯幽光嚴院光
明院崇光院直仁親王於賀名生別宮秋八月丁巳足利義詮奉
光嚴院子彌仁親王稱帝於京師是爲北朝後光嚴院九月山名
時氏山名師義起兵伯耆徇出雲因幡隱岐歸順冬十一月楠正
儀吉良滿貞石塔賴房擊攝津守護代某走之足利直冬歸順〔日本
外史五楠氏〔附北畠氏〕七年正月正儀與族和田正忠等將兵七
千奉乘輿軍於男山兒島高德時削髮來在吉野奉密詔往促東
北諸將拜宗良親王爲征東將軍使並來援北畠顯能顯信弟也
爲伊勢守舉兵數千先來援自鳥羽入正儀正忠將五千人夜涉
桂川至大宮黎明賊將細川顯氏來迎我兵圍擊斬其從子八郎
細川賴春繼至巷戰正儀接楯爲梯升屋下射賊兵卻縱騎乘之
賴春馬驚而墜正忠兵槍擊殺之義詮遂走近江帝使人取北朝
三帝置軍中當是時將軍宗良率新田氏族擊尊氏於武藏不利
義詮得兵三萬返陣東山顯能三退其陣賊軍進攻男山帝召正
儀正忠等拒戰正忠年十六入奏曰建武以來臣族類大半爲此

賊所殺今日之戰公討國賊私復家仇不斬其一將不得還謁與正儀合兵三千據荒阪細川清氏土岐康貞以六千騎仰攻康貞有驍名先衆而進正忠揮薙刀斬之乃還謁遂與正儀距叓科不利左兵衞督藤原康長夜襲敗賊營而賊圍男山益密正儀正忠受詔還河内聚兵夾攻會正忠疾作暴卒正儀未發賊急犯行在帝擐甲上馬潰圍南走賊兵追之甚急藤原隆資以下三百餘人死之箭及御鎧藤原康長力戰得達吉野委神鏡於路名和長生收之而返將軍宗良及新田桃井氏自東北土居得能氏自西南並入援聞男山陷皆返是役也賊將山名時氏有功而無賞怒而來降足利直冬亦降請攻京師詔令諸將助攻十一月正儀等擊賊將佐佐木秀綱於渡部敗之○〔日本外史六新田氏〕兒島高德與由良信阿至自行宮諭旨於新田氏曰天子納義詮降北還京師其實乘虛行誅也尊氏在彼公等圖之機不可失矣因進義宗左近衞少將義宗乃徇東國義貞義助遺臣奮起來從得數萬人直義故黨石堂義房三浦高通等又爲内應約戰酣起刺尊氏尊氏覺而逐之而義宗等未知也閏正月勒兵於武藏野義興居左義治居右義宗自將中軍在其後尊氏兵十餘萬義興先合義治次之殺傷相當敵將饗場某率六千騎更進義宗麾兒玉黨擊走饗場饗場走入尊氏陣尊氏陣大亂義宗直前指其牙旗大呼曰吾今日爲天下討賊爲一家復仇奮擊破之追北馳者二十餘里至石濱尊氏欲自殺其兵返戰死之尊氏得間濟達前岸收兵三萬壓水而軍而義宗騎能屬者五百人時已昏黑無來助者義宗切齒而止乃還求義興義治義興義治見白旗兵三萬北走以爲尊氏也合兵追之降者屬路二人駐馬揖之者數其兵不顧而前

畱從者塵三百遇伏兵數千圍之二人苦戰而出甲冑皆破刀刃如鋸身各被數創亡百餘騎乃議曰我既與武藏守相失以此寡嬴將安歸也不若遇基氏決死眾然之進至關戶會石堂三浦氏以五千騎西行併其兵襲鎌倉基氏悉甲出拒義興鬭於海濱斬三騎馳貫賊陣左轄斷委地乃挾刀於脇俯結之賊羣至擊其項及背義興不爲動結畢應賊賊驚走遂與義治合擊走基氏仍據鎌倉義宗時據碓冰嶺越後信濃兵二萬奉皇子宗良來會上杉憲顯等又屬焉尊氏收兵八萬欲復鎌倉聞義宗軍復振乃先攻碓冰碓冰地負山帶川便於據守而義宗年少氣銳數出戰於平地敵更兵交進自午至西義宗終敗走上嶺而陣既夜足利氏軍皋炬布滿山澤顧覩我軍炬如爛火義宗驚曰書日所失亡未至如此得非有逃者前有勁敵後有鄉士眾疑我退走也乃自釋鎧卸鞍以示不走眾稍定夜半上杉氏望見炬火數千復屬賊軍則遽走信濃於是走者相踵義宗不得獨畱比曉退入越後八州兵盡附尊氏還向鎌倉義興義治欲迎戰決死將士諫止乃走信濃義宗既歸越後聞帝猶在行宮欲赴援之收兵七千入越中桃井吉良石堂小山宇都宮諸族皆應之奉皇子宗良西上途聞行宮已陷乃解歸是役也赤松則祐亦就行宮降請奉將軍興良興良故護良子也材武類父則祐思護良舊恩欲擁據播磨以爲聲援帝許之及則祐敗叛去興良拘於京師但馬人本莊某奪之與則祐戰敗死興良走歸吉野後十四年赤松氏範屬官軍復奉興良爲主已而叛應義詮帝遺兵擊走氏範興良奔南都不知所終人識其辱護良也

○日本外史七　足利氏上

七年二月楠氏北畠氏以兵數千人奉帝襲京師細川顯氏敗走細川賴春死之義詮與

百餘人至勢多橋橋已斷欲台殺曾我某泗至前岸取舟濟之依
佐佐木土岐氏北朝二上皇一帝皆被虜新田義興義治亦奉宗
良親王起兵東國來攻鎌倉稱十餘萬諸將以兵寡復議避之安
房上總尊氏曰關東諸國聞我逃鎌倉則必率歸於敵不如逆擊
也乃使基氏留守而自將五百騎發行收兵至武藏得數萬騎饗
場氏直爲先鋒與義興弟義宗戰其兵皆少壯銳進敗走入尊氏
軍尊氏軍亂遂大敗走至石濱近士二千餘騎返戰死之仁木義
長伏兵擊義興等大破之初石堂義房三浦高通叛爲內應約戰
酣起刺尊氏義房語之其子義基義基告之尊氏義房高通出奔
於是與義興合七千人反襲鎌倉基氏出戰不克走歸尊氏於石
濱諸將士稍稍來集凡八萬餘人而上杉憲顯自信濃叛附義宗
合二萬騎陣碓冰尊氏曰先破衆者寡者自走進攻義宗走之義
興等亦散走京畿將士聞尊氏捷則率歸義詮義詮得兵三萬入
京師官軍退保男山三月義詮與細川顯氏赤松則祐會絕官軍
糧道圍男山數日會山名時氏與子師義亦率山陰兵來助攻奪
淀口四月諸將齊進攻北畠顯能於園殿楠正儀於更科破之五
月終陷男山帝南走八月義詮立崇光太弟初光明之立也後醍
醐天皇以爲器授之二月之亂其器又毀於是公卿議無劍璽而
卽位不可闕白藤原良基曰尊氏爲劍良基爲璽何不可遂立是
爲後光嚴院當是時政在於義詮義詮寵佐佐木道譽道譽郎高
氏信綱五世孫也初勸尊氏滅北條氏數困新田氏及直義直冬
叛不爲變志屢拯義詮之危以故寵幸用事子秀綱弟氏賴等皆
被親
信

癸巳 三十 正平八年 北朝文和二年 〔日本史〕春三月辛卯吉良滿貞石塔賴房等與土岐賴康戰於吹田不利是月鎭西諸將應右兵衞佐足利直冬兵勢大振伊豆守山名時氏收美作夏五月癸酉山名時氏等發伯耆敕大納言藤原敎忠大納言藤原隆俊左兵衞督藤原康長左馬頭楠正儀和泉守和田正武彈正少弼赤松氏範率和泉河內大和紀伊兵會時氏六月乙巳諸將與足利義詮戰於神樂岡破走之官軍收京師己酉埽部助堀口貞祐邀擊足利義詮於眞野浦斬其將佐佐木秀綱

〔日本外史五楠氏附北畠氏〕八年六月諸軍攻京師正儀以弓手五百挑戰時氏繼之遂擊走義詮時氏等以兵寡引還○〔日本外史七足利氏上〕山名時氏負功欲得邑於若狹使子師義就道譽請之曰將軍所約也道譽方宴不顧師義立至日暮乃忿曰我寧須汝乎馳歸伯耆與時氏俱應官軍吉良滿貞石堂賴房嘗黨直義赤松氏範與兄則祐惡皆起應之八年六月同時入京師義詮移北帝於叡山而自陣鴨河東道譽先敗細川清氏獨止戰義詮召還之已而山徒又通款於敵義詮走近江新田氏餘黨堀口貞祐率土寇要擊秀綱死之行至鹽津土寇復起兵潰淸氏下馬負北

帝東走達垂冰癸丑詔公卿預後光嚴院踐阼及從其東走者一切解官
沒居第遣中納言藤原宗房前大藏卿師治姓闕按檢之秋七月己
丑足利義詮及赤松則祐進逼京師山名時氏引還伯耆諸軍皆
退辛卯足利義詮入京師九月乙酉足利尊氏以後光嚴院入京
師是月以右兵衛佐足利直冬爲總追捕使（日本外史七足利氏上）尊氏已定關東留基氏鎮之佐以畠山國清而西與義詮遇與共入京師而時氏兵日逃亡走歸伯耆時氏乃曰衆之不歸我我知其由也乃索直冬直冬自直義死匿於長門於是時氏擁戴之歸者果多足利高經桃井直常皆來送款高經之克新田義貞也得其二刀尊氏欲取之曰源氏之寶也宜傳之宗家高經靳之紿曰鏰託於長崎道場羅災矣取他刀二燒而獻之尊氏怒擯斥高經高經怨望絰歸直冬。

甲午十四正平九年北朝文和三年（日本史）夏四月己酉準三宮源親房薨冬
十一月戊子朔日南至十二月庚午右兵衛佐足利直冬伊豆守
山名時氏發伯耆兵討足利尊氏足利高經與播磨守桃井直常

率北國兵應直冬辛巳足利直冬等進到丹波足利尊氏以後光嚴院走近江〔日本外史七足利氏上〕九年冬直冬等並起東攻京師義詮與道譽出拒播磨乙未十五正平十年北朝文和四年〔日本史〕春正月丁酉播磨守桃井直常至京師癸卯尾張守足利高經至京師己酉右兵衛佐足利直冬伊豆守山名時氏至京師足利尊氏據延曆寺二月辛酉足利直冬足利高經桃井直常等據東寺遣大納言藤原隆俊左兵衛督藤原康長據男山山名時氏右衛門佐山名師氏與足利義詮戰於神南山敗績是月足利高經桃井直常等數戰於京師三月戊戌諸軍與足利尊氏大戰於七條敗績己亥足利直冬及諸將退保住吉四天王寺界浦遂各引還戊申足利尊氏足利義詮入京師秋八月辛酉聽光明院還京師是月征東將軍宗良親王起兵信濃諏訪祝某仁科某等應之〔日本外史五楠氏附北畠氏〕十年直冬時氏復發兵擊尊氏走之正儀時

氏與義詮戰於播磨糧盡乃還是歲將軍宗良與仁科足助諸族起兵少應者北畠顯信爲結城氏所攻走歸吉野遂西走依菊池武光武光亦武重弟也及武重死嗣統其衆屢討賊黨大友少貳氏○（日本外史七足利氏上）明年正月直冬時氏自丹波入仁木賴章新爲執事不敢要擊尊氏奉駕走近江六角氏賴仁木義長等來援之而細川賴之以四國兵入援賴之賴春子也於是義詮陣於神南山時氏師義與楠氏兵還攻神南山諸將拒戰大敗師義覩四目旗號曰彼非道譽乎麾卒逼擊赤松則祐侍義詮呼騎兵勖之憑高馳下師義被傷走尊氏在叡山聞神南之捷進陣東山遣義長淸氏與高經直常戰終攻直冬於東寺義詮軍山崎賴章軍嵐山絕其糧道直冬遂走界浦卜戰於八幡廟巫曰神意不右抗父者諸將乃解去尊氏迎駕歸京師三上皇亦至自吉野

丙申十六　正平十一年（北朝延文元年）（日本史）春正月庚寅足利高經叛降於足利尊氏

丁酉十七　正平十二年（北朝延文二年）（日本史）春二月癸亥聽光嚴院崇光院直仁親王還京師秋閏七月甲午廣義門院崩

戊戌十八　正平十三年（北朝延文三年）（日本史）春肥泉守菊池武光與一色直氏等戰走之（日本外史五楠氏附北畠氏）十三年武光討一色直氏於筑前大克之大友氏時少貳賴尚等皆降武光

時尊氏既死義詮遣兵助氏時賴向擊武光武光方討畠山國久於日向氏時據高崎絕其歸途武光不顧進攻國久走之乃還氏時不敢要擊

冬十月乙亥左兵衛佐新田義興爲足利基氏所誘殺

日本外史六新田氏義宗與義興義治俱匿越後居數年武藏上野將士連署來請一人奉戴舉義義宗義治皆疑不敢往義興奮而往足利基氏發兵來捕國人相與匿之或以兵圍義興輒潰圍逃不可蹤跡基氏患之我故將竹澤良衡與族江戶堯寛叛降基氏基氏宰畠山國清屬二人圖義興乃爲獲罪亡來索義興仕之昭以美姬漸得狎近因誑之曰鎌倉可襲義興遣衆先往與親信繼之路由矢口渡堯寛敎舟人鑿舟腹而枘之載至中流拔枘泅去伏兵夾河起舟將沒井伊直秀手掀義興義興瞋眼曰悔陷豎子計割腹死直秀與世良田由良大島等皆自刃土肥市川等銜刃而泅與堯寛鬬殺傷十餘人而死時正平十三年十月也基氏重賞二人堯寛赴邑復由矢口天俄雷雨顧覩義興追己墮馬疾作死鎌倉人又夢義興來襲也矢口民立祠祀義興義興旣死義宗義治仍在越後○日本外史七足利氏上十三年四月尊氏患癰薨年五十四北朝贈從一位左大臣以義詮襲征夷大將軍基氏爲左馬頭官軍乘足利氏之喪所在並起鎮西探題一色直氏爲菊池武光所敗義詮遣細川繁氏代之道病死少貳賴尚大友氏時數擊武光而新田義興謀襲鎌倉基氏使畠山國清誘殺義興親觀兵於入間河關東大伏國清說基氏曰故將軍捐世天下疑兩公之相忌也臣請得將兵南定吉野以解新將軍之意基氏然之發八州兵附國清西上

己亥 十九 正平十四年 北朝延文四年 （日本史）春三月肥前守菊池武光擊畠山國久拔三股六笠二城少貳賴尚阿蘇大宮司宇治惟時叛武光攻拔其九寨夏四月辛卯新待賢門院崩帝諒闇三年秋七月征西大將軍懷良親王率菊池武光等討少貳賴尚八月丙子大戰於大原權大納言藤原親弘以下卿相將士多戰死菊池武光奮戰遂大敗之賴尚走保寶萬嶽冬十一月畠山國清率關東兵入京師十二月足利義詮發兵與國清南侵是冬以賊將犯行宮車駕遷自天野入金剛山御觀心寺（日本外史五楠氏 附北畠氏）十四年賴尚以兵六萬來攻武光發八千人奉將軍懷良夾筑後河而陣武光以銳兵先涉賴尚御保大原武光夜遣子武政等潛兵因河水亂軍聲以襲之獲賴尚二子因大戰懷良被創北畠顯信等死之武光身先士卒馬傷冑裂斬一敵將奪其馬與冑復進竟大破之西南官軍復振賊將畠山國清建議大舉滅楠氏以奪官軍根本正儀與和泉守和田正武詣行宮奏曰聞國清舉關東之甲已至京師矣而臣知其莫能爲也兵道有三曰天時地利人和明歲大將軍星在西而彼自東來逆天時也我所居負山帶河形勢深阻毋論千窟之圍爾

後敵五來皆敗違地利也國清借公營私爲等儕所嫉違人和也三者皆違雖有百萬何能爲請從御金剛山臣等距石川使別將出龍門時出輕兵出沒散合使敵不知我所在東兵慓悍氣屈而退退卽追之必大克帝從之

庚子十二正平十五年北朝延文五年日本史春正月左馬頭楠正儀和泉守和田正武城赤坂福家某河邊某等城平石眞木野某酒邊某等城八尾大和河內兵城龍泉峯大納言藤原隆俊守紀伊最初峯二月辛未畠山國清進屯津津山丹下股野譽田酒句水速湯淺志貴諸氏叛降於國清夏四月辛酉藤原隆俊與畠山義深戰於龍門山大敗之紀伊守護代伊勢守鹽谷某戰死丁卯藤原隆俊與畠山義熙等又戰龍門山敗績走保阿瀨川城戊辰敕征夷大將軍陸良親王率彈正少弼赤松氏範等討畠山國清辛巳陸良親王反焚賀名生行宮及公卿第宅壬午遣前關白師基討之陸良親王赤松氏範敗走閏月乙卯晦土岐直氏細川清氏赤松範

寶陷龍泉城今川範氏佐佐木氏賴佐佐木信詮陷平石城八尾守將眞木野某等棄城走五月戊午畠山國清等合軍攻赤坂城癸亥和田正武夜襲敵營不利正武楠正儀退保金剛山秋七月楠正儀攻杉原某水速城拔之恩地某牲川某攻根來僧徒於春日山城破之阿瀨川定佛山本某田邊別當某擊湯川莊司於鹿瀨蕪坂走之伊豆守山名時氏攻赤松貞範拔其六城仁木義長歸順九月詔征東將軍宗良親王率兵討敵以北道地凍不果刑部卿石塔賴房與仁木義任率伊賀伊勢兵擊佐佐木氏賴於近江而敗義任叛降於足利義詮（日本外史五楠氏附北畠氏）明年春正儀等修平岩箭尾龍泉三城益樓堞張形勢而自居於赤坂義詮國清合兵三十萬入犯軍於筒山以逼楠氏以一軍自龍門入大納言藤原隆俊擊克之賊要兵來攻隆俊大敗走帝遣將軍興良援之興良叛應義詮燒行宮據銀嵩帝令前關白藤原師基討走之龍泉城將措疑兵而退賊不敢追至五十餘日乃攻取之遂攻陷平岩箭尾合軍圍赤坂正儀欲退守金剛山正武曰子知鼠乎見人則竄世將笑曰南人抗

天下直鼠鬪而已何不一戰以挫賊鋒然後退爲未晩也乃選三百人約以暗號夜出斫結城氏營大戰不克而入令衆唱號坐作有四敵卒雜焉捕斬之乃與正儀退入金剛山賊軍引還正儀正武出絶渡部橋攻譽田城國清復來攻又退入山會國清與仁木義長相惡賊中大騷我兵爭起國清東歸正儀攻水速城拔之官軍乘勝連下諸城義長來降帝北幸住吉詔征東將軍宗良發兵入援以岐蘇早雪不果。〔日本外史七足利氏上〕十四年冬國清入京師明年正月義詮率諸將出軍尼崎國清進軍筒山使弟義深別攻龍門敗歸又使弟義熙代攻拔之赤松氏範約爲内應不成來奔諸將亦拔三城遂攻楠氏赤坂走之楠氏奉帝匿金剛山五月義詮凱旋國清之入京師視仁木義長專橫深嫉之乃密謂諸將曰是役實圖義長也彼日陣西宮未嘗進戰聞敗則喜聞捷則憂吾請從諸公誅奸臣時細川清氏等素與義長有隙亦同之七月楠氏出兵攝津國清清氏卽赴之議返擊義長義長聞之遣子弟拒諸路而自以兵守義詮佐佐木道譽夜潛自側門入見義詮曰諸將所圖而將軍右之何也然諸將意亦不可測也今臣與義長議事於外將軍以其間出逃西山義詮乃稱疾作就寢義長罷出會道譽來與語至夜半道譽去義長入臥内白事無荅者乃大索之不得其兵潰散遂走歸伊勢官軍乘弊並起衆歸罪於國清國清懼來歸路經義長邑僅免而歸義長使弟義任與石堂賴房陣葛木山義詮令六角氏賴土岐直氏擊降義任遂討義長義長遂降官軍

辛丑 二十一

正平十六年 北朝康安元年 〔日本史〕**秋七月伊豆守山名時氏降**

美作八城但馬人長信綱與阿保信禪應時氏兵勢復振八月甲申肥前守菊池武光與松浦黨戰於飯盛山破走之乙酉菊池武光攻香椎營大友氏時少貳賴尙潰走九月丙子左馬頭楠正儀和泉守和田正武擊佐佐木秀詮佐佐木氏詮於攝津斬之冬十月細川淸氏歸順細川氏春徇淡路松山某據攝津香下城應官軍十一月辛亥山名時氏拔倉懸城辛酉敕前關白師基大納言藤原隆俊中納言藤原邦光刑部卿石塔賴房相模守細川淸氏楠正儀和田正武等大舉討足利義詮十二月庚辰細川氏春率淡路兵至界浦先是赤松範實歸順至是率兵會官軍甲申諸將並進佐佐木高秀今川貞世等望風而走足利義詮以後光嚴院走近江官軍入京師焚義詮家右京大夫仁木義長與土岐賴康戰於伊勢中務少輔仁木賴夏攻仁木義任於丹波並敗退山名

時氏自美作引軍還伯耆赤松範資又叛還播磨東西路塞諸將不至足利義詮兵又熾癸卯足利義詮至勢多赤松氏範由水路將犯行宮前關白師基率諸將旋軍丙午足利義詮入京師〔日本外史〕

五楠氏〔附北畠氏〕十六年征西將軍懷良與菊池武光以兵三千出宰府小貳賴尙大友氏時與松浦黨謀夾攻武光武光縱反間因襲松浦軍敗之賴尙等亦走去歲之役賊將赤松光範有功而佐佐木道譽譖之奪其攝津守護國人憤怨正儀正武伺知之九月以兵五百出軍於天神林佐佐木秀詮與弟氏詮以千餘騎渡神崎橋正儀等使人行呼曰南軍自西來矣秀詮聞之囘馬西嚮徑田畔列而行正儀遣輕卒三百夾射之賊兵爭徑欲還正儀正武薄擊走之斬秀詮氏詮溺水者二百餘人正儀援之給衣遣歸細川清氏亦與道譽惡遂來降奏曰義詮兵西拒山名時氏東拒仁木義長臣請乘虛復京師帝諮之正儀正儀對曰王師嘗攻京師五得而五失今苟欲得之臣一人力可辦何假清氏爲獨病復失之耳行宮君臣皆戀故都遂令正儀與清氏共攻京師義詮不戰而走未幾義長敗時氏退而義詮軍振欲犯行宮絕我軍後我軍留京師二十六日而還清氏戰死讚岐四國悉叛○〔日本外史七足利氏上〕十六年山名氏遙應義長攻取美作楠氏攻取攝津殺佐佐木秀詮秀詮道譽孫也初赤松範資爲攝津守護傳之子光範道譽譖而奪之又欲奪加賀於富樫氏予之於其壻斯波氏因細川清氏廷爭之乃止清氏和氏子也時爲執事赤松則祐亦

娶道譽女清氏欲得則祐管內一邑以賞其戰士道譽不許清氏嘗設宴請義詮道譽更爲高會請焉義詮顧如佐佐木氏以故兩家相惡清氏禱其子於八幡祠命名八幡源氏故事也義詮猜之會有僧善禱者自鎌倉來一日造佐佐木氏從容語次及清氏託願書之事道譽索觀其書不復返與明日袖適伊勢氏請上義詮伊勢足利氏之司傳宣者也伊勢視其書呪義詮基氏而自代之也伊勢心疑之未上也義詮偶有疾道譽入而覗之問曰見清氏書耶義詮曰未也召伊勢而上之義詮因檢八幡祠又得清氏願書與前書同於是陰謀誅之後數日清氏詣天龍寺多幸甲士義詮以爲謀泄夜遽走新熊野撤橋而守清氏大驚使人訴其冤不答乃歸其邑若狹畱弟將氏以明無異志不聽十月義詮遣兵討清氏清氏南走因石堂賴房降官軍畠山國清亦叛基氏國清之西也關東將士多亡歸者國清盡收其邑將士連署訴之基氏基氏諭國清國清懼走伊豆弟義深走信濃並起兵應官軍清氏奏足利氏兵東拒義長西拒時氏臣請乘其虛克復京師詔許之十二月清氏賴房等北上諸將不敢邀擊義詮與道譽挾北帝走近江義詮子春王循幼爲從者所抱走南禪氏僧良芳匿之衣被中送致赤松則祐則祐奉之白旗城而引兵入援遣弟氏範襲行宮姪範實與足利高經等從義詮於近江凡一萬餘騎而無附清氏者十七年正月清氏遁去義詮乃歸京師初道譽將走灑埽其第大壺貯酒畱二僧誡曰來者犒之已而楠正儀來僧迎犒之清氏欲毀其第正儀不肯畱鎧刀謝而去時人稱道譽老手博得正儀鎧刀傳以爲笑

壬寅二十二 正平十七年北朝貞治元年（日本史）春正月辛酉相模守細川清氏至阿波徇伊豫土佐讚岐夏六月伊豆守山名時氏分兵徇備前備中高師秀潰走時氏使富田直貞略備後左兵衛佐足利直冬率兵援之與宮兼信戰於宮內敗走直貞引還右衛門佐山名師義與丹波但馬兵相持糧乏引還播磨守桃井直常徇越中敗走秋七月丁卯相模守細川清氏與細川賴之戰於讚岐白峯敗死伊豫土佐阿波讚岐又陷八月庚寅左馬頭楠正儀和泉守和田正武與佐佐木高氏兵戰於神崎破走之九月己丑楠正儀和田正武刑部卿石塔賴房攻赤松光範彡田部城火兵庫而還庚子菊池武義與斯波氏經戰於長者原破走之遂與菊池武光進至豐後圍大友氏時少貳賴尙等（日本外史五楠氏附北畠氏正儀正武議曰近日之勢不可坐視須一戰以振諸國官軍氣也八月以騎八百士兵數千軍神崎株瀨二處賊分兵阻水拒之正儀等張篝火其營而潛兵涉三國

渡繞出賊背賊謂北軍來援也天明顧視其旗皆菊水菊水者楠
氏號也而大驚潰去正儀正武進拔赤松氏一城火兵庫而還於
是北畠顯能與仁木義長並略伊勢菊池武光略筑紫義詮遣足
利氏經充鎮西探題武光使弟武義族重經將兵逆擊之武義傷
走重經更進斬少貳賴資武光繼至軍於豐後府擊走氏經○〔日
本外史〕七足利氏上清氏走讚岐圖再舉山名師義出兵爲援義
詮令細川賴之擊清氏今川貞世擊師義師義糧盡而走清氏與
弟氏春等據白峯官軍將中院氏據西長尾遠近競起應之賴之
方在備中七月航歸歌津先遣其母說清氏曰公蒙讒而逃僕亮
其心雖然自棄舊勳割離親戚公亦何忍也今苟改圖則聽公自
新邑土如故僕爲公保之清氏問答屢日中國兵追附賴之城壘
全成乃絕清氏召其將新開直行曰彼主我客客利速戰女向長
尾使彼分兵而潛歸與吾夾攻清氏清氏慓悍獨身輕出一戰可
擒直行乃以兵五百行縱火向長尾清氏曰長尾陷則敵出我背
不可不救遣氏春以千餘騎赴援直行射戰至暮列炬而潛還黎
明與賴之攻白峯呼譟挑戰清氏輕甲馳出馬負箭殪與兩騎搏
而死氏春覺直行去追之途望白峯皆賴之旗幟矣乃走和泉長
尾不攻而陷四國盡定而國清義深又降於基氏基氏將誅之國
清西走降官軍不許終餓死義深脫走後降義詮於是降者
相踵大內弘世久屬官軍略取周防長門乃舉二國來降

癸卯 二十三 **正平十八年** 北朝貞治二年 〔日本史〕河野通直歸順

甲辰 二十四 **正平十九年** 北朝貞治三年 〔日本史〕春大內弘世以周防長門叛

降足利義詮肥前守菊池武光原東某與弘世戰於豐後破之是
歲山名時氏山名師義仁木義長石塔賴房上杉憲顯皆相繼叛
〔日本外史五楠氏附北畠氏〕十九年大內弘世以周防長門叛降
義詮並原東氏邑原東怒降於武光與弘世戰豐後走之已而武
光病卒子武政襲肥後守山名時氏仁木義長亦降義詮官軍不
振○〔日本外史七足利氏上〕十九年山名時氏仁木義長石堂賴
房吉良滿貞等皆降義詮皆宥其罪基氏亦思上杉憲顯之育己
也招之信濃授以越後守護逐舊守護清禪可禪可拒憲顯不克
走下野已而基氏召憲顯於鎌倉禪可又邀擊之基氏怒自將討
之大戰於苦林破之禪可遁走乃以憲顯執事以代畠山國清
〔和漢年契〕光嚴帝崩年五十二

乙巳 二十五 正平二十年 北朝貞治四年 〔日本史〕春正月乙酉前關白師基薨

丙午 二十六 正平二十一年 北朝貞治五年

丁未 二十七 正平二十二年 北朝貞治六年〔日本外史七足利氏上〕細
川清氏之敗眾推斯波氏因代執事焉氏
因高經子道譽壻也高經短氏因薦後妻子義將執事而己決之
高經及觀北條氏盛時眾期其治平已而所為多失人望初尊氏
直義賦文武邑入五十分一充軍興費高經倍之如建武故事眾
怨之義詮造坊門第課諸將助工赤松則祐功緩高經罰奪其邑

一所造五條橋道譽董役徵京師戶租久而不成高經捐私金立成之後高經宴諸將於幕府道譽乃託事不會而私張伎樂於太原高經銜之會道譽不納賦二歲因奪其攝津守護道譽終與則祐等共譖高經義詮卽密召兵備之高經入見訴冤義詮慰解遣歸越前二十一年十月遣山名時氏畠山義深等攻高經父子二十二年七月高經病死義將降高經既死義詮欲以道譽執事基氏薦細川賴之代之更稱執事曰管領十二月義詮有疾使幼子春王監政是爲義滿義詮遂薨義詮官至正二位大納言是歲夏基氏亦病卒基氏官至從三位左兵衛督基氏材武爲義詮鎮關東使不失尊氏舊業時論惜之其子金王嗣立是爲氏滿義滿立甫十歲細川賴之爲管領焉初義詮臨終撫義滿謂賴之曰予汝一子又指賴之謂義滿予汝一父賴之旣以遺託輔幼主內外望治乃擇方正之士文武備具者侍其左右又選滑稽者數人削髮穿大袴佩長刀大聲目以童坊出入府中爲將士弄客將士中有便佞者賴之輒使其所善眾呼之曰有髮童坊以斬辱之更相懲戒士風大革賴之又作五箴授將士曰毋偏愛憎毋修恩仇毋枉是非毋僥倖毋私隱又使今川小笠原伊勢三氏草將府禮式檢尊氏義詮所下文書其出於高氏佐佐木氏宣達者漸收奪之世稱基氏善知人義詮善任人云基氏臨終亦託氏滿於上杉憲顯曰謹奉京師約束莫或倍畔氏滿少於義滿一歲憲顯盡心輔翼關東倚安焉

戊申明太祖洪武元 正平二十三年 北朝應安元年 日本史卷三 三月辛巳天皇崩於

住吉殿年四十一葬於觀心寺稱後村上院帝幼鎭東藩入纘大統雖偏安吉野粗修舊典恆以恢復爲心親蹈艱危將士竭力控制强敵臨御三十年征戰殆無虛日矣〔又〕女御某關白某女生後龜山帝敎子失其姓氏生世泰親王又長慶帝惟成親王皇太弟泰成說成親王泰邦親王良成並不詳所出

長慶天皇

後龜山天皇

〔日本史〕長慶天皇諱寬成後村上第一子也不知所出正平二十三年三月後村上帝崩天皇卽位於行宮以皇弟熙成親王爲皇太弟秋七月新田義宗脇屋義治起兵越後上野與上杉憲將等戰不克義宗戰死義治走出羽〔日本外史六新田氏〕二十二年足利義詮死子義滿猶幼明年七月義宗義治起兵越後上野與足利氏將上杉能憲戰不克義宗死之義治走出羽○〔日本外史七足利氏上〕二十三年義滿冠賴之

爲賓焉義滿遂襲征夷大將軍是歲上杉憲顯病卒義子能憲代爲執事先是有平一揆者叛據河越憲顯奉氏滿討滅之宇都宮氏叛又擊平之及能憲代執事新田義宗等起兵能憲與弟憲春擊獲義宗

己酉二正平二十四年北朝應安二年〔日本史〕春正月戊戌楠正儀降足利義滿三月楠氏族討正儀夏四月丙子桃井直常拔松倉城秋九月辛酉晦桃井直常戰敗退保松倉城冬十月辛未赤松則祐赤松光範攻彈正少弼赤松氏範於攝津中島氏範兵敗走四天王寺是歲河野通直復伊豫

〔明史日本傳〕明興高皇帝即位方國珍張士誠相繼誅服諸豪亡命往往糾島人入寇山東濱海州縣洪武二年三月帝遣行人楊載詔諭其國且詰以入寇之故謂宜朝則來廷不則修兵自固儻必爲寇盜即命將徂征耳王其圖之日本王良懷不奉命復寇山東轉掠溫台明州旁海民遂寇福建沿海郡〔日本國志〕明帝書曰

上帝好生而惡不仁我中國自辛卯以來中原擾擾爾時來寇山東乘元衰耳朕本中國舊家恥前王之辱師旅埽蕩垂二十年遂膺正統閒者山東來奏倭兵數寇海濱生離人妻子損害物命故修書特報兼諭越海之由詔書到日臣則奉表來廷不則修兵自固如必爲寇朕當命舟師揚帆捕絶島徒直抵王都生縛而還用代天道以伐不仁惟王圖之時日本懷良親王在太宰府肥後守菊池武政奉爲征西將軍以抗足利氏書至太宰府不報

案良懷乃懷良親王非日本王也越海覘國不得情實至此特明祖立言得體較元代致書但欲耀武者有天淵之別

籌海圖編時倭賊出沒海島中數侵掠蘇州崇明殺掠居民劫奪貨財沿海之地皆患之太倉衛指揮僉事翁德督舟師出海捕之遇於海門之上幫㕍兵衝擊多所殺溺生擒數百人並得舟械以

閩陞本衛指揮副使仍命往捕餘寇德再往倭懼不敢出沿海遂寧既而復寇吳淞江沿海一帶指揮朱文亦破之俘斬獻捷（又是年倭寇廣東惠潮諸州時天下初定海內乂安倭寇竊發濱海一帶皆被騷擾復寇山東濱海郡縣犯浙江溫州中界山永嘉玉環諸處皆被剽掠

庚戌 三 建德元年 北朝應安三年（日本史）春正月脇屋義治等出軍武藏上野與上杉朝房等戰不克走信濃（日本外史六新田氏）建德元年正月義治收兵出武藏上野與上杉朝房戰復不克走匿信濃不知所終義宗子貞方爲相模守義治子義隆爲刑部少輔後龜山天皇元中二年二人並匿信濃浪合潛集宗族足利氏滿管領鎌倉遣兵塵之貞方義隆脫走入陸奧九年天皇納足利義滿劫和北入京師義滿購天下索新田氏族先是小山義政據小山城爲新田氏爲氏滿所攻破死義政子犍狗復起兵據男體城年餘城陷走入陸奧依田村清包於是相與舉義推貞方義隆爲將軍於白河氏滿將十一州兵來擊吾衆潰貞方義隆復逃走是歲丙子也歲癸未義隆匿箱根山中竹下人安藤某告之鎌倉來捕義隆鬬死歲庚寅貞方在鎌倉陰糾合義政事覺爲千葉兼胤所捕斬於七里濱新田宗統於是而絕

而其支族匿參河者，歲再周庚寅而後大興，事詳於末編。

○外史氏曰：余見義貞手記者，蓋其未舉事時語家子弟武門法戒，淺近而已。然有言曰：爲將者奉上撫下，決志而行，聽運於天，勿尤人也。義貞成於元弘而敗於延元，亦時運有可不可邪？將上之人有負之邪？至叡山之事，可謂負之甚矣。帝葢前此未曾面議事，至此亦嘗試兩端，僥倖孰成，以是待將帥，惡濟時艱哉！吾嘗咎義貞之東伐，不按兵持重，竢奧兵擾其內，而後應之，懸軍長驅，一敗成賊勢；又賊西奔，則不捲甲窮追，頓兵堅城，以致賊再熾，是緩急兩失機也。然當時主聽壅藪，國論苟婾者如此，葢雖有善謀，難於輒行，則不可寘罪其戰也。是故爲官則敗，爲私則成，寧敗而忠義，不成而奸賊，義貞之志亦可悲矣。吾居平安，每覩東山岡阜起伏，指義貞力戰處，仰觀叡山，又念其拜辭北行時也。及帝南遷，葢深悔此舉，下哀痛詔而已，無及矣。噫，君臣際會難矣，可不慨歎歟！假令義貞有覇心，當其初克鎌倉，北條氏餘燼未滅，而足利氏反跡已形，義貞以此爲請，坐鎮舊府，蓄力養威，與護良親王東西合謀，請清君惻，朝廷不敢不聽。使尊氏或挾天子以臨我，其逆節稍長，天子終不能堪，必將引我以自援，猶後白河之近疏義仲，而遠款賴朝耳。是新田氏上計也。不然，當其始授鉞，進據信濃、上野，連之奧羽，俯暾入州，扼賊之吭而拊其背，賊形格勢禁，必不東我以犯闕，是又其次也。及其辭叡山，則事不可爲矣。然得擁太子，進退自如，僞赴越前而潜歸上野，勢或可達，收合舊部，奪賊巢窟，據以爲根本，進則成恢復，退則圖翊戴，又可以展其才而得其志。計不出於此，以無根之兵奔走東西，而謀與戰皆不由己，宜其困屈無所成也。雖然奉令周旋，鋭意勤王，不暇占便利，所以爲義貞也。觀其死時，猶佩錦囊詔書見其報國之志百敗不撓至今凜有生氣而老賊之骨朽腐已久十三世之室町徒見市塵迷離索其斷礎不復可識矣義貞之聽運於天其以此耶余嘗謂新田足利之兵爭猶朱李之於唐季義貞忠勇勝於克用而義興等英邁不讓存勖存勖覆滅汴梁而義興等不克報室町者亦非有所牽制故歟抑我東北形勢同於河北太原而新田氏不能據有也然義貞祈山靈以其子孫再起滅賊又猶邀佶烈祝天願生眞主安天下也世稱趙藝祖應祝而生我二百年後代足利氏而興者實出於新田遠裔亦烏知非應義貞之祈哉則天運果有復時勝敗之數未可以歲月較也

三月乙巳桃井直和軍越中與斯波義將戰於長澤死之餘衆潰散冬十一月和田族攻楠正儀城是歲改元

明史日本傳三年三月又遣萊州府同知趙秩責讓之泛海至析木崖入其境守關者拒弗納秩以書抵良懷良懷延秩入諭以中國威德而詔書有責其不臣語良懷曰吾國雖處扶桑東未嘗不慕中國惟蒙古與我等夷乃欲臣妾我我先王不服乃使其臣趙姓者訹我以好語語未既水軍十萬列海岸矣以天之靈雷霆波

濤一時軍盡覆今新天子帝中夏天使亦趙姓豈蒙古裔耶亦將誅我以好語而襲我也目左右將兵之秩不爲動徐曰我大明天子神聖文武非蒙古比我亦非蒙古使者後能兵兵我良懷氣沮下堂延秩禮遇甚優遣其僧祖來奉表稱臣貢馬及方物且送還明台二郡被掠人口七十餘

辛亥 四 建德二年北朝應安四年〔日本史〕春二月肥後守菊池武光奉征西大將軍懷良親王起兵謀復筑紫與今川貞世戰於鎭西三月丁未後光嚴院讓位於子緒仁親王是謂後圓融院秋七月桃井直常戰於越中不利八月發兵討楠正儀細川賴元援正儀冬十一月官軍引還湯淺族百餘人戰死〔日本外史五楠氏附北畠氏〕二十三年天皇崩皇太子寬成郎位是爲長慶天皇天皇建德二年賊將細川賴之大擧入寇和田正武率楠氏族堅守諸城賊軍引還○〔日本外史七足利氏上〕建德二年菊池武敏起兵肥後賴之以今川貞氏爲鎭西探題令大內義弘助焉以備之又命弟賴元助南朝降將以攻吉野

明史日本傳以四年十月至京太祖嘉之宴賚其使者念其俗佞佛可以西方教誘之也乃命僧祖闡克勤等八人送使者還國賜良懷大統厤及文綺紗羅是年掠溫州

明會典日本國朝貢筵宴二次使臣回還至寧波府管待一次

籌海圖編洪武四年海寇鍾福全李夫人等自稱總兵挾倭船二百艘寇海宴下川等地廣州左衛指揮僉事楊景追捕至陽江平之

壬子 五 文中元年 北朝應安五年 日本史春二月菊池武政與今川貞世戰於肥後敗之是歲改元

明史日本傳五年寇海鹽澉浦又寇福建海上諸郡

籌海圖編洪武五年先是天寧寺僧祖闡以高行召至會朝廷將遣使詔與瓦官寺僧無逸俱往祖闡毅然請行上壯之賜以緇器

禪衣之屬令大官饌饗於武樓下且諭其國敬浮屠嚈以善道設
化時天界寺僧宗泐嘗賦詩餞之其詩上獻凡十八韻首言王化
無遐邇一視同仁次言宣誘以善道庶契西來祖意次言經涉海
波雖甚艱險君臣大義勿忘次言平等法行之無有彼此之異末
言使旋方盡終始之義太祖俯賜和之嘗聞古帝王同仁無遐邇
蠻貊盡來賓我今使臣委仲猷通洪元倭夷嘗往至於善導凶人
不負而來意爾僧遊遠方毋得多生事入爲佛弟子出爲我朝使
珍重湔泉經勿失君臣義此行非瀚海一去萬里地旣辭釋迦門
日日循海涘艨艟挂飛飄天風駕萬里平心勿憂驚自然天之使
休問海茫茫直是尋根際詣彼佛放光倭民大欣喜行止必端方
毋失經之理入國有齋時齋畢還施禮是法皆平等語言休彼此
盡善化頑心了畢方纔已歸來爲拂塵見終必見始祖闕受命而

行自翁州啟櫂五日至其國境又踰月始入王都館於洛陽西山精舍一遵聖敎敷演正法無非約之以善聽者聳愕以爲中華之禪伯亟白於王請主於天龍寺乃夢窗國師道場實名刹也祖闡以無上命力辭之且申布威德罔間内外所以遣使者來之意王悅命僧奉方物稱臣來貢既歸上喜怡愉賜白金一百兩文綺二縑又是年寇浙江海鹽澉浦溫州諸處福建濱海諸郡

癸丑六 文中二年北朝應安六年（日本史）春三月細川氏春來犯行宮秋八月辛亥天皇讓位於皇太弟遜吉野徙御玉川宮稱曰太上天皇元中二年親書願文有禱於高野山明年猶以院宣號令紀伊將士薙髮法名覺理號長慶院法皇不知其所崩處（日本外史五楠氏附北畠氏）文中二年細川氏春復入寇大納言藤原隆俊死之天皇讓位於皇太弟熙成是爲後龜山天皇天皇幼聰敏人冀興復而楠氏衰國勢日削義詮既死子義滿嗣勢益張我將士多叛降北朝紀伊諸城陷○（日本外史七足利氏上）文中元年北朝太子受禪是爲後

圓融帝二年遣細川氏春攻吉野獲藤原隆俊是歲直冬自石見來降義滿起第於室町稱花御所造四足門天授四年徙居焉

文子一僧尊聖失母氏

日本史後龜山天皇諱熙成後村上第二子也母嘉喜門院幼觀放鷹於荣摘川有巨石護松顧侍臣曰持致內廷將以獻上及還索之泣且不止侍臣采一小石著以松枝舁至進之若重不任帝曰不是侍臣誑曰向致此石當阸不通有修驗者過呪之石忽變小臣復請再呪如舊修驗者曰前路多阸大乃難通臣然其言且持至耳帝色解曰憾不復喚修驗者來呪以小汝大虛言也眾服其慧皆謂德業可期長慶帝卽位立爲皇太弟文中二年癸丑八月辛未受禪於行宮尊長慶帝曰太上天皇以皇弟太宰帥泰成親王爲皇太弟己卯內大臣藤原隆俊屯於天野夜襲細川氏春營不克死之十一月丁卯朔日南至是歲大館氏清與仁木義長

戰於鈴鹿敗之斬仁木義信

明史日本傳六年以於顯爲總兵官出海巡倭倭寇萊登

籌海圖編洪武六年六月倭寇山東登萊又是年掠浙江海濱

明史日本傳祖闡等旣至爲其國演教其國人頗敬信而王則傲慢無禮拘之二年以七年五月還京倭寇膠州日本國志祖闡在筑紫二年作書寄延麻寺座主某署曰我皇帝凡數命使於日本關西親王皆自納之然意在見其天皇今密遣吾二僧來上宣諭曰王國之民寇我邊疆商賈不通宜剿賊修好以循唐宋故事吾持佛戒而爲帝者使卽爲佛使幸遵我佛不妄不盜之戒爲通此意時日本南北兩帝明使來皆止太宰府不得達命書中故云或曰當時蓋以懷良爲日本王祖闡居年餘始知其非臨時制詞本非太祖所命文中二年足利義滿召祖闡入都聚徒演法人頗敬

信久之日本僧海壽等隨往明

〔明史日本傳〕時良懷年少有持明者與之爭立國內亂是年七月其大臣遣僧宣聞溪等齎書上中書省貢馬及方物而無表帝命卻之仍賜其使者遣還未幾其別島守臣氏久遣僧奉表來貢帝以無國王之命且不奉正朔亦卻之而賜其使者命禮臣移牒責以越分私貢之非又以頻入寇掠命中書移牒責之

甲 七
寅
文中三年北朝應安七年〔日本史〕夏五月辛卯菊池武政卒〔日本外史五楠氏附北畠氏〕三年關東賊兵屢攻征東將軍宗良於信濃宗良不能拒走歸吉野東北無復官軍征西將軍懷良猶依菊池氏保守一隅先是明主朱元璋使使來征西府以其書辭無禮卻不納明主更貽書於北朝北朝納之以征西府梗其往來遣今川貞世充探題來攻菊池武政與其子武朝相繼拒戰屢克之已而懷良與武政武朝前後皆病卒西南無復官軍於是義滿專圖楠氏〔和漢年契〕北朝後光嚴崩年三十七

〔籌海圖編〕洪武七年八月倭犯蘇州海濱命靖海侯吳禎率沿海

各衞兵出捕至琉球大洋獲倭人船送京師又是年倭寇山東膠州擾浙江海邊遣僧來貢驗無表文卻之其臣亦遣僧貢馬茶布刀扇上曰此私交也亦不受又以頻年爲寇令中書省遣文責其國王

乙卯 八 天授元年 北朝永和元年 〔日本史〕秋八月和泉土丸城守將宮內少輔橋本正督降足利義滿攻紀伊九月壬午橋本正督陷紀伊諸城是歲改元

丙辰 九 天授二年 北朝永和二年 〔日本史〕是歲菊池武朝與今川貞世戰於鎮西

〔明史日本傳〕乃以九年四月遣僧圭廷用等來貢且謝罪帝惡其表詞不誠降詔戒諭宴賚使者如制

〔籌海圖編〕洪武九年國王良懷遣使歸廷用等奉表貢馬及方物

謝罪賜王及使文綺有差已而上覽表曰良懷不誠詔責之

丁巳十天授三年北朝永和三年（日本史）秋八月戊午征西大將軍懷良親王與大內義弘戰於鎮西敗績菊池族百餘人戰死

戊午十一天授四年北朝永和四年（日本史）秋九月征西大將軍懷良親王菊池武朝左近衛將監清原親善與今川貞世戰於託磨原破之冬十一月辛未民部大輔橋本正高起兵紀伊討細川業秀丙子足利義滿遣將士援業秀大館氏清起兵應正高與赤松義則戰破之丙戌官軍敗退（日本外史五楠氏附北畠氏）天授四年遣山名氏清等入寇楠氏族橋本正時神宮正種等力拒不克而退

己未二十天授五年北朝康曆元年（日本史）春正月庚寅山名義理山名氏清山名時義攻土丸城辛卯城陷二月丁未義理等入紀伊陷藤波城己酉陷石垣城冬十一月己亥河野通直與細川賴之戰於伊

豫敗死〔日本外史〕七足利氏上五年義滿出軍於東大寺遣山名義理山名氏清南侵拔土丸城益召兵於近江美濃土岐康行叛因又召兵於鎌倉討之是時憲春爲鎌倉執事遣其弟憲方將兵而西會康行降乃止而氏滿間將士多怨望義滿者也竊有異謀謀寖泄義滿召還南師潛賜手書於憲春諫氏滿氏滿弗聽憲春憂懣自殺氏滿驚悔謀遂解以憲方爲執事上杉細川二氏久執權於東西義滿漸長頗忌賴之近臣從而惡之四月義滿集兵於幕府遣使者就賴之第罷職就國以斯波義將代爲管領賴之即日上途尋剃髮號常久作詩曰人生五十愧無功花木春過夏已中滿室蒼蠅掃難去起尋禪榻臥清風已而義滿思其勳勞命總管南海焉

〔明史日本傳〕十二年來貢

〔籌海圖編〕洪武十二年倭船一隻稱貢緣無表文卻之來人分發雲南川陝三邊安插

庚申 三十 天授六年 北朝康麻二年 〔日本史〕夏五月丙申下野人小山義政起兵丁未義政與宇都宮基綱戰於裳原斬之六月壬申官軍與土岐某原某等戰於伊勢破之秋七月乙巳民部大輔橋本正高攻

山名氏清不克死之八月辛巳高野政所（姓名缺）隅田某等與山名
氏清戰於紀伊敗走九月甲午山名氏清陷生地城
明史日本傳十三年復貢無表但持其征夷將軍源義滿奉丞相
書書辭又倨乃卻其貢遣使齎詔譙讓
籌海圖編洪武十三年遣僧貢馬及茶布刀扇之類亦無表文不
納令禮部移書責王數掠我海上來人仍發三邊安插
十四辛酉弘和元年（北朝永德元年）日本史冬十二月甲寅中務卿宗良親王
上新葉和歌集是歲改元（日本外史七足利氏上六年山名氏清大破官軍於南海弘和元年又大破之
南海盡定獨吉野隸南朝而已是歲北朝太子受禪是爲後小松帝）
明史日本傳十四年復來貢帝再卻之命禮官移書責其王並責
其征夷將軍示以欲征之意良懷上言臣聞三皇立極五帝禪宗
惟中華之有主豈夷狄而無君乾坤浩蕩非一主之獨權宇宙寬

洪作諸邦以分守蓋天下者乃天下之天下非一人之天下也臣居遠弱之倭褊小之國城池不滿六十封疆不足三千尚存知足之心陛下作中華之主爲萬乘之君城池數千餘封疆百萬里猶有不足之心常起滅絶之意夫天發殺機移星換宿地發殺機龍蛇走陸人發殺機天地反覆昔堯舜有德四海來賓湯武施仁八方奉貢臣聞天朝有興戰之策小邦亦有禦敵之圖論文有孔孟道德之文章論武有孫吳韜略之兵法又聞陛下選股肱之將起精鋭之師來侵臣境水澤之地山海之洲自有其備豈肯跪途而奉之乎順之未必其生逆之未必其死相逢賀蘭山前聊以博戲臣何懼哉儻君勝臣負且滿上國之意設臣勝君負反作小邦之羞自古講和爲上罷戰爲强免生靈之塗炭拯黎庶之艱辛特遣使臣敬叩丹陛惟上國圖之帝得表愠甚終鑑蒙古之轍不加兵

也

籌海圖編洪武十四年七月國王良懷遣僧如瑤貢馬十匹及方物通有前來人船花名乙還安置諸僧使上曰日本既謝罪還其使命行取赴京宴賞歸國

十五壬戌弘和二年北朝永德二年日本史春正月甲辰先是楠正儀歸順至是與山名氏清戰於河內平尾敗績日本外史五楠氏附北畠氏六年和田正武病卒弘和二年正儀亦卒當是時官軍所保獨金剛山一城而已夏四月庚寅北朝後圓融院讓位於太子幹仁是爲後小松天皇壬辰小山義政與足利氏滿兵戰敗死是歲菊池武朝討族人反者於守山平之

籌海圖編洪武十五年遣使歸廷用入貢方物厚賞回還明州備倭指揮林賢在京隨駕時交通樞密使胡惟庸潛遣宣使陳得中密與設計令將歸廷用誣爲倭寇分用賞賜中書省舉奏其罪流

賢日本

癸亥 十六 弘和三年 北朝永德三年○〈日本外史〉七足利氏上三年帝幸室町第元中四年帝冠義滿理髮攝政藤原良基加冠以爲恆例良基歷仕六朝中立自全最與義滿親善

〈明史日本傳〉十六年倭寇金鄉平陽

〈籌海圖編〉洪武十六年賢流後逆臣胡惟庸暗遣人充宣使私往日本取回就借精練兵四百與僧如瑤來獻巨燭中藏火藥兵具意在圖亂上大怒磔賢於市乃降詔責其君臣絕其貢祖訓云以日本隔海僻在一隅得其地不足以供給得其民不足以使令故不興兵致伐著爲訓章絕其往來又是年寇浙江金鄉平陽小濩亭官兵敵卻之

甲子 十七 元中元年 北朝至德元年〈日本史〉改元

〈籌海圖編〉洪武十七年倭寇浙東諸郡

十八乙丑元中二年北朝至德二年
十九丙寅元中三年北朝至德三年（日本史）夏六月小山若犬丸田村莊司則義舉兵各據其城秋七月小山若犬丸田村則義與足利氏滿戰於下總古河敗死九月乙卯赤松氏範與足利義滿兵戰於播磨清水而敗氏範及子氏春家則祐春季則自殺

（明史日本傳）十九年遣使來貢卻之明年命江夏侯周德興往福建濱海四郡相視形勢衛所城不當要害者移置之民戶三丁取一以充戍卒乃築城一十六增巡檢司四十五得卒萬五千餘人又命信國公湯和行視浙東西諸郡整飭海防乃築城五十九民戶四丁以上者以一爲戍卒得五萬八千七百餘人分戍諸衛海防大飭閏六月命福建備海舟百艘廣東倍之以九月會浙江捕倭既而不行先是胡惟庸謀逆欲藉日本爲助乃厚結寧波衛指

揮林賢佯奏賢罪謫居日本令交通其君臣尋奏復賢職遣使召之密致書其王借兵助己賢還其王遣僧如瑤率兵卒四百餘人詐稱入貢且獻巨燭藏火藥刀劍其中既至而惟庸已敗計不行帝亦未知其狡謀也越數年其事始露乃族賢而怒日本特甚決意絕之專以防海爲務

丁卯二十一　元中四年北朝嘉慶元年　日本史春三月小田五郎舉兵常陸據宍戶男體城

戊辰二十二　元中五年北朝嘉慶二年　日本史夏五月上杉朝宗攻陷男體城小田五郎死之日本外史七足利氏上五年義滿遊紀伊及駿河圖東南也六年又欲圖西海遊嚴島召見賴之命具舟赴鎮西遇風而還至讚岐乃屏人與語久之賴之感涕而出義滿遂歸京師

己巳二十三　元中六年北朝康應元年

籌海圖編洪武二十二年十二月倭寇浙江寧海犯廣東海濱

庚二十午三元中七年北朝明德元年日本史是歲疾疫流行日本外史七足利氏上當是時四方漸定諸徧將如赤松則祐佐佐木道譽前後死亡其嗣皆孱獨山名氏聲威甚熾初山名時氏叛略取五州降因爲其守護焉八子師義義理時義氏清氏冬義數高義氏高皆顯於世富最諸將世相語曰欲大其家莫善於叛及義理氏清又攻取南海凡山名所管跨十州世呼曰六分一氏謂六分海內而有其一也義滿惡之常陰計誅鋤之時義承師義後其二子時熙氏幸分襲但馬伯耆守護師義子滿幸寖譖之欲奪其國七年義滿命氏清與滿幸赴討時熙氏幸氏清臨發請曰彼降而可赦則臣先諭之使來不必赴討也義滿曰降不赦也乃往擊走之義滿因分賜二州於氏清滿幸又令細川賴之討平備中

辛二十未四元中八年北朝明德二年日本史冬十月己巳京師地大震是歲大饑疾疫流行日本外史七足利氏上八年春召賴之京師以其養子賴元爲管領而賴之決事焉會時熙氏幸來訴冤義滿欲許之十月氏清請義滿於宇治別第觀紅樹先期一夕氏清發和泉北上將覲具也滿幸邀之淀告曰如聞幕議復時熙氏幸舊領詰朝之會將面命之也公宜稱病辭會氏清怒曰何與去歲言相反也被輕侮如此何拜趨之爲乃使人要義滿於途曰臣俄獲疾不能迎候義滿已至宇治回駕而歸一行驚異滿幸娶氏清女尤見親愛所言皆聽自在京師而總管四州管內有上皇邑奪而併之義滿數下教還納滿幸佯迎上皇使而陰誡邑人逐之義滿大怒命滿幸罷就國曰汝徧衞無益宜去據汝國十一

月滿幸歸丹後京師指目快之滿幸慙恚潛往界城説氏清曰近日之政公謂之何去歲使吾曹討時熙氏幸而今歲赦之將反討吾曹是非翦枝絶根之計乎今闔族戮力以舉大事在京諸將誰能敵我苟得取京師附者必多如土岐富樫諸族方懷怨望必先衆來屬公速揚兵以除細川氏爲辭事無不成矣氏清素有異志自負材武土岐康行之叛也義滿即討平之氏清聞而笑曰康行易與耳至如洒公自不然也於是遂納滿幸言合謀約期而別各自集兵欲夾攻幕府幕府未之覺也議曰氏清亡狀不可不譴責而事端於復邑邑不果復則是予奪聽於下也於是衆復時熙氏幸之邑遂議討氏清氏清聞之故使使謝前日之罪者再三義滿徵誓書宥之事卒解十二月丹後人上變告滿幸反幕府未信畠山基國將游佐某又自河內告氏清大修戰具將發基國義深子也已而氏冬出奔男山義理又舉紀伊兵北嚮京師大擾義滿以書諭義理義理不聽於是義滿乃親臨古山滿藤第會諸將議戰以覘其嚮背諸將皆至衆議不決或曰審聽彼輩所訴以舍之必無事矣義滿曰氏清蓄異志日久今日之舉非必有所訴即今日舍之明日復反吾聞彼輕易諸君曰幕府諸將誰能敵我吾爲諸君恥之不可不誅也意彼必謂我據東山叡岳也吾乃親出陣東寺而諸君盛兵於內野彼見內野軍必來衝焉則鼓螺相應夾而擊之可一戰而殲也衆皆然之一色詮範前曰臣敢獻異議夫元帥在後諸將前進是戰之宜也前議反之且東寺內野地勢隔絶難於策應不如諸將陣內野屯一隊於東寺而以臣第爲牙營則彼必悉銳赴我中軍其雋可獲也彼即自東洞院北上乎則諸將迭出要之街巷中東寺兵尾擊其後可以鏖之義滿曰善明早遣

今川泰範六角滿高以八百騎據東寺而自與弟滿詮率三千騎
出陣於詮範堀川第烏帽直垂帶刀而不甲討家僕之禮也諸將
皆偏甲以次而前細川賴之細川賴元畠山基國赤松義則備其
西北佐佐木高詮斯波義重備其西南以大內義弘爲先鋒兵凡
五千餘環內野而陣初氏清滿幸期是月二十七日入京師而游
佐某塞河內岳山以要氏清兵後期二日至男山氏清在男山
召其宰小林時直謂曰吾爲新田氏支族即代足利氏誰謂不可
吾得爲將軍以汝執事時直流涕曰臣欲諫止此舉而入被疏斥
乃今日得見耳今諸將之富誰如君家者背恩舉事神豈佑之即
獲克乎諸將安能爲我下臣惑嚮背焉獨有前死而已若夫執事
職則命之它人氏清退屬義數曰時直意色甚決汝與之耦毋使
溷死義數意亦欲速死唯唯而退滿幸臣大足某亦諫滿幸滿幸
不聽即夜氏清以二千騎浮橋濟淀使氏冬以三百騎繞鳥羽路
會軍而滿幸千餘騎濟梅津欲自後應之已而滿幸夜迷失道氏
冬軍又無鄉導徑淖中相驚而退氏清待報不至乃遣義數時直
先進呼譟逼義弘義弘陣大宮謂其兵曰我曹數樹功於鎭西至
戰上國今日爲始汝等勖之縱射手二百而三百騎下馬楯進接
戰數合死傷相當義數時直顧馳義滿軍義弘曰使敵隻騎過我
營而北我之罪也走而遮之手揮薙刀斬時直義數得間北馳踰
垣而墜爲牙兵所獲義弘馳赴中軍上言曰臣殊死戰而氏清大
兵繼至請賜援兵將軍喪臣誰繼臣者義滿覩其鎧馬朱殷壯之
手賜佩刀曰更以此一戰因麾義則赴援滿幸至梅津聞大宮戰
已酣則疾進與賴之基國戰高詮來援擊土屋黨殲之斬大足而
基國等兵不利義滿親赴援之大呼曰盍速梟豎子諸將爭進滿

幸遂敗走義數滿幸既敗敗軍走報之於氏清氏清乃與氏冬合
而進義則逆戰其弟滿則死之山名時熙以事端起自己也力戰
當氏清悉亡其兵走歸於義弘義弘義則交馳使乞援於義滿義
滿顧左右無可遣者詮範以軍吏在麾下自請而往勝敗未決於
是義滿建牙旗而進氏清兵望見曰將軍至矣乃潰奔詮範與子
滿範注目氏清前鬭遂斬之及其義兒辰房辰房氏重子也氏清
首至麾下義滿顧謂衆曰諸君視謀反逆者終如何也時十二月
晦日也明年正月割山名氏地賞諸將賜和泉紀伊於義弘以隱岐
出雲於高詮美作於義則丹波於賴元山城於基國賜詮範以令
富莊義則則祐子高詮道譽曾孫也時北朝年號明德謂之明德
之役滿幸之走也有訴而止之者爲不聞而逃二月歸伯耆使其
將鹽冶師高守出雲高詮將吏來誘以利師高荅曰山名氏所以
至此者失義於足利氏也吾亦不欲失義於山名氏吾父分自與
吾異將出應命幸善視之乃諭其父出降送至城下既訣而自殺
曰吾不忍與父鬭城乃陷其兵走報滿幸滿幸聞氏冬在因幡又
走歸之氏冬素有降志欲迎擊滿幸以藉口滿幸終削髮逃鎭西
後氏清五歲而被獲誅氏清有二子滿氏時清初以父命逃欲歸
滿幸而不相遇亦削髮南走欲見其母母慍不見伏刃死二子走
歸義理義理乞降義滿不許令義弘之國紀伊人盡附義弘義理
航海逃氏冬乞降陳其初無叛志特許之於是事即定三月義滿
欲率諸將賀捷於男山細川賴之疾篤義滿止行使賴元問其所
欲言賴之對曰近者山名氏族動蔑教令臣常憂之今既獲焉天
下誰復爲將軍之患者臣可以瞑也乃卒義滿親臨其喪垂泣送
之爲手寫佛經又設法會於內野弔陣亡將士初氏滿聞氏清叛

發兵將西上爲其黨援聞其敗死乃止先是新田氏餘黨小山義政殺宇都宮基綱氏滿遣上杉憲方攻降義政義政復叛氏滿自將擊殺之其孤犍狗又起兵於陸奧復攻殺之其黨田村則義小田五郎者亦起兵遣上杉朝宗擊夷之獲新田氏遺孽二人送京師斬之義滿乃加封氏滿以陸奧出羽今川貞世等亦擊平小貳冬資等

〔明史日本傳〕然其時王子滕祐壽者來入國學帝猶善待之二十四年五月特授觀察使留之京師後著祖訓列不征之國十五日本與焉自是朝貢不至而海上之警亦漸息

壬申 二十五

元中九年 北朝明德三年 〔日本史〕冬閏十月己卯先是足利義滿議講和迎天皇於京師至是天皇駕腰輿發行宮關白以下皆從羣臣戎衣車駕至大覺寺壬午天皇傳三神器於後小松帝應永元年春二月上尊號曰太上天皇薙髮法名金剛心三十一年四月丁巳法皇崩稱後龜山院〔日本外史五楠氏附北畠氏〕元中九年義滿使畠山義深將數千騎來攻金剛山四絕糧道城兵僅數十人飢不能戰賊急薄之城兵逃走匿十津川自正成築城焉凡六十年乃爲賊兵所陷義滿乃使大

內義弘來講和議約傳神器於北朝則兩統更立遂許之是年冬
遂備法駕發吉野御於大覺寺以父子禮授神器於後小松帝○
〔日本外史〕七足利氏上於是四方大定獨楠氏遺孽保守大和河
內之間以爲吉野藩蔽義滿使畠山義深大內義弘圖之義深盡
拔楠氏城壘吉野孤立義弘乃以義滿意奏請南朝講和弭兵駕
還京師授器於北朝則自今以後兩統更立猶北條氏時帝許之
乘輿北還義滿以北朝意欲用來降禮帝欲用禪讓禮物議洶洶
六角滿高謂義滿曰器在彼彼乃眞天皇矣君第聽之滿高義滿
弟爲六角氏顯子者也義滿乃迎駕御於大覺寺閏五月五日後
小松天皇受神器於後龜山天皇後龜山卽後醍醐皇孫也自後
醍醐南遷凡五十有七年而北朝五帝改元者自厤應至明德十
有七天下以足利氏故槪奉其正朔至是與南朝合物情益服焉
〔又〕子一小倉失母氏

後小松天皇 紀首揭北朝五主紀

〔日本史〕後小松天皇諱幹仁○〔日本史〕皇曾祖光嚴帝諱量仁後
伏見第一子也母廣義門院正和二年七月乙未花園天皇養爲
子八月爲親王後醍醐天皇登阼嘉厤元年七月立爲皇太子元
德元年十二月庚戌加元服元弘元年秋八月天皇擁三神器出

幸笠置山九月癸巳皇太子量仁以花園上皇詔踐阼於土御門殿儀遵後鳥羽天皇故事仍用元德號關白冬敎左大臣藤原基嗣右大臣源長通內大臣藤原季衡權大納言兼左近衛大將藤原經通權大納言兼右近衛大將藤原道敎並如故冬十月天皇還自笠置山戊申帝受劒璽鏡於天皇丁卯以故皇太子邦良子康仁爲親王是日號祺子內親王曰崇明門院十一月己卯立康仁親王爲皇太子正慶元年三月丙子遷天皇於隱岐島辛卯帝卽位於太政官廳年二十四月丁卯改元五月戊子上中宮號曰禮成門院十一月甲戌前右大臣藤原兼季爲太政大臣正慶二年閏二月辛卯天皇幸伯耆船上山三月乙巳赤松則村來攻六波羅鎭將北條時益北條仲時拒之不利帝及皇太子後伏見花園二上皇幸六波羅帝親臨勞軍士五月六波羅兵與足利尊氏

等戰敗己亥北條時益北條仲時奉帝及二上皇皇太子齎劒璽
及歷世寶器而東駕宮人奉神鏡安權大納言藤原公宗北山第
北條時益爲敵所射殺有流矢及帝左肱辛丑至近江番馬守良
親王出兵要駕北條仲時及從兵悉自裁帝與二上皇皇太子御
太平護國寺以劒璽及諸寶器出付守良親王甲寅北條高時與
新田義貞戰於鎌倉敗死丁巳帝遜位庚申帝及二上皇皇太子
從太平寺還京師置兵護衛後伏見上皇勸帝薙髮帝不敢奉命
六月丁卯天皇還宮十二月庚午尊曰太上天皇延元元年四月
壬午後伏見上皇崩先是足利尊氏反軍敗西奔是月自筑紫擁
兵東上壬申天皇出幸延曆寺遣檢非違使大田全職逼帝及花
園法皇豐仁親王帝至北白河不豫停駕久之足利尊氏迎兵至
乃與法皇及豐仁親王還幸六條殿六月丁丑幸男山戊子幸足

利尊氏東寺營八月太弟豐仁親王踐阼帝總攝庶務徙居持明院崇光院登阼稱光明院曰新院帝更稱一院與聽政事如舊正平七年八月帝在賀名生薙髮法名勝光智十一年去勝字爲光智是歲赴天野行宮明年還京師居伏見殿師僧疏石究禪旨自是益厭世故不欲復接人閒屏居小倉山下既而復還伏見御光嚴院以其密邇京師臣僚候問不絕乃盡屏侍從獨從僧順覺雲遊四方而時人始莫之知也行歷當時戰爭地深爲生靈悔罪多所慙慨及抵紀伊川有危橋不可輒渡躊躇久之會武人數輩踵至訶叱排帝墜水順覺投身掀而出之被服透溼肢體毀傷順覺掩涕扶入野亭更衣往至高野山有二僧追至拜跪謝罪請執役自贖蓋前日排擠帝墜水者帝喻遣還之固請不肯去及夜帝遣二人汲水與順覺急出還伏見途過賀名生行宮謁後村上天皇

共語及戰爭間上爲攬淚悵然及辭出給以廐馬不受已還復居光嚴院以來候者尚多出至丹波山國構庵居焉貞治三年七月己巳崩年五十二卽葬其地藏遺骨於金剛院安御影於大光明寺遺命稱光嚴院〔又〕後宮壽子內親王（花園女）懽子內親王（後醍醐女）藤原秀子（內大臣公秀女號陽祿門院）藤原氏（權大納言公蔭女）子四秀子生崇光帝後光嚴帝公蔭女生義仁法親王又尊敦親王失母氏〇〔日本史〕光明帝諱豐仁光嚴同母弟也元亨元年十二月壬戌生二年二月爲親王延元元年八月戊子加元服踐阼於權大納言藤原良基押小路第改延元元年用建武三年以左大臣藤原經忠爲關白右大臣藤原公賢內大臣藤原經通權大納言兼左近衞大將藤原道教權大納言兼右近衞大將藤原師平並如故乙未帝幸足利尊氏東寺營十一月甲辰帝受劒璽鏡於後醍醐天皇上天皇

尊號曰太上天皇丙辰立太上天皇第七子成良親王爲皇太子
十二月壬午幸藤原經通室町第癸巳太上天皇出幸吉野尋廢
皇太子四年正月戊午號珣子內親王曰新室町院二月戊寅號
壽子內親王曰徽安門院四月乙亥關白經忠赴吉野行宮丙戌
以前左大臣基嗣爲關白十二月甲午帝卽位於太政官廳年十
七應䕫元年四月甲午晦號準三宮藤原實子曰宣光門院五月
癸丑關白基嗣罷左大臣藤原經通爲關白八月癸酉征東將軍
權大納言足利尊氏爲征夷大將軍乙亥立皇姪益仁親王爲皇
太子庚寅改元二年八月壬寅後醍醐天皇崩於吉野行宮十月
庚寅後村上天皇卽位於吉野行宮三年十月丙戌佐佐木高氏

放火焚妙法院撻亮仁法親王十二月丙午前右大臣源長通爲
太政大臣四年四月壬寅流佐佐木高氏於上總康永元年正月

戊戌關白經通罷己亥左大臣藤原道教爲關白三月庚子太政大臣長通罷四月戊辰改元九月壬申光嚴上皇幸伏見殿土岐賴遠被酒犯駕十月己亥朔土岐賴遠伏誅（日本國志足利氏擁立光明帝初陽尊之及南軍屢敗不復稟敬肆割膏腴賞功臣至奪公卿食邑雖供御闕之不問有將吏途遇光嚴上皇不下馬前驅呵之曰院也曰院耶犬耶犬則我射之令環射乘輿折輗截輻而去足利氏論其罪武人相謂曰院且下之苟遇將軍不將膝行乎帝之立也民間又相語曰王並無一戰功將軍何賜之天子邪）十一月庚辰關白道教罷丙戌右大臣藤原師平爲關白二年三月癸巳關白師平罷右大臣三年十月己卯朝上皇於持明院貞和元年八月壬子朔以足利聖王卒廢朝七日十月辛未改元二年二月戊寅關白師平罷右大臣藤原良基爲關白三年二月丙戌避方忌於持明院五月辛未晦避方忌於長講堂四年十月乙酉前左大臣藤原公賢爲太政大臣庚寅帝讓位皇太子徙御土御門殿十一月上尊號曰太上天皇觀應

二年十二月薙髮法名眞常惠文和元年與崇光院共遷於賀名生帝臨發謂右近衛大將源顯能曰朕本無卽位情特爲武人所迫爾脫屣之後欲速辭京師遠追華山之蹤然亦未能也方今國家再造萬物盡遂其生朕願蒙曲恩得披緇衣以終於窮僻卿其爲奏之顯能不敢奉命後天皇聞之惻然四年八月帝著僧服改法名眞惠赴天野行宮尋還居伏見殿研究佛旨徙居大光明寺及保安寺又遷深草金剛壽院後居長谷寺康歷二年六月崩年六十遺命稱光明院〔又〕子一周尊失母氏○〔日本史〕崇光帝諱興仁初名益仁光嚴長子也母陽祿門院建武元年四月己卯生光明院卽位歷應元年八月爲親王甲午立爲皇太子貞和四年十月庚寅踐阼於關白左大臣良基押小路第關白左大臣良基太政大臣公賢右大臣藤原經教內大臣藤原道嗣大納言兼左近

衞大將藤原公重權大納言兼右近衞大將藤原長定並如故立花園上皇皇子直仁親王爲皇太弟十一月甲辰花園法皇崩丙午葬花園天皇戊午尊光明帝曰太上天皇五年七月乙丑前關白道教薨十二月壬子帝卽位於太政官廳年十六是歲後村上天皇正平四年也觀應元年二月壬子改元三月癸酉太政大臣公賢罷八月庚戌左馬頭足利義詮攻土岐賴明於美濃殺之十二月庚寅足利直義歸吉野行宮甲辰以足利直義兵將入京師幸土御門殿己酉還宮二年正月戊子避足利直義兵幸持明院二月丁酉征夷大將軍足利尊氏誅高師直高師泰十一月癸丑左近衞中將足利義詮廢帝及皇太弟直仁奉正平號十二月戊戌帝以劒璽鏡奉後村上天皇癸卯後村上天皇尊帝曰太上天皇明年帝及光嚴光明二上皇直仁親王同赴男山行營時事出

倉卒無輿可乘前太政大臣公賢進一車四主同載一車近臣北
面扈者僅三人耳夜抵東寺至旦未供食侍姬索飯上之駐男山
踰月幸河內東條尋遷於賀名生幽諸廢屋內栫之以棘置兵士
固守縱姬妾各一人給事之延文二年二月帝還御伏見殿明德
三年十一月薙髮法名勝圓心應永五年正月辛酉崩於伏見殿
年六十五遺命稱崇光院帝之在位遭世騷亂御禊大嘗之儀遂
不行而止〔又〕女御藤原氏太政大臣公賢女典侍源資子權大納言重資女子三
資子生榮仁親王又宏助法親王興信法親王失母氏○〔日本史〕
後光嚴帝諱彌仁崇光同母弟也曆應元年三月丁酉生觀應二
年崇光帝廢外祖母藤原氏欲帝爲僧晦跡廣義門院命北斗堂
僧實算占之得天子之兆乃匿養右大辨藤原時光家文和元年
二月庚子足利尊氏殺弟直義閏月乙丑光嚴光明崇光三帝及

直仁親王赴賀名生帝亦當同赴而不果八月先是足利尊氏以
京師無主請廣義門院欲奉帝登大位羣臣以不傳神器且無所
受命難之尊氏不聽前太政大臣公賢議遵繼體天皇故事從之
丁巳廣義門院命帝爲親王加首服踐阼於土御門殿關白良基
左大臣藤原經教右大臣藤原道嗣權大納言兼左近衛大將藤
原冬通並如故九月丁酉改元十月己巳號準三宮藤原秀子曰
陽祿門院二年六月乙巳足利義詮與山名時氏戰敗義詮奉帝
幸東坂下己酉如美濃八月乙丑前關白師平薨壬戌前太政大
臣長通薨九月乙酉帝還自美濃御土御門殿十二月辛酉帝卽
位於太政官廳年十六三年四月庚子前關白基嗣薨十二月辛
巳帝避足利直冬兵於近江武佐寺四年二月乙丑如延麻寺三
月甲寅還京御土御門殿詔奪畱京受吉野官署公卿封邑八月

辛酉光明院至自賀名生是月以左近衛中將足利義詮請復公卿封邑延文元年三月己酉改元二年二月癸亥光嚴院崇光院直仁親王至自賀名生三月癸未一乘院僧徒與大乘院僧徒戰於奈良十月丙申一乘院僧徒焚奈良禪定院延燒數百餘宇三年四月戊戌晦征夷大將軍權大納言足利尊氏薨十二月壬午以左近衛中將足利義詮爲征夷大將軍癸巳關白良基罷以左大臣藤原經教爲關白四年四月庚寅新千載和歌集成五年四月壬戌前太政大臣公賢薨康安元年三月庚辰晦改元十一月丙辰關白經教罷左大臣藤原道嗣爲關白十二月乙酉避細川淸氏兵於近江武佐寺貞治元年九月乙丑改元二年六月乙丑關白道嗣罷以前關白良基爲關白三年七月己巳光嚴帝崩四年三月戊辰前關白經通薨五年八月己卯晦右大臣源通相爲

太政大臣六年二月辛酉元主使來請禁我民侵掠彼邊境者八月壬戌詔興福延厤東大三寺修最勝講於紫宸殿僧徒相鬬殿庭死傷數十人辛未關白良基罷左大臣藤原冬通爲關白十二月己酉征夷大將軍權大納言足利義詮薨應安元年二月戊午改元三月辛巳後村上天皇崩辛卯太政大臣通相罷十二月丙申晦左馬頭足利義滿爲征夷大將軍二年十一月乙未關白左大臣冬通罷以右大臣藤原師良爲關白三年八月辛未震前關白經教第二男子震死四年三月丁未讓位於皇子緒仁閏月上尊號曰太上天皇稱新院猶預決機務七年正月乙未薙髮法名光融是日崩年三十七火葬泉涌寺分藏遺骨於深草法華堂及金剛院稱後光嚴院（又）後宮藤原仲子贈左大臣兼綱女號崇賢門院內侍橘氏從三位以繁女右衛門佐局姓氏不詳藤原氏圓滿院大夫法師長快女子十五仲子生後

圓融帝熙永親王堯仁法親王橘氏生明承法親王右衛門佐局
生亮仁法親王覺增法親王長快女生覺叡法親王久尊親王又
行助法親王寬守法親王聖助法親王堯性法親王道寬法親王
及二僧某並失母氏○〔日本史〕後圓融帝諱緒仁後光嚴第一子
也母崇賢門院延文三年十二月丁丑生應安四年三月爲親王
丁未加元服踐阼於權中納言藤原忠光柳原第是日遷御土御
門殿關白左大臣師良右大臣藤原忠基內大臣藤原經顯權大
納言兼左近衛大將藤原師嗣權大納言兼右近衛大將藤原兼
定並如故閏月己未尊後光嚴帝曰太上天皇七月甲子前太政
大臣通相薨六年九月戊辰晦盜入新院柳原殿悉捕斬之七年
正月乙未新院崩二月戊戌葬後光嚴帝己未帝卽位於太政官
廳年十七永和元年二月丁巳改元十二月壬子關白師良罷在

大臣藤原忠基爲關白二年正月丙辰朔前關白良基準三宮三年二月丙寅柳原殿火四年八月丁卯征夷大將軍權大納言足利義滿兼右近衛大將康暦元年三月己丑改元八月丙戌關白忠基罷己丑左大臣藤原師嗣爲關白二年六月戊子光明帝崩永德元年二月庚辰改元七月丙午準三宮良基爲太政大臣二年四月庚寅讓位於皇子幹仁上尊號曰太上天皇號新院庚寅關白師嗣罷明德四年四月辛丑崩於故內大臣藤原經顯小川第年三十六火葬泉涌寺藏遺骨於深草法華堂遺詔稱後圓融院又後宮藤原嚴子（內大臣公忠女號通陽門院）藤原康子（權大納言資康女號北山院）典侍藤原今子（權大納言隆卿女）子二嚴子生後小松帝今子生道朝法親王○〔日本史〕後小松天皇卽後圓融之長子也母通陽門院永和三年六月壬申生永德二年四月庚寅踐阼於土御門殿以太政

大臣良基攝政征夷大將軍左大臣兼右近衛大將足利義滿右大臣藤原兼嗣內大臣兼左近衛大將藤原實時並如故甲辰尊後圓融帝曰太上天皇十二月壬寅卽位於太政官廳時年六歲是歲後龜山天皇弘和二年也三年四月戊戌號準三宮藤原仲子曰崇賢門院至德元年二月乙未改元二年二月丁未盜殺前權中納言藤原爲重嘉慶元年正月乙卯天皇加元服庚申攝政太政大臣良基罷二月戊子以右大臣藤原兼嗣攝政八月甲戌改元二年三月庚子攝政右大臣兼嗣薨四月乙丑以前太政大臣良基攝政六月甲寅攝政良基罷以藤原師嗣爲關白乙卯前攝政良基薨康應元年二月己酉改元明德元年三月庚寅改元三年征夷大將軍前左大臣足利義滿使大內義弘於吉野行宮講和十月丙子後龜山天皇以三神器發行宮閏月己卯後龜山

天皇還京師御大覺寺壬午天皇受三神器於土御門殿（日本國志）自後
醍醐郎位之元年至壬申一統凡七十四年自北朝光嚴郎位之
元年至壬申一統凡六十一年南朝士地甲兵不及北朝什之一
卒能相持數十年者賴楠氏新田氏數家孫子相繼以忠義
號召人心故能屢撲屢起定於一尊非獨神器有在爲然也
癸酉二十六 明德四年（日本史）夏四月辛丑新院崩乙巳晦葬後圓融
帝
（籌海圖編）洪武二十六年倭寇浙江金鄉小尖亭
甲戌二十七 應永元年（日本史）春二月癸巳尊後龜山天皇曰太上天
皇夏六月癸酉以前左大臣藤原實時爲太政大臣秋七月癸卯
改元冬十一月壬寅關白師嗣罷以左大臣藤原經嗣爲關白十
二月壬午前左大臣足利義滿罷征夷大將軍以左近衛中將足
利義持爲征夷大將軍庚寅太政大臣實時罷以前左大臣足利
義滿爲太政大臣（日本國志）朝議以平相國以還武家無昇此官
者義滿怒曰天子我家所立而不我聽則廢而

自立以細川畠山二臣爲
攝家誰能禁我者遂許之
〈籌海圖編〉洪武二十七年倭寇小尖亭
乙亥二十八 應永二年〈日本史〉夏六月乙丑太政大臣義滿罷以前右
大臣源具通爲太政大臣
〈廣東通志〉洪武二十八年八月命安陸侯吳傑永定侯張金率致
仕武官往廣東訓練沿海衛所官兵以備倭寇
丙子二十九 應永三年〈日本史〉春二月辛卯太政大臣具通罷
丁丑三十 應永四年〈日本史〉冬十二月戊戌前關白左大臣忠基薨
戊寅三十一 應永五年〈日本史〉春正月辛酉崇光帝崩三月丙辰關白
經嗣罷以前關白師嗣爲關白〈日本外史七足利氏上後小松天皇應永元年義滿請讓征夷大將
軍於長子義持二年義滿削髮號道義營北山別業使諸將助役
起金閣四年從焉義持居室町第而內外之事取決於北山十一
月氏滿卒子滿兼襲關東管領當是時足利氏威及外國朝鮮數
遣使者鄭夢周等造今川貞世請修鄰好是歲使者遂來京師義

滿令大內義弘接待之義弘嘗說貞世曰方今之勢弱者被誅強者免禍公盍與我及大友氏連兵以自強貞世不聽義弘反與斯波義時等俱譖貞世義滿乃更貞世約束九國皆危疑菊池大村氏並起兵義弘擊平之兵力益強陰與滿兼合謀東西相援以圖義滿

己卯惠帝建文元

應永六年（日本史）夏四月丁巳關白師嗣罷己未以前關白經嗣爲關白冬十月庚戌大內義弘反率兵至界浦前太政大臣義滿遣細川賴元京極高詮赤松義則等拒之十一月甲戌義滿率兵至東寺尋軍男山乙未義滿遣諸將擊大內義弘破之十二月丁巳義滿兵攻破大內義弘於界浦義弘自殺（日本外史七足利氏上）

六年滿兼密招貞世貞世封其書上義滿義滿召義弘義弘不來十月義弘遂帥周防長門諸國兵至界城土岐詮直起美濃京極某起近江山名氏清二子起丹後並應義弘而滿兼亦出陣武藏府宣言援義滿義滿於是急召貞世曰吾愧見公也時幕府兵寡土岐賴益六角滿高等往討美濃近江在者皆不堪戰義弘曰氏清唯攻京師自疲兵馬所以敗也因爲守計修塹壘起樓櫓自巡視曰雖有百萬衆不能拔已義滿先遣僧中津詰起兵之由義弘對曰吾自十六歲在鎭西大小二十八戰夷氏清媾南朝功勞

匪懲昨年之役介弟又歿而幕下不卹其孤也且聞有削國之議密令小貳菊池誅我而頻頻召我我不能無疑吾已與鎌倉公約將入諫幕下虐政也中津歸報義滿笑曰奴輩自負其强不知迺公實使然焉乃自率管領以下諸將出陣東寺遂進至男山近畿將士來集者三萬餘騎以細川賴元等十一將將之往攻界城城甚堅固義滿令諸將息戰築長圍至十二月乃縱火四面而進樓檣皆倒大戰良久義弘走出謀入管領畠山基國軍基國子滿家與闘斬之義滿乃賜紀伊於滿家賴元子滿元有功賜和泉謂之應永之役土岐詮直等皆平初詮直之舅曰康行康行者賴康子也天授中襲美濃守護其弟滿貞在京師欲奪兄職譜曰詮直謀反康行助之義滿遣滿貞及從弟賴益往討降之宥康行逐詮直以故詮直遂死於叛近畿既平滿兼乃引兵還鎌倉義滿諜知其謀或因關貞世曰貞世子弟畱守遠江者與謀焉彼曩被命不卽來者以此貞世懼走歸遠江義滿怒欲討貞世以及滿兼滿兼執事上杉朝宗百方講和義滿乃賜滿兼以足利莊凡與謀者皆釋不問貞世退居藤澤上杉憲定使人謂貞世曰子之退居適足以招疑耳貞世乃歸遠江憲定憲方子也已而義滿思其功勞召至京師待之如初踰歲而卒貞世頗涉書史著書議切時政往往有中云初貞世父範國仕尊氏爲駿河遠江守護命貞世襲領貞世不受使兄範氏領駿河襲至姪氏家姪孫泰範及義滿時乃割駿河數郡加賜貞世泰範意貞世所請與義弘俱譖之至是義滿終令貞世養子仲秋襲領遠江如細川賴元故事○日本外史五楠氏附北畠氏後七年義弘揚兵於和泉擊足利氏楠正秀以兵百餘人屬之正秀者益正儀子也菊池氏北畠氏餘孽亦來屬焉戰

敗散歸

庚辰二　應永七年（日本史）夏五月乙酉前關白左大臣經教薨冬十一月癸未前關白左大臣師嗣薨（日本外史七足利氏上）七年大內義弘子持盛來降以其賞諫父宥之削其封之半義滿性豪侈而數平亂逆志益驕待將帥甚倨朝臣往來其家者或以家隸遇之其削髮之歲適叡山儀准法皇御幸又喜土木刱寶幢相國諸禪寺定爲五山置僧錄司僧中津妙葩祖阿周信等皆見厚遇先是我西南不逞之徒侵擾外國義詮時元主令韓人來請爲戢之元亡明興明主元璋亦數託僧來請八年五月義滿私遣祖阿通好於明參議菅原秀長草書書辭甚恭九年明主使僧道彝齎書及冠服封義滿爲日本國王義滿受之至足利氏中世使聘往來皆以王稱義滿又多內嬖生少子義嗣愛之欲廢義持不果

辛巳三　應永八年（日本史）春二月戊子土御門殿火天皇避之前太政大臣義滿室町第秋七月辛卯伏見殿火屢代御記文書樂器悉亡八月己未造土御門殿（日本國志）源道義（時義滿讓職其子削髮稱道義）遣使肥富及僧祖阿於明上書並獻甲鎧劍馬紙緜器黃金千兩還

所操人口書稱日本准三后道義上書大明皇帝陛下誠惶誠恐頓首頓首謹言

壬午四 應永九年（日本史）秋八月癸酉以左大臣藤原實冬爲太政大臣冬十一月戊戌土御門殿成徙御（日本國志）明建文帝遣僧道彝一如齎詔書並頒大統厤錦綺九月至道義處之北山館是月復遣肥富及僧中正上書畧曰日本國王臣源道義表臣聞太陽升天無幽不燭時雨霑地無物不滋矧大聖人明並耀英恩均天澤萬方向化四海歸仁欽惟大明皇帝陛下以堯舜神聖禹湯智勇啟中興之洪業當太平之昌期雖垂旒深居北闕之尊而皇威遠暢東濱之國是以謹遣使某伏獻方物爲此謹具表聞

癸未太宗永樂元 應永十年（日本國志）明年十月至南京時成祖既卽位遣使以登極詔諭又遣左通政趙居任行人張洪偕僧道成往將

行肥富等已達甯波遂稱賀卽位成祖厚禮之遣官偕其使還賚道義官服龜紐金章及錦綺紗羅詔書畧曰咨汝日本國王源道義知天之道達理之幾朕登大寶卽來朝貢歸嚮之速有足褒嘉用錫印章世守爾服

（明史日本傳）成祖卽位遣使以登極詔諭其國永樂元年又遣左通政趙居任行人張洪偕僧道成往將行而其貢使已達甯波禮官李至剛奏故事番使入中國不得私攜兵器鬻民宜敕所司覈其舶諸犯禁者悉籍送京師帝曰外夷修貢履險蹈危來遠所費實多有所齎以助資斧亦人情豈可概拘以禁令至其兵器亦准時直市之毋阻向化十月使者至上王源道義表及貢物帝厚禮之遣官偕其使還賚道義冠服龜鈕金章及錦綺紗羅

甲申 二 應永十一年（日本史）春二月己亥前太政大臣實時薨（日本

國志十一年中正等還趙居任等隨至始傳四書集註詩集傳等書號爲新注朱子之學遂興又以鹽糧易永樂錢數百萬貫而還道義延之北山館

明史日本傳明年十一月來賀冊立皇太子時對馬壹岐諸島賊掠濱海居民因諭其王捕之王發兵盡殲其眾縶其魁二十人以三年十一月獻於朝且修貢帝益嘉之遣鴻臚寺少卿潘賜偕中官王進賜其王九章冕服及錢鈔錦綺加等而還其所獻之人令其國自治之使者至甯波盡置其人於甑烝殺之

籌海圖編成祖永樂二年賊掠浙江穿山而掠沿海上命太監鄭和暨王景弘侯獻等率師二萬八千有奇海船二百八艘齎敕諭其國王源道義源道義出師獲渠魁以獻

又上命太監鄭和統督樓船水軍十萬招諭海外諸番日本首先納款擒獻犯邊倭賊二十餘人卽命治以彼國之法盡蒸殺之今

銅甑猶存鑪竈遺址在蘆頭堰降敕褒奬給勘合百道定以十年一貢船止二隻人止二百違例則以寇論

乙酉 三 應永十二年

丙戌 四 應永十三年日本國志十三年明又遣侍郎俞吉士齎國書褒嘉賜賚優渥頒勘合印百道限十年一貢使臣限二百員船止二艘禁挾帶刀槍封肥後阿蘇山爲壽安鎮國之山御製碑文曰朕惟麗天而長久者日月之光華麗地而長安者山川之流峙麗於兩間而長久者賢人君子之令名也朕皇考太祖聖神文武欽明啟運俊德成功統天大孝高皇帝知周八極而納天地於範圍道貫三皇而亘古今之統紀恩施一視而溥民物之亨嘉日月星辰無逆其行江河山岳無易其位賢人善俗萬國同風表表茲世固千萬年之嘉會也朕承洪業享有福慶極所覆載咸同在近周

爰咨詢深用嘉歎邇者對馬壹岐諸小島有盜潛伏時出寇掠爾源道義能服朕命咸殄滅之屹爲保障誓心朝廷海東之國未有賢於日本者也朕嘗稽古唐虞之世五長迪功渠搜卽敘成周之隆庸蜀羌髳微盧彭濮率過亂略光華簡冊傳誦至今以爾道義方之是大有光於前哲者也日本王之有源道義又自古以來未之有也朕維繼唐虞之治舉封山之典特命日本之鎭山號壽安鎭國之山賜以銘詩勒之貞石榮示於千萬世義滿又遣使謝賜冕服連年往貢並獻所獲海寇

明史日本傳明年正月又遣侍郎俞士吉齎璽書褒嘉賜賚優渥封其國之山爲壽安鎭國之山御製碑文立其上六月使來謝賜冕服

籌海圖編遣通政使趙居任賜其國王冠服文綺金銀古器書畫

居任還不受王餽上喜厚賜之尋命僉都御史俞士吉賜王龜紐
金印誥命册封爲日本國王詔封其國之鎮山曰壽安鎮國之山
御製碑文賜之
〔遵聞錄〕國初時嘗欲征倭國彼遣使嗜哩嘛哈奉表乞降上問倭
國風俗如何嗜哩嘛哈以詩荅曰國比中原國人如上古人衣冠
唐制度禮樂漢君臣銀甕蒭新酒金刀膾錦鱗年年三二月桃李
一般春

丁亥五 應永十四年〔日本史〕春二月辛卯太政大臣實冬罷三月己
未號準三宮藤原康子曰北山院

戊子六 應永十五年〔日本史〕夏四月戊戌關白經嗣罷以左大臣藤
原忠嗣爲關白五月甲寅前太政大臣義滿薨〔日本外史七足利氏上〕先是帝再幸義
室町第十五年三月請幸北山義滿自被法服攜義嗣奉迎拜義
嗣爲五位左馬頭遷四位少將四月冠於宮中儀准親王自是嫡

庶不相善識者識之然尊氏義詮之世諸將狃恩叛服無常自氏清義弘伏誅無不畏服者世稱義滿生歲戊戌字皆從戈故能以戈戟平天下也○〔日本外史〕足利氏正記足利氏中五月義滿薨義滿初敘從五位下任左馬頭屢遷從一位左大臣兼右近衛大將右馬寮御監終至太政大臣准三宮初久我氏爲源氏長者充淳和弉學兩院別當至義滿時乃屬之於足利氏終足利氏之世其官爵敘任例槪如此而至太政大臣者止於義滿義滿之薨詔贈太上皇號義持惶懼辭不受明主諡義滿曰恭獻王義持受之明年六月滿兼卒初氏滿至從三位左兵衛督而滿兼以從四位下左兵衛佐終遂以爲例滿兼二子持氏持仲持氏爲嗣先是宇都宮氏廣作亂斯波持詮爲陸奧探題擊斬之獻首鎌倉滿兼賜持詮以氏廣邑以賞之伊達政宗作亂滿兼遣執事上杉氏憲擊平之十八年飛彈國司藤原尹綱兵起義持遣京極高數擊平之六月己亥南蠻貢黑象孔雀鸚鵡

〔明史日本傳〕五年六年頻入貢且獻所獲海寇使還請賜仁孝皇后所製勸善內訓二書卽命各給百本十一月再貢十二月其國世子源義持遣使來告父喪命中官周全往祭賜諡恭獻且致賻又遣官齎敕封義持爲日本國王時海上復以倭警告再遣官諭

義持勦捕
籌海圖編永樂六年倭賊襲破盌海衛殺掠甚慘指揮趙銘以失機被刑寇成山衛白峯頭寨羅山寨及大嵩草島觜鰲山羊山寨陰島張家莊以次被掠入于家莊寨百戶王輔死之入桃花閘寨百戶周盤死之
己丑 七 應永十六年日本史春二月甲午關白忠嗣罷三月丁未以內大臣藤原滿基爲關白
籌海圖編永樂七年冬十月倭陷廉州教授王翰死之翰河東人任本府教授嚴立規程教誨不倦倭寇陷城民皆逃避翰肅衣冠端坐明倫堂賊至欲執之罵賊不屈遂爲所害
庚寅 八 應永十七年日本史冬十二月己未關白左大臣滿基薨壬戌晦以前關白經嗣爲關白

明史日本傳八年四月義持遣使謝恩尋獻所獲海寇帝嘉之

辛卯九 應永十八年日本史秋七月丁亥征夷大將軍足利義持遣兵擊飛彈國司某冬十一月戊午朔日南至日本國志十八年明復遣內官王進齎敕褒賚至兵庫而還先是道義死義持以臣貢爲非至是阻明使不得達

明史日本傳明年二月復遣王進齎敕褒賚收市物貨其君臣謀阻進不使歸進潛登舶從他道遁還自是久不貢

籌海圖編永樂九年遣三寶太監王進奉使日本收買奇貨至寧波選壯軍顧通號大漢將軍同往彼國初遇以禮後起別議輒下濠江龍於港口得支港潛出爲倭婦密引而還

明史日本傳是年倭寇盤石

籌海圖編是年倭陷廣東昌化所千戶王偉死之時副總兵李珪

等擁兵不救城遂陷王偉力戰而死軍士死者甚眾城中人口糧食軍器皆被劫掠五月寇浙江盤石衛
壬辰十應永十九年〔日本史〕夏六月甲戌南蠻入貢秋八月壬午聃天皇讓位於皇子躬仁親王九月上尊號曰太上天皇聽政院中薙髮法名素行智永享五年十月己未崩年五十七葬於泉涌寺遺詔稱後小松院初自後醍醐天皇南巡至明德三年凡五十七年皇統分緒京畿阻域及帝受神器海內始一統焉〔又〕後宮藤原資子贈左大臣資國女號光範門院藤原氏子三資子生稱光帝及皇子某藤原氏生僧宗純

日本源流考卷十四終

清末民初文獻叢刊

日本源流考

（第三册）

［清］王先謙 著

朝華出版社
BLOSSOM PRESS

日本源流考卷十五

長沙王先謙益吾撰

和漢年契稱光天皇諱躬仁後小松之長子日本國志母光範門院藤原氏

癸巳十一應永二十年

甲午十二應永二十一年和漢年契行即位禮

乙未十三應永二十二年日本外史八足利氏中十九年帝讓位於皇太子是爲稱光帝諸南朝遺臣請立後龜山後如約足利氏議立南朝皇胤者非我家之志也終不聽其請於是諸國兵起二十年伊達氏懸田氏起於陸奧持氏令畠山國詮攻之二十一年北山氏關氏起於伊勢義持令土岐賴益攻之明年皆平日本外史五楠氏附北畠氏後十三年後小松禪位後龜山皇子當立足利氏乃立後小松皇子是爲稱光帝楠氏及北畠氏並訴之欲如約足利氏弗聽則並起兵足利氏約帝後當傳於南朝皇子乃北兵

丙申十四應永二十三年和漢年契上杉氏憲作亂

江南經略永樂十四年正月十二日倭寇突犯崇明縣治城陷入之殺擄官民三百餘人事聞發鎮江鎮海二衛百戶十員率軍一千餘名禦擊之寇平遂隸崇明守禦所守城其舊戍官軍發入水寨自是賊無入境者

籌海圖編永樂十四年六月倭犯山東靖海衛倭舟三十二艘泊靖海衛楊村島都督同知蔡福等合山東都司兵擊敗之

丁酉 十五 應永二十四年和漢年契討氏憲平之

明史日本傳十五年倭寇松門金鄉平陽有捕倭寇數十人至京者廷臣請正法帝曰威之以刑不若懷之以德宜還之乃命刑部員外郎呂淵等齎敕責讓令悔罪自新中華人被掠者亦令送還明年四月其王遣使隨淵等來貢謂海寇旁午故貢使不能上達其無賴鼠竊者實非臣所知願貸罪容其朝貢帝以其詞順許之

禮使者如故然海寇猶不絕

〔籌海圖編〕永樂十五年倭寇沙園所邊將執其酋首送京師詔待以不死遣刑部員外郎呂淵等使日本璽書責以敬天事大之義諭還所掠海上人次年淵還其國王亦遣刺史奉表稱謝〔又〕是年寇浙江松門金鄉平陽諸處

十五戊戌應永二十五年〔和漢年契〕義持殺義嗣〔日本外史八足利氏中〕當此之時關東兵力倍於京師而天子廢立公卿易置則京師專之威權無比世俗呼日公方初義滿定幕府官政武衞細川畠山氏更爲管領謂之三管山名一色京極赤松氏更爲侍所別當謂之四職武衞郎斯波氏京極郎佐佐木氏也武田小笠原氏更司弓馬禮式吉良今川澁川氏更爲武者頭伊勢氏爲奏者謂之七頭關東亦擬之自稱曰公方故上杉憲房之後世居鎌倉山內憲房兄仲憲其後世居扇谷稱兩上杉更爲管領而故氏滿弟滿直管陸奧出羽號曰三管千葉小山長沼結城佐竹小田那須宇都宮八族曰八館當持氏之時上杉氏憲執事持氏與之有隙氏憲辭職以上杉憲基代之憲基憲定子憲房玄孫也氏憲重顯玄孫也持氏叔父曰滿隆頗有聲望養姪滿仲爲子氏憲說滿隆曰公方耽溺酒色不可統師而憲基爲政又有偏私匡邪靖難非君而誰君若舉事臣請

輔之乃矯義持敎令密招將士將士競附二十三年十二月氏憲
將兵奉滿隆滿仲以圍持氏持氏大驚遽騎馬而走入憲基佐介
第憲基令族氏定拒之衆寡不敵持氏夜出西走從士多爲追兵
所殺至藤澤道場氏定自刃憲基奔越後諸敗軍聞持氏在伊豆
國清寺皆來集焉狩野介某黨於氏憲來攻破之持氏走駿河依
今川範忠告急於京師京師方流言大納言義嗣以不得立竊懷
觖望與氏憲通謀欲伐義持義持迫義嗣使削髮幽之於相國寺
下敎關東將士令救持氏憲基起兵越後江戶氏豐嶋氏二階堂
氏並起兵武藏以討氏憲氏憲遣兵攻之敗歸氏憲壻岩松持國
起兵上野以應氏憲二十四年正月氏憲與持國夾攻武藏勝而
平之既而持國驕恣將士離心氏憲終敗歸而附持氏者日衆持
氏乃以今川氏大森氏葛山氏兵攻鎌倉復之滿隆滿仲氏憲及
氏憲宰長尾氏春等皆自殺於雪下僧舍持國聚殘卒
兵與持氏將舞木宮內戰兵敗被擒明年義嗣暴卒〔日本國志〕明
遣刑部員外郎呂阿等齎敕詰海寇並責令送還所掠中國人義
持遣僧等持告絕好明使至太宰府而歸

〔江南經略〕永樂十六年二月倭寇入金山衞指揮同知侯端擊破
之端素剛勇初抵任以金山東南要害修城濠備器械練士卒爲
戰守備至是倭寇登岸端與指揮□卻（闕字）分兵出戰卻出南門全

軍皆覆賊由南門入城斷各門橋端孤軍在東門不得入乃引兵至西門橋亦斷仰天歎曰城亡吾分當死安可偷生遂策馬一躍過河入西門衆不能繼與賊巷戰數十合身被箭如蝟轉戰至衛門賊驚曰好將軍也乃以所掠染家布橫於街欲生致之端馳至以一劍挑布一劍截而斷之賊仆地而笑端由是得馳出東門次楊家橋鳴鼓招散卒得百人令曰今潮退舟膠人持草一束與礮俱進至海灘焚賊舟十餘艘賊不得歸遂大敗

十七己亥應永二十六年和漢年契行釋奠日本國志二十六年明使余某復來先是有載馬匹硫黃稱入貢者實日向土豪私船也成祖以無表不受至是使其徒十六人還義持令人持漢文阻之略曰修好通商靖邊利民非不甚願然我朝凡百聽神神所不許雖細故不敢舉行先君自承麻服雨暘不和尋罹疾疢易簀之際遺

命誓神宜絕遁信嚮既再申此意使今猶至殆未之通耶若夫流賊暴掠海島實逋逃兇徒所爲國家不與知聽上國力勦鋤之而已終義持之世絕不相通

明史日本傳十七年倭船入王家山島都督劉榮率精兵疾馳入望海堝賊數千人分乘二十舟直抵馬雄島進圍望海堝榮發伏出戰可兵斷其歸路賊奔櫻桃園榮合兵攻之斬首七百四十二生禽八百五十七召榮至京封廣寧伯自是倭不敢窺遼東

籌海圖編永樂己亥中軍都督府左都督劉江總兵鎮遼東甫至卽相地形勢請於金線島西北之望海堝築城堡立烽堠一日瞭者言東南海中王家島夜有火光寇將至江亟遣馬步軍校赴海上小堡備之翌日倭賊二千餘人以數十海艏泊馬雄島魚貫而上直逼堝下一賊貌甚醜惡指揮諸賊如入無人之境江得報但

令犒師秣馬略不爲意徐令都指揮徐剛伏兵山下百戶姜隆率壯士潛燒賊船截其歸路約曰旗舉伏起礮鳴奮擊不用命者戮既而賊至江披髮舉旗鳴礮伏兵盡起爲兩翼而進賊遂大敗奔匿櫻桃園空堡中我師追逼環而攻之且請入堡勦殺江不許故開西堡縱之仍分兩翼夾擊生擒數百人斬首千餘級閒有潛脫而逃竄者復爲隆所縛無一人得免者諸將請曰公見敵意氣安閒惟飽士馬及臨陣披髮而戰追賊入堡不殺而縱走之何也江曰窮寇遠來必饑且勞以逸待勞以飽待饑法也賊始魚貫成長蛇陣故作真武狀以鎮服之雖愚士卒之耳目亦可借以壯其氣賊既入堡有死而已我師臨之彼必死鬭我兵寧無傷乎故縱之生路而後掩擊之卽圍師必缺之意耳事聞徵至京師面慰勞之封廣寧伯食祿一千二百戶子孫世襲

庚子十八 應永二十七年〔和漢年契〕明遣使來

辛丑十九 應永二十八年

〔籌海圖編〕永樂十九年正月辛巳副總兵李珪敗倭於潮州靖海海濱珪光以昌化之陷戴罪殺賊大敗賊於靖海生擒十五人斬首五級悉送京師

壬寅二十 應永二十九年

〔籌海圖編〕永樂二十年倭寇浙東朱亮祖徐忠擊敗之亮祖破之於温州忠破之於桃渚斬獲獻俘由是賊始知戢斂

癸卯二十一 應永三十年〔四裔編年表〕足利義量爲將軍

甲辰二十二 應永三十一年〔和漢年契〕南帝後龜山崩〔日本外史八足利氏中〕二十九年佐竹某叛持氏持氏與戰於比企谷斬之小栗滿重宇都宮持綱又叛據結城持氏令上杉氏小山氏擊之明年持氏自將攻結城拔之斬滿重持綱京師援軍至駿河聞事平而歸持氏凱旋至武藏府聞義持庇故氏憲孤子某也怨之有畔心欲移兵西上三

十一年三月義持遣僧服西堂至武藏諭持氏弭兵持氏不聽西
堂往來辨說請義持持氏約爲父子至九月和成持氏乃歸鎌倉
義持性嬀情時會京畿無事以游宴爲事使三管四職更治
具招請先是一歲讓軍職於長子義量而自削髮稱道詮

籌海圖編永樂二十二年寇象山縣丞宋眞敎諭蔡海死之眞持
竿擊賊海罵賊不屈皆被害

乙巳仁宗洪熙元　應永三十二年和漢年契義量薨義持再視事

丙午宣宗宣德元　應永三十三年

籌海圖編宣宗宣德元年入貢人船踰數刀劍過多特諭來使今
後貢船不過三隻使人毋過三百刀劍勿過三十不許違禁

丁未二　應永三十四年和漢年契赤松滿祐反討平之日本外史八足利氏中三
十二年義量卒義持再聽政寵赤松持貞持貞貞範孫也初貞範
弟則祐以功領播磨備前美作以傳於子義則三十四年義則卒
四子則友滿祐祐之義雅則友夭滿祐爲嗣襲領三州義持欲削
其所領予之持貞滿祐怒自焚其第奔歸播磨義持遣細川持元
山名滿熙往擊之諸將多與滿祐連姻不欲往十月連署
訴持貞亡狀義持不得已令持貞自裁而赦滿祐歸京師

戊申 三 正長元年〔四裔編年表〕改元〔和漢年契〕秋七月帝崩年二十
七在位十六年義持卒〔日本外史八足利氏中〕義持疾作正長元
年正月薨至內大臣右近衛大將從一位
初義持有六弟懲義嗣之禍皆以爲僧及義持疾篤無嗣子幕議
或欲擇其一人爲嗣或屬意於持氏持氏亦冀立管領畠山滿家
建議不若質之神也自赴石清水祠鬮之得義圓義圓者義持第
三弟爲淸蓮院僧正於是蓄髮及義持薨入室町爲喪主三月敘
爵以其髮猶短裹頭以見諸將更名義宣後更義教七月稱光帝
崩義教迎崇光帝曾孫於伏見立之初崇光南遷後光嚴以太弟
卽位崇光還居伏見欲立其子榮仁屬之於細川賴之賴之不奉
詔立後圓融以至於帝伏見氏日微上皇憫之下宣以榮仁子貞
成爲無品親王中外皆稱有如宮車晏駕親王必立也帝聞之弗
懌貞成削髮以示意焉貞成子曰彥仁及帝有疾上皇與義教決
議令管領滿家迎彥仁立之是爲後花園
帝後龜山皇子冀立而不得怒奔伊勢

後花園天皇

〔日本國志〕後花園天皇諱彥仁後伏見五世孫北朝崇光曾孫父
貞成親王母敷政門院源氏年十歲卽位

己酉 四 永享元年〔和漢年契〕改元〔四裔編年表〕義教任將軍〔日本外史八足

利氏〔中〕明年北畠氏越智氏並起兵義教令土岐持數攻北畠氏破之以皇子歸寘之嵯峨令畠山持國攻越智氏於高鳥城未能下是歲改元永享朝議謂正長之號於王室將家皆爲凶也而持氏悒不得爲將軍猶私用正長曰吾何屈於還俗將軍乎義教亦自知天下多不服己者銳意爲政待諸將不假辭色軍國之事多所釐革〔日本外史五楠氏附北畠氏〕及稱光崩無嗣足利氏復索北朝皇族立之後龜山天皇之子曰小倉者自京師走伊勢依北畠氏起兵戰敗講和歸京師削髮入萬壽寺

庚戌 五 永享二年〔和漢年契〕持基爲攝政義教敘從一位〔四裔編年表〕從筑紫豪族於都城行大嘗會禮

辛亥 六 永享三年〔和漢年契〕義教詣伊勢高野

壬子 七 永享四年〔和漢年契〕冬十二月足利義教聘於明〔四裔編年表〕游駿河獵於不二山〔日本外史八足利氏中〕二年徙鎮西豪傑以充京師又欲圖東南三年游伊勢及紀伊四年游駿河館今川範政宣言觀岳是時越智氏猶據高鳥城城固不拔者數歲義教益遣兵攻之〔日本國志〕永享四年明宣宗皇帝念日本久不貢命中官柴山往琉球令其王轉諭日本賜之敕將軍源義教遣僧道淵上表乃有貢茅不入固

緣敝邑多虞行李往來願復治朝舊典語

明史日本傳宣德七年正月帝念四方蕃國皆來朝獨日本久不貢命中官柴山往琉球令其王轉諭日本賜之敕明年夏王源義教遣使來帝報之賚白金綵幣秋復至

籌海圖編宣德七年來貢如約束受之使者不知禮法甚擾於民禁之

案七年帝遣使八年倭使來明外史與正史合非七年也此七誤當作八

明會典宣德間使臣至通州湯飯令行在光祿寺辦送至濟寧州浙江布政司并寧波府茶飯管待

癸丑 八 永享五年和漢年契持基爲關白明遣使來四裔編年表義敎遣使於明日本國志明年宣宗復遣內官雷春裴寬鴻臚少卿

潘錫等送還賚銀綺緞匹等物

考日本書詳載當時賜物今備錄於下以徵一時典章

皇帝須賜日本國王白金二百兩妝花絨錦四匹四季寶相花藍一匹細花綠一匹細花紅二匹紵絲二十匹織金胸背麒麟紅一匹織金胸背獅子紅一匹織金胸背白獬綠一匹晴花骨朵雲青一匹晴細花綠四匹晴細花綠一匹晴細花青一匹素青三匹素紅二匹素綠三匹羅二十匹織金胸背麒麟紅一匹織金胸背獅子青一匹織金胸背虎豹綠一匹織金胸背海馬藍一匹織金胸背海馬綠一匹素紅五匹素藍三匹素青三匹素柳綠二匹素柳青一匹素紗綠一匹素茶褐一匹紗二十匹織金胸背麒麟紅一匹織金胸背獅子紅一匹織金胸背白獬青一匹織金胸背海馬綠一匹織金胸背虎豹綠一匹晴花骨朵雲紅一匹晴花骨朵雲青二匹晴花骨朵雲藍二匹晴花八寶骨朵雲綠一匹素綠一匹素紅一匹素青一匹彩絹二十匹綠七匹紅七匹藍六匹王妃白金一百兩妝花絨錦二匹細花紅一匹四季寶相花藍一匹紵絲十匹織金胸背犀牛紅一匹織金胸背海馬青一匹晴花八寶骨朵雲青一匹晴細花紅一匹晴細花青一匹晴細花綠一匹素青一匹素紅二匹素綠一匹羅八匹織金胸背獅子青一匹織金胸背虎豹紅一匹素藍二匹素紅二匹素青二匹素柳一匹紗八匹織金胸背獅子綠一匹織金胸背犀牛紅一匹暗花骨朵雲藍一匹暗花骨朵雲青一匹素紅二匹彩絹十匹紅三匹綠四匹藍三匹皇帝特賜日本國王幷王妃硃紅漆彩妝戧金轎一乘大紅心青邊織金花紵絲坐褥一箇脚踏褥二箇硃紅漆戧金交椅一對大紅織金紵絲褥二箇脚踏褥二箇大紅心青邊金紵絲坐褥二箇硃紅漆戧

金交牀二把大紅羅銷金梧桐葉織二把渾織金紵絲十四渾織
金羅十四渾織金紗十四綵絹三百匹銀盂等器二十件各色絲
綵繡圈金各樣花鏡袋十箇硃紅漆戧金寶相花摺疊面盆架二
座鍍金事件全古銅點金斑花瓶二對古銅點金斑香鑪二箇象
牙雕荔支烏木桿癢合子二箇香兒一百箇硃紅漆戧金椀二十
箇槖全黑漆戧金椀二十箇槖全鈚鐙籠四對雲頭桃竿全龍香
黑二十才笏青廣信紙五百張兔毫筆三百枝各樣箋紙一百枚蛇
皮五十張猿皮一百張虎皮五十張熊皮三十張豹皮三十張苓
香十箱每箱五十斤鸚哥二
十箇宣德八年六月十一日

籌海圖編宣德八年日本國王源義教卒上命太監雷春少卿潘
賜等出使垂弔以盡懷柔之意

案義教死在正統六年此誤文

甲寅 九 永享六年〔和漢年契後小松崩年五十七〕〔日本國志〕六年道
淵引錫等至騶騎至千二百餘匹八月雷春等還義教又遣僧中
誓隨行上表表有爭覩使星光彩則知官儀中興秋水長天極目
雖迷上下春風和氣同仁豈阻東西等語

乙卯 十 永享七年
明史日本傳十年十月以英宗嗣位遣使來貢
籌海圖編宣德十年遣使貢方物並奉表謝恩以八年遣使弔喪
也
明會典宣德十年回賜國王紵絲二十表裏紗羅各八匹錦二段
銀二百兩妃銀一百兩
丙辰 英宗正統元 永享八年日本國志中誓齋敕及賜物還是歲又遣使
明史日本傳正統元年二月使者還賚王及妃銀幣四月工部言
宣德間日本諸國皆給信符勘合今改元伊始例當更給從之
丁巳 二 永享九年和漢年契行幸義敎第明遣使來
戊午 三 永享十年和漢年契新續古今集成鎌倉持氏作亂
己未 四 永享十一年和漢年契春二月彗星出討持氏平之以上杉

義教學武技
清方上杉持常任東國管領從小笠原政康受射八年政康與村
上賴清鬪於信濃賴清輒敗乞援於鎌倉持氏欲援之憲基子憲
實爲執事諫曰彼非我管國也何關我事哉且我援賴清則將軍
必援政康是以兄弟之邦開天下之爭也持氏憚憲實權力勉從
之上杉憲直一色直兼有寵於持氏因間憲實明年四月持氏令
憲直直兼託援賴清徵兵於武藏欲誅憲實府下騷擾兵士大集
於山內持氏懼自往山內面論憲實歸罪於憲直逐之憲直逃入
藤澤寺事解釋十年持氏冠其子賢王欲行禮於鶴岡祠如遠祖
義家故事憲實又爭曰冠於室町受將軍偏諱禮也自先公至公
三世以爲恆焉今君乃變之不可持氏曰還俗將軍何足以冠吾
子哉冠吾子者非今上則伏見龜山二王而已遂冠祠前命名義
久諸將皆入賀之獨憲實稱病不入賀持氏怒欲發兵攻憲實憲
實乃奔上野據平井城明日持氏郎遣一色時永將兵往討憲實
遂要三浦時高輔義久守鎌倉而自將出陣武藏府憲實告急於
義教義教奏請討持氏一行詔副以教書使故上杉氏憲二子持
房教朝齎之以徇東北三道東海東山兵從持房自箱根進北陸
兵從教朝直赴平井合於憲實而南下陣於分陪持氏分兵拒之
九月持房與持氏兵戰於箱根不利又戰於早川尻破之進逼鎌
倉十月三浦時高叛持氏攻義久義久與叔祖父滿貞走匿扇谷
梁田某名家某力戰死之其它將士皆率歸憲實持氏窮蹙十一
月持氏遂削髮乞降憲實使長尾芳傳從持氏於永安寺置兵監
守迫憲直直兼使自殺盡殺其從士自與關東將士連署請義教
宥持氏死使者十餘反義教竟弗聽十一年正月憲實以義教令

遺兵令諸軍圍永安寺持氏縱火寺塔與其妻俱自殺義久滿貞皆死持氏少子二人曰春王安王皆髫齔爲乳母長尾氏所挈遁走日光山義教遣使鎌倉勞諸將以憲實管領東國憲實恐負殺君之名也自往永安寺伏謝於持氏影前抽刀將自殺爲從者所止不果乃削髮退居國清寺使弟清方與教朝同行管領事四索持氏餘黨

明史日本傳四年五月倭船四十艘連破台州桃渚寧波大嵩二千戶所又陷昌國衛大肆殺掠

籌海圖編正統四年賊舟四十餘艘夜入大嵩港襲破所城轉寇昌國衛城亦陷備倭等官以失機被刑者三十六人惟爵谿所以獲賊首畢善慶得免

庚申 五

永享十二年和漢年契春二月結城滿朝奉持氏之子春王安王作亂日本外史入足利氏中十二年正月春王安王潛遣使諭結城氏朝曰請假子之力擊上杉氏以復父仇氏朝謂其將士曰吾被佐公恩眷而不能救其死今兩郎君託我以大事是武人之榮也吾其可不出力生死以之乃令其子光久迎致二孤因大聚宗族修結城古河二城分兵守之持氏遺臣一色野田大井吉見諸族並起應之事聞京師義教授旗於持房赴鎌倉

再發東國兵以助清方七月清方將諸軍圍結城氏朝力拒數破
上杉氏軍義教益發兵又起憲實覲師憲實辭不聽憲實乃率東
北三道兵攻氏朝氏朝勉勵士卒嬰城固守憲實等不能拔也當
是時越智氏城已陷而北畠氏復起兵義教使人就講和焉曰吾
定關東然後翦滅之義教季弟爲僧曰義昭後龜山皇子在嵯峨
大覺寺者義昭與之親善於是義昭說皇子曰東西兵亂皇子欲
復舊業是時爲可北畠氏雖既和聞皇子起必復起兵土岐一色
等皆怨將軍其來附必矣又密使人約菊池大村諸族起兵遥爲
聲援菊池荅曰結城不下二歲者天下必搖動可以乘而起也義
昭乃閉門蓄髮義教怪其久不出廉問知實乃遣兵且捕之義昭
逃亡不知所之乃圖其
形索諸國購以千金

辛酉六

嘉吉元年（四裔編年表改元）（和漢年契）夏四月義教遣兵陷結城滿朝死之虜春王安王六月赤松滿祐弒義教秋八月義勝遣兵伐滿祐於播州九月京兵拔白幡城滿祐伏誅冬十二月太宰嘉賴反擊敗之（日本外史八足利氏中）嘉吉元年三月義教詣伊勢神祠疑北畠氏匿義昭親詷察之也四月結城古河皆陷氏朝父子戰死城兵悉死之以脫二孤二孤逃走爲上杉氏兵所獲獨持氏季子永壽王走信濃氏朝季子成朝走常陸上杉氏兵檻二孤而西五月薩摩人亦獲義昭首而東先至京師首壞敗不可辨義教召義昭所昵童子視之童子曰果僧正

則其二齒缺矣驗之果然義敎大喜乃遣使者迎二孤毀於塗遇
之垂泳護將長尾某乃入道傍佛寺進浴二孤二孤亦知其意正
坐受刃春王年十三安王年十一首至京師義昭召其乳母問持
氏子猶在乎乳母不荅嚙舌而死初尊氏與直義謀曰義詮不武
難以寄重任宜令基氏領關東以鎭護之乃立基氏輔曰義詮曰子
子孫孫相輔勿相背也然義滿義持皆有滅亡鎌倉之志至義敎乃
能成之云基氏之家既敗而義詮之家亦自是亂矣義敎爲人猜
暴以盛氣馭下既滅關東意益驕自謂爲祖父所不能爲天下無
復足畏者先是義敎襲職三歲侍女三人有罪賜死赤松滿祐女
與焉或曰滿祐怨望有異心義敎聞而囚之滿祐逃奔播磨遣兵
攻之滿祐力窮削髮出降宥之其七歲遺一色義貫土岐持賴攻
越智氏義敎嬖姬小辨者其家與一色氏有怨因讒義貫通款越
智氏義敎卽命武田信榮就軍中誅義貫夷其族又疑持賴命細
川持常殺之諸將士人人自危而滿祐最疑懼滿祐之與持貞爭
也及持貞死遂并其邑持貞兒子貞村幼喪父邑除義敎見其美
姿容收爲近侍甚寵之曰家兄庇其庶吾則庇其嫡自有別也因
疏斥滿祐滿祐形貌矮陋義敎戲呼之曰三尺入道滿祐嘗侍宴
醉舞謡曰軀短勿侮三國之主義敎愈惛之義敎畜猴每滿祐入
輒使人放猴爬其𩠐滿祐拔刀斬之心深怨義敎而不形顔色爲時
幕府多怪有狐夜鳴屋上宿直者或闘空室中見有偶人數十
鵜飼鵜飼者散樂曲名也忽而不見義敎略不加意貞村已壯寵
之不衰遂欲割滿祐邑予之將就其第諭意從容謂滿祐曰聞汝
園之梟乳矣可一觀否滿祐佯喜請期期六月二十四日滿祐從
子日敎祐爲幕府近臣微聞削邑之議以告滿祐滿祐大恚於是

召長子教康家臣渥美等議曰吾宗積功於將家將家遇我亡狀非一我伏受其制何所底止乎吾欲先發行大事汝等爲我努力教康等贊之乃伏甲三百於第中而請義教義教卽往置隨兵於門外獨與朝貴諸將入置酒高會觀散樂樂至鵜飼時已薄暮第中有呼曰廄馬逸矣因鎖關門門關而甲發義教將起教康教祐耦進執其左右手伏之曰今日之事公自取之渥美自屏後出揮刀斫其首一坐拔刀起起者輒見殺相殺者又數十人斯波義廉大內持世被創越垣而逃隨兵皆潰滿祐既弒義教欲待府兵來討戰死而諸將士悉聚幕府惶惑不知所出旦日滿祐乃以三百騎出京師至攝津中島邑葬義教首於崇禪寺而西歸播磨據白旗城自是幕府以鵜飼爲凶不列樂府也義教官至左大臣右近衛大將從一位薨年四十八七月持世創卒八月畠山持國滿家子也與管領細川持之等議立義教子義勝爲嗣甫八歲天子詔義勝討滿祐乃遣細川持常赤松貞村武田信貫自播磨山名持豐山名教之山名教清自美作兵凡五萬人滿祐聞貞村來大喜曰豐子來吾所願也乃遣兵逆擊於蟹坂大敗之持常與滿祐有姻自以一軍居前故逗撓不進九月持豐進至法華山山太險滿祐兵扼守其險懸巨材而竢持豐患之夜使土兵數千人持一炬上其傍山滿祐兵謂我冒險而入也走而拒之守險之兵滅持豐則收牛數百頭縛藁爲人跨牛背驅赴敵軍精兵數百鼓譟從之曉自隘口進滿祐兵以藁人爲敵悉發其懸材牛死而兵入滿祐兵驚潰持豐進入播磨連陷諸砦先衆至白旗城城兵逃降略盡滿祐與渥美等皆自殺乃以三國分賜持豐等持豐時熙孫也教康走北畠氏不內而死教祐走小貳[illegible]賴嘉賴內之大內教世

持盛孫也奉命擊破之嘉賴敎祐並走對馬乃賞賜嘉賴邑於敎世自明德應承二役山名大內氏皆微至是復興

壬戌七 嘉吉二年和漢年契持國爲管領日本國志將軍義勝遣使於明

籌海圖編正統七年入貢時貢船九隻使人千餘分發境清天甯谷寺安歇朝廷雖責其越例以遠人慕化亦寬容之八年六月使回迷失使頭普福二人在樂清沙嶴滕嶺坊長孔希名護解把總遣回普福在途悲感有詩云來遊上國看中原細嚼青松咽冷泉慈母在堂年八十孤兒爲客路三千心懷北闕浮雲外身在西山反照邊處處朱門花柳巷不知何日是歸年

癸亥八 嘉吉三年和漢年契朝鮮遣使來義勝薨日本外史八足利氏中三年義勝卒義勝幼喜騎馬卒墮馬死官止於四位左中將義勝母卽小辨讒殺一色義貫者世稱義貫爲祟云畠山持國爲管領議立義勝同母弟義成甫八歲後改名義政

四裔編年表南朝遣使奪神器附北畠氏日本外史五楠氏後十餘

年歲癸亥足利氏內亂楠二郎收南國兵得三百人奉萬壽寺金藏主者爲主分兵爲二隊二郎自將一隊夜入大內取三神器內侍鏡爲東門衛士所奪寶劍遺於清水寺側獨擁神璽據叡山中堂足利氏管領畠山基國遣兵來攻二郎與越智皆戰死金藏主自殺二郎者不詳其所出也二郎殘兵以神璽奉後醍醐帝曾孫某保吉野

明史日本傳八年五月寇海寧先是洪熙時黃巖民周來保龍巖民鍾普福困於徭役叛入倭倭每來寇爲之鄉導至是導倭犯樂清先登岸偵伺俄倭去二人匿村中丐食被獲置極刑梟其首於海上倭性黠時載方物戎器出沒海濱得間則張其戎器而肆侵掠不得則陳其方物而稱朝貢東南海濱患之

籌海圖編正統八年六月倭寇海寧乍浦諸處十月寇壯士所

甲子 九 文安元年和漢年契南方兵起京雨大小豆四裔編年表南朝遺人據叡山

乙丑 十 文安二年和漢年契成氏爲鎌倉主勝元爲管領四裔編年

表房嗣爲關白日本外史八足利氏中文安二年關東將士相與共請立故持氏子永壽爲鎌倉主以故憲實子龍稱執事永壽初走信濃依母黨大井持光上杉氏不之知也憲實既剃髮又與攻結城心甚愧之及結城陷則以其二子爲僧攜而西奔以自晦匿猶有一子在伊豆是爲龍稱自持氏亡關東不靖長尾昌賢建議欲立持氏肩子以慰藉衆心乃索獲永壽請之京師京師議許之賜永壽名成氏賜龍稱名憲忠既而結城成朝來自陸奥仕成氏成氏與之謀欲修怨於上杉氏實德二年謀泄成氏走江島憲忠追戰於海濱將士和解之奉成氏歸鎌倉事纔得釋而京師比年多虞南國兵乘隙並起赤松教祐在朝鮮聞亂而還欲復其家發覺被誅初赤松氏亡畠山持國謂功臣之後不當絕也欲令故滿則子則重奉祀曰滿則死明德之役而則重不與嘉吉之逆是宜立也赤松氏遺臣因擁則重起播磨山名持豐聞之曰吾樹功受封賊黨敢欲奪之乃將兵發但馬擊殺則重持豐國不平持國父子擁立三將軍官至從三位頗驕恣其朝政府或乘蔑與從騎士其下亦多犯法者藤原兼良藤原房嗣皆薿關白交賂於持國其威權如此而持豐與之抗衡持豐剃髮曰宗全以女妻細川勝元勝元滿元孫也勝元自父持元伯父持之與畠山氏更爲管領以故深結持豐以傾持國持國無子養姪政長爲嫡嗣任尾張守已而生男義就爲右衛門佐持國愛之欲廢政長其家長游佐某數擊南兵有功持國因命游佐輔義就游佐同僚神保某嫉游佐權勢欲立政長而排游佐乃教政長自託於持豐勝元

丙寅 十一 文安三年 和漢年契 秋九月盜入禁中竊神璽

籌海圖編正統十一年倭寇海塩乍浦諸處

丁卯 二十 文安四年和漢年契兼良爲關白南方平四裔編年表殺南朝王子

戊辰 三十 文安五年和漢年契天下大饑

己巳 四十 寶德元年四裔編年表改元義政立

庚午 景帝景泰元 寶德二年四裔編年表持通爲關白

辛未 二 寶德三年和漢年契琉球遣使來我聘於明四裔編年表行平均德政房平爲關白盜焚持國第日本國志義政遣僧允澎芳貞於明上表稱臣用正朔後爲常

壬申 三 享德元年四裔編年表改元

癸酉 四 享德二年和漢年契持通爲關白義政敘從一位四裔編年表關東亂

明史日本傳景泰四年入貢至臨清掠居民貨有指揮往詰毆幾死所司請執治帝恐失遠人心不許先是永樂初詔日本十年一貢人止二百船止二艘不得攜軍器違者以寇論乃賜以二舟爲入貢用後悉不如制宣德初申定要約人毋過三百舟毋過三艘而倭人貪利貢物外所攜私物增十倍例當給直禮官言宣德間所貢硫黃蘇木刀扇漆器之屬估時直給錢鈔或折支布帛爲數無多然已大獲利今若依舊制當給錢二十一萬七千銀價如之宜大減其直給銀三萬四千七百有奇從之使臣不悅請如舊制詔增錢萬猶以爲少求增賜物詔增布帛千五百終怏怏去

甲戌五享德三年（和漢年契）冬十二月足利成氏殺上杉憲忠憲忠之臣長尾景春攻成氏成氏軍敗奔古河城勝元逐義就（日本外史八足利氏中享德三年四月持國請義政立義就欲誅政長政長走匿於勝元家使神保等依持豐八月畠山氏將士率屬政長京師大

騷幕府召諸將自衛獨持豐勝元不往其夜有人縱火於持國第持國奔入伯父滿則第義就奔依山名教之教之不內則入游佐家游佐家又火終奔河內持國遂匿建仁寺於是勝元攜政長入謁幕府白義政曰近日之事臣僕礒谷所爲也九月誅礒谷以謝而政長竟得立焉遣兵擁持國而歸踰歲持國卒義政聞焚持國第者持豐所爲也十一月召諸將命誅持豐勝元佯拔其衆赴東山舉族從之幕府兵寡勝元乃爲請赦持豐持豐又謝獻誓書事輒釋乃罷持豐之國（日本國志）享德三年

使還先義政表曰書籍銅錢久仰上國永樂中例賜銅錢近無歷資公府索然何由利民欽請周急景皇帝命給之使臣捆載而歸義政聞貢使至臨淸有掠居民貨事遂囚之獄尋移書朝鮮王轉請謝罪旋又遣使貢馬於中朝

乙亥 六 康正元年（四裔編年表）改元（和漢年契）夏五月足利義政封赤松則尚赤松教祐於播州山名宗全殺教祐則尚政長與義就和

（日本外史）八足利氏中細川成之乘間請錄赤松氏之裔義政許之成之持常子也康正元年夏召赤松教祐弟則尚賜之播磨持豐怒逆擊則尚殺之因怒曰則尚之立勝元何不沮止之乃欲使之剸刃婦翁腹耶勝元無子養持豐子爲嗣已而生子則廢

之持豐因是恨勝元也無幾何持豐被赦歸京
師勢威益熾持豐長身赭面人呼曰赭入道

籌海圖編景泰六年倭寇健跳所

丙子 七 康正二年和漢年契後崇光崩年八十

丁丑 英宗天順元 長祿元年四裔編年表改元和漢年契正月兩日出

戊寅 二 長祿二年四裔編年表南朝人擁神器據吉野赤松氏護神器和漢年契神璽入洛行賞於赤松日本外史八足利氏中時赤松氏遺臣所在伏匿憚持豐不敢有爲有石見者焉仕內大臣藤原實量常思復赤松氏從容語實量以其志曰細川氏山名氏內有釁隙臣以爲以此時附細川氏則志或成矣因出示尊氏與則村書實量覩書歎曰其祖爲將軍之父其孫爲將軍之仇仇讎之責汝何以償石見曰今將軍立之歲南人犯闕奪璽璽今在吉野臣請往收復之乃令舊僚中村某等往吉野佯仕南朝皇子長祿元年中村終得殺南朝皇子取璽還獻義政議賞其功勝元贊之賜邑於赤松政則政則父性存義雅子也於滿祐爲姪嘉吉之變猶幼依建仁寺僧龍澤而免後生政則甫五歲於是賜加賀之半持豐怒使刺客刺殺石見當是時三管領細川氏獨盛四職山名氏獨盛而伊勢氏權勢甲於七頭日本外史五楠氏附北畠氏歲戊寅赤松氏遺臣二人詐來仕弑皇曾孫從者追殺一人其一人遂奪璽而去先是後村上天

後花園

皇子泰成生圓肩爲圓滿院僧正蓄髮更名義有癸亥之難楠二郎之弟某奉義有起兵據八幡迎擊畠山氏兵大破之細川氏來攻楠氏不利退入紀伊據湯淺城歲丙寅畠山氏將游佐來攻楠氏又擊破之丁卯冬游佐復聚兵來攻城終陷義有遇害楠某死之楠氏之事終於此毋所復觀名和兒島土居得能氏蓋先楠氏而亡後楠氏而存者菊池北畠氏菊池氏數世至義宗者乃亡北畠氏十餘世至具教者乃亡此二氏者自楠氏衰皆降足利氏或曰楠正儀亦降足利氏蓋有深謀焉史乘散佚不可考信要之正成宗族與後醍醐皇統相爲終始楠氏亡而後二百餘年權中納言源光國立石於湊川題曰嗚呼忠臣楠氏之墓

○外史氏曰余數往來攝播開訪所謂櫻井驛者得之山崎路一小村耳過者或不省其爲驛址蓋經足利織豐數氏世故變移道里驛程輒從改耳余於是低回不能去顧望金剛山巖立雲際想見公舉義之秋及其子孫據以扞護王室也觀公詣行在對天子曰臣而未死賊不患不滅夫以一兵衛尉而居然以天下之重自任豈非感激知遇以身許國哉故能以赤手障江河回天日於既墜何其壯也公聚北條氏精銳於一城之下而使新田足利之屬擣其空虛以殪其渠魁帝之復辟疇爵任職宜以公爲首而纔能與結城名和輩比肩其失於舉措足以知中興之無成矣及足利氏叛朝廷方倚新田氏爲重公特充偏裨供其驅使亦以其門地有不若焉爾然京師大捷殆致埽殄者非自公之策耶嚮使帝以其所任新田氏者以任於公平曷至使犬羊狐鼠之賊蹂踐吾朝廷哉然觀其臨死戒子又曰吾死天下悉歸足利氏夫知天下之不可爲而猶留其子孫以衛天子其設心雖古大臣何以遠過故子孫能守其遺

訓護正統天子於彈丸黑子之地以防四海寇賊者及三朝五十餘年之久舉一門之肝腦而竭諸國家之難至其斷盡灰滅而後足利氏始得大成其志於天下蓋朝廷不能大任楠氏而楠氏所以自任莫以加焉世之論中興諸將尙視其貪望大小而不深揆其實亦與當時之見等耳不有楠氏雖有三器將安託焉以繫四方望哉笠置夢兆於是益驗而南風不競俱傷共亡終古莫以恤其勞悲夫抑正閏雖殊卒歸於一能熙鴻號於無窮使公有知亦可以瞑矣而其大節巍然與山河並存足以維持世道人心於萬古之下比之姦雄迭起僅能傳數百年者其得失果何如哉

明史日本傳天順初其王源義政以前使臣獲罪天朝蒙恩宥欲遣使謝罪而不敢自達移書朝鮮王令轉請朝鮮以聞廷議敕朝鮮覈實令擇老成識大體者充使不得仍前肆擾既而貢使亦不至

籌海圖編天順二年入貢至京師宴賞豐渥捆載而歸

案史云天順貢使不至此云二年入貢未知孰是

己卯 三 長祿三年 和漢年契 營華亭 四裔編年表 去年敎房爲關白

庚辰 四 寛正元年〔四裔編年表〕改元〔和漢年契〕朝鮮聘使來義政任左大臣冬十月畠山政長討義就於河內〔日本外史八足利氏中〕

先是斯波義將義重義淯義繼父子相襲享德中義繼夭無子以族義敏爲嗣義敏者義將弟義種之曾孫也斯波氏家有三老曰甲斐織田朝倉三老常不喜義敏相共竊罵之曰新主人何無禮於舊家臣也因伊勢貞親請廢之貞親娶甲斐氏則右之爲請義政義政欲兩和解之三老不肯乃諭義敏讓其子松王而自退三年義敏致仕貞親乃請立義廉許之義廉者義種孫也義敏失望走依大內教弘伊勢氏世掌出納甚有權而至義政時尤甚義政妻曰富子藤原重政女也有寵所言莫不聽從內謁公行號令抵牾而伊勢專權於中閒其義政獨事游宴而已義政喜奢侈高倉第障子一間直二萬錢其它稱之以故征賦什倍前代前代借徵內富商之金率一歲不過數次至義政一時則一月或八九次故事每將府有大儀課諸將助其費率十歲一舉義政五歲九舉天下凋弊近江士人熊谷某好學密上書幕府極諫義政義政怒曰其言則然而非其人矣命貞親奪熊谷邑逐之先是畠山政長義就閱河內義政兩赦之入京師寛正元年九月義政命貞親逐義就義就曰吾顧無罪將軍豈信讒乎乃奔河內義政令政長攻之陷若江城

辛巳 五 寛正二年〔和漢年契〕冬十月足利義政遣弟政知任關東總

壬午 六 寛正三年（和漢年契）夏四月政長陷金胎御嶽諸城義就奔吉野

癸未 七 寛正四年（和漢年契）元日三日並見（日本外史八足利氏中）細川勝元請援政長三年勝元令族成之爲假管領將二十餘州兵赴援義就以數百人據岳山金胎寺二城擊卻京軍而金胎寺竟陷四年三月京軍圍岳山山名是豐以備後兵先登與義就戰七勝七敗城兵疲而卻是豐曰我宗全子也不拔城不已城兵不敢出義就揮刀身先士卒是豐曰義就勇士眞吾敵也戰至日暮乃交解四年岳山陷義就欲自殺湯淺二郎代死義就走脫入高野政長攻之又走吉野政長凱旋是豐歸語父以義就勇持豐心奇之

甲申 八 寛正五年（和漢年契）秋七月帝禪位於皇太子在位三十六年政長任管領冬十二月足利義政養其弟義視爲義子（日本外史八足利氏中）五年皇太子受禪是爲後土御門帝義政亦倦政欲辭職而歲三十未有子也弟義尋削髮爲淨土寺門主義政欲讓職於義尋義尋固辭曰近日人情反覆可畏義政使人言曰子豈有所顧慮耶吾他日舉男就襁褓卽爲僧耳必不子廢也子第速來代我義尋乃蓄髮從今出川第更名義視將士赴謁勝元執事焉已而義政殊無讓職之意（日本國志後土御門

帝寬正五年義政復遣清啟等於中朝貢表有云渺茫海角雖不隸版圖之中咫尺天顏猶如在輦轂之下至京隨人傷人於市憲宗皇帝命付清啟尋釋歸

後土御門天皇

和漢年契後土御門天皇諱成仁後花園之子日本國志母嘉樂門院藤原氏

乙酉憲宗成化元 寬正六年和漢年契義尚生日本外史八足利氏中六年十一月富子生男義尚內外慶賀富子不忍以爲僧也日夜啼泣願立爲嗣欲得一强援念諸將有威力者曰無若赭入道者密作書屬持豐曰吾欲立孺子而義視業已爲嗣勝元輔之不可撼也願公爲吾圖之持豐素恨勝元欲立義尚而已執事焉也乃許諾之因請赦義就入京師以援己

丙戌二 文正元年四裔編年表改元和漢年契持通爲關白寄書於朝鮮斯波義敏與義廉爭家跡日本外史八足利氏中持豐又以女許嫁斯波義廉時義敏在周防

其妹爲伊勢貞親妾有寵其子松王爲僧貞藎弟子於是妾與貞藎日請復義敏貞親遂以教旨召義敏入京師禁義廉朝從收其第宅義廉走告之持豐持豐大怒欲自往其第以拒公使家臣垣屋大田垣等交諫曰以私姻背公命其若之何君盍以其適武衞者轉適公方乎是轉禍爲福也君不聽臣等臣等當薙髮染衣不仕高野粉川而已不忍覩君及禍也持豐笑曰吾加箭於奴輩何不可之有赤松滿祐之弑普光公也細川六角武田諸人往者如雲大敗於蟹坂路跙不進然而自但馬口入一戰梟逆賊首以報將軍仇者誰乎然未幾何召賊餘孽奪我功田予之吾聞父讎不與共戴天田夫野人猶知此義今不疾父讎而疾報讎者欲奪此以予彼如此公方眞可賴也饒令吾背公命而若輩謹愼以納媚焉何必高野粉川之之因拂衣而入大聲罵曰大姓有可罰者當告管領諮諸將以決其議貞親一豎子敢進退三職欲使武衞之家亦踵畠山氏之禍禍敗之至眞不可測今日在彼明日在我我必往與義廉共生死耳於是山名氏家臣咸決意修兵京師訛言今出川氏亦右義廉義覜懼乃走入勝元第有人告貞親曰細川山名奉命來討四月貞親東奔伊勢義敏北奔越前諸將連署請誅貞親曰貞親不伏誅則羣臣不復能朝從義政不得已聽之使人諭解義覜於是持豐復請赦義就義政許之持豐喜使使報義就義就在熊野得報卽發九月入河內政長部將守若江城怖棄城走義就盡定河內十一月入京師謁幕府徑詣謝持豐極歡而出或夜書義就門曰右衞門佐拜戴二物御所之杯山名之足義就謂勝元政長之黨所爲也

籌海圖編憲宗成化二年倭船至寧波覘知有備矯稱入貢時都指揮張翥洞燭其僞貢之奸而去又是年寇陷浙江大嵩所賊僞稱入貢官軍不爲嚴備遂襲破大嵩所官兵夜圍其舟檣鐙達曙不移舟已乘潮遁去鐙皆懸於篙端篙卓沙上蓋設詐以款追兵也囊閭大臣以失機獲罪

丁亥 三 應仁元年和漢年契改元春正月管領政長出奔二月細川勝元山名宗全作亂搆兵於東西京日本外史入足利氏中明年改元應仁故事每歲首管領以下更饗將軍是時政長爲管領正月二日政長治具請義政義政不往政長驚曰吾勤仕與等饒使不蒙褒賞何遽至被疏斥蓋宗全義就讒言所致也義就聞之大喜曰彼已爲將軍所疏斥當往驅逐之政長家宰神保長誠請政長修守備十五日持豐饗義政畢聚義就義廉等諸將圍幕府而請曰義就既被赦當移任本第而勝元右政長以梗公命請詰問之義政乃遣使問勝元勝元曰吾將自往荅矣使者還報幕府戒嚴兵聚細川氏者可一萬義就等亦聚兵於幕府義政出令曰政長義就獨身決戰諸將毋得援持豐怒曰三日請之一朝失之如何義就曰獨身決戰吾所願已旦門僕當以手兵赴攻諸君傍觀勝敗何如於是諸將皆奉令

勝元弗肯義政令細川敎春往諭勝元曰不奉令者叛也勝元薰
息久之乃荅曰賴春死國難賴之輔幼主以至於臣六七世未嘗
背叛也今寍背友誼不忍被叛名當謹奉令耳長誠聞之謂政長
曰右京大夫已不援我我孤立矣義就自幕府來諸將豈無潛援
之者本第平夷不可拒守爲今計者宜據上御靈林南負相國寺
西依大夫第戰郎不利大夫豈坐視乎且大夫家老安富元綱與
臣親善郎使大夫不援而元綱必來也政長然之乃燒其第以六
千人出從士以爲奔也行道亡比至御靈林裁二千人而已義就
日兵利在乘勝是不可失矣十八日侵晨赴之時方雪兵凍不輒
前政長兵亂射發數百人而義廉等潛來助義就政長苦戰細川
氏闔門不敢出援長誠使人與元綱曰自旦戰至暮我兵疲矣不
敢望援兵特請惠一尊酒將與主公訣飲自裁元綱不荅政長夜
縱火祠宇穿林而逃義就入覩宇下有三尸曰尾張守死矣乃凱
旋持豐大喜散遣其兵世嗤勝元不援政長也謠曰細川宜政洲
股川害尾張者是此川勝元愧之閉門不出叔父持賢數激怒之
時勝元第在東持豐第在西以夾室町府義視往來二人間和解
之勝元陽伏從之持津意益驕不復設備兵元寬之潛發兵諸國
勝元自發其所管攝津丹後土佐讚岐之兵族政之以阿波參河
師春以備中元春以和泉政春以淡路斯波義敏以越中畠山政
長以紀伊河內京極持淸以隱岐出雲飛彈近江赤松政則以播
磨備前美作武田國信以安藝若狹並屬勝元兵凡十六萬餘人
議日幕府門前有一邑義直第與西陣相接而爲之守我今遣一
將陣實相院以隔絕之則義直必怖而走我可以取幕府也五月
二十四日遣武田國信等陣焉義直果走勝元乃入幕府請將軍

牙旗樹之四足門又迎義視置府中令將士屯諸街巷以討持豐持豐聞之曰悔爲豎子所先於是亦發兵持豐自發其所管但馬播磨因幡之兵族教幸以伯耆備前教清以美作石見斯波義廉以越前尾張遠江畠山義就以大和河內紀伊畠山義純以能登六角高賴以近江一色義直以丹波伊勢土佐土岐成賴以美濃並屬持豐兵凡十一萬餘人山名是豐與勝元約爲父子以故獨屬東陣西陣遣垣屋攻實相院遣大田垣守東面前壘京師人民負擔奔竄後二日細川氏兵攻前壘發火箭燒而走之持豐遣義廉教幸攻師春大宮第師春乞援於勝元勝元乃遣持清將薦人過戾橋未陣義廉將鹿草朝倉等呼譟薄之持清兵卻遂大奔爭橋而墜老數千人政則曰備中守孤軍嬰壁不援之者非士也勒三百騎自緒熊巷赴援擊走義廉兵拔師春入政之村雲第山名氏兵躡之縱火第外戰煙燄中如此者兩晝夜伏尸塡塞街衢六月東西陣交解而退東陣據相國寺西陣據武衛氏相持未戰西陣兵漸加大內政弘素黨西陣與河野氏合兵三萬來援東陣遣政則拒之於攝津遣政國國信攻武衛壘欲及政弘未至拔之迭攻二十日未能拔而政弘已至擊政則政則走至五條不得入乃東走岩倉山西陣望見其炬火遣兵三道要擊皆敗卻政則經神樂岡自御靈口入東陣東陣流言將軍近臣有通款西陣者常泄密謀所以取敗八月勝元與家臣議以甲六千扼守諸門使教春請逐畨眾十二人義政聽之近臣皆怒曰上意所注在西西勝則笑東勝則饜何獨吾儕吾儕選於眾中特受放逐之命亦足以死矣爭結東將鬬當是時勝元迎上皇天皇於幕府政長特敘三位護輿至門門中喧騷輿止門外者自午至亥藤原公春吉良義信

以義政旨諭近臣近臣乃出奔西陣而輿乃入蓋勝元計義政如
不右己則挾天子以戰也持豐亦計攘下京之敵以出敵東面取
三寶院相國寺以塞御靈口也九月令義就政弘成賴高賴義直
赴攻五將臨發誓持豐曰此行不取相國寺者無復生還乃各將
萬人攻三寶院武田國信弟基綱與其父信賢以二千人守之力
拒終日兵皆散亡基綱獨開院門偏扉以身當敵敵不敢逼畠山
氏驍卒野老源三有脅力挺進搏之基綱叱曰試受吾刀乃擊其
胄刀折基綱大號奔逸莫敢過者源三頭碎死西陣兵既取三寶
院進攻淨華院逐守將京極持清焚近衛鷹司以下三十七第遂
向相國寺勝元令安富元綱等三千騎守相國寺別出兵於一條
而寺僧陰通款於西陣舉火爲應捍一條相駭顧引還西陣五將
追至寺門元綱兄弟以手兵拒總門與政者成賴格鬪七合殺傷
大當自晨至昏西陣兵終不能入已而東門失守西陣兵坌入元
綱兄弟咄嗟驍西箭洞胸死政引成賴既取相國寺收所獲首級
載之以車八輴以送致西陣因屯相國寺址政之來謂勝元曰敵
屯相國寺我猶釜中魚也急遣一將擊走之勝元曰吾亦思此而
諸將士各有所守輿敵相拒不可拔足誰赴援者秋庭某進曰畠
山公其人也勝元曰然召政長語之故曰事急矣煩公一行果勝
則當今忠動出公右者政長對曰僕雖無似辱受此命不敢不
往顧御靈林之役多亡士卒在者僅二千而已若之何勝元有懟
色政之乃令其部將東勝某援政長政長於是出四足門觀者相
語曰以此寡兵恐不能克政長據鞍而言曰諸君勿憂政長往焉
雖有百萬敵保能破之即得克乎今日之事僕專任其功諸君幸
證之乃進望斂陣指問其候騎曰彼山門前者爲誰曰成賴山門

後者誰曰義直其南者誰曰衛門佐氏神保長誠說政長曰敵兵
衆盛如彼君厚集其兵合力衝突之彼必縱兵圍我我可以破其
一面也政長從之乃蒙楯而前比薄敵乃舍楯直衝門前陣大
潰卻入門後門後兵沓壓不能揮槍義就謂其將甲斐莊某曰彼
其尾張守也我前軍槍鋒不整必敗亟勒隊吾將代進言未畢門
後兵大敗奔壓義就軍軍不得戰而走東陣復取相國寺政長名
震兩陣開於是兩陣皆戰疲交綏以相國寺爲界高壘浚塹爲持
久計當是時伊勢貞親在鈴鹿關聞京師亂乃歸依勝元勝元以
其不善持豐欲置爲己黨爲請復其舊職以伺察府中應敵者義
視素惡貞親恐其離間兄弟意不自安竊謀逃奔遂間行至北畠
教親營與俱奔伊勢

戊子四 應仁二年〔日本外史八足利氏中〕二年四月義政以書招還之義視狐疑不應勝元政長政則等連署請之乃還九月入幕府會有蜚語勝元謀廢立義政疑懼勝元聞之乃陰計走義視於西陣十一月令武田信賢擁義視冒雨上叡山持豐聞之喜遣兵迎之奉於武衛氏時義視爲正二位權大納言十二月詔削其官爵大納言藤原敎忠等七人留在禁內遂奔西陣亦削其籍勝元復爲管領政則爲侍所司政則家老浦上某爲所司代自是兩陣如將軍兄弟爭者

〔明史日本傳〕成化四年夏乃遣使貢馬謝恩禮之如制其通事三人自言本甯波村民幼爲賊掠市與日本今請便道省祭許之戒

其勿同使者至家引中國人下海十一月使者清啟復來貢傷人於市有司請治其罪詔付清啟奏言犯法者當用本國之刑容還國如法論治且自服不能鈐束之罪帝俱赦之自是使者益無忌

己丑五 文明元年（四裔編年表）改元

庚寅六 文明二年（和漢年契）後花園崩年五十二寄書於朝鮮（日本外史）八足利氏中文明元年三月勝元遣部下兵夜縱火西陣入至持豐營持豐提薩乃出親戰庭中從兵四集殺安富某等十餘人餘兵走歸四月義政分予冄後於信賢政國二人遣吏入國山名氏吏拒戰迭有勝敗五月多賀高志率近江兵入援東陣聞西陣黨六角龜壽起近江則引還勝元乃令國信城北白河屬之叡山以通近江商賈又令是豐城天王山塞西陣糧道持豐令義就屯勝龍寺拒之又令政弘城狛野以其家臣二尾某留守焉二尾叛應東陣會少貳嘉賴子敎賴歸自對馬謀復其國西陲大亂政弘走歸周防西陣失勢赤松氏將中村某亦略播磨備前美作盡復其國二年十二月上皇崩於幕府三年正月葬上皇葬儀不備義政徒步奉送

辛卯七 文明三年（和漢年契）夏五月上杉顯定拔古河城成氏出奔

總州千葉

壬辰 八 文明四年（和漢年契）天下大旱（四裔編年表）義尙任將軍

癸巳 九 文明五年（和漢年契）春三月山名宗全死夏六月細川勝元死（日本外史八足利氏中四年勝元以將軍旨說畠山義統義統降義政賜之越中能登以通北國糧道西陣益失勢逃降相屬五年三月持豐病卒西陣猶不解去勝元欲乘喪擊之五月勝元亦病卒子政元嗣勝元與持豐搆難未決勝敗而死然政權終歸細川氏○日本外史九足利氏正記足利氏下兩陣皆喪首領猶屹然相對十二月義政讓軍職於義尙甫九歲畠山政長爲管領七日而辭以族義統代之賞降東陣功也）

甲午 十 文明六年（和漢年契）遺書於朝鮮

乙未 十一 文明七年（和漢年契）義尙任參議聘於明（日本國志）文明七年義政復遣僧妙茂等於中朝表乞銅錢書籍詔賜錢五萬貫暨百川學海法苑珠林等書其表曰日本國王臣源義政上表大明（涵春育元化爰及四方華夏蠻貊歸仁草木蟲魚遂性洪惟大明皇帝陛下神文聖武睿智慈仁皇家一統車書攸同黻邑多虞鼓）

角未恩禹貢山川之外身在東陬洛邑天地之中心馳北闕茲遣正使妙茂長老副使慶瑜首座謹拜方物親承寵光冀推丹衷曲賜素察謹表以聞臣源義政誠惶誠恐頓首謹言成化十一年乙未秋八月念八日日本國王臣源義政謹表義政名下鈐日本國王印又別幅具開貢品咨禮部曰馬四匹散金鞘柄大刀二十硫黃一萬斤馬腦大小二十塊貼金屏風三副黑漆鞘柄大刀一百把槍一百把長刀一百柄鎧一領硯一面並匣扇一百把又奏計日成化五年伏奉制書特頒勘合幷底簿等物聖恩至重手足失措感戴感戴然而敝邑搶攘所謂給賜等件件皆爲盜賊所剽奪止得使者生還而已爰有景泰年間所頒未塡舊勘合請以此爲照驗今後濫行今塡勘合者必賊徒也罪當誅死抑銅錢經亂散失公庫索然土瘠民貧何以賑施永樂年間多有此賜又書籍焚於兵火又一奏也敝邑所須二物爲急謹錄奏上伏望俞容書目開列於左方佛祖統記全部三寶感應錄全部教乘法數全部法苑珠林全部賓退錄全部兔園策全部遯齋閑覽全部類說全部百川學海全部北堂書鈔全部石湖集全部老學菴筆記全部末書右咨禮部成化十一年八月念八日鈐用日本國王印

籌海圖編成化十一年入貢諸使詣京沿途騷擾朝廷爲禁約之

案史不載十一年入貢圖編不載四年互異

丙申十二 文明八年

丁酉三十 文明九年〔和漢年契〕東西軍敗政長任管領冬十一月宗全殘黨去京皈國義視往濃州洛中靜謐〔日本外史九足利氏下〕九歸國義視往依土岐氏東陣亦解自應仁元年至此凡十有一歲兩陣兵士交出焚掠文武第宅蕩爲荒野關白兼良以下諸公卿散走四方或遭戕害歷朝典籍概罹兵燹而義政宴詠自若發使者赴朝鮮求勘合印信以購海外珍寶

〔明史日本傳〕十三年九月來貢求佛祖通紀諸書詔以法苑珠林賜之使者述其王意請於常例外增賜命賜錢五萬貫

案此次入貢圖編不載

戊戌十四 文明十年〔和漢年契〕冬十月成氏與顯定講和復入古河城顯定繼山內家居上野平井以管八州成敗上杉定正家老大田道眞及男道灌在武州河越與江戶城私謀聞於諸士八州多背顯定從定正者於是兩上杉矛盾合戰不已

己亥十五 文明十一年〔和漢年契〕義政隱東山秋七月朔北小路皇居

火冬十一月義政讓職於義尚退居東山東求堂造銀閣集古書器玩焉〔日本外史九足利氏下〕十一年遂退居東山起銀閣以擬義滿金閣不以爭亂加意諸國強臣往往乘亂奪國葬上皇之歲斯波氏家臣甲斐某弒其君奪越前以應西陣朝倉敏景誅殺甲斐義政賜之越前於是織田氏乃奪尾張義政不問也自是天下武人不復朝足利氏山名氏及其黨與諸將散在諸國往往漸就衰滅而細川氏與上杉氏張於東西者如故上杉憲忠之與成氏和也義政亦使使者諭解之而君臣猶相嫌隙後四歲成氏與結城成朝謀伏力士於門側而召憲忠憲忠至入門力士擊殺之上杉氏族皆怒叛成氏明年長尾昌賢請京師立憲忠弟房顯爲管領與扇谷上杉定正共攻成氏轉戰武藏相模閒房顯築壘於五十子兵結不解者三歲矣房顯定正請京師曰願得戴一將以討成氏義政乃使其弟削髮爲香嚴院主者蓄髮命名政知遣之關東關東將士多歸心於成氏少附政知者於是政知留在伊豆掘越房顯既卒子顯定嗣顯定與定正奉政知數攻成氏成氏走據古河城城負常陸右下野左下總千葉小山結城宇都宮諸族爲之羽翼顯定定正攻之十一歲而陷成氏奔千葉後七歲與上杉氏媾得復古河請和義政聽之實文明十年也〔日本國志〕義政喜奢靡一花亭亹費六十萬緡一燬閣帳子費三萬錢故賦斂日增故事借富商金以供用義滿時歲四次義教歲十二次至義政乃月八九次又下借貸不償之令名曰德政故事有大儀課諸侯助役概五六年一舉義政五年九舉是以公私交困義政日恣淫樂政事委之傳宣之臣及妾媵僧尼請謁公行號令

牴牾亂黨交攻輦轂兵燹七道之内俱爲戰場爲日本古今極亂之世

庚子十六 文明十二年〔和漢年契〕教房薨上州

辛丑十七 文明十三年

壬寅十八 文明十四年

癸卯十九 文明十五年〔日本國志〕十五年復乞銅錢表略曰敝邑久承焚蕩之餘銅錢埽盡公私偕虛何以利民今差使入朝所需在斯聖恩鴻大願賜錢一十萬貫則國用足矣時日本所在用兵自是不能復通而往來通商者皆周防大内氏豐後大友氏爲多

甲辰二十 文明十六年〔和漢年契〕義尚敘從一位

〔明史日本傳〕二十年十一月復貢

〔籌海圖編〕成化二十年六月使臣周瑋等入貢敕諭彼王知會自後宜恪遵宣德中事例

案史十一月圖編六月互異

（明會典）成化二十年回賜國王紵絲二十表裏紗羅各二十四匹錦四段銀二百兩王妃紵絲十表裏紗羅各八匹錦二段銀一百兩差來正副使每員金襴袈裟一領鍍金銀鉤環全羅直裰一件羅褊衫一件紵絲二匹紗羅各一匹絹六匹銅錢一萬文靴韈各一雙居座以下土官從僧通事從人有差正貢外使臣自進并官收買附來貨物給價不堪者令自貿易

乙巳 二十一 文明十七年（和漢年契）義尚補兩院成氏乞和許之

丙午 二十二 文明十八年（和漢年契）政元任管領顯定行開於定正令殺家老道灌（日本外史九足利氏下）顯定於是在上野平井管領八州八州推稱山內公扇谷上杉定正在相模大場其臣大田持資有才略削髮稱道灌道灌精築城之術築江戶河越二城居焉與父道眞協心大播恩威八州將士漸背山內歸扇谷顯定患之數擊定正不得志顯定陰計除道灌以斷定正手足乃縱反間盛稱道灌材武得士心非爲定正下者定正稍忌之十

八年定正招道灌賜酒酒酣命浴使人槍刺殺之子資安
與道眞共降顯定顯定大喜曰定正陷我計中不足復圖

丁未 二十三 長享元年〔四裔編年表改元〕和漢年契兩上杉作亂

戊申 孝宗弘治元 長享二年〔和漢年契〕義尚更名義熙

己酉 二 延德元年〔四裔編年表改元〕和漢年契義熙薨〔日本外史九足利氏下〕長亨元年將兵發平井擊定正定正遣使古河乞援於成氏成氏使其子政氏將兵援定正討顯定是年九月義尚自將討六角高賴以其背命不來也十月高賴逃甲賀山義尚留陣鈎里義尚幼喜文學與藤原兼良問答政事兼良爲纂其語曰樵談治要又習騎射在鈎里踰年講左氏春秋於幕中曰吾不滅此賊不復還京師延德元年三月疾作薨於陣中官至內大臣右近衛大將從一位薨年二十五內外惜之義尚晚更名義熙

庚戌 三 延德二年〔和漢年契〕義政薨〔四裔編年表〕足利義植爲將軍

辛亥 四 延德三年〔和漢年契〕義視卒〔日本外史九足利氏下〕義熙無子義政召義視於美濃養其子義材爲嗣義材後更名義尹終更義植二年正月義政薨官至左大臣右近衛大將從一位准三宮明年義視薨於京師政知卒於伊豆政知有子曰茶茶政知愛後妻子義通疏茶茶茶茶怨望遂弒政知義通走依今川氏親氏親遣其將伊勢長氏誅茶茶長氏

取伊豆遂窺相模

壬子　五　明應元年〔四裔編年表〕改元〔和漢年契〕天下疫癘秋八月將軍義植出師伐六角高頼於近江不克〔日本外史〕九足利氏下是時上杉定正方克顯定居鉢形城兵威頗振不復敬成氏小田原城主大森實頼以書諫之曰扇谷支庶也所以能抗山內者大田道灌之力也今既喪道灌兵力衰削而偶克勁敵眞僥倖耳乃輕蔑君長重喪將士之心禍至無日矣定正弗能悛長氏遣使通好於扇谷氏與今川氏俱助定正以擊顯定兩上杉氏終自是衰矣義通之走今川氏今川氏護送之於京師細川政元爲管領請義植寓義通於天龍寺將行爲僧也義植既襲職近國諸士盡來賀之獨六角高頼不至義植曰吾將繼義父之志也明應元年九月義植親將討高頼攻拔觀音寺城高頼復逃甲賀山義植凱旋〔日本國志〕明應元年將軍義植遣僧天澤使於中朝不達〔考明史稱宏治五年源義高使來還至濟寧其下殺人所司請罪之詔自今止許五十人入都餘留舟次嚴防禁十八年冬來貢時武宗已卽位命如故事鑄金牌勘合給之正德四年冬來貢舟止一又無表帝命所司移文詰之是時日本大亂將軍遣使不達當係筑紫豪族私通不則奸民混冒也〕

癸丑　六　明應二年〔和漢年契〕尙通爲關白畠山政長死夏四月將軍

義植出師伐畠山義豐敗績於河州義植奔周防依大内義興
甲寅 七 明應三年(和漢年契)秋九月伊勢氏茂陷相州新井城三浦時高滅冬又攻小田原城定正臣大森定賓亡氏茂遂居之祝髮號北條早雲(日本外史十足利氏後記後北條氏)○外史氏曰制馭天下莫善於形勢苟失形勢不致分裂者鮮矣昔在文武因山海形便以分七道而王畿居中桓武定鼎平安四方環嚮蓋亦盛矣然王政之衰方隅稍有竊據不可制者雖或速就討滅而天下之勢漸趨分裂以馴致鎌倉之霸自是以還關東形勢常雄天下而京畿莫之能勝余嘗歷遊東西考其山河所起伏以爲我邦地脈自東北而來漸西漸小譬之人身陸奥出羽其首也甲斐信濃其脊也關東八州及東海諸國其胸腹而京畿其腰膂也至山陽南海以西則股耳脛耳故居其腰膂可以制其股脛不可以制其腹脊且平安四戰之地天下有事必先被兵不如鎌倉之獨以一面西衞中原也至於元弘之時能一舉取北條氏者由海内怨畔蠭起其腹心非能以西勝東也方其盛時以鎌倉爲根本而置府於京師羈縻其制天下如臂使指而足利氏反其所爲舍彼居此謬矣然亦有不得已也彼慮於南朝不能遠居鎌倉故鎮以子弟藩屏室町而適啟爭端又因其内訌覆之而室町遂自是亂矣是其不能制馭四方以襲王家之敗者非失形勢故哉及其季世七道豪傑更相呑噬至元龜天正之間海内裂爲八九其最大者四氏曰北條氏曰武田氏曰上杉氏曰毛利氏毛利氏

起於安藝爾幷山陽山陰十三州疆土尤廣其次爲北條氏北條氏取伊豆據之遂幷關東八州武田氏起於甲斐幷信濃飛彈駿河上野上杉氏起於越後幷越中能登加賀以及莊內會津皆爭務耕戰帶甲數萬積粟如山龍驤虎視角立東西莫不有包舉宇內之心夫北條氏據天下之胸腹而不能一出其兵以窺中原者武田上杉據其脊以橫塞其衝也而二氏勢力相敵相持不決又不暇圖其西毛利氏疆土雖廣以其股脛向其腰膂固不能抗衡中原也織田氏介立四氏之中先其西而後其東避强擊弱舍險取夷是以用力少而成功速豐臣氏亦因其遺謀遂得以致合一焉織田豐臣之於形勢如有察焉而至其所居與足利氏未嘗有大異同也其所以旣合又裂不能久馭天下者亦出於此耶夫織田豐臣代足利氏者也而其所有土地山河不能大過四氏或大過之而不能及其久也要之此四氏者乘時衰亂各奮智勇以雄據一方一方之民倚以享一日之安不可與他小國庸主徒糜爛其民而無所成者同日語矣則其於天下非無功德又不得目以足利氏之叛臣也若曰四氏所據孰非王土則一時勢之變遞至於此非一日之故非所以咎於四氏也至其經營一方謀臣猛將之跡有足紀者吾故列敘之詳其盛衰興壞之由使有國家者有所鑒焉而於天下形勢分合之際又足以覽歟○後北條氏舊稱伊勢氏伊勢氏出於平維衡維衡生正度正度生季衡及正衡正衡實太政大臣清盛之曾祖季衡任上總介子孫居伊勢其十一世孫貞行除伊勢守仕足利義滿爲奏者掌出納子貞國孫貞親相繼仕其職甚有威權貞親弟貞藤除備中守娶尾張人橫井某女生男於任處稱新九郎及長命名曰長氏爲足利義視近士應仁

中從奔伊勢及義視還京師長氏獨畱不從當是時足利氏權臣山名氏細川氏各樹私黨鬭於京師將軍義政不能制也長氏聽明有大志陰散財結豪傑一日謂衆曰天下之事可知也成功名取富貴舍今而何顧關東八州地勢高隆士馬精強自古稱用武之地而永享以來無復定主苟得割據於此天下可圖也吾欲與諸君借東國機制變謀有所樹立諸君豈有意乎衆奮從之後土御門天皇文明八年長氏與荒木兵庫多目權平山中才四郎荒木又四郎大道寺太郎有竹兵衛六人仗劍東行終至駿河依今川義忠義忠其姊夫也會義忠卒子氏親猶幼將士分離各自爭關長氏姊抱氏親逃於山中上杉政憲上杉定正以足利政知之令發兵定駿河長氏迎而說之曰國內將士無叛者特以主幼國疑故樹黨耳今二公辱臨於此欲定今川氏僕雖無似顧豈公意以戰將士有不聽者二公幸爲討之政憲等曰諾長氏會將士誓焉然後入山奉氏親母子歸入府第政知兵乃引去將士皆以長氏爲功使居八幡山城政知者義政弟也初義政父義教爲將軍其族持氏世管領關東永享中持氏爲其權臣上杉氏所滅蓋義教之志也上杉氏有兩宗曰山內曰扇谷兩宗請京師奉政知爲主然關東將士思持氏不肯奉命乃索持氏孤子成氏立之成氏旣長討上杉氏不克走保古河號古河公方山內族據上野平井扇谷族據相模大場皆陽尊政知戴以爲君置之伊豆伊豆山內氏管國也給政知以田居於堀越稱堀越御所長享二年長氏從居高國寺城陰窺伊豆而未得閒焉乃修政令輕賦稅又出其所蓄假貸遠近收以薄息遠近賴之每朔望相率來謁謁數者或免其債故士民稍稍來居城下漸成聚落長氏以荒木多目等爲之

首領立七隊而服事政知政知有二子其長子曰茶茶前妻出也
爲繼母所讒囚之數年茶茶憤怨伺守者懈出弑其繼母遂聚其
黨弑政知殺其大臣外山秋山等而自立長氏聞之乃佯稱有疾
浴伊豆温泉以詗之曰伊豆可取也歸聚衆議衆咸曰吾輩願新
九郎君爲一國主久矣敢不效力延德三年四月長氏勒七隊并
今川氏援兵凡五百人夜濟黄瀨川且抵堀越氏縱火攻之賊走
自殺於成就院伊豆人民畏其兵威負擔奔竄長氏號令嚴明秋
毫不犯榜於路曰吾所以來者誅賊子而已非有所暴掠其各安
乃堵以族我令敢逃者蹈其稼火其家時大疫疫者不能奔往往
偃臥於家長氏與以醫藥掛循之民更相告言多來歸者其豪族
佐藤某先衆屬長氏長氏授以大見鄉地頭職復其先邑載印信
焉關戸某者據深根城以抗長氏長氏移兵攻殺之長氏恩威大
行於國國內將士舊屬上杉氏者聞之無不率歸長氏長氏以
三十日略伊豆以掘越氏邑自奉其餘無所取乃會父老豪傑諭
之曰吾聞人主視民猶子民視人主猶父是古之道也及世之澆
季武人貪殘剝民以自逞至胥而困歷吾甚憫之吾以羈旅之人
來司牧是邦吾爲汝爲君汝爲吾爲民生相爲君民是豈偶然哉
吾獨願我民之富足也自今著令減租稅五分之一除諸雜課諸
將吏違令虐民者聽其民來訴衆皆悅服爭欲爲之用長氏既主
伊豆居韮山城長氏外家横井氏北條氏疏屬也至是韮山有北
條氏者其嗣絕乃養長氏以女妻之長氏又爲長子氏綱娶其孫
女以爲北條伊勢同出於平姓遂自稱北條氏用三鱗徽號削髮
號早雲早雲日計復北條氏故業以成其宿志祈於三島神祠夢
有大杉二株一鼠齧其根仆之化爲虎既覺召卜人占之卜人曰

公生歲次子子爲鼠神是公克兩上杉之兆也早雲心竊喜焉以當
是時上杉定正上杉顯定更相怨郤兵結不解早雲聞之曰可以
成吾事矣明應二年使使定正請助攻顯定定正喜攻之其部將
大森實賴爲小田原城主謂定正曰早雲梟雄也無故親我其意
不測然彼以好來亦不可拒宜以禮荅焉而重爲之備定正略不
加意三年十月早雲與定正偕出兵高見原與顯定夾荒川而陣
定正進而亂流墮馬死其子朝
良走歸保河越早雲亦歸韮山

〔四裔編年表〕足利義澄爲將軍〔日本〕

〔外史九足利氏下〕當是時畠山政長爲管領政長以宿將負其咸
望輕侮諸將諸將不平畠山義豐義就子也訴政長驕橫據譽田
城舉兵二年三月政長奉義植討之四月義植陣於正覺寺數攻
譽田不能下義豐知細川政元與政長爭權相忌也陰遣使說細
川氏家老三好之長之長子之慶勸政元援義豐合兵圍正覺寺
義植脫走政長子尙長走紀伊政長曰吾可以死也與其臣丹下
某等訣飲自殺政元歸京師議將軍繼嗣前關白藤原政基故與
政知有姻因說政元曰義通在天龍寺未削髮當立政元然之乃
會諸將言曰東山公嘗約養堀越氏之子矣今將軍黨於政長自
亂國家不可以統師諸將莫敢異議乃立義通甫十五更名義高
後更義澄閏月政元閟義植匿在筒井尙長在高屋遣兵攻之捕
義植幽於家臣物部氏禁人出入縱一僧侍焉六月義植逃出奔
越中後赴周防依大內政弘政弘卒子義興許起兵復義植政元
養子高國以事怨政元叛通大內氏於是細川氏分黨京畿大擾
兩上杉氏亦鬬於
關東概無虛歲

乙卯　八　明應四年（日本外史十後北條氏）時實賴已死子藤賴嗣猶弱早雲欲取其城而難箱根之險未發也四年九月早雲使人言藤賴曰吾獵韮山其獸逃箱根願公以箱根假我我得縱獵取焉藤賴許之早雲率兵百餘人被獵衣裳踰箱根先縱牛數十頭鼓噪隨之憑高馳下直入內城藤賴惶駭不知所爲出奔三浦早雲遂取小田原復取大場

籌海圖編孝宗弘治八年五月遣使壽蓂入貢方物赴京沿途生事至濟寧強買貨物彼此殺傷罪及解官府照磨童釗指揮魏政提舉王昭俱調降通事林春充軍次年使歸司府失於檢點致鄞人朱縞填欠貨物而去

丙辰　九　明應五年　和漢年契赤松政則死

明史日本傳宏治九年三月王源義高遣使來還至濟寧其下復持刀殺人所司請罪之詔自今止許五十人入都餘留舟次嚴防禁焉

案圖編八年史九年據至濟寧云云實一事而紀載互有詳略

明外史與史合則圖編云八年者誤也

丁巳十 明應六年〔和漢年契〕關白尙基薨成氏卒〔日本外史九足利氏下〕六年成氏卒子政氏嗣政氏與定正子朝良數攻顯定已而和之富是時海內武人迭相爭尋不復知有天子將軍

戊午十一 明應七年

己未二十 明應八年

庚申三十 明應九年〔和漢年契〕帝崩年五十九〔日本外史九足利氏下〕九年九月帝崩留柩於黑戸四十餘日乃葬十一月太子卽位是爲後柏原天皇

後柏原天皇

〔和漢年契〕後柏原天皇諱勝仁後土御門之太子〔日本國志〕母准后源氏

辛酉四十 文龜元年〔和漢年契〕改元義澄任參議義植起兵西國四畜〔編年表〕停義植官職〔日本外史九足利氏下〕天皇文龜元年義澄義植各自聚兵義澄奏請削義植官爵

壬戌五十 文龜二年〔稍漢年契〕政元討賊平之

癸亥六十 文龜三年〔和漢年契〕夏大旱義澄敘三位早雲與顯定戰於相州

甲子七十 永正元年〔和漢年契〕政元天下大饑冬十月上杉顯定與上杉朝良戰武州川越

乙丑八十 永正二年〔和漢年契〕春三月顯定與朝良講和〔日本外史九足利氏下〕永正元年政氏與子高基有郤構兵初政氏有三子高基義明基頼政氏欲廢高基高基舉兵攻政氏上杉顯定和解之使政氏退老高基立義明奔陸奧基頼奔下野是時伊勢氏勢漸强大兩上杉氏連和以拒之○〔日本外史十後北條氏〕永正元年九月上杉顯定來攻朝良朝良求援於早雲早雲與今川氏親往援之戰於立河原二年朝良遣使言顯定曰吾聞兩虎相鬭一狗乘隙我族構兵數世國內費弊而早雲窺其後薦食關東吾與公莫乃爲兩虎乎顯定然之乃與朝良和已而顯定與長尾氏戰信濃敗死子憲總嗣定正顯定前後死亡而早雲勢益張相模人松田頼重等皆來降獨三浦義同不服焉

明史日本傳〔十八年冬來貢時武宗已即位命如故事鑄金牌勘

合給之

紊明外史同圖編脫

丙寅武宗正德元　永正三年（和漢年契）彗星見

丁卯二　永正四年（和漢年契）夏四月香西又六弑其主細川政元秋八月又六伏誅（日本外史九足利氏下）三年顯定弟房義爲其臣長尾爲景所殺四年細川政元爲賊所殺三好長輝誅其賊政元素好鬼神說不近婦人以故無子養藤原政基子澄之又養族政春子高國皆不中意更養族元勝子澄元初賴之之後世爲管領曰上館二弟詮春滿之世領讚岐阿波曰下館猶關東有兩上杉氏政春詮春之後也元勝滿之之後也澄元猶幼在阿波三好之慶子長輝輔之藥師寺與次香西又六並爲政元家宰議曰管領言行無常不能久也澄元爲嗣長輝執權則我輩不能不出其下不若速行大事擁立澄之乃賂政元近士福井戶倉等伺察政元是年六月政元齋戒夜入浴室戶倉就而刃之近士波波伯部走救亦爲所刃不殊奔阿波香西等乃迎澄之於丹波立之義澄不能制七月三好長輝發兵擁澄元入京師香西城嵐山據之出兵拒諸百百橋波波伯部爲長輝先鋒遇戶倉鬪而斬之澄之與香西藥師寺皆死長輝請義澄以澄元爲管領而自執政事後削髮稱希雲希雲之先曰小笠原長淸長淸子長房爲阿波守護自信濃徙焉居三好鄉及細川氏領四國屬部下爲重臣

至是始著而細川氏始衰矣

戊辰 三 永正五年〔和漢年契〕夏四月大內義興奉將軍義植大舉兵入京將軍義澄奔江州五月三好奇雲攻京不克死之義植復任〔日本國志〕義植令禁惡錢聽用洪武永樂宣德等銅錢破毀者而定其價值

己巳 四 永正六年〔和漢年契〕盜犯柳營〔日本外史九足利氏下〕大內義興聞變舉山陰山陽西海兵奉義植而東細川高國亦舉兵應之義澄懼與書高國講和高國不聽五年三月義澄奔近江依六角定賴澄元與長輝奔阿波四月義植義興至界浦先是畠山尚長與其臣木澤某等攻殺畠山義豐數與政元戰至是以兵來屬義植義植義興入京師長輝出兵攝津與六角氏兵夾攻京師大敗自殺於知恩寺六月詔奪義澄官爵還予之義植義植以義興爲管領六年十月夜有盜入幕府欲刺義植義植拔刀手斬四人身又被九創謂義澄所使也於是遣兵索義澄於近江弗獲〔日本國志〕義澄遣宋素卿於明素卿先仕細川政元

〔明史日本傳〕正德四年冬來貢禮官言明年正月大祀慶成宴朝

鮮陪臣在殿東第七班日本向無例請殿西第七班從之禮官又言日本貢物向用舟三今止一所賜銀幣宜如其舟之數且無表文賜敕與否請上裁命所司移文荅之

庚午 五 永正七年〔和漢年契〕春二月義植親伐江東不克而還秋七月長尾爲景弑其主領越後〔日本外史十一武田氏上杉氏〕上杉氏本長尾氏平良文裔也良文後十世曰景政居鎌倉稱權五郎以勇著東國大庭氏梶原氏皆出於景政景政後五世曰景弘始稱長尾氏長尾氏嗣絕養上杉藤景爲嗣藤景本藤原氏藤原重房從皇子宗尊適東國食丹波上杉邑因氏焉子孫爲足利氏外戚管領東國藤景其庶曾孫也後臣屬於上杉氏散處越後上野伊豆諸國自藤景而後十二世曰爲景爲景輔上杉房能於越後後以事相隙舉兵鬭房能終死於雨溝時永正三年也房能兄顯定爲管領六年顯定與子憲總率上野兵來討爲景爲景敗走越中西濱顯定留徇越後越後士民不服顯定推高梨某爲將去歸爲景七年六月爲景與高梨合兵擊憲總於椎屋破之憲總走保妻有莊隨而圍之顯定赴援戰於長森敗死憲總走歸上野爲景乃立上杉氏庶孽定實妻以其女置之上條城奉之而已居越中府內徇越後盡下之長尾氏始大

〔明史日本傳〕五年春其王源義澄遣使臣宋素卿來貢時劉瑾竊

柄納其黃金千兩賜飛魚服前所未有也素卿鄞縣朱氏子名縞
幼習歌唱倭使見悅之而縞叔澄負其直因以縞償至是充正使
至蘇州澄與相見後事覺法當死劉瑾庇之謂澄已自首並獲免
〔籌海圖編〕正德五年五月正使宋素卿副使源永春貢方物請祀
孔子儀注朝議不許素卿者即鄞人朱縞其家鬻於倭商湯四五
郎越境亡去至是充使入貢重賂逆瑾蔽覆其事蓋縞在倭國僞
稱宗室苗裔傾險取寵輔庶奪嫡爭功要利而夷夏之釁遂釀於
此

辛未 六 永正八年〔和漢年契〕秋八月細川政賢攻京不克死之義澄
卒

壬申 七 永正九年

〔明史日本傳〕七年義澄使復來貢浙江守臣言今畿輔山東盜充

斥恐使臣遇之爲所掠請以貢物貯浙江官庫收其表文送京師禮官會兵部議請令南京守備官卽所在宴賚遣歸附進方物皆予全直毋阻遠人向化心從之

癸酉　八　永正十年和漢年契春二月義植復伐江東不克日本外史九足利氏下七年義植自將攻六角定賴敗歸是年六月上杉顯定討長尾爲景欲爲房義復仇戰於信濃高梨敗死顯定無子養政氏子顯實又養憲實子憲總及其死諸家臣逐顯實立憲總爲管領八月細川政賢將南海東國兵入攻義植政賢持賢孫也義植以大內義興策避之丹波誘政賢入京師已而聚兵南歸與政賢戰於船岡山大敗之奏義興功敘從三位如畠山政長赤松政則故事是月義澄薨於近江嶽山官至參議從三位有二子長曰義晴季曰義維託義晴於赤松義村託義維於細川澄元義村政則子也十年義植復攻六角氏敗歸

籌海圖編正德八年五月倭船三隻使僧桂梧等貢方物越歲而去

案八年疑七年之誤

甲戌九 永正十一年

籌海圖編 正德九年倭寇甯波奉化典史陸方領兵追捕大捷

乙亥十 永正十二年

丙子十一 永正十三年 和漢年契 秋七月北條早雲屠三浦城殺義同父子 日本外史 十後北條氏義同者上杉高救子也爲三浦時高所養時高後生子欲殺義同義同奔依大森氏假其兵襲時高弑之據新井城略取傍近早雲欲討滅之外示柔弱不與爭也義同立其子義意而自居於岡崎城九年早雲遽發兵襲岡崎拔之義同徙居住吉與早雲戰連年早雲終大破之於鎌倉追擊至秋屋之隘義同據險止戰早雲乃引兵踰佐原山出其背義同走入新井城早雲隨而攻之城險食多久而不拔乃築長圍圍之數年是時上杉朝良死其子朝興在江戶聞新井急將兵來援早雲兵七千人乃留其二千當城而自以五千邀戰於甘繩破走之城內益困大森佐保田等說義同曰宜奔上總依丸谷氏丸谷氏義意妻父也義同曰持氏之死我父實爲之而吾亦有弑父之罪積惡之報焉往而逃乎早雲諜知之十五年七月鼓衆疾攻城陷誅義同父子盡略相模

丁丑二十 永正十四年

戊寅十三 永正十五年【和漢年契】天下大饑。義興歸周防。【日本外史九足利氏下】十五年大內義興西歸周防以久居京師賚用不支也細川高國代爲管領專政

己卯十四 永正十六年【和漢年契】北條早雲死。【日本外史十後北條氏】十六年早雲病卒於韮山年八十八子氏綱立氏綱容貌岸傑善用兵早雲之興業世綱力居多早雲臨終遺言氏綱等曰吾欲滅上杉氏幷關東八州而未成其志子孫繼任其事毋敢或懈今我邑土不多散吾所聚財物養四方之士足以支二世矣三世之後莫所復事於財也苟兩上杉而相釁隙吾子孫可以坐大矣吾視上杉氏其家法日衰亡滅非遠雖然彼大族也不可輒取曠日彌久以竢其弊譬之癰疽其毒之封必三十許年乃成及其成則潰裂而無救也且立法訓二十一條以領將士氏綱守父遺訓益修攻戰具平定相模進與上杉朝興爭武藏

庚辰十五 永正十七年【和漢年契】澄元死。【四裔編年表】停義植官爵。【日本外史九足利氏下】十七年正月澄元聞義興去則與三好元長發兵至攝津元長長輝孫也高國敗走近江五月高國與六角定賴合兵入京師元長大敗被虜澄元走播磨遂歸阿波病卒元長逃歸阿波高國益專橫義植厭之欲以畠山尙長子植長代爲管領高國聞怒

辛巳 十六 大永元年（四裔編年表）改元（和漢年契）行卽位禮夏六月細川高國入京立義晴義植出奔淡路（日本外史九足利氏下）大永元年三月義植爲高國所逼出奔淡路後二歲薨官至權大納言從二位高國迎義晴於播磨詔奪義植職子之義晴依高國請也是年朝廷始行卽位禮本願寺僧獻其資因敕以僧准門跡

壬午 世宗嘉靖元 大永二年（和漢年契）義植卒於阿波

籌海圖編世宗嘉靖元年倭掠寧波瀕海鄉鎮

癸未 二 大永三年（和漢年契）遣商船於明（日本國志）管領畠山高國遣僧瑞佐宋素卿於中國通商抵寧波會大內義興亦遣宗設市易互鬭宗設殺瑞佐而逃

（明史日本傳）嘉靖二年五月其貢使宗設抵寧波未幾素卿偕瑞佐復至互爭眞僞素卿賄市舶太監賴恩宴時坐素卿於宗設上船後至又先爲驗發宗設怒與之鬭殺瑞佐焚其舟追素卿至紹

興城下素卿竄匿他所免凶黨還寧波所過焚掠執指揮袁璡奪船出海都指揮劉錦追至海上戰沒巡按御史歐珠以聞且言據素卿狀西海路多羅氏義興者向屬日本統轄無入貢例因貢道必經西海正德朝勘合爲所奪我不得已以弘治朝勘合由南海路起程比至寧波因詰其僞致啟釁章下禮部部議素卿言未可信不宜聽入朝但釁啟宗設素卿之黨被殺者多其前雖有投番罪已經先朝宥赦毋容問惟宣諭素卿還國移咨其王令察勘合有無行究治帝已報可御史熊蘭給事張翀交章言素卿罪重不可貸請并治賴恩及海道副使張芹分守參政朱鳴陽分巡副使許完都指揮張浩閉關絕貢振中國之威寢狡寇之計事方議行會宗設黨中林望古多羅逸出之舟爲暴風飄至朝鮮朝鮮人擊斬三十級生擒二賊以獻給事中夏言因請逮赴浙江會所司與

素卿雜治因遣給事中劉總御史王道往至四年獄成素卿及中林望古多羅並論死繫獄久之皆瘐死時有琉球使臣鄭繩歸國命傳諭日本以禽獻宗設還袁璡及海濱被掠之人否則閉關絕貢徐議征討

籌海圖編嘉靖二年四月倭船三隻譯傳西海道大內義興國遣使宗設兼道入貢越數日倭船一隻使人百餘復稱南海道細川高國遣使瑞佐宋素卿入貢導至甯波江下時市舶太監賴恩私素卿重賄坐之宗設之上且貢船後至先與盤發遂至兩相仇殺毒流市廛宗設之黨追逐素卿直抵紹興城下不及而還至甯波矜甯波衛指揮袁璡奪船越關而遁時備倭都指揮劉錦追賊戰歿於海定海衛掌印指揮李震與知縣鄭餘慶同心濟變一日數警而城以無患賊有漂入朝鮮者國王李懌擒獲中林望古多羅

械至京發浙江按察司與素卿監禁候旨法司勘處者凡數十次
而倭囚竟死於獄倭人自此懼罪捕誅不敢款關者十餘歲

甲申　三　大永四年（日本外史十後北條氏大永四年氏綱遂拔江戶城朝興走據河越氏綱數攻之未能下乃遣使平井約夾攻河越憲總按兵兩無所援而朝興數爲氏綱所敗氏綱又與足利高基婚高基者成氏孫也欲藉伊勢氏力以報上杉氏則爲其子晴氏娶氏綱女氏綱於是暴上杉氏累世不臣之罪以諭關東將士）

乙酉　四　大永五年和漢年契植家爲關白

丙戌　五　大永六年和漢年契帝崩年六十三（日本外史九足利氏下六年帝崩太子卽位是爲後柰良天皇高國信讒殺其臣香西光重京師亂義晴奔阪下遂附近江杤木依佐佐木植綱三好元長在阿波聞之乃奉澄元子聰明五五郎舉兵入京師高國乞援於近江若狹越前諸將朝倉孝景來援高國）

後柰良天皇

和漢年契後柰良天皇諱知仁後柏原之皇子（日本國志）母豐樂門院藤原氏

丁亥 六 大永七年〔和漢年契〕夏六月三好海雲侵犯京師〔日本外史九足利氏下〕七年二月元長至京師高國陣桂川東孝景陣鳥羽元長爲三軍與高國夾水而陣上軍濟上流下軍濟下流高國陣左右顧而動元長則以中軍爲圓陣亂中流衝高國陣陣合以圍之上軍下軍皆濟內外夾擊高國大敗棄旗走元長軍追之部伍頗亂孝景乃橫擊破元長元長走歸阿波三月元長大舉至界浦連下諸城獨伊丹木下高國遣兵救之自陣東寺晶山義宣義豐子也起兵應三好氏與丹波香西氏皆約攻高國高國度不可支乃講和元長佯聽之

戊子 七 享祿元年〔四裔編年表〕改元〔和漢年契〕義晴如近江

己丑 八 享祿二年

庚寅 九 享祿三年

明史日本傳九年琉球使臣蔡瀚者道經日本其王源義晴附表言向因本國多事干戈梗道正德勘合不達東都以故素卿捧宏治勘合行乞貿遣望幷賜新勘合金印修貢如常禮官驗其文無印篆言倭譎詐難信宜敕琉球王傳諭仍遵前命

辛卯 十 享祿四年〔和漢年契〕夏六月細川高國與三好海雲戰高國敗績於尼崎〔日本外史九足利氏下享祿元年諸援高國者皆解歸國元長乃欲攻高國高國大懼出奔歷抵北畠六角朝倉尼子氏皆弗納終往備前依浦上村宗村宗方弑其君赤松義村欲列爲諸侯如朝倉氏比也乃與高國相結託時元長加冠於聰明五郎名曰晴元居於界城元長輔佐之元長叔父政長稱宗三族元長專權與晴元所寵木澤長政柳本彈正相結俱譖元長長政畠山義宣家臣也柳本香西氏族也二年柳本攻伊丹元長與伊丹城將有姻欲援之柳本奔牧方晴元令柳本攻陷伊丹元元長怨望自歸阿波高國聞元長不在乃發兵攻晴元晴元意悔召元長自援十一月高國與村宗合兵來攻晴元赤松氏遺臣不服村宗者擁赤松晴政迎款於晴元四年春元長發兵助晴元六月大戰於天王寺側殺村宗走高國高國走尼崎匿於染戶甕中元長兵索獲殺之播磨力人島村奮戰死〕

壬辰 十一 天文元年〔和漢年契〕春三月細川晴元殺海雲義晴入京

癸巳 二十 天文二年〔日本外史九足利氏下天文元年正月元長殺柳本子某於京師以報伊丹之怨晴元大怒元長削髮謝之稱海雲晴元意猶不釋密使三好宗三木澤長政圖之晴元族持隆諫曰彼有大功殺之不義弗聽遂遣宗三長政誘本願寺僧徒圍海雲於顯本寺海雲使其妻攜子長慶逃阿波而自殺長政終弑其君義宣二年本願寺僧徒與晴元有郤攻取界城晴

元奔淡路木澤長政誘京師法華寺僧攻復界城四月晴元率阿波兵歸助長政僧徒城大坂據之晴元攻之不能拔講和弭兵乃入京師迎義晴於朽木自爲管領義晴之在朽木也高基自古河使使來請冠其子受將軍偏諱如故事因命曰晴氏上杉憲總已死子憲寬爲管領與伊勢氏綱爭武藏高基爲晴氏娶氏綱女欲假其力以報宿仇

甲午十三 天文三年〔和漢年契〕尹房再爲關白

乙未十四 天文四年〔和漢年契〕實香大相國贈故將軍義植大政大臣從一位

丙申十五 天文五年〔和漢年契〕台徒焚京行卽位禮

丁酉十六 天文六年〔和漢年契〕彗星見藤原實隆薨秋七月氏綱與朝定戰於武州克之〔日本外史十後北條氏〕天文六年四月朝興卒遺言子朝定益圖相模卒而未三月朝定修深大寺城以挑氏綱氏綱將兵直赴河越去城五十餘町而陣朝定返兵自救時七月十五夕月光滿野兩軍交綏氏綱終大破朝定取河越朝定走松山松山城主難波田某迎而內之稍收敗軍出陣城外氏綱又擊大破之是役也相模人平岩重吉虜朝定叔父朝成氏綱隊將山岡某來奪朝成效之麾下重吉後至爭功不決氏綱乃密記二人鎧馬而屬朝成於山角某因於河越山角善視

之時置酒款語嘗從容談鎌倉舊事山角曰僕聞之故老右大將
之東征也陸奧勇將由利八郎爲宇佐美實政所虜而天野則景
爭之右大將令梶原景時畠山重忠更質之八郎八郎前獸而後
對以重忠有禮也勇士之不可犯以非禮也如此朝成聞之慨然
山角曰談偶涉觸犯幸勿爲罪朝成曰噫僕猶八郎也嚮者之役
吾盡亡士卒單騎走黑甲赤馬者追呼我我回轡而鬭皆墮馬吾
搏伏之將拔刀其人奮起居我上而數人繼至吾終爲所虜矣山
角以告氏綱氏綱曰黑甲赤馬者重吉也乃賞重吉氏綱賞罰明
覈類
如此
戊十
戌七**天文七年**（和漢年契）**北條氏綱與兩上杉戰於河越大克之**
朝定死之冬十月氏綱攻足利義明戰於國府臺義明族悉亡（日本
外史九足利氏下高基弟義明在陸奧享祿中上總守護武田豐
三與原氏鬭千葉氏援原氏豐三不克豐三乃迎義明爲主遠近以
爭附之遂攻滅原氏義明居於御弓稱御弓御所常思定關東以
興基氏舊業高基意害之勸伊勢氏滅御弓七年伊勢氏大舉來
攻義明義明與弟基基賴將兵迎之義明馳突敵軍皆靡乃畱竢後
騎中飛箭死基賴復走下野伊勢氏盡并其地○（日本外史十後
北條氏）氏綱威聲益布遠近武藏下總諸城往往降附獨足利高
基弟義明在下總御弓與氏綱爭强義明初與高基相惡亡依里
見義弘略其傍地兵力稍張高基害之請氏綱圖之先是義明義
弘以兵艦數百艘抵鎌倉毀鶴岡祠鈔掠寶物氏綱曰吾將代神

行罰也將兵赴擊御之七年再發兵攻御弓義弘舉安房上總兵來救義明十月氏綱與義明義弘戰於鴻臺大破之走義弘獲義明斬首二千餘級九月再造鶴岡祠關東士民望氏綱風歸者日衆畿內西國商賈亦往往避亂來寓小田原日益殷實聲氣與上國相通東國道士歲詣大峰者過界浦見鳥銃於市持歸獻之氏綱關東之有鳥銃自伊勢氏始後益召致銃工及根來寺僧善銃者以助兵威

晴信逐父信虎〔日本外史十一足利氏後記武田氏上杉氏〕

武田氏源義光裔也義光子義清稱武田冠者從父受射傳伯父義家之旗及無楯之甲世居甲斐義清孫信義及子信光等從源賴朝起數有戰功與逸見小笠原氏分領甲斐賴朝移小笠原氏於信濃以加藤氏代之以及足利氏之時信光後十餘世曰信滿上杉禪秀之亂信滿以與之連婚爲逸見所讒自殺二子信重信長信重與族兄信元逃爲僧信長依加藤氏與逸見鬭足利持氏伐而降之欲以其邑盡附逸見將軍義持不肯賜之於信元信元死子幼其將跡部專國招信重爲假主結城之役信重有功新充守護乃誅跡部逸見加藤皆臣屬焉信重後五世曰信虎與駿河豪傑久鬪某戰而勝之以是日生男因名勝千代長曰晴信沈毅多權變信虎愛少子信繁欲廢晴信晴信故爲癡騃狀以自晦與信繁角材技輒出其下或佯墮馬爲人扶起諸將皆侮晴信晴信獨與駿河國主今川義元相結託義元其女兄夫也天文五年義元爲奏請以晴信爲嫡嗣加首服任大賸大夫兼信濃守十一月信虎出兵信濃攻海口城城主平賀源心善戰信虎以兵八千攻之踰月不能拔會大雪諸將議曰時已窮臘請班師敵亦必不尾也信虎從之晴信請自殿信虎笑曰敵

必不尾而請殿如二郎必不然也晴信固請以兵三百殿後大軍數里止舍親警其兵曰勿釋甲勿卸鞍食於馬而後食五更卽發唯吾所嚮是視兵皆竊嗤之曰風雪如此何警爲五更晴信卽發還向海口與三百騎冒雪馳昧爽抵城源心已散遣其兵獨與百人畱守晴信分兵爲三自以一隊入城二隊揚幟城外應之城兵不測其衆寡不戰而潰乃斬源心以其首歸獻一軍大驚信虎不賞曰舍城而歸怯也諸將心服晴信而不敢稱其功晴信仍有愚色信虎狂暴賞罰無常國人苦之晴信陰與老臣飯富兵部扳垣信形謀益結今川義元義元素病信虎强亢欲助晴信而擅其國信虎不覺也七年五月信虎欲逐晴信於駿河因託之於飯富氏而自適駿河計之義元義元畱信虎不返而晴信自立於甲斐諸宿將莫不頫首聽命而鄰國聞變欲乘其隙信濃土民多去附村上義清六月諏訪城主諏訪賴茂深志城主小笠原長時合兵一萬來攻晴信令騎將原加賀畱守而自以六千人出拒薤崎加賀聚府中農商得五千人人執一紙旗鼓譟而出敵乃退走晴信浸驕恣耽宴樂喜詩賦不視國政羣臣莫敢諫板垣信形稱病潛延一僧善詩者於家學詩數旬乃出侍宴請賦詩晴信不信强請而可立就五題晴信大喜曰汝何遽能如此信形因大諫曰先君唯無道故爲君所逐今君復如此得不復有如君者乎晴信感悟遂厲精爲政

〔籌海圖編〕嘉靖十七年五月倭船三隻使僧古鼎副使僧周良持方物表貢且求還前遺物法司以事已經亂貨應入官且無從索

之叚等乃不敢言朝廷復申十年一貢之例責令送還正德以前勘合更給新者遵照入貢

己亥十八天文八年〔和漢年契〕夏六月三好黨復起義晴避之於八瀨里始習鐵砲〔日本國志〕天文八年將軍義晴上書於中朝義晴求勘合不許大內義隆亦遣僧周叚於中朝時華商多在周防貿易公卿僧徒文士以四方鼎沸多避亂山口義隆又好讀書愛玩文物屢延華商盡收古書畫名蹟諸玩好一時稱盛

〔明史日本傳〕十八年七月義晴貢使至甯波守臣以聞時不通貢者已十七年敕巡按御史督同三司官覈果誠心效順如制遣送否則卻回且嚴居民交通之禁

庚子十九天文九年〔和漢年契〕尼子晴久攻其臣毛利元就於藝州大內義隆遣陶晴賢援之晴久敗〔日本外史十二足利氏後記毛利氏〕毛利氏出於大江廣元廣元十

一世祖日本主姓士師氏爲備中介本主生音人音人歷仕仁明
清和之間至從三位左大辨賜姓大枝氏後更大江與菅原氏並
掌學政音人生千古千古之後七世曰匡房有文武才略教源義
家以陣法匡房曾孫爲廣元廣元佐源賴朝於關東使之霸天下
以其薦爲安藝介遷因幡守至正四位下大膳大夫兼陸奧守源
氏北條氏之際爲幕府元老數定大難有五子長子親廣承久之
役屬官軍不知所終第三子曰季光爲左近衛將監食相模毛利
莊因氏焉娶三浦氏死於其難季光子經光出鎌倉居越後南莊
經光子時親復起爲六波羅評定衆足利尊氏滅六波羅加賜時
親以安藝吉田及河內田時親生貞親貞親生親茂親茂有三
子師親匡時直衡皆隸新田義顯義顯爲足利氏將高師泰所滅
貞親以下猶屬官軍獨師親去屬師泰師泰之攻石見敵阻劫川
師親與高橋某先衆亂流拔三城以功盡食吉田邑及師泰敗屬
山名時氏迎親茂及二弟共居焉足利氏令武田氏吉川氏攻降
之師親生廣房廣房生光房光房子熙房嘉吉之役攻蝌坂有功
熙房子豐元應仁之役與小早川氏守相國寺有功豐元生弘元
弘元之子曰興元次曰松壽松壽幼有器量其保嘗抱之濟水而
躓溺保惶懼謝罪松壽曰行道而躓常也庸何傷比髫齔詣嚴島
神祠既歸問從者曰汝輩何祈曰祈郎君主一安藝也松壽曰汝盍
祈吾主天下夫願主天下者能主一方願主一方者能主一國今
願主一國矣其所成可知已聞者奇之興元既爲嫡嗣松壽出養
於丹比氏永正八年加首服名元就稱少輔次郎居猿挂城食邑
七十五貫養士卒三百會明使者來聘京師路經吉田善相者朱
良範從焉元就往見良範良範曰公兼漢祖唐宗之相必宣威於

四方元就心自負焉元就爲人隆準肉角音吐甚洪在麾下號令士卒聲聞於諸隊十四年安藝守護武田元繁據佐東銀山城將軍命攻略國內十月攻有田城城屬吉川經基經基與興元善是時皆在京師元繁柵於中堰使熊谷元直守焉別遣千騎焚猿挂城下元就以二百人出戰不利吉田兵聞急來援元就乃分兵五百備元繁援路而以千人疾攻元直破而斬之元繁遣兵來援不及乃遣一將當有田自將四千騎來戰元就令吉田將志道廣好潛兵出敵背夾擊破之元繁挺前濟水我兵射洞其胸其兵皆潰走乃報捷京師大內義興爲足利氏管領爲請褒賞元就元就遂并領武田氏邑八千餘貫經基妻以其孫女元繁子光和猶據銀山不下十七年興元卒子幸松嗣外祖父高橋久光與元就並輔之大永三年久光父子與備後三吉某戰而死元就赴援撫其遺臣并其邑萬餘貫六月出雲國主尼子經久攻大內氏將藏田信房於鏡山元就奉幸松爲先鋒陰誘信房叔父某某斬信房出降被誅經久本六角氏其祖父持久爲伯父高詮幹國事至於經久滅鹽冶某取富田城轉略山陰諸國南出兵侵大內氏大內氏世居周防山口爲太宰大貳雄長關西是時大內義興在京師聞變馳歸自是連年攻戰石見安藝豪族介立其閒嚮背無常獨毛利吉川武田氏常附經久七月幸松病卒無嗣家臣聚議選於羣叔以元就爲嗣八月元就入吉田元就弟就勝與阪某渡邊某謀殺元就元就覺之襲殺就勝及阪渡邊阪者桂廣澄兄志道廣好弟也乃使人諭廣澄廣好曰吾不以阪故疑汝也廣好拜謝廣澄弗信自殺其子元澄聚族據城元就單騎往諭降之四年五月大內義興使其子義隆與其將陶持長將二萬人攻安藝諸城屬尼子

氏者七月尼子經久遣兵援之敗績八月元就以部兵四千夜斫大內氏營破之持長解去七年元就入京師任左馬頭爲幕府相伴衆享祿二年熊谷信直以事怨武田光和以高松城來歸元就光和怒攻之不利憂憤死香川光景亦以八木城屬元就將攻銀山銀山餘衆終奔若狹天文四年元就率光景信直等二千騎東略備後攻高野城城將乞援於播磨赤松晴政未至元就急攻拔之并其兵又徇下數城先是尼子經久逐子興久殺之立孫晴久晴久遇元就亡狀大內義興病卒於享祿元年遺言義隆曰元就與晴久有郤宜以是時奪爲我援愼勿失其驩心吾嘗德彼彼豈不記之陶持長奉遺命百方通好元就終應之攻下國內諸城爲晴久者晴久大怒欲親來討之經久曰元就材武善用兵未可以力取也不若先定備後石見以形勝制之經久弟義勝亦諫止之晴久皆弗聽吉田城東北有冑山元就患敵陣山上以瞰城也會出雲聞來入元就覺之乃議曰敵陣冑山吾與宍戶隆家夾擊之陣三猪口則非吾利也隆家元就女壻守五龍城者也間者走報晴久九月晴久將騎卒五萬來陣於三猪口助武田氏餘黨復銀山四近將帥怖晴久兵威不敢援我獨宍戶竹原小早川諸族遣兵數百入城城兵凡三千人北軍焚掠城兵輒出擊走之晴久叔父國久部屬精勁稱新宮黨忿北兵數衂以萬騎來挑戰元就設二伏而出戰敵覘我寡單縱兵而進路狹不得齊進伏兵夾擊破之晴久乃作三柵於官崎以逼城大內義隆遣陶隆房等將兵來援陣天神山

天下大饑氏康破憲政

（日）本外史十後北條氏（氏）十年氏綱病卒年五十五嫡子氏康立年甫十六當是時上杉朝定勢力削蹙獨上杉憲政雄長東北憲政憲總

孫也今川氏親子義元與甲斐國主武田信虎皆通好於憲政憲政驕惰其嬖臣菅野信方上原兵庫專其政政多偏私憲政獨耽游宴蓄舞妓數十人國內成風不復問武事常徵伊勢氏曰彼小家耳何能爲老臣長尾意玄獨以爲患先是本間某井伊某以卒長有戰功憲政之嗣立也令管內禁射鹿菅野上原犯禁吏不敢告本間井俣邑其傍相雜射獵乃爲人所告失邑屏居意玄乃召之授計遣伴仕氏康以何察之二人赴小田原因多目氏請曰山內公疏忠近佞臣等獲罪至此縱令得免不願仕也願得仕君公多目頗疑之且收充行伍居歲餘二人乃亡歸平井具狀告意玄曰臣等熟視氏康爲人沈毅不測剛柔兼濟時而讀書時而自用刀檜能等禮節威重自持而錄功不略下賤其用士無老無少皆適其器其子弟雖非嫡嗣皆給俸充用有功則進之故其下畏而愛之人人自奮願爲效死而上杉氏將士皆陰通款其不通者九人而已早雲遺言兩上杉之亡在我三世後其相隙則吾家之慶也意玄以二人所言告憲政因與朝定和令國內禁奢華講武備錄將士子弟乃復二人邑菅野上原嫉之與其族黨謀上書於憲政曰早雲伊勢丐兒也倚今川氏之力以攘伊豆小國賤人之裔何足爲慮而我諸老過畏怖之甚可笑也天下右族西有大內東有山內山內公號令遠及陸奧出羽麾下將帥富三倍小田原者可得五六人而瞿瞿然丐兒子孫是怖遣間諜詗消息獨不顧鄰近之嗤乎本間井俣背旨獲罪而遽復用之世謂上杉氏無人也臣聞氏康喜歌詠比頑童不知武事其將堪事者獨根來法師耳其下常相恐曰管領命駕矣北條氏立蘿粉矣關東將士駟服我公威德非一日何必藉人力爲與扇谷和所損甚多君勿聽焉憲

政大喜曰意玄誑我游嬉如初將士通款氏康者爲二人所告則大懼賂菅野上原以求解免菅野上原說憲政斥二人從而毒殺之又納諸家臣賂建議曰名族之嗣弱者宜各分邑於其家宰則戴恩者衆矣憲政聽之又舉高野倡善弓者蘇之曰何遽下根來法師也憲政歲入漸減其兵漸弱而欲親往擊滅氏康既命駕而旋止者再三東人自是稱猶豫者曰管領命駕也

明史日本傳明年二月貢使碩鼎等至京申前請乞賜嘉靖新勘合還素卿及原留貢物部議勘合不可遽給務繳舊易新貢期限十年人不過百舟不過三餘不可許詔如議

案碩鼎當卽古鼎事實相符惟十七十九年爲異據不通貢十七年之文則史是圖編非也圖編之十七年當改十九年

籌海圖編十九年李光頭者福人李七許棟歙人許二也皆以罪繫福建獄逸入海句引倭奴結巢於霩衢之雙嶼港其黨有汪直徐惟學葉宗滿謝和方廷助等出沒諸番分艘剽掠而海上始多事矣

辛丑二十天文十年（和漢年契）晴久伐元就（日本外史十二毛利氏）十年正月元就請隆房備晴久而自與長子隆元攻宮崎元就進破二柵隆房與尼子義勝戰於三豬阪義勝死晴久夜遁城兵尾擊多斬獲銀山兵聞之亦遁

義晴歸京

壬寅二十一天文十一年（和漢年契）德川家康生（日本外史十八德川氏正記德川氏一）我德川氏出於新田義重義重者清和天皇八世裔也天皇之孫經基始賜姓源氏降爲武臣其玄孫義家義家子義國居上野食新田足利諸邑生義重及義康義重氏新田義康氏足利共助宗子源賴朝以王命討滅平氏賴朝爲征夷大將軍開府關東令義重守寺尾城義重有五男其第四曰義季義季食德川邑因氏焉稱德川四郎義季生賴氏賴氏敍從五位下任參河守食世良田因又號良田氏賴氏生敎氏敎氏生家持家持生滿義滿義生政義政義生親季當是時宗子新田義貞奉後醍醐帝詔旨討北條氏於鎌倉滿義助之自稻村崎入擊破賊將安東昌貫北條氏旣滅足利尊氏反天下武人皆黨之獨新田氏舉族勤王官軍數失利帝播遷南山義貞戰沒宗黨多死王事帝崩遺詔益脊新田氏以圖恢復後村上帝嗣立義貞子義興義宗舉義上野信濃間不克死政義父子蓋殉之矣尊氏孫義滿爲征夷大將軍開府京師以族氏滿管領關東親季子曰有親爲右京亮元中中同宗族從義宗子貞方匿信濃爲氏滿所覺遣兵麈之有親與貞方脫走入陸奥起兵氏滿大兵來擊我衆潰有親挈其二子逃入上野祝人村

匿舊識民家聞鎌倉執事上杉氏遣吏募索新田氏族甚急欲手刃二子而自殺會僧尊觀來過變容貌從之而西尊觀者蓋後村上帝子帝無子養龜山帝孫恆明及帝生子恆明避爲僧是爲尊觀後爲相模藤澤寺主周遊諸國謂新田氏先朝所眷也爲謀所以保護之乃權以有親及其長子爲己徒弟狀有親呼德阿彌長子呼長阿彌皆削髮少子猶幼未削髮呼德壽並攜之去過參河寓大濱村寺時向連歌寺僧與近村諸豪爲歌會以娛尊觀松平酒井兩村長亦與焉而長阿彌充書手德壽周旋執事兩村長熟視德壽容止相語曰是非凡種也微叩之尊觀尊觀察其無它具語以故村長皆有女無男欲分贅二子尊觀許之於是德壽養於松平氏及長命名泰親築室松平村以奉有親焉長阿彌亦蓄髮名親氏稱雅樂助後生子廣親是爲酒井氏也泰親養父信重稱太郎左衛門泰親襲稱之爲村長闢榛莽達道路性壯武喜施振貸貧民而不責償鄰近親附泰親因從容謂衆曰吾爲仇敵迫蹙流寓至此稍得安處願積歲月開地聚衆興復先業諸君能助我乎衆對曰敢不死生以之其中有嘗有罪宥死者五人糺衆略中山七邑獻之泰親分其歲入賞之新田氏遺臣稍多來從者後花園永亨中大納言平賓照以罪貶參河泰親善視之及其赦歸護入京師賓照爲奏請授一官朝廷憚足利氏不輒許後敕除州自代遂任參河守敍從五位下復世良田氏泰親有六男使長子信廣襲居松平村謂次子信光武類己以爲嗣幼字次郎三郎初守岩津嗣立居岡崎稱和泉守善用兵攻大給北給幷之又襲取安祥寬正六年領田民作亂州守護細川成之不能定幕府下教於和泉守一戰平之和泉守生男女四十餘人親戚蕃衍次子親忠

嗣幼字千代長稱藏人居岩津厲精爲政常謂其老臣曰先考嘗謂養一竹士多於獲一邑然混忠邪濫賜予則徒費民力耳明應二年舉母寺部上野八草伊保五城合兵來攻藏人以三十人邀擊於伊田破之建寺鳴田名大樹寺以弔陣亡士藏人生九男曰親長乘元長親親房超譽親光長家長忠乘清而親長守岩津乘元守大給長親爲嗣居安祥稱藏人除出雲守定西參河而東參河猶屬今川氏親氏親者駿河守護也永正三年氏親與其將北條長氏率大兵來攻八月攻岩津出雲守將五百騎赴救謂其騎曰衆寡不敵如何衆請前決死出雲守曰汝等世盡忠我家而我未能厚報今亦爲吾決死吾所深愧因以大桶貯酒泛杯數十自飲一杯瀉餘瀝桶中曰事急不暇觴各人交就飲之衆感奮夜渡矢矧河襲駿河軍宇津宮忠茂曰我必捷矣果捷之收軍西岸氏親長氏遁去戸田憲光以田原降出雲守問忠茂曰何以知捷曰長氏負寵侮士士無鬪志是以知之忠茂者新田義貞將泰藤五世孫也後因其所居稱大久保氏出雲守生五男曰信忠親盛信定利長義春出雲守老信忠爲嗣仍居安祥任左京亮左京亮不恤政嬖臣用事國内皆叛羣臣交諫弗聽因相聚謀廢立左京亮覺之親戮一人左京亮生三男曰清康信孝康孝乃召羣臣曰我悔吾非而不可追也清康雖幼有器局宜以代我大永三年老於大濱清康立仍居安祥小字次郎三郎幼聰達每見舊臣訪古今成敗戰鬪事憑膝捋鬚以爲樂或問某何在聞其死且戰沒輒痛傷之嘗當食受謁呼衆前之以其所御椀飲之酒衆不敢清康曰人生等耳或爲君或爲臣分可隔情可隔乎強注之皆霑醉退相謂曰今日之酒吾輩頭血也時族松平親貞據岡崎及山中以掠

傍近大久保忠茂曰先拔山中則岡崎不攻而下乃夜襲取山中親貞輒降以岡崎爲參河要地徙居之國人稱曰岡崎公遂徇下西參河豪傑五十餘姓欲賞忠茂問其所欲不荅强而後荅曰願賜城下市租岡崎公許之而疑其貪也忠茂盡召市人以君命除其市稅四方商旅聞之爭至岡崎終以是富實矣享祿二年吉田城主牧野傳藏欲起兵并西參河岡崎公將兵擊之出伊奈伊奈城主本多正忠迎降正忠之先曰助秀居豐後本多鄉子孫邑於尾張尋徙參河舉族仕德川氏而正忠尤大岡崎公并其兵進縱火御油傳藏濟吉田川毀舟而戰我兵不利本多信重戰死佐野與八請退岡崎公不肯曰彼勝而驕可破也乃進戰與八死之叔父信定等力戰遂破之斬傳藏遂攻吉田正忠攻破其東門遂陷之岡崎公入城撫士民遂攻下叛將戶田憲光平東參河而還會飮於伊奈正忠獻盤䉼藉用葵三葉岡崎公視而說曰吾凱旋得此自今當以此爲徽號初德川氏因宗族以中黑爲號於是兼用三葵是歲出兵於尾張略織田氏地取品野以賜信定三年攻熊谷正長於宇理自攻北門信定以從子親次爲先鋒攻南門死初我僕人岩瀨者殺人岡崎公愛其勇宥死逐之時在城中夜縱火爲內應我兵遂拔城賞祿岩瀨重長走保高力稱高力氏遂來降天文二年與廣瀨寺部二城主戰於岩津破之冬信濃人來侵迎擊大破之岡崎公嘗夢有文在其握曰是覺而問衆衆莫知其解有僧橫外者曰是字曰下人也日下以一人握之公將大興乎然握而未啟在其子孫乎岡崎公大喜爲建海龍禪寺岡崎公威名日著甲斐國主武田信虎遣使通好美濃尾張諸城主亦有願附者公一日慨然言於將士曰我家與足利氏族望相敵爲其所簡

滅削跡屈勢以至於此今仇家衰亂天下之事可知矣冀藉汝承
之力糺合義兵樹幟皇都得一雪累世之恥今我東有今川氏西
有織田氏先攻織田氏以開西上之路宜厲兵峙糧以竢吾令衆
奮躍聽命十月勒兵萬人自將西上入森山信定居上野稱疾不
從初信定負勢驕士落合某者因事抗之衆爲危之公曰士者先
公以來所愛養叔父傲之非也彼不屈撓可嘉信定銜之親次之
死信定不救又爲公所誚責深懷慙恚於是欲乘虚作亂將士請
且止西伐公曰何足介意今大舉歸士氣沮敗納侮四鄰也遂欲
進攻清洲國老安倍定吉從軍數以書勸信定有流言定吉與信
定通謀定吉謂子彌七曰衆嫉我寵造作語言主公必察之卽不
察見誅愼勿以爲怨宜竢時鳴冤十二月軍中馬逸衆大騷彌七
奉刀侍公側謂定吉已被殺惶急拔刀弑之植村榮安自傍誅彌
七定吉聞之將自殺松平信孝止之時出雲守猶在將士護喪歸
請命焉初岡崎公娶青木氏生廣忠乃立之以定吉無罪宥使傳
之織田信秀聞我內變舉兵來侵我見兵八百以季父康孝爲將
迎戰伊田植村榮安先進高力重長及子長安戰死信秀戰敗請
和而去信定有寵於出雲守遂圖自立定吉奉廣忠出奔伊勢信
定遂立居上野自結於織田氏定吉密與弟正定及大久保忠茂
子忠俊酒井廣親孫正親正親從子忠次石川清兼石川數正成
瀨正義通謀請援於今川氏以納廣忠五年冬護入牟呂參河人
多往歸之六年信定來攻忠俊伴從其軍射書城上期以四月迎
之信定危疑宣言曰我初無害姪孫之意徒誅諸亂人而已乃引
兵還數與將士誓忠俊三上誓書而密告岡崎留守松平信孝信
孝曰吾亦欲之未得間耳念公等事不成死誰繼之者吾且全身

焉乃稱疾赴有馬五月忠俊等密迎廣忠入岡崎將士爭謁出雲守聞之喜曰吾恐駿河兵因以侵我故拒之耳兒我嫡曾孫也因命信定折節事之信定不得已來謁信孝亦歸廣忠任參河守忠俊以下受賞忠次稱左衛門尉自父氏次稍積功勞於是娶參河守妹尤見親重七年信定卒衆心乃定定吉羞爲逆家自絕其嗣婢有身出嫁井上氏井上氏實安倍氏肩也九年六月織田氏兵來攻松平長家於安祥參河守使松平安信等援之不利長家及松平康忠林政緣等皆死松平利長松平忠繼苦戰卻之十年參河守娶刈谷城主水野忠政女十一年歲次壬寅十二月二十六日生男於岡崎有奇質出雲守覩之曰此兒必揚名於天下令酒井正親石川清兼舉之因故事命幼字竹千代

秋八月今川義元與織田信秀戰小豆阪

〔日本外史十八德川氏二〕是歲秋織田氏復來侵乞援於今川氏今川氏遣僧大原以三萬人來救與戰於小豆阪互有勝敗冬復來侵內藤清長擊卻之

〔四裔編年表〕葡萄牙人始至豐後初傳造礮法〔日本國志〕

天文十一年西歷之一千五百四十二年也葡萄牙教士始來多鐵島鴃鸀船長二人一曰牟羅叔舍一曰幾利支丹日本後遂名天主教爲幾利支丹教尋有意大利亞教僧至大友義鎮首奉天主教其法浸盛及織田氏時松永久秀高山友祥等亦奉之又云日本學者皆謂歐洲人之來日本以是爲始荻原裕曰先是三百五十四年爲後鳥羽帝文治四年有船至陸奧闔船一百五十人中有三偉人一精兵學星緯術數一善蕃樂一妙醫藥此乃歐人來東之始世或以西歷一千四百年間葡人始經阿非利加之喜

望峯而來印度然其由亞歷山大港通紅海而至印度固已久矣此陸奧來船必爲歐人云云余考景教之傳在唐貞觀年間當時爲建大秦寺則羅馬教士來東已久此中三人有精星緯地理之學當時諸國無有此輩斷爲歐人理或然也又是時始傳鳥銃

天文十二年（癸卯二千二十二）〔和漢年契〕閏三月大內義隆伐尼子晴久不克

〔日本外史〕十二毛利氏十二年正月義隆大舉攻富田元就以兵二千從與周防將狄山某夾川陣四月河水大漲城兵急攻秋山元就曰吾祖騎渡劫川況此一衣帶水乎亂流撥擊走之十七月義隆敗走元就整隊徐退南還是役也吉川興經與北軍將十餘人叛晴久導周防兵已而復附之義隆以故敗◦吉川氏出於駿河人吉川友兼友兼誅柁原景時子孫以功食安藝大朝後十二世爲興經興經嬖大鹽某其下皆怨殺大鹽廢興經議曰毛利右馬與先公婚其子皆先公外孫可養以爲嗣乃請元就次子元春入新莊城奉以爲主元春弟隆景亦出爲小早川氏後◦小早川氏之先出於伊豆人土肥實平實平仕源氏食安藝豐田後十六世曰正平正平子繁平幼失明其族黨議請養隆景妻以正平女居沼田城於是吉川小早川並爲毛利氏羽翼人呼曰兩川元春稱治部少輔豪爽善用兵隆景稱左衛門佐美姿儀沈斷有謀慮皆類元就元就以元春未有伉儷使兒玉就忠密問其意所嚮元春曰吾欲得熊谷信直女就忠曰郎君得無謬聞其美乎彼女醜惡無匹君必悔之元春哂曰然吾素知其醜也抑古名將多以女色失其勇所以人不取而吾取之人不取而吾取之信直必感喜爲吾出死力此間將卒孰出信直右者吾與之聯鋒以爲家君

之先所向無不摧破耳就忠懃服告元就娶之信直果大喜毛利氏兵鋒益鋭十七年元就擒隆元元春隆景赴山口義隆養內藤興盛女妻於隆元使陶隆房與元春約爲兄弟

四裔編年表葡人再至乞通商

甲辰 二十三 天文十三年 日本外史十後北條氏十三年今川氏親使使與憲政約發兵臨伊勢氏境上圍長窪城氏康親將且援之會使者至自河越曰兩上杉氏連和合兵將來圍焉氏康還赴河越不見敵乃聚諸將議曰河越當兩上杉之衝是必爭之地也以一勇將守焉吾可以致敵而大克之衆推北條綱成綱成本福島氏世爲今川氏將守遠江土方城父正成爲武田氏所殺綱成猶幼出奔相模氏綱愛之賜北條氏及其偏諱常爲軍鋒其旗黃色書八幡二字爲號其戰也每馳突敵陣連呼勝矣所嚮無不勝當是時黃八旗之名聞八州於是氏康授之三千騎令守河越而還長窪圍亦解

明史日本傳二十三年七月復來貢未及期且無表文部臣謂不當納卻之其人利互市留海濱不去巡按御史高節請治沿海文武將吏罪嚴禁奸豪交通得旨允行而內地諸奸利其交易多爲之囊橐終不能盡絕

籌海圖編嘉靖二十三年六月倭船一隻使僧什壽光等一百五

十八人稱貢驗無表箋且以非期卻之

乙巳二十四 天文十四年〔日本外史九足利氏下〕十四年上杉憲政與上杉朝定合兵攻伊勢氏憲政憲寛子朝定朝興子也於是憲政朝定並遣使乞援於晴氏晴氏遲疑其臣交勸往乃往與兩上杉氏俱圍河越踰歲伊勢氏康大破兩上杉氏軍晴氏逃歸古河〔和漢年契義晴辭職〕日本國志義晴見迫於細川之臣三好氏奔走不常讓職義輝亦屢出奔時北條氏綱等興爲後北條氏武田上杉毛利三氏亦雄據一方以家臣弑主據地者如齋藤秀龍之於土岐定朝陶晴賢之於大內義隆津久見美作之於大友義鑑三好之康之於細川持隆各爭疆土干戈徧地

丙午二十五 天文十五年〔日本外史十後北條氏〕十四年兩上杉氏大舉來攻日此行必翦滅小田原至河越圍城數重意期必取綱成固守不下上杉氏使使古河請晴氏來助氏康又以爲請晴氏欲其兩解依移荅之上杉氏臣難波田某小野某往說晴氏曰公以北條可親乎曰然伊豆相摸非公所嘗領乎曰然曰早雲氏綱擅興甲兵掠取伊豆相摸遂及武藏下總邊傍使公困蹙至此其志不至盡取關東己爲公方則不已也彼今日亡上杉明日必及古河今之尊公者乃挾以營其私焉耳且北條之親於君也新也上杉之仕於君也舊也去舊就新君何惑焉今河越城當陷不陷所患關東將士觀望兩端其心不一耳君苟進大旆辱臨軍陣則衆知所鄉背戮力決前必舉河越河越舉則乘勢席卷拔小田原滅北條氏復君於鎌倉而駢首仕之如往昔矣

顧公熟計之晴氏曰善乃盡其士衆至河越上杉氏大喜號令諸將攻擊越歲四絕其饟道氏康聞之曰吾必赴援獨恐城兵之不誒我而決死也誰能往告我計者綱成弟辨千代年甫十八從在氏康左右進請曰此事至要臣請往焉卽爲敵所捕考掠百端至死無言矣氏康乃謂之曰往語乃兄善爲吾守吾克兩上杉不出數月矣女毋遽出決死也辨千代乃往著上杉氏號單騎入城當是時氏康兵四守驪上諸城在者裁八千餘人乃自將赴援憲政朝定幷晴氏兵凡八萬騎氏康計驕而襲之也佯請和解憲政等不聽氏康出至入間河南上杉氏兵來迎氏康不戰而走入小田原問諜者曰敵中云何對曰敵皆笑曰豎子走矣居五六日又出至河南敵來又走又問諜者諜者曰敵曰豎子不能復出卽出走耳莫復顧也氏康曰可矣夜勒兵親誓之曰吾聞戰道衆不必勝寡不必敗顧士心和一否如何而已古曰怯於小敵而勇於大敵吾數與上杉氏戰以我一人當敵十人以寡敵衆何必始於今日哉勝敗之決在此一戰汝將士其一心協力唯吾所嚮是視令其兵皆尙白布於鎧上約之曰遇不白者輒斫勿取其首令畢乃引兵渡河夜半直衝上杉氏軍軍大驚擾亂我兵縱橫奮擊莫不一當百殺傷二萬餘人虜朝定走晴氏憲政八州豪傑卽夜降氏康者九十餘姓時十五年四月二十日也是夜難波田小野皆死本間某單騎止戰本間軀幹魁偉纍九鐙於竿以爲背旗曰吾以燭闇主之闇也與我將大導寺某闘授之九鐙曰吾毋復用此也子用爲標好仕北條公乃死大導寺自是以九鐙爲記幟云天明上杉氏麾下諸將聞氏康兵寡則大悔憤欲乘其疲再戰返至河越則氏康已入松山城矣諸將聚議不決綱成自城內瞰之開門突出

身先士卒呼曰勝矣敵軍相驚曰黃八幡也卽敗走綱成往松山見氏康賀戰捷氏康慰勞之論功行賞撫納降附威振關東關東諸國皆爭通好焉於是憲政獨有上野寵管野上原不衰將士益離心〔四裔編年表〕足利義輝任將軍〔日本外史九足利氏下〕十五年義晴欲冠其子時京畿騷擾不可行禮乃攜赴阪下冠於日吉祠官家命名義藤遂改義輝讓之軍職六角高賴爲假管領賓之〔日本國志〕是年英吉利人始附荷蘭船來

〔籌海圖編〕嘉靖二十五年寇寧台諸郡官民廨舍焚毀至數千區

丁未二十六天文十六年〔和漢年契〕春二月大內義隆聘於明晴元率兵入京移居白河城〔日本國志〕十六年義隆復遣周良往中國舟四人六百泊海外以待事聞朝旨敕守臣勒回明年六月周良復來貢朱紈以聞從紈請不限五十人進都例相貢舟大小以施禁令初大內氏獨有勘合追義隆死亡於兵燹通商遂絕然伊豫能島來島因島諸奸民久狃互市之利私航不絕漢奸多爲之導虜劫放火千百成羣攻陷州縣江南北浙東西所在騷擾嘗同時告警別有侵山東犯日照各縣者海寇巨魁

汪直毛海峯陳東等皆與潛結勢益張寇皆習倭服飾旗號船幟題八幡大菩薩五字八幡者應神帝號也人呼曰八幡船

明史日本傳二十六年六月巡按御史楊九澤言浙江寧紹台温皆濱海界連福建福興漳泉諸郡有倭患雖設衛所城池及巡海副使備倭都指揮但海寇出沒無常兩地官弁不能通攝制禦爲難請如往例特遣巡視重臣盡統海濱諸郡庶事權歸一威令易行廷議稱善乃命副都御史朱紈巡撫浙江兼制福興漳泉建寧五府軍事未幾其王義晴遣使周良等先期來貢用舟四人六百泊於海外以待明年貢期守臣沮之則以風爲解十一月事聞帝以先期非制且人船越額敕守臣勒回十二月倭賊犯寧台二郡大肆殺掠二郡將吏並獲罪

二十六年四月使臣周良人船踰例且非貢期朝議欲

卻之以其遠來效順且貢期止隔一年乃發外海嶴停泊至明年

而後納之

案圖編入寇在二十五年入貢在二十六年史倂在一年互異

戊申二十七 天文十七年（和漢年契）義輝歸京

明史日本傳明年六月周良復求貢紈以聞禮部言日本貢期及舟與人數雖違制第表辭恭順去貢期亦不遠若概加拒絕則航海之勞可憫若稍務含容則宗設素卿之事可鑑宜敕紈循十八年例起送五十人餘留嘉賓館量加犒賞諭令歸國若互市防守事宜在紈善處之報可紈力言五十人過少乃令百人赴都部議但賞百人餘罷勿賞良訴貢舟高大勢須五百人中國商船入海往往藏匿島中為寇故增一舟防寇非敢違制部議量增其賞且謂百人之制彼國勢難遵行宜相其貢舟大小以施禁令從之日

本故有孝武兩朝勘合幾二百道使臣前此入貢請易新者而令
繳其舊至是艮持弘治勘合十五道言其餘爲素卿子所竊捕之
不獲正德勘合畱十五道爲信而以四十道來還部議令異時悉
繳舊乃許易新亦報可當是時日本王雖入貢其各島諸倭歲常
侵掠濱海奸民又往往句之紈乃嚴爲申禁獲交通者不俟命輒
以便宜斬之由是浙閩大姓素爲倭內主者失利而怨紈又數騰
疏於朝顯言大姓通倭狀以故閩浙人皆惡之而閩尤甚巡按御
史周亮閩產也上疏詆紈請改巡撫爲巡視以殺其權其黨在朝
者左右之竟如其請又奪紈官羅織其擅殺罪紈自殺自是不置
巡撫者四年海禁復弛亂益滋甚祖制浙江設市舶提舉司以中
官主之駐寧波海舶至則平其直制馭之權在上及世宗盡撤天
下鎮守中官幷撤市舶而濱海奸人遂操其利初市猶商主之及

嚴通番之禁遂移之貴官家負其直者愈甚索之急則以危言嚇之或又以好言紿之謂我終不負若直倭喪其貲不得返已大恨而大奸若汪直徐海陳東麻葉輩素窩其中以內地不得逞悉逸海島爲主謀倭聽指揮誘之入寇海中巨盜遂襲倭服飾旂號並分艘掠內地無不大利故倭患日劇於是廷議復設巡撫

籌海圖編嘉靖二十七年時海壖多警軍無紀律浙福二省互相牴牾賊得肆志議者請設巡視都御史節制之上命朱紈行紈至卽行二省守巡諸官各分信地或戰或守皆有專責而以福建都指揮盧鏜諳海上事卽以委之鏜乃與海道副使魏一恭備倭指揮劉恩至張四維張漢等部署兵船集港口挑之賊初堅壁不動迨夜風雨昏黑海霧迷目賊乃逸巢而出官兵奮勇夾攻大勝之俘斬溺死者數百人賊酋許大姚大總與大窩主顧良玉祝良貴

劉奇十四等皆就擒鏜入港燬賊所建天妃宮及營房戰艦賊巢自此蕩平餘黨遁往福建之浯嶼鏜等復大敗之翌日賊船有泊南麂山女兒嶕洞門青嶴者知巢窟已破無所歸去之下八山潛泊五月朱紈初欲於雙嶼立營戍守爲一勞永逸之計而平時以海爲生之徒邪議蜂起搖惑人心沮喪士氣福兵亦稱不便紈歎曰濟大事以人心爲本論地利以人和爲先不得已從衆議聚木石築塞港口由是賊舟不得復入而二十年盜賊淵藪之區至是始空矣六月二十日金鄉衛指揮吳川追攻於近山海洋賊船爲我師所迫又遇暗嶕舟覆所遺纔二人許棟與其弟社武也官兵擒之汪直徐惟學毛烈收其餘黨復肆猖獗廣東賊首陳恩盼自爲一艘與直弗協直用計掩殺之由是海上之寇非受直節制者不得自存而直之名始震讋海泊矣直以殺盼爲功叩關獻捷求

通互市官司弗許先是賊首許二糾番舶聚浙江之雙嶼港大爲福興諸府沿海患上命都御史朱紈勦之三月紈以都司盧鏜帥福清兵船泊温州之海門把總俞亨統燕山兵船協助之以備福寧之北境海道副使柯喬統福清兵船泊漳州專備海戰以過南逸入廣之路副使翁學淵駐福寧州僉事余爌駐泉州備倭黎秀駐金門所把總孫敖駐流江各分信地水陸截捕仍嚴保甲搜羅接濟奸人四月鏜分兵與賊戰於九山大洋百戶張璉衝其前指揮張漢等繼之大敗賊衆俘斬稽天新四郎等五十五名顆溺死者無算六月賊攻沙頭奧及衝大擔外嶼者再柯喬禦之嚴賊乃遁去賊首許二流劫北茭羅浮同知張魯把總王麟指揮閔溶張文昱千戶王灝王鑾禦之七月許二與倭合艘以拒官兵麟等率兵鏖戰自寅至午擒斬八十有奇賊錯愕投水死者千數餘乘潮

遁去

己酉二八十天文十八年〔和漢年契〕長慶率兵入京〔日本外史九足利氏下〕當是時細川晴元在京師玉井某擁故細川高國義子氏綱遊佐長教擁故畠山植長弟政國並起於攝津河內與大阪僧徒連兵北鄉晴元遣三好宗三等拒戰不克乃召三好長慶長慶時年十九掌細川持隆兵有勇名以父故怨晴元不輒應命其弟之虎諫之乃航海至兵庫入越水城宗三迎之合兵擊氏綱政國迭有勝敗宗三嘗讒殺元長至是又讒長慶長慶怨之十八年長慶與游佐長教連和以攻宗三於一藏城宗三乞援於晴元晴元發京師入槇南城六角定賴與晴元有姻出兵助之長慶曰吾以義榮爲將軍氏綱爲管領何患之有義榮者義維子也六月長慶與其弟十河一存攻拔榎南宗三走死江口晴元走阪下

信秀卒〔日本外史十三德川氏前記織田氏上〕外史氏曰封建之成勢於我邦也其來遠矣在昔王家郡縣七道治以守介田以口分四徵租調而朝之職位皆有田有食封有功田其食封多者不過三千戶功田四等世襲之者止於大功當是時未有封建之勢也自相門世權所在封戶日多不輸之地不課之民半於天下後三條帝欲矯其弊而不能遂自是以後各國莊園居其十九守介所治廑一焉甚則國司終不赴任而權延其地方豪族武人以自代謂之目代而至源氏起國司置守護莊園置地頭分領糧粟以備盜賊則向所謂目代之類者碁峙六十州而封建之勢始矣北條氏因其遺制守護之任猶得考課易置如古之國司然往往因襲傳之子孫漸成

封建之勢而至建武中興之時朝廷欲以特恩收武臣之心以新田足利諸族充諸國守護概以一姓連二三州雖名爲守護其實封建之也乃足利氏叛奪其成績而與之其子弟功臣仍稱守護而世襲之土地兵馬儼然諸侯而封建之勢成矣足利氏初務以大封陷將士得以撓朝廷之權既得天下而勢不可削及其政既衰其權臣搆難京師而所謂諸侯羣起爲之黨援又互相吞滅益成強大而最後織田氏以其陪臣崛起而并之部下皆一時英豪攻擊四出取城略地者因而賞之其志在於盡鋤天下故國而以其功臣代之未成而踣而豐臣氏以其將校踵起見織田氏所志甚難而不成也是以舊國之降附者存而撫之大者或蟠踞八九州而不加殺削是以得速致於混一而沒而未幾海內分崩由此觀之封建之勢始於源氏而成於足利氏足利氏未享其利而不勝其弊織田豐臣承其弊而不知裁之之術蓋皆有待於我德川氏也夫有外諸侯有內功臣內功臣之封不能抗外諸侯然後足以親戴衛護其內而折衝禦侮其外否則功臣亦與諸侯等耳無戴我之心而有爭我之意是織田氏所以被禍也雖能存外諸侯而不知斷長補短使勢力略敵又不知大封宗族據其扼塞犬牙相制以鎮壓其邪心是豐臣氏所以絕嗣也織田氏唯難於取之故重於分之豐臣氏唯易於取之故輕於分之輕之與重之其情雖異其不能收天下英雄之心一耳故曰二氏承封建之弊而不知裁之之術也至我德川氏鑒二氏之失而兼其衰矯之以漸權其內外輕重之際以維持於萬世封建之勢於是一定而不可復撼焉唐柳宗元論封建曰勢也余曰封建勢也制勢人也彼生郡縣之世而揣利弊於千載之上使其目我邦之今日以爲何如哉

蓋德川氏之致太平雖由參遠動舊之力而新附將帥之功與焉今之外藩列國成邦於足利氏以前者如鳥津佐竹伊達上杉毛利鍋島是已其餘皆由二氏興家者雖慶長庚子以後定賜封土與之更始而猶彼漢侯王之於陳項唐將相之於周隋不原其前代其建置本末不可得而原也余故先敍二氏而論其勢之所從來如此○織田氏出於平重盛重盛次子曰貧盛元歷中平氏與源氏戰於西海大敗擧族死亡資盛有孤兒其母懷之匿於近江津田鄉鄉長悅其母色納之兒從育其家會越前織田莊祝人之數入京師毎過鄉長孤兒兒嘗謂之日吾老無子願得公一子養之鄉長乃與以平氏氏孤兒兒終冒織田氏名親眞稱權大夫子孫世爲祝人及足利氏定天下越前尾張爲斯波氏管國斯波義重嘗出遊見織田祝人之子美之載歸以爲近臣義重有大吏六人其一人有罪放流乃以織田氏代之於是織田氏終爲斯波氏重臣徒於尾張自覲眞而後十五世日敏定敏定之時斯波義敏與族義廉爭立敏定居間講和請義敏養義廉子義良而自輔之居清洲城尾張凡八郡分爲上下各四郡敏定領下四郡使族信安居岩倉城領上四郡敏定生敏信敏信生常祐相繼居清洲敏定庶子信定稱彈正忠信定子日信秀稱備後守信秀以支庶降居勝幡城與族二人並爲宗家吏分治四郡信秀嗜武喜士士多歸之時齋藤氏在美濃今川氏在駿河與織田氏日相攻擊信秀徙居古渡城天文十一年八月今川義元將兵來攻軍於小豆阪信秀逆戰衆寡不較日暮將退敵兵尾擊甚急信秀弟信先與死士六人返戰卻之十六年九月信秀從常祐攻齋藤秀龍於稻葉山縱火城下將返秀龍出戰我兵大敗常祐以下八人皆死之十一月秀

龍遂攻大垣城信秀卽赴援擊
謠東遊美濃仕土岐賴藝將長
重臣稱山城守削髮更名道三
善遇之因招美濃將士將士多
藝口秀龍請和信秀以比年兵興
藝以女妻信秀子信長是年信秀

秀龍秀龍者山城西岡人善歌
某遂殺長井直仕賴藝終爲其
遂賴藝十七年賴藝來奔信秀
者八月信秀往討秀龍縱火多
上下疲弊遂許之秀龍乃復賴
徙末盛城二十年三月信秀卒

疫

卒

庚戌二十九 天文十九年（和漢年契）義晴卒（日本外史九足利氏下十九年三月晴元聞長慶且來襲也城於如意岳以奉義晴義晴病薨於穴太山中義晴官至權大納言右近衛大將從三位晴元定賴奉義輝從寶泉寺十一月長慶入京師陣阿彌陀峰分兵屯三井寺縱火大津義輝又徙朽木晴元陣志賀二十年正月晴元迎擊長慶兵大敗）

籌海圖編嘉靖二十九年倭犯昌國衛

辛亥三十 天文二十年（日本外史十一武田氏上杉氏天文十一年一向賊起加賀與州豪推名泰種神保良衛連兵叛爲景爲景自往擊之至旃檀野賊將江波某伴降設穽於路迎爲景陷而殺之爲景有四男長晴景次景康次景房季曰景虎景虎幼字虎千代爲繼妻出甫八歲精悍有膽略爲景不愛也逐之椽尾欲以爲僧景虎不肯學僧事及爲景死諸將多屬意景虎而大臣胎田常陸者自爲景時有權寵利晴景庸暗與二子黑田秀忠金津某及三條城主長尾俊景謀立晴景殺景康等景房出走

追殺之貳城門中景虎時年十三亦走門者爲匿之簀牀下逮夜發而出之則熟眠矣喚起潛出入春日山寺寺僧挈之逃椽尾匿乳母夫本莊慶秀家慶秀與宇佐美定行盡心保護之定行者上杉氏世將好讀書通天文兵法謂景虎可輔也深相結託既而景虎聞賊搜索己不置也則出避之同從士十四人爲行腳僧狀行膝穿鞋而出上米山瞰覗府內日吾它日起兵復國必陣於此遂至旃檀野泣瓦拜日兒必夷滅仇敵以慰冤魂於是經歷北陸東山諸國周覩山川城池形勢圖寫齎歸有告賊以景虎所在遣甲來捕景虎與慶秀定行謀起兵修椽尾城據之聽命於上杉定實十三年春俊景秀忠將兵來攻景虎防戰大破之斬俊景走秀忠十四年遣神餘昌綱赴京師請討賊詔旨十五年賊數來攻景虎每戰輒勝十六年晴景遣族政景大擧來攻定行欲出戰景虎上城望之日敵遠來無輜重非久留者族其將引去擊之可也夜半政景果卻景虎以三千騎開門出戰於下濱走之及米山景虎按兵止敵過嶺鼓衆追擊又大破之定行謂諸將曰諸君知主公按兵止故平日不知也曰敵迫險急之則返擊聽其過嶺乘高下擊敵不能支主公年少臨機制變如此豈我輩所企及哉於是政景降晴景窮蹙自殺十八年國人請景虎入府內胎田等猶據三條不下十九年景虎攻三條拔之誅胎田賊以餘兵保新山黑瀧二城欲遂攻之會上杉定實卒不果二十年遣將高梨貞賴攻拔新山誅黑田秀忠宇佐美定行拔黑瀧誅金津越後書定

〔和漢年契〕秋八月陶晴賢弒其主大內義隆〔日本外史十二毛利氏〕義隆性文弱山口多廷臣避亂者而明人常互市焉義隆耽詠歌學梵譯不復問武事陶持長嘗

憂之持長子義淸幼聰敏常誹義隆曰是墮落沙門流竄公卿耳持長覩其有不臣之志藥殺之更養妹壻問田某子是爲隆房隆房悍厲頗得士心持長旣死隆房與義隆嬖臣相良武任有郤結杉重政青景隆時內藤興盛謀殺武任武任怖而遁逃冷泉隆豐勸義隆速誅隆房不聽隆房伴乞骸骨歸其邑若山日謀反逆家臣深野康澄宮川房勝引持長遺屬大諫弗聽二臣交刺死二十年八月隆房遂反攻山口義隆走法泉寺其兵皆潰前關白藤原尹房爲講和隆房不肯義隆航赴筑紫阻風還入大寧寺城兵來圍九月義隆自殺隆豐等死之義隆子義尊及尹房以下公卿十餘人皆爲所殺隆房更名晴賢削髮號全美迎豐後國主大友義鎭弟義長爲主曰重政隆時姤武任勸吾行大事乃發兵誅二人初晴賢之圖難使人來說元就黨己啗以佐東郡元就郤之義隆臨終遺書屬元就曰吾不幸爲賊臣所弑吞恨入地非卿誰能復我仇元就覽書流涕曰吾受大貮恩眷雖無所屬猶欲爲復仇況有是乎諸將曰彼凶燄方熾未可與爭衡宜內養威力外示柔弱觀舋而動元就從之

冬十月北條氏康陷平井城憲政出奔越後〔日本外史十後北條氏〕二十年氏康率八州兵往擊憲政七月攻平井城拔之憲政出奔越後依長尾輝虎其老臣藤田小幡三川成田等六人以憲政子龍𢬵來降氏康命神尾某誅龍𢬵燒夷平井城兩上杉氏於是皆亡而東國盡歸於伊勢氏

〔四裔編年表〕始傳猶太敎

〔江南經略〕嘉靖三十年二月賊分掠江陰縣境三月賊攻縣城知

縣錢錞出禦於石幢身被一矢又遇之華墅斬賊首九級賊懼乃合常熟賊一千五百餘人攻圍縣之東門屠戮甚慘塡壕直逼城下錞欲出兵禦之兵備王副使持議堅壁固守錞怒取印印衣獨率民兵出城死鬬殺賊頗衆馬入於淖賊伏起刺之中十餘槍而死賊亦懼而遁七月賊圍縣治主簿曹廷慧禦卻之倭寇至縣令避居學宮城守者多竄廷慧登城射賊眼命左左中命右右中賊驚遁去翌日賊障牛皮鑿地廷慧析薪火之賊稍退被圍四十日生員薛亶詣撫按告急偕善泅者二人晝夜潛行七日始達會樊參將帥兵千餘來援廷慧爲內應聲援既接賊遂駭散八月賊掠縣境官兵擊敗之

王三十子一 天文二十一年（日本外史九足利氏下）二十一年六角定賴使其子義賢抵長慶講和曰將軍孫於公越在畿外數年公武多矣不亟講和恐天下有議公者也長慶曰臣不敢犯將軍特恐右京大夫右宗三耳今宗三既死使大夫

削髮使氏綱代之以及大夫子信良則臣請謹戢兵矣和議既成晴元削髮奔丹波二月義輝攜信良歸京師長慶入謁於相國寺立氏綱爲管領置信良於越水城其實質之也於是三好氏代細川氏領京畿諸政留家臣松永久秀護幕府而引兵南歸阿波久秀西岡賈人以慧黠爲長慶所親任先是伊勢氏康攻上杉憲政平井城陷八州將士捕憲政子龍舜以降氏康山內上杉氏於是終滅先是扇谷上杉氏亦爲氏康所滅憲政奔越後依長尾景虎盡以其姓氏官號授之景虎爲景子也長尾氏於是冒上杉氏因管領關東晴氏請和於氏康立伊勢氏所生子義氏而自老氏康置義氏於鎌倉後請京師任爲左馬頭〔和漢年契〕秋

八月三好義賢弑其主細川持隆〔日本外史九足利氏下〕二十二年五月三好實休弑其君持隆奪其妻實休卽之虎也晴久出奔

明史日本傳三十一年七月以僉都御史王忬任之而勢已不可撲滅先是沿海要地建衞所設戰船董以都司巡視副使等官控制周密迨承平久船敝伍虛及遇警乃募漁船以資哨守兵非素練船非專業見寇舶至輒望風逃匿而上又無統率御之以故賊帆所指無不殘破

《籌海圖編》嘉靖三十一年汪直既破陳思盼求市不得乃引倭夷
突入定海關官兵卻之遂移泊金塘之烈港亡命之徒日益附之
由是海邊郡邑無處無賊矣四月賊攻奉化縣義士汪較死之較
奉化人力挽强弩尤工矢藥殳刃精習有司上於軍門賜以義士
關防屢立戰功賊入應家棚率民兵力戰射斃十餘人賊創艾遁
去較亦被傷而死賊陷遊仙寨百戶秦彪戰死彪爵谿所人以父
廕授百戶素有膂力賊登赤坎攻遊仙寨甚急彪曰遊仙與爵谿
脣齒無遊仙是無爵谿也先人遺我汗馬勳不死戰而死法何以
見先人於地下乎乃與弟漢疾馳赴鬬力不能支遂俱死焉五月
攻瑞安縣自江口登犯嶺門岐頭等處入坡南匯至瞭高山下百
戶李潮高艮與戰死之遂乘勝攻縣城把總夏光知縣劉畿率官
兵擊卻之賊乃退泊東山港賊犯台州犯象山定海諸縣知事武

偉死之陷黃巖縣福清賊首鄧文俊等率倭夷二千直入縣中焚燬縣治居七日而出時縣無城而賊乘潮猝至故陷遂流劫餘姚山陰等處殺掠居民甚眾六月二十日賊以破黃巖得利復攻霩衢所城二十一日夜半乘雷雨先以草人用竹揭試遂入城指揮樊懋急督兵力戰死之時守禦指揮魏英督兵夜戰至天明賊從北門而出十一月十二日參將湯克寬統兵追黃華之賊與戰於下馬海洋越三日復戰遂擒鄧文俊以歸

江南經略是年七月倭船至太倉州七鴉港時海上報倭船一在吳淞所一在七鴉港一在崇明沙人不滿百饑且困在七鴉者爲居民楊氏所執凡十餘人崇明縣倭船飄至崇明沙饑且困剽掠海濱有巡檢紿之曰棄爾兵則與爾船賊投刀海中擒獲二十餘人自言船主龔十八與倭通販飄入朝鮮界朝鮮人襲之死戰脫

風便七日至此本非爲寇已而知官兵易走乃有輕中國之意嘉定縣賊寇吳淞所百戶馮舉宗元爵等禦戰死之賊據楊氏宅洞牆屋四望徐候船南走官兵追之賊匿葦荻中免越數日乃去

癸丑三十二 天文二十二年〔和漢年契〕夏五月武田晴信殺小笠原長時居信濃〔日本外史十一武田氏上杉氏〕天文十一年三月義清長時賴茂與木曾義高舉信濃兵來攻諸將皆懼晴信曰四人合從議必不一可一戰而破也乃佯浚溝高壘四人以爲怯進入境內晴信夜發乘霧雨逼擊大敗之四人再舉至平澤又擊破之自是連年相攻晴信每勝晴信舉山本勘助勘助三河人盼目瘘躄嘗學兵於尾形某以干今川氏駿河舊臣皆侮易之義元不奇也勘助寄食數年板垣信形聞其名薦之晴信晴信召見與語大悅之卽日與二百貫邑賜名晴行十一月晴信以晴行計取信濃九城十三年以信形計誘殺諏訪賴茂而納其女爲妻明年生男勝賴稱四郎晴信有長男義信以爲嫡嗣使勝賴承賴茂後十四年五月與小笠原長時及伊奈氏戰於鹽尻嶺破之十五年三月攻戶石城村上義清將兵六千來援我先鋒甘利備前橫田備中等皆敗死我軍將潰晴行說曰敵鋒不可遏使之右顧則克晴信曰我兵且不從令曷能使敵如我意晴行請假後隊兵左旋而出義清軍右顧晴信軍氣復振進擊破之晴行以功食八百貫邑乃往駿河謝前嗤笑者交口稱譽義元侮之上杉氏將士聞甲

斐兵弊於戶石以二萬騎蹈礁冰嶺晴信遺信形拒焉而自繼之九月擊破上杉氏軍眞田幸隆及子昌幸皆有功晴信又用幸隆計誘殺村上義清精兵五百十六年八月晴信取志賀城義清出軍上田原板垣信形將前軍戰勝不備義清窺其怠悉甲襲殺之晴信赴援義清率死士突入其麾下與接刃墜馬終大敗十八年八月晴信略地上野又與小笠原長時戰於諏訪原走之十九年三月復略上野聞長時復出而還時今川義元與相模國主北條氏康婚爲世康來請晴信曰氏康與上杉氏戰將取上野願君勿先焉晴信乃與氏康義元連和是歲晴信削髮稱信玄信玄引鏡自視曰吾貌類不動佛乃使畫史爲己像執劍及索曰我死四鄰襲入視吾像不敢加無禮也信玄連攻村上義清又攻高梨須田島津氏二十二年盡略河中島四郡地義清等不能支相共計以爲可敵信玄者唯上杉謙信乃往投之

秋七月三好長慶虜細川晴元於芥川將軍義輝奔丹州復與三好和入京〔日本外史九足利氏下〕義輝苦三好氏專恣召還晴元晴元糾合舊臣入焚三好氏第宅長慶聞之大怒八月長慶率兵二萬入京師將攻義輝堀川第義輝晴元復奔近江長慶移軍攻丹波陷諸城又攻播磨弘治元年播磨皆降

明史日本傳〔三十二年三月汪直句諸倭大舉入寇連艦數百蔽海而至浙東西江南北濱海數千里同時告警破昌國衛四月犯**

太倉破上海縣掠江陰攻乍浦八月劫金山衛犯崇明及常熟嘉定

〔籌海圖編〕嘉靖三十二年正月賊入福山港常熟知縣王鈇帥官兵擊走之閏三月賊首汪直犯嘉定賊自烈港之敗以百餘人自白馬廟而來收集餘黨流突蘇松掠嘉定之寶山鎮撫陳憲疑爲鹽盜率輕兵追之後知爲直不敢襲賊至寶山洋都指揮王世科同知任環合兵勦之百戶張治力戰死賊破南匯所自望日而後賊破城者再賊至劉家河揚帆而西守備解明道與六合知縣董邦政率兵迎擊之追及於吳淞江口值綵綯港復有新賊至者與之合蹤勢益猖獗官兵莫敢進操江都御史蔡克廉遣同知任環往助之賊遂敗走俘斬百餘人賊首鄧文俊林碧川沈南山分掠蘇松諸郡縣四月賊首蕭顯自浙西來巢柘林入劉家河寇太倉

勢甚急直逼城下都御史蔡克廉在郡聞警星馳赴州入城九日闔城凡十七日燒東南西三門及倉中積粟蔡公躬乘城督戰賊乃去而城外居民焚掠幾盡倭犯崇明之南沙耆民施珽禦戰死之五月賊破吳淞所入據之賊既破城遂據爲巢守備解明道襲破之斬賊首百餘級賊酋三大王六大王死焉遂復所城賊遁出海復爲州判金汝舟千戶楊循禮所敗擒斬八十有奇賊犯嘉定縣知縣萬思謙擊敗之犯華亭縣犯蘇州府賊首蕭顯入上海縣顯自浙西流突直徑過金山至天妃宮浙江領杭兵指揮黎鵬舉與鎮撫胡賢禦之鵬舉被創賢死焉賊遂衝縣市焚治所指揮武尚文縣丞宗鰲戰死自是而後浦東沿海二百餘里閒新舊之賊往來絡繹無虛日矣六月官兵追擊賊首蕭顯大敗之賊陷上海縣而南鎮江衞知事吳宗德追之賊驚潰爭舟溺死者不可勝計

守備解明道同知任環伏兵吳淞江口擊之追至寶山洋賊遂大敗賊破南匯所七月賊攻南沙賊首蕭顯與孫二等爲官兵追擊不得歸率五百餘人登南沙據爲巢南沙積粟素多悉爲賊有同知陳璋敗之於獨山斬首千餘餘衆浮海東遁十一月參將湯克寬敗賊於高家觜賊由華亭縣漴缺登岸流劫至木涇金山衛移舟泊寶山克寬引舟師迎擊至高家觜毀其舟斬首七十三級生擒十四人官兵進勦南沙之賊敗之遁往黃窪

籌海圖編是年閏三月浙江官兵追擣烈港賊巢汪直敗走烈港地形曲折賊負固盤據卒難進勦都御史王忬躬至温州閱圖審形謂兵船雖多難以直驅乃令參將俞大猷湯克寬分爲二哨部署既定大猷由列表門進以當其前克寬由西後門進以防其逸謂賊一出則一哨可以追勦不動亦可以全制也至是大猷募熟

諳山脈徑路之人侯得等潛入賊營期以十一日舉火爲號而自移營本寨距賊巢止隔一山分遣把總張四維屯龍山黎秀屯霩霩遥爲聲援夜四鼓侯得等縱火賊營煙燄蔽天官兵乘之賊驚奔爭舟死者無算乃大敗走直率精銳潰圍而去泊馬蹟潭軍門以大猷并兵獨進雖破賊巢而違我節制使賊得逸深責之四月初四日賊自太倉上海而來攻海鹽縣城三日始解去城外居民悉爲煨燼矣初六日賊至海寧衛把總馬呈圖督官兵禦之弗勝遂與指揮釆煉百戶王相姜楫呂鳳姚岑皆沒於行陣旣而把總王應麟率兵追逐之與戰於海口巡司大勝之賊以伏兵衝我師我師遂潰千戶王繼隆百戶楊臣康綬亦死焉初九日犯平湖官兵追之連戰皆敗蔡指揮等死焉都御史王忬命湯克寬往勦之及於髗子門大破之俘斬二百六十有奇賊薄省城指揮吳懋宣

率僧兵禦之力戰而死賊攻松門衛把總劉恩至追擊賊於舟山涔港大敗之賊初至勢甚猖獗攻衛城弗克而去蓋依汪直爲窩者也賊犯松陽縣知縣羅拱辰禦卻之賊浮海俞大猷以舟師邀擊斬首六十九級陷昌國衛百戶陳表死之賊犯定海官兵擊敗之賊皆雞鳴山人沿海爲患十二日都司劉恩至破之於蘆花港口十四日湯克寬等兵船進擣賊巢大敗之因礮聲驚起蟄龍官兵覆溺者甚眾直遂走直隸地方俞大猷又追敗之所存者僅百餘人陷臨山衛二十四日俞大猷與都指揮劉恩至俘斬賊三百有奇五月賊攻海寧衛破乍浦所賊自金山而來城破百戶陳綬死之指揮陳善道從湯克寬率兵來援與賊戰於長沙灣與冠帶總旗張儒死之賊犯長沙灣湯克寬擊賊於葉謝港敗之副使李文進副總兵俞大猷擊賊於蓮花洋大敗之賊攻新河所時兩浙

之賊充斥郊野所過殘破村落爲墟而乍浦以東達於直隸之柘林二百里之地皆爲賊巢矣雖克寬勝於葉謝港文進等勝於蓮花洋俘斬甚多而賊猶不知戒云七月賊攻台州寧海縣初四日攻城七日而解八月都指揮劉恩至等迎擊直隸遁賊於普陀山洋連戰大敗之先是賊首蕭顯屯直隸之崇明南沙修船爲遁歸計都御史王忬計其勢必流入浙境預令都指揮劉恩至指揮張四維百戶鄧城等分爲二哨一自觀海臨山趨乍浦遏賊來路一自長塗沈家門設伏邀擊賊果南遁官兵與遇於普陀洛伽山臨江海洋連戰皆勝之零賊敗登普陀依險爲巢掘塹自衞參將俞大猷督官兵進攻之二十二日夜自石牛港進張疑整衆而不交戰潛遣奇兵由西北巡檢關直入百戶鄧城武舉火斌黎俊民陷陣先登賊遂敗走茶山絕頂翌日鄧城由東北淺步沙進火斌由

鸜鵒巖進黎俊民由中路進劉恩至等統大兵居其後四面齊進俘馘無遺九月都指揮盧鏜敗賊於乍浦十二月賊攻瀝海所千戶張應奎百戶王守正張永死之

〔江南經略〕常熟縣是年正月十六日賊船六隻從東海而來入福山港登岸劫殺至殿山橋而還十七日復自吳橋至劉菩薩堂焚劫煙燄不絕十八日知縣王鈇先遣耆民徐泰等潛師劫營十九日親率主簿李宗昭家丁兵勇與賊戰於尙墅賊大敗走宗昭家丁李安戰歿於陣主簿馬希鸞復邀賊於中途擊敗之適長洲縣縣丞林錡承府檄率兵來援分道追逐二十一日賊棄二舟遁上海縣是年南匯被圍官兵望風披靡奔竄殆盡有軍士李府者率其仲子香及族丁三十人力戰斬首四十餘級賊退十里吾軍稍安乘勝追逐有賊酋長丈許聲若雷府邀之戰不三合斬之於是

賊相識避焉翌日復戰又斬其先鋒二人賊退走府追戰再勝之
伏賊蝟起萬矢齊發父子身無完膚俱歿於陣次年四月賊再犯
香弟黍爲哨官年方舞象仰天祝曰爲君父報不戴之仇在此舉
出戰獲三級以獻至夜賊潛布雲梯魚貫而上一賊將登陴黍覺
拔劍斬之視賊且蜂集黍急推城垜傾賊墮而死者數人城賴以
全明日大戰殺賊無算賊聞其名呼曰誰是李三郎黍挺身響應
與賊鬬益力卒爲賊礟所斃嘉定縣前歲倭船之入以爲失風非
來寇也稍縱之得志而去至是乃復來金山備倭都指揮王世科
蘇州府同知任環合兵剿賊選士卒數百人分爲五隊即日渡江
命吳淞所百戶張治率甲士五十人爲前鋒治持戈躍馬奮不顧
身與賊遇於寶山之麓劇戰賊魁胡藥師最驍勇身被重甲數創
不能入以鐵戈擊其首乃斃殺賊衆十有三人治力倦下馬搏戰

被賊橫刺而死衆見治死遂潰走環獨不走賊奮而前有一敢死士徐珮以身捍環乃得免明日環復出挑戰賊不敢出相持數日思以計困之賊夜半從海岸遁去環覺之率師追擊不及而還崇明縣是年十二月副總兵湯克寬奉命討賊賊首蕭顯偵知之招集各沙新賊以待克寬帥邳兵渡海時府同知任環將沙耆民於海濱謂克寬爲前總兵慶子家世將兵必善射以所部耆民兵兼屬之克寬渺視蕭顯不足敵猝發兵抵沙岸天未明竟進蕭顯多智預於沙岸設伏俟湯兵半至伏起湯兵大驚前後不相顧潰亂而敗死者千餘人克寬收兵還環大悔之自率耆民兵與賊相持耆民心素歸環樂於效死凡賊舉動機智環皆覘知而預備之蕭顯懼甚欲走而不可得太倉州雖濱海久無兵燹四月初九日有賊船十五隻突至劉家河兵備副使吳相遣兵逐之生擒智阿等

八人斬首八級賊遁去於是人始知其爲倭寇也操江都御史蔡克廉駐節蘇城聞警報亟至州戒戍備十三日賊首蕭顯等二百餘人又突至城下焚刼自南門至西門民舍官倉俱爲煨燼發官軍出城皆望敵而走莫敢戰廉躬自登城命軍士以火器飛礮擊殺三十餘賊賊乃去廉見賊勢洶湧恐受圍孤城不克有濟欲如蘇郡官屬皆詈之荅曰我非州守也各郡安危皆我之責若匏繫於此孰與撫巡會議興兵乎遂行時有蔡時宜陳可願者善談兵適政司參議張寰托檢校袁本立薦於廉廉與語悅之置諸記室然二人實無奇識惟主堅守之議耳士民疑爲奸細謂鄞人素通番二人皆鄞人也而操院用之殆不可測適汪直之黨潛入城爲內應爲有司所執衆益疑二人爲賊黨二人懼從廉出城州人共毆之幾斃拘囚拷鞫坐獄三年然後白可願後歸鄞立功之志愈

銳捧監司檄充副使與蔣洲同使日本汪直之就擒實可願等游說之所致云先是克廉在太倉城中見賊勢猖獗不遑奉請不敢擅動官軍檄本府同知任環選各縣民兵三百應之環握符崑山家屬俱在郡城見檄卽行人皆危之或諷環回郡敘別環弗應惟以書戒其子曰我仗國威東行討賊賊衆我寡萬一不支臣死忠子死孝妻死節止要各成一箇是而已矣無我憂也環自慮不能生還周身書名以便尋尸見者無不感泣至太倉賊將圍城煙燄四起廉急召環入環曰兵存與存兵亡與亡將之道也兵在外而我自入城可乎入則俱入不然與我撥兵我當自戰耳廉遂如蘇城而以殄寇屬環環雖敢任而選帶勇夫罔嫻武藝且無撥勢孤賊衝至皆不戰而走環鐵衣單騎帶月獨馳賊疑有伏不之犯頃之兵士尋之皆還集環謂之曰我領朝廷敕命義不與賊俱生不

可遇難而避若等不敎之民原非軍伍覆沒則可憐逃生則無罪奚必戀我而徒死乎人人拜泣而謝嘗有數十人跬步不離草棲露宿夜不解甲兵士愁苦不能寐環與談古今忠孝之事達旦不倦病瘡痍者則調護之慰藉之隨賊向往枵腹而坐分食而嘗濡爾而行徒跣而涉與士卒同茹甘苦遇曠野則敎以挑持擊刺之法坐作距覆之方人人感奮時賊橫行莫之敢格日中常接任兵環懼失士而先登士懼失環而爭進賊深惡環欲殺之一日追急兵士跪而哀籲賊大呼曰我所欲殺者任環耳可速指任爲誰我則爾貸庖人徐珮應之曰卽我是也欲殺則殺賊遂殺珮而去環收珮屍瘞而奠之先是珮恐賊覓環以環所乘馬甲胄裝束行野戒左右呼爲任爺身當賊衝置環生路嘗因危迫與環同匿深溝中賊夜過之不知環嘗被流矢墮馬兵衆舁之而馳又遇賊水濱

掩環過橋斷橋木賊不能及因是賊知環德感人之深人皆樂於效死弗忍害且憚之每遇環輒大笑曰任拚命又來矣避而去之民有被擄逃歸者述賊疑環屢殺屢存殆天神非人也不可殺是月積勞疽發於背掀如盤水粒俱捐猶裹瘡履陣後乃臥太倉西門城堙郡中士民聞而憂之生員陳恕等呈於各院檄而歸之

甲寅三十三 天文二十三年 四裔編年表 寇中國 晴信取信濃 日本外史十一

武田氏上杉氏二十一年諸將士兵欲推景虎爲主景虎曰吾迫於上下之意與兄抗兵不料其自死而吾主越後世謂吾簒也今國內略定別擇主可也吾逃爲僧以明吾志遂削髮號曰謙信將赴高野山諸將士連署請其止治國謙信曰置君將用其令也不用令無君可也自今吾所令莫敢或違則吾肯止耳乃與諸將誓而入明日出令收專命大臣十六人賜死於林泉寺諸將股栗五月任彈正少弼敘從五位下謙信曰坐受官爵非人臣義也二十二年二月假路諸國率兵二千經北陸入京師先詣闕遂謁將軍義輝五月歸村上義清與高梨政賴須田親滿島津規久等自信濃來投請謁謙信言曰僕等爲武田信玄所侵掠容身無地側聞公威名願賜一下手救援謙信曰諸君豈爲人下者而來託於我是知我也我今略定內亂念賀越吾父讎常欲屠此二國遂樹幟

京畿是吾素志耳雖然遇知我者而不爲出力非丈夫也因問義清曰信玄用兵何如曰信玄行軍不貪程頓每戰要勝於後謙信曰彼要後勝意在拓地也吾則不然遇敵輒戰要不枉其鋒耳於是下令國內以十月十二日治兵小田濱將八千騎入信濃放火武田氏屬城十一月朔進陣河中島信玄聞之請援於今川氏將步騎二萬出雨宮渡使山本晴行等四人覘之反報曰北軍銳甚君宜厚集其陣不戰屈之信玄從之兩軍夾水而陣謙信挑戰信玄不出相持二十七日謙信遣使者言曰吾聞公用兵所嚮無前陣而何獨不與我決乎我於公非有怨仇特爲義淸輩敢問公何以奪彼地公不欲與吾戰則還地於彼不欲還地則與吾戰信玄荅曰公庇義淸眞爲高義雖然晴信而未死公不能成志也公欲戰則自公始謙信曰諾乃決議約詰朝會戰卽夜傳發以七隊合爲圓陣平明度橋而進信玄勒十四隊迎戰自卯至未爭橋相逐勝敗不決謙信分兵渡上流出甲斐軍後甲斐軍顧之退去橫田源助板垣三郎等及駿河七將皆死而越後兵亦多死傷引兵歸先是謙信數出兵越中而未得志是歲使使招降能登國主畠山義則以女兄妻之取其弟義春子養之稱彌五郎實質之也是時所管佐渡及莊內會津盜起遣兵擊平之二十三年五月信玄與小笠原長時戰於桔梗原勝而降之長時終出奔京師信玄以女爲北條氏康婦爲長子義信娶今川義元女於是二國相共翼武田氏以扞謙信而信濃客將樂巖寺布下和田等陰通謙信謙信出兵清野織火鼠子驛聞客將事覺被誅乃還八月謙信復以八千騎入信濃曰吾此行必與信玄親戰決雌雄耳進渡犀川陣既望信玄以二萬人出與之對固壘不出閒日謙信使村上義清等

夜伏兵而曉出采樵者近甲斐壘甲斐兵出追之陷伏皆死諸隊隨出乃大戰終日十七合迭有勝敗信玄潛下令張絙犀川而渡伏旗幟徑蘆葦中直襲謙信麾下麾下潰走信玄乘勝而進宇佐美定行等以手兵橫擊破之擠之於河信玄與數十騎走有一騎黃襖驟馬以白布裹面拔大刀來呼曰信玄何在信玄躍馬亂河將逃騎亦亂河罵曰豎子在此乎舉刀擊之信玄不暇拔刀以所持麾扇扞之扇折又擊斫其肩甲斐從士欲救之水駛不可近隊將原大隅槍刺其騎不中舉槍打之中馬首馬驚跳入湍中信玄纔免武田信繁聞信玄危返之呼騎索戰戰死之是日兩軍死傷大當而信玄被創夜收兵退後獲越後捕虜言嚮騎乃謙信也○日本外史十後北條氏獨足利晴氏率其餘黨不與氏康通氏康乃移書讓之曰臣父氏綱與先公結婚姻竭心翼戴莫有貳心以御弓氏之強武氏綱銜密旨不日滅之遠近稱其勳勞而未幾何將見誅其子孫臣未知其說河越之役憲政促君之親臨也臣乃白日不敢請援請兩無所援君已聽之矣而又惑於讒臣翻援憲政臣又白曰苟宥城兵死則獻城而退君又聽之而攻擊不已往事如此其曲其直天將鑒之氏康不復能戴君矣二十三年十月將兵攻陷古河城執晴氏放之波多野已而釋之老於關宿立其子義氏居於鎌倉葛西谷

〔明史日本傳〕三十三年正月自太倉掠蘇州攻松江復趨江北薄通泰四月陷嘉善破崇明復薄蘇州入崇德縣六月由吳江掠嘉

興還屯柘林縱橫來往若入無人之境忬亦不能有所爲未幾忬改撫大同以李天寵代又命兵部尚書張經總督軍務乃大徵兵四方協力進勦是時倭以川沙窪柘林爲巢抄掠四出

〔籌海圖編〕顯自上年入寇上海而去爲官兵追迫登據崇明之南沙官兵圍守且半載賊屢敗値歲暮守者懈顯得遁至黃窪入攻嘉定縣城又分掠南翔等鎮參將湯克寬擊敗之賊攻上海縣蕭顯自嘉定循海而南攻圍上海甚急時城初築未固勢且陷官民洶洶兵備僉事任環統民兵三百僧兵八十往援時賊船泊黃浦者以百計而自吳淞江南行者不計焉環追襲之於五里橋賊敗南奔環追敗之於胥家墳賊始懼適浙江都御史王忬遣都指揮盧鏜來擊賊乃解圍而南賊復據南沙參將解明道擊走之二月蕭顯據史家濱爲巢盧鏜進擣大敗之賊死者無算乃遁往浙江

海鹽縣鎧復追敗之其別艘之在歸家港者任環亦敗之三月賊攻南匯所入吳淞江賊酋劉三率黨二百餘人登岸劫掠參將湯克寬督兵民力戰賊不能支奔匿舟中官兵兩岸夾攻礮石交下擒斬無遺賊攻松江府賊自曹涇而來副千戶童元巡檢李叢祿禦之於蕭塘力戰而死賊遂渡浦攻府城殺縣丞劉東陽僉事任環參將湯克寬擊敗之賊乃退走大門墩四月賊首汪直與徐碧溪吳德宣等營柘林爲巢窟聯絡連二百里如老鸛觜七八團之間皆其部落之所屯聚也閒分一支自青浦白鶴港而北出太倉分一支自劉家河入趨崑山賊首蕭顯自正月復據南沙爲官兵擊走至是突入劉家河州判金汝舟指揮江統率舟師擊敗之斬首百餘級賊攻嘉定縣攻太倉州松江之賊出青魚涇遇賊艄自劉家河入者六十餘艘合攻州城任環督士民發飛礮流矢傷殺

甚眾又縋敢死士出城力戰賊敗而走賊攻崑山縣自劉家河入越太倉至崑山知縣祝乾壽莅任甫一月聞報即督官兵死守賊攻圍甚急蘇州路絕乾壽夜募敢死士持蠟書浮水而行八晝夜始達郡城巡撫屠大山巡按孫愼遣都指揮梁鳳應援鳳竟不進生員龔良相涕泣請兵於孫愼始知鳳逗遛之罪遣良相監督以行鳳大怒欲殺良相良相不爲動促之益力鳳不得已至九里橋望賊即潰而西遺火器二船於賊佯報賊已遁去人皆信之賊得火器攻城益急至有登陴者有穴城門下者乾壽與鄉宦朱隆禧等分門捍禦而令生員張光紹潘蔚卿陳淮郭龍韜等嚴督士民竭力禦之城賴以全時賊欲據崑山爲巢故蘇州各縣皆被攻圍而攻崑山尤急以崑山爲蘇郡州縣適中之地得此爲巢則沿海諸邑聲援俱絕進可以蠶食蘇常諸郡退可以拒援兵也總兵俞

大猷敗賊於吳淞所賊船入吳淞江者十六艘大猷擊敗之沈其舟十一斬首二百五十有四賊至夾浦官兵戰於陳湖斬首十八級生擒二酋賊攻蘇州府賊首阿八王自崑山分艘進掠府城參政翁大立提兵禦之賊乃退遁賊酋劉鑒入白茆港據梅李爲巢賊攻常熟縣劉鑒自梅李進攻越四日又合福山賊進攻縣城賊攻上海縣賊攻松江府僉事任環總兵湯克寬擊敗之五月賊攻蘇州府賊解蘇州圍而去州同張魁千戶田應山等追擊大敗之賊糾諸縣精悍者凡七千人攻崑山縣城期於必破知縣祝乾壽於西驛門殪其渠魁二大王賊大懼圖歸而各縣之圍皆解遁出劉家河者數百艘太倉州同知張魁與應山等追擊大敗之斬首四百四十有奇賊犯平望吳江知縣楊芷擊敗之六月犯蘇州府城賊自松江來分作三支一由太倉大道而進一由闔橋滸浦闗

道而進一由唐行千墩而進會於崑山期犯府城兵備僉事任環
禦之於眞義弗利百戶劉愛臣死焉賊遂進至府城焚掠諸市鎮
而去取道於行春橋由鮎魚口出太湖過吳江知縣楊芷舉人周
大章率舟師追擊於王江涇爛溪鶯湖等處皆勝之賊由菜花涇
遁嘉善而去賊攻太倉州時府同知李敏德在州督兵戰於西關
水次倉賊敗而走官兵追擊大敗之七月賊攻南匯所賊首徐海
巢柘林八月賊攻嘉定縣賊首汪直分遣其酋吳德宣徐碧溪自
綵綯港率眾千餘人攻縣城賊屯老鸛嘴參將許國李逢時敗賊
於師家濱汪直知官兵將搗其巢乃進營於師家濱列七星陣以
待官兵擊之大敗而去既而又進攻之賊固守其舟時二將所統
者皆北兵不知地利屯所遇潮死者甚眾無何賊由原港出海水
兵追戰於老鸛嘴之四馬洪大敗之賊攻青村南匯所金山衛蔡

廟港賊併入柘林賊巢合攻青村所繼至之賊登周公墩者千餘攻南匯所旋亦入巢與新至之倭合攻金山衛皆爲官軍敵退十二月賊陷青村所先是賊攻所城者數次官兵守備極嚴賊皆負傷而走積忿詣柘林借兵二千來攻弗克賊亦計窮欲去會守門百戶之伯有爲賊所擄者賊令叩南門呼姪求入姪聞伯音以繩下挽昏黑之際賊乘隙以登百戶首先被殺賊遂入城焚殺比他地尤慘

籌海圖編是年三月浙江賊至三嶽山都指揮劉恩至與指揮張四維督舟師進攻勝之尋與指揮潘亨會兵再戰又勝之賊乃由赭山遁去歷曹娥三江瀝海餘杭直走定海之王家團鎮撫彭應時與賊戰於乍浦死之賊首蕭顯結倭人連艘入寇首犯直隸之上海盤據南沙刼邑攻城號稱劇寇自松江敗衄遂率精悍數百

遵海而南都御史王忬命官兵設伏於要路賊至二十里亭復大敗走顯復統百餘梟銳南奔官兵乘之逐於三江斬於龍山圍於定海困於慈溪分道夾攻賊遂就滅賊據普陀山分蹤流劫內地參將盧鏜邀擊於石墩洋大破之先是賊入寇歸棲普陀爲息肩之地官兵守之既浹旬將擣其巢先一日遣諜覘之傍無一舟至是四合鼓噪而前值他島賊自彼來精悍異常遂合攻官兵官兵腹背受敵輒敗衄亡者什六因罷歸賊以先所得貨滿貯新舟令其半先歸而留其驍悍者入掠由是海鹽龍王塘乍浦長沙灣嘉興嘉善皆被其害而石墩洋之捷僅斬馘二百餘級元四月參將俞大猷與賊戰於普陀山武舉應襲火斌黎俊民魏本康阜死之賊據李家嶴義士朱汀與戰死之賊自金山張堰而來至平湖縣廣陳新倉參將盧鏜迎擊賊遂敗走五月賊攻嘉興府賊久盤據

海寧縣之石墩爲巢至是出洋盧鏜追敗之俘斬二百有奇六月
賊犯金鄉指揮王希禹陳區擊敗之九月浙西之賊分掠浙東蕭
山臨山瀝海上虞諸處攻嘉興府官兵追之與戰於孟家堰等處
指揮李元律千戶薛綱宋應蘭等死之賊犯嘉善參將張欽等擊
敗之賊至百家山百戶趙軒梁瑜死之寇沈家河都指揮周應禎
死之十月百戶張曜禦賊於湖頭死之賊自霓嶼登劫突至溫州
之湖頭曜統兵禦之敗績乃力戰而死賊尋至東陽南午嶺巡檢
朱純死之賊自湖頭之敗走樂清越盤石嶺趨台州黃巖縣仙居
遂至南午嶺純統鄉兵邀擊之力戰而死指揮戴祀江九山一戶
崔海鎮撫劉彧百戶易坎與賊戰於芙蓉海口死之賊攻觀海衛
攻乍浦所遂分掠平湖嘉興賊自金山而來攻所城不克乃分掠
平湖嘉興等處復回柘林十一月賊復自柘林而來攻襲嘉善入

縣治又越嘉興府而西流劫湖州諸縣十二月賊歸自湖州復入嘉善縣治百戶賴榮華統福兵禦之乘勝逐北賊豫伏鳥銃手以待兵潰榮華死焉翼日城焚自是而後賊入縣治者凡十有七次無城故也又是年五月廣東海寇何亞八等引倭入寇提督侍郎鮑象賢總兵定西侯蔣傳討平之先是亞八與鄭宗興等潛從佛大坭國引番船於沿海劫殺逸往福建收叛亡數千人與陳老沈老王明汪直徐銓方武等流劫浙福復回廣東鮑象賢遣副使汪柏指揮王沛黑孟陽督兵捕之及於廣海三州環生擒亞八等賊一百一十九名斬首二十六級餘黨脫逃徐銓方武等又自福建流突潮州爲黑孟陽所破徐銓授首分巡兵備等官兵於潮州柘林等海洋擒斬一千二百有奇亞八宗興武與陳時傑等俱斬於市海島遂平又是年二月賊犯福建仙遊縣官兵擊敗之

江南經略嘉定縣先是除夕任環以賀聖節還郡官軍守備少懈賊乘閒於歲旦渡海而西泊舟施家港初五日薄嘉定縣城知縣萬思謙董眾築城城甫畢工賊至遂不能拔因轉掠南翔廣福屯據海上官軍與戰輒不利賊益猖獗浙江提督都御史王忬太倉人也遣兵赴援參將盧鏜率舟師從海道至賊誤以為黨喜而出迎近視之乃官軍也大驚而退時任環以同知陞兵備僉事相議出師會勦鏜知環兵不可用謝卻之獨將其軍以進賊衝鋒而前堅壁不動明日復如之又明日賊出行劫弱視盧師故也鏜命二舟載薪與賊相近以舉火為約度賊歸路設伏兵以待之薄暮賊歸官軍迎擊之已而火起伏兵盡合前後夾攻賊大敗斬獲過半餘眾南走鏜慮軍士貪戀財帛追之不力命盡焚其舟追之青村所城賊入城官軍圍之會天大雨復乘閒潰圍走鏜還至松江搜

不用命者斬於軍門先是賊衆五百餘人歸未至島遇颶風復飄至海上六月初一日由嘉定縣趨蘇州府城大肆焚刦又南由吳江縣抵松江府復還海上因巡船邏擊不敢出襲時調來狼兵不滿百人每與賊遇賊輒披靡偶以二十人當賊二百人爲賊所圍力戰得出殺賊五十餘人狼兵死六人其間二人尤驍勇賊至劉家營單騎追之賊知其爲狼兵也匿二賊於廁中從後擊其首遂斃自是狼兵少怯八月命兵部尚書張經總督軍務初經提督兩廣威名甚盛至是遂膺簡命以兵部尚書兼提督參將李逢時許國參政許天倫副使周臣兵部郎中盛唐譚綸俱聽節制率青徐兵六千人抵海上賊聞大兵至佯西上逆戰官軍出戰賊退走明日復如之青徐兵俱召募惡少李許二參將皆世胄子不諳兵法不識地利各務僥倖成功黎明出師申刻渡河而東其半猶未渡

賊匿舟中無一人哨者須臾湖漲一人騰躍而上餘眾四起官軍
遂亂蹂踐沒溺剚殺而死者二千餘人資糧器械悉為賊有所要
多矣一登將懼誅遂多殺平民之剪髮者以冒擒獲是時賊雖佯
勝然不敢出海移舟老鸛嘴據為巢穴吳江縣是年五月賊眾五
十二人由湖州之烏鎮突入爛溪至平望欲迫吳江縣城知縣楊
芷令沿塘舉火賊見有備遂奔幷錢田本邑兵圍之困賊三日會夜
大雨收兵賊乘間奪湖州兵船以遁屠戮甚慘芷射書賊營賊亦
款若有不敢相犯之語抵夜芷列幟焚之賊見燒營由黎里走湖
湖既而復有賊自松江來至東蕭浙江兵禦之弗利遂進掠黎里
同里等村芷親率水兵躡之與嘉興兵會擊於王江涇擒斬一
十二人六月十一日賊眾三千餘人掠郡城擄舟十二艘而出
將歸柘林懼東北兵阻乃出石湖趨吳江知縣楊芷舉人周大章

生員吳詰率輕舸由瓜涇港邀戰時湖水枯澀賊列伍逆上我兵以鉤鑽搏之斬首十有六級生擒三十六人賊懼登火燒橋四望莊以賊衆我寡恐夜襲城馳入縣明日賊由支河過夾浦進迫縣城會增築城垣工匠兵船蟻集賊度不能攻乃燒倉廒掠民財而返十四日賊餌水兵由平望而去所過焚掠以哨兵躡之斬首六級常熟縣是年賊酋劉鑑欲攻常熟縣城先遣其徒僞充乞丐以覘虛實官兵擒之因而戒嚴四月二十二日劉鑑自梅李進攻縣之大東門值兵備僉事任環在縣與知縣王鈇出兵禦之賊大敗而去天晚恐賊有伏我兵不敢追但屯城麓備不虞夜漏下二十刻賊果至見官兵大驚而走二十四日劉鑑復攻大東門俄而攻小東門復轉而攻北旱門與北水門鈇皆隨賊所至敵而卻之賊死於矢石者甚衆二十六日劉鑑復糾合福山之賊分門攻圍日

夜鏖戰不絕鈇多方捍禦城得不破崑山縣是年四月賊入劉家河逼縣城賊舟入劉家河者六十餘艘其先鋒百餘人駕三舸揚帆而入時都司梁鳳移軍奇子賊吶喊試之梁兵從鹽鐵塘走常熟賊知我兵怯肆志無忌直抵東郊新洋江泊焉自是來者接踵焚劫屠戮沿城民廬一朝丘墟矣兵備任環自太倉調遣沙兵二千來援賊盜充斥州縣路絕沙兵從間道紆回而行不能遽達賊偵知之以數舟張幟使人佯報曰任爺救兵至矣速開門納之守城民夫見之踴躍欲出識者曰此計也安有官軍近賊而賊舟不震動者賊計不行後二日沙兵始至賊至三日不犯城郭人皆疑之十六日諸生有夙興者望見馬鞍山嶺有白衣人二皆以白扇指揮意其爲奸細也遣人徧索之弗得卒之龍殼洞中執而訊之曰未至時先遣十八伏城内期十五日放火誘民夫下城乘開而

登因天雨改約今夕白者吾暗號也乾壽急下令凡來歷不明之人悉繫獄慮有枉也命獄卒善護之惟愼其防又令城市各甲相覺察城夫不得離信地顧私室違者治以軍法是夕奸細放火受縛者八人始知擒者非盡奸細奸細或伏橋下或棲樹杪或隱菴剎或潛林墓夜聚曉散其蹤無常西倉腳夫五十人自相盟誓分伏要路俟賊奇行者擒之得劇賊一人乾壽百方誘之終不言支解以徇既而得賊流矢其翎細書云陸成已殺阿荒仔細乃復大索之數日得阿荒於濠間蓋即縣傍屠狗者也其來已三年善伏楣梁間人不見飛簷走脊特其末技縣令祝乾壽嚴督士民備禦民各一堞十堞一長五長一生措置秩然十七日賊負雲梯數十乘攻北東東南三門勢甚危迫時有登梯者城夫以長腳鑽禦之貫頭顱猶忍痛上他賊以燕尾箭截城夫三指城夫亦弗言痛持

鑽如故一時躡梯之賊遂皆奪氣下匿墳菴將復攻擊乾壽使勇夫奪其梯火其廬賊乃遁去備倭都司梁鳳提兵而東鳳逗遛下雉瀆不敢進諸生季龍伯徐倬深夜縋城出上書於鳳持辯甚力鳳不爲動縣學生龔良相時寓郡城慫入察院孫愼盛怒良相叩首泣謝曰蘇州東南之重郡也崑山蘇州之重邑也崑山被圍兵餉俱乏數十萬生靈之存亡懸於救兵之遲速若救兵不至城必陷矣城陷則不惟國家二百年以來數十萬忠孝之民死於無辜而賊據爲巢進攻蘇州蘇州其不危矣乎天下財賦蘇州第一乃朝廷命脈之所繫也公縱不能爲崑山惜獨不爲朝廷計良相桑梓之地知救祖宗墳墓爲重冒威犯罪誠甘心焉愼大感動稱羨而慰之曰子之言過矣吾兵已發事已濟子未知之耳良相力辨鳳影射不忠乞憲牌督戰愼曰徧地皆賊孰齎牌乎良相復辨鳳

兵潛於近地可及也請以身往孫遂與牌令良相督戰良相縋城而出獨行十里杳無人聲惟血膏荒野而已追至鳳所以憲牌示之促之益力鳳不得已令良相先行瞰賊良相冒死馳至眞義不見一賊也伏叢莽間覘一鄉人出行訊之賊已回新洋江還報鳳鳳大驚卽與俱東會有憲牌召良相良相還郡城二十四日鳳軍九里橋乾壽令義官張國維迎之不荅適有賊醉臥民舍鳳軍遇之擒斬數級抵暮屯兵眞義爲賊所襲望風卽潰而西火器二船盡爲賊有賊得火器糾合精銳益肆力攻圍燕尾鏃佛狼機鉛錫大銃一時合發殺人高擲其顱於城上小兒貫槊盤舞以爲戲吹螺鼓譟聲震山谷守者望之無不色土縣令祝乾壽微服乘城鼓衆作氣躬率丁壯守埤老弱運瓦石揚飛沙晝夜力守不怠又與鄉宦朱隆禧王任用孫雲舉人歸有光丁允亨秦霑等籌畫便宜

鼓勵監生吳謙生員張光紹潘蔚卿晉日亨陳淮柴秩柴輔元武舉郭龍韜等擐甲跨馬與賊接戰屢有斬獲且糾率士民悉力捍禦城得不破五月賊糾諸縣精悍者凡七千人薄東關蝟集城下攻圍甚急期於必破乾壽鼓衆出城死鬬焚毀其舟賊遂轉向西關有驍賊數輩伐竹爲龕覆以沃被械其中而運之潛伏其內餘各擁門爲盾列左右翼而進城上用機鏃火礟擊之舉不能入賊旋向城闕盡擕去壘石闕龕於楯鎚斲聲動地城不下者僅一板角聲震天與婦女號慟聲相聞乾壽衣短後手執金鉦鼓之莫可誰何顧見一老父指謂曰亟啟麗譙之木沸桐油雜廁穢熱沃之賊可擒也乾壽如敎啟板熱油垂而灌之一賊方欠伸遽引之起則其渠魁二大王也縛置旗竿上射殺之令丁壯雜啖其肉頃刻殆盡賊遂雷號禽亂而潰乾壽循城閱視小憩土神祠睨其像則

所見西關老父也遂上其事列祀春秋是爲有唐將軍西河卜珍
不數武蓋有將軍墓焉時皆謂乾壽至誠感神所致

乙卯 三十四 弘治元年〔四裔編年表〕改元〔日本外史十一武田氏上杉氏〕弘治元年四月信玄攻降木曾義高以女妻之二年信玄取伊奈郡於是盡定信濃以高坂昌宣守貝津城以備謙信謙信爲武田氏強敵第一諸將因榮昌宣也三月信玄謙信復對壘河中信玄與山本晴行等謀曰我分兵繞出越後軍後鼓譟逼之而以本軍夾擊必大得志乃令信濃客將保科彈正等以兵六千夜度戶神山時月黑迷失道不能達謙信見甲斐軍夜變人馬有聲也潛起擐甲傳令舉八千騎出五鼓詣信玄所營會天大霧謙信自霧中直斫營營而入營驚潰斬山本晴行等六將而天明矣客將兵達上杉氏營營無隻騎顧聞河中戰聲如雷則還渡筑摩河出北軍後甲斐軍望見乃返夾擊北軍北軍敗走追逼之犀川北軍輪轉返戰包追兵將麾之甲斐後軍橫擊救之北軍乃倒隊而退宇佐美定行植幟渡口護之盡濟甲斐兵疲不復追擊八月謙信復出河中使村上義清等營舊戰處而自進逼河背水陣信玄知其志在必死不敢出戰其候騎報曰北軍積薪如山信玄令諸將曰敵中夜有火舉愼勿進擊進擊者族及暮候騎又報曰北軍埽營荷擔將去諸將爭請追擊信玄曰謙信豈迫暮埽營者擊之必敗其夜北軍火起甲斐軍不動天明望見北軍疏行首嚴陣而待諸將乃服信玄信玄謀設伏兩山間挑戰佯敗誘敵入山瞰射殲之乃夜設伏而明縱馬入北軍中

出輕卒追之，謙信不出。信玄慮兵老有變，乘夜退入上野原。謙信舉軍追擊，信玄返戰，殺傷相當，交收兵歸。甲斐越後兵連不解，兩國土民患之，皆願講和。今川義元爲周旋之，謙信將有事於關東及越中，於是和成。〔日本外史十五〕

冬十二月陶晴賢伐毛利元就於嚴島敗死

〔日本外史十二毛利氏〕二十一年秋，元就攻拔踰山志和諸城。是歲備後江田隆貫叛歸尼子氏，元就攻之，至泉橋。尼子國久將數萬騎來救，隆貫元春以部兵二千擊走之。會霖雨川漲，國久隆貫退入山內，元就亦歸。備中人三村家親來屬。二十二年，以家親爲嚮導，攻穗田爲資降之。初我將井上元兼以豪宗不奉法令，籍言曰主公欲誅陶氏，陶氏嘗救我，恩可背乎。元就以計族誅之。於是會諸族屬，議討晴賢之討。隆景進曰，宜請之天子，仗大義討之，則人心嚮，無不克矣。元就曰善，乃上書曰，太宰大貳義隆承父祖遺業，心存於王室，而爲賊臣晴賢者所弒。臣元就奮微力，圖討伐，未得成其功，伏冀得討晴賢，一行詔，糾合徒屬，以靖西陲。初朝廷聞晴賢作難，命將軍管領西伐，莫敢奉詔。及元就書至，卽制可之。元就得詔，感喜，移書遠近。津和城主吉見正頼世與陶氏讐，首應之。晴賢怒，攻津和。元就遣兵援之。二十三年五月，元就與諸子將兵西出，取銀山草津櫻尾諸城，遇陶氏兵於折敷畑，擊破之。陶氏骨鯁將有江良興房守琥珀城，元就縱反間，言興房送款。晴賢族誅興房，遂檄周防長門豐前筑後石見，發兵東下。元就聞之，與諸子密謀曰，彼兵不下三萬，必首攻櫻尾草津，我悉衆援之，不過五千人，勢力懸絕，與戰平地不可克也。爲今計者，宜城嚴島，誘而殲之。弘治元年五月，城於島之有浦。諸宿將皆諫其不可，元就拂聽。諸將皆相言曰，此公常不拒諫今何乃爾六月城成命已斐新里二氏以兵數百守之使草津櫻尾仁保諸城互爲策應既而聲言吾悔不聽老將言嚴島地形難守難援即爲敵有諸城從陷吾計莫失於此九月晴賢留其子長房於若山而自統騎卒二萬戰艦千餘艘至岩國議戰所嚮大和興武曰先拔櫻尾則諸城不攻而陷弘中隆包曰請分兵一攻櫻尾一備其援路彼不敢出出則與之相持而遣輕兵擣吉田彼進退失據不血刃而可取晴賢曰吾欲先取嚴島城脆將孱而不便於援聞元就甚悔之吾取以爲根據分兵攻諸城是萬全策也隆包曰彼眞悔之必不宣言宣言者得非以餌我乎晴賢猶豫未決故櫻尾城主降在賊軍中與已斐新里相識元就令二人貽書指陳順逆暴晴賢罪惡極其醜詆晴賢覽之大怒元就又令桂元澄詐送款約族元就渡海赴援翻城爲內應晴賢乃決意攻嚴島十月建牙塔岡燒民舍布陣舟艦櫛比喊聲震海城兵嬰壁堅守賊有鳥銃七口櫓楯不支積土脉折之晴賢遺書元就曰公爲先大貳欲見加誅不敢逃避聯以水陸軍二萬陣之嚴島公能來平元就聚將士示之將士皆有懼色元就笑曰使賊所言信則吾大克矣衆問故曰其地迫狹彼側肩躡足不便進退兵愈衆而鋒愈鈍我以死士數千衝之克可必也乃使宍戶隆家留守吉田而自幸精兵三千餘人南行至草津與晴賢隔海而陣國內諸豪意其必敗多稱病不從初伊豫有能島來島二族閑水戰晴賢元就並招之二族以三百艘來屬元就元就勞之往問城中消息賊四鑿地道樓櫓殆覆以大索維持之元就移障大立山晦日謡返老弱輜重於草津壘壘不絕賊望見以爲我收兵也於是元就令諸將士人以二條布約神供一日糧約暗號比暮上船會大風雨

士卒震怖請禱風定元就曰天助我也令皆滅篝火揭一燈於牙船諸軍認之破浪而渡既濟返舟北岸以示必死遂上博尾碕直艦出塔閩背隆景別率伊豫船兵出其面賊恃風雨無警邏者穿賊艦而入賊或誰何補宗勝大聲荅曰筑前兵應徵來矣辟船而達稍稍上岸兩隊皆陣天將明矣元就命吹螺鼓噪乘高下擊賊諸軍大驚爭萃其牙營營塡咽自相擊刺元就大呼曰進諸將士破柵而入賊兵終大潰晴賢咄嗟遏走者不能遏也賊爭舟而遁一溺死數千人晴賢肥大不便行步從者扶掖至海岸求舟不復覩一隻遂自殺隆包以殘兵百餘棲嵓洞中元就惜其才使人說降之不肯而死已而獲晴賢首元就嚴建旗鼓奮鞭指其首曰弑逆之報乃嬰天誅今何如也諸軍揚凱元就酹嚴島十一日引兵返小瀉葬晴賢首於洞雲寺

日本國志宏治元年明總督楊宜遣鄭舜功至日本肥前平戶見大友義鎭詰之曰通好久矣何擾吾邊疆虜劉吾民果是賊民亟見禁戢義鎭以聞將軍義輝命諸將會議大和守三淵藤賢曰方今我國所在用兵而結怨大國甚爲不便請從應安例嚴爲制戢乃命能島久留島因島諸兵檢點海舟勦捕兇奸而內亂日劇卒不能制既而胡宗憲代宜爲總督奏請遣使日本諭國王禁戢海寇招還奸商許立功

免罪中朝許之乃遣甯波諸生蔣洲陳可願至日本可願還言抵五島遇汪直毛海峯謂日本大亂諸島不相統攝須徧諭乃禁遏及蔣洲還山口守源義長豐後守源義鎮皆遣使謝罪送還被掠人口請頒勘合脩貢宗憲奏請禮遣其使并諭擒獻亂人及中國奸商方許通貢詔允之宗憲已計擒陳東又招誘汪直義鎮等以中國許互市遂裝巨舟遣其屬善妙等四十餘人隨汪直來直至被擒而逾年新倭大至又寇浙東三郡尋犯福泉興漳蔓延於潮廣其後又有廣東巨寇引倭為患迭經將吏擊討久而後平倭寇之患與明相終始而自嘉靖二十六年至萬麻十六年四十年間沿海州縣被禍尤酷閭巷小民至指倭相罵詈甚以噤其小兒女云今考日本是時瓜分豆剖各君其國諸國又互相攻擊日尋干戈無賴奸民以尚武好鬭之風流為盜賊殺掠為生上雖嚴禁令有不行

明史日本傳明年正月賊奪舟犯乍浦海甯陷崇德轉掠塘棲新

市橫塘雙林等處攻德清縣五月復合新倭突犯嘉興至王江涇乃爲經擊斬千九百餘級餘奔柘林其他倭復肆掠蘇州境延及江陰無錫出入太湖大抵眞倭十之三從倭者十之七倭戰則驅其所掠之人爲軍鋒法嚴人皆致死而官軍素慄怯所至潰奔帝乃遣工部侍郞趙文華督察軍情文華顚倒功罪諸軍益解體經天寵竝被逮代以周珫胡宗憲踰月珫罷代以楊宜時賊勢蔓延江浙無不蹂躪新倭來益衆益肆毒每自焚其舟登岸劫掠自杭州北新關西剽淳安突徽州歙縣至績溪旌德過涇縣趨南陵遂達蕪湖燒南岸奔太平府犯江甯鎭徑侵南京倭紅衣黃蓋整衆犯大安德門及夾岡乃趨秣陵關而去由溧水流劫溧陽宜興聞官兵自太湖出遂越武進抵無錫駐惠山一晝夜奔百八十餘里抵滸墅爲官軍所圍追及於楊林橋殲之是役也賊不過六七十

入而經行數千里殺戮戰傷者四千人歷八十餘日始滅此三十四年九月事也應天巡撫曹邦輔以捷聞文華忌其功以倭之巢於陶宅也乃大集浙直兵與宗憲親將之又約邦輔合勦分道並進營於松江之甎橋倭悉銳來衝遂大敗文華氣奪賊益熾十月倭自樂清登岸流劫黃巖仙居奉化餘姚上虞被殺擄者無算至嵊縣乃殲之亦不滿二百人顧深入三府歷五十日始平其先一枝自山東日照流劫東安衛至淮安贛榆沭陽桃源復至清河阻雨爲徐邳官兵所殲亦不過數十人流害千里殺戮千餘其悍如此而文華自甎橋之敗見倭寇勢盛其自柘林移於周浦與泊於川沙舊巢及嘉定高橋者自如他侵犯者無虛日文華乃以寇息請還朝

籌海圖編嘉靖三十四年正月老鸛觜賊遁走與柘林賊合嘉定

知縣楊旦募敢死士夜燬賊廠火賊舟多方撓亂正月二日乘間遁去賊攻南匯所僉事董邦政擣川沙窪賊巢破之時賊死傷者五百餘人監生喬鏜追擊復大敗之賊攻金山衛賊自嘉興流至吳江之平望分道而來一支由太湖爛溪南麻一支由張村黎里出牛場涇期會於蘇州兵備副使任環知州熊桴知縣楊芷禦之於海堰鶯脰湖皆勝之賊乃遁去以嘉善道阻復合兵由大道進至勝墩環與知府林懋舉等率狼兵自北擊之浙江副使孫宏軾總兵俞大猷率宣慰司彭翼南兵自南擊之狼兵首殪其渠魁一人賊氣阻捐貲於狼兵求脫弗聽東西皆阻水官兵南北夾擊之賊遂大敗斬首三百餘級是戰也提督都御史周珫巡按御史周如斗令所在清野凡賊所向民間爨具悉毀之而令環等扼之於前浙江巡按御史胡宗憲復督宏軾等自後迫之賊進不得食退

不得息故有是敗賊入崇明縣賊夜襲破縣城知縣唐一岑與之巷戰身被數刃猶力戰賊敗出城一岑傷重而死居二日賊復至據縣城諸耆民相與謀曰唐父母被害而吾輩乃容賊盤據吾鄉耶於是相與勠力爲死鬬賊二百人皆就滅復至平望官兵擊敗之遁歸柘林二月賊攻青村所翁時奬等擊敗之三月賊圍上海縣賊五千餘人屯新場下沙千餘人屯閘港數千人屯川沙俱進逼縣城時總督都御史張經調集廣兵湖兵數萬人駐松江府賊乃退入舊巢完壘治兵爲拒守計而諸營連絡聲勢益盛張經欲伺其出海擊其惰歸故搗巢之策卒不果行賊攻金山衛柘林新至賊乘銳來攻守者發矢石禦之賊中傷者甚眾乃解去既而又來攻總兵俞大猷擊敗之俘斬二百有奇兵備副使任環督舟師與倭賊戰於南沙野茅洪大敗之斬首百餘級四月賊攻常熟縣

江北張涇之賊由福山港入犯縣城兵備副使任環擊敗常熟三文浦之賊先是賊屯三丈浦者勢甚猖獗且易官軍不爲備環陰部署主客官兵以保靖應襲彭守忠爲中哨太倉州耆民爲右哨常熟知縣王鈇爲左哨躬擐甲胄激勵三軍我兵皆踴躍思奮進攻之賊遂大敗俘斬二百八十有奇而我兵不損一人自用兵以來旱戰全捷未有如此者也賊攻崇明縣城甚急署印州同張魁千戶陳袍等悉力禦之乃退去柘林賊知官兵將擣其巢乃分兵四出以牽制我師東掠崇明常熟以達江北西出嘉興湖州以搖動全浙而川沙之賊先屯老鸛觜者以聲援不繼俱併入柘林賊犯吳江縣巡按御史周如斗遣兵禦於勝墩大敗之調遣宣慰彭藎臣總兵俞大猷副使孫宏軾知府林懋舉諸道兵夾擊之斬首三千餘級賊攻無錫縣五月官兵擊賊於陸涇壩大破之常熟知

縣王鈇與致仕參政錢泮遇賊於上塘港口皆死之三丈浦之賊爲副使任環所敗勢已破沮值陸涇壩敗遁之寇與之合蹤復肆猖獗欲攻縣城鈇與泮率兵禦之賊佯爲村民避賊若依官兵爲援者官兵方共惜之倏爾起鬬兵士驚潰鈇泮猶督戰不已遂皆遇害遊擊將軍周藩與賊戰於朱涇死之賊復巢柘林賊自王江涇之敗皆遁出海新賊萬人復來據之未幾風雨大作出海之賊覆溺幾盡其餘黨復巢焉賊掠浙江取道蘇州出海至平望浙直官兵會擊大敗之先是承保兵失利賊遂肆意攻劫一西北入太湖犯常州一西南犯嘉杭湖至塘棲二宣慰復失利賊掠北關去欲由蘇州出海道由吳江之平望浙江巡按御史胡宗憲副使董士弘僉事王詢以浙兵至副使任環知府林懋舉以直隸兵至夾擊之賊遂大敗犯松江府官兵擊敗之六月攻蘇州府賊自柘林

取道崑山而來遂犯郡城掠太湖洞庭兩山兵備副使任環復敗三丈浦之賊賊既殺王知縣勢甚滋蔓而太湖之賊復與之合益驕肆無忌環率官兵進攻大敗之殺其白眉主帥一人賊乃大懼呼環爲拌命官人數遷徙避之常熟三丈浦賊出海太倉知州熊桴敗之於登舟沙時賊爲副使任環所撓遁出海至登舟沙桴與把總楊尚英州判張大倫圍而攻之賊死無算俘斬一百三十有奇餘賊南遁至吳淞江口復爲把總劉堂所敗其酋急速如郎就擒斬首二百六十餘級副使任環及總兵俞大猷以舟師擊倭船於馬蹟山大破之擒斬一百五十餘名顆副使王崇古敗倭於靖江賊至平望官兵擊敗之七月時巢賊甚熾松江府知府方廉遣諜投毒井中賊死者千餘人斬首數百級浙江提督都御史胡宗憲遣參將盧鏜都指揮王沛敗賊於劉家河金山洋先是賊自王

江涇陸涇壩平望數敗之後勢甚窮蹙參將盧鏜都指揮王沛時往撓之賊死傷及疾疫者過半乃潛伏巢穴不敢出掠爲遁歸之計旣而官兵邀擊遂沈舟破釜示無去志然實覘官兵不備之於海而得走也胡宗憲諜知之預遣沛等率舟師伏海口伺之賊果遁去沛等追敗之於金山洋悉沈其舟賊溺死無遺柘林賊改屯陶宅賊出海復爲總兵俞大猷參將盧鏜把總婁宇所敗乃復登陸結巢陶宅其一艘飄泊海門則賊酋林碧川爲之首與其下一百二十餘賊復登大陳山爲把總任錦俘斬無遺八月劇賊五十三人流犯蘇州提督都御史曹邦輔討平之倭賊自象山登岸流突南京焚安定門殺一把總一指揮走無錫而南曹邦輔引兵馳護孝陵因追及蘇州之滸墅賊驕蹇益甚邦輔親督副使王崇古僉事董邦政把總婁宇及指揮張大綱武生車梁躡賊所向爲正

兵知府林懋舉知縣康世耀各領兵屯吳林廟之左爲援兵陳淮嚴家兵沙兵分哨爲奇兵復調水兵於太湖濱令山東巡檢領船數十爲遊兵賊至吳林廟我兵擒斬二十七人餘走楊山遁至橫涇前馬橋匿民舍我兵圍而火攻之賊潰出遁伏田禾中爲我兵所覺遂俘斬之無一人得脫者七丫港吳淞江賊遁出海洋把總高尚英追擊敗之沈其舟六十艘俘斬三百有奇九月浙直官兵會擊陶宅之寇指揮邵昇姚泓生員于岳皆死之昇等乘勝進攻賊死守其巢乘高刺下三人死焉總督都御史楊宜遣遊擊將軍曹克新統川兵攻賊大敗之燬其巢賊遁至吳淞所副使任環督舟師襲擊之斬獲大半餘黨遁走清水窪十月陶宅賊犯上海閏十一月僉事焦希程監督川兵與遊擊將軍曹克新乘雪夜襲之宜等縱火焚寺賊驚亂四面伏起大敗之斬首二百三十有奇而

賊巢燬焉周浦賊遁出吳淞江口副使王崇古總兵俞大猷會兵夾擊至老鸛觜大敗之俘斬一百七十有奇

籌海圖編是年正月賊首徐海攻浙江乍浦所自柘林而來犯海甯縣攻平湖縣破崇德縣時築城未完賊以小舟潛從南水關入賊至湖州橫塘官兵與戰敗績福建副理問陶一貫溫臺守備周奎清州指揮孫勇羽林百戶陸陵元鍾百戶周應辰山東把總梁鄂武生郭周張景安朱平姚清孫魯力戰死之勇等故青齊驍將是役各手刃數賊以眾寡不敵遂敗沒賊犯歸安縣攻德清縣二月攻嘉興府賊掠湖州而回復攻府城四月賊攻乍浦所不克遂至嘉興府總督都御史張經巡按御史胡宗憲會兵進剿敗之於王江涇賊犯瑞安縣守備劉隆千戶尹缺死之賊犯慈溪義士魏鏡死之犯崇巨鄉百戶劉夢祥死之賊自錢倉白沙灣入奉化仇

村經今峩突七里店甯波衛百戶葉紳與戰而死賊由甬東走甯海崇丘鄉復折而趨鄞江橋歷小溪樟村甯海衛百戶韓綱與戰亦死之至會稽副使許東望率知事何常明典史吳成器圍之困於絕地幾盡斃知府劉錫縱之走由白米堰沿海塘過蕭山入富陽趨直隸徽州等處賊攻餘姚縣五月賊犯鳴鶴鎮練長杜槐戰死其父文明與賊戰於楓樹嶺亦死之槐團練鄉兵累立戰功至是統土兵禦之斬賊首一人從賊三十二人槐亦戰死焉其父文明死於楓樹嶺之戰復犯鳴鶴鎮參將盧鏜擊敗之犯平湖縣指揮李希賢擊敗之賊酋莊艮自柘林分掠平湖希賢邀擊大破之俘斬一百二十有奇無何賊益眾攻城月餘始解賊攻乍浦所攻爵谿所及餘姚縣賊新至卽攻所城不克進攻餘姚攻三山所把總指揮劉朝恩擊敗之時朝恩已承院檄他委離所一舍聞報卽

馳還率軍民固守值霖雨城圮者數十丈賊讙呼謂唾手可陷城中洶洶或勸朝恩突走朝恩叱之曰我祖宗世受國恩今日正我報效之秋豈可以事權去己而規避耶且我去則一身之利得矣其如數萬生靈何遂以身蔽圮所督戰甚力復以木城障之時城上矢石如雨而未有中賊者朝恩悟曰此幻術也投以生犬首發矢即中其酋帥貫喉而斃賊驚潰走朝恩復乘勝追擊之斬馘數十級是役也內外居民全活者三四萬人六月賊犯省城燒北關市總督尚書張經親率官兵禦之大戰於塘棲敗績初賊敗於王江涇精銳者多死柘林諸賊亦驚愕破膽巡按御史胡宗憲計乘勝進擣賊巢欲令永保二兵由金山海塘而進瓦氏兵合遊擊鄒繼芳由閔行黃浦而進狼兵攻其東苗兵攻其西海洋戰艦截其遁歸之路必使賊無噍類以絕後患張經因蘇州等處告急竟分

永保兵以援之二兵困於奔疲且眾寡不敵遂有是敗賊尋走吳江之平望浙直官兵會擊大敗之賊從嘉善縣遁去嚴州府推官劉泉邀擊於三店塘後大敗之賊既不能取道蘇州乃折而東南從嘉善乍浦以趨舊巢泉率鄉兵禦之於三店塘復大破之斬首四百六十餘級焚溺中毒死者復千餘人蓋不藉客兵之援而專督鄉兵之功也浙東賊犯餘姚鄉兵擊敗之賊自觀海遁歸官兵追敗之於霍山洋賊自觀海出洋都指揮王沛把總閔溶張四維武舉鄭應麟等邀擊於霍山海洋悉沈其舟斬獲無遺參將盧鏜敗賊於馬鞍山新林復追敗於勝山龜鼈洋八月副使孫宏軾等破賊於大陳山擒賊首林碧川碧川自柘林遁出海爲颶風沮回泊台州之螺門宏軾與兵備許東望參將盧鏜知府宋治都司王霈等督舟師追之賊敗登山官兵圍之月餘碧川與高暗烏魯

美他郎等一百五十八俱俘斬無遺參將盧鏜擊賊於金塘敗之九月賊巢舟山之謝浦十月樂淸賊犯甯海主簿畢淸死之淸善騎射屢立戰功至是禦賊於楓樹嶺力戰而死賊犯餘姚監生謝志望與戰死之十一月參將盧鏜敗賊於梁衕官兵追賊於龕山平之賊登犯海鹽知縣鄭茂指揮徐行健卽日討平之賊自秦駐山登泊茂等率兵撲滅之是戰也賊雖止於八十有奇然以是日登陸而官兵以是日盡殄之則前此未之有也生員胡夢雷與賊戰於東闞死之儒士金應暘與賊戰於毋婆嶺死之閏十一月賊犯平陽三港守備劉隆千戶劉綱百戶張澄與戰死之賊自南麂山流入金鄉至平陽之三港官兵邀擊大破之賊佯爲我兵束裝繞出陣後而以精悍者衝其前腹背夾擊我兵遂潰隆等力戰死焉賊至嵊縣官兵討平之提督御史胡宗憲令副使譚綸剿之授

以成算仍令典史吳成器為鄉導引官兵由新昌繞出賊後期容美田九霄兵至夾擊之百戶王世臣等又各分守要害以防賊遁至是官兵分作五哨四面埋伏止以一哨誘敵賊出戰伏兵四起賊遂大潰走清風嶺烈女廟官兵乘勝攻之斬馘無遺賊至平陽壆指揮祁嵩百戶劉懋等力戰死之指揮閔溶義士吳德四吳德六與賊戰於舟山死之是年十一月福建賊攻鎮東衛官兵禦之千戶戴洪高懷德張鑾等死之賊自莆田白湖江登犯過涵頭至海口十三日攻衛城洪與懷德各率軍出戰張鑾遇賊於路皆沒於行陣平海衛千戶楊一茂白仁張球追賊及於東嶽山大敗倭眾一茂等亦戰死是年五月賊登犯山東日照縣

江南經略是年五月初八日賊犯蘇州府突至婁門次日至楓橋分二支一往滸墅一往木瀆西山等處焚劫十三日兵備副使任

環與總兵湯克寬等提兵至木瀆剿賊遇伏欻起我兵驚潰不能
勝追至胥口次日賊入太湖與吳江水兵戰於湖中焚劫洞庭兩
山一艘爲團長徐朮等阻截自黃麻門從衝山漫山而下向空湖
常州境去一艘爲耆民周璜等所追至於獨山轉戰三四十合從
無錫境去遇官兵不得進還入太湖其在滸墅者往劉望亭十九
日分掠曹湖封塘涇長涇黃埭二十三日太湖賊焚劫洞庭二十
六日進胥口次日由閶門常熟官塘而去其舟十四艘皆蒙氈與
溼被以防火器矢石云賊自柘林分蹤出掠至李塔匯歷張莊小
崑山趨泖湖而北保靖宣慰司彭藎臣追之抵陸涇壩離城十里
而近巡按周如斗急邀巡撫周琉出婁門禦之而身御城樓令曰
如賊不滅敢有渡河者以失機奏請如律兵備任環帥師爲前驅
與總兵俞大猷遊擊鄒繼芳守備王桂合力禦於壩上賊敗走獲

舟三十五艘斬首二十級明日賊復合䑸揚帆而前我兵用銅發礦熕其舟賊登岸兵備任環帥鉤刀手當其衝與賊鏖戰自辰至申凡二十合賊遂大敗斬首八百餘級我兵不損一人蓋月之二十二日也六月初五日賊二千餘人自崑山至婁齊葑三門焚劫鎮撫蘇憲臣禦戰死焉次日至閶門屯洞涇橋兵備副使任環知府林懋舉總兵解明道分帥徐穎等出城勦之斬首五十餘級生擒二人賊奔楓橋復流劫太湖洞庭兩山八月十三日上江流賊五十三人突至滸墅先是提督都御史曹邦輔聞賊至太平震動留都趨護陵寢會賊從宜興無錫而南欲由常熟沿海以趨柘林精悍異常轉戰三千餘里未嘗少衄蓋賊之梟銳善戰者邦輔聞之星夜馳還賊已渡闕矣亟調集諸道兵與官屬約曰此賊深入內地所過不掠財帛婦女無乃為覘乎且以五十三人橫行三千

餘里莫之敢攖其易我甚矣我地形兵力爲彼所窺他日大舉入寇何以支之所不與勠力滅此賊寬縱出境者斬首以徇不爾貸復戒守令賊滅而後進城聞者無不股栗乃分授信地中主客應援之規以副使王崇古僉事董邦政參將婁宇率指揮張大綱武生車梁躡賊所向遇賊先登爲正兵知府林懋舉通判佘元知縣康世耀各領兵屯吳林廟之左北護郡城南扼賊衝爲援兵嚴家兵左哨沙耆民兵右哨分突衝截爲奇兵度賊走太湖募水兵於湖濱東山巡司領船數十艘往來哨探爲遊兵又度賊不走太湖必分蹤以牽制我師或棄金帛於道餌我嚴諭毋離伍毋拾遺是夜官兵射死五賊賊自浙杭歷徽歙蕪湖諸處所向無敵至是頓挫大驚覺曹公兵難犯從間道沿山夜行至楓橋擒二義氓欲導出海二義氓私相謀曰此賊得至柘林蘇民無息肩之日矣不舍

生以紓民命何面目見曹公乎乃故導之閶門約會城上曰吾導往絕地可速來擊之遂至寶帶橋橋斷復至郭巷三面阻水官兵圍之三市賊大忿轡二導者十六日夜潰圍過五龍橋奔梅灣二十日奔靈巖山二十二日官兵搜伏斬首七級賊夜奔鳳凰池二十五日奔木瀆復奔前馬橋二十七日邦輔親督副使王崇古僉事董邦政知府林懋舉參將婁宇通判佘元知縣康世燿合兵擊之賊殊死戰我兵憚曹公威令莫敢退縮嚴家兵父子五人當其前鋒斬賊二十七人指揮張大綱崑山生員陳淮皆戰歿於陣賊夜遁之黃墅沙掠船渡湖巡船阻之奔楊家橋匿一民舍我兵圍而火攻之賊伏田禾中官兵追之不能得武生車梁獨以兵張兩翼吶喊索之賊遂露來召官兵還擊之賊遺金帛誘我兵率陷一絕巷中官兵圍之矢砲叢入蕩滅無遺

吳江縣志是年正月賊陷崇德掠五百餘舟從南潯經梅堰至平望六里橋兵備參政任環伏沙兵將擊之僧兵洩其幾沙兵被害及溺死者甚眾楊芷督兵船分列於橋之東西蕩中攻斬首十五級飛礟擊死二十餘人賊所掠財寶亡失殆盡會新城隅裂城隍廟災恐賊棄舟窺城乃繞朱家橋據盛墩以扼之賊夜遁復屯柘林四月二十六日賊復從嘉興至唐家湖賊不能渡芷引兵截戰賊駭奔平望奪舟橫渡芷令泅水者鑿其舟而自屯兵截盛墩斷其隄弁布釘板於水底賊不敢渡會幕府調遣宣慰彭藎臣率兵二千來援邑兵勢合與賊戰於平望藎臣爲先鋒斬賊首百餘級轉戰至楊家橋斬首三千餘級藎臣被創死更盛墩名勝墩先是新城西北隅裂可四五丈賊勢方張士民駭愕爭欲棄城去守城推官何全勸搢紳出石協修而以寺丞吳澇督之一夕告竣人心

始安六月七日賊在杭州掠官船載輜重而北由烏鎮經爛溪抵平望十四日芷督水兵與賊戰斬首三十六級生擒四人十五日夜賊由黎里出分湖遁去二十三日賊由福山港突至郡城婁門入太湖泊洞庭山下芷復於湖中率兵防禦是夜賊由楓橋經婁門還福山八月十五日賊衆五千餘人自南京而下掠十七府縣至滸墅十七日由楓橋直抵滅渡橋屯陳家莊官軍畢集十九日夜過五龍橋入行春橋屯跨塘橋徐文奎家轉至木瀆僉事董邦政追及於荷花池賊擾亂自殺官軍乘機殄滅之

胡松紀王江涇之捷云國家地廣治極文恬武嬉海壖姦商乘時盜販因緣忿怒轉爲寇賊民不覿兵爲日既久望風奔潰莫之誰何賊既連得利內附外連聲應氣合徒黨滋蔓動以數千萬計又善用兵能以少爲衆所徵四方材勇獷技武力之士率殲其手勢

若烈火燄燄狡焉思啟蓋自壬子春更癸丑甲寅恣行轉掠戕殺燔燒叢萃藪窟新故環迭而兩浙三吳之禍變慘矣乙卯春柘林巢賊積增至萬餘人出掠嘉善諸處夏四月劇賊徐海麻葉等採知嘉杭兵調松江搗巢率衆數千人水陸並進聲言先攻嘉興次及杭州時故巡撫李公留守杭州總督軍門在華亭無兵可恃軍民洶洶甚懼御史梅林胡公方巡浙東台溫諸郡得報連日夜馳詣嘉興會賊從嘉善來前驅迤邐薄城外衆益懼甚公曰在法攻謀爲上角力爲下矧又無兵乃密屬吏取酒百餘罌鑽其頂投以毒劑塞如故載兩船選兵卒機警而猛者假冠服持赤牘坐船上稱解官解酒餉軍載向賊所從道見賊卽褫去冠服走賊信不疑馳報諸酋長酋長得酒大歡相率高會痛飲率多死已又令村市酒家皆入毒甕中約償以直民所有米漬藥水浙而遺之賊往往

爭取飲啜輒又死然賊黨尚眾我兵寡且恇怯適保靖宣慰彭蓋臣所領土兵數千人至可使胡公策其恃勇犯忌使人傳語之曰賊善伏且知分合我兵常爲其誘宜分奇正左右翼擊防其衝闔蓋臣不聽乘銳直前果遇伏墮賊計挫於城南石塘灣始大悔遂有潰志遠近震駭大失望胡公深憂之曰如是我技窮矣於是親詣軍營宣諭且勞苦之曰勝負兵家常事烏足介介凡爾所以僨者以不知地利中其伏我聞賊酋多死眾絲棼無紀且久不得食息瑕可攻若等無畏顧兵多無衣與器械乃使人悉索諸質肆故衣預給之加賜錢帛牛酒飲食召諸金木工晝夜繕造器具懸重賞苗兵感激思奮察可用乃指畫石塘地形曲折曰汝宜以兵若干爲前鋒從塘路進若干爲奇兵伏道左水兵船若干環列道右防其逸皆後前鋒數里候賊將至某處前鋒迎敵佯敗走俟其過

伏伏盡起三面夾擊蔑不勝矣藎臣如公策賊果僨敗北走平望平望故別有苗兵營賊不知會總督張公從松江兼程來視師而永順宣慰彭翼南復從泖湖西出胡公又同督察趙公部署參將盧鏜等厲激之且躬擐甲冑徑馳馬趨出四面合圍軍聲遂大振賊大沮還走王江涇既連疲於奔又餒且病刎無統紀遂大潰不支士兵與我軍乘之斬倭首二千餘級墮溺水死者不可勝校蓋自是嘉興杭州人始安枕軍民主客始知賊猶人非眞若鬼神雷電虎豹然不可嚮邇浸有鬬志賊亦自是稍稍顧忌逆氣狂謀漸以虧朒始可誘而圖矣嗟乎奇變決而波才破洛潤襲而淮淝捷嘉山合而博陵奔蓋自昔禍亂之興必有忠義材武韜鈐之臣以指揮擘畫敉寧戡定蓋天所以奠安維極綏輯神人鴻德好生常假手乎鉅公偉人實爲之孰云其果夢夢哉武進左子好論次當

世事而謂故所收公私牘牒所載王江涇戰功淆無紀屬余詮次余爲詮次而歸之庶後經世者有考焉

兪獻可紀平望之捷云嘉靖乙卯夏五月官兵敗賊於吳江之平望先是永保之兵旣皆失利賊遂肆猖獗一西北入太湖犯常州一西南犯杭嘉湖其犯杭州者至塘棲二宣慰復失利賊掠北關去欲由蘇州入海道經吳江之平望浙直鄉兵會擊之賊腹背受敵大敗走松江至三店我兵邀擊之斬首七百有奇中毒死者千餘人是戰也巡按御史胡公宗憲副使董士弘僉事王詢以浙兵至參政任環知府林懋舉以直隸兵至而三店則推官劉泉功居多皆不藉客兵之援由是而專任鄉兵之議興矣嗚呼客兵之用豈得已哉蓋彼之狡獷不馴非素有禮義之習我之恩威未洽難責以忠愛之心恤之過則驕操之急則變勝敵不足以償其掠民

之害厚賞不足以稱其邀求之私前方城宗氏論之詳矣雖然寇擾起猝民不知兵慮客兵之禍而徒驅民以戰如投羊於虎是畏溺而避舟者耳故調客兵者一時之權恃客兵而忘練鄉兵者非經遠之策調客兵而練鄉兵兵可用矣而後酌勢之緩急敵之多寡以處客兵遣之則我無乏用之嫌留之又有以制其反噬之毒我梅林胡公之底定東南也外立戰勳內鮮兵變今日遣客兵數千而賊無玩心明日來客兵數千而民無懼色者用此道也彼謂客兵必不可用又無練募之法者吾不知其終矣

又紀陸涇壩之捷云嘉靖乙卯五月松江柘林之寇千餘人流突李塔匯歷張家莊小崑山趨泖湖而北保靖宣慰彭藎臣兵追之抵蘇州陸涇壩壩離城十里而近兵備副使任環督兵擊之擒其梟帥俘斬五六百級水火死者不計屍盈阡陌婁水爲赤殘寇僅

二百人值暴雨追之不克逸歸柘林嗚呼往歲倭賊覘我無備揚帆深入覩吾蘇不啻几上肉耳是捷也論者皆謂我兵有死之心無生之氣而又益以藎臣善戰之兵其勝宜也愚謂不然戰之日愚親見之矣巡撫乘城督兵傳餐寇矢如雨自婁門以東達於陸涇壩我眾連呼戰者三曰今日我任父對敵所不捐生以報者有如此日由是士氣百倍總兵俞大猷幷二宣慰兵三路幷進奮勇夾擊遂收全功當是時使非任公身先督戰則吾不知民之勠力者何如使戰而弗勝則鼓寇之怒其慘吾又不知何如也抑陸涇蘇之東境也前此浙江巡按御史胡公宗憲有王涇之捷後此提督都御史曹公邦輔有横涇之捷則蘇之西境未幾任公復有常熟三丈浦之捷則蘇之北境一歲而賊四衄於蘇蓋自是而蘇無倭寇矣

龔良相紀橫涇之捷云嘉靖乙卯秋八月倭賊自象山登岸流突南京焚安定門殺一把總一指揮走無錫而南提督都御史曹公邦輔引兵馳護孝陵因追及於蘇州之滸墅賊驕蹇益甚公與副使王崇古僉事董邦政知府林懋舉知縣康世耀把總婁宇曰此賊勢埒數千勍敵我地形兵力爲彼所窺他日大舉入寇何以支之誓滅此而後入城乃分授信地申主客應援之規以崇古邦政宇率指揮張大綱武生車梁躡賊所向遇敵先登爲正兵懋舉世耀領兵屯吳林廟之左北護郡城南扼賊衝爲援兵生員陳淮等與嚴家兵沙兵分突衝截爲奇兵度賊走太湖募水兵於湖濱東山巡檢領數十艘往來探哨爲遊兵又度賊不走太湖必分蹤以牽制我師或遺金帛於道餌我嚴諭毋離伍毋拾遺士皆股栗殊死戰賊至吳林廟我兵擒斬二十七人餘走楊山迤至靈巖奪民

船由新港出太湖欲走洞庭見我兵旗幟不敢渡復登岸至橫涇前馬橋匿一民舍我兵圍而火攻之賊潰出遁伏田禾中不能得車梁捫其所殺人肉尚未寒又草露未動乃令衆大呼賊在此賊果驚出遂俘斬之無一人得脫者而大綱手刃數人力盡死淮亦戰沒於陣始賊欲寄徑常熟往附柘林之賊劫二人前數十武導之常熟在無錫之北二人紿之而南且道辟行人曰賊至矣報官兵賊已陷絕地速來可盡擒也賊比敗恨二人入骨競臠割之嗚呼是賊以五十三人馳突八郡轉戰三千餘里所過皆不焚掠惟與敵者殺此其勢其志可知也已非曹公之定策羣有司之戮力蘇松之禍未已也雖然大綱淮之死敵二人之紿賊固非碌碌者惜二人之姓字不傳

張節紀後梅之捷云嘉靖乙卯冬十一月倭賊自福建福甯州之

遶江洪流入浙境越平陽仙居至甯波奉化與錢倉賊合幾七百人深入紹興勢益滋蔓提督御史胡公宗憲親督兵備副使許東望容美土目田九霄同知曲入繩等兵往戡之遇賊江橋僅隔一河公謂諸將曰賊見我不顧而南其氣未可乘若稍止觀望可圖也吾茲試之乃於馬上自持一幟作指揮狀賊果聚觀公笑曰此易與耳乃令兵渡河九霄邀其前入繩襲其後賊見兩兵迭至大怖而走至後梅匿民家公復大笑曰賊若乘我兵半渡迎擊勝負猶未可量也今已投死地復何能爲乃悉衆圍之三帀縱火焚之死者强半值天雨公與將士立田中夜二鼓大霧咫尺莫辨賊乘黑衝典史吳成器軍成器故善戰驅兵四面奮擊之復擒斬若干然脫走者猶衆公計賊必由山西嶺而遁嶺之巔可伏也命設伏以待夜將半賊果至遂大敗之斬首及焚死者積五百二十有奇

餘奔太平蒲岐港官兵復追之賊堅壁不出乃夜逼賊壘投以霹靂火器讙若劫營者賊驚起自相攻擊死者又若干人得脫者無幾竟出洋去丙辰春正月也時公新膺簡命未浹旬輒有奇捷如此

徐渭紀龕山之捷云龕山之賊自溫州登岸蔓延於會稽經歷文某與戰於苦竹嶺副使孫宏軾併軍門所調奇兵與戰於析開嶺於翁家郵參將盧鏜與戰於斥嶺之梁衕乃敗走龔家畈百官渡過曹娥江順流而西狡黠善鬬噬齕孔棘初總督都御史胡公宗憲方在浙西勦川沙之賊移檄諸將竟未有能殄之者至是親提大兵至欲斬不用命者以徇於是僉事李如桂王詢指揮楊永昌知事何常明典史吳成器等兵併力追擊於瓜山戰三界戰毋婆嶺失家漊賊遁蕭山之丁村航塢至陳家灣雖多所殺傷而凶燄

愈熾公至擇地形壁龕山之巔分諸將信地皆露宿以待時參將盧鏜戰還公促明日再戰鏜曰士疲矣休養數日乃可公佯許諸而密召親兵謂曰若曹豢養久未立戰功今賊將滅而諸將首鼠不進萬一賊得脫此徑渡錢塘江柰何今日正若曹立功之會能乘其不意而襲之賊可盡也衆皆踊躍請效死已乃檄令典史吳成器統之以進不數里遇賊死戰無不一當十賊遂大敗循海而走登匿山坡堡內我兵四面奮擊賊不得已登屋擲瓦礫下瓦盡繼之以槍槍盡投刀刀盡乃下死守我兵攻堡破之悉斬首以獻時日且暝公喜謂諸將曰此賊流突千里轉戰無慮數十次無能攖其鋒者今一鼓蕩平眞朝廷天威也命取賊心啖之選獰猘首級二十餘顆置案上每顆爲飲一觥左右皆失色而公談笑自若也達旦諸營方知破賊相率入賀公謂鏜曰再一二日何如鏜大

欽服乃完師而歸時乙卯仲冬既望也

昊嶔紀淸風嶺之捷云嘉靖乙卯冬十一月倭船三艘艤南麂之西麓提督都御史胡公宗憲預設海艦封守甚固二船不能入揚帆而東其一西走我兵躡之沈其舟追入嶴內相持八晝夜賊窘甚從山後竊划船逸去颶風驅回登劫大嶴至二港守備劉隆千戶劉綱百戶張澄戰歿於陣賊勢復熾遂越金鄉趨台州以漸北向時公方奏樂淸之捷會台州告急公笑曰寇來有三敗我皆得之不足平也初寇登平陽守將不循約束故得深入今台守譚綸干城之將且素受方略賊玩蹂其疆一兵法小敵之堅大敵之擒寇方得志王港其氣驕我兵方捷於樂淸其氣勁以勁乘驕如拉朽耳二容美兵精悍甲諸部萬里從征朝氣正銳但初未諳險阨今授以布伏邀擊之法則爲全勝之技三遂命分道布截天台以

南綸兵當之新昌以北容美兵當之綸兵逼壘而進以典史吳成
器統部署爲前哨報效吏章延𪊟爲後哨百戶王世仁陳濠督健
卒伏於小江道左知事陳東督鄉兵伏於顏坑諸處而又迎賊所
向預置藥蜜藥餅餌之由是賊或中伏或中毒擒獲三十餘顆傷
死者不計始悔入台州境十二月抵新昌知應台關有備去至嵊
縣三界上館嶺會容美兵陳而待田九霄以正兵當其前田九章
援兵繼進左翼則留守王倫伏兵當之右翼則經歷畢爵伏兵當
之指揮吳江率部兵繞賊背後夾擊且多張旗幟爲疑兵以撼賊
勢賊四面受敵且戰且走我兵追之入清風嶺烈女祠俘斬一百
七十餘是役也賊二百餘徒歷温台紹三郡始克勦滅其敢於深
入者猶恃紹興之倭欲與合夥迨越台州始知舊倭已破於是既
畏譚兵不敢南復畏王兵不敢北卒至於敗如公所料云

丙辰三十五 **弘治二年**〔日本外史十後北條氏〕弘治元年氏康使使人奏京師曰晴氏悖亂不能統關東將士臣謹與諸將士議立其子義氏代之遂爲請其官爵詔授左馬頭以氏康爲左京大夫敘從五位下長尾輝虎計擊氏康亦詣京師請將軍足利義輝自冒上杉氏太田資正爲輝虎誘諸將曰關東將士自古屬源氏北條平氏也胡爲附之室町將軍已以輝虎爲管領公等宜決嚮背焉於是將士多送款輝虎輝虎數入上野氏康遣兵拒之更有勝敗二年里見義弘又通輝虎以兵艦八十艘上三浦城島氏康戍將梶原某富永某擊卻之追戰海中大獲而還

〔和漢年契〕春三月元就逐大內義長取周防〔日本外史十二毛利氏〕元就既誅晴賢威震關西周防人相驚曰毛利軍至矣陶長房敎義長乞援於大友氏大友氏弗敢應十二月元就進陣嵒國遣隆景徇玖珂郡至上關杉重輔爲內應攻殺長房將士相疑皆送款元就元就聞尼子晴久窺備後石見未肯深入也乃招降備後豪族山內隆通又命元春守石見而自引軍向山口陶氏故黨以萬人距煤門城隆元攻之城帶泥淖我兵不利三年三月元就將萬騎發嵒國令士卒人持簣與席以傅城下投簣於淖布席其上踐以登城鏖殺其兵山口騷擾悉甲拒右田岳元就與隆元合兵二萬攻降之使一將守之而進吉見正賴來會焉義長怖走勝山於是元就整諸軍入山口內藤隆春等迎降元就遣六千騎扼長府下關以絕大友氏援路而令福原貞俊攻勝山殺義長及晴賢季子鶴壽周防長門士民雲集山口豐前筑後諸城又多送降者元就盡除弊政免租賦分邑賞諸將置戍於下關門司三尾鵠峯四處四月凱旋安藝是

時晴久入備後數攻隆通不能下轉向石見不敢入而去十一月陶氏餘黨起攻鵜峯元就將萬人往平之轉攻周防故將益田藤包於三角城元春隆景說曰藤包勇智不下正賴而與之有郤宜兩存之使相鈐制乃招降藤包元就於是盡取大內氏地遂圖尼子氏而患尼子國久強悍謀除之尼子經久娶吉川經基女而元就亦爲其孫女壻是以託姻戚數通使幣於國久晴久頗疑之義勝之死其子經貞猶幼國久攝其邑及長不返與經貞銜之於是元就令死囚懷書入出雲殺之道上行人聚觀取其書乃元就與國久約內應者也晴久獲書大驚召經貞問曰聞新宮黨陰通安藝女豈知之乎經貞媒孽之日臣數見其密使往來晴久乃伏甲要殺國久父子殲其黨北兵自是弱矣

明使鄭舜功來

明史日本傳明年二月罷宜代以宗憲以阮鶚還撫浙江於是宗憲乃請遣使諭日本國王禁戢島寇招還通番奸商許立功免罪既得旨遂遣甯波諸生蔣洲陳可願往及是可願還言至其國五島遇汪直毛海峯謂日本內亂王與其相俱死諸島不相統攝須徧諭乃可杜其入犯又言有薩摩洲者雖已揚帆入寇非其本心乞通貢互市願殺賊自效乃留蔣洲傳諭各島而送可願還宗憲以

聞兵部言直等本編民既稱效順卽當釋兵乃絕不言及第求開市通貢隱若屬國然其奸叵測宜令督臣振揚國威嚴加備禦移檄直等俾剿除舟山諸賊巢以自明果海疆廓清自有恩賚從之時兩浙皆被倭而慈谿焚殺獨慘餘姚次之浙西柘林乍浦烏鎮皁林間皆爲賊巢前後至者二萬餘人命宗憲亟圖方略七月宗憲言賊首毛海峯自陳可願還一敗倭寇於舟山再敗之瀝表又遣其黨招諭各島相率效順乞加重賞部令宗憲以便宜行當是時徐海陳東麻葉方連兵攻圍桐鄉宗憲設計閒之海遂擒東葉以降盡殲其餘衆於乍浦未幾復殲海於梁莊海亦授首餘黨盡滅江南浙西諸寇略平而江北倭則犯丹陽及掠瓜洲燒漕艘者明春復犯如皐海門攻通州掠揚州高郵入寶應遂侵淮安府集於廟灣逾年乃克其浙東之倭則盤踞於舟山亦先後爲官軍所

襲先是蔣洲宣諭諸島至豐後被留令僧人往山口等島傳諭禁戢於是山口都督源義長具咨送還被掠人口而咨乃用國王印豐後太守源義鎮遣僧德陽等具方物奉表謝罪請頒勘合修貢送洲還前楊宜所遣鄭舜功出海哨探者行至豐後島島主亦遣僧清授附舟來謝罪言前後侵犯皆中國奸商潛引諸島夷衆義鎮等實不知於是宗憲疏陳其事言洲奉使二年止歷豐後山口二島或有貢物而無印信勘合或有印信而無國王名稱皆違朝典然彼既以貢來又送還被掠人口實有畏罪乞恩意宜禮遣其使令傳諭義鎮義長轉諭日本王擒獻倡亂諸渠及中國奸宄方許通貢詔可汪直之踞海島也與其黨王滶葉宗滿謝和王清溪等各挾倭寇爲雄朝廷至懸伯爵萬金之賞以購之迄不能致及是內地官軍頗有備倭雖橫亦多被剿戮有全島無一人歸者往

往怨直直漸不自安宗憲與直同郡館直母與其妻孥於杭州遣
蔣洲齎其家書招之直知家屬固無恙頗心動義鎮等以中國許
互市亦喜乃裝巨舟遣其屬善妙等四十餘人隨直等來貢市
籌海圖編先是海商汪直挾倭以要互市不得遂糾島夷而身為
之謂度浙直廣福悉被殘破倏往倏來訖無甯歲御史胡宗憲拔
浙廉知其情與都察侍郎趙文華奏乞遣使宣諭日本國王令其
禁戢島夷以弭邊患實欲行閒諜以句致汪直而絕禍源也疏入
上命廷臣議之咸稱曰便乃令布政司爲檄致之宣布朝廷德意
募能使者甯波生員蔣洲陳可願請行於是假市舶提舉服色充
正副使以往檄曰王國自我太祖高皇帝御極以來世秉恭順貢
獻天朝天朝待王恩亦不薄上下安和恪承天道各保生民今爾
倭劫掠居民念惟王國法令嚴明部民盜一雞一犬者必殺無赦

豈有縱民侵劫之理必是欺蔽國王私出爲非故特差正使蔣洲
副使陳可願移檄報知王若能守祖宗之大法思聖朝之厚恩憤
部民之横行分投遣行嚴加約束不許私出沒海洋侵擾中國使
邊境寧靜釁隙不生共享和平之福如此本司即爲王奏聞天子
必有大旌勞之典史冊書美光傳百世豈不快哉否則奸商島民
煽搆不已黨類益繁盤據海島窺伺竊發恐非王國之利如昔年
安南國王陳氏之禍可鑑矣今日移文報知亦非爲中國也王其
深體而速行之洲等捧檄以行十一月望日至其國五島地方偶
遇直養子毛海峯在焉洲等以移諭事告之遂引見直洲等諭以
朝廷遣使之意及軍門招徠之心直爲感德然不欲國王之知之
也謂洲等曰倭意惟在求互市而已既朝廷有曠蕩之恩吾當爲
若等謀之然天文國君孱弱不能號令於其國其能禁戢諸部耶

須歷島諭之亂可弭也遣毛海峯輩送可顧回而留洲在島者數月海峯以報效爲名實伺內地虛實與當道待直之意何如以爲進止時宗憲已總督軍務洞燭其奸乃故示以寬厚之意准令立功報效而爲之奏請賞賚優渥海峯還報直始挺身而來謂市舶可通而榮顯可致也然猶慮中變仍挾倭數千而來遷延海上者又兩閱月遣方大忠反覆說之又擕貳其黨與三十六年十一月始入見軍門於甯波而生致之斬之市曹傳首京師自此海上少戢矣

籌海圖編嘉靖三十五年正月參將尙允紹擊賊於松江四橋死之賊首陳東時屯新塲爲巢二月賊首徐海復巢柘林新塲賊首陳東自爇其巢來與之合賊分掠常鎭松江諸郡縣三月賊據蔡廟堡參政任環參將喬基等會擊大破之時賊新至滸缺總督胡

宗憲令瓖會封擊之賊逃入蔡廟堡瓖乃以把總陳習攻東
門車梁攻西門張惟孝攻西北顧鳴攻西南賊死守官兵攻之
戰方酣王賓等兵潛從東北入賊遂大敗悉斬之官兵擊斬至賊
於七卓洪等處悉敗之時新至賊一支自瀆缺登犯佐擊將軍宗
禮擊敗之一支自七卓洪登犯僉事董邦政擊敗之一支自南匯
所登犯參政任瓖擊敗之參將婁宇又敗之俘斬甚眾而所存者
無幾焉先是賊據松江累年勢甚倡獗總督胡宗憲新受命官兵
毅力而新至之賊皆迎刃以敗云陶宅之寇爲官兵擊敗遁去海
洋參將婁宇等復追敗之宗憲會浙直兵進擒陶宅之寇大敗之
賊死者甚眾遁出瀆缺外洋婁宇與把總王應麟復敗之於九圖
洋俘斬逾百參政任瓖僉事董邦政擊界賽新至賊平之賊新至
自界賽登犯宗憲檄瓖與邦政會擊之大戰一日斬賊十之七八

明日復戰遂無孑遺賊犯西菴董邦政討平之賊新至自金山登陸流至西菴宗憲檄邦政攻之賊大敗走匿法昌寺邦政復火攻之盡殲焉賊犯靑村把總王應麟討平之新至賊自靑村焚舟登陸應麟擊敗之賊匿民房官兵復火攻之賊突走爲官兵所截不得去乃復匿民房遂悉斬之僉事董邦政追擊新賊於沈莊平之賊百餘人皆就戮賊入吳淞江總兵俞大猷大破之賊酋十六艘自寶山入吳淞江大猷先奉總督檄與把總楊尙英劉堂等設伏海口待之賊至伏發沈其舟十三艘斬首二百餘級賊攻江陰縣知縣錢錞禦戰死之時賊攻圍甚急塡濠直逼城下勢且陷錞議欲出兵拒之兵備副使王崇古不從錞獨率民兵出戰死鬬殺賊頗眾援兵不至力戰而死然自是賊亦稍稍引去矣事聞贈錞光祿少卿廕子國子生立祠死所賊攻無錫縣賊入揚子江鎭江衞

千戶沈宗玉王世臣力戰死之四月賊圍丹陽縣犯鎭江府閶常州府五月賊攻上海縣尋進攻松江府官兵追擊於泖湖澱山湖皆破之時賊新至者以萬計復屯柘林乍浦總兵俞大猷同知袁文貴知縣楊旦等敗其前鋒既而賊攻上海縣又爲官兵所敗而去遂攻府城把總劉堂追擊於泖湖敗之參政任環同知熊桴復追擊於澱山湖東又敗之前後俘斬賊三百有奇賊攻太倉州六月新安衞百戶師印與賊戰於靑村得勝港死之時印統廣兵追賊總兵俞大猷邀擊遁賊於茶山洋大破之七丫港賊與吳淞江賊爲官兵所敗相繼遁出海洋大猷預受總督檄設伏劉家河海洋待之且攻且逐追及於茶山東北沈其舟六十艘俘斬三百餘殘寇宵遁復爲颶風所覆無生還者總兵徐珏擊孟河之賊大破之賊遁出揚子江把總張成己復追敗之時賊在孟河勢頗猖獗

珏與戰大敗之賊死者三百餘人先是督察尚書趙文華渡江而南預宣朝命戒兵將無得貪功取級以陷賊計故是戰殺傷獨多既而賊遁出江成已復率舟師大破之斬首百計七月賊首陳東葉明改屯呂巷巡按御史周如斗督諸軍擊走之時賊首徐海屯乍浦遣陳東葉明屯呂巷牽制我師周如斗嚴督僉事董邦政參將婁宇等分布要害進擊之連戰連捷賊死者甚衆遂遁往乍浦八月常州賊遁出海總兵盧鏜等追擊大敗之賊掠江陰無錫爲官兵所敗遁出海洋宗憲命鏜等追擊敗之沉其舟數十艘俘斬三百五十有奇是年二月賊犯淮安府揚州府四月千戶戚繼爵與賊戰於狼山死之賊犯通州掠淮安府犯儀眞縣犯揚州都指揮張恒千戶羅大爵百戶曾沂禦戰死之時賊一從瓜洲入一從新港入一從通州入恒等率兵禦之皆死焉賊攻瓜洲民兵擊走

之時擔鹽夫百人遇倭卽用擔奮擊倭不能當棄仗而逃被傷頗
多賊攻揚州府同知朱裒千戶賈勇應襲賈恩經歷晏銳死之賊
攻小東門甚急官兵用佛郎機殪賊數人賊乃退去裒與高郵衛
經歷晏銳千戶賈勇及子恩率兵出城渡河東禦賊勇恩戰死裒
與銳爲賊擄至井巷口罵賊不屈遇害事聞立雙忠祠於巷口祀
之賊犯天長縣犯泗州五月無爲州同知齊恩與賊戰於圌山之
北江中死之恩率兵與賊大戰乘勝逐北誤入伏中力戰而死父
子兄弟叔姪同時遇害者七人副使馬愼追賊於狼山敗之賊遁
出江愼追擊敗之旣而福山把總鄧城又追敗之沈其舟一十艘
是年犯江北之賊凡五有廟灣之賊尤劇副總兵盧鏜參將劉顯
士舍人彭志顯屢進攻之賊遂敗遁
籌海圖編是年正月浙江官兵擊賊於後梅大破之二月賊圍甯

海衛賊據近城盤廠爲巢日夜攻擊三月官兵進擊舟山謝浦之賊大敗之參將盧鏜知縣宋繼祖武舉鄭應麟生員李良民武生婁楠等會兵進攻大破之賊移屯邵嶴柘林賊攻乍浦所副使劉燾擊敗之賊首徐海陳東等自柘林沿海而來欲取乍浦爲巢進攻杭州次及蘇常以至南京兵備副使劉燾疾馳應援與賊相持官兵大勝斬首五十有五賊勢少挫翌日賊自金山而下者復萬餘遂圍燾於城中日夜攻擊燾督官兵禦之賊不得間九日乃解去由海塘而西燾尾追之斬首一百三十餘級賊犯海鹽指揮徐行健死之賊過海鹽轉塘灣行健禦之因衆寡不敵力戰而死賊因野無所掠分作二支一逕至長安一由硤石章婆堰與長安賊會知杭州有備不敢攻而去賊犯沈莊僉事董邦政討平之四月賊犯青田縣百戶方存仁死之賊攻溫州同知黃釧死之賊薄府

城釧駞驛迎擊於分水嶺被執罵賊不屈賊怒磔殺之賊攻嘉興府指揮程祿死之賊回至王店復分爲二半由海鹽塘半出長水塘期會攻府城時嘉興兵俱往杭州賊覘知之故乘空而至也適指揮程祿統陸兵五百至與金丹等水兵夾攻之斬獲頗多賊後至漸衆其陸行者徑趨城下我兵爲其所綴賊遂過城下而西急趨烏鎮祿追之賊預伏民居以待祿遇害時官軍死者千餘人浙東新賊攻觀海衛龍山所進陷慈谿縣時賊自鳴鶴場臨三山江登者各千餘越數日始終攻觀海龍山生員李艮民統兵禦之賊乃往慈谿時慈谿無城知縣柳東伯率民兵禦之而賊分蹤繞出兵後衝縣市都長沈宏率族屬土兵勦之斬首百餘級賊卽遁去賊首爲周乙豐洲酋也生員戎艮翰與賊戰於巨洋死之賊攻甯波府參將盧鏜敗賊於慈谿之丈亭時賊將掠餘姚鏜遏之於丈

亭大敗其衆賊乃不得至餘姚餘姚士民感之爲勒石頌功賊首徐海犯崇德縣佐擊將軍宗禮鎭撫侯槐何衡忠義官霍貫道等禦之戰於三里橋死之海統賊萬餘流劫烏鎭胡宗憲遣千總錢燦等率鹽兵百餘人僞爲亡命投入賊中以爲內應而檄知縣張冕勦之賊內外驚擾不得甯居欲仍往杭州至崇德三里橋禮等率兵九百禦之三戰三逐北斬首三百餘級賊分番死鬭禮等以孤軍力戰多寡不敵會橋陷軍潰遂皆死之賊攻平湖縣官兵擊敗之指揮翟文擊之賊退走指揮劉岱預伏潘港復追賊至瓦山皆勝之賊攻乍浦所五月浙東賊復入慈谿焚縣治攻龍山所官兵擊敗之賊分二支一入縣治一攻所城爲龍山兵擊死者數十人乃解去賊首周乙就擒乙統賊四千餘劫慈谿不已而延及餘杭爲浙東之大患至是就擒福建流賊破仙居縣入據之巡檢劉

岱宏戰死時方築城未完且値霖雨新城崩壞賊進攻者三知縣姚本崇悉力禦之賊夜分三支攻城西南而以一支潛由東北登陴遂入縣治先自莆田岐頭流劫北至青田百戶方存仁力戰而死賊遂猖獗攻破縣城巡檢劉岱宏率兵來援戰於東嶺死之浙西賊圍桐鄉縣宗禮兵旣戰沒賊益縱肆提督都御史阮鶚入壁桐鄉賊就圍之副使劉燾遣指揮朱文王彥忠來援擒斬賊二百六十餘人衆寡不敵我兵遂卻總兵俞大猷盧鏜敗賊於漁山馬蹟洋松浦口之賊自古窰遁出漁山海洋鏜與指揮張四維等追及之沈其數舟擒斬賊二百有奇大猷復追及於馬蹟洋俘斬賊百餘人桐鄉圍解徐海陳東攻圍桐鄉勢甚危迫總督胡宗憲新受命引鄉兵千餘駐敵樓防守杭州無他兵可遣援者乃與中書羅龍文謀曰方今徵兵未集而阮提督久困孤城萬一有失損國

威多矣今欲用間用餌以紓時艱而無可使者柰何龍文曰我世受國恩願以死報請往說之公曰君京官也而無朝命往且不測況與賊素無一面之識誰則信之適鄞生陳可願自松浦回以汪直義子毛烈通事童華夏正朱尙禮邵岳等款定海關稱報效宗憲喜曰吾事濟矣乃留毛烈於舟山而亟召童華等來見因厚撫之華等感悅宗憲察其可使乃推誠與之計華遣朱尙禮持書往說海海故畏胡威名欲解去而惡無名得書大喜欲與華面議龍文因請監督以行宗憲從之遂偕詣海所宣布朝廷威德因勸立功以圖顯榮海固唯唯而陰語華曰吾固願爲報效而費倭人金且數萬柰何華曰此易事耳胡公豁達大度爾能與之立功富貴可望也豈直數萬金而已耶海大悅卽以降劵付龍文等還報卽日解桐鄉圍而去旣而下硤石逼塘棲華亟馳問進兵之故海曰

以倭人金無所償耳華曰若然是挾兵以要重賞也茲豈效順之義胡公一怒吾亦不能為若謀矣爾第出海須軍門有厚賞持以償倭未為晚也海懼從之即退屯李港華恐海反覆難保因索海弟宏來質云副使劉燾遣指揮王彥忠等敗賊於斜塘賊有復自松江來者屯斜塘風涇玉帶等處勢甚滋蔓燾令彥忠等擊之賊大敗復由橫浦東去賊犯定海縣六月官兵進擊仙居之賊平之賊據仙居總督胡宗憲咨提督阮鶚往救之又檄副使許東望譚綸總兵盧鏜等從東路進擊賊聞大兵至乃走斷橋彭溪官兵圍於林同知家指揮伍惟員犯其前鋒俘薪賊三百有奇死水火者不計餘賊六十人遁往天台復為鄉兵所殺而福建流賊遂無孑遺矣應襲管懋充中書羅龍文通事童華誘擒賊首葉明陳東等徐海既解桐鄉圍而去與葉明陳東分屯呂港新場旋復合於乍

浦城南黨與甚盛督察侍郎趙文華數趣進兵總督胡宗憲曰今衆寡不敵進兵豈爲勝算且海所以退去者貪吾餌也若進兵而勝固是美事不勝當奈何今日之事法當先撫而後勦以金數萬句致其心遣諜離其黨與翦其羽翼徐爲之圖萬全之計也於是遣龍文與華等行間適麻葉僞爲宗憲虎符潛出硤石擄祝氏婦宗憲怒復遣華等往語海曰爾一心欲投降而陳東麻葉反覆不常恐爲爾累非我所以曲全爾命之意海猶豫未決龍文曰彼二人者已密啟趙公約縛爾生致之矣海大怒乃誘麻葉至管懋充舟所縛送軍門復約龍文以舟載貨陽與貿易童華以金二百兩與倭人之桀黠者誘東偕來至舟所即執之以歸海自此勢孤以至於亡八月官兵敗賊於夏蓋山三江海洋既而又戰於金塘馬墓之間復大敗之俘斬賊二百三十餘人兵部郎中郭仁副使劉

燾擒賊於秦駐山時諜報秦駐山支嶺之上有羣倭棲之其舟爲觸礁所破不能長往仁與燾時駐乍浦即欲遣兵擊之將士皆云窮寇據險難以仰攻乃計令兵士挾降倭一人往説之許其送付徐海其黨五十餘人悉棄甲而來因次第縛之官兵敗賊於乍浦賊首徐海乞降陳東黨既爲官兵所破徐海内不自安陰修戰備爲死鬬之計宗憲知之復令羅龍文童華等往慰之且諷使入見海猶豫未決龍文宿其營安寢如家海以足躡之覺曰此虎狼之穴何酣睡若此耶龍文曰我爲爾百口且不顧況此身耶今爾乃心持兩端何也海曰聞趙必欲殺我恐公不能救龍文曰趙公初意如此今也則否海曰焉知非誘我而執之耶華曰胡趙二公欲爲爾題請封爵使爾專提一旅之師捍海上寇若不入見彼何所據以正請也海曰蹈不測之險柰何龍文曰我京官也且胡公姻

戚爾第入見我則質爾營中萬無一失矣海始首肯華旣馳報軍門軍門許之爲之期日諜使復數四期旣定海猶慮中變先期而至入見胡趙阮三人及巡按趙孔昭於平湖城中受犒而出謂龍文等曰鹽諸軍門之貌吾禍終不免歎息者久之賊首徐海復叛據沈家莊總督侍郎胡宗憲督察侍郎趙文華提督都御史阮鶚率官兵討平之時官兵四集軍威甚盛海偵知之陰收陳東葉明餘黨謀拒自全宗憲復遣童華往解之海迎謂曰吾以爾言結怨諸倭今軍門旣受吾降而復徵兵漸逼非爲我而誰耶叱左右縛華將殺之華大笑不止海曰爾尚何言華曰吾笑爾不識人以忠爲姦使吾枉死爾不智海曰何謂也華曰陳葉二黨尚多且心迹不一今陽爲附爾實爲豫讓之計軍門恐爾入其彀中故遣我相聞官兵壁近郊者防其變也爾何不悟耶海曰然則如之何華曰

今沈莊有東西二所爾何不分其黨各自爲巢而密約官兵殺之
爾後患絕矣海深然之卒用其策由是二黨互相猜疑宗憲知之
遂部署大兵進擣其巢是時賊壚甚堅據敵樓以拒四面皆挂白
布覘我我不得覘賊也諸將以佛狼機攻之畏矢石不敢近七日
弗克宗憲怒命都指揮戴沖霄攻之沖霄率兵士逼賊壘立於矢
石之下燬其西南正西敵樓各一座賊失據沖霄及把總楊永昌
等督永保等兵大進擣巢於半日之間實沖霄燬敵樓之功也海
既敗沒其黨散走一支據定海乍家洋阮鶚與總兵俞大猷盧鏜
署參將鄭應麟合兵圍之賊潰走踰桃花嶺渡甯溪歷鄞縣奉化
甯海與官兵戰於台州兩頭門把總指揮范缺死焉賊突走溫州
至福甯得舟而遁一支自直隸出海爲大猷兵所滅一支自浙江
出海爲鏜兵所滅其得脫走者突登慈谿縣伏龍山阮鶚率兵滅

之由是賊無生還者矣總兵盧鏜擒賊首辛五郎等於清港洋副使許東望擊賊於馬蹟福山洋大敗之賊酋二囉表及從賊七十餘人皆就擒九月百戶鄖官追賊於臨海兩頭門死之官兵與賊戰於雁門嶺生員倪泰員死之副使王詢總兵俞大猷擊舟山賊平之俘斬賊一百五十餘人官兵擣乍浦賊巢土官江相向鑾死之十二月冠帶把總莫翁達與賊戰於舟山死之官兵進擣謝浦賊巢平之先是賊據岙家山官兵自秋及冬屢攻弗克胡宗憲命把總張四維以麻陽兵當歲除夜襲破之俘斬無遺是年兩浙之賊數踰二萬皆次第就擒而謝浦之寇即舟山之餘孽云是年三月福建備倭劉炌千戶王月與賊戰於石壁嶺死之賊亦敗遁福清海口之賊遁至西鄉官兵追之斬其衣紅賊首一人賊敗走炌與月率兵欲伏石壁嶺邀擊之未及設伏遇賊突至山路屈曲遂

致敗沒賊流遁福寧州之竹嶼孤山官兵追之或火攻或伏弩賊輒敗走參將尹鳳預置藥酒於胡坪賊中毒者數十人四月及於桐山又破之賊遂入浙江十月犯興化府平海衛千戶巨珍死之犯福清縣指揮章乾震死之是年四月賊登山東靈山衛養馬官兵討平之賊犯海陽所官兵討平之犯靖海衛文登營官兵討平之

江南經略是年三月賊攻無錫縣城時兵備副使王崇古駐節城中督官兵拒賊賊死於矢石者頗眾乃出遁福寧去而沿城民居悉爲煨燼矣四月十八日倭船七十餘隻泊縣之北門晝則分艘出掠夜則歸聚至五月十二日由江陰君山出江十五日出海過劉家河參將羅缺帥舟師擊之沈其五艘賊驚遁八月掠縣境爲官兵擊敗而去太倉州是年二月賊入七浦寇東鄉諸鎮四月十

三日倭船突至茜涇鎮團長率鄉兵禦之十八日黃窪新塘之賊
合艘至茜涇與弓兵鄉民合戰不勝遁走七鴉港少遲賊復至屯
錢思橋分其徒作二支一由七浦塘至官場路一往甘草鎮焚劫
十九日知州熊桴遣兵襲其巢賊出方掠聞報還救與官兵戰各
無勝敗二十日賊掠橫涇鎮勢愈熾五月初三日茜涇之賊掠沙
頭鎮而南將至城下判官張大倫督師與戰方酣賊伏兵起我師
遂潰賊亦去上海縣是年五月賊攻縣城戊午朔賊舟五十餘艘
從吳淞江入泊上海北宮作雲梯攻城通判劉本學率縣人募死
士固守積十七日外援不至賊佯退乙亥夜半賊乘守懈潛登西
南隅守城卒楊鈿覺之大呼衆驚起賊刺鈿墮城下衆發矢石擊
賊退去初賊抵城下潮落濠可涉渡比去則潮至矣賊衆盡沒濠
中平旦爲守城者撈斬其首數十級梟示城上賊過浦望見之號

泣而去自是邑無倭患矣丹陽縣是年四月賊圍縣城官兵禦卻之五月賊由圌山而來將泊城下適麻陽兵自京口南下賊未知也本縣士民糾銀二千餘兩賂麻陽之兵兵潛竄士兵中改其衣裝既接戰麻陽兵突出賊大敗走斬首七百餘級亦非軍門之命故不報功

諸大圭紀乍浦之捷云嘉靖丙辰秋七月賊徐海陳東之解桐鄉圍而東也陽爲聽撫心實狐疑自呂港新場移屯乍浦城南營廠絡繹改修舊船以圖出海且窺伺我兵强弱爲其進止總督侍郎胡公宗憲策知其計因外示羈縻而密檄副使劉燾圖之會向書趙公文華再命督察至公乃與定議以乍浦西南海塘可通杭州咨浙福提督都御史阮公鶚偕郎中郭仁副使徐洛總兵徐珏等壁海鹽以遏犯杭之路東北金山可通松江浦東咨直隸提督都

御史張公景賢駐松江而參政任環僉事董邦政留守王倫同知熊桴容美土官田九霄等扼青村黃浦及出海之路公親督大兵與參政汪柏參議王詢等駐平湖與賊逼壘而陣總兵俞大猷盧鏜等則以舟師設伏洋山馬蹟邀其歸路分布既定候間而發適上海之賊由吳淞而西南出復萬餘人公恐海或中變與之連衡急啗海使東出擊賊可得舟還島海以爲然果逆斬賊數百賊遂夜走以故海不及取其舟而返其他酋長脫出海者公已別遣大猷伏飛艦海上遮擊之溺且盡公又計海書記麻葉不死無以堅其內附之心而陳東者與麻葉聲相倚桐鄉之役與海相睚眦者也於是又計令海縛麻葉縛陳東以獻海遂併有其衆而諸酋長則疑且怨海矣海自度進退無所而公故與趙公簿責海益急因遣諜私海令其誘衆俘斬之以謝可無罪海不得已從之遂與定

約公乃令副使劉燾引遊擊尹秉衡兵夜伏乍浦城中而徐珏等兵分爲三哨進壁白馬廟左灝等兵由平湖間道而出主簿曹廷慧參將丁僅等壁乍浦城以爲内援至期珏等移營瓦山海果挈妻走海上艘羣倭爭逐之大亂城上舉火我兵四合競進大敗之燒賊巢廠二十餘里時海執稱歸順投梁莊去諸遁出海洋者俞大猷遊兵擊之前後俘斬七百有奇没海及焚死者無算乍浦之賊無孑遺矣夫徐海以首惡煽禍而陳東麻葉等爲之犄角句引外裔侵擾中土受其螫毒者五年矣丙辰春擁衆數萬分道入寇北犯瓜揚阻絶運道東掠甯紹牽制我師聲言欲下杭州犯留都比之曩時猖獗尤甚公相度機宜不輕與爭鋒捐千金賞敢死之士用間誘退呂港賊艘以伐其深犯之謀復誘令殺賊立功以翦其羽翼之勢擒麻葉擒陳東度其孤危可以取矣猶謂困獸死鬬

乃故棄船海澨開一面之缺而卒以遊兵邀之無一得脫者後先下著不爽纖徵島寇之所以畏服而東南之所以奠安者不以此哉不以此哉

茅坤紀勦徐海本末云嘉靖丙辰徐海之擁諸倭而寇也一支由海門入掠維揚東控京口一支由吳淞江入掠上海一支由定海關入掠慈谿等縣衆各數千人而海自擁部下萬餘人直逼乍浦而登岸則破諸舟悉焚之令人人各爲死戰又導故窟柘林者陳東所部數千人與俱併兵攻乍浦城葢四月十九日也當是時朝廷方奪故總督而新總督胡公宗憲自提督代之甫八日問幕府麾下募卒僅三千人俱孱弱不可用故總督所徵四川湖廣山東湖南諸兵俱罷去所爲緩急者特容美土兵千人及參將宗禮所籍河朔之兵八百人耳南北諸倭酋不下數萬諜者聲言他酋分

掠於江淮吳越諸州郡間以扼援兵而海等當窟乍浦下杭州席卷蘇湖以脅金陵氣焰甚總督胡公方召諸司畫計無何故提督阮公鶚代胡公爲提督檄未至夜半聞乍浦圍卷甲趨之胡公亦分遣兵澉浦海鹽之間爲聲援而自引兵壁塘棲相犄角居頃之海聞新總督胡公即故御史所嘗提兵督戰於鶯湖王涇之間而覆之者氣稍阻尋罷乍浦圍聞兩公方擁兵壁近郊不復敢窺杭於是經略峽石越皁林出烏鎮以北烏鎮者即海故所犯蘇湖舊路也當是時胡公既獲諜度蘇湖之間惟鶯湖爲四戰之地於是檄河朔兵自嘉興入駐勝墩陣而待因以吳江水兵遮其前湖州水兵尾其後而公自引麾下募卒及容美土兵橫擊之提督阮公自崇德聞賊且出烏鎮也即道挾河朔之兵騎而馳及之於皁林令善射者且躡且射賊稍稍引去賊縱數百人嘗之輒又敗去賊

怒甚鼓譟而前提督阮公勢皇急於是走輕舸入保桐鄉而參將宗禮與裨將霍貫道等乃自張左右翼厚集其陣以待戰數合擊殺數十人會日暮賊且引去時賊氣頗倉而宗禮霍貫道等亦已絕餉道不得擇善地便水草以自休止明日餓而戰賊遣候者登樹而望葢孤壘以塹無他援者也大喜復縱兵以半擊其前以半繞其背而霍貫道河朔故騎將也大呼眾力戰矢礮如雨下無不人人一當十復擊殺數十百人而貫道亦手自刃十餘人賊益怖海且中礮欲馳去會火藥盡霍貫道面宗禮仰天呼曰吾兩人再得藥數斗可以了此賊矣未幾貫道與宗禮俱陷眾大敗賊遂乘勝圍桐鄉時總督胡公已引兵躡崇德聞之潸然流涕曰河朔之兵既敗東南之事無復可支矣賊已困桐鄉假令復分兵困崇德以劫我我兩人譬之抱石而自沈也國家且柰何於是還省城檄

諸路兵爲戰守計先是公始爲提督時嘗與監督尚書趙公謀曰國家困海上之寇數年於兹矣諸倭酋乘潮出没將士所不得斥堠而戍者人言汪直以威信雄海上無他罪狀苟得誘而使之或可陰攜其黨也按部題亦嘗有用間爲策者於是遣辯士蔣洲陳可願及故嘗與汪直友善者數輩入海諭直直果感悅願如約遣其養子毛海峯款定海關謝過間以諭海海已句薩摩諸島人入劫故不相及而海峯者云云彼固未之知也胡公策曰直與海雖順逆不同其勢固脣齒也直既悔悟海獨不可以大義說之乎不然彼貪人也誘之以利或可狃其心閒桐鄉城小而堅緩之數十日則永保戍兵至固可破之矣於是疾走人諭毛海峯因厚遣諜者陰過徐海所曰直以遣子款定海關朝廷固且赦之矣若獨無意乎新總督威名非曩時比且仰體朝廷德意推心置腹若不乘

此時解甲自謝他日必爲擒矣海頗然其計於是亦遣酋自謝糾罷圍去因以要公稍出中國貨物遣他倭酋而疏釋其罪公佯許輒以銀牌綺帶厚遣來謝酋而陰令營中盛兵容私諜者故縱酋瞰之酋既德公遣又內怖公之兵威也歸以報海明日復遣他酋來謝公視之如初凡數復海於是始歸心於公願爲公死之矣然陳東心獨竊疑海私公遺猶怏怏未之從也海間遣酋次桐鄉城下私城上兵曰某已聽總督胡公約解去矣城東門故柘林賊陳東黨也桀悍不吾從若當謹備之是夕海果道崇德而西且乞他兵於公以夾擊陳東胡公猶心訝未之許而陳東獨盛爲樓櫓撞竿以撞城而桐鄉令金燕者彊幹吏也城中一切兵仗火藥諸已繕備提督阮公復躬厲矢石御城上人下令散千金募敢死士督戰益急所殺傷賊亦數十人方撞竿自樓櫓中躍而撞城城幾壞

一男子爲緡索闔撞竿所擊故竄竿至卽緡挽以上斬之又募冶者煮鐵汁灌城下酋城下酋不敢逼東旣無何聞海等解去道遠勢且孤亦相與稍稍引去圍始解而提督阮公出矣時五月二十三日也方阮公困桐鄉時固日夜望總督胡公援兵之至而胡公亦重念東南之安危身之禍福與阮公相旦暮情固急業已遣兵備劉公督同習守王倫宣撫田九霄勒兵自嘉興入壁斗門守分汪公督同知縣張冕勒兵自湖州入壁烏鎭參將丁僅勒兵自海鹽入壁王店指揮樂塤督同千戶羅天與勒兵自崇德入壁石門又令崇德令崔近思收河朔之散卒入城爲聲援兵四面環賊遠者二三十里近者十餘里而陣然各以狃阜林之賊逡巡惶怖不敢逼而公業遣諜羈說賊亦日夜望永保戍兵之至以決一戰也計無可柰何而胡公與阮公兩人者爲同年故深相結者及援兵

不合阮公自圍中頗急於是兩相猜而他謗者與爲飛語撼兩公者盈道路矣當是時朝廷聞東南之寇卽日出尙書趙公督山東河朔諸兵援之又兩公所私相猜者語頗聞趙公趙公亦故與兩公者爲肺腑交所嘗兩推轂中朝以鎭東南者念兩公卒有隙則東南之事牴牾不可圖於是日夜引兵而南至揚州則阮公業已出桐鄉圍東渡錢塘徇會稽諸下邑擊他賊胡公亦聞尙書趙公之至且戰且南淮陽毗陵之閒無足慮海爲巨孽閒雖狃而內附中固不可測而上海之賊萬餘人由吳淞江西引方急迺日遣諜者啗海以金帛而說之東出海上擊他賊海亦果收諸倭酋出乍浦道平湖時諜報吳淞江之賊已鼓行涉嘉善界欲西合海公念海蔿一卒他變兩相合柰何因策海始已焚舟爲深入今不得舟必急於是遣諜詷海謂海旣內附何不如故約勒兵擊吳淞江賊

且篡奪其輜掠舟以歸海果然其計卽日引諸酋逆之朱涇道上
斬首若干級餘賊遂夜走以故海不及篡奪其舟而還及他酋脫
而出海也胡公又別遣總兵俞大猷伏飛艦海上遮擊之溺且盡
於是海既德公不敢背又聞吳淞江賊之出爲俞總兵所遮擊益
內怖日輸款於公遂輦故所載飛魚冠及他堅甲名劍數十種並
以輸公而閒遣其弟洪入質於公公固佯納之公又諜聞海麾下
獨書記麻葉爲酋長其爲人頗黠而悍近與海爭一女子有微隙
非用閒爭縛之則無以死彼之內附之心於是遣諜就海帳中諷
海縛麻葉以出麻葉出而諸諜故隸麻葉部曲者稍稍怨且懼矣
怨且懼恐生他釁則又以他罪縛其黨幾百餘人公又策陳東於
諸部曲中與麻葉聲相倚頏以桐鄉之役兩睚眦者也數遣諜持
簪珥璣翠遺海兩侍女令兩侍女日夜說海幷縛陳東海閒諸而

陳東者薩摩王弟故帳下書記酋海固未之能也於是出葉麻因中令其詐爲書於東反兵賊殺海其書故不以遺東陰泄之於海激怒之使弁縛東海讀其書涕雙下益德公之不忍爲東所賊殺之也日夜謀縛東以報公居無何尙書趙公移兵渡江來所過州縣數舉兵向賊賊輒敗走俘斬若干級兵威大布當是時公已知海之甘心於東不忍疾擊海疾擊之兩人迫而深相結則東南之事未易圖而尙書趙公之至也私約公其部署兵擊海日急且召公故所遣諜面詰之曰若爲我諭徐海海連兵以來罪不容死非縛陳東及斬千餘級以獻恐無以謝朝廷若能則我當同督府諸公疏釋之不然若且虀粉矣是時阮公亦至於是海益怖出所故掠中國貨物千餘金賂王弟詐請東代署書記海因夜得東卽縛以故約復於胡公葉麻與陳東相繼縛而諸酋長洶洶內亂矣是

時諸酋既疑且怨海無關心故其氣日窘海亦自度縱令反故島
當亦必爲諸酋長所賊殺故爲內附曰固而公與趙公簿責海益
急海既急因念欲掠舟出海恐爲海上兵所劫欲列壘拒官兵又
業已內附不忍背且陳東黨固日夜謀襲殺之也公策曰彼既亂
吾可乘之矣因遣諜私海曰我固欲寬若趙尚書以若罪孽大何
不聽我艤數十艘海上若且誘之逐海上艘令俘斬千餘級以謝
趙公而若因得以自完乎海不得已且疑且諾因約兵備副使劉
公引兵伏乍浦城中而某日時某當引衆出海岸去乍浦城半里
而陣佯令衆酋逐海上艘某手旗麾之城中官兵卽舉燧爲號從
城中出亟擊勿失諸官兵卒如故約乘之諸倭酋逐海上艘如蟻
不及還兵鬬於是諸官兵得乘勝蹂而前不傷一卒所俘斬數十
百人沒海者無算於是海自以數有功於朝廷願與部下諸酋長

入款且庭謁胡公與尙書趙公提督阮公巡按趙公竝許之諜往復期以八月初二日然海猶恐間設甲士劫之先期一日猝擁酋數百人冑而陣平湖城外自率酋長百餘人冑而入平湖城中以求四公者計不許恐他變遂許之海與諸酋長北嚮面四公按次稽首呼天星爺死罪死罪海欲再爲款胡公而未之識因顧諜諜目示之海復面胡公稽首呼天星爺死罪死罪胡公亦下堂手摩海頂謂之曰若苦東南久矣今既内附朝廷且赦若愼勿再爲孽海復稽首呼天星爺死罪死罪於是四公厚犒遣之而出是日城中人無不洒然色變者海既出諸公者固已憤恚海之列款猶冑而入屬彊脅無禮又不及如諜故所期月日而先日猝至也其習行桀黠若此於是闔謀不勒兵誅之他日必爲患計部下向千餘人猛鷙難卽破永保兵猶迤邐遠道未至也於是佯令海自擇便

地居之海果自擇便地得沈家莊卽傚沈家莊與居之是爲八月
八日當是時衆復喧然譁諸公輩何不撲滅海不然且縱之出海
上令自解去顧叅虎以自禍也不知諸公者固有待於是胡公與
尙書趙公提督阮公私自部署兵又日夜遣使趣永保兵來會兵
未集恐海驚禍且肘腋間胡公因日遣諜詗海且啗海如囊時公
因諜以請於趙公曰吾聞善兵者乖其所之海與陳東黨業已深
仇今合而兩附者迫故耳聞沈家莊故東西兩處而中綰河爲塹
何不說海以西沈家莊居陳東黨而自擇東沈家莊以居部下酋
乎諜以喻海海果如其言頃之永保兵至會海輸二百金於公市
酒米公復與趙公謀以藥毒其中而歸之又令陳東詐爲書夜遣
其黨曰徐海已約官兵來勦汝輩矣陳東黨果疑而夜伏邏卒東
沈家莊道上瞰之適海皇急因令酋竊兩侍女出道上而急則因

間道走幕府以自托邏卒瞰知之歸以報於陳東黨陳東黨聞之大驚卽勒兵篡兩侍女過海所罵曰吾死若俱死耳遂私相稍而鬭海中稍眾大亂明日官兵四面合牆立而進保靖兵先當之稍卻河朔兵乘之又卻俄而胡公擐甲厲聲叱永保兵左右列大呼而入瞰壘下擊會風烈公麾眾束千餘炬人各持炬縱火焚之海窘甚遂沈河死甫食頃人人鶩而攫千餘酋蒐斬殆盡矣中所故飲毒賊首黑色者凡三百餘人於是永保兵俘兩侍女而前問海何在兩侍女者王姓一名翠翹一名綠姝故歌妓也兩侍女泣而指海所自沈河處永保兵遂蹈河斬海級以歸

謝顧紀仙居之捷云嘉靖丙辰三月朝廷以都御史胡公宗憲累建奇勳命以兵部侍郎總督浙直福建軍務會福建桐山之賊流逼浙境同知黃釧指揮梅魁禦之賊潰圍北走公密令副使劉懋

預伏兵塔石蕉蒲諸山嶴險阨則潛署火器以待仍列舟師於山側之江濱賊至伏起殺傷甚衆遁由天門埭至平陽青田越小峙沿江而南遂入荊溪通仙居樂清之孔道也時臨海天台業已受公計集鄉兵守黃潭箬孔中渡由是賊不得犯甯紹由烏杭西入仙居乘城築未完衝突焚劫慘倍他地乃咨提督都御史阮公鶚馳救之復行副使許東望知府譚綸總兵盧鏜兵從東路而進賊聞大兵且至遂走斷橋彭溪巢於民舍我兵合圍攻之俘斬三百餘級焚溺死者無算所存六十餘人取道天台之北復爲赤城民兵所殺是時浙東西硤石梁湖之賊各萬餘人俱薄會城魁桀難制江南北新舊屯據者數亦逾萬公以一身寄諸藩之安危以一身當百萬之兵甲隨機督勦算無遺策直隸有寶山之捷兩浙有西菴清水窪之捷而桐山流寇亦旋就殄戮謂公今之子儀非耶

又記金塘之捷云辛五郎者宿寇徐海之偏裨也與陳東葉宗滿麻葉輩同巢柘林攻乍浦圍桐鄉毒螫吳越諸州郡其志欲吞全浙竊畨都勢甚猛也總督胡公宗憲欲滅之忌海與其黨旣而海受我用擒其所惡陳東麻葉輩而遣其所懽以歸倭島五郎在焉公密令總兵俞大猷等分布海洋要衝截殺諸寇而五郎則責之盧鏜鏜接密諭時方對諸客食忽命治艦之金塘山客相顧莫知所謂鏜自乘福船令子相督率哨船爲前驅次日至金塘瞭見北洋有大舟揚帆而南令哨船四散潛泊少選大船艤金塘之麓賊皆登憩鏜知其爲五郎也令哨船叢射之繼以銃礮賊以手且搖且招搖者示勿攻擊招者示有所言也相乃颺言曰欲打話須去而兵器賊拍掌示無而呼一董一董者一家之義乃倭語也有華人從寇者曰吾等乃胡總爺招安放回者也相問曰有牌驗乎曰有鏜招衆賊

至舟傍慰藉之謂五郎曰汝既爲軍門所遣豈可慢乎請至縣款洽而津送之遂延五郎同舟餘派哨船分載每載不過三四人多則不能容也五郎辭鐙厚加禮貌五郎不疑宴至深夜鐙坐福船上層將臺侍者引雙鐙上桅俄而哨船蝟聚鐙問之曰如何相對曰是了五郎大驚請下哨船與衆酋同宿鐙曰諾令左右送之穴梯而下至蓬戶外望惟海而已五郎悟欲赴水死左右不許曰臥榻在地平下五郎度不能免浩歎就臥相縛之翌日入定海關乃知賊徒俱已芟盡卽前夜起雙鐙時也是了者乃復命也羣賊死時皆不知軍門之謀僉詬哨兵敢行誤殺五郎亦自以偶遇盧鐙被執不知其計出軍門也嗚呼神哉後獻俘告廟天子賜璽獎公天下無不稱快云

丁三十
巳六　弘治三年（和漢年契）春三月信長殺其弟信行（日本外史十三織田）

氏上信秀有十二男四女庶長子信廣其次爲信長信長幼字吉法師信秀自居古渡別城那古野置吉法師焉令林通勝平手政秀等傳之甫十三加首服於古渡命名信長字三郎明年信長始將兵入參河攻今川氏屬城吉良大濱縱火而還信長跌蕩喜武事被服奇偉喜帶大刀其出行街市或憑人肩餡餅果傍若無人常調馬習弓銃學泅聚近士令以竹槍鬪曰槍利於長乃造二丈槍及嗣立稱上總介次弟信行稱勘十郎嘗爲信秀設法會信長與信行偕往拜位前觀者甚衆信長先進攫香投鑪內一拜而出信行整容拈香拜伏久之觀者竊譽信行有西海僧在衆中相信長曰此子乃英雄也然信長放縱日甚平手政秀秀諫之政秀之子有名馬信長請之辭弗肯獻信長怒遂惡政秀不聽其言政秀憂懣曰吾受保傳之託而不能匡救焉何以覩息於人間哉二十二年正月政秀遂自殺信長驚惋自咎屏居不出爲建佛院名曰政秀寺忌日必詣輒自矢曰吾徒悔亡益當改過勵行立大功於天下以償前失耳於是益講武事警備鄰國齋藤秀龍以其婦翁欲一見四月會於富田正德寺秀龍豫使將士盛服列坐欲延信長過其前以試其動止也至期秀龍徵行潛道傍民舍以覗信長過信長爲茶茺髻著闕袖穿虎皮袴佩繩綖刀及大瓢健士八百人弓銃朱幹槍各五百從其前後秀龍以爲信長奄野命其行人以草具供之信長至寺入屏風中結髮更衣而出儀容閑雅雖從者皆驚秀龍使其二宰春日堀田出迎信長不與言過羣士前上堂倚柱而坐頃焉秀龍出信長如不見者堀田進曰是山城守也信長乃顧秀龍曰適在道傍民舍中所見者何酷類公也乃接見之秀龍復命具酒饌如儀既畢自送信長者數里既別目送歎之

曰吁乎美濃一國吾終不得不爲之贄幣也信長時年二十先是常祐死於戰其遺臣織田三位阪井大膳河尻左馬等擁常祐子彥五郞與信秀信長搆兵斯波義統者義良孫也居清洲城中竊右信長彥五郞等覺之不自安二十三年七月阪井河尻等襲義統弑之毛利秀高以義統孤兒脫走來那古屋信長奉之於天王坊謂將士曰清洲我宗家也而弑我累世之主不可不誅乃遣柴田勝家等七將攻清洲與三位左馬戰於城外斬之大膳使人乞援於守山城主織田信光信光陰謀之信長信長使佯許之弘治元年四月大膳延信光於城內自與兒大炊來見信光率兵而往及見大炊立拔刀斬之大膳出奔信長馳至圍彥五郞數其弑逆誅之終取清洲徙居焉令信光居那古屋食河東郡已而信光家內變爲其下所害信長以林通勝爲那古屋畱守通勝忠信長標悍與弟光春柴田勝家謀弑之而立信行信長覺之二年五月信長獨與四弟信時卒往那古屋詞之光春耳語通之曰是天幸也宜速行大事通勝不忍信長返砦於名家令佐久間大學守之入月勝家光春各將千騎急攻名冢名冢告急於清洲信長郎率見兵七百赴援使織田造酒丞等當勝家而自與光春戰我兵不利隊將森可成謂信長曰令日之戰我軍克矣信長問何以知之曰光春有驕色信長欲馳可成曰少歘之已而光春愈乘勝縱其麾下兵可成曰可以馳矣信長乃馳擊破之手揮槍縱殺光春遂轉赴務家軍大呼曰我已獲光春矣勿使勝家逸勝家大怖終走歸末盛城信長母六角氏愛信行與之俱居末盛於是六角氏令信行作誓書勝家通勝皆被僭服來謝其罪信長謂通勝曰是吾之罪已吾前背德忤諫使平手自殺汝自今代平手臣我乃遣守那

古屋如故信行仍不悛城龍泉寺欲與岩倉兵合略取東郡令其將都築藏人招聚兵士勝家數諫信行疏斥之永祿元年正月信行饗諸將士不及勝家勝家怒夜來清洲告信行反信長乃稱疾使村井貞勝告六角氏欲讓家於信行六角氏悅告信行信行詣至將入信長臥內信長豫伏力士三人斬之不成信行走出池田信輝要擊於廊下斃之二年四月齋藤秀龍欲廢長子義龍立少子某義龍誘殺少子與秀龍鬬遂弒之信長將兵援秀龍不及還義龍躡之信長自殿而退會岩倉城主遙援義龍以兵三千軍丹原野時我見兵廑八十三騎乃驅清洲市人伐竹爲槍列於軍後敵以爲大兵來也乃退去七月信長與犬山城主織田信清合兵三千攻岩倉岩倉兵出戰於浮野信長令弓銃手橫擊走之追至城下而返信長南行信清北行城兵覘信清兵寡也出尾之信長返援夾擊大破之遂圍城三月拔之於是信長盡取尾張獨智多一郡屬今川氏

帝崩年六十二在位三十一年

明史日本傳於三十六年十月初抵舟山之岑港將吏以爲入寇也陳兵備直乃遣王滶入見宗憲謂我以好來何故陳兵待我滶即毛海峯直養子也宗憲慰勞甚至指心誓無他俄善妙等見副將盧鏜於舟山鏜令擒直以獻語洩直益疑宗憲開諭百方直終

不信曰果爾可遣澂出吾當入見宗憲立遣之直又邀一貴官爲質卽命指揮夏正往直以爲信遂與宗滿清溪偕來宗憲大喜禮接之甚厚令謁巡按御史王本固於杭州本固以屬吏澂等聞大恨支解夏正焚舟登山據岑港堅守逾年新倭大至屢寇浙東三郡其在岑港者徐移之柯梅造新舟出海宗憲不之追十一月賊揚帆南去泊泉州之浯嶼掠同安惠安南安諸縣攻福甯州破福安甯德

籌海圖編嘉靖三十六年二月賊犯營前沙同知熊桴提兵守崇明縣聞警卽馳擊之賊乘風夜遁四月賊攻海門縣應襲百戶俞憲章死之五月賊犯揚州府總兵盧鏜等大敗之賊入海子內爲東兵所敗至灣頭鏜等復擊敗之斬首一百七十餘級賊入寶應縣先是揚州東關及瓜州俱有城堡賊至揚州不得掠乃從高郵

至寶應縣寶應素無城焚掠殆盡賊犯天長縣都指揮田沃把總岳君寵禦戰死之六月副使于德昌參將王元伯劉顯擊泗州賊破之時賊掠泗州爲官兵所敗德昌等會擊之顯身先士卒殺紅衣賊首一人羣倭大亂元伯督兵乘之賊大潰敗追及於舟所水兵復自下應之賊死者無算賊遁出海總兵劉顯敗之於安東千戶汪時中敗賊於廟灣匣子港賊潛遁是年四月浙江賊犯定海關賊舟漂至沈家門副使王詢總兵俞大猷令把總張四維誘降賊五十三人至定海關適別艘賊殺俞憲章恐其中變悉斬之而移兵擊新至者賊敗宵遁十一月賊首汪直款定海關要互市胡宗憲誘擒之汪直擁倭稱降志在互市總督胡宗憲檄總兵盧鏜駐中中所授以成算必欲生致之鏜殫心竭力撫循備至直猶豫未決計無所出宗憲復遣生員方大忠往説之與把總劉朝恩陳

光祖指揮夏正通判吳成器等偕行鏜以城外倭刃森列慮變不肯啟鑰朝恩曰若是是益疑賊也不若以禮諭之以誠招之保無他虞鏜從之朝恩等馳至賊所直見皆單騎伏迎道左大忠反覆開諭直曰公等皆督府親信輕身臨辱直小人也敢不惟命遂聽大忠計見鏜於城中誘致定海而執之夏正以此不得還是年三月福建賊犯省城賊於舊臘自連江洪登陸就據爲巢至是復自流江至小鑁水寨遂犯省城沿城焚掠擄去戰艦二十有奇又焚燬四十餘艘十月賊攻連江縣官兵擊退之賊乃宵遁先是北茭灣原屯倭寇進無所掠乃遁出洋遇新至賊船遂會艘進攻連江官兵以矢石殪其精悍者四人明日分門四進又擊敗之乃夜遁如拱嶼澳出洋

謝顧紀擒獲汪直云汪直者歙人也少落魄有任俠氣及壯多智

略善施與以故人宗信之一時惡少若葉宗滿徐惟學謝和方廷助等皆樂與之遊間嘗相與謀曰中國法度森嚴動輒觸禁孰與海外乎逍遥哉直因問其母汪嫗曰生兒時有異兆否汪嫗曰生汝之夕夢大星入懷傍有峩冠者詫曰此弧矢星也已而大雪草木皆冰直獨心喜曰天星入懷非凡胎草木冰者兵象也天將命我以武勝乎於是遂起邪謀嘉靖十九年時海禁尚弛直與葉宗滿等之廣東造巨艦攜帶硝黄絲綿等違禁物抵日本暹羅西洋等國往來互市者五六年致富不貲島人大信服之稱爲五峯船主則又招聚亡命若徐海陳東葉明等爲之將領傾貲勾引倭酋門多郎次郎四助四郎等爲之部落又有從子王汝賢義子王滶爲之腹心會五島寇爲亂直有宿憾於寇欲藉手以報及以威攝諸島乃請於海防將官而剿之無孑遺者而聲言宣力本朝以要

重賞將官饒米百石直以爲薄大詬投之海中從此怨中國頻入
內地侵盜直又嘗以扁舟泊列表參將俞大猷驅舟師數千圍之
直以火箭突圍去怨中國益深且眇官軍易與也乃更造巨艦聯
舫方一百二十步容二千人木爲城爲樓櫓四門其上可馳馬往
來據居薩摩州之松浦津僭號曰京自稱曰徽王部署官屬咸有
名號控制要害而三十六島之夷皆其指使時時遣夷漢兵十餘
道流劫濱海郡縣延袤數千里咸遭荼毒而福清黃巖昌國臨山
崇德桐鄉諸城皆爲攻墮焚燔廬舍擄掠女子財帛以鉅萬計吏
民死鋒鏑塡溝壑者亦且數十萬計比年如是官軍莫敢攖其鋒
直爲計狡譎每殘破處必詭云某島寇所爲也故東南雖知汪直
之叛而不知受禍之慘皆由直者獨總督胡公宗憲前按兩浙時
見賊進退縱橫皆按兵法知必有主遣無疑先是間使徽州收其

毋妻及子於金華府獄中至是出之豐衣食潔第宅奉之以爲餌下疏請以移諭日本禁戢部夷爲名其實注意伺察汪直也上從之公乃遣甯波生員蔣洲陳可願假市舶提舉名色充正副使以往瀕行公以密計授洲等曰汪直越在口外難與角勝於舟楫之間要須誘而出之使虎失負嵎之勢乃可成擒耳又曰汪直南面稱孤身不履戰陣而時遣偏裨雜種侵軼我邊圉是直常操其逸而以勞疲中國也要須宣布皇靈以攜其黨使窮髮皆知向化則賊之勢自不能容然後導之滅賊立功以保親屬此上策也洲等領計敬諾而行居無何倭酋董二被擒訊道直事甚悉與公所料不爽毫髮中外始曉然知狀於是上以公灼見禍本降璽書褒勞而閫外之事一以委公公得旨規羅益密御史金淛陶承學交章請立賞格有能主設奇謀生擒汪直者封伯爵予萬金部議從之

詔曰可嘉靖三十四年十一月洲等至五島遇王激道以移諭事激曰無爲見國王也此間有徽王者島人所宗令渠傳諭足矣見國王無益也明日直出客館見洲等椎髻左袒旌旗服色擬王者左右簇擁洲等心動坐論鄉曲設酒食相對情款方洽洲等曰總督公遣洲等敬勞足下風波無恙直避席曰直海介逋臣總督公不曳尺纆牽而鞫之而遠勞訊使死罪死罪洲等曰總督公言足下稱雄海曲志亦偉矣而公爲盜賊之行何也直曰總督公之聽誤矣直爲國家驅盜非爲盜者也洲等曰是何言歟足下招聚亡命糾合倭寇殺人剽貨坐分鹵獲而爲之辭曰我非爲盜者是何異於昏夜操罟以臨人之池執之則曰我非盜魚者爲君護魚者也雖三尺童子知其必不然矣直語塞洲等曰總督公統領官軍十萬益以鎭溪麻寮大刺土兵數萬艨艟雲屯戈矛雨注水陸戒

嚴號令齊一而欲以區區小島與之抗衡是何異於螳臂以當車轍也又曰總督公推心置腹任人不疑拔足下壽母令妻於獄中館穀甚厚則公之心事可知矣何不乘機立功以自贖保全妻孥此轉禍爲福之上策也直默然而罷乃挾洲等巡數小島而還而從此風聞外裔隨其頤指者頗小變而叛貫倚直爲淵藪者多有離心直始不安於彼矣初直聞母妻爲戮心甚忿欲犯金華及聞洲等言無恙又竊自喜於是始有渡海之謀日夜集所親信者計之謝和等曰今日之舉未可冒昧以往也當遣我至親爲彼所素信者先往宣力以堅其心待彼不疑然後全師繼進始可以逞直笑曰妙算也遂託宣諭別國爲名留蔣洲在島令葉宗滿王汝賢王滶同陳可願回至甯波詰之皆云宣諭未至時徐海陳東已擁薩摩洲倭過洋入寇矣今汪直歸順先遣葉宗滿等投赴效力

成功之後他無所望惟願進貢開市而已公得報已揣知其計姑從所請疏奏上許之公喜曰寇在掌中矣先是海中倭寇敗沒有零寇百餘據舟山爲亂公遣葉家滿協助官軍勦之盡殲焉公疏上功次犒賞有差王滶笑曰此何足賞若吾父至當取金印如斗大嘉靖三十五年徐海等果擁衆十餘萬寇松江嘉興諸郡甚急聲言欲下杭城取金陵勢張甚公乃謀之王滶等以觀其意滶等初欲小試慇懃故甘心於舟山之寇至於徐海陳東等正其所倚以圖大事者且欲速直來其濟乃辭曰是非吾所能辦須吾父來乃可耳遂留夏正童華邵岳輔王汝賢在軍門自以招直爲名與葉宗滿開洋去是年徐海陳東葉明等以次就擒總督宗憲胡公恐形跡彰露委心留用王汝賢等撫摩若親子然葉宗滿兄弟並加禮遇時時對將吏士民曰汪直非反賊顧崛强不一見我見我

當有處也直聞公意指謂公誠樸可欺欲乘機以全親屬且未知徐海等敗沒以爲縱不如所料亦可與之應援得志而去遂決策渡海先遣蔣洲次遣王滶葉宗滿等率銳卒千餘人執無印表文詐稱豐洲王入貢先泊岑港據形勝分布已定直乃與謝和等慷慨登舟釃酒誓衆曰俞大猷昔嘗破我於列表泊岸時須謹備之公當直未至時已度其有隙豫調俞大猷於金山而以總兵盧鏜代之盧鏜者舊與王滶等從事舟山同飲食撫循倭人備至直坦然不疑惟日聚羣倭礪兵刃伐竹木爲開市計且索母妻子弟求官封時公計已定仍姑列狀上請以安其心上已知直爲釜魚智力俱非胡公敵乃顯詔汪直既稱投順卻挾倭同來以市買爲辭胡宗憲可相機設謀擒剿不許疏虞致墮賊計公奉詔祕而不宣夜馳至甯波府城圖方略密調參將戚繼光張四維等督諸健將

埋伏數帀水陸要害星羅棋列魚鳥莫度乃以夏正等爲死間諭直曰汝欲保全家屬開市求官可以不降而得之乎帶甲陳兵而稱降又誰信汝汝有大兵於此卽往見軍門敢留汝耶況死生有命當死戰亦死降亦死等死耳死戰不若死降降且萬有一生焉直拂然不悅而公與其所親信王滶葉宗滿先遣來見者連牀臥因佯露諸將請戰書十餘篇於几案閒王滶等竊視驚怖夜半公作醉夢中語云吾欲活汝故禁諸將不進兵汝不來休怨我也含胡其辭吐滿牀王滶等漏之於直直始疑之公又使直子澄嚙指血寓直書云軍門數年來恩養我輩惟願汝一見使軍門有辭於朝廷卽許眷屬相聚汝來軍門決不留汝藉令不來能保必勝乎空害一家人耳又使生員方大忠往來游說直猶豫未決公以直執戀岑港已踰五旬察其心神終屬觀望乃開關揚帆示欲進兵

直探知四面兵威甚盛終無脫計且知徐海陳東葉明等敗沒孤立無援因歎曰昔漢高祖見項羽鴻門當王者不死縱胡公誘我其柰我何乃曰部兵無統欲得王滶攝之公知海上諸賊惟直多智習兵久雄異域得人心爲難制其餘皆鼠子輩無足慮諸將亦云以犬易虎不可失也遂遣滶往直乃桀然入定海關詣軍門謁見公時嘉靖三十六年十一月也公就命軍吏執之押付按察司獄乃集三司諸大夫參議曰汪直始以射利之心違明禁而下海繼忘中國之義入番國以爲奸句引倭寇比年攻劫海宇震動東南繹騷雖稱悔禍以來降仍欲挾倭而求市上有干乎國禁下貽毒於生靈惡貫滔天神人共怒問擬斬罪猶有餘辜公具疏上請得旨斬直於市梟示海濱妻子給功臣之家爲奴王汝賢葉宗滿俱從末減邊遠充軍王滶出洋爲颶風所覆其餘從賊魚散鳥驚

奔聚山谷公親督官兵埽除黨與皆絕嘉靖三十九年二月兵部
始以封賞之議上請詔曰大憝既除海氛已靖部議報謝徐徐可
也胡宗憲可太子太保都察院左都御史兼兵部左侍郎廕一子
錦衣衛副千戶其餘有功者陞賞有差

日本源流考卷十五終

日本源流考卷十六

長沙王先謙益吾撰

正親町天皇

和漢年契正親町天皇諱方仁後奈良之皇子日本國志母吉德門院藤原氏

戊午三十七永祿元年日本外史九足利氏下三年帝崩太子立是爲正親町天皇永祿元年五月義輝晴元陣阪下出兵北白川與長慶兵戰將士死者百餘人六角義賢來援復講和十一月義輝歸京師長慶入謁因晴元於芥川城踰歲卒氏綱在淀城後五歲卒當是時細川上杉二家俱瀕衰亡而三好氏長尾氏代之並興○日本外史十八德川氏二十二年水野忠政卒子信元叛附織田氏參河守今川氏之意與之絕婚再娶戶田憲光女十三年八月出雲守卒織田信秀遺族敏宗攻安祥敗去信秀自將代攻拔之佐崎城主松平忠倫叛降爲信秀守上輪田以逼岡崎十四年參河守自將擊尾張兵於清畷走之追至安祥與城兵戰大敗殆不免本多忠豐止戰死之參河守得脫取忠豐金扇馬表置之牙營以旌其忠松平信定子清定據上野叛初酒井正親兄忠尚譏人而不遂慙而退居於是往歸清定參河守攻之不利十五年三月近臣岩松八彌酗入公寢爲逆不成參河守

拔刀逐之八彌走出植村榮安入遇之橋上相搏墮濠松平信孝提槍來臨濠日子縱之我刺之榮安曰縱則逸併我刺之信孝猶豫榮安遂斬八彌九月參河守自將攻上野大久保忠俊姪兒忠世力戰清定忠尙皆降置清定於櫻井令忠尙守上野時松平信孝負功橫肆親戚死者輒幷其邑衆謂復生一信定無十六年正月信孝如駿河衆請乘其不在收其邑從之信孝至矣所歸訴之今川氏今川氏詰參河將士將士告故信孝乃走輪田依松平忠倫終降織田氏酒井忠尙復叛應之九月我兵攻信孝戰於亘邑鳥居忠宗死之以亘賜忠宗父忠吉忠吉與世祖忠景與栗生顯友者事新田義貞及敗共匿於亘至忠吉八栗生某俱出仕岡崎公栗生後爲大番頭十月忠倫將導尾張兵取岡崎參河守遣刺客殺之織田信廣代守輪田益築六砦參河守乞援於今川義元義元徵質子乃以世子竹千代應之生六年矣與諸將士質五十餘人東赴駿河外舅戶田光憲陰適款尾張伴以好迎館於觀潮阪馳使告尾張日公欲取參河則莫若奪是質信秀大喜遣其將林正成等赴田原以錢五百貫賜憲光岡崎人森平太者爲正成部卒潛來我館戒日戶田氏以郎君爲奇貨公等未之知平因告以故我衆不信旦日憲光來說曰此至駿河多大川雨而暴漲不若由海路也衆從之護世子上船正成乘別船從其後轉柁至熱田岸上有兵與從船相招天野康景猶幼在世子傍覺變乃謂其僕曰平太之言信矣比上岸汝亟混敵兵走歸岡崎具白所見已而上岸正成納世子於大宮司康景僕走歸告故上下大驚康景之先亦新田氏遺臣也已而信秀使至曰貴息在西公宜背東鄉西不則非貴息利參河守荅日欲殺郎殺吾曷以一子故失信鄰

國哉信秀怒錮世子於天王坊備其艱苦生母水野氏再嫁於尾張人久松俊勝與熱田近遣家士平野某竹內某存問之給以衣物十七年三月今川義元將兵來援至安祥參河守并其前軍擊尾張兵於小豆坂走之酒井正親獲敵將鳴海大學而織田信廣猶留守安祥四月松平信孝來攻岡崎大久保忠俊酒井正親等伏兵射殺之參河守泣曰盡生致之是月復擊破尾張兵於重原遂攻八草梅坪信秀自將來至西野我兵堅壁不出信秀侮之進攻柳河我兵設伏兩射長坂信政先馳之信秀大敗走信政素以勇著岡崎公嘗日長坂每戰血於鎗因呼日長坂血槍十八年三月參河守卒年二十四訃至熱田世子哀慕如成人參河守性猜忌將士不親及卒聚議或日與尾張和速迎世子或日駿河強大宜修舊好徐計迎之議未決今川義元聞我喪日織田氏擁孤兒臨參河參河必附之急遣其將朝比奈泰能來守岡崎將士乃附駿河攻安祥不利本多忠豐子忠高死之十一月義元益發兵使僧大原助攻安祥時信秀已沒子信長嗣發兵會戰遇伏敗走城兵出救我兵與援軍夾擊破之追北取其郛信廣麾嬰內城信長至鳴海不敢進大原遣使謂之日公坐視信廣盍以竹千代易之信長不許林正成平手正秀皆諫乃許之於是尾張駿河會盟於笠寺信廣西歸而嗣君得歸岡崎居十餘日往質於駿河酒井重忠天野康景平岩親吉阿部正次高力淸長植村榮政等二十餘人養卒百餘人從之義元置之於宮崎使來島某監焉遣其兵守參河諸城以松平重吉鳥居忠吉監租賦輸之於駿河諭將士日竹千代猶幼吾當權領國務族其長返子自是每有兵戰驅參河人爲先鋒平時命以賤役將士不敢辭勞獨願嗣君早還國嗣君

在宮崎供給甚薄衣食不足烏居忠吉家素富常送錢帛又遺其
次子元忠侍之二十年嗣君甫十歲五月五日出遊安倍河原觀
兒童石戰一羣百五十人一羣倍之觀者爭就其衆者嗣君在僕
背命就其寡者僕怪問故嗣君曰衆者自恃其衆寡者自知其寡
寡者勝矣果如其言義元聞之曰所謂將門出將者也二十三年
嗣君始擐甲弘治元年義元出兵尾張攻蟹江松平眞乘大久保
忠俊等七人力戰二十年正月嗣君加元服義元爲賓使其族將
關口親永理髮命名元信稱次郎三郎妻以親永女參河將士來
賀或獻駿馬乃納諸將軍足利義輝賜手書及佩刀僧大原養元
庶父爲淸見寺主而數將兵嗣君從讀書史受兵法焉二月松平
義春代嗣君統師攻奧平貞延於日近死之嗣君聞之濺淚歎惜
左右感動義元又城福釜使酒井忠次等八將守之尾張將柴田
勝家來攻大久保忠世弟忠佐等善戰幾得勝家是歲嗣君年十
六從容謂義元曰僕幼離國流寓尾張駿河有年於是矣願得一
歸鄉里拜埽先人墳墓也義元許之於是始歸岡崎參河父老聞
而大喜爭出迎之駿河將山田某在內城嗣君避之入外城以延
見將士烏居忠吉離次進握嗣君手曰臣老矣不能效驅馳特爲
郎君留倉廩峙糧食郎君以此多養兵士揚武四方臣或保餘年
猶得親目之因嗚咽而泣嗣君亦泣嗣君於是更名元康稱藏人
三年春復如駿河永祿元年義元謂嗣君曰西參河公舊領也而
其諸城多叛歸信長子盍擊而復之嗣君曰固所願也二月歸岡
崎盡會宗族將士議戰先攻寺部縱火外郭城將鈴木重敎出戰
不決本多重次先登其一子二弟皆死嗣君勵衆奮前擊走乘勝
斬首百餘級遂攻廣瀨信長遣其將津田兵庫來救大久保忠世

與鬪斬之石川清兼說曰郎君始臨陣兩戰兩勝斯已多矣宜全勝養威也乃凱旋岡崎使松平家次守品野三月尾張兵攻之家次夜襲擊獲五十餘人來獻後松平信一代守又襲敗敵兵四月嗣君復如駿河義元遺佩刀賀捷納山中邑三百貫是冬本多廣孝石川清兼大野景隆往請義元曰小主人漸長願如約義元諾而未果

明史日本傳明年四月遂圍福州經月不解福清永福諸城皆被攻燬蔓延於興化奔突於漳州其患盡移於福建而湖廣閒亦紛紛以倭警聞矣

籌海圖編汪直既就擒毛烈等欲爲之報仇不肯還島而據岑港分道出掠官兵屢攻之不克都指揮戴沖霄等擒汪直謝和餘黨頭目陳秀山等陳秀山王信郭喬恕等直部下酉項松吳九等十五名和部下酉也賊攻樂清縣城賊舟入石馬港者甚眾即進縣城副使袁祖庚參將張鈇逐之至和尙嶴與太平流寇合兵凡五千餘人三月百戶秦杭與賊戰於梁灣死之四月指揮劉茂朱廷

鎗千戶周賓百戶李爵劉源與賊戰於白巖塘死之致仕僉事王德與賊戰於龍灣死之良醫王沛與賊戰於梅頭嶺死之賊攻台州府賊艘二十餘入臨海島朱門刦松門寨寇台州象山桃渚又有繼至之賊與合爲一進攻府城僉事李三畏知府譚綸率兵勦之追至隘頑所海濱大敗之溫州賊過太平縣典史葉宗與戰死之倭寇分攻象山寧海仙居諸縣倭船數十八泊石馬林港分攻諸縣自三月至五月終爲參將戚繼光敗走賊攻溫州府官兵討平之時台州賊復合樂清賊攻溫州府總督胡宗憲遣參將戚繼光追擊之及於盤石館大敗之賊遁出港參將張鈇預奉宗憲方略艤舟師江濱以待斬首百餘級焚其舟數十艘賊死者無算先是賊分二支攻刦諸縣知府譚綸悉擒斬之戚繼光又追及於海洋賊遂全滅六月賊犯觀海衛百戶原缺與戰死之犯昌國衛八

月官兵進剿舟山賊巢平之十月賊犯磚頭北塔守備楊篔與戰死之是年二月福建賊犯省城三月賊犯福寧州巡撫都御史阮鶚會兵擊敗之時賊屢入寇鶚徵兵會剿遇之於福寧大戰於連江等處至福清海口皆募土著應敵連戰大破之四月賊入安海城官兵追擊大敗之賊入城居民拒之不得掠僉事盛唐參將黎鵬舉等分兵逐之賊遁至唐店官兵連戰皆捷至水涵賊遁出海水兵又擊敗之沈其二舟陷福清縣舉人陳見與戰死之賊犯閩安鎮爲參將尹鳳所敗進攻福清據門外山頭用礮乘高擊壞雉堞城遂陷見率家僮禦賊不克與訓導鄔中涵俱罵賊死攻興化府賊自福清進攻府城越翌日不退廣兵及鳥銃手殞其乘馬衣紅賊首一人從賊四十餘人各兵出城追之賊遂敗走攻惠安縣賊自興化爲官兵敵退遂至惠安攻城有自水涵潛入者官兵覺

而殺之於是連攻五晝夜皆被官兵敵敗賊死者百餘人乃遁官兵截之於洛陽橋又大勝之斬首五十有奇五月賊攻泉州府賊復门惠安進犯府城巡按御史樊獻科自督兵敵退之入南安縣縣故無城知縣徐光裕統民兵禦之遂被突入時民已遷避賊無所掠官兵追擊之乃遁往晉江海邊擄船出海而去參將尹鳳引師擊之沉其舟七斬首六十餘級生擒七人餘衆遁去鳳追擊至東洛外洋復敗之銃傷及溺死者甚衆攻崇武所賊別艘之新到者攻所城凡五日而後突犯惠安知縣林咸與戰死之賊自崇武分突惠安永寧等地方咸乘城禦之攻五晝夜不克乃引去咸率兵追擊乘勝逐北陷伏而死官兵繼至擊敗賊衆賊乃退遁分犯同安長樂漳泉諸郡縣攻鎮東衛城提督都御史王詢遣兵追擊大敗之賊三千餘人自松下突入海口澳登陸攻衛城者二日益

以新至賊千餘合勢來攻城幾不守時閩中南北海洋皆賊惟此賊獨劇且逼近會城陸走合艘勢益滋蔓詗乃多方集兵設伏扼險翦其零黨伺惰合攻仍密令水兵布於海外賊勢窮蹙乃遁出洋水兵乘勝逐之沈二十餘艘斬首四百餘級賊首洪澤珍引倭入寇澤珍故通番逆賊積年啟釁引倭內侵至是復引倭泊舊浯嶼盤據爲巢是年正月廣東倭犯揭陽入蓬州所官兵擊敗之先是壬子歲倭寇初犯漳泉僅二百人其間眞倭甚寡皆閩浙通番之徒髡頭以從至是船十三艘賊八百人自漳泉犯揭陽縣適蓬州千戶所城崩賊遂擁入殺千戶魏岳高洪百戶李日芳等提督都御史王鈁遣副使林懋舉僉事經彥宋參將鍾坤秀知府李春芳等官兵擊敗之斬首一百七十餘顆是戰也鄉夫之功居多焉十月甲子倭賊自漳州如饒平攻黃岡民鎮據其城官兵擊敗之

僉事經彥宷等大敗賊衆俘斬一百四十六名顆

（謝顧紀舟山之捷云）嘉靖戊午春二月總督侍郎胡公宗憲擒獲元兇汪直其餘黨泊舟山之岑港倚險立柵勢甚猖獗公命把總汪錦指揮甘述宗等進泊港口之南都指揮李涇指揮張天杰等泊港口之北總兵俞大猷等以福船弁叭喇烏艚八槳串網船往來策應指揮周官土官彭志顯領大剌土兵由中路小河嶺入指揮楊伯喬唐鎣土官張缺領鎮溪麻寮兵由右路碇磡入參將戚繼光率部兵由左路小嶺入而指揮楊永昌盧錡鮑尙瑾方昇通判吳成器等分道策應參政王詢劉燾副使陳元珂則監督之約期水陸並進直抵賊巢時都指揮戴沖霄先用火攻殺傷頗多公許全捷俱准首功禁取級以妨前進我兵蹂屍而進賊大敗奔舟忽港側礮聲大震復擁衆登陸鈔後死戰我兵後哨稍卻前鋒四

擊橫衝賊乃斂營固守公以番僧德陽稱貢而來賊腸為聲援可計而離也乃潛縱之令吳成器遣諜持信票數百入巢散其脅從由是賊勢日孤而守益堅公又檄諸將曰賊所以負固死鬭者益春汛已及計有新倭可爲應援若哨擊稍疏必流突與合矣此非小利害也其督舟帥預爲哨探之計無何果有倭船泊普陀小道頭參將張四維推官查光述等督兵且戰且逐至烏沙門外洋賊遂潰敗俘斬四十餘級賊走登烏沙懸山即朱家尖山也公策此賊與岑港之寇相距不遠陸路必由碇礵水路必由響嶕門乃檄諸將穀伏以待已而賊果由二處奔沈家門與岑港合艘公不得已親涖定海分遣將領各與信地福船由岑港南口廣船由岑港北口宣撫田世爵都指揮何本源等兵由馬嶴至張礵一由（缺字）寺嶺至三官堂一由小嶺至聚水塘進而以陳元珂張四維往來

監督又遣奇兵由天童逕擣賊船仍近賊巢半里許列一老營以劉燾居中調度參政胡堯臣防守所城督發糧餉剋期大舉時賊依山阻水列柵自衛火器頗多我兵陷陣先登者間多被害復檄諸將從中逼壘而陣且示以哨伏應援之規更番迭戰以耗其火藥折其銳氣又令番僧輩招之私語賊遂互相猜疑至持刀自擊我兵乘隙進攻賊衆大亂夜分縱火焚其舟死者無算餘各奔歸巢穴我兵躡之斬柵而入斬馘百餘級賊復奔柯梅嶺我兵追之火其巢廠賊勢窘甚遁出濉口張四維與指揮朱尚禮等舟師追至俞山外洋見賊連艘而行遂以兵船潛伏山下而以小艇誘之賊果逐利來追伏兵大起夾擊之犁沉四舟擒其渠魁汪印山陳禮等斬首九十餘級溺死者不計汪直之黨至是盡矣是捷也五哨之布公有成算而俞大猷等參錯不進沈家門合蹤公料敵如

神而諸將不先事追擊至盧定海之役非公淵度圓機小挫不折
能因敗爲勝且奈何哉嗚呼於是見公之心獨苦矣

廣東通志嘉靖三十七年正月壬午倭寇自漳泉入揭陽劫掠官
軍擊敗之復攻劫饒平破黃岡民鎭提督都御史王鈁至潮州調
集漢達狼兵打手鄉夫副使林懋舉等參將鍾坤秀等帥師大敗
其衆俘馘無算倭寇退走先是嘉靖壬子倭寇初犯漳泉僅二百
人眞倭十之一餘皆閩浙通番之徒翦頂椎髻以從之然髮根不
斷與眞倭自別且戰雖同行退各病食此其異也徽人汪直號五
峯者始爲倭經紀後統率往浙破黃巖尙書黃綰家以報私怨遂
至寧紹蘇松大掠焚殺甚慘總制集湖貴鉤刀手及廣州打手擊
敗之直遂就擒其黨毛老許老等遁入舟山至是犯潮州大船一
十三艘其徒八百餘人皆漳州溫紹產也突入揭陽縣大家井村

劫財殺人房屋盡燬至蓬州千戶所從崩城擁入城中殺死百戶
李日芳等報至海道副使林懋舉先往潮州提督御史王紡調集
漢達狼兵并募廣州新會順德打手未至知府李春芳預集鄉夫
禦之及僉事經彥寀參將鍾坤秀統督官兵至共擒斬眞倭從倭
一百七十名顆鄉夫之功居多狼兵沿途恣肆官目不能制禦徒
張聲勢而已十月甲子倭賊三百餘自焚其舟登岸攻劫磚頭北
塔等村大肆焚掠守備指揮楊籃被殺凡官軍斬獲必奪其屍去
不得杙功籃因杙功致死報聞廣城戒嚴三司往請軍門移鎭已
而寇集海豐縣潭衝土賊從倭行劫洋尾四村焚掠男婦死者數
千人哭聲徧野懋舉彥寀多方禦之民恃以無恐已而倭酋率衆
千餘自漳州突入饒平縣攻劫黃岡民鎭破其城入居之彥寀坤
秀及春芳率鄉夫與官兵併力擒斬百四十六名顆三十八年二

月適軍門駐潮州軍威大震肇慶府同知呂天恩與監督協謀沿
海鄉夫皆賈勇擒斬益多寇自饒平開道趨揭陽縣圍其城彥宷
以兵救之寇皆敗走南洋灣鄉夫尤勇斬倭酋金盔甲者一人其
眾大敗俘馘無數會彥宷報罷僉事殷從儉代之制禦乘勝每戰
皆捷黄岡鎮團聚者悉出遁走還閩於是軍門遂歸蒼梧奏以坤
秀統師守之
籌海圖編四月賊舟爲颶風所擊登三片沙總兵盧鏜與把總楊
尚英迎擊之沉其三舟俘斬二百餘既而欲突入内地爲官兵所
截遁過三沙鏜等復攻敗之總督胡宗憲恐其滋蔓檄副使熊桴
副總兵劉顯與鏜協攻之通政唐順之適至乃帥官兵渡海而東
與賊相持者月餘官兵屢進撓之賊屢敗舟盡燬賊窮蹙死拒值
提督御史陳錠告病而去兵餉不繼遂輟圍而西與胡議復遣兵

往擊且檄沿海嚴爲之備賊造小舟數十艘乘風雨從北面遁往
江北官兵追之弗及賊犯如皋縣官兵擊敗之時賊新至官兵迎
擊之首挫其鋒斬首一百六十有奇賊犯通州海門縣副總兵鄧
城禦之敗績時狼山新設舟師總兵兵器未備所募浙兵多未經
戰倭突泊海門縣楊樹港城率兵禦之戰敗賊犯丁堰千戶王艮
呂忠戰沒參將巨陞等擊卻之賊據丁堰陞從河北縱火焚之邊
兵衝入賊營毛葫蘆兵復從南出首尾夾擊敗之斬其金盔賊首
一人賊犯盧家場千戶汪時中擊卻之賊從大河口呂四場登者
以千計據盧家場時中與把總張大義合兵圍之大義意欲困之
且待諸兵齊至然後進擊時中奮然曰我等既受委任坐視賊之
肆虐民之荼毒而不肯前何也大義固阻之遂與有隙時中單騎
提雙刀突入賊營斬賊數人賊大驚異相顧錯愕莫敢誰何似有

歎羨其勇而欲收用之意時中繞賊營後賊追之部兵往救復還奮擊賊大敗走爲之喪氣官兵進搗廟灣賊巢大破之提督御史李遂親提大兵馳淮安馬邏閘約與諸將夾擊賊於廟灣賊覘知之分其衆一由西亭一由白浦丁堰以牽制我師公令副使劉景韶邀擊巨陞專擊二處賊而親赴淮安以當大敵會總督侍郎胡宗憲視軍通政唐順之亦提靑沂兵至相與合勢部分軍伍以待比賊至見兵勢甚盛相顧驚愕盡銳衝我左哨公揮兵四面圍擊俘斬賊八百有奇焚溺死者不可勝計賊奔守廟灣遂督諸將搗巢分番進攻斬級一百五十有奇賊乘風雨宵遁賊掠海濱守備楊縉擊滅之閩賊爲颶風飄至劫掠海濱提督李遂令縉擊滅之斬其酋長八大王孟得山賊入拼茶場守備楊縉陳忠等擊敗之賊由七星港焚舟登岸突入縉等率兵尾擊之連戰皆捷斬首三

百有奇參將胡宗義與賊戰於海安兵潰千戶趙世勳鎮撫韓引死之時海安故有毛葫蘆營毛兵素貪宗義新任無紀律毛兵爲賊所餌而敗官兵皆潰世勳與引沒於陣六月副使劉景韶擊賊於劉莊場等處盡殲之時景韶奉提督都御史李遂檄率邊兵逐賊於劉莊場賊大敗奔張家莊官兵圍之因縱火攻焉賊奔新淵官兵復追敗之俘斬盡絕約三百五十有奇其別支之在曹家莊者亦爲景韶所敗奔潘家莊景韶復斬絕之七月副使劉景韶參將丘陞擊賊於舊場連戰皆敗之三沙遁至之賊也既而賊遁仲家莊官兵圍之是夜漏下三鼓賊乘雨潰圍而走官兵復追擊敗之斬首三百餘級賊遁七皁洪八月參將丘陞與賊戰於七皁洪死之副總兵劉顯曹克新等敗賊於白駒場賊既爲副使劉景韶所敗遁白駒場官兵圍之四面逸出復爲官兵敵退回守其巢顯

身先陷陣賊死者百餘人乘夜遁大海沙洲顯復陷陣攻敗之賊潰走走則陷沙塗中官兵又擊敗之俘斬千餘賊沿海北遁官兵追及於七阜洪斬首九十四級又及之茅花墩斬首一百七十餘級賊奔唐家渫復登岸掠食鄉兵追兵競逐之斬首一百四十餘級賊遁出瞭角觜副使熊桴總兵盧鏜擊敗之賊爲劉顯等所窘將遁出海總督胡宗憲預檄蘇松兵備副使熊桴率舟師設伏海上至是賊逸桴率官兵邀擊大敗之總兵盧鏜又追擊敗之

（籌海圖編）是年三月浙江賊巢象山何家礪副使譚綸討平之賊自何家礪登犯者三百餘人據險爲巢樹木營以自固總督胡宗憲檄副使譚綸勦之綸與總兵俞大猷計曰候者報賊甚多而今登犯者止於三百其嘗我乎乃令大猷率舟師備之於海而自率陸兵往禦之至定海郎欲進兵將士請曰兵士遠來乞休三日而

戰綸曰賊數不過三百久掠不去者蓋謂我無兵耳今聞大兵四集不走且嚴爲備宜出其不意急擊之進兵至馬岡賊繼至者五百人自金井頭而來至近綸卽移兵先擊之前鋒既接綸分兵從中衝之賊遂大敗追至落頭斬級以百計賊避入山中竟宵遁焉翌日綸率兵進搗何家礶賊巢賊殊死戰綸遣奇兵從間道出賊後擊破之賊潰入舟中因縱火焚之俘斬略盡賊攻桃渚所攻楚門所賊千餘人自泥湖嶕而來賊犯樂清縣參將張鈇迎擊之遇伏敗績千戶胡鳳朱璠胡珊百戶姚憲等死之賊自梅嶴登劫次日至窑嶴鈇迎擊敗之乘勝進攻賊伏麥田中官兵入其伏遂潰鳳等力戰俱死焉賊犯定海縣把總陳其可與戰敗績千戶蔡啟元死之賊自乍家洋入犯爲參將戚繼光所敗至奉化之蔣家浦副使譚綸遣其可擊之其可違綸節制乘勝逐北至江口橋爲賊

所乘遂潰敗啟元死焉賊攻松門衛賊攻夏公壘入犯郎日攻衛城郎柵浦賈子爲巢皆去衛不過數里四月賊犯樂清縣賊自石馬港入者二十餘人參將張鈇射死其酋二人賊驚潰奔遁桃渚圍解時賊攻所城甚急幾至陷沒總督胡宗憲檄副使譚綸往應之綸至入所城與參將戚繼光合攻之俘斬頗衆賊遁菖埠依山爲固官兵又進攻之復大捷賊遂併入柵浦賊巢參將張鈇敗賊於白沙嶺賊自松海登陸及太平遁至之寇合艘至白沙嶺鈇預設伏以待賊至入伏正兵方合伏兵繼起大敗之賊遁出海去五月柵浦賊夜襲松門衛城副使譚綸等擊破之綸既破桃渚之賊郎回軍向松門擊柵浦賊既入衛城以守城賊久而疲且風雨晝瞑恐賊乘官兵初至來攻城乃令諸偏裨悉軍通衢以備巷戰而令戚繼光軍分配城守諸偏裨皆竊笑之夜漏下四鼓果有賊數

百襲西門先登者且三十輩殺城卒火城館守者紛紛墮城走章
延虞陳其可督兵大戰斬數賊賊乃退潛爲遁計綸與繼光尾賊
後計賊必出金清閘鑿二舟塞之賊果至起塞時綸駐新河所城
偃旗示弱詐爲新河老人遺書於賊約餽千緡令勿攻城賊信之
乃不起塞明日繼光軍出壁牛橋誘賊賊果悉衆往綸盡卒銳兵
出南門復遣人掖賊伏悉走之賊依舟以拒官兵攻之沉其二舟
賊大敗奔陸復大敗乃棄輜重越南岸官兵追之及於南灣嶺賊
復據濱海高山分五部以拒官兵蔡汝蘭等進擣其巢先令奇兵
閒道奪其巓以扼其背張左右翼以貫其中遊兵復四面環攻之
賊遂大敗斬首三百餘級生擒數百人賊潰圍奔樂清黃華擄舟
出海而去副使劉存德參將張鈇進擣海遊賊巢平之先是存德
鈇令把總任錦等設伏石所莊港口而自督兵進勦之賊知大兵

將至卽遁出洋伏兵擊敗之追至貓頭洋又敗之追至靑門洋又敗之沈其舟數十俘斬數百餘人賊改屯海游官兵進擣其巢盡殲之九月福寧賊流至桐山指揮盧鏜等敗之賊掠福建而去爲颶風所擊復至桐山鏜與梅魁鄭應麟等擣其巢預遣人伏賊巢中約被擄人爲內應而令指揮李光佐典史黎喬伏水北策應之夜二鼓賊巢火起官兵乘亂夾攻賊大敗奔前岐官兵復追及之斬首一百三十餘級十一月賊遁往福建指揮盧鏜等復大敗之鏜等知賊將遁設伏秦順港口伺之賊至邀擊大敗之官兵追至同坑適仙居知縣復益以坑兵來會前後夾擊復大捷俘斬二百有奇十二月汪直伏誅初直自列表之敗而之日本也居五島之松浦僭號徽王頻歲入寇皆直之謀其黨承奉方略輒以倭人藉口故海上之寇概以倭子目之而不知其爲直遣也胡宗憲時爲

巡按御史首發其奸人初未之信及賊首董二老被擒譯供與胡所料不爽毫髮人始服其明鑒御史陶成學金淛等交章論曰方今總督大臣調集大兵剋期勦賊兵將非不銳也斬獲非不多也而四面之侵擾愈甚者何也蓋以逆賊之名未正則討賊之義未明討賊之義未明則人心之從違靡定但彼逆之爲計也狡爲謀也祕是以東南士民雖疑爲汪直主使而莫可致詰今乞皇上敕下該部會議明揭黃榜正逆賊之罪以明討賊大義率眾入寇助惡煽虐者乃汪直之羽翼爪牙也必誅無赦又曰兵威雖振而禍本不拔亂終未已即如汪直搆亂二十餘年潛形遁跡莫能誰何煽禍連歲此非所謂大奸惡者乎苟欲制其死命在懸非常爵賞見今賞格固亦非輕然爵未及侯伯賞未及萬金人誰樂爲我用以建非常之功哉臣愚以爲宜敕督撫及各有司等官募有能善

設謀計俘馘賊首汪直者成功之日封拜侯伯其餘量功大小授以都指揮千百戶等官俱與世襲命旣下胡宗憲與督察侍郎趙文華謀曰汪直遠在松浦居室匱從僭擬王者且不自來其孰能擒之不若以宣諭爲名遣人用閒用餌以句致之禍本塞矣於是交章論列大意欲宣諭日本國王令其禁戢島寇以絶亂階上從之由是遣寧波生員陳可願蔣洲充市舶提舉以行時胡已爲總督矣指授可願等方略期必生致之可願等至松浦見汪直如胡指直方欲肆志中華以官兵防之嚴未有計得可願語大悅先遣義子毛海峯來探胡意胡知其謀因厚撫之海峯還報直益感悅率諸倭來求互市宗憲預遣總兵參將等官水陸暗伏無慮數萬計直至舟山泊列港固已入彀中而不自知矣然胡猶以困獸死鬭爲慮陽許題請開互市授直官爵俾專主海上艘而陰遣人誘

之入見直初猶豫未決胡令諜入賊中攜貳其黨其黨稍稍思變直不得已始入見於定海遂執之歸杭州直既就擒黨與無主圖脫走輒爲兵船所迫不得去久之因颶風起意我兵之不防也突走海中輒爲颶風所擊無有存者而汪直之黨盡滅矣既而宗憲列狀上請得旨卽杭州市曹斬之傳首京師東南二十餘年積寇至是乃絶自後海船失發縱指示之人始灰入寇之念間有至者輒爲官兵所破若摧枯拉朽矣是年三月福建賊攻福寧州不克遂陷福安縣賊攻州城者凡五晝夜分守參議顧珅督兵固守賊計無所施乃退往福安適淋雨城崩知縣李尙德恐難堅守督兵出城迎擊賊屯城北山上窺見守堞兵少遂分艘擁入四月參將梁鵬舉大敗倭賊於屏風嶼海洋鵬舉與指揮盧鼎臣攻賊於屏風嶼鎭下門及三沙海洋沈其四舟擒斬一百五十有奇燒溺死

者無算時賊乘汎突至未得登刧我兵邀擊外洋擒斬頗多賊皆望風遁去五月賊首嚴山老等遁出海洋參將王麟等追擊大敗之山老連年引倭入寇分艘四掠麟等兵船暗伏海上賊由祥芝石湖南潯出海者麟追敗之於大岞島垙自峯頭灣出海者都指揮唐修澄追敗之於野馬外洋自閩安洪塘出海者參將尹鳳備倭張僑追敗之於梅花外洋山老就擒賊舟沈者七十八艘死者數千人而洪澤珍之徒亦自燬其巢遁去十二月官兵會擊上逕之賊大敗之先是賊徒四千餘人自海壇山登犯副使張情參將曾清督兵勦逐屢挫其鋒賊乃移屯上逕蔓延日久提督都御史王詢巡按御史樊獻科令僉事萬民英參將王麟把總朱先等期朔旦擣巢至期官兵夾擊之賊遂大敗死者八百餘人燬其巢死者復千餘人是年二月廣東寇圍揭陽官兵大破之時倭船入寇

軍門駐潮州遣肇慶同知呂天恩與僉事經彥宷率鄉兵合擊之斬獲甚多寇復趨揭陽圍縣城彥宷率師救之鄉夫斬金甲賊酋一人賊大敗走俘馘無算會彥宷報罷僉事殷從儉代之乘勝逐北賊望風而靡黃岡鎮賊亦遁去十一月庚午賊攻海門所官兵擊敗之走犯潮陽復破之先是賊在福建之平和縣與潮平黃岡鎮隔界而壘至是賊首許老等三百餘賊引倭千餘自扃門登陸攻海門所官兵擊之賊死甚眾壬申南丹土目莫善等追賊與指揮孫敏擊敗之賊遁還平和丙子許老等犯潮陽縣丞范南卿等率兵擊走之賊由分水關扼黃岡鎮城通判翁夢鯉指揮李榮知縣熊炅林叢槐率兵捕之己卯賊至南洋灣指揮馮頁佐統目兵黃眞黃善分爲二哨千戶黃昇等統募兵打手爲一哨南洋三灣諸鄉兵又協助之大破其眾賊奔聚闢望港口甲午賊出揭陽蓬

州都外沙村焚掠皆爲我兵所敗十二月己亥賊寇隴外莆都辛丑賊自平和營於赤寮村揭陽棉湖寨丁未新賊自福建雲霄突入黃岡戊申關望賊出掠彩塘甲寅新賊與關望賊合艘出掠甲子棉湖賊突往蘆清官兵連戰皆破之俘斬一百八十有奇

江南經略　崇明縣是年四月倭船突至三爿沙劉家港官兵擊敗之賊屯三沙先是兵船憚於出洋潛泊內港賊至多不知偵其滿載而去則襲以爲功翰林唐順之毗陵人也免官家食洞燭情僞每蹙額歎曰痛哉鄉民橫罹塗炭如臠子肉惜無能弔之至是言官交薦爲職方主事奉璽書視軍情至吳密查歷年飛報凡寇賊登劫地方月日與官兵禦備咸編手鏡買民船微行至海上各官兵見之大驚公詰之曰朝廷命吾查究功罪爾曹縱賊殘破郡邑死不可逭衆譁然辨公曰某賊於某月日登某岸乃某之信地也

不然飛報奚是汝名乎某嘗戰而不勝限於力可恕也某未嘗戰
某未嘗策應也案卷可徵爾何得欺我衆相顧語塞叩首不已公
問何以自釋衆請立功公曰不然我乃督戰官也爾曹但知畏我
臨陣稽考夫豈畏我平日之稽考乎須各具死罪招由用印而藏
之我方貸汝衆從之公施不測之術或由江陰出江收劉家河收
吳淞江或由劉家河吳淞江出海收乍浦收楊舍收鼈子門收定
海驚風怒濤隆冬月黑人不敢行而公獨絡繹於溟渤中鬪擒將
官之潛泊者治之以偶避風對公應之曰或我至不知寇至寧知
之乎叱左右縛送軍門諸將號泣而籲公杖之百取其再犯連坐
甘結黏連於招由自是將官兢兢焉常哨海中遥望風帆輒疑公
至整搠齊截不敢懈四月初九日倭船突至三片沙總兵盧鏜與
把總楊尚英迎擊之沉其三艘俘斬二百五十餘級既而衝劉家

港官兵拒之頗有斬獲賊不得入歎曰不意中國之嚴備若此麥
無益矣且苟延以圖歸乎遂如三沙兵部職方主事唐順之兵備
副使熊桴督總兵官盧鏜副總兵劉顯等兵大困賊於三沙總督
大司馬胡宗憲檄兵備副使熊桴副總兵盧鏜協剿三沙之賊時
淮揚之寇未靖亦唐順之督視地方也唐與提督都御史李遂討
賊欲聞三沙之報卽趨而南白儀部伯倫止之曰士論多疑公避
難殆南不可公曰江北賊勢摧敗又已搶船包裹不擒卽走矣我
之去江北而走江南乃去易就難非避難也公至太倉各官兵猶
豫不進公曰我兵若不渡海滅賊賊必渡海衝我內地勢不兩立
也乃要提督都御史陳錠親征之陳曰公請先往留我治兵餉接
濟公乃督總兵盧鏜等以行密與熊桴計造木城每扇高廣七尺
四人舁之四人持銃箭二人執刀隨之連比而進遇蘆葦處先從

木櫺中發銃箭驅走伏賊刀手從城足刈蘆葦仆踐行而前復發銃箭如初如是者二十餘里我兵得盡登岸速命撤舟以防賊掠且示我兵無歸意以兵分爲三支每支千人令二總兵及參將分領各綴木城爲營晝則擡行夜則據守不數日沙地七十餘里悉爲我據賊之所據僅五里而已然賊多智而猛我兵常怯沙中之大家又有爲賊奸細反揚賊勢恐怖我軍者公督各官兵逆戰賊浚濠築土垣貫茅竹潛窺我軍至卽從竹筒中發銃箭我軍莫能近公令人舁銅發鑛佛狼機擊賊賊舞刀而出衆棄火器走公怒欲斬諸裨將諸裨將曰兵不敢敵非將之罪也公不信親率諸將履陣兵望敵皆潰棄諸將與公弗顧諸將策公馬夾擁而旋公巡各營諭曰若等不受節制我知之矣誅之不可勝誅逃之不可勝捕也吾欲處汝無難編隊爲冊更番而調敢有棄頭目走者查其

該隊行令原籍有司追口糧囚家屬梟爾之首爾能逃乎三軍痛哭訴曰逃非本願見賊褫魄耳公問其故曰不嫻武藝也公曰奚而爲兵乎曰向來官兵不戰罔罪故應募以規擔石之需今欲實戰不如願已公曰惡是何言也小民出銀豢汝爲捍患耳縱賊殃民屢年我不爾殺方用爾一戰而猶弗諾乎三軍號泣不已或訴鹹潮蒸熱瘧痢傳染公曰從征而歿爾之分也爾等茹辛苦計不過三千人若縱汝還則賊亦過海海西各郡生靈並罹鋒鏑彼何辜乎我今但用爾困賊無容賊走而另請勁兵於總督胡公兵至即換汝矣衆大悅遂相與戮力困賊沙上賊不得逞六月提督都御史陳鍃以告病去候代於丹陽先是唐順之赴陳鍃之約過海督戰兵以鄉官目之弗之畏又敕語督視軍情無生殺權陳鍃假以旗牌便宜行事公恃此嚴明號令儼如提督在陣不虞鍃之上

疏稱疾也一得俞旨卽還蘇州旗牌官皆去巡按御史朱方丁憂巡江御史自五月交代未至諸事皆瓦解兵餉莫給公莫知所措移書於陳公曰東南不可無公況三沙正在緊急用兵之際願少駐以待事盦此不過遲公十數日還山之樂而東南利害關繫甚大也陳公弗許或諷公曰爾非守土之官也事旣掣肘推脫擔子何如曰朝廷原以我爲視軍情官假如高坐省城今日移文督江北總兵明日移文督江南兵備此等使乖五十歲外人豈智不及此顧江南無一上司賊千二三百人未有所掠皆如餓虎若登老岸禍不可言故與兵備兩舟經月在海嚴督將士困賊於一坏沙上至於擣巢之舉則我兵素怯須別選精兵俟隙圖之耳吾本愚人止幹愚人事惹出議論不敢計也七月賊勢窮促以沙民屋木造舟爲逃竄計我兵餉亦將匱唐順之曰事急矣賊若渡海而西

沿海兵船乏人監督賊必登岸如螃蟹散行不可收拾矣遂以三沙兵屬之兵備熊桴而自西歸申嚴水陸將士約束馳晤陳錠議兵食錠曰我行矣東南事有梅林在君其圖之時天大旱禾苗盡槁公謂錠曰倭寇之患地方猶有限公爲巡撫若不上荒疏而去朝廷不行蠲賦賑貸千里生靈誰與造命請問責安所委錠然之即日繕疏入告公乃如杭州與總督胡宗憲計議胡見而訶之曰三沙告急吾方調兵航海策應君胡然而來也公曰勁兵不至賊誰與滅糧餉不繼兵何以生須假我兵食事權方能爲役耳胡如其言公將出定海關而三沙之飛報歘至是月十六日四更風雨大作賊乘閒由北洋遁去次日犯七星港登岸公聞之一面察論將官縱賊之罪一面赴江北剿賊提督都御史李遂謂公曰君在江南不能滅賊而縱之馳突我今方略已定早晚滅賊矣君又來

撓我事何耶公曰賊至三月不曾流毒江南地方亦不能掠民財皆我力也我乃看人行事之官原無兵柄而焉能罪我哉且朝廷原赦我視軍情江南北皆我責任也而焉能辭我乃相與戮力剿賊未幾賊平公歸語人曰使江南有一李克齋擣賊巢如反掌何獨累我煩難若是又曰江南賊雖走然大受挫凡在三沙者無一生還島夷聞之必數年不敢近邊時順之力主滅賊一時行役者多憾之或議其輕出或責其武功不成或謗其黷貨後因積勞成疾轉官而卒後倭果累年不至蘇松人始知感其恩德云

己三十未八　永祿二年（日本外史十八德川氏二）世子信康義元時有西二年三月關口氏生上之志織田信長聞之修鷲津丸根大高沓挂鳴海梅坪寺部諸城分兵守之鳴海大高沓挂皆降於義元義元遣鵜殿長持守大高岡部長敎守鳴海已而大高告糧竭義元使嗣君納糧焉而城左右皆敵寨衆難之嗣君時年十八以千騎護運而往值信長在鳴海使鳥井信吉杉浦勝吉等候視之信吉曰敵欲邀戰勝吉曰彼不下山是不欲戰也嗣君然之乃分兵爲向寺部梅坪縱火邑里鷲津丸根兵望煙馳

援嗣君則以麾下八百爲三隊納糧大高收兵而還信長覘我陣整不敢犯是歲嗣君再徇西參河復赴駿河

和漢年契狩野元信死以輝虎任管領日本外史十一武田氏上杉氏永祿元年三月謙信自將入越中越中加賀將士交請降許之先是上杉憲政數與北條氏康戰每戰輒敗關東盡屬氏康憲政欲請援於謙信是歲秋憲政走入越後求見謙信謂之曰吾管領八州十二世於此卒爲一氏康傾覆求四鄰可報氏康者獨有公與晴信而晴信氏康方親吾是以捐怨以歸公公能爲我復仇乎謙信曰敢不竭力當是時謙信未得志於信濃加賀越中亦未服而許於憲政者欲以掩爲景之惡也乃築館北川以賓之憲政與謙信約爲父子謙信於是稱上杉氏又授以其職號謙信辭曰事成受之未晩也於是會將士議使人諜北條氏聞氏康每戰用奇曰彼用奇吾用正也十月將兵入上野一陷廄橋沼田等五城復平井據之發使京師告東伐事且請攝家一人爲關東主而已輔之如北條氏故事二年四月再入京師營於坂本五月朔詣闕天子賜酒侑以寶劒名五虎請前關白前嗣東下見許又謁將軍命管領關東比三管領許乘簇茂與執朱柄麾賜己偏諱改名輝虎

謝顧紀淮揚之捷云江北之有倭患自嘉靖乙卯始淮揚故多大賈富戶賊至屬厭以去自是歲以爲常丁巳之夏劇賊千餘人深入天長泗州祖宗陵寢幾至震驚廷議特設提督都御史以命豐

城李公遂至卽立什伍之法定應援之規練鄉兵嚴保甲設將官築城垣造戰艦爲水陸戰守之計賊知有備船泊掘港者不敢登岸而去江北賴以無事己未賊萬眾連艘分道並入中外震恐時四月一日也公閱兵通州計賊若從海門西亭趨如皋則通州在賊外乃兼程趨通泰州而以副使劉景韶遊擊巨陞駐兵如皋以扼要害檄各路兵進黃橋海安等處援應已而賊至益多我兵迎戰挫其前鋒賊果出西亭知如皋有備遂由通州東趨白蒲鎮公計賊深入利在速戰戒海防等兵據丁堰東北堅持不出時東南風急我兵不便迎擊公籲天以祭風卽回連三日乃擐甲誓師斬不用命者人皆踴躍以進又計賊過如皋必由黃橋泰興犯瓜儀則糧運阻梗畱都搖動若驅之富安以北沿海東出無能爲矣乃身當泰州之衝而以黃橋西路責劉景韶等賊求戰不得進據丁

堰巨陞從河北縱火焚之邊兵衝入賊營毛葫蘆兵復從南出首尾夾擊賊退屯二十里連日接戰斬其金盔賊首一人日且晡我兵少卻賊進至如皋公計其必奔揚儀趣與海防遊擊兵從間道越過賊前徑趨泰州若以爲西路之防其實於泰州待敵也執賊黨潛入城爲內應者賊未至三十里輒從富安沿海東出我兵追躡賊後公戒無輕戰晝則逼令不得久駐夜則退屯以防衝突公親提大衆馳淮安馬邏之間約與諸將夾擊於廟灣賊覘知之分其衆一由西亭一由白蒲丁堰以牽制我師公令劉景韶巨陞專擊二賊而身赴淮安以當大敵丁堰流賊至曹家堡與我兵遇逐北至潘莊全夥覆沒公至淮安而總督侍郎胡公宗憲與視軍通政唐公順之亦提靑沂兵至相與合勢公乃部分中軍馬兵爲前驅曹克新兵爲中哨靑州邢鎭兵爲左哨沂州何本源兵爲右哨

中軍倪祿梅三錫合曹沂徐邳等兵爲後繼列陣於姚家蕩以待初賊計我兵綴於丁堰之賊急走淮安欲掩其無備比至見兵勢甚盛相顧驚愕盡銳衝我左哨公揮兵四面圍擊俘斬八百有奇焚溺死者不計賊不得已奔守廟灣於時西亭之賊夜走海安諸將不能禦公以廟灣賊垂盡恐揚儀有失乃親往揚州而覘師唐公援兵亦至時賊已奔張莊因益兵赴援海安而與唐公俱還廟灣督諸將擣賊巢令軍中多具畚鍤先塡溝港毀民舍之傍賊巢者我兵分番進攻斬級一百五十有奇賊乘風雨夜遁而西亭亦以全捷來告無何閩中之賊近百人爲颶風飄至沿海轉掠來去無定蹤不可力取公設計令守備楊縉擊滅之斬其酋長八大王孟得山崇明三沙之寇潰圍而來時海門狼山如皋泰州揚州俱潛有備賊由七星港焚舟登岸深入拼茶塲楊縉陳忠等兵尾擊

之自是連戰皆捷斬級三百有奇賊乃竟走海塗而公已徧戒沿海無得泊舟以是賊不得去復敗之於劉莊會唐公遣副總兵劉顯適至公益以親兵使與賊戰賊連敗走竹堰仍沿海北遁我兵追及之於七竈洪斬級九十四又追及之於茅花墩斬級一百七十有奇賊奔唐家渫僻遠無兵守禦復登岸掠食而公故所練鄉兵與追兵競逐之斬級一百四十有奇賊遂盡絕是役也自夏及秋僅四閱月前後斬戮焚獲不可勝計其成功之偉何如耶公以文臣特起其所建立卓卓如此眞足以宣揚朝廷之威發舒華夏之氣豈直淮揚之利而已哉

廣東通志嘉靖三十八年十月乙丑倭寇復入潮陽縣參將鍾坤秀會按察副使張子弘嶺東分守參議馮皋謨僉事殷從儉統督官兵禦之屢敗其衆會提督王鈁擢南京都察院右都御史兵部

侍郎鄭絅代爲提督郎檄官兵嚴討三十九年二月海道副使鄭維誠至四月殷從儉報罷嶺東分巡僉事齊遇至又屢敗之倭賊先在福建平和詔安二縣與饒平黃岡鎮隔界屯聚時守將鍾坤秀領原調南丹州官族莫善目兵一千九百餘人指揮陳鶚領原調田州報效官族黃眞目兵一千人於饒平險要茅山分水立二營防截三十八年六月倭報漸近曾委百戶朱鉞領募兵五百人鎮撫羅萬麒領團操打手三百人協守俱以指揮馮良佐統之復調備倭指揮高拱部領官軍及鎮撫余盛領募兵共七百餘人防守黃岡鎮城通行各縣諭令小民歸併大村起集父子丁夫互相防守其附郭人民俱移入城內仍行饒平大埔各集鄉夫委官部領把截要害狠兵秋毫有犯僉事從儉郎治以軍法所至肅然十月乙丑蓬州所報倭船二艘約賊三百餘人從潮陽海口燒船登

岸劫掠錢岡村水哨備倭指揮孫敏擊斬倭級二顆十一月庚午
又有倭賊千餘從招盜巡司河渡磊門登岸同海賊許老等三百
餘徒攻海門所城官軍用銃箭擊死倭賊甚多壬申目兵莫善等
追至石牌水陸並進與孫敏又擊敗之賊遁還平和丙子許老等
自海門所至潮陽縣南縣丞范楠卿等率兵壯鄉夫擒斬十九名
顆並接濟陳氈林世儼四名奪回被擄二十餘名口賊遁回平和
合夥丁丑又有賊三千餘徒分三哨從饒平分水關至黃岡鎮城
外高拱及府衛署印通判翁夢鯉指揮李榮知縣熊炅林叢槐率
兵截捕己卯賊屯於南洋灣馮㫐佐統目兵黃員莫善分爲二哨
千戶黃昇等領各募兵打手合爲一哨南洋三灣諸鄉兵又協助
之擒斬三十八名顆奪獲接濟三名並被擄人口贓仗馬驢等賊
搶船而奔聚於闞望港口官兵追至楓洋對岸甲午賊出揭陽蓬

州都外沙村焚掠擒獲七名顆有陣亡者隨募兵及烏汀背大家井村鄉夫協勦之而提督交代新令益嚴守備指揮陳學翦亦至武生詹弘道等亦督兵助攻十二月己亥賊往寇隴外莆都官軍斬獲二十名顆會庠生謝弋鳳家丁一百名爲軍門取用以千長蕭善文領之援例典膳秦金製造火藥子母礮九龍槍神枝箭各數百枚亦領至辛丑賊自平和營於赤寮村卻揭陽棉湖寨軍門發目兵五百餘人令學翦截捕丁未新倭賊自福建雲霄突入黃岡余盛哨禦之互有殺傷賊遁往東嶺戊申賊自關望出營往彩唐官軍斬獲二十七名顆甲寅新倭合關望大夥官兵營於源頭塘湖適海道副使鄭惟誠至會督水路官軍指揮武尚文部領兵船亦至張子弘同司己未賊自關望出劫官軍目兵鄉夫共斬獲併獲奸細共六十七名顆秦金領鄉夫銃手一千人仍起集三灣

鄉夫一千人多給藥銃協同防捕甲子軍門發目兵六百人打手三百人續至賊自棉湖寨突往蘆清官軍生擒從倭土賊二名並馬一匹

庚申 三十九 永祿三年（和漢年契）行即位禮夏五月今川義元伐信長師敗績於桶峽間義元敗死（日本外史十三織田氏上先是鳴海城將山口某叛附今川氏又取大高沓懸二城更城於村木信長攻下村木又攻笠寺城將戶部某驍勇不可下信長收兵而歸以戶部善書令侍史學之朞年而得乃贋作戶部通織田氏書令森可成僞爲賈人齎赴駿河上之義元義元怒召戶部殺之又殺山口父子義元既定駿遠江參河將大舉攻尾張信長修諸城壘令佐久間大學守鷲津飯尾定宗守丸根與大高笠寺兵數戰不決三年五月義元自將三國兵四萬五千來攻十八日大學定宗馳使清洲告曰義元昨日至沓懸今夜將運糧大高而且攻兩城也信長召將士言曰我欲赴救如何林通勝等說曰敵衆垂五萬而我兵不過三千宜避其來銳據木城待之信長曰不可吾視天下英雄恃其地以失事機自取滅亡者不爲少矣先君有言鄰國之來犯苟有遲疑我將士且變志當亟出迎戰吾不敢背先君之敎明日將一戰決勝敗也與吾同志者努力諸將莫敢諫者信長因命酒與飲酒酣天明信長自起舞歌古謠曰人世五十年乃如夢與幻有生斯有死壯士將何恨

舞畢郎被甲上馬單騎擧鞭而出騎能屬者十餘人比及熱田祠得千人自祈戰勝陰使祠官鳴甲於龕中信長顧軍士曰神助我也乃取山路行收諸城兵兵凡三千騎東望見兩城火起將士逡巡信長益鞭其馬而進林通勝柴田勝家池田信輝毛利秀高扣馬諫曰彼大衆新勝以寡兵犯之立覆沒矣信長厲聲曰汝輩且聞我言吾非妄意進犯敵也敵納糧大高終夜不息今連拔兩城其兵罷極而義元侮我不復設備吾乘是時出其不意可一戰而擒也梁田出羽進贊其計曰敵拔兩城未更其陣中軍必在後我直襲之義元可獲矣信長乃伏旗鼓循山而馳至於桶峽瞰視義元營信長欲下馬接戰森可成曰衆寡不敵宜騎而突之信長曰善乃上馬揮槍先衆馳下會大雷霧雨昏黑我兵鼓譟斫營而入敵衆大驚擾亂不知所出服部小平太進入幕中薄義元義元拔刀擊其膝毛利秀高知鎗義元斬其首而出駿河軍遂大潰信長追擊斬其精騎二千餘級乃賽熱田而返士女夾路迎觀信長揭義元首於馬前凱旋清洲大高沓懸諸城皆解走信長以此名聞天下○〔日本外史十八德川氏〕三年五月義元將四萬騎攻信長至池鯉鮒使嗣君攻丸根城城兵爭出嗣君曰彼寡於我當守而戰是決死也我撓以弓銃乘機拔之可也既而前鋒戰酣麾下繼之遂斬城將佐久間盛重贄氏信先登遂拔其城駿河將朝比奈泰能亦拔鷲津義元既取諸城以大高當敵衝欲得一勇將守之問之於衆衆曰松平藏人其人也乃使嗣君守大高而自進陣桶峽恃勝不設備信長乘風雨潛兵自間道襲擊義元敗死其諸將聞變皆走駿河兵在大高者亦逃亡我將士說嗣君曰今川公既死我獨爲誰守不若全兵而歸也嗣君曰當審其實然後班師免

遽解走而事若出謬傳則貽笑天下矣水野信元在刈谷私使來告曰信長獲義元將遂復諸城宜乘夜速去嗣君曰水野雖我舅氏而敵部將也未可輕信遣人偵之報曰信矣衆爭勸還嗣君曰夜行恐失道宜竢月出彼能來我亦能戰頃之月出乃整兵東還土寇爭起太多百助數返戰達於今村將入岡崎城以爲義元在時未有還我之言今乘其死取之不義也駐軍於大樹寺三日駿河戍兵棄城去嗣君曰彼棄而我取之矣二十三日遂入嗣君六歲出國十四年而得復歸焉士民讙呼國內諸城主來謁者相踵於門而其屬織田氏者不肯降嗣君乃將兵攻擧母梅坪廣瀨廣瀨兵距於拂楚阪我兵奮擊走之遂攻沓掛縱火城下而還城兵追躡大久保忠俊殿而還鳥居元忠有首功嗣君欲賞之以功狀[illegible]功狀者游士所以藉口也臣元矢不事二君莫用功狀爲也六[illegible]長請水野信元曰吾既獲義元以爲予之甥當不戰而降今[illegible]項如此信元恐嫌疑發兵攻岡崎嗣君邀戰於石瀨兩軍皆相識故接戰尤厲松井忠次傷股於銃進斬其銃卒明日戰刈谷下交綏復攻寺部擧母皆拔之進至山中攻醫王山寨久松俊勝先登敵以槍鏦其肩俊勝擧刀截槍幹入寨一縱火衆繼之遂取寨嗣君乃使人言於義元子氏眞曰公爲先公一戰僕請先焉不荅氏眞昏懦嬖臣三浦義鎭義鎭生父小原鎭實並專國政讒德川氏有異心氏眞又覘岡崎勢寖熾有猜防之心

冬十月

長尾輝虎僭上州〔日本外史十一武田氏上杉氏〕三年五月謙信自將攻和田城未下遣長尾政景侵武藏九月前嗣來館於至德寺於是謙信發二萬騎陣泉福寺北條氏康大擧禦之本莊繁長以所部爲先鋒接戰相模軍卻諸隊繼進謙信

以麾下自中路進與氏康戰大破之關東豪傑響應乃報捷越後迎憲政居之廐橋刁城而自居其郭

籌海圖編嘉靖三十九年正月賊陷永寧衛及寧德縣參將王夢祺知縣李堯卿與戰死之二月犯泉州府三月攻平和縣賊首蕭雪峯張璉等引倭千餘自大埔及三饒嶺來攻縣城官兵出城夾擊之賊遂退屯承坑攻大金所五月月港之賊敗遁出海官兵追擊大敗之先是賊巢月港官兵於泉州海倉白石鎮海野馬井尾等處擊之皆勝至是遁出海洋參將王麟追及於古浪東砵鎮海山把總鄧一桂追及於剌尾嶼五戰皆勝之沈其舟數十斬獲數百賊首徐老許西池王老及日本頭目尙乾皆就擒所部三千餘徒悉溺死無遺七月賊自廣東來寇官兵擊敗之賊復入廣廣東謝賊等突入走馬溪勢極猖獗把總徐濂沈其數艘賊大敗遁去官兵乘勝追至廣東南澳外洋大捷而回八月賊入安溪縣是年

正月廣東官兵會擊闢望之賊大破之時賊爲官兵追急移屯潮陽貴山都屯指揮武尚文及鄉兵連戰皆捷賊改營古鑊乙酉賊遁往南洋灣典膳秦金與官兵合擊大敗之斬首三百七十賊潰渡河官兵邀擊之復大捷戊子賊祭江而來誓復南洋灣之仇尚文等官兵又大敗之甲午古鑊營賊出掠官兵又敗之二月戊戌賊復回平和沙嶺己酉賊至大窖橋官兵又勝之戊午賊復來掠守備兵擊之賊大潰俘馘八百有奇四月官兵會擊潮州之賊大敗之僉事齊遇與海道參將會師擊之擒斬三百六十殘賊悉遁

廣東通志嘉靖三十九年正月癸酉移營往潮陽貴山都屯府縣督鄉夫及官軍斬獲十一名顆秦金等官兵用銃擊死數多丁丑武尚文水兵斬獲六名顆賊又移營於古鑊官軍追之四月乙酉賊自闢望港口往南洋灣登岸攻圍危急秦金兵及鄉夫用銃礟

火箭擊死尤多官軍急赴援協力大戰自寅至午擒斬三百七十三名顆賊潰走渡河官兵于英謝弋鳳及鄉夫邀擊擒斬七十四名顆俘內有自嚼舌死者餘俘及被擄譯字小厮胡器解赴軍門戊子賊出營祭江誓與南洋灣復仇武尚文等官兵擒斬五十二名顆于英等擒斬四十二名顆鄉夫斬獲六級其在古鑊者斬獲一級壬辰賊在闕望者出營修船官軍擒斬二十四名顆甲午賊自古鑊出刦官軍擒二十一名顆二月戊戌賊復回平和沙嶺官軍斬獲一級奪回被擄男婦數十人己酉賊遁走至大窖橋目兵邀擊之斬獲頗多戊午賊分哨四百餘徒乘馬百十餘匹守備兵擊之擒斬三名顆賊大潰官軍乃得金功凡俘馘八百有奇被擄走回者二百餘人獲賊馬十餘匹器仗無算四月殷從儉致仕疏允適嶺東分巡僉事齊遇至海道參將會師擒斬三百六十名顆

殘賊悉遁

辛酉四十 永祿四年〔日本外史十八德川氏一〕四年二月水野信元來侵復邀戰石瀨破之遂攻廣瀨伊保板倉重定據中島不下遣松平好景攻之重定退保岡城遂走佐脇乃以其邑賞好景信長素有霸心欲出兵京畿而武田信玄在甲斐北條氏康在相模皆窺其後信長患之會水野信元往說之曰僕甥以氏眞故抗於尾張其實怨氏眞可誘爲我黨而彼雖少弱天質剛銳必不肯請和公以力取之恐費歲月不若自我結和使彼當東面而公專略其西霸業成矣信長大喜曰是得我心乃使瀧川一益來就石川數正求和信元又使使來勸之嗣君召諸將士議之酒井忠次曰我以微力介二大國而圖自立焉非便計也氏眞忘仇廢武沈湎酒色不足與有爲明矣與信長和便嗣君曰念固如何可背舊好乎石川家成酒井正親曰忠次言是也嚮義元伴爲好意歲收我食月戰我兵而每餧我於敵鋒丸根大高之事可以見已宜速許尾張矣質之在駿河者取之非難氏眞重與我絕必不能害也嗣君曰及吾幼時我舊臣多膏鋒鏑吾常傷於心因泣下終許和信長大喜定國界解兵戍遂請嗣君來盟許之酒井忠尚在上野聞之恐其質之死於駿河也乃來說曰信長意難測可和不可往今君室家皆在駿河彼何信我乎嗣君曰業已定約不當背也忠尚不懌乃去左右慮其反請追而誅之嗣君曰彼言自有理且未必反忠尚稱疾不出信長修道供帳至期嗣君從百餘騎赴尾張信長使林通勝等迎之熱田嗣君憩於正海寺遂至淸洲入城門觀者喧騰本多忠高子忠勝小字平八郎時年十四舉薙

刀先驅厲聲曰我君來此汝輩胡無禮也衆皆讋伏信長出迎導入內城植村榮政操刀而從衞士叱之榮政瞋目曰吾植村新六也奉主人刀何渠叱乎信長揮衞士曰我聞新六名久矣勿怪乃盟曰兩家戮力征討東西織田有天下德川爲之屬國德川有天下織田爲之屬國遂饗嗣君信長賜寶刀於榮政曰汝今日舉動如樊噲在鴻門畢饗而還信長郊送使通勝等來謝岡崎氏眞聞之怒使使來詰酒井正親使人往駿河因三浦義鎭謝曰參河之弩皆在駿河豈有貳心獨病尾張日强大勢將及我故伴和以紓旦夕耳氏眞不能詰先是吉良義諦守東條牧野成定守西尾以黨氏眞欲圖岡崎三月嗣君攻東條不下使松平好景以中島備之東參河豪姓菅沼奧平設樂西鄉諸族皆背氏眞來降四月義諦攻酒井忠尚於上野好景救之義諦窺其虛徑襲中島好景還戰走之至善明隄遇敵大至遂戰死嗣君築津平小牧命松井忠次本多廣孝守之以備東條五月氏眞攻東參河諸豪善拒七月嗣君自將攻牛窪使別將攻鳥屋鳥屋陷本多忠勝與叔父忠眞從軍忠眞鏦斃一人顧忠勝取其首荅曰孺子不欲因人成功自斃一人馘之忠眞歎狀曰平八郎將行爲君用也嗣君大喜五月荒川城主吉良賴持與兄義諦有郤因酒井正親請降俱攻拔西尾走牧野成定遂攻東條東條裨將富永景通陣藤波畷欲攻小牧忠次廣孝皆來合於正親邀擊景通景通引弓擬廣孝廣孝直進刺殺之餘兵皆走追北至城降義諦而還嗣君以義諦邑賜正親以景通邑賜廣孝以津平賜忠次使鳥井忠吉松平信一守東條妻賴持以異母妹

〔和漢年契〕久秀弒義長

〔日本外史九足利氏下〕三年長尾景虎來京師三好長慶導謁

義輝義輝班景虎於長慶之上景虎密啟義輝曰長慶輕蔑將軍臣請擊殺之以除將軍患也義輝危而不許四年三月長慶饗義輝於其子義長新第松永久秀董其事五年三月三好實休與畠山高政戰於久米田敗死高政國子也初高政助長慶有功已而與六角義賢謀滅三好氏連年搆兵及獲實休兵益振長慶使子義長弟冬康叔父康長政康與松永久秀等攻高政取高屋城時長慶老病恍惚不知人委政於久秀久秀忌義長才望陰計除之六年八月久秀遂毒殺義長於芥川以十河一存子義繼代爲長慶嫡嗣

輝虎伐北條氏康

〔日本外史十後北條氏〕永祿二年下總將士應輝虎欲攻關宿取晴氏結城晴朝來拒之初晴朝與小山佐竹宇都宮三族戰氏康遣兵援晴朝晴朝德之故爲之守已而聞三族應輝虎攻結城則辭還三年正月輝虎率騎卒十一萬來攻小田原氏康議曰輝虎慓悍無前而智慮短促不能持久且以威力劫諸將諸將必有不服者吾厚集我兵不與抗力縱其猖獗坐待其變不損我兵而彼將自潰矣是兵法所謂避其銳氣擊其惰歸不戰而屈人兵者也乃盡召八州將士舍其城邑來保守小田原三月輝虎率諸軍至城下氏康不肯出戰輝虎攻之不能拔忍城主成田長康憤輝虎無禮也不告而去將士稍稍亡去皆叛輝虎歸氏康輝虎大驚卻走氏康令沿途士民奪其輜重輝虎狼狽走歸越後而東國歸伊勢氏者如故○〔日本外史十一武田氏上杉氏〕四年正月關東將士賀正廐橋遣兵攻古河拔關宿河越諸城三月謙信部七十六將兵凡十一萬進入相模太田三樂小幡憲重等居前建牙於高麗山下北條氏遣死士狙擊謙信謙信覺捕之縱還遂圍小田原氏康不敢出謙信

脫胄穿白布幘騎白馬執朱柄麾馳入諸隊指揮軍事關東將士竊指目語曰此公覘吾曹如蟲蟻寧可終戴乎當是時信玄在君井澤飯富兵部說曰謙信威猷如此北條氏必亡則我亦危矣不宜及小田原未陷引兵出三增嶺直當越後中軍得勝大善即不勝亦足以伸義天下信玄曰不可謙信用兵迅速得之天資而無老成之計關東將士必不能堪終當歸氏康汝暫待之宇佐美定行說謙信曰城堅我深入久頓恐有變宜及今收兵從之新發田治長年少爲近習自請爲殿氏康不敢尾擊乃入鎌倉詣鶴岡祠觀源氏北條氏舊圖索故物小八葉車載前嗣而謙信騎從時關東將士擁衛前後小幡憲村持刀從千葉國胤小山政朝門閥最高爭坐次不決訴於謙信謙信判曰在八州之士千葉氏可爲首小山氏不可爲尾二人不能爭忍城主成田長泰稱源賴義故事立馬祠前以待從士曳長泰下馬拳之長泰慙恚弃歸諸將叛歸者相繼謙信還至武藏府長泰與北條氏兵尾擊之謙信令委棄輜重於道敵爭取之因蹂躪而過入平井四月以憲政歸越後六月關東諸將復附氏康來攻平井謙信聞報即發潛軍由校師谷出比曉擊北條氏軍待前軍戰半自以牙兵旁出橫擊中堅使別將繞出其背氏康敗走復白井廐橋諸城而歸　**秋九月**

輝虎與信玄戰於川中島〔日本外史十一武田氏上杉氏〕謙信之攻小田原也北條氏使使請信玄北侵越後以牽其勢信玄乃令高阪昌宣焚掠疆上謙信大怒四年八月復出信濃壘於西條山堰水爲池以備貝津敵信玄與義信將二萬騎來陣雨宮渡以絕其歸路越後將士說曰利在速戰謙信不肯居三日信玄收兵入貝津以瞰謙信歸謙信自若也信玄謀

曰謙信蓋誒吾變不動其軍也吾伏兵河中而別軍自貝津直往攻西條則謙信無勝敗必引兵北歸而吾承敝鏖戰謙信可擒也越後諜者報曰甲斐軍出貝津南行矣謙信召諸將問計直江實綱曰彼國內有變故乘夜引去耳當邀擊之宇佐美定行齋藤朝信曰不然彼蓋爲二軍欲及吾踰河夾擊之也語未畢諜者又報曰甲斐軍渡廣瀨上河中陣矣謙信謂二人曰如汝言吾將出其意外也乃置疑兵山上而全軍銜枚縛馬舌涉雨宮渡遇武田氏斥騎十七人盡斬之進壓信玄軍而陣使本莊繁長色部長實等將二千騎陣筑摩河岸甲斐別軍已向西條山信玄候報至曉曉未辨人色見謙信牙旗在前將士皆失色越後軍鼓而進聲震地信玄不暇易其陣以弓銃力拒謙信常憾向研信玄而不遂也欲必決死自抽身兵前逼信玄麾下麾下潰亂赴犀川荒川伊豆逼擊信玄信玄脫走謙信追之義信以二千騎尾謙信後甘糟景茂等擊走義信謙信既克休止傳飧義信復以殘兵返襲敗之斬越後將志田義時以下數十人謙信執槍親鬭本莊繁長等來救復擊走義信或說貝津敵夜出乘我疲宜急收兵謙信不肯背犀川陣次善光寺三日遣使信玄欲再決戰甲斐將士又有請焉者信玄皆弗聽

籌海圖編嘉靖四十年四月官兵擊賊於馬嶴沙垵大敗之賊新至官兵遇之於海洋中追逐至馬嶴沙垵大敗之賊奔陸適冠帶把總章延廪守於舟山引兵設伏又約水兵合擊之賊遂大敗賊

犯烈港總兵盧鏜擊敗之犯新河官兵擊敗之賊自週洋港登刦僉事唐堯臣遣指揮劉意等擊敗之復用火攻賊死者百餘人遁往太平漁嶺復追敗之賊犯台州參將戚繼光擊敗之賊自桃渚登陸流至台州爲繼光所敗追至新橋又敗之賊走死者百餘人而繼至者復二千餘人至黃沙爲繼光所敗乃登山以拒官兵復追敗之圍於白水洋居民火攻之賊遂盡絕是役也賊多兵寡而我兵九戰皆捷俘斬千餘人焚死者稱之五月賊犯大嵩官兵擊敗之賊爲我兵所逐出至橫嶺扼於水兵不得去乃奔入鮚埼副使王春澤檄總兵盧鏜由南路奉化以入象山而自引兵由大嵩望湖頭裘村進期與合擊適賊至裘村官兵擊之賊大敗潰斬首四百五十餘級百戶徐昭與賊戰於海山外洋死之百戶焦涇追賊出海死之官兵擊賊於長沙灣大敗之斬首級數百生擒倭酋

五郎如郎健如郎等數十人閏五月賊遁亂嶕洋韭山總兵盧鏜追擊大敗之是年正月福建安溪倭賊流犯長泰同安等縣官兵追擊大敗之賊自安溪爲官兵所敗遁至長泰典史葉露百戶金環敗之乃往同安復爲鄉兵所襲奔竄石菌海濱五月賊攻寧化縣賊來攻縣城知縣陳天祥擊敗之攻詔安縣先是賊首陳思達等潛入城內主奸民林勳家爲內應外合之計知縣龔有成防詰頗嚴賊計不得施乃自內殺出思達就擒而勳等爲內應者凡數十家至是皆敗閏五月賊復攻寧化縣賊久在縣近郊時來攻城官兵擊敗之遂僞爲遁計知縣陳天祥謹防其再至賊果分布四門一時突擊又爲雲車一乘覆以牛革屢以大礮佛狼機殪賊而賊之在雲車者來愈力乃出打手二百人下擊之賊乃敗走

沈明臣紀寧台溫之捷百倭人入寇東南惟浙爲最甚浙受禍惟

寍台溫爲最甚而我總督軍門少保兵部尚書胡公爲御史時自
王江涇捷後我兵始有生氣至今官凡五轉而大捷者十有三徐
海汪直擒而禍本去矣戊午冬舟山旣捷而我兵告罷戰者二年
我總督公安不忘危日暮東鄉望思斫扶桑而湮之海嘗曰余不
恃倭之不來恃吾所以待倭來者耳益繕甲整戈峙糗治艦選將
練士惟謹水陸分地刻期防汛惟謹示戰守機宜約束惟謹晝策
萬全兵氣振厲人人無不樂爲死者辛酉夏四月忽並海郡縣報
賊艘從外洋來者日數至而合象山奉化寍海瑞安樂清諸縣及
中大嵩霩衢桃渚新河楚門健跳隘頑諸所所報船不下數百艘
賊不下一二萬人而所登犯地散至數十處人情洶洶檄書人馬
交錯於道公顧從容燕笑自若徐罵曰桀黠賊投死耳撲滅之在
旦夕也乃籌筆授方略密封付使者馳去各海道兵備分守巡總

兵參將諸官而遣游擊將軍王應岐何本源卽日督發大兵二萬六千人並調參將呂圻部兵先往同所在官軍擊之公乃卜日祉禡載纛臨止厥地至則親履戎行不逾二旬而捷凡九奏所向靡不摧破震赫風霆電埽影滅而白水洋戰爲最奇云先是四月十九日倭船一艘望小展至馬嶴沙埈公所督部兵及守備盧相等兵擊殺舟師賊遂奔岸時帶管海道副使王春澤調守舟山把總章延廩率陸兵至卽伏爲應水兵從下急追伏者起夾擊之賊大敗溺死者無算斬首三十五級我兵死者三人越二日烈港中大草撇船一艘來公所督部把總周栗統林仕貴及盧相等船與賊三十餘戰用銅發礦佛狼機諸火具擊之溺死者無算斬首五十有奇而兩頭洞賊船一艘把總童華擊之溺死者無算斬首若干而犯象山者乃王海道奉軍門方略會同總兵盧鏜調度分守參

議唐愛協計與前所督發王何二遊擊大兵呂圻部兵進勦之其
犯大嵩者我兵逐出橫山各水哨又伏候外海故逡巡海口不出
五月初一日夜燒船奔結埼乃王海道會同盧總兵何遊擊分兵
南路由奉化入象山而海道兵由大嵩入裘村亦趨象山前賊適
入我兵中路初二日賊出岳林莊盧總兵何遊擊鼓行前趨相去
二十里各遣兵趨合呂參將王遊擊兵前後繼發初三日賊至裘
村分三陣迎敵海道把總胡艮瑤李超等兵先至遂陷陣先登各
銳兵殊死戰數合賊大潰斬首一百五十七級我兵陣亡者三人
初八日梅山港賊三艘計二百餘人突入天童小白東吳呂圻追
至東湖哨兵湯時茂等斬賊酋一人遂夜遁石橋湖頭橫溪奔入
山徑走海道卽遣中軍指揮艾升由小路徑出賊前呂圻追尾賊
後至白杜兵合賊屯余家店各兵用火攻之燒死者不計潰出余

家店者各兵夾擊之章延稟兵生擒二人斬首五十六級呂圻兵
斬首二十一級我兵陣死者各營共三人至暮收兵一賊負傷竄
山中千總汪廉斬之菩提嶺下寧波遂平先是海道譚副使
譚綸實訓練之極精銳而譚以憂去居無何會王副使來實能守
譚成法較若畫一而成功若此四月十九日又鳥觜船十六艘由
象山從奉化西鳳登岸夜突至寧海縣一都圖前是時松門海門
俱無警乃台金嚴兵備僉事唐堯臣參將戚繼光將原發松海二
關扼守陸兵三枝撤回繼光親督二枝趨寧海留一枝劄海門中
地備警分發中軍遊擊兵協守新河所會行把總任錦兵船速出
寧海外洋伏擊又行寧波海道總兵各發官兵水陸會剿二十二
日賊知戚參將至寧海遂乘虛以大船五艘竄入桃渚大域港裏
浦登岸計五百人有奇是日又三艘入新河週洋港登岸次日又

五艘亦從週洋港登岸與前賊合共計五六百人二十五日又七艘入健跳折頭登岸計二千人有奇戚參將曰犯桃渚犯健跳者勢尚緩週洋逼近新河所城賊又前後繼至宜急擊之而會軍門批唐僉事申列賊狀有云賊雖分侵不可墮其計中輒便分兵應策當併力合勢先討其重大者然後以次剿除唐僉事乃與戚繼光奉令惟謹卽部署諸兵疾趨新河擊之又令黃巖太平二縣號召程梁等姓鄉兵助戰賊懼夜駕五船遁去餘屯城外鮑主簿家二十六日擁衆薄城下攻城唐僉事與戚繼光原授軍令相與協謀調度曲慮廣畫以樓楠劉意張元勳胡安仁等分立列陣密授方略使奇正相參各以縣尉武生等監督之而給餉秣運器械斷要害固封守審堅瑕援桴策應者各有屬既定乃申明用命不用命誅賞令甚肅驅死士衝鋒而先用鳥嘴銃與賊對擊千百總哨

隊長蔣葵實等奮勇先登力戰良久賊遂潰亂傷甚奔原巢死烏
銃者六十餘人各哨共得首級三十顆是夜二更賊冒雨由太平
縣遁走旦日劉意樓楠兵追至溫嶺大麥坑太平知縣徐鉞亦督
鄉兵會勦共斬首二十二級餘賊奔田舍中者燒死之突出火者
遁溫州前犯桃渚裏浦賊是日亦流至台州府城外花街戚參將
卽自桐巖嶺馳抵城下時各兵尚未炊以大義諭之各軍勇氣百
倍無不爭先躍起乃鼓行而前以丁邦彥爲前鋒陳大成爲右哨
陳濠胡大受爲中哨趙紀孫廷賢爲左右翼各置監督奇正衡伏
各有指犄角聲援各有屬乃齊陣而行至花街約二里賊以一字
陣迎敵丁邦彥部下列銃分番銃殪賊十餘人各兵乘勢擁殺賊
乃分右哨敵我左哨丁邦彥反擊其左賊又分左哨敵我右哨陳
大成反擊其右於是旗鼓盡變奇伏俱出賊乃敗北奔陳大成兵

追至瓜陵江下賊奔水死者二百有奇而前陣中斬首三十有九
丁邦彥兵追至新橋五戰五勝共斬首六十有一生擒倭酋一人
二十九日胡震於邳山下擊沉大倭船一艘死者計百餘人生擒
倭酋一人斬首八級三十日前登折頭大夥賊一千有奇自燒船
南突府城戚繼光部兵已分留守新河隘須二所可戰者千五百
人賊衆我寡繼光憂之又恐流犯內地勢當速滅乃與唐僉事厚
犒之懸千金爲衝鋒者賞繼光又盡出笥中銀酒具散之又監軍
知縣趙大河登壇誓衆申諭大義語棘棘動耳目氣烈烈振山嶽
兵乃踊躍受令靡不一當百五月初一日繼光卽率部卒至大田
設伏待賊賊至亦設伏待我會天雨不戰越二日賊徑出大石往
仙居戚繼光曰賊出中渡由裏路至白水洋七十里我兵由官路
至白水洋五十里兵法云先處戰地而待敵者佚且以寡禦衆非

謀不克而臨敵交鋒我少彼多必兵心激發乃勝遂策馬鼓行四十里至上風嶺屯止多令探者出賊前後覘其向往知狀卽率兵上嶺設伏初五日前鋒兵出頗早繼光乃下令令人各砍松枝一樹執而坐賊望之爲林不介意行列二十里衣甲旗幟甚盛我兵對山瞭之俟其行過半乃仆松吶喊齊出賊驚以三四百人作一字陣衝來我兵分爲一頭兩翼一尾陣以太學生蔡汝蘭左蒸監督而陳惟成陳法陳蚤楊文通等俱趙大河監督以鴛鴦陣衝鋒擁殺夙受令不許取首級疾若風雨有前無退賊遂敗遁上一小山然猶格鬬不已丁邦彥兵出裏路徑擣山下四面仰攻之而戚參將乃樹白高招一竿於北山下令兵大呼脅從者從招下走走者數百人賊復上大山我兵又仰攻之賊又大敗奔上界嶺山巔斗峻如柱上平廣賊立營其上若蓬麻然止一徑可攀陟丁邦彥

等首先攀援魚貫而上吳惟忠等繼之數賊前來從上斫下我兵用長槍槍賊墮巖下遂得登頂之我兵盡登賊六七百人齊來交鋒我兵戮力大戰賊敗走四散投落坑塹林谷間死者不計走者奔白水洋朱家店我兵乘勢急下合圍火四面起賊屢突出不可得趙大河親弟趙幽甫率兵舉鳥觜銃擊之死者不計又四面折牆石投之賊急登屋亦用石與銃投我牆盡各兵逼圍屋下亂投石銃諸物如雨賊不支巢內高屋火炎炎起賊益急亦亂投刀槍諸物出中我我兵槍筅林立隨格之不一中賊燒死者不計而餘孽膽怖魂襬捧銀物擲首頓額哀號乞生我兵用狼筅挑其銀物併所擲首疾殺不一顧諸物居有頃賊盡死積屍高丈初六日戚參將自戰所班師入府城老穉士女歡呼或謂自羅倭壽以來無如此戰大快也乃壺漿迎道左而唐僉事率府司輩實元黃以迎

焚死者不在算而共計斬首三百四十四顆生擒者若干而我兵亡者止三人陳四陳七十二郎前入巢放火者王華廿一郎前山下衝鋒者是時兵實千五百人而一鼓殄二千餘賊於呼吸閒全師奏凱可不謂奇耶時戚參將方入城犒衆未罷楚門所又報賊船十餘艘繫泊千江者登梅嶴乃急發胡震兵伏截外洋而遣樓楠兵陸走至洋坑冒雨大戰楠親斬賊酋一人而朱文林等共斬賊十二人生擒一人餘船盡鬧至長弔洋會前所發胡震兵迎敵犁沉五艘燒殘五艘至夜賊拖殘船出海繼光部下兵船又犁沉五艘追犁一艘昏黑不取首級而日所斬首二十餘級生擒賊酋二人次日胡震又於沙鑊洋追賊船十餘艘至仰月沙賊乃遁懸山我兵用三板船載鳥銃弩手伏嶴口候擊之至三更賊果乘雨霧遁走我兵犁沉一艘斬首四級餘遂奔回懸山我兵圍之至旦

日五更賊約百餘人復渡水走至林頭繼光乃督樓楠兵由隘頑
所迎其前劉意兵由聶王橋徑進紹興府通判吴成器兵繼進而
知縣徐鉞督鄉兵伏截藤嶺至小藤嶺三路官兵夾擊之賊窘急
徑奔吴成器陣成器督戰益力賊槍及成器馬腹成器一矢中賊
面死各官兵四面力戰盡殲之共斬首五十一級餘盡溺死五月
十七日又前犯盬海團前遁賊十八艘至長沙灣登劫約二千人
有奇猖獗益甚斫採竹木欲巢長沙將南攻隘頑所北攻太平縣
盡髡鉗所掠男子耕作是日繼光在新河所聞之卽與吴成器趙
大河撫諭兵士示以對大敵之策盡出所蓄貲懸給賞格如前下
令不許取首級輜貨如前乃兵氣益揚而繼光又曰賊巢逼近隘
頑所城城又孤危賊所泊長沙地又北扼太平之路於小藤嶺東
扼松門之路於曼遊嶺楚門隘頑二所又勢孤路絶止水路浮海

可援而又爲賊船所出沒處奈何乃先令把總李成立單騎馳往松門衛將所練親兵與羅繼祖分船夜浮海入隘頑所城守之隘頑固乃因樓楠丁邦彥陳大成等各立軍令誓狀云事異則分心同則堅遇有征調各營輪日衝鋒以一營當前以一營尾後以一營分翼左右同心併力不計斬獲多寡功同賞罪同罰等議隨用印鈐示衆使各遵守如令繼光亦誓天明神以發十八日至鐵場大雨十九日夜半至大藤嶺分三路進至小藤嶺偃旗息鼓直趨船所賊始覺分兵迎敵我兵齊擁攻殺遂大披靡四走各兵追殺無一遺者共斬首級數百生擒倭酋五郎如郎健如郎等前後數十輩是爲長沙之捷每臨陣賊參將率各將士諭以軍門好生之仁竝無功級不許妄殺脅從一人以故前後被擄者俱得生還前四月二十日溫之瑞安縣周嚳賊由梅頭奔突者五百餘人參將

牛天賜通判楊岳把總梅魁等殲之傷而死者不計生擒一人斬首十三級餘潰走二十四日牛參將同兵備副使淩雲翼把總盧錡武生黃允中指揮李光佐千戶張榜等兵分三路進勦殺死三百餘人衣紅衣渠魁二人軍中令不許爭首級故斬獲止五十有奇而是日楊岳梅魁陳應等兵由瑞安後路策應生擒斬首共十餘人賊潰出海三十日又賊二百有奇自台州流突樂清縣界淩雲翼預調王欽兵牛天賜督之至窯嶴嶺伏截賊遂走雙陡門天賜兵追擊之斬首四十五級餘奔江水死而竄林薄中去者三十餘人至五月朔日追斬於閩浙界上生擒一人溫州平而是月之四日盧鏜水兵船與海道把總黃應選等船分布靑龍港遇奉化遁賊七艘向錢倉行外洋去者犂沉三艘值大雷颶風昏黑溺死漂失者不計撈斬首級二十顆是役也計前後擒斬共一千二十

四名級而焚溺死者莫之殫計益無一人生還者而旬日閒三郡
盜謐疆徼清平脫遺黎於鋒鏑而帖之席歡聲動天地歌舞太平
以共戴天子休德誰之賜歟誰之賜歟我總督公開誠布公能任
人善將將賞罰明肅碩畫奇計不動聲色而出自淵衷賊狀夷情
坐照千里又親臨督調先聲奪人所謂心戰爲上力戰爲下者非
耶以故將領人人得以自效而白水之役以寡克眾而仰攻勍敵
兵法所忌然卒取奇勝此其故何歟實公用戚參將繼光趙縣令
大河同心選練義烏赤城等兵使之有勇知方見利不動故一可
當百足赴水火雖古名將不能出公右矣而忠誠一念食息不忘
捐身許國誓不以賊貽君父憂此又其大者明臣無似以書生佩
刀筆待罪幕下謹以所聞於諸將校者退而論撰如左挂一漏萬
豈足云紀盛事哉聊用稗官所識以備野史氏採擇焉

明史日本傳至四十年浙東江北諸寇以次平宗憲尋坐罪被逮

壬戊 四十一 永祿五年〔日本外史十一武田氏上杉氏〕五年三月北條氏康請信玄合兵攻松山松山太田三樂屬城也三樂與長尾謙忠在廐橋令上杉憲政庶子憲勝守之告急於謙信甲斐卒將甘利氏臣有米倉丹後者束竹爲楯以扞銃丸諸隊倣之遂陷松山降憲勝而謙信方至廐橋問三樂曰松山何如曰陷矣謙信大怒瞋目按刀而跽曰汝以怯夫守城使吾不及事是辱我武也吾寧與汝死三樂慴伏不知所出乃上松山糧仗籍及憲勝質子二人謙信左手捽二人髮而右手斬之收刀復問曰敵軍幾何曰五萬人將帥誰某曰信玄義信氏康氏政謙信笑曰與吾敵者二人而已如氏政義信吾直以刀背一擊足矣抑近地有敵城可攻乎曰私市城距此十里許謙信曰可攻也卽親將赴攻三樂從之綴舟濟刀根川既濟毀舟過信玄氏康軍前遣使言曰二公攻松山而僕不及援僕深愧之不敢徒歸今往攻私市二公幸見要不荅乃傳城四面齊登一晝夜拔之斬城將小田朝貞鏖三千人以志田春義代守還遣使二氏軍曰僕拔城而還猶可以一戰二公豈有意乎甲斐軍鼓譟謙信免冑下馬徐行而還至廐橋召長尾謙忠曰三樂從我汝何不從拔刀斬謙忠屠其眾二千使北莊丹後代守然後歸氏康謂信玄曰公何以不戰曰吾與公敵以一謙信雖勝可愧也信玄從容與氏康語因問之曰河越之戰公以一軍克兩上杉氏願得聞其詳氏康曰公在焉僕何敢言信玄固請曰欲使兒聞之氏康乃談其戰略信玄稱善還至其營謂馬場信房曰氏康手段吾得之矣○〔日本外史十八德川氏一〕

五年三月嗣君使松平清善攻西郡不利更使久松俊勝松井忠次等攻之忠次招甲賀間諜十八人入城舉火外兵應之城將鵜殿長持走追虜其二子命俊勝守西郡駿河兵來爭不能取氏眞欲殺我質以我外家關口親永爲豪宗不敢發石川數正欲往護質度嗣君不許留書而往聞氏眞甚惜鵜殿氏二子則因親永請易質許之乃馳使還報嗣君大喜送二子於駿河數正乃奉關口氏世子信康而歸已而氏眞悔之怒殺親永擁我將士質以誘降之我將士無一人應者郎盡串殺其質嗣君聞之哀痛四月引間城背氏眞來降七月嵩山亦降已而皆爲駿河兵所拔九月駿河將朝比奈泰長來襲丘本松殺其城主西鄉正勝正勝子元正在月谷聞變馳援見父已死赴駿河軍死其弟清員爲泰長所捕行歷萬丈谷奮袂自投遂脫歸因菅沼定盈告狀嗣君命承父兄後辭曰臣兄有遺孤臣請佐焉嗣君義而許之嗣君自將攻板倉重定於佐脇佐脇與牛窪檢木合兵拒於坂井我前軍敗走渡部守綱夏目正吉殿戰嗣君聞敗馳救擊斬重定拔佐脇八幡二寨〔和漢年契〕元就與宗麟和

〔明史日本傳〕明年十一月陷興化府大殺掠移據平海衛不去初倭之犯浙江也破州縣衛所城以百數然未有破府城者至是遠近震動亟徵俞大猷戚繼光劉顯諸將合擊破之其侵犯他州縣者亦爲諸將所破福建亦平其後廣東巨寇曾一本黃朝太等無

不引倭爲助

江南經略〔賊自三沙受困之後不敢覬覦蘇松越六年人心懈弛將士玩愒兵備副使耿隨卿與太倉州署印州同蕭奇勳相與憂之隨卿周歷沿海申嚴號令稽察將領奇勳則潛募壯士備火藥廣儲蓄爲戰守計四月十六日賊舟由大衢山南行者甚衆由羊山西行者七十餘艘蓋欲犯蘇松也適捕黃魚船數百艘在洋協力與戰賊懼而去零賊六舟突犯三沙下脚隨卿檄副總兵郭成參將田應山都司邵應奎等往擊之而自與蘇州府同知劉一麟出劉家河督戰將士不能規避賊見官兵大集遁往江北江北兵拒之不得逞十八日復回縣後沙川心港郭總兵與邵都司江北

缺參將大兵三枝困賊於絶地者五日賊勢大蹙而我兵觀望莫敢擊二十三日颶風大作福蒼八槳等船久不修艙破散飄溺兵

得上岸者賊輒殺之莫紀其數舵工捕盜火器資糧皆爲賊有識者憾之二十四日兵備道新調兵又集賊遁出洋官兵追之莫及是夜三沙又到賊船二隻吳家沙新阜沙嚮沙皆有賊焉先是巡撫都御史周如斗以迎護景藩喪往安慶府飛報不能卽及巡按御史溫如璋在宜興縣星夜馳詣太倉謂諸將曰賊至浹旬若曹不能立尺寸功而更損舟師罪在罔赦若三日不能破賊必以失機奏聞諸將懼請效死戰溫公乃取兵備道兵及同知蕭奇勳所募兵往三沙助戰而以指揮朱先武昌祖爲蒞陣官耿隨卿又遣參將田應山策應之大兵旣集火器資糧皆稱竭乃將士規避故習也蕭同知以其平日所偹應之隨取隨足未嘗踰時將士無以藉口如璋遣火牌督戰甚峻蕭同知解懸賞銀二千兩亦至人心大悅二十六日諸將奮力與賊戰於三沙賊敗走縣後沙官兵追

擊之沉其舟一艘賊登陸爲官兵擒斬十八名顛墮海死者不與焉遣賊一舟遁往高家嘴總兵郭成先以陸兵列沙灘左右而以舟師逼賊且火其舟賊不得已登陸則前所遣陸兵與兵備道兵蕭同知兵四面夾擊賊大敗生擒三十七名斬首七十有七餘賊伏叢莽中郭總兵遣通事往諭之賊降者二十八人其不肯降者尚伏莽中夜半盜沙船欲遁沙兵覺之殪於海中又二十餘人是戰也總兵郭成參將田應山都司邵應奎之功固多而陷陣先登則兵備道及蕭同知兵之功尤不可誣因溫耿威令禁搶首級故苗兵得攘之爲己功云五月官兵擊賊於三沙外洋大破之巡撫都御史周如斗聞海洋有警自安慶馳至太倉適縣後沙先捷巡按御史溫如璋巡江御史尹（名缺）犒將士於本州教場偵者報洋山殿前山淡水門賊船一艘且至三公相謂曰方今有事正駕馭將官

之時雖例有宴可廢也卽遣總兵郭成率將士擊賊成遣都司邵應奎等自三片沙向東南行而親督把總車梁等從高家觜東行會合截殺及於三沙東南外洋賊大敗生擒六名斬首十六級死洪濤中者不計二舟皆犂沈賊無孑遺矣先是耆民多崛強與舵工相推諉臨陣規避縱賊當道雖素知莫如之何署印州同知蕭奇勳謂此輩宜結以恩訪耆民中知兵者優禮之有過恕之臨出海厚犒之耆民感激爭盡死力故得以成功云

癸亥四十二 永祿六年〔日本外史十八德川氏二〕六年二月遣松井忠次攻拔岩略寨三月自將與駿河將小原鎮實戰於小坂井破之五月放鷹近郊至深溝故松平好景子伊忠在焉邀而饗之賜之以鷹曰長澤要地也武田信玄所窺非汝莫以當之乃徙守長澤十月使菅沼定顯城於佐崎糧儲未備邑中有上宮寺爲一向宗頗饒資糧定顯徵之寺僧不聽乃奪之僧怒檄同宗針崎野寺土呂三寺合衆得千餘人攻菅沼氏劫剽而去定顯訴之乃命酒井正親捕其主謀斬以徇僧徒益怒大招聚門徒將士係其宗若欲救親戚修仇怨者往往歸之矢田作十郎馬場小平大蜂谷貞次渡部守綱本多正信其弟正重等數百人吉良

義諸據東條其弟賴持據荒川酒井忠尙據上野松平家次據櫻
賊夏目正吉據野羽一時並叛僧分之牌書曰進一步生極樂卻
一步墮地獄刻日來攻嗣君大驚分兵守諸城大久保忠俊與從
子忠世忠佐以下守輪田酒井正親守西尾松平伊忠守深溝本
多廣孝松井忠次守上井松平清善守竹谷松平家忠守形原松
平信一守藤井松平親俊守福釜酒井忠次砦於上野傍每賊出
舉烽相報嗣君覲烽卽驅救賊輒逃走石川數正與諸公族攻上
野土井兵攻東條藤井兵攻上呂針崎皆有功深溝兵攻野羽野
羽城兵乙部某導而陷城擒正吉乙部請曰臣所以爲導者欲活
正吉也伊忠亦請之嗣君終釋正吉祿之酒井忠次招戶田某亦
以爲導攻野寺破其後門十一月針崎賊攻輪田忠俊邀戰於小
豆阪嗣君馳救大破之阿部忠政善射渡部守綱與筧正重皆傷
水野忠重追蜂谷貞次貞次揮槍返之忠重卻嗣君親進迫之貞
次卻松平金助追而詬之貞次曰吾畏主公豈畏汝哉鏃殪金助
將截嗣君呵之貞次怖而走筧正重追平岩親吉射中其耳將截
又呵之亦怖而走忠俊進攻針崎陣於伊田大久保忠世與本多
正重以銃相擬忠世先發正重傷走賊議曰爭戰不決宜分兵於
鈔國寺扼其歸途夾擊陷之淖中蜂谷貞次忠俊壻也痛其覆滅
獨騎低回寺前忠俊悟之引兵還輪田十二月嗣君攻佐崎與矢
田馬場戰走之天野康景斬馬場閒月本多重次高力清長攻土
呂本多廣孝松井忠次攻東條皆有功賞功分邑賜忠次松平氏
尋築砦於佐崎傍○日本外史十後北條氏先是今川義元其子
氏眞與武田晴信合兵數臨境上以爭我富士河東之地氏康與
嫡子氏政俱會戰焉不決乃講和氏康以女妻氏眞爲氏政娶晴

信女十二月氏康援圍於氏政而老五年與晴信合兵復取松山松山者大田資正屬城也資正憾輝虎之不終功也遣使說里見義弘六年義弘出兵下總與資正合欲襲江戶城將遠山某諜知之急修守備而馳使報氏康氏康氏政將兵發小田原與義弘夾鴻臺而陣其夜候騎報曰義弘兵卻我先鋒遠山某富永某進濟𢬵木瀨平旦引兵登臺上敵將正木某伏臺傍二里許卒起要擊我兵大敗二將力戰死餘兵大走敵追至氏政陣氏政揮兵橫擊卻之氏康已濟水得敗聞召諸將曰吾欲爲二將雪恥何如氏政曰曩者遣一卒雜敵入其陣還報曰義弘在臺上檢二將首意色甚驕曰敵喪其貝度已退去吾旦日濟水追北殲之乃釋甲休兵是其可襲也氏康曰然乃勒二軍氏康氏政自爲先鋒會日且暮大霧咫尺不可辨二軍自臺南北鼓譟而登聲震天地義弘軍大驚大潰走氏康乘愛馬名賀美提白秘薙刀手斫三十騎氏政等擒正木以下十八將斬首五千級義弘資正僅以身免於是上總安房諸城多望風降四鄰益畏焉

〔和漢年契〕秋八月毛利元就取出雲尼子義久降之

〔日本外史十二毛利氏〕永祿元年二月元就使元春陣出羽與尼子氏將小笠原長雄本莊常光戰未決神邊城主杉原盛重來援破之五月元就攻降長雄晴久來救不及三年二月攻取松山八月誘降常光定石見是歲正月天子行即位禮元就獻金助資焉詔以元就敘從四位下任大膳大夫賜菊桐章尋遷陸奧守而隆元代之十月入出雲軍於赤穴迎降者十餘族常光爲先鋒縱火岩阪常光負功汰虐元就與元春隆景謀曰彼服可用而叛不可制已叛於尼子何有於我不若速除十一月襲殺之降

將因是多叛五年十月元就由白瀉入城於洗合山去富田七里建爲本營築連珠砦以漸逼富田迎京師公卿文儒講書於軍中以示據久之意因幡山名氏伯耆南條氏嘗爲尼子氏所逐就元復之使收其義故以助攻尼子氏山名祐豐亦以伯耆來屬十二月晴久病卒其子義久嗣大友義鎮與義久通好數攻門司乃遣隆元隆景以萬餘人赴援取神田城留天野隆重守之隆元留屯岩國六年二月義鎮以二萬人攻神田不能下會天使二人至自京師令我與義鎮和弭兵隆元乃爲其子輝元約娶義鎮女又令與義久和元就疏不可和者十條辭之七月隆元撤守歸覲過吉田將士勸入城休息隆元曰家君衰老櫛風沐雨吾何忍休乎八月至舟木和智隆實要而饗之疾作卒年四十一隆元性仁孝元就嘗罹疾祈以身代之其在岩國大友氏陰招周防長門將士將士皆不忍叛焉元就得訃慮軍氣沮出令曰欲弔亡兒者力戰自將攻白鹿城城將松田兵部能拒乃使銀山礦卒鑿地道城兵亦鬆而迎之鬭於穴中城兵遂塞穴而卻乃截其汲路松田盛米於斗灌注馬足我軍士視之以爲水不乏也九月義久間白鹿急遣弟倫久將萬騎援之欲動我兵決戰平旦來挑戰元就不應日晡倫久將去元就乃鼓而進敵敗走先是元就遣香川光景助三村家親略備中滅吉田氏七年三月入伯耆併南條行松氏兵絕富田糧道會行訟死杉原盛重受命攝其家事初盛重爲杉原忠興家臣忠興據神邊拒我兵終降及其死元就命盛重爲之嗣盛重嘗製陣法以弓翼槍與富田兵戰湖上再克之又收盜賊爲兵有佐田某焉妙於間諜故盛重善知敵情數有功後徙八橋城八年二月隆元子輝元與元春子元長共來洗令四月熊谷信直擁元

長進擊走鵝井安綱八月盛重拔江美九月家親拔大江元就乃
起石原龍山等十二寨以環富田謀竭其糧也置關四外榜曰必
殲之毋使一人遁已而度糧盡則撤關更榜曰降者釋之城兵逃
降相踵當是時義久寵臣大冢某與義久嬖姬相結以讒諸將通
款於我九年正月卯山久信被誅諸將皆懼出降獨河副森脇等
三百人不降元就有疾招降義久七月義久遂致城降置之安藝
長田元就圍富田前後七年而降之擇其守
將衆推天野隆重乃命隆重守焉振旅而還
甲四十子三
永祿七年
〔日本外史十一武田氏上杉氏〕六年信玄出兵
上野取蘘輪松枝諸城又略飛彈降其豪族江
閒常陸而白谷氏納款於謙信謙信於是與信玄分領飛彈謙信
自將入越中拔松倉小出獲嘗殺爲景者江波氏合其族十六人
盡誅之梟首栴檀野祭告爲景是歲謙信入上野取伊勢崎四月
入下總攻臼井與北條氏援軍戰走之先是常陸小田氏治屬謙
信已而歸款北條氏謙信怒七年正月朔冒雪發越後入常陸攻
陷小田城二月攻佐野昌綱於上野五月北條氏康來援逆擊走
之降昌綱會足利氏使者來傳敕旨諭上杉武田北條三家議和
息兵八月謙信自巡視信濃境上信玄亦出對營兩家諸將交說
其君曰君以四郡故與強敵搆兵十二年多喪士卒祇爲四鄰之
幸無爲也二人然之乃約各選一力人使鬬勝者取河中上杉氏
力士鬬勝信玄乃獨取貝津一城其餘盡屬謙信謙信乃復村上
義清高梨政賴等按其故邑謙信築精舍於春日山號不識庵盡
牌將士殉難者自弔祭之先是謙信使長尾政景守上田備信玄
已而忌之有告其謀叛者乃召諸親信密議誅之宇佐美定行諫

卷十六　正親町　邑

日政景叛狀未著誅之恐招騷擾上田要害折入武田氏君又負殺姊夫之名謙信不聽使定行圖之定行乃歸其邑野尻招政景觀漁湖中以漏船迎載捉政景同溺宣言私憾相殺因沒入定行之邑而陰祿其子收養政景子景勝令鐵安朝代守上田川中島景之役謙信爲武田義信所襲敗曰吾乃輸小兒本莊繁長長尾藤景有救援之功又竊笑之謙信惡之誅藤景繁長自危叛據其邑遣兵討之作拒壘圖守數年而降義信勇敢善戰將士歸心信玄忌之恐其傲己也勝賴以庶子陰有奪嫡之志乃與飯富兵部之昌景謀使人誣告義信教兵部就軍陣圖信玄昌景證之信玄義信盡誅其親信賜兵死屬其部兵於昌景改山縣終不合義信自殺歸義信妻於駿河今川氏始惡於武田氏武田氏既慮三上杉氏而其兵西出矣○日本外史十八德川氏二七年正月上馬日水野信元來賀正會佐崎賊焚岡太平嗣君望之謝信元出小而出信元不忍去以其卒從嗣君使上輸田兵當針崎而直出兵豆阪與賊遇近藤新一射中嗣君轡嗣君怒親陷賊陣與信元創合擊斬其二將土呂針崎野寺賊合攻輪田忠俊忠世防戰被網嗣君單騎赴援踵馳者三十八騎鵜殿康孝戰死賊黨渡部守射進過嗣君其甥內藤正成侍側呼曰事已至此不能恤私親乃以仆之賊兵稀突而進嗣君甚危賊黨土屋長吉謂其儕輩曰吾君門徒故敵主君今不忍視其危吾寧墮地獄矣乃倒鋒當嗣君馬前防賊戰死會日暮兩軍交綏嗣君還脫其甲得二銃丸命收長吉尸葬於輪田二月西尾兵合水野氏援軍戰於櫻井野寺破之嗣君自討野寺賊設伏破之數日佐崎賊可三百以矢田爲將犯岡崎嗣君密戒銃隊曰賊所以困我者以有矢田也彼負勇每

先士卒宜狙擊之及戰交矢田中丸斃餘賊潰走自是賊衆沮喪互相悔責勸本多正信蜂谷貞次請降貞次就大久保忠俊乞爲忠俊因說嗣君曰方今羣雄務厲兵拓地而我有內變國兵半散力仇讐有如鄰國乘隙來侵傾覆不旋踵不若容其自新使各效力以嗣君聽之貞次乃與衆議請三事曰將士復祿曰僧徒安堵曰渠以帥減死嗣君曰所請皆允獨渠帥不可赦忠俊泣諫曰去歲以來臣宗族幾殲公欲恤而賞之願賜此輩之命以爲前鋒攻吉良荒川立功償罪則疆土日拓矣水野信元亦以爲請嗣君勉從之召貞次守岡以下於輪田徵盟賜書焉使石川家成率針崎降將赴土呂呼而諭之賊投兵而降佐崎野寺相繼皆降乃逐正信等將五人及諸惡僧以其餘爲先鋒攻東條荒川義諦賴持乞降不許皆西走是役也榊原康政先登於上野康政之先曰仁木義長居伊勢榊原邑其裔清長徙參河仕藏人親忠康政其孫也幼沈深喜書是歲甫十六成瀨正義與弟正一每戰有功二人嘗獲罪出奔甲斐已而來歸嗣君待之如故二人感激故戰最力嗣君既定西參河三月出兵東參河四月小笠原一康元以幡豆牧野定成以牛窪戶田重定以檢木皆降乃築砦於一宮使本多信俊守之以一逼吉田田原五月氏眞將兵一萬陣佐脇八幡二邑分其五千攻一宮信俊告急嗣君自將二千人赴援過二邑間至本能原部伍嚴整兵鋒甚銳氏眞不敢犯其兵圍一宮者解退信俊尾擊破之明日嗣君復逼氏眞營前而還氏眞引去自是不能復出六月嗣君使酒井忠次率牛窪檢木幡豆兵攻吉田本多忠勝先登蜂谷貞次戰死城將小原鎭實終致城去以賜忠次本多廣孝攻田原取其郛城將朝比奈元智亦致城去以賜廣孝六月酒井忠尙復叛

命廣孝忠次討之賊兵醜其數叛相率出降忠尚奔駿河
壽死是歲攻御油寺部皆取之長篠築手段嶺三邑皆降〔和漢年契〕

夏五月織田信長拔瑞龍寺城取美濃龍興出奔〔日本外史十三織田氏上〕

當是時足利氏大衰三好氏松水氏專京畿之政而七道將士各據其國迭相爭奪信長慨然有戡定天下之志初尾張人道家某與京師人立入宗繼者相識宗繼爲左京亮自父祖居京郊多田業供御之絶每取給焉嘗說中納言藤原惟房曰方今天下大亂宮闕頹敝供御之邑盡爲武人所占而以臣視之其勢非得天下豪傑不足以定天下之亂聞尾張有織田信長者年甫二十割據東國之咽喉能以少摧衆是其人必有絶世之才君盍奏請綸旨屬信長以撥亂反正之事惟房畏憚內外不敢決宗繼再入說之曰事如漏泄臣獨任其責帝採鬮鏡室決計五年十月惟房宣言天子感異夢將奉幣於熱田祠乃使宗繼及儀貝久次齋密旨赴尾張因錫信長以御用合香館道家氏信長獵歸過道家告曰以故信長乃沐浴更衣出見宗繼宗繼宣達敕旨信長謂宗繼曰吾聞天子天下之君宜自我共職焉而今反辱使命加以寵貺吾何以堪之當藉天威以夷凶徒不日入朝竭力圖報因自謂食以享二使召森可成柴田勝家丹羽長秀木下秀吉瀧川一益菅谷長賴堀秀政諭以敕旨於是日夜議西上之策刈谷城主水野信元說曰參河德川氏舊屬今川公宜結納之委之東事而西面以圖天下信長從之甲斐國主武田信玄國富兵强信長厚贈遺之約爲婚姻以順適其意而西圖齋藤氏齋藤秀龍之未死也有二驍將信長計除之乃乘夜外出者數夫人齋藤氏疑其有所私頗

有妬色信長曰吾非有他心乃欲成祕計耳夫人問其計曰不可
與女言也固問信長乃詛之曰美濃二將陰通款於我圖舅氏日
事成則舉燧吾每夜出望之未舉也夫人憂恐密爲書告之秀龍
秀龍驚卽誅其二將齋藤氏兵力遂自是削弱矣義龍既弒秀龍
傳子龍興龍興暗弱其將士多歸心於信長四年五月信長將兵
千五百出西美濃洲股城將長井某日耕野某以六千騎迎之一覩
我兵寡徑淖而來信長分兵爲三隊以一隊自衛一隊壓其前
隊横擊之斬二將於是城於九條洲股令織田勘解山守九條木
下秀吉守洲股五年五月齋藤龍興在井口城謂其將士曰洲股
河漲信長不能來吾欲以此時攻九條乃率其將稻葉牧村等攻
九條九條告急信長信長卽赴援至河側不可渡信長曰吾寧溺
死豈可坐視不救乎乃鞭馬亂流而渡全兵從之時既夜九條城
將爲先鋒擊走牧村與稻葉鬭而死池田信輝佐佐成政識稻葉
聲交刺於暗中斃之讓其首不取柴田勝家取之獻曰信輝成政
讓首不取臣謹獻焉信長賞三士凱而歸終徙居小牧城以迫
美濃遣丹羽長秀攻下二城龍興將稻葉通朝氏家經國伊賀範
俊諫龍興失政弗聽七年八月三將送款於信長信長許之乃聲
言攻三河以聚兵兵既聚乃率而西行上瑞龍山以瞰井口縱火
疾攻城兵惶駭而降乃逐龍興三將來謁曰君來何速也信長既
定尾張美濃徙居於井口更名岐阜會有獻佳鷹二者信長卻之
日吾方有事四方未暇遊獵
吾定天下然後受未爲晩也

乙四十
丑四

永祿八年和漢年契夏五月松永久秀弑將軍義輝日本外史

九足利氏下七年五月久秀又讒冬康於長慶長慶召冬康於飯盛城殺之七月長慶死政康康長及岩城左通稱三好三黨久秀與之謀祕喪又謀廢義輝立義榮義榮冀望將軍數示意於長慶長慶弗肯是年冬義輝修二條武衛第課繳內特稅攝津之戶金貳分物情囂然義榮乃以其情告三三黨三黨與久秀議而肯之八年四月義輝已徙新第門扉未成三黨相謂曰時不可失也五月三黨與久秀及其子久通等率千餘人人佩一竹枝爲號宣言詣清水寺以入京師又謀紓其備而逼之也佯奉訴狀因幕府近臣進士晴舍納之義輝義輝母慶壽謂義輝曰劫而訴者師直府全故事爾今亦當且聽其請以計無事晴舍往復再三訴而宗傳幕府自四面圍而入一府中大驚宿直者一色秋成上野輝清高師宣彥部晴直細川隆是武田信景杉原晴盛等三十餘人聯鋒突出內薄與賊鬭斬數十人晴舍曰悔爲賊誰使君疑我乃自刃而死當是時府兵在京師者聞變聚於三樹里或曰速救之或曰衆寡不敵救無益也治部藤通其弟福阿彌與沼田某奮曰吾有死而已提槍驅至府門呼曰吾欲與將軍共死願使得入賊不許乃佩竹枝混賊而入則義輝方會衆訣飲慣三人者欲使脫去曰汝出招不來者三人人者辭曰命之宅人義輝爲絕命辭書之姬人衣袖曰足利氏運命窮於此矣出傳家寶刀十餘口更取出鬭刃皆缺折因發庫盡散其珍寶於庭賊爭攫之義輝與三十餘人從而踩躪之殺傷過當而我兵終皆死之義輝猶奮戰賊不敢逼賊池田某自扉陰跳出斫義輝足踣之賊堆集仆障於其上攢槍殺之遂殺其姬脫夫人近衛氏慶壽大慟曰將軍死矣老婦何生爲縱火自燒殺池田傷目於障後終盲爲廢人行乞於市京師人指以爲

弑逆之報也於是三黨擁義繼據高屋城以迎義榮六月義榮發
阿波至攝津十二月入普門寺城敘爵任官三黨專功有得色義
繼惡之十年三月義繼逃歸於久秀久秀據多門城與畠山高政
合兵攻康長康長陳東大寺十月久秀焚而走之義輝薨年三十
官至參議
從四位下

丙四十
寅五

永祿九年

日本外史十五 德川氏前記 豐臣氏上

豐臣氏出於尾張尾張愛智郡有中邑邑多銀杏樹因
或呼銀杏村享祿天文之際村民有彌助者焉彌助無子與其妻
祈之於天妻夢日輪入其懷已而有身天文五年正月朔生一男
兒因名曰日吉日吉生而英異八歲失父其母挈日吉轉寄食邑
人邑人爲患之同閭有筑阿彌者爲國主織田信秀之僕以疾歸耕
邑僧人爲議納爲繼父生一男一女乃託日吉於邑傍光明寺欲使
爲僧日吉機敏而不曉誦梵每聞人談武事輒傾聽之慨然歎曰
僧乞丐徒耳大丈夫生於亂世安學乞丐爲於是遊嬉任意與人
諍僧輒毆擊之欲使僧厭苦已僧遂議逐歸其家日吉恐繼父怒己
也大言曰果逐我我且焚寺悉擊殺羣僧僧頗懼乃託事辭謝予
衣物禮而歸之日吉時甫十歲父素貧不能共存復遣爲人奴所
至皆數月而去轉徙於尾張美濃間比二十歲遂如遠江爲土豪
松下之綱家奴之綱愛其才幹每事使之命名與助之綱一日從
容問曰女尾張人也知織田氏所用鎧何樣邪與助對曰天下之
鎧皆桶皮尾張獨用胴圓施縢右肋屈伸如意之綱曰吾欲得胴
圓一領女爲吾往買來郎付黃金六兩遣之與助行自計曰吾擁
此金以資仕進苟得意他日償之易耳小節不足拘也乃入尾張

号十六 正親町 㠯

就其叔父謀焉叔父可之因勸仕織田氏當是時信秀既沒信長
嗣立攻略四鄰與助亦以爲非信長無足與成功名者於是用其
金辦刀劍衣服自造姓名曰木下藤吉矚信長出蹕謁道側曰臣
父筑阿彌嘗爲君先公奴臣幼流寓他方不能自達君門願君復
收臣爲奴信長熟視笑曰女面類猴其心必捷矣乃收爲奴常挈
鞋以從以其筑阿彌子也呼曰小筑藤吉奉事甚勤依託近臣給
其使令信長嘗侵晨獨出從者未屬而藤吉輒從之如此者數信
長寢親近之其明年信長所居清洲城壁壞可百步命吏發卒補
之彌月不成藤吉從過城下仰視而歎曰嘻危矣因獨語久之信
長微聞之呼藤吉面詰曰小筑汝欲何言藤吉畏懼左右不敢荅
信長佯怒拉其手近之藤吉乃曰方今君國東有今川武田西有
齋藤淺井六角日窺我隙然而弛備如此有司爲君謀不忠信長
默然既而歸舍召藤吉曰使汝司工事則能速竣之乎藤吉曰
能信長曰吾今日命汝司工事矣藤吉拜謝徑詣吏告曰主公命
僕司工事願諭徒屬使聽僕令吏意憎之曰子好爲之吾不復管
也藤吉乃盡會役徒以君命賜之酒食乃分爲十隊以一隊充十
步身自獎厲督促之兩日而成信長適獵歸見而大驚曰猴奴乃
能如此因加奉升爲吏是歲永祿二年也三年藤吉又上言曰清
洲城乏水從小牧便信長已欲之而憚勞費未果且惡人知之水
也乃叱曰猴奴何知敢進妄言罪當死凡藤吉言事輒見叱斥衆
目笑之曰彼面皮何厚也藤吉不以爲意獨欲深結於信長信長
之士前田利家淺野長勝與藤吉善淺野養中邑人杉原某二女
利家悅其長女欲娶之女不肯強之不已淺野患之藤吉權謂利
家曰子舍之吾已通之矣利家笑曰吾未之知也苟然子盍速婚

嬪吾爲子媒焉藤吉亦不甚辭遂因柴田勝家請信長見允藤吉家貧成婚之夕夫妻作藁於簀而坐以瓦缸敗盞爲相酬妻知其非常人也事之甚謹後淺野養近江人安井長政者爲子妻以其少女於是淺野㒺藤福島小出諸人皆以外戚屬藤吉六年夏信長鬬兵河洲裁以藤吉爲將藤吉部勒指麾之如老兵法者其九月信長出舍洲股近臣福富某失其刀笄意藤吉藤吉急赴津島市密懸金購之有一卒來粥刀笄藤吉驗之乃盜刀笄者也即執縛之候信長還攜卒要謁俯伏垂泣信長問故藤吉具對曰臣唯貧故爲人所意信長憫之爲償其懸金遂賜以百貫邑信長方行儉富國患薪炭費多命藤吉司之費省十七因試之數事皆效然未使將兵也藤吉私製一旗集少年自從信長覩之怒其妄命斫其旗藤吉意色自如信長既克今川氏定尾張西攻齋藤氏於美濃蹤洲股河用兵數不得志因會諸將謀築壘於河西以一將守之諸將人人自危莫敢當者信長密謀之藤吉藤吉對曰孤壘斗入敵地我兵必不欲往即往不詣其地形險易一敗莫復往者不若因其土人用之臣嘗寓美濃與其豪俠大盜相識宜誘爲我用因屈指舉其姓名得蜂須賀小六稻田大炊枕原有隼人靑山新七以下六十餘人其黨屬千二百人信長曰吾亦聞有此輩矣誰將此者曰臣願當之信長許之九年九月發卒築壘敵將守近邑者以八千人出而沮之我兵且戰且築數日而成於是授藤吉以甲士五百戒而遣之藤吉乃招聚所識者壘兵凡可三千敵欲誘出而陷之以輕卒挑戰藤吉不肯出即夜聚其衆議曰敵必疲矣且以我爲怯不復設備可襲而破也乃令小六等以數十人襲敵城戒曰莫使敵尾入我壘大炊曰公勿憂開門可容二三人以待之臣

請殿皆爲藤吉曰前言以主公意耳不行危道莫以爲大功自固而棄土吾所不爲也公等勉之衆踴躍而出頃之邑中火起大囂藤吉又遣兵援之衆大獲而至乃效首虜於信長信長賜藤吉一纛旗就壘傍賜三千貫命名曰秀吉美濃豪傑大澤某據宇留間城爲信長所忠秀吉以計降之攜謁信長信長大喜其夜密召秀吉曰大澤叛衆不可必不若速殺之對曰叛則誅之耳今而殺之無復來者不聽秀吉歸舍不佩刀而召大澤曰吾於子之身有所不安子第速亡吾爲子留爲質大澤即亡去諸豪傑聞之多願屬秀吉竹中重治者好奇計從齋藤氏不見遇亦來屬焉十一年從信長擊六角義賢爲先鋒與諸將攻箕作城拔之信長擁立將軍足利義昭於京師三好氏兵屢犯之十二年義昭謂信長曰爲吾置一將智勇兼備者以鎮京師信長曰諸將擇以進衆意擬柴田勝家丹羽長秀佐久間信盛三人至命發則木下藤吉也衆大驚秀吉既拜命即日詣足利氏面謁義昭裁決京師事無不立辦三好氏不敢犯衆妬之譖其自用太過信長斥弗納尋修大内以秀吉及村井貞勝監工焉八月從擊伊勢攻淺香城先登元龜元年四月從擊淺倉義景於越前爲先鋒拔手筒城會淺井長政發兵斷後信長欲班軍恐義景尾擊曰誰留拒義景者衆不敢荅秀吉進曰願命臣乃以三千人留當義景義景不肯出遂引兵而西參河國主德川公以客將殿信長軍秀吉與之合兵行擊土寇達於京師以功食愛智川三萬石木村生駒前野諸人屬之六月從擊淺井朝倉二氏於姉川因守橫山九月淺井長政朝倉義景合兵圍信長於大津秀吉赴援圍解而歸二年五月淺井長政發兵攻鎌羽城城距橫山頗遠秀吉以輕兵馳繞山背立旗於城後敵驚潰走

八月從攻淺井氏山本城三年七月又攻之朝倉義景來救逆擊
破之天正元年以信長命廢將軍義昭徙之若江淀城爲義昭守
不下往說降之八月朝倉氏滅秀吉攻拔小谷獲淺井長政父子
秀吉拒二氏有年使信長無北顧之憂得以經營畿內以功食淺
井氏故地十八萬石明年城於長濱居焉○〔日本外史十八德川
氏〔二〕八年春嗣君盡定參河乃置奉行三人掌國內政刑以作左
衛門本多重次與左衛門高力清長三郎兵衛天野康景充之重
次剛直清長慈祥康景沈重善謀民爲之語曰佛高力鬼作左彼
此無偏天三郎先是嗣君既與今川氏絕以元康之名義元所命
也改名家康取遠祖義家偏名也鳥井忠吉爲嗣君奏京師請襲
先世官爵九年十二月詔
敘從五位下任參河守

丁卯 穆宗隆慶元 **永祿十年**〔日本外史十後北條氏〕十年十月氏康與晴
信合兵五萬攻長尾輝虎於廐橋縱火城下
至其門還以報小田原之役輝虎不敢出輝虎數窺河越不得志
氏康有妾子三郎輝虎欲養之爲子以成和議氏康聽之於是諸
國無事○〔日本外史十八德川氏〔二〕十年五月參河守爲世子信
康娶織田信長女信長使佐久間信盛來送女參河守之定國也
武田信玄使使修好是歲使其將山縣昌景來言曰請戮力〔四裔〕
滅氏眞我取大井河以東公取大井河以西參河守許之

編年表義榮任將軍

戊辰 二 **永祿十一年**〔日本外史十八德川氏〔二〕十一年正月詔遷參
河守爲左京大夫三月大夫出兵遠江攻久能

使高力請長說城將宗能降之松下二殿高藪三族皆降進攻堀川拔之遂取宇津山城於見附八月織田信長西略近江來乞援兵大夫使松平信一以二千餘人往信長將木下秀吉等攻箕作城城固不拔信一疾攻冒矢石而進大呼曰參河人松平信一先登矣諸隊繼登城遂陷信長面褒信一曰卿可謂膽生毛矣賜以桐號胴服十二月大夫入遠江欲取井伊谷谷中豪族井伊直親以讒言爲氏眞所殺其故部菅沼近藤鈴木三族皆屬大夫大夫遂取刑部先是引間城主飯尾某密通款於我事覺被殺其部下以城來降又爭事相殺於是大夫入引間益其壘壁立爲根據遂招降馬伏高天神二城是時武田信玄已入駿河逐氏眞氏眞奔遠江朝比奈泰能守挂川城以迎之三浦義鎭小原資久棄氏眞而獨保花澤甲斐將秋山晴近濟大井河招久能久能不下奧平菅沼迎戰於見附我兵不利大夫使人誚晴近曰汝何敢背約亟引去我親出擊之晴近懼引去大夫遂攻挂川城險食足不可輒拔乃連砦備之退陣見附是歲奏請復德川氏〔和漢年契〕

秋七月織田信長奉將軍義昭入京〔日本外史九足利氏下〕初義輝有二弟曰覺慶爲南都一乘院主曰周暠習禪於鹿苑寺義輝之被弑也賊使平田某詐誘周暠曰公來將奉以爲將軍也周暠信之往渡夷川平田自後斫殺周暠從人四散獨小四郎者甫十六拔刀與平田鬭而斬之賊又遣兵守覺慶斥其從者獨縱細川藤孝給仕焉藤孝故賴之弟賴有九世肖也父曰元常養大和守三淵宗薰子是爲藤孝或傳藤孝義澄遺腹子爲宗薰所育者也長多材能覺慶與之密謀乃以其策佯稱疾徵醫藤孝進醫朱田宗賢宗賢宿直數日託覺

慶疾痓夜賜酒於守兵守兵皆醉臥宗賢乃扶覺慶奔近江遇險
輙負覺慶而過墳焉藤孝又至徑甲賀山至矢島館於和田秀盛
家賊守者既覺四追之不度其冒險以故不能獲也上野清信和
田性攻等十餘人聞覺慶在矢島來從之覺慶養髮更名義昭明
年使藤孝就六角義賢議事義賢與其子義弼不善國內騷擾以
故辭不奉命已而久秀等聞義昭在近江使義弼圖義昭義昭覺
之乃與藤孝等十餘人夜航湖走若狹依武田義統義統義昭妹
壻也以國小辭乃赴越前依朝倉義景義景奉之於敦賀敦賀有
寇又從一乘谷義昭知義景不足託大事訪察近國諸將欲得一
人焉莫若織田信長者先是義濃土岐氏爲家臣齋藤某所篡織
田信長以尾張兵克今川氏幷三河遠江終誅殺齋藤幷美濃威
名臣聞十一年六月義昭潛遣藤孝清信就信長諭意信長大喜
迎義昭義昭乃發越前義景固請止之不肯七月至美濃入岐阜
城與信長議西上使使諭六角義賢義賢不聽八月義昭與信長
將兵攻義賢走之終入京師九月攻攝津河內義榮已患癰薨義
榮官至左馬頭當是時三黨或奔或降義繼久秀爭媚事信長信
長分畿內地予之藤孝惟政等皆拜邑十月詔以義昭爲征夷大
將軍義昭褒信長成功賜重畫徽號呼曰父用尊氏遇赤松則村
故事也義昭以京師兵燹假居細川氏綱舊宅遂徙本國寺○日
本外史十三織田氏上十年十月天子復使立入宗繼齎詔來詔
信長曰朕顧四方莫如卿武饗降寇敉屬以征討卿存心王室不
煒跋涉闊已平尾濃奮庸宣威朕深嘉之宜益迪果毅以副朕望
因賜戰袍一領信長召村井貞勝讀詔領旨感激受其袍曰臣督
師詣闕之日當服以拜賜耳先是三好氏弒將軍足利義輝義輝

弟義昭走依六角義賢欲借其力靖難三好康長三好政康岩成左通稱三好三黨專京師政陰令義賢圖義昭義昭懼走依武田義統義統辭又依朝倉義景義景諾而不果又喪其愛子志氣頓沮義昭流寓於外三歲聞信長威名欲往託焉使卜人大華筮之遇臨之節曰知臨大君之宜吉是之謂柔任於剛任於剛則不勞而治也義昭決意十一年七月遂使使來諭信長信長方計西上卽諾之遣將吏迎之館於立政寺義昭見信長託以興復信長荅曰是在信長度內耳幕下臨此當築館以奉然信長爲幕下定京師不出兩月矣莫以館爲也八月五日大會將士於岐阜謂之曰吾將有事於京畿汝眾各修兵備以俟我令乃盡散遣之自率數十騎至澤山使使六角義賢說以順逆義賢及子義弼業已與三好三黨三黨聞信長助義昭則益啗義賢義弼以利曰竭力以拒信長曠日彌久我以大軍爲後援也信長在澤山十日使者三反義賢竟弗聽信長乃歸美濃索近江地圖與諸將計畫之下令管內日以九月五日會於岐阜會者凡二萬人七日信長將諸軍而西義賢義弼居觀音寺城修箕作和田山等十八城以和田山當美濃之衝最固其壘壁守以精兵欲待我軍攻之而首尾相救信長諜知其計乃使美濃三將備和田山而宣言向觀音寺因引兵襲箕作城兵出戰木下秀吉丹羽長秀等爲先鋒故緩攻之漸至城下則奮擊突入卒拔之和田山城望風解去義賢義弼夜棄城遁信長三日下十八城自入觀音寺爲政國中招聚逃亡使人迎義昭相見於守山明日濟湖陣於園城寺湖山之間無非兵者三好三黨驚懼棄京師去於是信長整諸軍入京師天子使藤原惟房迎勞之栗田口信長稽首謂惟房曰臣屢辱過寵不勝悚懼幸

爲臣謝立入宗繼又從准房至信長指所服戰袍謂之曰是觴所賜也於是使義昭居清水寺而自陣東福寺自出美濃至此蓋十有二日矣京師士民固聞信長威武慮其暴掠相驚曰信長至矣皆荷擔而走及信長至號令嚴明秋毫不犯使菅谷長賴遂行街市織田氏養卒有與賈人爭價者輒執縛之樹以視行道者於是士民相告而歸物情大安信長聞三黨據山城攝津河內諸城即日遣柴田勝家森可成等將萬人涉桂川攻岩城左通於青龍寺明日自以五萬騎繼之左通望見大懼以城降乃以左通爲先導攻三好政康於芥川篠原長房於越水二城皆潰乃奉義昭於越水而自入芥川十月自攻池田勝政於池田勝政善拒我兵縱火奮戰奪關而入勝政終降獻質子五人乃宥之加賜二千貫邑高槻茨木諸城聞之皆降三好康長等棄河內走歸阿波信長告成事於義昭於是使信長自擇邑信長辭不取請分之幕府功臣先是伊丹親興畠山高政三好義繼松永久秀數與三黨戰先送款於美濃以故分河內於高政義繼分攝津於親興勝政及和田惟政令久秀居志貴城以定大和攻筒井順慶順慶降信長自置吏於界浦大津乃歸京師陣清水寺當是時京畿將士執謁信長軍門如市朝廷論信長功敘從四位下任左兵衛督信長辭曰臣以天之道得克強賊敢攘以爲功以辱顯爵乃敘從五位下任彈正忠義昭私以信長爲管領賜以副將軍皆辭不受義昭賀成事欲張散樂十三曲於其第信長謙曰方今凶賊纔服四方未平此非優游之秋也且諸軍士多思歸者宜如式而止也乃省爲五曲即日釋兵撤織內關塞以便行旅遠近悅服義昭病信長有功無賞也爲書褒之呼信長曰父信長乃歸岐阜

冬十二月

信玄逐今川氏眞居駿河

日本外史十後北條氏及今川義元死
氏眞承其後而淫縱不親國政晴信其
母之弟也陰謀奪其國十一年十二月晴信舉兵襲氏眞氏眞逃
走遠江晴信不敵追留居守中恐我兵救之也乃遣辯士寺島甫
安來說曰請分駿河富士河以西屬武田氏富士河以東屬北條
氏氏康氏政怒曰晴信規利以滅親是斜狼也今川氏祀宗所
寄跡且爲姻威吾必復氏眞宗乃執甫安因於伊豆以吾四萬餘
騎赴拔十一年正月陣薩陲山晴信陣輿津相持不戰兵四月晴
信度綏不可支夜拔其軍間道逃去氏眞乃來奔氏康至政分兵
守諸城爲氏眞修府中城六月晴信來入伊豆軍於鳴氏會大兩
我兵夜襲其營晴信驚藥其牙旗而走而關東將士多鳥晴信者
九月晴信發一軍來襲小田原時我兵大半成駿河小通原兵寡
十月晴信來至城下聲言諸鶴岡神祠以告戰捷氏康田政欲待
其入鐮倉而斷後殲之令兵勿出衆信乃引軍歸甲斐氏政弟氏
輝等要之三增山擊破其先鋒而衆寡不敵我兵遂敗走氏輝獨
身止戰其臣大石某謂之曰是非公死處臣請代公死進而死之
氏輝得聞馳走馬中箭斃其臣師岡某授其馬免之氏康氏政將
兵追晴信未至嶺三里而敗報至乃班軍而戍駿河者舍守赴難
十一月晴信復舉國兵入駿河諸城解走獨北條綱重在蒲原堅
守不下晴信知其不可力取引兵而去綱重出追之晴信分兵直
入其城綱重戰死之晴信陷府中盡取駿河氏康乃給氏眞以早
川邑而追氏政及松田憲秀等擊晴信○日本外史十一武田氏
上杉氏初信玄謙信共欲伸武於中原而兵結不解未暇及焉謙
信之再入京師也三好長慶權勢方熾家臣松永久秀專政其史

徒途遇謙信不禮謙信命從士斬之因密啟將軍義輝請除長慶
久秀義輝雖不能決心倚賴之久秀等頗聞之懼八年義輝密使
使召謙信久秀等大懼欲及其未來行大事遂弑義輝義輝弟義
昭逃走近江九年以書來託謙信以與復議不輒成義昭遂依織
田信長於美濃信長擁義昭入京師遂略定近畿頓致强大顧恐
謙信信玄議其後又自知非二人敵也乃傾意結信玄以控謙信
使幣相踵於甲斐信玄知其意動輒敗約欲西其兵信長患之乃
送其季子勝長爲質以女妻勝賴生信勝及義信死立信勝爲嫡
嗣而藤賴護之信勝母死信長又請爲其子信忠娶信玄女信玄
與織田氏婚遂與今川氏絕先是今川義元與信長戰敗死其子
氏眞暗弱任嬖臣三浦義鎮國人不服我德川公嘗屬今川氏亦
去屬織田氏兵力日强是時信虎猶在流寓信濃使人言於信玄
曰駿河亂將爲德川氏所有汝宜先取之信玄不荅信玄國不濱
海仰鹽於東海氏眞與北條氏康謀陰閉其鹽甲斐大困謙信聞
之寄書信玄曰聞氏康氏眞困君以鹽不勇不義我與公爭所爭
在弓箭不在米鹽請自今以往取鹽於我國多寡唯命乃命賈人
平價給之信玄使問者何駿河曰可取也陰招國人約爲內應十
一年十二月引兵南入駿河軍八幡坂氏眞舉兵拒清見寺軍潰
走歸府中遂走挂川信玄欲隨攻之而慮氏康來救乃止軍府中
取諸降附任子送至甲斐聞菴原某嘗與山本晴行交召問要地
可城者以久能及興津荅乃城之氏康果以大兵來爭駿河以復
氏眞爲名信玄留兵守府中而自軍興津氏康軍薩陲山相持未
戰信玄曰氏康數與兩上杉戰用兵遲緩易與也因飲將士酒問
曰猶寒乎曰寒信玄曰我陣平地飲酒而猶寒彼陣山上寒可知

矣必下在其麓也令人伺其陣陣果無人乃奪其糧仗返後數挑戰不決至四月信玄問計諸將馬場信房曰臣嘗見啄木啄蟲欲出蟲於前先啄其後信玄默然曰然夜收軍歸氏員遂走相模三浦義鎮爲德川氏所誅十二年六月信玄出駿河遂入伊豆軍鳴島會大雨流潦侵陣引返於是氏康兵專防西面在小田原者甚寡信玄諜知議攻之高坂昌宣諫曰彼已懲謙信講戰守必悉君深入之一有蹉跌前功悉廢而謙信將乘其後不聽九月下兵八王子攻敵城邑不下者過而南入小田原縱火城下十月引返遇北條氏二萬兵三增嶺召諸將命內藤昌豐掌輜重昌豐辭信玄曰前謙信唯失輜重故敗於小田原是重職也設八伏及兵交來擊破之歸謂昌宣曰何如昌宣曰是僥倖耳信玄嘉其忠讓相模兵戍駿河者聞難棄守返救信玄躡之十一月急出駿河拔九城獨蒲原不下信玄宣言赴府中伏兵城傍山中而西敵空城追之伏起取城遂陷府中及諸城與德川氏割大井河爲界織田信長以書來請曰松平家康僕所最眷顧者公幸指敎之家康介弟在今川氏公宜取以爲質關東北陸諸國皆使使賀戰捷於是信玄國傳南海謙信國傳北海以橫絕海內北條氏在其東織田氏在其西織田氏求援於信玄北條氏求援於謙信未之肯也

是歲春謙信攻陷武藏下野諸城秋人越中攻神保長純畠山義則不能治其下能登亂遣上杉義春治之立義則子義隆而還當是時謙信連略加賀越中而時出關東兵行神速敵不能測每懸軍橫行八州八州諸城聞其來震慴不敢出聞其還上三國嶺然後相告解嚴如雷雨過者

己巳　永祿十二年　〔日本外史十八德川氏二〕十二年正月詔報可
自是德川爲宗松平爲族是月復攻挂川使使
謂信玄曰挂川則僕力能舉之前日之約如何信玄荅曰不敢渝
大夫乃徙陣於天王山以逼挂川氏眞陷久能宗能父宗明以利
欲夾擊我軍宗明諾而告之宗能宗能不從氏眞之使復至戒期出
宗明父子密謁大夫告之大夫使佯期焉而夜伏兵城外候敵出
起闕獲其五將尾而入城城兵堅拒不得入二月退陣見附降濱
名都築二城三月復攻挂川泰能等出戰於西宿我諸將擊破之
追走至城以竹楯環攻城兵以舟師出我軍後鳥居元忠榊原康
政等邀擊走之大夫退入引間使三奉行下令三條禁鹵掠安撫
士民會氣賀盜起遣兵誅其首謀盡赦餘黨遠江民歸心焉氏眞
度挂川終不可守欲走依北條氏康氏康其舅也乃因酒井正親
石川家成乞和大夫荅曰某幼爲尊翁所扶持不敢失舊誼讒者
所間以至搆兵今信玄欲併駿河遠江公若以遠江見附某某當
與氏康謀納公於駿河因送誓書五月使松平家忠護送氏眞至
戶倉授之於北條氏大夫於是取遠江以挂川賜石川家成自從
五百人巡視郡縣甲斐將山縣昌景將兵三千自駿府至金谷遇
大夫下馬而拜覲我寡單心動託忿爭反襲之大夫走就險隘擊
斬其前鋒八騎昌景引去大夫大怒遣兵攻駿府昌景棄壘走乃
使使氏康謀復氏眞氏眞舊臣岡部正綱等修府城守之六月以
天方飯田不奉我令攻取之十一月信玄與氏康戰勝之降　正
綱取駿河分兵據小山大夫使松平眞乘拔挂川以攻小山　和

漢年契　春正月三好笑岩攻京不克秋八月信長取伊勢築二條

城〔日本外史九足利氏下〕十二年正月三黨伺信長不在京師乃聚萬餘人圍本國寺野村越中等善拒攝津河內諸將入援伊丹親興擊賊破走之義昭乃徙居二條城〔四裔編年表〕信長修宮寢〔日本外史十三織田氏上〕十二年正月三黨與齋藤龍興等圍義昭於本國寺信長聞警單騎赴援至則已平諸國兵後至者五萬信長初令畿內豪戶納金於足利氏獨界浦不奉命又資三黨信長宣言屠界浦浦人號哭乞哀乃使上贖金二萬貫就二條武衛陣故址拓修幕府四月成使義昭居焉以備寇賊於是信長召村井貞勝島田秀滿僧日乘等諭之曰應仁以來天下大亂王室衰微宮闕墜廢凡居王土爲王臣者誰不嗟悼信長夙有修舉之志兵亂倥傯延而至此今畿內粗定當修禁內以安帝座雖然亂後興役不可急迫恐擾民情宜以漸成之乃畱木下秀吉守京師而歸遂略近畿諸國七月遣兵以伊丹親興池田勝政爲先鋒略但馬攻山名氏八月自將兵五萬略伊勢攻北畠具敎於大河內旬餘具敎將柘植某送款信長殺具敎以啟我兵信長縛柘植數之曰汝爲人臣弑其君以降不可容也乃斬以徇以次子信雄爲北畠氏後居大河內食十萬石三子信孝爲神戶氏後居神戶城弟信包居上野城各食五萬石信雄幼字茶筅信孝幼字三七皆庶出也十一月信長徑入京師戒皇宮工事是歲置赤黑母衣各十騎以將士子弟材武者充之

庚午 四 元龜元年〔四裔編年表〕改元〔和漢年契〕夏四月信長伐越前

六月信長敗淺井長政於姊川秋八月信長敗三好笑岩僧光佐

作亂信長遺兵征之朝倉義景起兵信長伐之日本外史十三織田氏上元龜元年
二月入京師四月張散樂於將軍新第大會德川氏諸將領義昭
爲奏請進信長官爵信長固辭以朝倉義景拒命自往討之至敦
賀攻手筒城一晝夜拔而屠之進攻金崎降守將朝倉景恆以爲
先導欲遂定國內會淺井長政招六角氏餘黨與義景約夾擊信
長長政爲小谷城主信長妹壻也信長得報不信警聞益至信長
乃欲自若狹入京師恐義景追躡木下秀吉自請留備信長壯而
許之令諸將入出三四十騎以助秀吉而引兵西德川公爲殿至
朽木谷朽木元綱被甲率兵而迎信長疑其有異心松永久秀曰
臣請往質之郎有它故刃之而死乃馳往諭元綱元綱脫甲撤兵
以饗信長送至京師秀吉亦至信長乃爲義昭徵京畿將士之質
割近江地令森可成守志賀宇佐山柴田勝家守長光寺佐久間
信盛守長原木下秀吉守長濱而歸美濃聞敵兵要於鯰江市原
乃以蒲生賢秀等爲鄉導由千種路歸六角義賢使善銃者杉谷
善住伏山中狙信長過連發二丸中其衣袖從兵愕欲索之信
長不許金森長近密與信長易衣乘其輿而歸終達岐阜六月六
角義賢糾合土寇出野洲川勝家信盛邀擊破之加賜各三萬貫
淺井長政朝倉義景壘於比長刈安令近江驍將堀二某樋口某守
金川城信長欲誘降之美濃人竹中重治爲信長說二將曰子守
城者欲何爲曰欲立功曰立功以爲何人乎曰爲淺井朝倉氏曰
織田君爲天子將軍起義兵而二氏不助焉欲乘其危圖之是天
下所切齒而子爲之立功爲士者固如是乎二將乃因重治之降各
獻質子信長以爲先導自將繼之諸壘皆解走乃攻長政於小谷

城城其嶮森可成阪井政尚等與城兵戰於雲雀山破之信長引
諸軍上虎姬山議攻城策佐久間信盛進曰拔之不難恐損我兵
主君以身任天下何必乎此信長乃焚城四面而返令佐佐成政
梁田出羽中條將監爲殿柴田勝家曰此輩兵不滿千盍命臣若
信盛信長曰否大兵敗於險地不可復收故命此三人且吾自留
號令之卿等先去乃自引近臣二百騎返助三人三人辭之迭殿
而退城兵尾擊三人且戰且卻遂全軍而歸遂攻橫山城城將告
急於長政長政乞援於義景義景使族景健議先往合兵二萬餘騎
軍於大寄山我兵望之攻城益急長政景健議曰吾待朝倉公而
戰恐城不守也宜急救之今信長陣龍鼻距此五十町直馳赴之
人馬皆疲吾且日移陣於三田乘曉襲其中軍彼必驚擾莫不敗
矣淺井半助進曰臣嘗遊美濃爲稻葉氏客覘信長將略非驚擾
者也公計恐不中耳遠藤某奮曰彼何足畏公第進戰吾雜敵兵
與信長決耳議乃決信長夜望大寄山顧呼宿直諸將曰柴田木
下佐久間在乎皆荅曰在信長乃召而前之指示曰北軍炬火徹
宵是將乘曉襲我也乃下令勒軍爲十三隊阪井政尚池田信輝
等爲先鋒以當長政德川公獨將其兵當朝倉氏稻葉通朝助之
乃留丹羽長秀備城兵而引兵西向天明遇北軍於姊川北軍大
鶩政尚信輝進戰不利信長使氏家經國伊賀貞經俊擊其橫通朝
顧而助之大破長政而景健亦大敗走獲其驍將遠藤貞梢等十
餘人斬首三千餘級橫山以下諸城皆解走秀吉欲乘勝取小谷
信長不許使毋衣騎傳令收軍親論賞戰功將士遂攻礒野員正
於澤山置戍而西獻捷京師遂歸岐阜八月三好三黨與齋藤龍
興糾兵一萬據野田福島信長自將討之九月陣天滿林義昭陣

中島湮壕薄埤而一向僧賊以大阪應賊信長曰彼長袖者何能
爲遣佐佐成政赴拒而自繼之成政等冒矢石進將領多死我兵
潰走賊軍乘之前川利家揮槍大呼手殪數十人賊辟易而去利
家幼爲信長近士忤旨被逐私從軍先登獲首級者數信長乃復
之擢爲尾張荒子城主至是力戰以全信長軍信長軍方困於三
城間淺井長政朝倉義景時之也合兵三萬軍比叡衞將焚阪下
宇佐山城將森可成出拒死之信長弟信治及尾藤某道家某皆
死北軍遂攻宇佐山留後武藤等能拒北軍乃過大津縱火醍醐
山科信長聞警曰吾藉得拔三城使奴輩蹂躪京師則我之恥也
乃令攝津河內諸將備三城而還救之三城兵大起尾之奪舟於
江口渡諸軍患之信長自視於岸曰水淺可渡也乃亂流皆濟整
軍徐退敵不敢逼遂達京師旦日向北軍北軍驚上叡山陣信長
陣志賀宇佐山分兵攻叡山每夜襲擊而使人說其僧徒曰汝等
能捨彼而助我則他日使汝寺封如故否則中立不倚莫有所助
二者不聽他日必縱火爇山鏖殺僧徒不釋一人僧徒弗聽十月
信長遣菅谷長賴佐佐成政言於北軍曰吾與公等相持曠日若
士卒勞倦何請一戰以決勝敗長政等不答六角義賢糾近江土
兵將夾攻信長木下秀吉自橫山丹羽長秀自澤山來援行破土
兵至於志賀信長登樓望之驚以爲義賢至至則秀吉長秀也二
人以首級謁曰北人深入至此自送死耳請獨擊之莫使一騎還
信長大喜長政等請和不許六角義賢來降十一月堅田人猪飼
甚介等屬信長請得一將阪井政尚自請而往北軍來爭政尚力
戰死之會大雪北軍慮歸路梗數請和勿許乃請之義昭義昭親
來信長營言之信長乃聽之各解兵歸國○日本外史十八德川

氏元龜元年正月以遠江既定徙居引間改名濱松使世子居岡崎以撫參河大夫威名大振稱爲海道第一是月信玄攻拔華澤小原資久三浦義鎮奔高天神城主小笠原長忠與之有故而知大夫深惡二人斬獻其首大夫不賞二月信長使人來賀二國平定且請援兵擊朝倉義景三月信長先入京師大夫將兵一萬繼之四月將軍足利義昭饗信長及大夫遂赴越前信長自近江大夫自若狹會於敦賀攻拔手筒遂下金崎會淺井長政叛應義景欲夾擊信長信長危懼問大夫曰爲之何如大夫曰公第馳入京師長政見事遲矣必未抵歸路至如義景則留一猛將與某合力必不能尾也信長乃留羽柴秀吉而夜走京師數日大夫與秀吉殿而退信長將丹羽長秀明智光秀在若狹不能歸大夫分兵救之皆達於朽木行擊土寇而入京師五月歸岡崎六月信長擊淺井長政復來乞援大夫將兵赴之朝倉義景使族景健援長政信長兵三萬五千大夫兵五千陣於龍鼻長政兵八千景健兵一萬五千陣於大寄信長夜議戰大夫曰某年少不喜混戰願當一面信長曰然則當長政顧公兵寡我當分兵援之大夫曰某領小國慣用寡兵且纔賜援兵非素撫循何爲用乎信長曰使公獨當敵吾將爲天下笑請附一隊將誰可者大夫乃請稻葉通朝信長召通朝曰汝爲德川公所識拔榮莫大焉因取一槍贈大夫曰相傳是爲鎮西八郎箭鐵公源氏冑肩詰朝其以此指麾大夫喜而受之於是分兵爲四酒井忠次等爲前鋒石川數正等爲次隊大夫自爲中軍榊原康政本多廣孝爲左右翼稻葉通朝爲後拒旦日長政自東景健自西來至姊川信長又使人來謂曰吾深惜長政欲甘心焉願公當景健大夫曰諾忠次諫曰我所嚮已定乃易之

部伍必亂大夫曰西衆而強東寡而弱舍東取西吾所願已乃引兵而西與景健夾姉川而陣景健縱兵百餘先濟本多忠勝在中軍請曰彼欲擊我横我當逆戰大夫曰善命忠勝馳擊大久保忠鄰安藤直次踵馳擊走之景健以全軍進我前鋒卻次隊承之陵於河中犬家又內攬敵槍相挽遂奪而殺之內藤正貞遺槍敵中回馬取之松平忠次爲敵射矢貫左手拔矢反射殪之次隊卻敵進直逼麾下麾下將士拒戰不決大夫怒奮槍指麾縱左右翼夾擊大破之顧見信長軍敗沿川而東與後拒俱擊長政又大破之追北至大寄而還信長大賞大夫功目以武門棟梁本多正信渡部守綱等亡在越前悔而來歸是役從一有首功八月大風傷我國最甚命三奉行賑恤之九月信長攻一向賊於攝津淺井朝倉六角氏並起絕其歸路大夫使酒井忠次石川家成赴救數擊六角氏事平乃歸是時信長已取近畿十餘州而大夫僅得定參河遠江以與強敵接壤也○〔日本外史九足利氏下〕元龜元年義昭與信長合兵擊三好餘黨於攝津不利六角朝倉淺井氏並起蹙信長於大津義昭下敕和解之

氏康卒

〔日本外史十後北條氏〕元龜元年九月氏政與晴信相距伊豆聞氏康疾作乃還十月氏康卒年五十六氏康攻擊四方往往以身當敵有大創數十而常用心於政治講源賴朝故事察吏之貪廉而黜陟之關東諸國倚而安焉嘗與晴信會晴信與河越戰略氏康曰是非吾功也綱成等忠勇所致耳其不矜如此故其士民皆以廉讓相高趨君事如歸及其卒也無不哀慕氏政勇敢類氏康而器略不及氏康既卒甲斐將士欲乘喪攻氏政晴信方西擊織田氏以故不聽遂講和議○〔日本外史十一武田氏上杉氏〕元龜元年佐野昌綱

族據飯盛城與昌綱圖北條氏政以四萬騎助攻之昌綱告急於謙信正月謙信卽發晝夜兼行聞氏政將分其兵當己而急攻拔城也謂諸將曰饒令我戰勝氏政而不救城陷無益吾當獨身入城堅守汝等推義春爲將繼進乃獨與八十騎過氏政陣前而入城謙信穿黑綿衣不被鎧提十字槍騎行敵軍指目曰謙信也而大驚不敢遮擊諸將尋至北條氏軍潰走謙信遂屠飯盛徇下野下總入廐橋北條氏康聞氏政敗將二萬騎出援陣河越相持三月使使請和質其季子三郎謙信與諸將議聽之會見於富田大中寺攜三郎歸授其故名曰景虎四月氏康入駿河攻深澤不下又請謙信出兵上野信濃間以縻信玄信玄自將出拒交綏而退十一月德川氏質子遁去於是信玄與德川氏絶而纖田氏聘問益厚時氏康病卒氏政請和信玄將士皆說勿許乘喪擊之盡取其地雖謙信不能支也信玄曰吾夙欲出兵東海並海而西建旗鼓於京師則吾雖死不恨矣前有醫人診我脈謂當罹篤疾吾經營關東而中道疾作志不可成也信長乘吾輩不西以家康當我西面而陰助之其討可憎我欲與氏政和西治信長十二月遂納氏政質使逐氏眞氏眞走倚德川氏

辛未 五 元龜二年

（日本外史十九德川氏正記德川氏二）初信長深畏武田信玄事之甚謹而信玄常欲西其兵議曰信長使家康當我而自取易取之地以致強大今先獲家康則信長隨手而亡當是時與信玄勁敵者惟有北條氏康及越後國主上杉謙信是歲冬氏康卒子氏政立請和於信玄信玄以其庇今川氏眞難之使氏政殺之以表意氏眞懼航海來奔大夫給以邑

善遇之氏眞素與謙信通好勸大夫修幣焉謙信喜荅之約夾攻信玄大夫異父弟久松義勝質駿河數年爲信玄所奪幽於甲斐至是逃出蹈雪而歸足指皆墮大夫厚視之信玄於是決意絕我而德川氏與武田氏始構難矣二年正月大夫進從五位上遷侍從二月信玄入遠江三月攻高天神小笠原長忠堅守乃引兵去令其將秋山晴近侵東參河招降三族獨菅沼定盈不降四月參河諸城多陷我民叛應信玄欲襲岡崎侍從遣靑山忠門擊平之忠門戰死侍從出陣於吉田遣兵擊信玄將山縣昌景走之信長聞我與信玄交兵甚危之而不敢來援使人來言曰聞信玄數侵貴國某當赴援以報去歲之勞而以西事殷未之果也顧瀨松當敵衝宜避從岡崎侍從謝曰某請徐計之使者出侍從笑謂近臣曰吾而去此當蹋折刀劍不復用焉信玄何足畏哉十二月信玄兵侵吉田檢木侍從自將拒之不敢戰而罷〔和漢年契〕

信長滅叡山〔日本外史十三織田氏上〕

二年二月礒野秀昌以澤山降長秀五月淺井長政以二萬騎攻箕浦秀吉赴援擊卻之先是一向賊起於長島攻信長弟信興於小木江殺之五月信長入長島縱火而退賊乘風雨追嶮要擊氏家經國死之八月以柴田勝家爲先鋒入近江出小谷山本之間縱火而退兩城兵八千出躡之勝家返戰三次敵不復出信長再發攻拔新村下小川常樂寺九月陣勢田命諸將縱火焚叡山諸將皆失色佐久間信盛等諫曰自桓武帝剏建此寺幾千年於此爲王城之鎭莫敢或犯者今而滅之其如之何信長曰吾除國賊耳汝輩何沮我耶吾欲定四海興王道之衰勞筋骨輕軀命未嘗一日安居去歲略攝津兩城將陷長政義景舉兵窺我後吾舍兩城而返棲

之山上將殲之也遣人諭僧徒陳說禍福而彼竟不服務右山徒以梗王師此非國賊乎今而不行芟除乃貽患於天下也且聞彼犯其律茹葷蓄妻東閣誦呪安在其鎭王城也圍而燔之勿使有遺類諸將乃服明日圍叡山燔中堂及二十一社僧徒婦女無老少皆斬之以志賀郡賜明智光秀城阪下使居之歸岐阜令丹羽長秀誅高宮某於澤山以其通大阪也是歲皇宮成信長貸金於京畿豪戶令每月納息縣官以充供御且爲計畫廷臣家計興廢繼絕

元就卒

〔日〕本外史十二毛利氏元就既幷大內尼子二氏地定山陰山陽十三州命元春掌山陰隆景掌山陽遂令二將略地於南海西海當是時南海有長曾我部宇都宮河野氏西海有大友島津龍造寺氏十一年宇都宮豐綱攻河野通直通直來乞援二月元春隆景將兵數萬入伊豫拔二城圍豐綱於大津長曾我部元親將萬人來援豐綱軍於柳原乃令宍戶隆家當之而諸軍攻降豐綱元親引去元春隆景以六旬定伊豫還誅和智隆實於嚴島以隆元之死有蹤迹也當是時筑紫豪傑高橋宗像秋月諸族皆屬元就大友義鎭數攻之十一月元春隆景與元長同將五萬人赴援三岳十二年四月遂圍立華城義鎭方攻龍造寺隆信於佐賀聞之輿隆信和五月使其二將將兵七萬援立華我軍作塹壘再戰破之元就攜輝元往長門遙爲聲援尼予氏遺臣山中幸盛立原之綱等在京師聞之索故尼子誠久子爲僧者爲主更名勝久糾但馬海賊入隱岐六月入出雲取深山末次攻富田天野隆重有兵三百佯降誘其兵二千於城下擊破之七月敵設伏而誘隆重隆重諜知雨射伏中又破之元就聞浮田氏應勝久遣香川光景定美作令元春隆景疾攻下立華送致城兵

於西軍西軍猶與我相持九月故大內義興庶兄輝弘寓大友氏借兵五千由海路入周防攻鵠峰元就命班外師十月罝戍班師以吉見正賴爲殿而退至若松渡取土人質使具船以濟乃令城兵致城而還遣兵援鵠峰逐輝弘殺之元龜元年正月元春隆景將兵一萬五千輔輝元攻勝久恐其城守也宣言兵寡將納糧富田而還山中幸盛聞之悉甲五千出於布辨山我兵擊大破之元春攻末次夜列炬其面而自背襲之勝久幸盛走新山諸城連陷元入月元就患病輝元隆久歸省之二年六月疾篤輝元請遺言元就曰汝視二叔猶我勿違其言則可以守我業矣吾復何言遂卒元元就善歌詠有遺集若干卷嘗酒酣慨然言曰月支雄以身繫天下治亂者求友於千載之上卽同世而生志合則天下治不合則天下亂嘗問左右曰吾於前世人主可比於誰有一儒士對曰可比周文武元元就笑曰吾乃今知不若文武也文武之臣豈有面諛如汝者哉元就得一州則擇守將輒戒之曰吾聞侮其人者不有其土汝服膺此言故新附士民少倍畔者元春得訃哭泣謂將士曰葬奠之任隆景在焉吾當勦敵以慰靈魂是時幸盛在末石元春乃稱攻大山僧徒而急還攻末石幸盛出降僞疾自廁中遁入月元春攻新山走勝久勝久匿京師幸盛爲盜但馬因幡間遂與勝久借歸於織田信長

壬申 六 元龜三年 日本外史九足利氏下 三年六月游佐長教弒其君昌山昭高昭高高政弟長教所立也織田氏討長教誅之三好義繼松永久秀後皆爲信長所誅信長大樹恩威故舉義昭短以示上下義昭憤懣欲除信長引上杉景虎及關東

諸將以自援。〔日本外史十九德川氏二〕三年正月侍從入駿府
三月上杉謙信將兵入信濃以爲我聲援十月信玄將兵三萬餘
來侵拔韝飯田二城陣於袋井見附內藤信成大久保忠世將四
千人至西島與信玄遇信玄曰敵兵輕出勿使一人還麾兵來逼
信成曰濱松八千之兵其半在於此而衆寡不敵一敗塗地何以
再戰乃退侍從聞前鋒危自出陣馬籠使本多忠勝率精騎往援
之忠勝至一言阪信成等欲退甲斐兵尾之結而不解忠勝善用
槍所愛一槍名曰截蜻蛉於是忠勝戴鹿角冑提截蜻蛉單騎馳
入兩軍之間兩軍乃開終收兵而退命卒積薪阪頭而伏銃其側
敵至銃發火起敵不能復尾時我兵多蒙唐首信長所貽也甲斐
人爲之語曰家康有過分者二唐首也平八也已而信玄遣其子
勝賴等攻二股馬場信房備我援路侍從赴援渡天龍河不敢戰
歸敵結筏河上以絕城汲道守將致城收入濱松我諸城多叛降
信玄信玄合兵逼濱松乃令松平清善往拒宇津山濱松諸將勸
請援於織田氏侍從不欲之諸將曰信長富五倍於我而連請我
援我以二國抗強敵未嘗請援今而一請何不可也侍從從之十
一月信長乃遣佐久間信盛平手汎秀等來援相持踰月十二月
信玄部兵四萬陣於三形原縱火濱松城外侍從怒欲出擊之信
盛牽其衣諫曰寡君戒臣等曰信玄老將也其兵精強天下無敵
德川欲出戰汝當固止之侍從曰嚮信玄入小田原旌摩其門而
氏康不出世傳以嗤之今敵蹈藉我城下而不敢發一矢非丈夫
也果然則吾當削髮被緇耳諸將固諫而止二十二日信玄退入
井伊谷侍從遂北出陣三形原日已晡分兵八千爲九隊遣鳥居
忠廣往覘敵狀返報曰信玄返軍而來陣堅勢銳戰必不利請速

收兵侍從不聽更使渡部守綱往亦報曰勿與戰侍從叱曰人入
我閑戰我枕猶有臥而不較者哉命大久保忠佐柴田康忠往挑
戰守綱止之不肯而馳與石川數正本多忠勝榊原康政共擊敵
將小山田昌行走之侍從以麾下與酒井忠次大須賀康高昌山
縣昌景亦走之追北而進勝賴與馬場信房自傍進逼我麾下昌
景昌行皆返之信玄自縱奇兵橫擊我軍軍亂信玄乃鼓全軍而
徐進山岳爲震我軍終大敗信盛走汎秀死數正與松平家忠止
戰不支侍從切齒口出沫勵衆返擊成瀨正義本多忠眞安藤基
能鳥居忠廣等死者凡二百餘人敵兵益逼侍從自度不脫欲返
決死士多喪馬步從夏目正吉在濱松閭急馳至諫曰勝敗常事
耳此非大將授命之日君第速走臣請代焉乃扣其馬南向以槍
鐵策馬馬走正吉呼畔柳武重曰子以我君免武重欲止共死正
吉揮而去之自奮槍拒敵苦戰而死侍從得間而走使忠世樹旗
於犀崖以收敗軍敵以爲大將爭赴之侍從因得達城城門闔武
重大呼曰君歸矣盡開門而入一城聞敗大擾高木廣正得一髡
首而還侍從命貫之刀鋒徇曰兩軍鬪亂吾獲信玄矣衆乃定侍
從下馬杖槍慨然謂從者曰吾恨爲尾張人所沮戰失其時乃取
此挫衄矣取腰閉扇以賜武重都築秀綱妻豫煮粥以犒士卒賜
之衣服時已昏或請關門侍從曰後者安歸且示敵怯非計也命
開諸門篝火而自飽食酣睡鼻息如雷敵方追北逼城見門開恐
其有伏兵不敢入鳥居元忠渡部守綱等三百人出門而戰敗兵
自敵軍後謀而還信玄乃退舍忠世康政行破敵兵入城本多重
次喪馬殪敵一騎奪其馬還初重次多儲糧仗於是衆賴以安焉
侍從召諸將議守禦忠世曰敵新勝當挫其鋒以振我軍氣侍從

然之收城內銃手得十六人以忠世及天野康景將之五更登犀崖亂射甲斐營營亂多陷谷死信玄曰家康兵何強項也會石川家成自挂川入援我軍稍振侍從上城樓望甲斐軍顧富永某曰汝以爲敵去留何如對曰軍無輜重竈不見煙是必去矣明日信玄果去陣刑部馬場信房謂之曰臣檢敵尸北首者俯南首者仰可以見家康訓練矣向使主公與家康和結以婚姻以爲先鋒則天下何足圖乎

明史日本傳隆慶時破碣石甲子諸衛所已犯化州石城縣陷錦囊所神電衛吳川陽江茂名海豐新寧惠來諸縣悉遭焚掠轉入雷廉瓊三郡亦被其患

癸酉神宗萬曆元天正元年四裔編年表改元和漢年契春正月將軍義昭據石山堅田壘欲伐信長信長遣兵破之秋七月義昭欲伐信長不克信長取義昭幽江州若江城於是足利氏亡日本外史九足利氏下天正元年二月寨於石山堅田起兵討信長爲信長所攻破一作和而罷七月義昭令三淵某及廷臣二人守二條而自據宇治槇島信長將兵來攻細川藤孝迎降之信長攻下二條三淵死之三淵藤孝弟也信長遂攻破槇島使其將羽柴秀吉徙義昭於河內若江

織田氏於是遂代足利氏義昭後流寓和泉紀伊播磨終依毛利
氏居鞆津信長遣秀吉攻毛利氏自將繼之途爲其下所弒而羽
柴氏遂代織田氏十三年秀吉自冀爲征夷大將軍故事征夷大
將軍非源氏不可拜秀吉因是欲冒足利氏請義昭曰公養吾爲
子吾封公以大國安富尊榮以終其身也如何義昭賤之斥而不
許曰吾雖命窮矣猶八幡公等持公之苗肖也計安逸而汗祖先
吾則恥之秀吉不能強焉十六年義昭削髮慶長二年八月義昭
甍官至權大納言從三位及死詔贈准三宮義氏亦卒於關東卒
而無後者九歲羽柴氏東伐求足利氏後得基賴孫國朝立爲義
氏之後居下野喜連川給五千石呼喜連川公方義榮之後居阿
波平島呼平島公方初義榮之父義維爲義植所養生義榮及義
助義助生義種義種以後世賓於阿波此兩家與細川上杉二氏
皆存至今其居平島者世稱又太郎仍尊氏故事也居喜連川者
世任左兵衞督仍直義基氏故事也而喜連川在足利氏故國及
德川氏定天下特以賓禮遇之○外史氏曰源氏者攘王士以擄
王臣者也足利氏者奪王土以役王臣者也故論足利氏之罪浮
於源氏而源氏再傳而亡足利氏乃得延之十三世者蓋源氏剪
除宗族孤立自斃而足利氏封建子弟舊臣足以相維持故不遽
誠焉耳然其封建也不知制本末輕重之勢是以纔能僞定一時
而反者如蝟毛而起至其中葉以後天下禽奔獸逸而不可復制
也夫源氏將士其強鷲桀黠不減足利氏時也而奔走馳驅無一
人彎弓東向者何哉無它其力微弱易制而進退易置之權常在
於我也至於足利氏與之以土地之饒授之以人民之富其勢足
以爲亂而又襲之子孫牢不可拔豈可莫以預防其變哉然而漫

然割與動使一姓得踞三四州甚者居天下六分之一而莫之能制至於其封鎌倉與室町如二君焉遂致其子孫猜疑相圖而終之鎌倉爲上杉氏所覆室町爲細川氏所弱皆所爲尾大不掉末大必折者也然其爲之者有故焉彼其計奪王家中輿之業故蓋賞侈倉務充其欲不復計其後以苟取天下天下已集矣而不可裁抑一有所問裂眦而起無足怪者充彼之欲以濟我之私彼知我私而以其功邀於我我何以制之哉蓋足利氏以土地人民餌天下之豪俊而不能挈之並其餌而失之亦可哀矣故彼急於取天下而爲苟且攫竊之計者未有不貽禍於子孫者足利氏宗族君臣更相屠戮十三世之久而殆無寧日者豈非由其篡奪之報也哉後之爲人臣者亦可以知懼矣或曰將家禮制檃成於義滿之時而有可憾者夫行天子事而謂之將軍已爲不稱而爲之下者受封將家而班爵王朝又爲不順使義滿有學有術參酌古今掷立官爵已下天子一等除王朝公卿之外天下萬姓盡爲其臣豈不善哉外史氏曰噫是助足利氏爲虐者也夫天下有名有實昔我王家統馭海內食租衣稅而以爵秩酬功勞當是時名實之權並在朝廷及於其後有盜其名而敗者平將門是也有竊其實而成者源賴朝是也有欲並有其名實而兩失之者則足利氏是也夫將門未定八州而先擬帝皇天誅不旋踵賴朝既充其腹何必設分取天下兵食而其號則不過日追捕使若曰既充其腹何必華其服及尊氏奪中興之業尺地一民莫非其有而朝廷徒擁虛器不徒分取之也然名分所在不可踰越故擁戴北朝天子而已以上將宰天下猶源氏之故焉至於義滿驕侈跋扈僭擬乘輿通信外國稱日本國王分舊臣門族以倣攝籙淸華豈非欲並有名

實哉朝廷擬其贈號以太上天皇雖無稽之甚貽笑千古而義滿
素心所蓄亦可以見矣其早世不終志不可謂非我邦之幸也而
或者憾之何哉昔者孔子愛告朔之饞羊王室既喪其寶矣賴有
其名耳而今又欲舉而禨之是助足利氏爲虐者也晉以侯而宰
周之天下霍氏以大將軍而宰漢之天下自古有之是亦可矣不
必別撰名號以稱其實也且夫自公侯至輿臺以次相僕役而莫
非王臣者何爲不順哉饒令新建爵號猶平親皇之爲耳豈能如
千歲因襲之名在民耳目足以服其心耶假使足利氏如或者之
說吾知其不能一日居也余謂足利氏之欲并有名實也於其自
處已爲失義而於其事上御下之際又有失計焉者何以謂之夫
我已有其實而貽天子以虛器是擁虛器者耳何必介介然扶北
而擠南唯夫扶北而擠南是故天下囂然莫或盜一而其分舊臣
門族也所謂三管領皆據大封者也既與之以土地人民之富而
又假之以官號之崇授之以權柄之要是奚異傳虎以翼歟應仁
之亂是其所由起焉而終致上將亦擁虛器同於王室其極也並
其位號而喪之矣豈非計之失者哉○日本外史十三織田氏上
三年三月縱火小谷山本城下從軍志賀攻木戶田中二城置戌
焉遂入京師陣妙覺寺義昭使信長置第於武者小路固辭不許
乃令村井貞勝董役不日而成細川昭元巖成左通來降大阪僧
徒亦贈物納款焉三好義繼松永久秀私輿畠山氏鬮築城交野
信長素疾二人欲因事誅之於是遣兵攻交野城兵夜遣久秀竟
降七月信長長子信忠幼字奇妙始被鎧從信長攻淺井長政於
小谷令木下秀吉別攻山本聞朝倉義景來援壘於虎姬山待之
義景以二萬騎至信長曰及其未陣襲之莫使安營也將士乘夜

更襲之北人患之多來降者會義昭使來諭弭兵乃令秀吉守虎
姬山宮部某守宮部壘鑿山開道以便往來當是時長政義景與
越後國主長尾謙信通好以抗信長而武田信玄亦以甲斐信濃
兵西出信長遣佐久間信盛平手汎秀援德川氏距信玄於東海
不利汎秀死義昭時與信長惡欲乘是時圖之先是信長病義昭
多失行上書諫曰幕下之入京師也信長首請朝參勿敢或怠幕
下諸之後乃違焉夫先源公怠於王事天譴立至信長竊爲幕下
懼之忠臣亡賞而佞夫得官以虐下民下民何罪罪人納金卽便
有之僞稱叡山賦稅以掠民財或陽責征課而陰蠲之以買私恩
此皆非幕下所上爲朝議欲攺元龜之號而幕下特愛費用不果
從遠近有惡御所之目信長竊爲幕下羞之信長築二條城以備
寇賊而欲舍徙他所糴城內粟以蓄金銀諸國將士多貴金賤粟
遺其武備以爲遯隱之計皆做幕下之爲也信長所納紀綱之僕
無罪奪俸來乞哀者數請而不得復信長無面目以對此輩且聞
下敎諸國徵馬及金囊白凡百需索宜屬信長信長將立辨之今
陰有此敎信長惑焉信長志欲與幕下協心戮力撥亂略以興王
政豈有它哉願幕下勿信讒言以保終吉斥佞進忠恢弘先業也
至如儒人最宜親近之以鑒古今興衰信長生長兵亂之閒嗜於
文學自度處事多違故典所以常懷愧恥也妄疏所見唯幕下嚭
意焉義昭弗納遂相嫌隙天正元年義昭潛發使諭信玄及謙信
約夾攻信長又諭安藝國主毛利輝元以爲後據信長使村井貞
勝請和義昭義昭不聽二月義昭自城於石山堅田以山岡磯貝
渡部等守之徵發兵食信長聞之曰吾終不得不用兵遣柴田勝
家丹羽長秀明智光秀蜂屋賴高渡勢多招石山兵降之勝家乃

留備京師而長秀等攻堅田拔之三月信長自將至大津細川藤孝荒木村重迎降乃進入京師觀兵請和義昭弗聽乃圍二條城義昭窮蹙使人出言曰自今後盡聽卿所言信長拜謝行成而返至守山遣諸將攻六角義弼於鯰江召丹羽長秀耳語曰室町氏必再舉再舉必阻勢多矢橋汝伐澤山木造兵艦十餘艘以乃歸岐阜尾張人有枕川某者喜博奕爲衆所擯信長愛其勇與善馬曰緩急以此樹功枕川感喜而退七月義昭再舉兵留伊勢某三淵某與廷臣二名守二條而自據槇島阻宇治河爲固報至岐阜信長卽起直馳至澤山乘其兵艦夜濟朝妻渡旦日達阪下直入京師縱火呼譟煙燄漲天義昭兵拒勢多矢橋者返顧而潰京師人大驚曰織田公豈飛來耶信長疾攻二條陷之斬三淵城兵皆降以爲先鋒向槇島自鎮柳山遣稻葉通朝伊賀範俊等將三萬人渡平等院佐久間信盛木下秀吉等將五萬人渡五箇莊於是枕川某騎信長所賜馬曉出河岸大呼自名亂流而渡通朝麾兵從之與信盛秀吉合擊奪柵縱火而入信長在柳山左右望煙起相謂曰我軍方渡矣誰先登者信長曰必枕川也槇島既破義昭請降信長令信盛秀吉處置之二人乃奉義昭徙於若江令細川昭元守槇島通朝來白曰臣爲枕川所先意甚恨焉然恐其單進致死也故繼之信長並賞二人於是織田氏遂代足利氏出令京師蠲戶租免徭役賑窮民旌節孝以村井貞勝爲所司代收兵而返遂以兵艦攻拔木戶田中二城賜之明智光秀令秀吉藤孝攻淀城斬岩城左通令荒木村重攻和田惟政於芥川城村重素以雄豪聞部兵皆驍義昭之變首應信長迎謁於大津面貌甚偉會有獻饅頭者信長拔佩刀貫饅頭於鋒以啗村重村重進開口受

之信長笑曰好男子攝津十三郡任汝翦取之於是命攻惟政榜賞格曰獲主將者予萬金獲偏裨者千金獲士卒者百金村重將中川清秀熟視之以墨句其首條觀者無測其意既而惟政曉出城雜士卒修守備清秀伏濠側跳出斬其首信長乃賞清秀以萬金以池田勝政觀望不至逐之高野以和田池田氏邑盡賜村重○〔日本外史十二毛利氏〕初信長起尾張略取近畿武田信玄上杉謙信割據其東皆通使於元就欲夾攻信長謙信特勸將軍義輝召致元就元就羅疾不荅三年三月元春隆景遣使荅之天正元年信長攻將軍義昭輝元與二叔議遣安國寺僧惠瓊爲和解之義昭免走紀伊

秋八月信長伐江東殺朝倉義景淺井長政冬十一月信長殺三好義繼〔日本外史十三織田氏上〕八月歸岐阜居三月淺井氏將阿閉某來降信長復發下月瀨城軍於山田淺井氏兵守燒尾朝倉氏兵守大嶽與山田相持信長遣勝家信盛陣於高月絕越前援路朝倉義景聞之以二萬騎來軍於田邊信長又遣稻葉通朝助勝家燒尾守將因阿閉納款以導我兵我兵遂圍大嶽夜冒風雨疾攻守將乃降信長令信忠守虎姬山不破光治守大嶽而進下丁野遣使高月戒諸將曰今夜北軍必走宜尾擊鏖之諸將皆莫信且應曰謹諾夜半義景果焚營而遁信長大呼起曰敵走矣與左右五十騎馳出有先馳者信長誰何之荅曰利家成政其宅十餘人皆迭對信長戲曰吾欲先登爲諸君所先乃聯轡疾驅及敵於刀根山斬其偏裨二十三人雜兵二千金松某執甲首以謁跣而蹀血信長勞之手取芒鞋一兩賜之曰吾每臨戰懸之刀欛以備闕乏今而有用矣信長兩日下十

城。雷敦賀三日，徵降將質子，進軍龍門寺，義景棄一乘谷，匿大野。勝家、通朝等分兵搜索平泉，僧徒懼，請鄉導。通朝貨土人，得義景所在，誘降其族景鏡。景鏡迫義景，使自殺。信長誅黨類，撫降附，爲政國中，使人齋義景首梟之京師，以降將前波長俊爲越前假守。明智光秀等監之。引兵返虎姬山。淺井長政與父久政保守兩城，信長遣秀吉登粒羅國，絶兩城之間，使久政、長政自殺，以其地賜秀吉。九月，遣勝家攻鯰江，降六角義弼，獲杉谷善住，生埋之地，以竹鋸鋸其首。十一月，入朝，遣佐久間信盛攻殺三好義繼。於是淺井、朝倉、六角、三好氏皆滅。

信玄卒

（日本外史十一）武田氏、上杉氏。時信長與義昭相隙，義昭以書諭信玄、謙信來圖之。二年二月，信玄引兵東出，至遠江，攻高天神城。四月，入三河，陷八城。德川氏出援，觀甲斐陣嚴整不可犯，不敢接戰。信長聞義昭招謙信，信玄懼甚，乃益媚事信玄，以書謝曰：家康密邇貴國，恐有違失，僕當訓督之，甚勿見尤。信玄荅曰：老夫不知也。德川氏發兩使通好於謙信，謙信載誓書，請夾擊信玄。村上義清子國清寓越後，力贊成之。三年四月，謙信將萬人出信濃，縱火長沼，以遙爲德川氏聲援。勝賴在伊奈，聞警，以兵八百赴拒。謙信曰：彼敢以寡兵當我，不愧信玄兒，吾成其勇也。引兵而還，入越中，夷椎名、神保氏。十月，信玄計謙信阻雪不能出，則復出遠江，拔三股城。信長潛遣兵援德川氏。十二月，信玄進陣三形原，以薄濱松城，縱火城下挑戰，城兵不出。信玄佯退，城兵大出上原。能登謂小山田昌行曰：德川氏之陣單，織田氏之旗動，可敗也。昌行以告信玄，信玄乃返旆。昌行與勝賴及山縣昌景、馬場信房爲先鋒，昌行、昌景先合而郤，勝賴、信房承之，衡其麾下。信玄乃遣米倉丹後自間道橫擊，大破之，諸將請遂攻濱松高坂昌宣曰不可我攻之二旬不拔信長必大舉來援相持數月而謙信出信濃則我不得不返救信長則曰我能卻武田氏矣是損威名也信玄乃退次刑部是役獲織田氏將平手汎秀送其首於信長信長讓而絕之信長猶分疏不已天正元年正月信玄拔野田城疾作而歸信長請將軍義昭諭信玄弭兵信玄辭之訴信長五罪二月使秋山晴近誘降岩村城城將妻信長之姑也晴近奪而納之京畿將士多來送款者三月信玄疾愈復發曰此行必入京師也三月部兵三萬出美濃信長以萬人出拒山縣昌景以八百騎馳之信長不戰而走乞和益力信玄不聽轉入三河次平谷四月疾復作自度不起召諸將處後事使勝賴攝眾以竢信勝長誡之曰汝慎勿佳兵以亡我國吾死天下獨有一謙信而已汝請援以國託之彼一受汝託必不與鄰國合以侵汝也言畢昏迷已而呼山縣昌景曰明日樹汝旗於瀨田乃卒年五十三諸將以遺命祕喪以信玄弟信綱貌肖信玄輿載之歸曰信玄有疾歸國以昏夜延見四方使者信玄又豫具空頭華押數百紙以備書問以故無來犯者信玄居常略涉書志嘗以孫子語書其旗曰不動如山侵掠如火其靜如林其疾如風馬場信房問曰風雖疾哉非倏起倏止者乎信玄曰兵鋒貴疾耳苟止矣則吾以麾下繼之信房曰君要第二合之勝也其君臣講究武事若此類也四鄰頗聞信玄死北條氏政馳使告之謙信謙信方食舍箸而歎曰失吾好敵手矣世復有此英雄男子乎因潸然流涕者久之甲斐宿將馬場信房山縣昌景內藤昌豐高坂昌宣四人交說勝賴請和謙信勝賴不聽○〔日本外史十九德川氏二〕天正元年正月將軍足利義昭下敎信玄使輿信長及侍從和信玄不肯引兵攻野

田營沼定盈與援將松平忠正堅守敵蒙竹栅用龜甲車外城陷乃退保內城敵環鹿砦鑿地道以絕井泉侍從自將救之甲斐軍不可犯退次吉田馳使乞援於信長信長不敢出城中有善笛者邨松善銃者鳥居邨松夜上樓吹笛敵數騎來城外聽之標竿而去鳥居晨起見之日聞信玄喜音得非是乎密定準安銃逮夜使邨松復吹笛敵復來聽銃發墮一騎旦日敵中傳言信玄有疾來諭致城定盈忠正請出城自殺以免士卒信玄許之比出城伏起破虜囚於長篠誘降之二人不屈初奥平道文菅沼正員菅沼刑部置質於濱松而叛降甲斐於是請歸二人以易其質信玄乃使人來言侍從許之嘉二人守節加其采邑二月信玄病創分兵而去使我叛將守七城以逼濱松侍從曰可使敵在我近郊哉三月使世子信康石川家成平岩親吉久野宗能復其五城餘皆解走四月信玄創復發歸國途卒勝賴當國祕不發喪五月侍從徇駿河六月巡二股壁於城山七月攻菅沼正員於長篠以火箭焚其城正員退保子城乃築壘熊山留兵而還八月勝賴來援攻熊山侍從自將邀戰甲斐諸將退保險阻侍從伏兵而佯遁敵不敢出遂去城陷正員出奔甲斐敵將還助之成鳳來寺又助奥平道文成筑手道文之叛也其子貞能諫之及信玄去道文危疑貞能子信昌略涉書志爲筮之繇日蛇年之人死道文謂信玄生歲辛巳必既死也遂決意歸款勝賴在黑瀨徵質於貞能貞能不能拒遺其少子或告貞能有異心武田信豐召之貞能郎往戒從者曰未見我首勿動入見信豐信豐詰之貞能笑曰公莫信反聞信豐意解與之圍碁畢局而出勝賴軍監城道壽招之飲又往道壽使人出呼曰奥平氏被誅從者不動貞能出而歸城乃舉族來奔甲斐

戌將追之侍從遣本多廣孝松平伊忠迎之瀧山擊破追兵進戰築手下又破之勝賴怒殺其質十月勝賴遣諸將擣濱松留守本多重次等迎擊卻之侍從乃還勝賴出陣見附不戰而去

（日本外史十四德川氏前記織田氏下）

天正二年　甲戌　二

天正二年正月元日近畿將士盡賀正於岐阜信長賜之酒酒三行謂眾曰我有佳肴請侑飲焉令左右取一函來置之坐上眾屬目焉信長顧柴田勝家而手開其蓋則義景長政首也塗以金粉諸將皆笑曰有此好下物何辭滿酌也信長曰吾經略京畿為二患所礙數年矣卿等為吾積勞累苦以得致誅斃因各賜刀劍極驩而罷佐佐成政留而白曰臣無似從諸將之後叨被洪恩不知所報唯願君不自足焉遂定四方也信長大悅握成政手入室內與談政治侍史武井夕菴自傍贊之曰不圖成政能為此言君勿忽焉信長厚賜二人二月甲斐兵侵東美濃圍明地城信長與信忠出拒之城內有叛者城陷乃修高野遠利二城令河尻鎮吉池田信輝守之時武田信玄既死長尾謙信猶存信長與武田氏絕通好於長尾氏厚贈之三月信長入朝寓於相國寺詔敕從三位任參議以足利義政故事奏乞東大寺所藏名香自至多門城遣使令截香一寸八分而三分之自取其一分賜其二於諸將四月還京師大坂賊出要之擊破而過五月歸岐阜六月武田勝賴出兵遠江圍高天神城德川氏使使請援信長信忠將兵至荒井會城陷還至吉田德川公來謝曰藉公餘威得以保國至此信長勞之曰卿為我守東面以距武田氏使吾無東顧之患吾得以速定京畿卿之功也乃令左右四人擔二革囊盛以黃金以賜之

日薄以詗將士之勞乃還七月征長島信長之滅淺井朝倉氏遂攻長島畧二城置戍而還遇雨賊據險夾射林新三郎殿戰死之信長怒曰以革賊故多亡吾良吾必覆其巢窟殲其醜類以弔死者已而長島應武田氏信長覺之益怒於是與信忠將兵數萬三道赴討信雄與瀧川一益九鬼嘉隆以舟師會之行破賊兵而進賊入保五城八月大鳥居城賊夜乘風雨遁柴田勝家等追擊殲男女二千人截其耳鼻盛之一船送至長島篠橋城降九月長島賊出城乘船而去我弓銃手豫伏隄側擊鏖之餘衆可八百突入我中軍信長叔父信次庶兄信廣弟秀成從弟信成迎戰死之賊奔大阪遂燔殺三城男女二萬人臭聞數里乃以長島賜瀧川一益食北伊勢五郡○日本外史十九德川氏〔二〕二年正月侍從進正五位上三月上杉氏來修好侍從修長篠城復諸亡地四月攻乾城遇雨引還城兵尾擊殿軍多死者五月勝賴大舉來攻野田城壁未修菅沼定盈棄城退六月勝賴進攻高天神侍從乞援於信長信長聞信玄定死乃肯來援勝賴疾攻以利誘降城將小笠原長忠長忠遂降信長聞之止次吉田侍從赴謝信長亦謝其扞信玄之勞贈黃金二袋而去侍從以長忠邑賜大須賀康高使守馬伏壘九月勝賴將兵二萬來侵侍從將兵七千陣於天龍河我兵分爲二一在上游一在下流欲旋敵渡夾擊之甲斐諸將覘我陣不可犯勸勝賴退去○日本外史十二毛利氏〔二〕二年正月尼子勝久借織田氏兵入因幡陷鳥取城城本屬山名豐國爲武田氏所奪豐國欲復之因黨勝久其部將大坪一之諫之不聽一之乃來奔八月元春隆景大舉入伯耆降豐國逐勝久義昭之走紀伊遂西依浮田直家直家弗禮乃來備後自託於輝元輝元謀於二

叔遂與織田氏絕計納義昭於京師先是三村家親爲盜所殺蓋直家所使也直家爲浦上氏將終篡其備前美作浦上宗景與家親子元親皆請我兵討直家直家懼亦因僧惠瓊請滅二氏約以備中賂我元親族親成告元親通織田氏宍戶隆家勸隆景討之三年夏圍元親於松山滅之元親宗家穗田氏前爲直家所滅於是使元就第五子元春爲穗田氏後居中山城以鎮備中信長方攻一向僧徒於大阪大阪來乞援元春隆景遣兵援之又餽糧船六百以兵艦三百護送之七月至木津川能島來島氏與織田氏水軍戰破之奪其二大艦納糧而返〔四裔編年表〕

建南蠻寺

〔日本國志〕天正二年南蠻船至有教士稱宇留嘉伴伴的連（敎仲儺臣伴的）鬚信長召至安土問所由來曰欲傳祆教信長館之立正寺召羣臣議之卒令建南蠻寺於京師授以土田刑部正則曰戎狄異類不知人倫異日必爲害不如逐之信長曰昔百濟貢佛像尊崇至今彼徒所奉容有可取先是筑紫瀕海葡船無所不至經營市易廣布教法及是又至京師教士多通國語解內情言辭溫雅善與人交金寶珠璣視如瓦石或教民造食物以利民用百方誑誘以故民歸之如流水而西人託商賈來傳教者陸續不絕大友義鎮時雄據筑紫特建天主觀於丹生島日聽講說兩豐二筑每焚佛刹目爲天火甚至毀佛像爲薪時京畿僧徒橫肆信長欲引祆教以挫之既而伴的連日以賑窮療疾爲事散珍貨施奇藥每曰汝曹不信聖教故罹斯慘苦我今爲汝等超度乞兒病民日蟻聚其門而長崎闔境皆從教教匪山田甚吉等遂結五百餘人日放火劫掠信長始悔將逐之遇弒不果

明史日本傳萬厤二年犯浙東甯紹台溫四郡又陷廣東銅鼓衛雙魚所

乙亥三 天正三年 和漢年契 夏五月信長敗勝賴於長篠

日本外史十一武田氏上杉氏勝賴性剛愎自用長坂調閑跡部勝資自信玄時已被近幸勝賴益寵之勝賴欲出兵美濃四將交言不可調閑勝資勸之出會三河軍圍長篠乃止五月勝賴遣信房援長篠敵設伏而播柴爲燒營遁以誘我將士欲追之信房曰其煙白非燒營也令騎往踐之果有伏乃退次黑瀨城陷而歸昌景向濱松亦不利歸二年二月勝賴出美濃陷諸砦五月攻陷高天神歸宴將士昌宣昌豐相謂曰武田氏之滅兆於此宴矣昌宣說曰君狃勝不戢構怨四鄰非長久計宜返地二氏與之連和稍取東國厚集其勢二斐沮而止已而二斐勸勝賴出遠江濟天龍河遇敵不戰而返返至伊奈信虎在焉年已八十乃欲載歸視其狂暴如故乃止四鄰覘甲斐兵數不競知信玄定死稍窺之自信玄之死也信長專意於謙信卑辭厚禮覘之猶事信玄以其妹嫁神保長純長純上杉義春之兄屬謙信者信長因陽結謙信而陰圖之也又陰以計招上杉氏諸城歸款於己謙信書詰其反覆信長荅書陳疏謙信不聽會畠山義隆將游佐彈正等毒弒義隆以七尾城降信長七月謙信將兵三萬西伐攻長純木船城拔之遂入加賀居金澤移兵攻七尾以義春爲將努力復取能登游佐等乞援信長信長方攻長島不能來九月城陷誅游佐等乃休兵二日屬十三夕月色明

朗謙信置酒軍中會諸將士酒酣自作詩曰霜滿軍營秋氣清數行過雁月三更越山並得能州景遮莫家鄉憶遠征令將士善歌詩者皆和之遂爲政國中而歸信長遣大兵來援聞城陷引去信長猶使使謝罪於謙信是歲信長招降參河將奥平信昌令守長篠以備甲斐三年四月參河計吏大賀某陰送款甲斐約爲內應勝賴往陣榆城聞大賀謀覺被誅乃返五月勝賴以萬人附昌宜畱拒越後自以一萬五千圍長篠軍道虛寺令叔父信實守鳶巢壘德川氏乞援於信長信長不敢出使者三反不許使者請曰不援則納遠江於武田氏爲之先驅以取尾張且信玄已死公何怖之甚也信長乃自將來援兵凡七萬猶憚甲斐騎兵衡突植欄三層守以萬銃勝賴欲戰信房昌景昌豐等皆諫曰敵衆新來其氣鋭不若且避之不則疾攻城雖損我兵猶可拔而歸也二嬖曰一戰夷兩敵在於今日勿聽老怯計信房曰今日之戰老怯者必死若公等乃遁走耳勝賴遂畱室賀行俊小山田昌行圍城而自進濟河陣旦日敵間道襲鳶巢信實敗死我陣顧而動敵衆挑戰昌景爲左先鋒進犯敵柵中丸死信房爲右先鋒與眞田則幸土屋直村破柵而進則幸直村亦中丸死室賀行俊來請曰圍可解否勝賴曰可言未畢諸軍大潰信房使人馳白勝賴曰君速去臣請畱死之與八十騎止戰盡亡其騎自登高邱顧視勝賴已遠矣乃號於敵曰我馬場美濃也宜斬以受重賞敵叢刺之死二嬖先遁昌宣豫慮軍敗也以兵八千迎於境上以歸因大諫請與北條氏婚以拒二氏勝賴從之信長既大捷謂甲斐不足患所患獨謙信乃大城安土移焉以備北道柴田勝家爲其最驍將因守越前居北莊八月謙信將兵入加賀攻松任城城將蕪木高秀乞援於信

長信長將五萬人來陣御幸家勝家爲先鋒謙信疾攻拔城斬高秀齋其首贈信長曰頃攻太城相公遠來見援幸甚然城將已授首謹此奉贈公當有一戰以弔之明早將相見信長許諾而乘夜退軍設八伏以族諸將請追擊謙信曰信長豈徒歸者亦引還是歲勝賴使使請和謙信欲報織田氏謙信許之徵其質子不肯會德川氏攻二股城將依田幸成固守不下乃攻陷諏訪原遂攻小山勝賴曰彼謂我不能復出乎乃募兵二萬援之敵解圍去十二月幸成死德川氏復來攻幸成子信蕃拒之勝賴命棄城退岩村又陷信長手刃其姑是月勝賴迎北條氏女成婚昌宣退謂人曰今夕吾始得高枕矣○〔日本外史十四織田氏下〕

三年正月命吏四人巡近畿諸國修橋道錮關征三月信長入朝檢羣臣采田其賣與人者爲償還之四月信長聞大阪納長島遁逃又糾合三好氏遺黨以遂應武田氏也乃引兵南伐下新隍高尾二城而返五月武田勝賴大舉出參河圍長篠城德川氏復使使請援信長信忠以騎卒五萬赴之戒其軍曰人持杙與紐乃詣熱田祠祈戰勝至岡崎值城將奧平信昌使者曰城兵日夜望大旆來也信長慰勞遣歸而縱反閒曰信長方患京畿北國不能來援勝賴大喜分兵備城築壘於鳶巢山留一將守之而自進二十餘町濟瀧澤川而陣信長至設樂鄉令將士議戰德川氏部將酒井忠次進曰臣請今夜間道繞出敵背襲鳶巢壘縱火敵營以褫其氣而大軍乘之莫不勝矣信長佯罵曰咄田舍兒何知諸將皆退信長使人陰招忠次曰汝計可用吾恐其漏泄故佯叱之耳汝宜速發顧如無鄉導何忠次曰臣卽爲鄉導請賜監吏信長乃遣金森長近等四人從之當是時信長陣極樂寺信忠陣新御堂勒兵爲十五隊德

川公爲右先鋒居前佐久間信盛木下秀吉瀧川一益爲左先鋒少御信長下令爲柵於軍前用杙輿縆立成乃抽諸隊銃手得三千以佐佐成政前田利家等司之曰勝賴恃勇無謀而其兵喜騎戰吾沮之以柵而銃斃之彼卽馳至勿遽發銃及其已逼每千迭發二十一日昧爽鳶巢火起敵軍顧而擾動信長自率司銃五人出柵十町發巨銃於敵中挑戰而退敵四將更進逼我右先鋒轉犯左先鋒銃丸亂發敵兵沮靡敵三將敢死繼進直犯左先鋒破柵一層我銃乃齊發右先鋒以槍橫擊之成政馳白信長曰敵中軍旗幟搖動信長令先鋒縱兵乘之敵兵敗走乃令諸軍鼓譟齊進敵軍大潰逐走追北斬首一萬三千級揩餘兵於川獲其宗族將領二千餘人勝賴僅以身免參河諸城屬武田氏者皆解走信長收軍不敢窮追德川公來謝軍門曰今日之役不知所謝信長日卿兵最力戰以得此捷耳德川公因請乘勢遂入甲斐前田利家木下秀吉亦以爲言信長不可曰我兵疲矣吾且養力再擧乃振旅而還賽熱田修其祠宇歸美濃於是令信忠攻岩村城越前假守前波長俊失政朝倉景健等與一向賊作亂據龍門虎杖木理火燧水津河野諸城以遙應大阪八月信長信忠乃統公族諸將兵凡八萬北伐至敦賀會大雨信長潛召木下秀吉曰敵必不設備汝潛以舟師取河野浦擊其不意遂破龍門則木理諸城不攻自破矣乃以明智光秀等助之夜發敦賀已而河野龍門火起木理諸城顧覦之皆秉守潰走諸將邀擊大敗之柴田勝家等拔鳥羽城入加賀金森長近等自德山口入屠三城而丹波若狹將士以兵艦數千艘來會縱火沼海信長乃進踰木理嶺至龍門景健斬賊帥下間和泉等乞降弗許誅之景健從士三人伏刃殉之

信長卹三人妻孥分兵索賊黨斬獲五萬人進略加賀加賀越前
十餘日而定九月信長返至北莊大論戰功令梁田出羽守檜屋
大聖寺二城以鎮加賀分越前三郡賜前田利家佐佐成政及金
森原不破武藤等以其餘入郡盡賜柴田勝家城北莊足羽使居
焉身自經畫之因赦勝家曰越前北陸之要扼而當長尾氏之衛
吾選於諸將以命汝汝其勉之夫守國之道不當徒恃勇武當恩
威並施以服民心乃申條制曰毋厚賦斂毋征關市毋侮士民毋
偏訟獄毋遺武備毋喜游田皇人之邑爲亂賊所掠者當據印券
還付國內間地歸我倉廩者以待功勞之士不當徒費凡我所令
有不便者輒來爭之我將攺焉因命不破佐佐前田等與勝家相
檢察以爲國政然後班師岐阜十月入朝廷臣口名來迎於澤山
詔聽昇殿超拜右大臣信長固辭即任權大納言兼右近衛大將
信長從弓部百人入拜謝因賜宴於御前東西諸國交使使賀之
大阪僧徒乞降獻珍玩許之會美濃使者至告武田勝賴來援岩
村信長馳還赴之先是岩村城將出戰信忠擊卻之城將遂出降
而信長至礫城將以徇以川尻鎮吉爲岩村城主勝賴聞之引去
朝廷嘉信忠功擬以高爵信長固辭乃除秋田城介信長因奏請
曰臣將校爲臣效力使臣奏功令臣父子獨辱顯爵而不及此輩
臣意竊愧之於是以木下秀吉除筑前守明智光秀除日向守塙
直正除備中守川尻鎮吉除肥前守先是西海豪姓多絶而無嗣
信長欲使諸功臣繼之乃命各冒其姓明智光秀冒惟任氏塙直
正冒原田氏梁田出羽冒別喜氏丹羽長秀冒惟住氏秀吉羨丹
羽柴田氏威名請稱羽柴氏信長謂信忠及諸將曰我他日得混
一海內則使汝輩實稱其名也當是時織田氏之國横塞天下衛

路以東國鷹馬贈遺西國以西國虎豹皮贈遺東國得贈遺者各以爲信長已略有其地也○〔日本外史十五豐臣氏上〕三年五月信長援德川氏與武田勝賴戰於長篠秀吉爲左先鋒有功八月朝倉餘黨大起越前信長攻之至敦賀秀吉受命以舟師繞出敵後上岸毀舟襲河野取之遂拔龍門諸城皆潰是歲除筑前守更氏羽柴秀吉以桐爲號以金狐爲馬表每一捷加一狐曰吾必積至千矣因稱千狐織田氏之出軍也桐號狐表敵望而避之前後加封總二十二萬石秀吉私與謀臣議曰主公外優裕而內猜吝吾受大封必不能保終因從容白信長曰臣敢請養次郎爲子讓之以臣祿信長喜因問曰汝祿何如曰君命臣西征者西國二三州可指日而取取輒獻君臣請其餘耳信長乃以其少子秀勝爲秀吉義子○〔日本外史十九德川氏二〕三年正月天野康景有吉夢以爲克甲斐之兆獻之二十日因命連歌會著爲恆例二月侍從出獵城下見一成童容貌秀俊問之對曰井伊直親孤子名直政幼字萬千代育於繼父松下清景侍從曰仕我否直政曰奉命乃載歸遂賜其舊邑井伊谷統故部曲是月以長篠賜奥平信昌井伊氏奥平氏皆南朝時屬官軍者也侍從知信昌可用使松平伊昌助之益修守禦以備勝賴四月勝賴侵宇理我吏人大賀彌四郎者以文無害起岡崎胥徒至司二十餘邑稅務竊懷異圖與其黨小谷倉地山田三人謀通款甲斐曰臣掌岡崎管鑰城之所有世子與諸將質耳請啟大師挾質以臨濱松無不降矣勝賴大喜刻期來襲山田中悔自首世子世子使人伏其臥內聽之盡得其實急報之濱松倉地小谷知事覺逃捕斬倉地終執大賀窮治服罪乃反接馬上徇之二城先碟其妻子然後生埋之地而鋸其

首勝賴潛兵至楡木閭大賀敗轉掠楡木牛窪侍從距吉田世子
距法藏寺擊卻之五月勝賴大舉攻長篠築壘於鳶巢山分兵絕
其饟道信昌與伊昌勵衆堅守侍從使小栗大六乞援於信長信
長不果出奧平貞能自往固請信長許之未至信昌出戰卻敵焚
其竹楯勝賴攻奪其甕城益修攻具鑿地道環塹柵攻擊連晝夜
信昌謂其衆曰孰能出促援兵者鳥居勝高素倔強稱強右衛門
進曰臣請往矣信昌許之夜縋而出至侍從營致信昌命曰城兵
未疲鉛硝亦具所欠者糧耳不急救之則信昌自殺以免士卒侍
從召見慰勞之曰信長既在途吾亦將以明日出因留勝高自從
辭曰城中延頷遲報臣不忍留也郎夜馳歸將踰柵入城爲敵邏
兵所執勝賴命解縛諭之曰汝往語城兵信長家康不能來宜速
出降也則吾厚賞汝矣勝高曰諾乃使甲士十餘人露刃擁之至
於城下勝高仰城大呼曰諸君努力大兵來援不出三日言未畢
刃叢而死勝賴益嚴防備張索濠上以防城兵逃出卜八日侍從
以騎卒二萬先進陣高松信長與長子信忠合五萬衆陣設樂信
昌望見之作書曰城猶足堅守請勿輕進損兵敵若急攻當鳴鐘
報之使鈴木金七齎往夜踰濠以短刀截索泅而來達侍從獲書
以告信長信長甚憚甲斐人植重柵穿塹守以鳥銃使侍從亦儆
之大久保忠世其弟忠佐奉命以銃手三百爲先鋒參河卒小栗
某奔在甲斐於是爲勝賴使上國而還竊懷歸志過本多忠勝忠
勝攜謁侍從授之密謀使歸告勝賴以援軍易與狀勝賴大喜欲
戰將佐皆諫弗聽乃分兵當城使武田信實守鳶巢山而自進渡
瀧澤勒兵爲十三隊本多廣孝酒井忠次相謂曰我誘敵入死地
矣成瀨正一嘗在甲斐記敵旗幟侍從召之指甲斐軍門曰左者

爲誰曰山縣昌景也問其右者曰馬場信房也問其中者曰公族也忠次因說曰敵鋒向我銳甚請分兵繞出其背焚蔦巢壘使敵顧後則克矣侍從曰善未告信長信長數發候騎候敵皆曰兵衆而整不可犯也一軍失色二十日信長召諸將問計諸將氣沮莫敢言者忠次進曰臣使人閒覘敵兵寡羸敗兆皆備請明日決戰信長曰汝之勇果如所聞因命酒觴忠次使傳之信忠曰聞汝善撈蝦舞爲我一爲之忠次起舞衆敲箙和之舞畢復議戰忠次復進曰是役係寡君國事臣不敢辭讓因進襲蔦巢之策信長心善之而恐其漏泄佯叱斥忠次忠次弗懌罷已而信長陰召還之附兵五千使往侍從命松平伊忠其子家忠本多廣孝菅沼定盈阿部定次奧平貞能率三千人助忠次約曰至則舉燧忠次不歸舍而發乘夜踰險五更達壘下伊忠謂家忠曰我必戰死汝全軀以事主公家忠泣請共死伊忠叱曰國恩未報又絕先祀忠孝安在乃分兵附之訣飲而去昧爽忠次舉燧大喊逼壘信實惶遽出拒伊忠力戰死之終破殺信實遂焚諸砦甲斐軍驚動我兵覩燧大喜織田氏將挑戰忠佐謂忠世曰我主彼客使彼先戰我之恥也忠世曰然乃共出柵外誘敵敵左陣突騎三千先縱我銃隊擊卻之敵中軍繼至忠世忠佐周馳健鬭信長望其背旗徽號使人來問曰一人以蝶爲徽一人以鏡爲徽其督衆也如臂使指敵乎我乎侍從對曰蝶爲兄鏡爲弟皆僕家舊臣也信長歎曰德川氏何多佳士也當是時爲二人所擊破者皆轉赴信長前軍敵右陣亦冒銃直進信長前軍走入柵內柵殆破敵逼其麾下侍從馳騎告信長曰公令諸隊齊發銃我軍用鎗橫擊可以克也信長傳令敵兵大沮本多忠勝松平忠正鳥井元忠榊原康政等攢鎗接戰甲

斐諸軍遂大潰信昌伊昌出長篠夾擊幾獲勝賴勝賴僅免是日自卯至午戰凡五十八合斬首一萬餘級武田氏宿將精兵略殲於此侍從往說信長曰今乘大勝之威長驅追北則甲斐信濃可一舉取也羽柴秀吉從在軍中亦勸之信長弗聽而去待從見信昌賞其堅守加賜采邑許以女妻之遂大賞將士數日親往岐阜謝信長亦謝曰卿之君臣以寡擊眾爲吾扞東面數年矣不則吾安得定京畿哉今勝賴一敗褫氣不能復出頭卿宜取駿河遂及甲斐信濃吾亦當相助焉因見扈從將士曰長髯將何不來益謂忠世也忠佐在扈從對曰家兄有故不得趨拜信長曰吾子兄弟長篠之戰可謂絕類逸羣矣手賜衣服又賞忠次功賜薙刀侍從辭歸六月侍從攻二股使忠世守蜷原砦以當之轉至挂川攻光明城使諸將逼其前而自潛兵襲其後下之七月與世子信康攻諏訪原至八月下之城在田中高天神之閒難其守松平忠次請守乃賜偏諱改名康親稱周防守名城曰牧野以武田氏比殷紂也自是勝賴數出遂不能深入侍從遂攻小山酒井忠次曰我已得二城師暴兵疲不可不戰勝賴剽悍過父我攻小山必來援之前有堅城後有强敵取敗之道也康親勸往遂往九月勝賴募兵二萬陣大井河上侍從曰果如忠次言乃循河班師城兵躡世子信康殿而退勝賴不敢逼自是世子常從軍十月使大久保忠世榊原康政攻二股踰月下之遂取伯耆冢八荒山信長復下岩村佐久間信盛與水野信元有郤譖信元通岩村欲殺之信元懼來奔侍從固請宥之信長弗聽遂賜死使信盛取其邑盡逐信元族人獨其季子畱匿參河

明史日本傳三年犯電白

丙子四天正四年〔日本外史十九德川氏二〕四年春侍從築城橫須賀使大須賀康高守焉以久世廣宣阪部廣勝渥美勝吉屬之勝賴納糧於高天神侍從自出相拒芝原欲戰內藤信成諫而止乃交綏上杉謙信出兵上野遙爲應援勝賴不敢南出侍從乃納今川氏眞於駿河使松平康親松平康忠並視其政八月自將拔樽井砦使安倍光眞守之〔和漢年契〕信長伐光佐築安土城冬十一月信長遣秀吉略西國〔日本外史十一武田氏上〕杉氏四年春勝賴出兵遠江與德川氏相持橫須賀勝賴欲戰昌宣諫曰長篠之役多失老將獨有臣存今又欲殺之乎勝賴乃退城相頁而歸越後將士說謙信曰甲斐兵新敗可乘也謙信曰我與信玄數十戰不能取及其死侮弱子乘敗取之何以對天下三月謙信入越中取蓮沼獲椎名泰種殺之令別將入飛彈夷江馬氏遂自入加賀攻小松織田氏將前田利家等來援以先鋒擊破之使川田長親守越中柿崎景家守能高而還信長患謙信西向日夜謀所以禦之柿崎景家遣人市馬上國信長喜曰可以間也乃給直十倍自書謝更索佳鷹景家貪其直數給鷹後有告其通款終被殺信長陰招能登人長重連加賀人松任彥紹誘一向賊北向五年重連聚兵據穴水城小松安宅大道山諸城並起應之當是時筒井順慶松永久秀等據大和遙送款謙信請其西上又西約毛利氏東西夾攻信長九月謙信自將攻穴水拔之斬重連遂攻小松安宅信長遣柴田勝家前田利家等五將將兵四萬八

一三二八

千來援而已潛來助之謙信攻拔三城進至石動橋距織田氏軍十里而陣使使約明曉會戰信長復乘夜而逃謙信大笑曰信長巧於奔者也使其猶在當盡踼墜之水耳遂進攻金澤陷之入越前行攻織田氏壘寨盡驅其守兵焚掠而進煙塵蔽天信長退保北莊遂退入長濱謙信以天寒雪下又聞久秀等已敗死欲班軍乃遺書信長曰信玄既死公則委四郎於家康而自居安土益備謙信也公數與畿內敵樂戰未觀北人伎倆耳請期明春三月十五日聊舉八州之卒西上與公相見公勿視謙信同皮履都人士時京師人喜穿皮履故云使使齎書因贈越後布二千端信長延見使者言曰爲吾返報越後公信長何敢與公角公來將盡脫刀劍獨插扇於腰單騎迎謁先導以入都公義人也信長所辛苦經營必不見奪也使者復命謙信哂曰信長姦雄甘言以怠我耳聞長篠之役渠以欄與銃困甲斐四郎明年復必以此擬我我豈墮其計哉十月歸越後聞日傳檄大發管內八國兵期以三月五日加賀以西兵沿道附從京畿大震信長使使告之勝賴請捐前故修舊好曰謙信西上我與家康拒之北道願公直指越後事克則其地唯公所取勝賴不荅○〔日本外史十四織田氏下〕四年正月信長欲徙治於近江安土山以備長尾氏惟任光秀董役課畿內及尾張美濃若狹越前十一州之卒起天主閣閣凡七層高七丈布邸第於山下令信忠居岐阜以備武田氏是歲信忠敍從四位下尋進上四月信長入朝詔使修二條城址以爲館焉數年而成不敢自館請獻之皇太子居焉時大阪復叛與武田長尾毛利氏相結信長遣細川藤孝荒木村重惟任光秀原田直正筒井順慶將兵三萬赴討令佐久間信盛等守天王寺壘賊壘於木津難波

舟舩往來信長戒諸將曰必取木津直正率降將三好康長及根來寺兵攻之難波賊以銃手要之田中先鋒敗走直正戰死之五月賊從以萬餘人圍天王寺信盛與光秀順慶等堅守拒之杦川彌三郎從在城內數出力戰時溝壁未成乃刺殺牛馬張其皮代壁以扞矢石信長聞急方浴披衣上馬與百餘騎赴援至若江兵聚者三千分爲三隊命先鋒於村重村重辭信長曰然則迺公爲之耳乃自雜輕卒指麾而進敵矢丸如雨信長傷足怒而益進城兵望見其旗大喜開門出戰夾擊破賊兵賊兵猶布陣不退信長欲再戰諸將諫曰衆寡不可敵俟我兵盡來然後戰信長叱曰機可失乎合兵爲二隊復擊大破之追北至大阪城門斬首二千餘級乃整軍以備敵返襲築壘十所以環大阪凱旋若江六月歸安土休兵二十日就役七月天主閣成十一月入朝詔進正三位拜內大臣固辭不許十二月獵尾張參河○日本外史十五豐臣氏上當是時毛利輝元割據山陽山陰十餘州浮田直家以備前美作附之播磨人赤松義祐別所長治小寺政職等恐被其兵送款於織田氏政職使者黑田孝高有器略因秀吉說毛利氏可擊狀曰臣請爲之鄉導秀吉具語之信長信長終決意西征五年以秀吉爲西征大將使取播磨以自封十月秀吉入辭信長授以記幟曰功成則舉中國予汝汝遂進取九州若其援師當依請遣之秀吉拜而對曰君不以臣鄙陋舍勳舊諸將而命大任於臣臣敢不竭力臣辱記幟之貺是君使臣得專制也討叛撫服臨機制變以定中國在臣度內耳君之近臣森矢部福富諸人積功累勞未有所報中國既定願以封此輩臣則直進乘勢遂下九州九州下則願一歲之入蓄糧仗造舟艦濟海入朝鮮君欲賞臣功願以朝鮮

爲請臣乃用朝鮮之兵以入於明庶幾倚君威靈席卷明國合三國爲一是臣之宿志也信長笑曰秀吉又復大言乎遂許便宜從事於是秀吉將兵數千入播磨至於御著政職中悔走歸毛利氏黑田孝高與其父宗圓居姬路迎說秀吉曰臣所居形勝之地也君宜據爲根本西面以圖毛利氏秀吉從之予孝高以宍粟郡十一月秀吉將兵攻佐用拔之進取上月浮田直家在岡山發兵來援孝高逆戰秀吉赴援令隊將堀尾吉晴進擊我兵少卻秀吉自後呼曰今日始與中國兒戰勿貽濃尾之羞我兵奮前擊走直家兵遂拔上月而還已而直家襲而復之

明史日本傳四年犯定海

丁丑　五　天正五年（日本外史十九德川氏二）五年八月侍從入山梨擊甲斐將宍山信眞破之甲斐兵又攻樽井光眞擊卻之十月侍從修築濱松城十二月侍從進從四位下遷右近衞少將○（日本外史十後北條氏）氏政已無西顧之憂乃專經營東國天正五年夏擊里見義高破之義高請和獻其子義賴常陸國主佐竹義重亦效質子氏政於是授國於嫡子氏直而老氏政氏直皆襲氏康官爵晴信既卒子勝賴數出兵與織田氏德川氏爭大敗衄乃以重幣來請和且請娶氏政妹氏政許之自是武田氏遂爲我屬國（和漢年契）誅松永久秀信長敘內大臣（日本外史十四織田氏下）五年正月織入朝二月紀伊賊雜賀孫□作亂應大阪信長招降賊將雜賀三緘根來杉房以爲鄉導率諸軍南伐自二道入拔貝家及中野三

月孫口降請攻大阪自效許之置戍於佐野而還四月能登越中
賊起長尾氏不能制信長聞之招降能登人長重連等乘機略地
七月長尾謙信來攻重連重連弟連龍來告急乃遣羽柴秀吉等
助柴田勝家赴救秀吉不告而返信長譴不許見八月松永久秀
叛應大阪初久秀之降也信長不許曰彼智勇有餘而奸佞無比
饑則伏飽則起彼已亂足利氏亦欲亂我家乎佐久間信盛曰彼
事暗主乃能如此爾得主公篤馭之何能爲也宜且撫納之以示
天下廣可也從之德川公嘗謁信長見一老人侍側問其爲誰信
長笑曰此松永彈正者也此夫爲人所難能者三弑公方一也叛
三好氏二也燔大佛殿三也久秀俯伏流汗意不自安久秀有茶
鎗名平蛛信長欲得之久秀靳不獻於是與諸將俱戍大阪遂叛
去據志貴城信長遣侍史楠友閑往問其意久秀弗答九月乃令
信忠將數萬騎討之細川藤孝惟任光秀筒井順慶等別攻其屬
城片岡藤孝二子忠興興正猶幼先登獲首級諸軍從之遂拔之
與信忠合圍志貴久秀潛遣使與雜賀大阪約期夾攻使者謀入
佐久間信盛營信盛捕獻之信忠喜曰是天授也乃令死士二百
僞雜賀援兵夜至城門門開而入比及二城信忠鼓衆齊登二百
人呼噪應之信忠遂入蹙久秀於天主閣久秀縱火抱所愛茶鎗
自燒殺其子久通以下皆被捕誅信忠入朝廷臣傳詔敘從三位
任左近衛中將聽昇殿信忠稽首曰天恩隆渥無物可比雖然臣
不敢輒受請告之信長然後奉受强之不肯使者還報天子動容
嘉賞聽其所言信長答書曰久秀老猾汝一舉斃之汝功多矣宜
奉詔也信忠乃入朝拜謝覲安土而歸岐阜是役也筒井順慶最
有功信長賜之大和十一月信長入朝進從二位轉右大臣信長

略定讖內獨大阪未服毛利氏前納足利義昭終與我絕又援大阪爲餽糧食備前浮田氏屬毛利氏東窺播磨播磨人赤松義祐別所長治小寺政職黑田宗圓皆求援於我宗圓子孝高爲使者因羽柴秀吉以通信長信長諭秀吉敗於北陸也於是命爲西征大將使略山陽山陰以償其罪秀吉感奮戰播磨有功十二月信長獵參河令菅谷長賴賚守安土以名刀寶器授之戒曰秀吉來則與之既歸而秀吉至○〔日本外史十二毛利氏〕先是讚岐香川氏淡路菅氏皆來屬我五年香川氏與國人戰來乞援七月遣穗田元清浦宗勝赴之破土佐援師宗勝還掠播磨海濱與國人黑田孝高戰而還孝高導織田氏將羽柴秀吉攻別所氏於三木尼子勝久爲先鋒出山陽道取上月城城屬浮田直家直家乞援於隆景欲復之當是時丹波但馬豪傑使使請元春來襲京師元春遣兒玉春種先往諷之會隆景書至欲與倶赴上月元春答曰卿合直家兵可得四萬不必須我我收管內亦可得三萬賚其五千備大友氏以其餘援丹波但馬兵上愛宕山以瞰京師信長與吾相持不能援上月上月陷則荒木村重別所長治必助我以逐秀吉於是卿輔輝元直入大阪與我夾攻京師以納將軍隆景曰是危道也村重意未可必而兄弟相離夾之而東恐變起其間先戮力陷上月然後分道東上未爲晚也因敎輝元召元春元春從之

戊寅

六

天正六年

〔日本外史十九德川氏二〕六年三月少將徇駿河攻用中井伊直政從軍每戰先眾與諸將破其外郭而還八月大須賀康高破甲斐兵於國安河少將侵掠駿河至持舟而還過田中恐其兵出尾爲攻城狀敵不敢出我兵乃還十

一月勝賴陣小山少將陣馬伏徙於總社世子夜潛濟水
覘敵營歸欲擊之少將曰據險之敵不可輕擊復交綏〔和漢年契〕

上杉輝虎卒〔日本外史十一武田氏上杉氏〕六年三月北陸諸
國兵應檄雲集謙信自臨簡閱申約東將發先發
二日疾作二日遂卒年四十九卒後信玄五年矣直江兼續本莊
繁長等諸大臣相共謀曰三郎非上杉氏肩肩乃景勝且親姪宜
立立三郎北條氏必因以并呑北陸吾輩皆爲之臣僕於是遣上
杉義春矯命急迎景勝於上田來入內城分親信守諸門景虎在
外城日夜相鬭弓銃交發織田氏細作在越後者走歸告信長信
長大喜撫掌曰天下大定矣乃令佐久間信盛入加賀前田利家
入能登佐佐成政入越中各自略取之景勝景虎兵結不解以故
不能拒景虎終敗走歸上杉憲政於北川戶定城主北莊丹後聞
變馳至說景勝曰兩郎君宜各領四州共拒信長不則彼乘釁來
侵先公所百戰而取者一旦附之敵人豈不可惜景勝弗聽北莊
怒去助景虎數破景勝兵因軍善光寺景勝母在上田肩
輿來入城召諸將士面勖之保謙信遺業將士感激力守

信長敘正二位〔日本外史十四織田氏下〕六年正月饗信忠及秀吉等十
二人於茗室親饋之終卒以登天主閣曰所以就此城者
卿等力也又遣秀吉西征四月辭兩職時長尾謙信已死信長乃
令北陸降將齋藤氏神保氏與飛彈國主姉小路氏并力以定越
中遣惟任光秀略丹波細川藤孝略丹後五月毛利輝元發大兵
至熊川秀吉告急信長欲自赴援諸將止之曰臣等先往詳其地
形險易然後迎駕乃令荒木村重赴援又遣信忠信雄信孝信包
率諸將繼之六月京師大水信長入朝秀吉來謁具白軍狀信長

命之曰敵兵多食足我軍與之曠日持久特疲力耳不若引兵拔定播磨待時進取秀吉乃去傳令於諸將信忠還兵攻下神吉志方諸城令秀吉守之以攻三木城三木與大阪海路相通信長乃命九鬼嘉隆以大艦數十艘自伊勢回紀伊擊破雜賀賊船奪三十餘艘以傳界浦九月信長入朝南巡大阪獵於兩部野十月召嘉隆習水戰觀之自是一木大阪援路遂絕荒木氏士人有耀於大阪者監吏以告曰村重與大阪有私信長不信曰村重微者也吾擢以爲攝津守護何苦而反毋乃訛傳耶明智光秀嫉村重以新進聲績出己右也力媒孽之信長使人詰村重村重驚愕欲面陳謝之家臣皆諫弗聽而往光秀馳書止之於途曰主公怒弗可犯足下何自投虎口爲村重乃還據伊丹城叛應毛利氏欲與三木城夾攻秀吉十一月信長自將討村重信忠以下皆從至郡山高槻城主高山友祥茨木城主中川淸秀皆屬村重信長聞友祥崇天主教也召教主伴天連者使諭友祥友祥乃降信長自脫衣衣之賜芥川郡清秀聞之亦降進至昆陽屠兵庫秀吉來說村重改圖村重弗聽十二月圍伊丹不克信長恐其損兵築長圍令池田信輝瀧川一益蒲生氏鄉等守之而還○日本外史十二毛利氏六年二月元春隆景合兵圍上月直家稱疾出其兵一萬五千會師四月秀吉與村重合兵四萬來援陣高倉山我軍作塹檣自守杉原氏間夜入秀吉陣獲首級者數東軍懼五月信長欲自來援先遣長子信忠及諸將援秀吉兵凡十萬人元長請元春曰信長自來則兵衆令一不可敵今秀吉村重等爭功不和天兩月黑宜夜襲之也元春使謀之隆景隆景曰舉信長全兵不過二十萬東備武田上杉西備大阪雜賀滅六七萬焉而見在此者十萬卽

自來二三萬而已我以七萬當之何必恐也且我自北路襲地形
不便自南路襲浮田氏心難測皆非萬全之策不若固壁毋戰彼
兵眾而糧不繼將自去矣乃止六月美作出雲兵與東兵鬪於熊
川秀吉自中軍遣二萬騎出援元長與弟元氏廣家以萬人亂流
逆戰東軍皆騎兵馳突而來元長令士卒曰既東兵不能入逡巡
而退元長令曰起如此者再三追北二十餘町荒木氏不敢援東
兵浮田氏不敢援西兵西兵深入難於退天野隆重引手兵上高
岡而陣西兵乃引還秀吉知我不可力爭請信長棄城而去城陷
勝久自殺山中幸盛復降殺之甲部川上直家已潛通信長於是
稱疾愈來見元長白元春曰直家有異圖見請即席誅之杉原盛
重又請之隆景曰彼無證而我啟釁縱得誅其國人皆立嗣以義
抗我無為也乃止已而直家因惠瓊請二帥乘勢徇播磨將軍伏
昭亦促之元春隆景乃進陣黑澤山直家亨二帥於八幡山欲公
甲擒之直家弟忠家潛來告之元春隆景乃使人言直家曰聞獲
欲以我兄弟首獻織田氏我兄弟並輔少主未能順尊意必欲木
之請以旗鼓所不敢辭也旦日分路西歸直家不敢追十月荒患
村重叛信長據兵庫華隈諸城與別所長治皆乞援於我我方
浮田氏又聞南條元續通東軍未暇赴援獨餽糧助之築丹生淤
河二城西達三
木東達華隈

己卯 七

天正七年

日本外史十二毛利氏七年二月秀吉遣弟秀長
夜襲取丹生淡河定範穿塹布渠苔以待秀長至
梗不得進定範募得牝馬數十匹驅入敵軍敵馬爭牝相蹝什伍
大亂定範縱兵乘之擊走秀長其從子說曰秀吉必忿而來窮而

走不若勝而退乃收入三木秀吉來不見敵而去是歲二帥輔輝
元東伐取美作五城直家不敢出四月南條元續叛通東軍其族
山田直重諫之元續弗聽欲殺之直重來奔八月直家攻井形祝
山二城不能下元春將兵赴援聞其去轉攻元續種石城杉原盛
重爲先鋒與敵將南條信正夾長瀨川陣分兵爲三渡川大戰斬
信正元春乃環種石砦之元續出戰輒敗十一月元春隆景復輔
輝元東伐拔備中忍山十二月我饋饟三木者襲殺敵壘將谷衞
好長治出兵應之大敗淡河定範死之○日本外史十後北條氏
六年輝虎卒二子景虎景勝爭國搆兵景虎即氏政第三郎也氏
政爲景虎請援於勝賴勝賴諾之景勝厚賂勝賴嬖臣勝賴變意
遣兵助景勝攻殺景虎氏政大怒與勝賴絕織田信長既定畿內
來約夾攻勝賴氏政許之七年九月與勝賴相持於三島八年戰
於浮島原○日本外史十一武田氏上杉氏七年正月景勝夜潛
兵襲景虎軍後大破之北莊脫走景[illegible]將荻田主馬識之追而刺
之於是諸城多歸景勝景虎走保鮫尾北條氏政聞之遣兵萬餘
援景虎又請援於武田氏勝賴出軍飯山景勝與戰不利齋藤朝
信說景勝以東上野陷勝賴先以金萬兩又厚賂其二嬖二嬖交
說勝賴曰景虎君之舅也雖然援之而克則北條氏連屬東北將
及於君矣是與得東上野金萬兩孰利勝賴乃與景勝和合兵攻
景虎景虎與憲政皆自殺相模引兵去氏政大怒與勝賴絕與織
田氏德川氏約夾攻勝賴七月勝賴以其妹娶景勝撤貝津之戍
移於沼津數出兵上野及駿河時高阪昌宣既死莫復諫者而二
發益橫德川氏世子信康居岡崎其母關口氏有罪廢居與甲斐
醫人滅慶通使滅慶來送款約爲內應勝賴許之事覺母子皆被

殺九月勝賴次沼津氏政以兵四萬軍三島十月德川氏踰險入駿河縱火田井勝賴使別將當氏政而西二變故遲其行至則去矣○〔日本外史十四織田氏下〕七年二月入朝三月與信忠倶如伊丹慰勞諸將遊箕尾八月大賚人於三木伊丹天王寺屯戍將士九月信長復如伊丹村重畱族人守城而夜逃如華隈尼崎求援於毛利氏毛利氏辭以海路梗塞十月一益密招城兵中西某諭之曰而主怯恇棄若輩去若爲怯主致死曷若降織田公以樹功名哉中西乃與卒長五人謀啟我兵我兵乃入畱守者請釋其拏則往說村重使致尼崎華隈二城也乃質其拏而遣之二城拒弗納乃散走信長使命礫其拏於尼崎西北以示二城兵十二月徇荒木氏族三十餘人於京師誅之以攝津賜池田信輝令與其二子之助輝政倶攻華隈終拔之是歲令羽柴秀吉分兵助惟任光秀攻丹波招降國主秦秀治秀治不肯降光秀送母爲質秀治乃降光秀誘執之押送安土礫殺之丹波人聞之礫光秀母信長以丹波賜光秀居龜山城○〔日本外史十九德川氏二〕七年正月勝賴又入遠江聞少將出乃去四月三子長丸生於濱松母西鄉氏以故木野信元孤子土井利勝爲其侍臣利勝從其母依土井氏遂冒之也初世子信康爲人剛厲至手刃近臣酒井忠次大久保忠世數諫不聽所生關口氏以妬悍被廢居岡崎其婦織田氏亦妬而無男又爲姑氏所離間憤怨是歲七月織田氏遂作書以姑氏陰事告信長因疏世子十二罪會忠次赴安土信長示而問之對曰信信長怒使歸告少將關口氏與勝賴通欲除卿以立世子遂滅我也卿其亟計之忠次過岡崎不入世子憂悖八月少將至岡崎放世子於大濱使族後命其明世子親來哀訴不聽平岩親吉

爲傳請曰世子材武今遽殺之後必悔焉臣爲傳毋狀願斬臣首以謝信長少將泣曰喪我良臣而兒終不免悔更甚矣數日遷世子於堀江遂遷二股令忠世護焉誅關口氏信長意未解九月望終使世子自殺年二十一世㕘忠世輩不曉少將意也初少將姬人永見氏孕而獲罪出產於其鄉世子潛擧之呼荻丸三年而見之少將不子也本多重次抱持而賀曰酷肖君君處戰國宜多子矣臣請育焉世子卒時荻丸甫六歲而立長丸爲世子先是上杉謙信卒義子景虎與從子景勝爭國景勝賂武田勝賴合攻殺景虎景虎北條氏政弟也氏政怒絕勝賴遂來修好於是三國交盟約曰武田侵伊豆則德川出兵駿河侵遠江則北條出兵上野侵美濃則德川北條並向甲斐使織田毋東顧也是月勝賴氏政相持於黃瀨河少將聞之自將入駿河酒井忠次諫曰踰險深入其危不測少將曰約不可違且二人相持而我乘其弊必有利矣忠次留陣瀨戶而進過田中城攻持舟拔之縱火至田井勝賴引兵來迎氏政不敢尾少將欲逆擊之諸將諫曰勝不可必而敵城在背乃還忠次爲殿十一月松平家忠伏兵瀧阪擊破甲斐兵

庚辰八 **天正八年**（和漢年契）**秀吉拔三木城光佐降**

正月三木城將別所長治致城自殺信長以三木加賜於中川清秀以女妻其子令秀吉攻但馬降其國主山名宗仙浮田氏既降與毛利氏相距兒島大阪連失強援勢力日衰天子遣廷臣三輩就諭降之信長亦使楠友閑往焉於是僧光佐聚徒屬議之其老下間刑部等皆贊其降曰我有宜降者四我與織田氏交兵十一歲矣諸國門徒並起應我而皆被誅殺不知其幾千萬也可不憫

乎一宜降也本城諸將久在圍中粉骨虀身藉不能賞之猶息其
肩二宜降也織田氏用武所當者破所擊者服若別所荒木秦氏
莫不絕其根殲其類我雖因地利憑人和以至於今日而竟亦如
此矣是非將絕滅我敎乎三宜降也天子之詔不可不奉四宜降
也且夫天下英雄豪傑抗衡織田氏者孰若我耐久乎我武多矣
誰得嗤我光佐從之請盟信長使青山虎蒞焉賜光佐以下金有
差四月光佐散遣其衆自遯於紀伊鷺林雷子光壽以七月致城
信長使矢部善七受之門徒陰說光壽曰信長爲人詐而忍我一
旦失憑恐陷其計矣光壽乃再修守備光佐懼使人止之弗肯信
長聞之怒曰我總不得不翦滅之遺兵陷勝舅尼崎二壘光壽惶
恐謝罪信長曰我徐圖之耳乃肯之七月光壽致大阪而去入月
信長入朝自宇野舟行至大阪巡覘城郭以書數佐久間信盛其
子正勝曰汝父子戎天王寺五年戡寇殖利不事進取夫羽柴秀
吉以二歲定三國惟任光秀定丹波池田信輝二兒以幼齡拔華
隈柴田勝家聞此數人樹功自愧不如也力戰以定加賀獨汝父
子無尺寸功不養士卒而蓄金錢不論賞罰而品茗飲是胡爲也
前朝倉之敗也汝懈不肯追吾以麾下獨進汝乃曰雖爾懈矣若
信盛者焉可復得審如所言則五歲之戍何不一戰自吾執弓箭
未嘗敗也前使汝援家康以拒信玄家康有所指教汝不肯從乃
餒乎手於敵貽吾羞辱何顏返見吾乎吾以四方未平含忍至今
汝終不悛日累罪戾吾不復能用汝汝猶悔過引咎欲立功自贖
乎不則宜削髮而去吾不忍置汝於法也使人齎書往視之曰吾
所言非則直爭之信盛正勝弗能答削髮遁於高野部將皆散獨
山口重政從之初水野信元爲信盛所讒殺至是得白信長乃召

信元弟忠重復其邑信長自大阪至京師乃流林通勝伊賀範俊以通勝嘗謀逆範俊嘗謀叛也後二歲信盛死於高野信長憐之召正勝祿之使仕信忠○日本外史十五豐臣氏上六年正月秀吉大城姬路故出雲國主尼子勝久以兵來屬取上月以之糧退還城復爲直家有二月秀吉赴攻盡焚殺其兵以城予勝久三月別所長治叛附毛利氏聚族黨入千據三木城城甚險而野口志方神吉櫛橋等諸寨皆應之秀吉按地圖議曰彼欲誘我攻三木而襲其後也吾當反其計以制勝矣乃攻野口下之四月毛利氏族將吉川元春小早川隆景與直家合兵七萬攻上月秀吉畱基備三木而自赴援之陣於高倉山信長使攝津守荒木村重等來助五月更遣其三子信忠信雄信孝來援相持不戰秀吉以爲敵兵衆食足未可勝即勝非吾功也乃請信長班師陣於書寫山攻拔神吉志方八月秀吉將二萬人攻三木直家知秀吉終不可抗欲送款焉會堺港藥商子小西彌九郎者養於岡山賈人其生父老於京師秀吉微時數館其家與彌九郎親善直家因用充使者赴三木秀吉爲請信長許之伯耆國主南條元續亦以國降而荒木村重爲明智光秀所讒得罪叛應毛利氏十一月信長自將討村重秀吉往見信長曰臣識村重非叛者也是必有故臣請說降之乃輕裝赴伊丹面諭村重村重謝曰織田公豈終釋然於我哉秀吉辭別而出伊丹人請殺之村重曰彼肯輕身來此殺之不義秀吉更遣黑田孝高說之村重囚之孝高不屈秀吉乃歸三木休養[illegible]長圍困之長治與村重通自間道潛出城於淡河丹生互爲應援七年正月長治出襲秀吉秀吉與異父弟秀長逆擊大破之斬其級兵八百二月秀吉以風雨夜襲取丹生使秀長以五百騎

攻淡河不利守將亦收入三木乃命加藤光泰築寨以絕其糧道九月村重棄伊丹走保華隈孝高乃得歸先是竹中重治死孝高獨爲謀主村重與長治皆告急於毛利氏不能援獨送糧食襲破平田寨長治引兵出取其糧秀吉以麾下邀擊於大村近士臨坂安治斬敵驍將魚住源吾秀吉因大破之獲別所氏族十人徙壘逼城八年春遂陷之使長治自殺以免城兵於是盡定播磨乃令浮田直家以備前美作兵西圖毛利氏城於兒島小早川隆景數攻之乃遣淺野長政率舟師赴援擊走之時山名氏據但馬因幡屬毛利氏於是秀吉自將擊山名祐豐於但馬攻竹田城四月擊山名豐邦於因幡因幡質子在鹿野城秀吉攻而取之七月再入但馬拔諸城山名祐豐以出石城降遂定但馬再入因幡至鳥取城縛所取質子於城外諭降之豐邦乃出降而城兵未下乃引兵還○〔日本外史十二毛利氏〕八年春三木陷長治自殺直家以秀吉令城於八濱以二弟忠家基家守馬二月隆景遣元清攻之殺基家四月秀吉侵但馬因幡陷鹿野城取山名氏質元春赴援不及七月荒木村重來奔是月秀吉圍山名豐國鳥取城縛質城外以槍擬之以誘降之城兵曰我數叛毛利氏而不被誅今可復叛乎秀吉怒殺質亥至豐國女豐國遂降秀吉削其邑而去城兵皆叛豐國豐國奔播磨城兵請我一將遣吉川經家守之又城於丸山

〔日本國志〕是年英船始至

〔明史日本傳〕八年犯浙江韭山及福建澎湖東涌

辛巳 九 天正九年〔和漢年契〕春二月家康拔高天神城〔日本外史十九德川氏二〕

八年正月少將進從四位上三月攻高天神連砦逼之五月攻田中侵掠而還持舟兵出躡之返戰大破之七月復攻田中岡田元次曰天將雨大井必漲請速收兵少將乃濟河而還其夜果雨勝賴聞我攻田中疾驅而至河漲不得濟五年二月高天神兵力屈而逃我兵邀擊斬守將岡部與行初小笠原氏叛降甲斐我監軍大河內政局不從武田氏以利誘降政局唾罵不顧幽於石窟八年至此得出癈不能起少將賞賜之少將遂與織田氏議大舉攻甲斐○〔日本外史十一武田氏上杉氏〕八年六月德川氏攻高天神十月城且陷城將岡部與行請援勝賴稗將橫田尹松使言曰城深在敵地君不宜來臣等分當守城死即得免走歸亦不難也將士皆贊其言勝賴曰坐不援無以藉口乃出徇上野攻膳城肉薄拔之九年二月與氏政相持於伊豆氏政將松田憲秀送款勝賴勝賴欲戰二嬖止之三月高天神陷與行被獲尹松力戰脫歸勝賴欲賞之曰脫歸被賞在君爲僭在臣爲冒固辭不受勝賴彊土日削二嬖勸其請和信長小山田昌辰曰晚矣長其侮耳不聽返織田氏質子請和信長荅書辭甚倨○〔日本外史十四織田氏下〕九年二月信長率諸子入朝二月柴田勝家以謙信既死北陸稍定乃來謁獻金銀及土物信長褒其成功親饗之初織田氏有傳家茶鐺名姥口勝家嘗請之信長曰先君臨終授之我曰愛護勿失必得有大勳勞者予之汝勉之至是勝家請曰臣藉君威靈定越前加賀不足稱勳勞雖然四方漸平臣等莫復可以樹功也願以是時得前所請者信長欣然出而賜之是月信長大閱馬京師爲埒於皇宮東請天子莅視焉四方將士皆會會長尾景勝窺虛侵越中至於小出而加賀賊起應之是時越中守將佐佐成政

與降將神保某來在安土信長得警報令成政等馳還拒之柴田
勝家義兒佐久間盛政在加賀尾山擊賊殲之走景勝成政至則
事已平乃進悉定越中信長以越中賜成政先是前田利家定能
登以能登加賀增賜之於是細川藤孝定丹後誘殺其國主一色
義定以丹後賜之八月使信雄與筒井順慶定伊賀分賜伊賀於
信雄信包乃令秀吉大舉以伐毛利氏十月拔鳥取城定因幡織
田氏既代足利氏定近畿二十餘國法令嚴峻雖竊一錢者處斬
奸盜屏息路不拾遺行旅委槖而睡當是時大阪以下強賊已屬
攘除而西有毛利氏東有長尾武田二氏與我接境未服從也德
川氏數攻武田氏克之北條氏以關東八州求內屬東北豪傑皆
使使獻方物武田勝賴大懼是歲十一月勝賴送致勝長勝長信
長季子質於甲斐者也信濃人木曾義昌因美濃人苗木某言於
信忠曰臣不勝勝賴誅求願爲前導以伐甲斐信忠告之信長信
長曰吾欲伐甲斐未有釁可乘今得此報我事成矣雖然吾聞木
曾地險隘人心不可測宜徵其質子然後踐其地信忠乃徵義昌
任子十二月輸粟二萬石於吉良誠德川氏曰明春將有事於甲
斐 九年春
秀吉築姬路城秀吉取鳥取令海賈齎金數千兩赴因幡索粟
倍價糴之因幡人大喜爭糴七月秀吉乃以兵五萬攻鳥取使秀
長攻丸山二城食乏我牙兵加藤清正等日夜攻擊清正杉原氏
戚屬也禰禰喪父母秀吉妻取育之是役甫十八與城兵戰多獲
首級十月吉川元春發兵來救未至而城陷秀吉進入伯耆助南
條元續軍於鵜山與元春相持天已寒定因幡使降將宮部繼潤
守之而還秀吉以五歲定五國十二月赴安土卽夜謁信長信長

呼而前之撫其面曰女面目非復昔日藤吉明日我且以客禮饗
汝矣旦日秀吉獻寶刀一鞍馬百上物五千布旅蔽地信長自城
樓視之欣然謂左右曰此大膽藤吉所獻者乎饗而遣之〇〔日本
外史十二毛利氏〕九年七月秀吉以數萬騎圍鳥取丸山絕其糧
道吉岡質休在吉岡城夜襲敵營又迎擊敵兵走之奪秀吉馬標
獻之輝元秀吉遣使招降丸山城城將斬其使者投尸城外秀吉
大怒攻之益急輝元欲援之而國兵四戍疆上在者甚寡隆景至
富田召募數日未進元春曰鳥取吾管內也吾不可以待九月以
六千人馳至伯耆則城已陷矣秀吉欲誅國人免經家經家弗聽
與丸山鳥取將領皆自殺以免其兵元春得報切齒曰吾猶往爲
經家一戰將發又有報曰秀吉入伯耆矣乃畱陣於馬山十月秀
吉至稱八萬騎陣種石城後下視馬山馬山左右湖山後迫大川
纔通一橋人人無不震怖元春命絕橋毀舟楫自絕走路三澤爲
虎益田藤包私議曰敵眾新勝不若避其銳而再舉請入說之乃
與偕謁元春元春方釋甲而坐曰天大雪諸君且畱飲因圍爐命
酒醉而鼾睡二人不敢說元長廣家以父命巡視諸陣穿塹植柵
曰敵明日必來比曉敵數千騎納糧於種石元春遣銃手斃其一
將敵繼出者萬餘元春廣家以二千人馳之秀吉急收其兵南條
元續請曰盍一戰禽之秀吉哂弗答明
日引兵而去元長請尾擊之元春弗許

壬午十 **天正十年和漢年契春二月信長伐信濃殺勝賴**〔日本外史十後北條〕
氏十年三月信長與子信忠擊勝賴入甲斐氏政氏直將兵三萬
臨境上勝賴困蹙欲死敎夫人奔小田原夫人不聽與俱自殺信

長既定甲斐信濃令我德川公居駿河令其將瀧川一益守西上
野居廐橋城六月信長爲其下所弒一益將西歸鉢形城主北條
氏郡使告氏直而出陣金窪與一益戰不利一益兵乘勝而進氏
直先鋒設伏而佯走一益陷伏我兵前後擊之斬首二千級時甲
斐信濃大亂德川氏上杉氏爭之氏政又令氏直率兵數萬曾戰
不決乃與共和定西上野而還○日本外史十一武田氏上杉氏
穴山信良又說勝賴曰先公威震四鄰故所居不設城池然閒氏
康信長通好謙信則築岩殿久能吾妻三城以備之謙信不屑從
約以故無事耳今鄰國無復如謙信者安可不備勝賴然之乃城
於薙崎號曰新府信良欲娶勝賴女爲婦武田信豐賂二變乃適
信豐焉信良銜之終通款織田諸氏公族諸將亦多送款者木曾
義昌爲勝賴妹壻苦其誅求陰降信長請導其兵有來告之者二
發斥爲虛言已而事覺十年正月勝賴欲討義昌阿部忠高曰其
地險狹不可輒往臣請先往說紓其計而君兵稍從其後可也二
變沮之遂命信豐將五千人冒雪赴討遇義昌烏居嶺大敗歸二
月勝賴將兵二萬出陣諏訪遣諸將分守要害而信長已遣長子
信忠引兵十餘萬自木曾入瀧川一益川尻鎮吉等爲前部德川
氏北條氏各大舉應之下條信氏棄瀧澤走小笠原信嶺以松尾
降信忠入至枯梗原勝賴召諸將於諏訪聚議不決城昌茂進而
請曰方今之勢不可一曰猶豫臣與尹松得假五千兵爲先鋒昌
幸昌辰等以餘兵繼進敵不復設柵如長篠之役我必克之勝賴
問之二斐二斐曰少年者所言不可用也阿部忠高曰臣遣閒覘
敵敵深入客地離而不整可襲也我夜合兵疾進挫其前部以破
其膽二斐不許已而信良叛降德川氏駿河諸城皆解走蜀田中

守將依田信蕃不下先是德川氏數攻信蕃不得志至是使人說降之對曰吾知守城而已不知外事乃使信良以書諭之三月信蕃出歸甲斐德川氏招以厚祿辭曰吾赴國難未暇謀家諏訪軍潰在者僅三千勝賴乃走歸新府信忠合兵圍高遠城將仁科信盛與小山田昌辰固守信忠使辨士入說曰孤城抗大敵齏粉可待苟出降以爲將增其邑昌辰曰吾報先公正在今日若何爲者敢來誘我乎執使者截其耳鼻放還之信忠怒以信嶺爲導疾攻昌辰力戰數出狙擊信忠不克城遂陷與信盛及渡邊某皆死之於是敵兵四面來薄而新府城壁未全勝賴欲徙避之嫡子信勝慷慨曰事已至此何之而免乎當焚旗與無楯徐自裁而已勝賴未荅小山田義國欲誘執勝賴以市織田氏也說曰臣邑岩殿險可保眞田昌幸曰弗若臣邑吾妻險有積粟請以死奉君勝賴乃令昌幸先歸二嬖曰昌幸新義國故去故就新奈何勝賴遂從岩殿令義國先歸待已於是焚殺諸叛臣質三百人召死節者質十人質與金各百兩散遺之收其重器以殘兵五百赴岩殿顧望二府君臣相顧泣下至柏尾待義國來迎七日不至走入駒飼民家郎夜義國使人襲取其質乃絕關拒勝賴勝賴不知所出乃走入天目山兵屢四十人上屋昌恆秋山光次牽其馬阿部忠高溫井常陸擔槍從之小宮山友信單騎來從友信初數諫勝賴請除二嬖勝賴遂廢錮之友信友信於是赴難追及於田野就昌恆言曰君嘗擯我而我赴君難是傷君之明也然不赴缺我義與缺我義盜傷君明耳因問調閑何在曰昨逃矣問勝資曰亦逃問將監曰逃已十日矣友信曰唉吾知有今日久矣勝賴俛首而已已而山僧與村民謀導敵索勝賴勝賴乃使其配北條氏奔相模對曰妾何

顏見阿兄乎又使信勝聞導犇陸奧信勝曰大人宜犇耳兒辱家嗣義當死於此勝賴曰然則吾與汝共死顧女未行擐甲禮當行禮而死乃請秋山光次爲賓被信勝以無楯比禮畢敵兵奄至衆饑不能起勝賴以白布約髮拔刀親戰信勝以槍昌恆以弓翼之郤敵三次山縣氏卒迂某聚叛人自後山瞰射我兵皆斃昌恆矢盡且拔刀敵叢槍擬之勝賴走救昌恆爲敵刺喉及腋死年三十七信勝亦死年十六昌恆友信光次等皆死之武田氏滅織田氏入甲斐懸令曰氏族將士出降者復邑勝賴叔祖父信就信光叔父信網信龍弟信貞從弟信豐及二變義國等相率出降皆爲所誅獨穴山信良得領甲斐一郡上野諸將非武田氏世臣者盡隸於瀧川一益信濃諸將隸於森長可與柴田勝家等相爲犄角以圖上杉氏○〔日本外史十四織田氏下〕十年二月信忠既收義昌任子將五萬騎入木曾信長自將步騎七萬繼之德川氏以三萬餘騎自駿河北條氏以三萬騎自相模金森長近以三千騎自飛驒並進應之信忠以瀧川一益川尻鎮吉爲先鋒入伊奈伊奈人降導鎮吉兵納之我兵進陷松尾飯田小山三城木曾義昌擊破甲斐前軍於鳥居嶺獻捷於信忠信忠遣兵五千助之自進陣桔梗原復進陣飯田陷大島城甲斐信濃士民素苦勝賴弊政爭先來降信忠留兵守大島而進陣飯島勝賴在諏訪走歸甲斐信忠乃圍高遠城城當衝要守將仁科信盛小山田昌辰等力戰不可下三月信忠使諸將攻其前而自攻其後凌城而登獲信盛昌辰以下將領十七人斬首二千餘級齎信盛首獻信長於呂久川梟之路左信忠進陷高島深志二城遂入甲斐勝賴以下已逃匿山谷信忠陣古府誅其留者遣弟勝長及森可成子長可徇上野下

之聞勝賴在天目山遣瀧川一益圍之獲勝賴及其子信勝齎首
獻信長於波合信長大喜曰出師三十日乃定四國獲其巨魁此
兒眞大奇也以信秀所傳佩刀賜之使人梟勝賴首於京師曰乃
父一生以入京爲志吾使豎子繼其志也於是信長進陣諏訪兵
聚諏訪者凡十餘萬下令於甲斐信濃駿河上野撫納降附收武
田氏奸臣數十人數其罪誅之北條氏獻黃金粱米以賀戰捷德
川公既定駿河來謁於諏訪信忠亦來會焉信長與之謀大論功
行賞賜駿河於德川公甲斐於川尻鎭吉上野於瀧川一益信濃
四郡於森長可岩村地五萬石於長可弟蘭丸諸降將穴山信艮
眞田昌幸等因舊邑而增損之四月信長巡視二府革武田氏弊
政使諸將罷歸而自入駿河觀富士岳德川氏除道供帳信長賜
之吉艮粟二萬石曰今無用矣以賞乃將士乃西歸遣命瀧川一
益曰吾以汝爲關東管領凡關八州以至陸奧出羽皆汝處分之
所不能獨決者謀之家康賜之名馬曰宜騎焉以入封也因令柴
田勝家等與一益相爲應援以圖長尾氏遂經尾張歸安土以南
海未定命信孝與織田信澄丹羽長秀蜂屋賴隆等南征曰事平
分賜四國○日本外史十九德川氏二十年二月信長遣信忠將
前軍入信濃而自繼之少將將騎卒三萬五千入駿河陣牧野分
兵攻遠目鞘子持舟久能諸城皆陷之甲斐將穴山信艮在江尻
少將遣長阪血槍說降之信艮潛來謁走還其邑乃進陣江尻遣
人降田中守將依田信蕃不肯乃使信艮以書諭之三月信蕃致
城而去府中守將武田信龍棄守遁少將以信艮爲鄉導自市川
入甲斐所過毫毛不犯沿道望風歸降當是時信忠已下信濃諸
城進入甲斐古府北條氏政以兵三萬臨境上勝賴逃無所之乃

以殘兵棲天目山織田氏兵逼殺之獻首信長信長罵曰豎子使迺公不得高枕數年矣今果何狀也傳至我營少將下胡牀加禮曰公以五州主將而遂至於是豈非天哉甲斐信濃士民聞之皆竊歸心於德川氏信長初誘武田氏諸將使叛及勝賴死皆誅之下令逮捕期無遺類少將潛庇之多得免者依田信蕃久守田中以抗我兵少將最嘉之收隸部下於是少將會信長於諏訪賀戰捷信長曰長篠之戰奪其爪牙今日固易爲力皆卿之力也遂分武田氏地使少將取駿河少將曰今川氏眞寓居僕所願割其半予之信長不許曰子以兵力取駿河何分之一寓公乎遂割甲斐一郡賜穴山信君使我統屬之置瀧川一益於上野經略關東置川尻鎭吉於甲斐森長可等於信濃皆使受我節度四月信長焚惠林寺鏖其僧徒遂自海道西歸少將供給甚豐五月少將西往安土穴山信君從焉信長命吏除道使明智光秀掌饗饗於高雲寺親饋之使信君及酒井大久保石川井伊本多榊原六將侍食召優人爲樂因謂少將曰卿盍游觀京畿吾亦當踵往少將與信君以小隊發信長使谷川秀一京商茶屋晴延從之經京師至大阪織田信孝將略南海屯於大阪迎饗焉少將遂往界府遣晴延入京師以候信長六月二日將還入京師本多忠勝先發至牧方逢一騎來近則晴延也迴指謂忠勝曰公不見夫煙乎明智光秀作亂右府已被弑矣忠勝大驚迴馬返報少將已至飯盛山望見二人察其有異留從隊獨與五將挺前二人告變少將前晴延悉問之秀一亦來十騎聚馬首計無所出少將曰吾義當立討光秀而從兵至寡今獨有入京自殺而已乃引隊北上使忠勝前行數里忠勝迴轡謂五將曰僕欲敢獻異議今光秀方得志擁大軍據

要地吾浪戰貽禽徒取笑天下曷如歸國舉兵徐圖誅討哉願公等勸之主公酒井忠次石川數正曰老成之慮乃出於少壯之人吾輩慙愧乃勸之少將且曰光秀已扼衢路宜取間道少將曰我不諳地利必為土寇所困終不若自殺秀一曰此間士民素慣臣使令臣能使之導晴延又散金募之大和人越智玄蕃使其臣吉川某為鄉導土寇乘夜起侵我輜重高力清長數返戰攘之穴山信良自懷猜疑不欲同行自普賢谷分道而去至草內渡為村民所殺明日少將至木津不可渡有二舟來呼而欲乘舟人不肯忠次擬銃脅之舟人怖艤而載之既濟忠勝以槍鐓撞破其舟以防追者織田氏將山岡景隆帥衆來迎已而光秀覺少將逃去出兵諸路要之本多正信聞少將當厄馳至宇治河與景隆議諭茶商上林發土人護入信樂館於鱒尾氏使土人馳還設篝火河上宣言德川公將來於此光秀斥兵聞之萃以竢焉而少將已入伊賀矣初信長屢伊賀人獨匿我管內者得免於是其父兄相告來護入伊勢自白子浦上舟七日達於參河大濱入永井直勝家將士迎賀卽日少將徵兵管內討光秀美濃尾張將士使使送款或勸急取二國少將曰右府故國也吾可乘亂利之乎十七日進陣於熱田聞羽柴秀吉以山陽兵入討光秀已伏誅也乃班師論賞織道捍衛之功當是時四方聞變騷擾河尻鎮吉初藉信長威權凌轢國人每事行新法國人囂然及信長薨鎮吉惟悸欲走不敢少將至參河之日遣本多百助護鎮吉曰子[illegible]西歸宜借道於我國人流言曰本多圖河尻鎮吉乃饗百助醉而殺之國人乘之攻殺鎮吉森長可等皆棄守西走於是甲斐信濃空虛無主上杉景勝北條氏政並出兵爭之少將聞鎮吉死遣酒井忠次大須賀康高

成瀨正一入甲斐以武田氏降將依田信蕃岡部正綱爲介暨旗於柏阪嶺以招徠國人武田氏骨鯁之臣橫田尹松城昌茂等相踵來歸凡千餘人少將皆與之印信安堵如故大村某者欲導氏政兵入甲斐穴山氏部兵擊平之又遣大久保忠世石川康通本多廣孝將兵繼往招諏訪賴忠小笠原信嶺皆降之七月少將畱兵守駿河諸城親將入甲斐甲斐父老爭供芻糧進陣於古府撫循降附分守諸要遣忠次忠世以下以兵三千餉信濃圍高嵒城入月氏政遣子氏直將四萬騎入佐久郡諸將聞之退屯音骨遂引還初諏訪忠賴不服忠次少將更遣忠世乃服二人頗有郤於是爭殿不決眾和解之六將更殿而退氏直尾之行七里十餘合我兵不損一人氏直止陣若亟少將乃措伏自將數百騎出淺生原氏直不敢進少將使鳥井元忠水野勝成松平清宗三宅康貞守古府而自陣新府氏政遣弟世忠族氏勝將數千騎入郡內氏直潛使告焉曰古府兵寡子攻取之則新府隨潰家康當自下山遁乃夾擊殲之古府四將謀知兵謀以二千人邀擊之氏忠氏勝大敗遁去少將望塵曰我兵勝矣已而四將以首級三百還獻命梟之新府郊外氏直兵覘之皆其子弟親戚也乃悲駭不欲關少將賞四將賜元忠以郡內氏直砦於豆生田參河人久世廣宣甲斐人曲淵吉景皆有功焉氏政又遣弟氏規窺駿河松平康親守三枚橋本多重次守沼津擊氏規破之正直數招甲斐人甲斐人斬使者獻其書信濃人眞田昌幸保科正直初降北條氏九月少將使依田信蕃招降昌幸合兵屯碓冰嶺絕關東糧道正直因酒井忠次來降以高遠兵取箕輪招諸城以屬我氏直益窘十月氏政乃使氏規來請和曰公取甲斐信濃我取上野且請爲氏直娶

少將女少將許之十一月氏直撤兵而修平澤砦少將使人請之
曰我初欲取上野遇和而止今既和而築是僞和也使諸將發兵
赴之北條氏兵懼毀砦而去是時上杉景勝既取川中島築砦四
外少將遣依田信蕃柴田康忠菅沼大膳等攻前山高棚小田井
諸砦拔之於是甲斐信濃豪傑盡屬我部下少將檢其采邑或依
舊或削之使平岩親吉鎭甲斐大久保忠世鎭信濃務因武田氏
舊制無所更變獨除其厚斂苛刑建寺於田野以弔勝賴嘉小宮
山內膳忠節召其弟又七祿之以其季弟爲僧者爲田野寺主收
山縣土屋原一條四族之兵屬於井伊直政軍裝皆用赤色井伊
氏兵自是勁矣十二月少將乃還濱松以降附四人掌採訪北條
氏使使納幣織田氏故將柴田勝家亦使使賀平定十一年閏正
月賞松平康親功賜河東二郡二月依田信蕃攻拔岩尾而死之
少將祿其子賜姓名松平康國依康親例也乃命大久保忠世助
康國攻拔小室走守將宇佐美定行景勝不敢援七月北條氏迎
女酒井忠次護送之八月少將如甲斐修法令賜眞田昌幸以上
田昌幸侵上野取沼田十月少將進正四位下還右近衞中將○
日本外史十二毛利氏十年正月元春欲復因幡二月將兵攻大
崎時杉原盛重既死其子元盛先登元春遂復二城攻鳥取四月
秀吉將兵八萬入備中攻高松城引甲部川灌之守將清水高治
募城內染戶收版數百枚造舟出戰隆景聞急乞援於元春元春
郎欲發山陰將士皆曰上月之役佐公宰我師自援鳥山之役留
富田不來今鳥取幾復何棄此赴彼爲元春曰隆景不來馬山必
有以也吾坐覩其危獨如宗家何諸君不欲往吾寍獨身赴之與
隆景共死將士皆謝願從乃留杉原元盛當鳥取城而南會隆景

合兵四萬軍於廂山輝元陣其西三里相持未戰五月日幡城叛隆景遣兵攻之走東將木村隼人秀吉不敢出援加茂城亦叛納東兵元長廣家以萬人赴之秀吉復收兵我兵數獲利而高松旦夕將沒元春聞信長將自來也欲一戰隆景曰阿兄何自輕乃效一隊將之爲乎元春曰家君以一夜克陶氏以七年滅尼子氏蒞小敵宜緩之困之而大敵宜急挫之也我以北兵夜襲其北而卿應其南必克之浮田氏觀望不戰走耳隆景曰然會軍中流言三澤爲虎通款秀吉六月三日二帥與元長密會廂山絕頂議曰諸將意皆不可測爲今之計宜檣於牙營迎敵決戰既罷元長徑詣爲虎迫其膝坐曰聞卿與秀吉通款信乎信則斫吾頭以送秀吉爲虎惶駭曰是出讒口耳乃獻誓書衆情稍定終期再明襲秀吉僧惠瓊素歸心於秀吉爲講和議秀吉曰苟使高治自殺則我可以藉手而去惠瓊以告二帥二帥弗肯明日惠瓊自入城諭高治高治曰我一死可以和兩國何敢不死乃與兄月清軍監未近乘舟出城自裁舟中以出城兵惠瓊還報二帥爲之發哀遂爲盟約割地講和南界甲部河北界馬山送輝元季父元綱爲質秀吉送森高政答之即日東軍解去元長在山項視之曰彼無故講和必有內變既而有告曰信長爲明智光秀所弒元長曰果然吾不與盟請追擊之秀吉可生擒也浮田直家亦請爲援二帥曰乘喪背盟不義莫大焉終弗許後秀吉遣我將士款書數通有三澤氏臣雲波書爲虎乃誅之輝元既與秀吉和猶領八州歲八百二十萬石七月隱岐經清弒其叔父清家初清家代兄領隱岐養兄子經清出己子甚五質於吉田經清欲通款信長清家弗聽及信長死經清誘殺之以滅口因啟清家通敵臣誅之元春不信甚五訴冤請

自復仇許之隱岐士民爲內應終誅殺經清八月山田重直誘殺
南條氏精兵數百九月伯耆人相驚曰秀吉戰死上國重直且來
襲矣元續怖走入京師其子小鴨元清亦走秀吉笑曰元春設蜚
語不戰而走之耳元春之智元續之怯皆無雙者也因請元春復
之秀吉誅明智光秀遂代織田氏居大阪元春
羞屈下之也居常鞅鞅不樂讓家元長而老　夏六月秀吉拔高
松城明智光秀弑信長信忠秀吉還從西國伐光秀於山崎誅之
秀吉立三法師（日本外史十四織田氏下）五月信孝等軍於大阪
信澄信行子也十五日德川公與穴山信良入謝
信長待之甚渥令惟任光秀饗之旦日得羽柴秀吉書曰秀吉圍
高松城吉川元春小早川隆景擁毛利輝元將數萬騎來援請得
援軍信長曰彼舉其巢穴而來是自速覆滅也吾自往掃殄之梟
元春隆景首乘勢遂定九州耳乃遣堀秀政馳諭秀吉曰汝與之
相持勿使歸入於是大徵兵命池田信輝細川忠興高山友祥中
川清秀爲前鋒先發光秀亦與焉初光秀以土岐氏疏屬流寓諸
國無所遇終干信長信長擢爲阪下城主終賜丹波信長以待將士
不設禮節嘲謔嫚罵以爲常而光秀爲人文深喜自修飾以材藝
自高先是稻葉通朝家臣齋藤那須有罪去仕光秀通朝訴之信
長信長令光秀還致那須賜齋藤死光秀弗奉命信長怒召光秀
罵詈之嘗飲將士酒光秀逃酒信長親追捉而伏之騎其項拔刀
擬曰不飲酒則飲此光秀素不勝飲强釂一觥信長乃掖光秀手
擊其頭曰好禿顱可以代鼓光秀慙憤自揣信長欲殺已故形於
言動信長寵森蘭丸嘗陳珍玩謂之曰汝所欲得吾輒予之蘭丸

日臣所欲得不在於此近江志賀郡先臣可成舊領也願得還賜幸甚非所敢望也信長曰暫俟之三歲後當充汝願光秀在屏後聞之自疑曰志賀今屬我我之被誅其在三歲後乎既而信長命光秀以蘭丸爲女壻欲令予之志賀也光秀復不奉命至是受命饗德川氏盛治帳具周旋甚勤俄而有出征之命他人來代之光秀大恚曰使我徒勞悉投其具於湖中而去於是遂有反心而信長不之覺也乃令津田益信及蒲生賢秀等守安土而自以近臣百餘人入京師館於本能寺信忠與弟勝長等館於妙覺寺光秀之發安土也治行於阪下遂入丹波詣愛宕山祠拈鬮再三夜宿祠下寢而不寐數有嘆聲從者問何故嘆光秀叱曰非汝輩所知也其明會於西坊爲連歌或供糉焉光秀不脫包而食卒然問傍人曰本能寺隍深幾尺眾異之既罷歸龜山六月朔光秀召從子光春及其將齋藤利三等五人謂之曰汝等能爲我死乎則有一事可與議議苟不合則速斫吾頭五人相目不能荅光春曰臣等業已委質矣距必問也抑所議者何事光秀曰吾殆爲右府所殺者數矣因具語以故曰今事已迫矣吾將先發之五人欲諫止之覩光秀意色既泆不可諫乃贊成其謀光秀使五人納誓效責於是悉丹波兵卽發宣言奉命西援秀吉夜度大江山至老阪右折則走備中道也光秀乃左馬首而馳士卒驚異既涉桂川光秀乃舉鞭東指颺言曰吾敵在本能寺矣眾始知其反也昧爽圍本能寺呼噪而入弓銃交發信長在臥內驚起曰反者誰令蘭丸出覘其旗幟返報曰惟任光秀也信長曰豎子敢爾乃手弓而出蘭丸以下宿直者皆肉薄拒戰信長親射斃數人絃絕執槍而鬭傷右肱乃走入揮姬妾使逃去縱火自殺年四十九蘭丸及二弟坊丸

力丸及金森長則高橋寅松矢代勝介伴正林等百餘人皆力戰死之光秀索信長首不得意甚懼齋藤利三得其衣焦爛者示之光秀猶不安大索之信忠聞變大愕馳赴之途望見本能寺煙起村井貞勝來跪路左報曰右府已遇弒矣君宜急保二條第信忠從之使貞勝從皇太子於禁內而入保之衆或議曰及賊未來馳歸安土建我旗鼓則數萬騎立至矣討賊復仇一舉可辦信忠曰彼既謀此大事豈有不置兵塞路者乎與其暴尸於路寍自裁於此衆以爲然日中賊合二萬餘騎來圍吾兵塵二三百人連鋒奮擊相逐於庭猪子兵介小澤六郎在於逆旅聞警起之主人止之弗聽而入枕原松千代亦欲入援其家僕又右衛門止之而代入信忠褒之賜長刀斃數十人而死賊患我兵力戰乃遣弓銃手登近衛第屋上瞰而亂發我兵死傷略盡信忠乃剖腹而死毛利秀高福富貞次菅谷正賴齋藤新五皆死之其餘從兵無一人逃者初安藤範俊家臣松野平助有材名範俊敗信長蘇之於是宿於八幡祠不及於難齋藤利三素與之善以書招之平助伴應欲窺隙刺光秀光秀覺其意不敢親近平助乃自殺光秀大索織田氏臣僚在京師者殺之獨前田玄以帶信忠遺命逃至岐阜抱信忠子三法師走入清洲信長起尾張常以平定四海爲志不喜虛美廷臣或勸爲征夷大將軍信長曰吾何遽襲室町故號爲然將士有功輒急賞之獎用公廉政無偏私獄內贖金悉以爲修橋道之賚尤憎浮屠氏嘗有一僧自稱得神通愚民景附信長召見詰問使人捉其兩手而親舉刀斫其頭曰猶得神通乎柴門勝家獻一向賊首級信長有喜色楠友閑在側諫曰誰非天下之民乎因極論仁暴是非信長嘉納之然時承室町氏嬾惰之後以刑殺立威

所得之地必誅其主以子家臣性亦猜忍追咎諸將舊惡若光秀者皆不自安所以不終其志也光秀既定京師欲取安土即日馳至瀨田遺書於城主山岡景隆景隆斬使燒橋而逃光秀發卒修橋初安土城中聞變未得確報物情恂然日暮有數騎馳歸自京師士民要路問之騎曰兩公薨矣城中大擾蒲生賢秀欲鎮衆拒守衆一夜四五驚諸將士多逃亡者賢秀乃令其子氏鄉具輿馬數百迎夫人以下逃於其邑日野姬人或勸賢秀取天主貨寶而火之毋以子賊也賢秀曰先君所盡心經營不忍燒之也光秀其或燒之即取焉以自殖豈能久乎今吾取其貨人謂賢何使使木村某守之而去保守日野光秀至與其將士分取貨寶會天使來勞之光秀意益驕遣使招光秀女婿細川忠興忠興逐其使者招友人筒井順慶順慶不至光秀乃懼入京師務行惠政以收人心復適安土欲攻賢秀賢秀遣使伊賀求援於信雄信雄危疑不發賢秀乃送質爲信信雄乃出次稚山光秀不敢動會伊賀盜起信雄以故不能進信孝初在大阪奉信長密旨宣言修艦於紀伊因急襲驚森幾殺光佐而變報至信孝與信澄長秀議解圍而退至大阪信澄亦光秀壻也叛應光秀據其子城信孝長秀迫之使自殺欲遂誅光秀而兵潰不可收會羽柴秀吉以數萬騎至自備中信孝大喜乃會議於尾崎諸將爭先不決乃因信長在時之法次以城邑前後高山友祥爲先鋒中川清秀次之池田信輝丹羽長秀又次之信孝自將四千人在其後秀吉爲後拒討光秀於山崎大破之光秀伏誅明智光春守安土聞敗燒城走阪下殺其妻子自殺齋藤利三等皆被捕誅清秀俗宇瀨兵衛山崎之役戰最力信孝下馬握其手曰吾子力戰吾不忘德秀吉自與中呼曰瀨兵勞

矣清秀曰筑前守氣貌已吞天下矣信輝秀吉等收信長尸於本能寺葬之遂之清洲謁三法師柴田勝家佐佐成政與長尾景勝相持越中拔魚津聞變收兵入討光秀至柳瀨得捷聞直之清洲瀧川一益在廐橋城是月七日得變聞部下將士說曰變故之際人心不測且祕之更取諸客將質然後託事西上一益曰是豈可終祕乎不若自我發之乃急傳令召諸客將告變事曰事已至此吾在此地與否在諸君所計吾且還諸君質客將皆相謂曰管領推誠遇我輩我輩誓不相負乃請重納質一益謝而遣歸之明日變報四至北條氏直欲乘變擊一益一益乃率部下八千人軍於鉋川諸客將以萬騎來援擊走敵一將氏直以全軍繼至一益使言於客將曰諸君惠然一戰可以休矣一益請代進乃進戰不利其將篠岡某等二百人止死一益歸廐橋盡返質子徑信濃而西遣使告沿道城主眞田昌幸木曾義昌皆送質出兵護送達於尾張河尻鎭吉在甲斐甲斐亂會德川氏使者至鎭吉疑其有異殺之鎭吉亦爲國人所殺森長可在信濃挾諸質子馳入美濃盡斬之前田利家定能登丹羽長秀定若狹皆收兵與秀吉會議於清洲以三法師爲信長嫡長孫立爲嗣更名秀信居安土奉以近江三十萬石其餘分領之以族秀信長信雄領尾張信孝領美濃勝家領長濱長秀素有若狹幷領志賀高島信輝幷領兵庫尼崎而秀吉領播磨丹波但馬因幡秀吉與勝家長秀信輝更置吏於京師已而專決於秀吉秀吉國最富兵最強矜貴自持而秀信幼孩信雄暗弱皆不能制馭之信孝有英氣曰我家遭遇變故而我家奴輩舍長立幼以爭攫遺地且吾與信雄同年生特以月日少後故有兄弟之名耳吾有復讐之功秀吉乃攘而沒之其篡竊之勢

日城陷城將自殺而毛利氏猶張軍不去明日遣使者來治前議
右府者信長也秀吉大驚而未宣言明日率數十騎巡視隄防是
所知宗仁者變報也曰光秀反以丹波兵攻右府於本能寺弑之
議和秀吉未之許也六月有人稱京師使者馳入軍門秀吉覽之
水數尺東西之軍相去可百步毛利氏聞東軍大擧且至遂使使
不欲往信長迫而遣之使歸丹波治兵而西當是時高松城不漸
餘人入京師館於本能寺將親纏之也初光秀以事怨望至是亦
田信輝中川清秀高山友詳等率兵三萬五千援秀吉而自以百
中國可擧信長大喜使堀秀政先往乃命明智光秀筒井順慶池
擧來援請出大旆分軍爲二一以當城一以擊援師不出一歲而
主公於此而爲之先鋒乃馳使白信長曰城陷在旦夕而毛利大
不出因謀曰吾連取數國令又擧毛利氏則功大而身危不若請
人當之益築防使峻城兵結櫟而坐元春隆景數挑戰秀吉固壘
而來救與小早川隆景合兵陣於廂山輝元在其後秀吉分二萬
灌之使淺野某以舟載大礮擊碎城樓於是吉川元春乃舍因幡
熟覦曰是可灌也五月自移營於蛙鼻岡築巨防於城南引河水
松城秀吉隨圍城城傍平田多池沼而甲部河在其西秀吉登山
地下之遂攻冠山加藤淸正先登浮田氏兵纏之冠山兵盡走高
於南也乃引兵入淡路二十日定之四月將六萬人入備中攻宮
濶使人來告吉川元春欲攻烏取秀吉曰彼攻之於北吾將救之
五豐臣氏上十年正月直家病卒秀吉爲請立其子秀家宮部纏
岐阜兵寡長秀勸信孝出其母及乳母爲質和之〇曰本外史十
人說長秀長秀不肯秀吉聞之乃結信雄急發兵攻信孝於岐阜
已成矣不速誅之後不可復制乃密與勝家一益謀討秀吉又使

秀吉卻之曰當歲明日議之明日使者復至秀吉自度事終泄不若自我發之乃具告使者以變故使返報曰事已至此公等猶與我和乎若欲擊我則莫今日若也公等徐計之使者返報輝元大喜謀於諸將諸將皆曰我與信長和非與秀吉和今信長死彼軍情沮廢危疑萌起我乘是時掩擊之必獲秀吉是天幸我家也不可失矣隆景曰吾所見異於此信長之死非天幸我家乃幸於秀吉也何則應仁以來七道分離爭亂相踵至今日而極矣天將生一豪傑以埽蕩天下吾覘秀吉舉動得非是乎信長既死其子弟將佐孰出秀吉右者夫和議發於外而變故起於內使常人處之必深祕其事速成前議今正告不隱任吾從違其量豈可測哉吾使人候覘其陣不異平日今與之戰我曲彼直讐我必深敢死來戰能保必獲之乎苟不獲之使其脫歸異日雲蒸龍變我無遺類矣以吾計之莫如從前約彼遭際禍難多我不違約必厚遇我功名富貴將與我共是我與彼同慶幸也輝元然之乃送質成和且弔之於是秀吉欲還討光秀因乞毛利氏假弓銃各五百旗三十騎士一隊輝元如其言秀吉會諸將士垂泣言之曰吾受右府之恩無物可比汝輩所知也今日致死復仇非吾而誰天下之事在此一舉汝輩其爲我勉之乃引兵上途兼程疾行而至於尼崎當是時光秀既弑信長及信忠遂進陷安土收其寶貨而西屯於京師施行政令復引兵適安土織田氏公族將帥皆觀望相伏莫敢先發秀吉既至尼崎發哀斷髮毀形使人周告諸將曰明智光秀蔑棄洪恩敢行大逆天地所不容人神所共憤也秀吉義不與光秀共戴天悉發傾國之兵自將至此願與諸公俱一戰必梟豎子以予先君之靈於是諸將帥盡會尼崎初光秀之發難也與其眾謀

日方今柴田勝家當上杉氏瀧川一益當北條氏羽柴秀吉當毛利氏而丹羽長秀佐信孝將赴四國我出空虛之地得以成大事天下不足圖也至是聞秀吉在攝津大驚使其從子光春守安土而自至洞嶺十二日遂入淀城秀吉遣使告光秀曰明日會戰於山崎光秀諾之乃聚將士其將齋藤利三在洞嶺諫曰秀吉大衆新來其鋒甚銳戰必無利不如且避之退入阪下以爲後圖光秀怒曰天下視右府如鬼神而吾一擊獲之天下誰能敵我汝速來戰何畏藤吉也利三不得已來會遂以見兵一萬六千分爲六隊夜半冒雨渡桂川至山崎筒井順慶舉大和兵萬人軍洞嶺爲其後援黎明秀吉統諸將而至高山友祥爲先鋒中川淸秀池田信輝丹羽長秀織田信孝以次相屬兵各數千秀吉自將騎卒二萬居其後已而兩軍皆陣秀吉北瞻天王山指謂左右曰今日之戰使敵先獲此非吾利也言未畢賊旗幟登焉乃命堀尾吉晴往奪之吉晴應聲而起單騎馳赴之則賊兵先上者已千餘人矣吉晴顧其兵能屬者十五六騎弓銃手二十人進躡其後賊弓銃在前不可用吉晴全兵與堀秀政皆至大呼奮擊賊兵遂弃山走吉晴等代陣焉友祥爲先鋒闕山崎南門不聽他隊先進聞天王山軍聲起乃開門而進與賊左陣大戰殺傷相當淸秀踰阪而進殲左陣不能進信輝亦濟川衝其右陣合擊大破之斬其三將洞嶺軍觀望勝敗不戰而走秀吉追北直逼光秀光秀怒欲親戰比田某叩其馬曰敵鋒不可犯請且入勝龍城光秀惶惑曰勝龍安在比田騎而前導我兵充塞前後比田等戰且走纔得達城上閤而望則我兵已圍城數重城兵稍稍散亡所餘麾百人卽夜光秀與十餘騎潰亂北出馳向阪下至於小栗棲土兵四起自林中以槍刺

其肋墜馬死秀吉既破光秀軍收信長尸於灰燼中殯之進陣於園城寺聞光秀子光慶在龜山遣兵攻之斬光慶又聞從子光春在安土分堀秀政將萬人伐之會光春於大津擊破之光春騎渡湖水入坂下手刃光秀妻孥火城自殺齋藤利三亦被捕伏誅而光秀首至秀吉乃奏捷朝廷徇光秀首京師梟於本能寺去信長蕘日十有三日矣遂畱幕於山崎寶寺誅支黨納降附當是時秀吉威震畿內四方兵士來聚山崎者凡六七萬人天子嘉其功詔敘從四位下任右近衛中將秀吉辭不敢拜秀吉以信長繼嗣未定與諸將領會於淸洲議事八月瀧川一益柴田勝家皆引兵會焉議信雄冒北畠氏信孝冒神戶氏皆信長庶子不宜立乃以信忠遺命立其長子秀信爲嗣居安土焉而信雄攝之柴田丹羽池田氏與羽柴氏更置吏於京師信雄以下各分遺地領之秀吉自略定播磨但馬因幡丹波諸州至是皆爲其有則不復受分地諸將乃使浮田秀家及丹後國主細川藤孝附庸之長濱爲秀吉舊領勝家以其南出便地奪之勝家威望最於諸將號曰鬼柴田是日踞而飲酒以謖言挑秀吉長秀附秀吉耳語曰子欲定國家郞斬勝家秀吉哂而不荅諸將覘耳目非是促罷其宴信雄歸近江信孝歸美濃勝家歸越前一益歸伊勢長秀歸若狹秀吉與池田信燁歸攝津勝家聞秀吉在長濱不敢北秀吉乃遣義子秀勝爲質勝家拉而北行尋而還之初秀吉自長濱從姬路未移其家本能寺之變阿閉長之京極高次欲取長濱應光秀家皆亡匿於伊吹山長之取其貲財從光秀戰山崎敗走而死於是秀吉族長之降高次而歸山崎十月詔敘從五位下任左近衛少將秀吉拜命因請追贈信長爵位告公族諸將葬於大德寺無來會者秀吉自

爲喪主使弟秀長帥卒萬人監護之既而三氏皆罷其吏一決於秀吉秀吉又與信雄協心以佐秀信勝家嫉忌之信孝亦與信雄爭傳相惡於是信孝遂與勝家一益及佐佐成政氏家行廣稻葉通朝等俱圖秀吉及信雄約期並起信雄謀之秀吉秀吉曰越前多雪彼今未能出兵請及此時伐美濃乃與池田丹羽筒井細川諸將合五萬人攻岐阜行廣通朝皆降信孝伴請和丹羽長秀贊之和成秀吉乃取其質子歸山崎勝家欲出援之阻雪不能出秀覩冰雪輒憤怒乃遣人說長秀連兵西向長秀弗肯一益以書敎勝家曰不若佯和及來歲雪解出其不意夾攻之勝家然之使前田利家等五輩來山崎請釋憾協心共輔幼主秀吉許之使者返報勝家兵備稍懈秀吉既遣使者謂左右曰彼欲怠我而來襲焉爾吾且破其膽十一月引兵至長濱勝家義子勝豐守焉勝豐素與勝家有隙秀吉招降之復取長濱益築城堡備其糧仗以拒越前衝路十二月秀吉還朝遣秀信及諸將遇勝家所親在京畿者故仇視之

明史日本傳十年犯溫州又犯廣東

癸未

十一

天正十一年

日本外史十一 武田氏上杉氏時北陸訛言信長兵大敗於甲斐土寇羣起景勝遣兵助之與勝家等戰於越中勝家憚越後兵拒以塹柵其他諸將侮景勝出勝家柵外戰輒見擊破瀧川一益聞之遣兵入越後景勝迎擊一益兵三國嶺大破之自將入越中拔魚津轉入信濃與森長可戰勝家等復取魚津[illegible]方穴山信良與德川氏俱入京師六月信長爲其

將明智光秀所弒信長走歸途遇盜被殺一益長可勝家聞變皆西走而武田氏故地大亂諏訪賴忠小笠原貞慶封上國淸皆舉兵欲復先業景勝自將兵七千助之七月景勝入貝津北條氏德川氏各以數萬人來爭眞田昌幸高阪源吾初屬景勝已而通北條氏曰臣爲內應景勝可獲景勝覺之執誅源吾北條氏不知以昌幸爲前導濟筑摩川以待源吾報景勝送源吾首請戰北條氏懼引去已而德川氏盡取甲斐信濃景勝定河中四郡而歸景勝幼有武幹心誓報謙信恩以償政景罪謙信嘗欲誅深澤九鬼者景勝時年十四手斬二人謙信賞賜政景舊邑數從軍有功謙信卒而三年克景虎將士盡伏獨柴田因幡者據新發田不下景勝常有所內顧以故不能專營外事織田氏將筑前守豐臣秀吉誅明智光秀略定京畿與柴田勝家戰勝而殺之取加賀能登十二年遣使來通好曰吾欲攻佐佐成政以取越中願子勿救景勝曰吾素與成政仇而越中本吾地吾欲先取之耳乃自將兵入越中十月攻宮崎城一鼓拔之謂使者曰越後男子用武如此返語筑前守吾於越中欲取即取而不取者以讓子也〔日本外史十二〕毛利氏十一年九月隆景遣弟秀包及廣家赴大阪尋去歲之盟秀吉悅秀包有姿容畱之先是杉原景盛殺兄元盛誣以叛事覺七月隆景遣三弟元秋元政元康攻殺景盛以其弟次郎承杉原氏後

〔和漢年契〕秀吉築大阪城琉球入貢夏四月秀吉取越前勝家敗死五月秀吉取美濃信孝走死〔日本外史十四織田氏〕十一年正月信雄攻信孝黨北畠具親於篠山陷之遂與秀吉俱攻一益於長島二月勝家出軍於柳

瀨秀吉自赴當之四月信孝復起兵應於勝家一益秀吉殺信孝母於安土城下乳母有子幸田某在岐阜母遺之書曰臣致身於君大義也親先子死常道也汝事三七君行其大義以常道自釋勿以我故懷貳心也秀吉招幸田不至乃礫殺乳母秀吉遂圍岐阜信孝戰敗幸田兄弟力戰死之當是時長秀以下諸將皆屬秀吉爲之拒勝家勝家令佐久閒盛政襲殺中川淸秀收兵速歸盛政毋勝不歸秀吉令堀尾吉晴及降將稻葉通朝氏家行廣等備信孝而馳擊盛政禽之勝家曰盛政不用我言果取此敗吾自往決戰乃檢其兵兵已逃亡在者僅三千諸將皆勸退勝家曰吾嘗以少擊眾獲勝者數諸君何抳我也家臣毛受勝介曰往時君所將皆濃尾驍卒今領北兵非素拊循所以逃亡摧敗之餘何堪折衛臣請假君背幟僞稱君死君逃入北莊徐自爲計勝家從之秀吉縱兵追擊遇其背幟大驚急整隊圍之勝介大呼曰柴田勝家死於此與其兄皆力戰死勝家得閒走過府中入見前田利家曰子爲我出力不知所謝吾命窮至此復何言也吾飢矣請供飯焉利家供之勝家食畢借善馬而出利家欲從之勝家揮之曰子與秀吉善毋以我爲也終歸北莊論其將領與敵有姻者皆遣之願畱者九人秀吉至圍城數重勝家夜宴將士於天主閣慷慨曰吾欲報先君之恩終爲猴面藤吉所囷豈非天哉其妻信長之妹也勝家使之逃去妻泣曰妾自去秋出岐阜業已委身於良人矣今日之事固期於心何必逃也於是夫妻訣飲徹曉終伏刃騈死待臣文荷者縱火於閣殉之當是時信雄圍岐阜城兵潰信孝出奔內海信雄使人迫之自殺五月秀吉斬佐久閒盛政柴田權六於京師盛政素虓武每戰用鐵梏躬自陷陣人呼曰鬼盛政臨刑言

曰我悔不聽修理言苟聽修理言則使秀吉如我也修理勝家也
六月一益降秀吉秀吉放之近江使信雄取其地以長秀助己使
之取柴田氏地池田堀森氏皆有分地○日本外史十五豐臣氏
上十一年正月朔歸姬路撫循士民頒賞賜酺七日入朝京師遂
至安土議及雪未解取一益及雪已解圖勝家乃徵內外將士會
於草津部兵七萬爲三隊三道入伊勢一益在長島分拒諸城秀
吉留兵備之而進至桑名縱火城下退而爲營誘其衆曰瀧川亦
老於兵者今夜必來一益謂其下曰我已分兵在者甚寡以寡擊
衆不如夜襲卽夜潛兵赴秀吉陣覘其有備乃去閏月秀吉攻下
龜山納之信雄令蒲生氏鄉關萬鐵攻嶺城嶺城未下勝家聞之
發兵南出二月令佐久間盛政將步騎二萬出陣柳瀨前田利長
爲先鋒縱火關原而退陣於木本秀吉乃留氏鄉以下七將以當
一益而自引諸軍赴柳瀨自與老兵十餘騎上山望北軍曰是不
可以速戰勝也乃勒兵爲十三隊據湖山形勢築連珠砦而自屯
長濱三月勝家悉引兵至柳瀨我兵堅壁不出丹羽長秀來助之
四月信孝復舉兵應於勝家一益其十七日秀吉以其軍南攻信
孝至大垣盛政欲進擊諸壘勝家不許是時柴田勝豐養疾在京
師其部下山路將監者叛降北軍在盛政營衆中謂盛政曰聞神
戶君舉兵應我而秀吉往擊之子豈得不赴援哉盛政曰固也道
路阻絕敵充塞其間我將如之何將監進附其耳語曰敵諸壘皆
固獨中川清秀之壘在賤岳之麓去我尤遠而其備不固吾潛兵
趨之出其不意必獲志矣秀吉在大垣不能速來子急擊勿失盛
政大悅十九日往告勝家勝家曰可也吾與利家留當諸壘汝則
往擊擊而勝速還愼勿留也盛政乃與從弟勝政將萬人乘夜至

余吾湖東循湖而馳比曉至岳麓中川氏卒方飲馬於湖盛政先鋒執斬之其一人逃返告急清秀與高山友祥以數千人出戰盛政謂其部將曰長篠之戰火鳶巢而捷是可做也遣人燒其壘下營我軍顧而敗友祥走依秀長秀長等惶急不敢援清秀苦戰終死盛政既勝因畱不還勝家召還之盛政荅以日傾兵疲當族明還勝家曰直路不過十里何不亟還盛政笑曰老怯過慮何足爲意使者五反而日已暮矣當是時秀吉欲攻岐阜會大雨呂久河漲未濟午時報至秀吉方食問使者曰盛政退未曰未秀吉乃投箸而起拔刀踴躍曰吾得大勝矣即令驍卒五十人先往募沿道民曰吾將赴賤岳炬火導我酒食餉我遂令堀尾吉晴畱當岐皐而自提輕兵一萬五千舉鞭疾馳及藤川而昏黑山谷皆炬餉者爭至兵皆立食秀吉行且呼曰記其里閭吾將凱旋賞之北軍相驚曰濃路諸山多炬火秀吉來矣盛政大駭將乘暗拔軍而北適月已出我軍覩之進躡其後盛政畱銃隊殿之引兵上岳北陣勝政在麓欲與之合而金弧馬表已在岳南銃丸亂發勝政兵立死者二百餘人其陣稍亂秀吉顧左右縱兵乘之加藤清正福島正則加藤嘉明平野長泰脇阪安治糟屋武則片桐且元爭先奮擊多所斬獲諸軍從進遂大破之擒勝政進蹙盛政又大破之斬首五千級遂進赴勝家勝家在核山聞賤岳軍大囂危之已而敗卒交至勝家曰盛政果敗我事矣遂北走過見前田利家於府中請其馬馳入北莊秀吉追走至府中單騎打城門連呼利家俗字曰又左又左利家乃出迎之以其兵從諸城望風解走旦日秀吉至北莊自上其後山令堀秀政縱火乘煙迫城或縛盛政及勝家義子權六獻麾下秀吉覘之城中勝家遂自燒殺秀吉見城中火起

則引兵北御加賀能登盡下之信孝出走自殺一益降於是秀吉還軍坂下六月敘從四位下任參議七月大賞戰功予北莊於丹羽長秀大垣於池田信輝澤山於堀秀政金山於森長可賜近臣七人秩各五千石世呼曰賤岳七槍於是近畿粗定山陽山陰將士來尋去歲之盟上杉氏德川公皆使使賀戰捷秀吉有霸天下之志謂京師狹迫不便漕運且無列邸第之地大坂北帶大河西控海水地勢宏壯可以管攝七道十一月遂起十餘州卒城大阪成而從焉信雄視秀吉威權日隆心不能平其下有三驍將秀吉厚遇之信雄疑其有私十二年三月殺三將與秀吉絕乞援於德川氏

甲申二十二 天正十二年（和漢年契）春三月秀吉戰信雄於尾州小牧家康出兵援信雄夏四月秀吉侵三河家康逆之於長久手大敗之斬池田勝入冬十月秀吉與信雄和（日本外史十四織田氏下）既

語曰羽柴將不利北畠氏十二年正月諸將賀正於安土皆過見信雄獨秀吉至大津而不入信雄怒諸將和解之盟於三井寺信雄將岡田重吉津川義冬淺井多宮瀧川雄利皆驍勇秀吉先盟招四人誘以厚利三人聽之獨雄利佯聽臨盟告信雄信雄驚馳歸長島遂議討秀吉三人以為不可信雄曰吾誅猴奴易易耳汝輩何得沮我三人稱疾不出三月信雄伏甲召三人誅之分攻其邑拔松島予之雄利求援於德川公德川公之來安土也信長令之遊界府聞信長遭害走歸其國於是發兵助信雄信雄又招池

田信輝及其二壻森長可堀秀政秀吉亦誘信輝信輝子信政質於長島信雄還之曰先考待卿最厚卿必不負我我持其質是疑卿也信輝既收其質乃應秀吉誂瀧川一益亦應秀吉聚兵據木造以復舊封織田信包蒲生氏鄉關萬徹皆應一益攻嶺城城將佐久間正勝與部將山口重政等固守拒之敵聞援兵至解圍去正勝乃還長島又守蟹江信雄在清洲與德川公合兵二萬軍於小牧秀吉以十二萬人軍犬山四月秀吉令信輝長可襲參河信雄與德川公邀擊獲二將秀吉亦令筒井定次九鬼嘉隆攻松島月餘雄利與德川氏將服部正成固守拒之以定次講和致城而卻秀吉拔嶺神戶利井竹鼻數城退軍於大垣六月信雄使正勝城萱生一益乃誘降蟹江留守前田種利種利二子長種定利守前田下市二壘山口重政守大野壘二子皆降遂招重政日汝母在蟹江不聽則殺之重政荅曰吾知受命守城不知其他豈倣公等人面獸行乎一益與嘉隆迫以兵艦重政投炬燒而走之敵轉赴下市又擊走之信雄與德川公來援拔前田下市走長種斬定利大賞重政遂圍蟹江七月一益斬種利以降信雄宥其死乃走歸木造城將富田知信疑而弗納一益乃奔京師後死於北陸八月秀吉又入尾張令萬徹氏鄉攻伊勢諸城佐佐成政起兵於外山以遥應信雄攻前田利家不克十一月秀吉以八萬人入伊勢信雄出而對陣秀吉使人請和信雄許之盟於桑名城下秀吉陽尊信雄執臣禮如故信雄大喜成政未之知也欲就德川公協謀以圖秀吉乃稱疾屏居潛與壯士百餘人冒雪入信濃留侍臣於外山饋食稟啟如常誡之曰度我往還不過二十日利家必不能覺卽覺治兵則我已歸至矣於是乘橇兼行所經皆山谷絕無人

煙得一樵家入之樵夫大愕以爲鬼物從者曰吾輩自越中赴深志者汝爲鄉導吾重賞汝樵夫乃燒柴燎之導至下諏訪使健步告德川氏德川氏乃遣人馬迎之十二月至遠江説曰願公舉五國兵吾亦舉越中兩雄戮力鼓行而西必禽秀吉德川氏以其言爲倨且知北地不便出援乃辭之成政遂適尾張勸信雄再舉兵信雄不肯成政失意而歸信雄斂從三位任參議十三年進正三位遷大納言○日本外史十五豐臣氏上池田信輝森長可堀秀政皆爲秀吉拒信雄信雄將瀧川雄利初送質於秀吉秀吉屬之協坂安治於是雄利詐奪還之據其邑上野安治怒以從者二十人入伊賀夜募土兵襲上野城拔之走雄利秀吉令安治留定伊賀信輝長可亦拔犬山守之秀吉遣堀藤知定監二人軍曰彼必負勇浿戰汝往制之遂欲親將而東會南海盜起乃令中村一氏等當南面浮田秀家當西面丹羽長秀前田利家當北面而自將東下至犬山德川氏北畠氏合兵陣小牧對壘未戰秀吉遣書請戰德川氏不肯四月信輝曰請間道擣參河秀吉不荅明日復請乃許之信輝率二壻秀政長可以往曰親戚赴軍無他證左秀吉乃令三好秀次助之秀次秀吉妹子也臨發誡信輝曰宜塞於篠木柏井募土兵縱火東參河勿侮敵輕進恃勝不備既遣之自從陣樂田信輝長可進拔岩崎或走告德川公公與信雄伺其懈襲擊於長湫殺之其將佐曰秀吉敏軍機今必來矣乃收兵退秀吉得敗聞奮袂起曰敵亂矣而來吾迎而疾擊可以鏖之急抽精兵二萬自將赴長湫聞敵退入小幡欲隨攻之稻葉通朝諫以日暮兵疲乃止下令曰旦日攻擒二帥參河將士請襲秀吉陣德川公不肯曰秀吉勇略不世出其可狃而輕之乎夜退還小牧秀吉亦

還樂田五月畱諸將守樂田引兵攻拔利井嶺神戶松島竹鼻諸城六月以竹鼻予一柳直末令森長可弟忠政襲兄邑封蒲生氏鄉於松島食十二萬石統攝傍近諸城秀吉自陣大垣往來伊勢尾張間修諸城砦遣脇坂安治徇志摩移大和國主筒井定次於伊賀以大和賜弟秀長以志摩賜九鬼嘉隆十月陣羽津信雄陣桑名其君臣內相猜疑軍中數驚秀吉乃謂富田知信津田信孝曰我爲先君復仇務鎮定國家而諸郎聽細說遽欲誅我我不得已起與之較神戶君既不良死我至今悼焉爲我謝北畠君盍捐細故與共富貴二人往告之信雄信雄許之相見於矢田河原和成德川公使使賀之公尋送其子秀康爲質秀吉之東也南海盜數攻岍和田士佐國主長曾我部元親略定四國發兵援之窺大坂中村一氏守岍和田擊卻之佐佐成政又以越中應北畠氏將兵萬餘攻末森城城屬前田利家城將奧村永禰與其妻獎厮士卒固守利家赴救大破成政成政求援於德川公公辭之十一月秀吉進從三位任大納言○日本外史二十德川氏正記德川氏三天正十二年正月朔參河遠江駿河甲斐信濃五國將士盡賀正於濱松謁中將及世子長丸二月中將遷參議進從三位當是時故織田信長將羽柴秀吉爲政於京畿略有十餘國威權獨熾參議亦與之通好信長二孤信雄信孝勢皆出秀吉下信孝舉兵圖之不克而死其黨柴田勝家等皆爲所攻滅諸宿將豪傑皆頫首事秀吉信雄孤立無援秀吉復欲激而除之故遇之亡狀誘其驍將岡田重善津川義冬淺井多宮使叛降己信雄怒三月召三將誅之分兵攻其邑遂與秀吉絕池田信輝與二壻森長可堀秀政在美濃信雄秀吉並招之秀吉特啗以利乃附秀吉瀧川一益

稻葉通朝蒲生氏鄉等皆黨之信雄益窘乃來乞援於德川氏參
議曰吾荷信長厚誼視其孤之窮蹙而不援焉將何以對天下即
諾之遣石川數正水野忠重其子勝成往助信雄攻拔星崎勝成
先登秀吉陰誘諸將忠重不納而獻其書忠重故信元弟也於是
四近城邑交相攻擊迭有勝敗參議聞秀吉大舉且東下也欲親
將援信雄虜北條上杉窺其後使大久保忠世備西面松平康親
平岩親吉鳥居元忠備東面十日親將發濱松酒井忠次奧平信
昌等以前軍先發敵攻城邑者聞之往往解圍去參議四日而至
淸洲見信雄信雄謝之參議曰公安之某在焉秀吉之兵雖有百
萬不能以病公也乃引諸將議戰守之策榊原康政曰宜進取小
牧山以瞰國內莫使敵據之參議然之本多康重曰往年勝賴侮
敵踰川而進終以取敗今盍鑒焉酒井忠次曰勝賴之敵我我之
敵秀吉不可比也參議遂命忠次修小牧故壘十六日自擕信雄
往駐軍焉發間使入南海招雜賀根來及阿波土佐諸豪使並起
圖大阪秀吉患之未果來邀令池田信輝據犬山森長可陣羽黑
以距我軍長可稱武藏守以驍勇著有鬼武藏之目忠次請曰嘗
試一搏鬼武藏使京兵知參河伎倆也乃與諸將進縱火誘之長
可出軍八幡林隔水挑戰奧平信昌單騎先濟眾從之擊走長可
斬首三百級信輝與稻葉通朝聞之來援或止之曰敵兵乘勝未
可與爭鋒宜按兵憑高待其來而下突信輝從之參議諜知其謀
令諸將收兵終留康政於小牧而自入淸洲使本多廣孝築城小
幡以便參河往來秀吉聞羽黑之敗大忿置成南海而自將而來
軍於犬山兵凡十二萬五千人分爲十五隊自按視地形仰視小
牧山曰吾後矣乃穿空濠二重於山前使數千人守之起壘植柵

以頓諸軍軍營彌亘數十里參議聞之畱內藤信成等守清洲而自擕信雄合兵一萬八千復陣小牧山康政爲信雄移檄敵軍曰秀吉蔑棄君恩爲鬼爲蜮加兵於君之遺孤天下之人孰不切齒汝將士嘗與之比肩以事先君乃爲其所驅役果何心哉德川公受依託圖征討盡發五國之卒親將至此大義所臨必梟豎子汝將士苟改過歸順皆聽其自償不然則併誅戮之身首異處其勿悔秀吉覽之乃購康政首千金參議上樓櫓望見塹柵笑謂信雄曰彼襲尊公長篠之策豈以我比勝賴乎乃下令軍中禁擅進秀吉遺書參議請戰曰旦日吾欲背塹柵進戰使士無退志公亦盍儆我所爲渡部守綱以銃長在前部私答書曰來諭所言不足以聞寡君寡君固欲與君樂戰敢不奉約至斷後之備君自爲之敝邦之士有進無退不必須此也秀吉獲書大恚欲進戰而不敢乃上仰而罵四月秀吉兵益至充滿山野而我兵無繼四日池田信輝說秀吉曰敵悉銳距此料參河必空虛我潛軍出敵背擣其窟穴則彼必顧而潰因夾擊之可以獲其渠魁矣秀吉沈吟不答明日復說曰公速斷之遲二三日敵亦爲備秀吉乃許之信輝將前軍森長可將二軍堀秀政將三軍長谷川秀一將四軍秀吉甥秀次將五軍兵凡三萬翌夜潛發秀吉戒曰愼勿梅敵信輝諾而往至篠木柏井誘土寇以向參河織田氏將丹羽氏次爲岩崎城主時從在小牧其弟氏重居守信輝等欲先取岩崎以及岡崎岡崎賈人聞警走至丸根告之守將酒井忠利忠利單騎來小牧白之參議發諜覘之悉得其實八日晡秀吉陣燧起參議曰是爲號也乃密戒諸將夜半傳發選輕騎四千人自將之皆卷旗裹馬銜尾信輝軍而馳榊原康政水野忠重等爲先鋒至小幡砦遣斥兵五

十調敵敵前軍襲取岩崎斬氏重信輝檢其首級大喜報捷後軍遂向岡崎黎明我先鋒至稻葉則敵後軍頓東山下傳飧而坐我兵急擊之秀次秀一倉皇起鬭終大敗走於秀政秀政報敗前軍而自回擊當是時參議攜信雄至勝川問其地名而喜之謂其兵曰吾勝矣擐甲而進途得捷聞遂至長湫有來告者曰先鋒再戰大敗矣我軍危懼已而康政還謁參議執其手泣曰汝得無恙乎康政曰臣等一捷而兵疲爲秀政所乘以君在也忍恥至此秀政已與信輝長可合追北而來或說曰敵大衆乘勝勢不可抗不若速走保岡崎也參議哂而不答渡部守綱還報曰敵亂次追北以麾下迎擊必克高木清秀提敵首而還曰勝機在此急擊勿失本多正信侍側進曰是行危微幸也盍就萬全之策清秀守綱怒曰子坐禱握籌可耳何沮戰機乎參議曰二人之言然乃命幢主擎葵章白旗金扇馬標遶出山後敵兵望見驚沮參議乃麾軍而進井伊直政自南山下以銃手橫擊敗秀政軍奪其陣據之長可信輝與麾下相挑勝敗未決安藤直次獻計循左麓發銃長可挺進指揮中丸而斃其陣大亂參議大呼曰二將既敗矣盍擊破阿翁我兵爭進陷池田氏陣永井直勝覘信輝據胡床也舉槍刺之安藤直次斬信輝子之助諸將追走斬首一萬五千級而日已加午高木清秀內藤正成白曰我兵疲矣卒與生兵遇必敗參議曰然卽收兵而退入小幡砦秀吉聞敗大怒獨度以爲我兵恃勝懈備也以數萬騎疾發酒井忠次石川數正本多忠勝松平家忠留守小牧忠次欲乘虛襲其營數正沮之而止忠勝曰敵大兵赴援主公必危自率兵五百追及秀吉與之並行相距可四百步秀吉問曰彼爲誰左右曰本多平八也秀吉曰名不虛已每兩軍相近忠

勝輒發銃其騎逸馬追入敵中忠勝獨騎馳取之授騎共還秀吉
兵請擊之秀吉不肯遂至長湫則僵尸蔽野而不見隻騎問偵人
日敵安之日入小幡矣秀吉歎曰家康可謂具華實者也乃欲遂
攻小幡以日暮兵疲乃止下令曰二魁在一砦是天所予旦日圍
而取之遂舍龍泉寺忠勝見參議於小幡說曰臣不與於戰人馬
皆鋭秀吉之兵眾而不整臣遣老兵覘之悉其可擊矣願主公益
臣一隊兵夜襲敵軍走之必取秀吉首於犬山以南致之麾下參
議曰吾得大勝狃勝者必危且秀吉未可侮也郎夜取路於平戶
以歸小牧旦日秀吉來攻不及曰家康何神也乃引兵還樂田益
增壘柵使堀秀政蒲生氏鄉等以萬人守重壕參議出勒兵濠前
氏鄉等馳使中軍請戰秀吉曰竢彼來攻整隊防之不然則勿出
參議亦下令曰敵未踰濠勿戰西軍最畏井伊直政以其裝赤色
目曰赤鬼五月朔秀吉畱戍樂田撤軍西還自度大舉徒歸恐取
人笑乃攻取美濃二砦入大垣六月參議使酒井忠次畱守小牧
而收入清洲信雄亦歸長畠是時織田氏故將瀧川一益九鬼嘉
隆皆黨秀吉一益將略最著倢信雄統內誘蟹江及下市前田三
城降之又誘大野大野守將山口重政拒戰不屈一益將以舟師
入蟹江城中舉烽爲應參議望見之急發兵赴援呼記室作檄有
吾可親往之語參議曰可字沮兵機命刪之卽絺衣上鞍奮鞭而
馳井伊直政成瀨正成內藤宗成水野勝成等追及於路信雄亦
來俱至蟹江江潮方落一益舟膠不能進我兵急迫之一益兵潰
麾得以身入城我兵隨攻之別使石川數正安倍信勝攻拔前田
走其叛將岡部長盛山口重政又擊嘉隆於下市走之參議與信
雄以中軍攻下市城城負大澤澤多蘆葦參議曰蘆葦蟠根或可

踐而行使人試之果然乃遥澤迫城城兵不備因立拔之斬其守
將乃合兵圍蠏江榊原康政起土山下射城中城中大困嘉隆以
大艦來援我兵迎擊復走之一益經乞降參議曰斬叛將獻之盡
致邑於信雄則宥死一益盡如其命七月出城遁去秀吉在大垣
得蠏江急報悉軍來援不及乃屯桑名參議進至神戸修築諸砦
聞秀吉引去乃還清洲八月秀吉將兵八萬復入尾張前軍至樂
田參議出陣岩倉信雄陣冰村九月秀吉至茂呂參議與信雄拔
軍赴之親出巡師西軍覘我馬表曰金扇復至矣相驚擾不可定
大久保忠佐率騎乘之秀吉夜退軍二十餘里砦於大野奈良自
入大垣參議乃還是月信濃諸將攻妻籠聞西軍來援解還城兵
追躡保科正直殿戰卻之十月參議留酒井忠次守清洲榊原康
政守小牧松平家忠菅沼定盈守小幡而收兵入岡崎德川氏羽
柴氏相持美濃尾張之間者幾乎一歲天下聞德川氏屢克羽柴
氏不競多來通款者南海兵倍奮屢侵大阪土佐國主長曾我部
元親與故紀伊國主畠山貞政皆應於我欲刻期夾擊秀吉而未
來約也秀吉懼十一月將兵入伊勢信雄與之對軍參議聞之赴
援秀吉遽乞降於信雄信雄許之秀吉面謁獻誓馳歸大阪參議
至清洲聞之憮然使石川數正賀和成十六日還岡崎而土佐紀
伊書至參議慨然太息曰使此書在十日前則秀吉可生致也今
已後矣勞使者遣之南海之兵所在皆解居六日參議凱旋濱松
論賞長湫戰功秀吉遣富田知信津田信季來請和信雄亦遣瀧
川雄利介之參議召詢之諸將石川數正營爲秀吉所誘心竊嚮
之進說曰主公之國不能當秀吉之半而氏政劫其背景勝迫其
肩三面受敵事不可爲矣宜速聽和以爲國家之計參議怒曰問

義如何耳至勝敗之數則迺公自計之乃遣歸三使秀吉復使士
方雄久數來請焉十二月信雄自來濱松謝出援之勢且謂曰公
與秀吉素無仇怨特爲援我搆兵耳今我已與之和矣公獨何自
執乎宜聽其所言秀吉以無子欲養公之子公宜予之一人參議
不得已聽之欲遣異父弟松平定勝母水野氏泣曰渠兄嚮質於
今川武田已極艱楚其忍復之乎參議愍然乃止時世子之外有
三庶子曰秀康忠吉信志秀康卽荻丸忠吉嗣東條松平氏信吉
嗣穴山氏乃遣荻丸時年十二本多重次石川數正皆以其子從
之秀吉大喜養爲子稱羽柴秀康給邑萬石後任參河守是月織
田氏故將佐佐成政自越中來見參議及信雄請戮力攻秀吉信
雄不許參議厚遇之諸將忿成政倨傲交勸勿援曰北地阻絕不
可赴援參議乃謂之曰吾不必與秀吉戰郎戰亦不必借子力也
雖然子之來意不可不荅他日有
緩急當爲之聲援成政謝而去

乙酉三十天正十三年和漢年契丹羽長秀死日本外史十四織田氏下初丹羽長秀以秀吉
爲有忠功也枉意助之於是視其勢出織田氏上則大悔恨託疾
自殺其子長重猶弱舊臣相與謀欲舉兵纏長秀志謀頗漏八月
秀吉北攻成政成政逆戰不克降秀[illegible]于越中 **秀吉任關白春**
於前田利家于越前於堀秀政返長[illegible]狹
三月秀吉伐根來寺夏四月秀吉遣[illegible]臣氏日本外史十五豐臣氏上十三年二
月進正二位陞內大臣於是議用兵於南[illegible]陸欲生南海南
海賊根來雜賀最强闘羽柴氏且來築二三寨於千石壕[illegible]守之

三月秀吉將兵十萬南伐令秀次備三寨而直指根來寺寨兵以弓銃要之秀次縱騎傍擊遂合兵圍寨我軍發火箭中賊硝櫃賊悉焚死諸寨皆解走秀吉則以生兵六萬急襲根來焚之遂攻下雜賀引紀伊川灌大田壘磔其魁首五十人進下熊野高野撤諸關寨以紀伊和泉加賜秀長以近江賜秀次四月歸大阪秀吉遂以書諭長曾我部元親當獻伊豫讚岐來朝天子否則有罰元親弗聽五月秀吉令長秀秀次以舟師六萬往討之自阿波入又令浮田秀家自讚岐小早川隆景自伊豫並攻元親元親將兵距羽津秀次攻和氣秀長攻一宮皆降之合攻木津又降之諸城解走仙石秀久前受封淡路七月以其兵拔屋島秀家隆景亦陷數城諸軍刻期萃於羽津元親乃乞降送質遂入朝秀吉讓曰來何晚也乃奪其三國賜阿波於蜂須賀家政讚岐於仙石秀久十河存保伊豫於小早川隆景來島康親以伊豫正本賜加藤嘉明以淡路洲本賜脇阪安治南海盡定初秀吉起微賤無姓氏始稱平氏中稱藤原氏於是欲爲征夷大將軍右大臣藤原晴季素與秀吉善爲之謀曰故事大將軍非源氏不可公稱藤原氏宜爲關白秀吉曰關白何物晴季曰位亞天子統御百官秀吉大喜時藤原昭實爲關白晴季諷辭其官以秀吉代之朝廷重違其意遂詔許之秀吉具騶從入朝謝恩奏請授子弟將士以官爵秀吉羞冒他姓請賜新姓曰豐臣置吏五人奉行政令淺野長政石田三成增田長盛掌諸訟獄長束正家掌錢穀前田玄以掌僧祝長政任彈正少弼後封甲斐玄以稱德善院任法印嘗爲織田氏吏後封篠山正家任大藏少輔嘗爲丹羽氏吏後封水口三成任治部少輔後封澤山長盛任右衛門尉後封郡山秀吉戒五人曰大事會議決

之小事不必然勿使有畱滯勿納贈賄勿挾恩仇訟獄之事無貪富貴賤一切從事當是時豐臣氏歲入二百萬石府庫稱之曰吾不可獨自一封殖遂下令分金五千枚銀三萬枚於諸將士償其軍費設場於京師第門一日悉散之八月自將騎卒十萬北伐北畠信雄以尾張伊勢兵前田利家以能登加賀兵皆會焉佐佐成政據富山築三十餘壘於栗田穀嶺秀吉張疑兵當之而航海直襲富山成政惶駭削髮出降乃加賜越中於利家子利長以鎮丹羽氏有罪奪越前割其半予堀秀政令村上溝口二氏屬之以北陸而越後國主上杉景勝未來秀吉既勝成政則與石田三成等十餘騎踰險直入越後謂其疆上吏曰吾秀吉也汝主已通使於我我故來見欲面議事吏馳使告景勝景勝大驚遂來盟秀吉屏左右與語既畢西還使金森長近略飛彈攻其國司姊小路賴綱滅之因封長近焉先是信濃豪族眞田昌幸來送款納子幸村爲質昌幸自父幸隆屬武田氏及武田氏亡屬德川氏領上田攻北條氏取沼田德川氏與北條氏婚令昌幸還致沼田荅曰公之所賜上田掌大之地耳至沼田我以吾兵力取之焉得予他人哉德川公怒幸步騎七千來攻閏月上杉景勝以秀吉旨發兵援昌幸昌幸延之內城而自居外城柵城內伏兵城外而出羸卒誘敵敵進入城柵內銃發敵陣亂二城夾擊破之敵走出伏起又破之昌幸子信幸亦迎擊北條氏兵於沼田破之九月景勝自將來援敵軍退去小笠原貞慶亦因昌幸送款與景勝並連衡於豐臣氏以圖闕東德川氏北條氏懼而約從十一月德川氏將石川數正來奔其國大擾秀吉乃謂信雄曰吾既定中州東西未服近日將西伐宜先與德川和以距北條也子爲我圖之信雄乃遣二使諭德川

公公恐其有變不敢來是歲毛利氏遣小早川隆景吉川元長來
大阪元長元春子也秀吉善待之曰天主閣新成當使卿等一觀
乃自從一侍女導隆景元長及其從者數十人上閣指示遠近山
海因謂元長曰吾子乃叔以伊豫乃翁未有所予吾數與乃翁治
兵常恨不相見以談往日戰略明年吾將伐九州煩乃翁爲先鋒
事平予之筑前也○日本外史二十德川氏三十三年二月城吉
良三月參議患疔危篤臣民憂懼本多重次造杭請曰臣嘗患此
疾有一醫治之而愈君請命焉參議曰無爲也吾已決死矣重次
懣曰君自絕命臣請先焉乃趨出參議驚命左右止之重次不顧
强而後至參議曰汝何得此言吾賴有汝曹也以瞑也汝曹宜全
軀撫循子弟以保我家汝何得此言重次泣曰否否臣不欲生也
臣近視甲斐將士喪其首領折腰於我門情狀可羞今臣喪主公
亦將如是也臣少小從軍面目創手足缺一疲癃翁耳特以主公
眷顧頗爲人所畏主公一瞋鄰國四襲我子弟沮喪不支事可知
矣當是時臣彷徨支吾人將指曰彼疲癃翁何不恥之甚臣固盍
速死不欲生也參議曰然吾能從汝意矣汝亦能從吾意爲吾忍
恥乎否重次曰君苟聽於臣臣豈敢違乃召其醫醫曰宜灸重次
手灼艾進藥其夜疔潰而瘥重次喜極而哭是月秀吉南取紀伊
根來僧兵來奔二百人乃置根來部五月參議巡甲斐先是眞田
昌幸侵上野取沼田北條氏直請還之參議諭昌幸使還之取償
於內地昌幸不奉命終屬上杉氏因降於秀吉大久保忠世鳥居
元忠平岩親吉率將士攻之八月秀吉北取越中降佐佐成政上
杉景勝又舉越後降之秀吉密與景勝議使援昌幸以圖我閏月
我兵攻上田不利敵追至利川忠世以十餘騎殿而濟陣南岸敍

返擊二將不肯明日忠世濟筑摩川陣八重原昌幸陣於白家忠
世使柴田康忠還告二將曰公等壓河而陣與我夾擊必殲之二
將曰吾暗於地理不若持重忠世怒又使謂曰公等怖敵猶當來
我後以爲聲援亦不肯往復之間昌幸已退陣於城下忠世切齒
曰脫籠禽也於是諸將列壁相持昌幸不敢出參議遣井伊直政
等援之昌幸出兵犯康忠營康忠擊走之岡部長盛要其歸途又
敗之九月聞景勝大舉且至解兵而還直政康忠爲殿昌幸子幸
村請追之昌幸曰將勇陣整不可追也忠世於是畱守小室以備
景勝昌幸來襲參議欲從國都於駿河命諸將士修築府中北條
氏聞景勝與秀吉連衡也大懼十月使將士來尋盟益固從約本
多重次自度曰物情恟恟而我兒在上國恐受攜貳之疑乃使使
大阪曰兒之母有篤疾請使一訣因取其兒而還石川數正守岡
崎其兒亦在大阪秀吉資望日隆位至關白賜姓豐臣諸名族大
邦入謁者皆被恩榮數正竊款之秀吉亦以八萬石邑招之數正
遂送款焉與眞田昌幸及小笠原貞慶通謀又誘其部將松平近
正近正怒不肯曰使者再來斬之因獻其書十一月數正挈家出
奔大阪時將士孥多在岡崎松平家忠自深溝馳至護其四門酒
井忠次亦至自吉田馳使上變中外動搖參議行放鷹至岡崎卽
日臨忠次第命張散樂人心卽定乃召大久保忠世忠世曰景勝
日伺我隙而貞慶舉兵應之又聞昌幸迎故信玄孽子某以煽將
士吾一動則甲斐信濃皆覆沒矣弟忠敎曰敢請代守生死以之
忠世喜乃發會大雪踰歲景勝昌幸不能出兵忠敎得代而歸參
議修岡崎塹壘厚褒近正以數正部兵屬內藤家長於是諸將皆
獻質參議多還之數正既至大阪秀吉遇之甚薄或榜其門嘲之

數正羞縮不出秀吉既定南海北陸以爲我已奪德川氏左右臂
嗾景勝脅之其國又有內訌於是時而與家康和和必成家康必
來天下莫足復圖者乃與信雄議使羽柴勝雅土方雄久來議和
戒使者曰德川以數正故也意必不平汝輩善處之二使來岡崎
卑辭厚禮陳秀吉信雄之意請參議入觀京師參議面諭曰長湫
之獲皆秀吉所愛重其欲甘心於我久矣吾不敢往至旗鼓相見
敵不努力二使乃去或諫曰主公不往則次郎將不免參議曰羽
柴秀康爲其父所殺我何與焉遠近傳言秀吉大舉東下參議乃
修守備問羣臣曰岡崎我墳墓之地而當敵之衡誰可使守者本
多正信曰緩急能手刃妻兒桄城而死者而後可參議曰作左衞
門其人也乃以精兵數百屬本多重次往守之重次辭去意色甚
決參議乃約其子成重襲封給以手書○〔日本外史十二毛利氏〕
十三年四月秀吉伐南海令隆景元長入伊豫元長稱疾歸廣家
代之七月定伊豫秀吉徙河野通信於三原令隆景代領其國賜
僭惠瓊來島某各萬石十月隆景元長如大阪秀吉令諸將郊迎
曰向使兩川變約則吾豈得至此因饗之時秀吉將伐島津氏屬
元長請元春爲先鋒約封之筑前元春羞爲秀吉所驅使弗肯是
歲秀吉奏請以輝元敘從四位下任侍從遣黑田孝高促元春元
春不起輝元曰公爲我一出元春不得已乃與隆景俱發攻拔小
倉城將移陣松山疽發背不得行隆景與孝高攻拔閏津下障子
岳進攻賀春岳元春瘁將發黑田氏饗之供鮭瘡復劇乃遺屬二
子以後事言不及私絡卒年五十七元長使廣家奉喪歸安藝而
自從降景降賀春守將高橋種元○〔日本外史十一武田氏上杉
氏〕十三年四月秀吉攻降成政取越中五月秀吉獨幸石田三成

等三十人來入越後自稱使者至薄冰城見城將須賀告以實欲面見景勝計事須賀以兵守之而馳告景勝請執殺之景勝不許曰彼身司天下權而踰嶮入敵國者蓋恃前約以吾必不食言也殺之不義即日與直江兼續等六十餘人見秀吉秀吉屏人與語獨兼續與三成得侍已而別去七月上田城主眞田昌幸畔德川氏復屬景勝送質乞援景勝遣須田某本莊某等將信濃兵六千赴援兵少利景勝欲大舉繼之德川氏兵引去

十二月秀吉又使使厚贈越後君臣促其入朝

丙十戌四**天正十四年**〔日本外史十一武田氏上杉氏〕十四年五月景勝入朝秀吉供帳路次爲奏敍正四位上任參議七月歸國是歲陷新發田盡定越後十五年定佐渡莊內〔和漢年契〕**建大佛殿秋九月家康與秀吉和**〔日本外史二十德川氏三〕十四年正月參議適岡崎秀吉復使羽柴勝雅來固請入覲信雄亦使其叔父長益來慫慂之參議弗肯使者不敢去在其館候之參議獵於吉良使者承間來見參議臂鷹而顧曰可一搏擊不能就人條制明日復見參議曰若未去乎吾不欲復聞若說勝雅進曰願君侯少容之使臣得終其說夫關白以百萬之兵翼天子出令西有毛利之援東有上杉之助俊雄豪傑爭爲之用復何欲而不致而屈節招君侯使者三反矣君侯不思安危之決徒以放鷹逐禽爲事臣視君侯境內城壘不固溝池不浚關白一舉趾則上田之南鳴海以東非君侯之有也臣竊爲君侯危之參議作色曰何吹吹也秀吉兵雖衆不過十萬我兵雖寡可得三四萬要客兵於熟地邀險而擊之何難之有歸語秀吉能來則來不能往也勝雅長益返大阪慮

秀吉怒蒲伏復命秀吉徐曰家康言頁然堀秀政蒲生氏鄉等爭勸東伐秀吉不聽沈思竟日其夜四更急召勝雅及信雄被衣而出曰吾業已使家康來矣二人驚問故曰彼亡室吾以我妹繼之彼寧不來國人猶有不安則以我大廳爲質堀尾吉晴生駒親正侍坐問曰尊妹安在曰佐治之室是已初秀吉有異父妹適佐治日向者秀吉欲奪之政適於我也明日使吉晴親正諭告佐治佐治勉強聽命遣妻而自殺二月乃使長益勝雅及富田知信天野雄光來議婚別授密旨於淺野彈正少弼繼發四使至因酒井忠次求見參議不見忠次告故固請數日延見之四使曰嚮關白無子得養君侯子聞君侯亡室欲進關白妹參議曰好意至此吾豈拒之獨有三事約之而後婚請問不荅使者曰淺野彈正帶密諭在清洲乃以驛召至參議書三事示之曰新婦有出不可爲嗣故嗣子不可出質吾或蚤世不可割寸地彈正少弼曰某袖關白手書亦有三條出而示之皆暗合焉參議怡然遂許婚信雄來賀北條氏聞之意頗危疑請盟三月參議與氏直盟於黃瀨河極歡而止遂毀沼津郛以示意四月納幣京師秀吉使彈正少弼送女參議使榊原康政往告禮成館於富田氏秀吉就見曰吾欲見子面久矣小牧之役醜詆我者非子乎吾嘗購子頭千金今德川已爲我壻我壻有材臣如子者吾所喜也七月參議將自將討上田秀吉聞之使使來言關白爲昌幸請願釋之八月令昌幸及小笠原貞慶來謝罪焉參議遂議西上酒井忠次曰彼雖婚未可輕信宜確得其情然後往是月秀吉遣親書固請九月使彈正少弼以下六輩來約送大廳爲質秀吉弟秀長諫曰以母爲質天下後世謂之何哉何不征伐之秀吉哂曰汝何狹中是非汝所知也十月詔

遷參議中納言秀吉奏請之也中納言遂決意入朝諸將皆諫曰
秀吉威力如此豈眞以其母爲質恐有詐謀吾陷其計中雖悔可
追顧君勿往秀吉怒而來臣等當以死拒之中納言曰吾亦不保
其非僞雖然彼百方修好至以母爲質而吾猶遲回世謂吾怯也
且彼亦有天命吾當助之共定天下之亂今復與搆兵則亂曷有
止乎捐我一人之命以救億萬生靈不亦多乎乃令世子留監國
大久保忠世石川家成輔之井伊直政助本多重次守岡崎而親
帥士卒萬人西上至岡崎遇秀吉母至迎夫人見之信矣秀吉命
沿道諸國修橋梁供帳二十七日至京師館於茶屋晴延秀吉與
弟秀長及彈正少弼以下來見曰自長篠之役不相面見十二年
矣今吾子一爲天下屈節吾事成矣遂見扈從諸將謂本多忠勝
曰小牧之役汝與我軍抗而行可謂一騎當千者也遂命酒饌自
嘗而進贈賄極厚如是者連夜因從容問曰我起微賤諸侯多不
心服奚爲則可中納言對曰公第莫違義義之所在天下從之秀
吉曰善既而曰明日見子於聚樂子枉意降我以視諸侯十一月
二日入聚樂第秀吉大會諸侯延見如儀中納言拜跪甚恭諸侯
皆改容其明日大饗當是時秀吉母在岡崎岡崎役卒日積薪其
館外其侍婢怪之召役卒問故對曰作左遲中納言歸也曰若有
短長焚殺大廳此老性急今旦已欲縱火井伊公留之而止婢大
怖相謂曰往年參河任子來闕白指其一人曰彼鬼作左之兒也
今其鬼乃欲殺我輩遂白之大廳大廳憂悸馳書秀吉促中納言
歸中納言方受秀長之饗宴酣秀吉至曰請祖於聚樂乃與偕出
諸侯皆在秀吉曰我埒就國吾欲祖之也秀長目中納言中納言
請得秀吉所穿袍爲鹽秀吉曰此戎衣也中納言曰家康在焉不

使公復戎衣秀吉哂脫而付之因左右顧曰吾得快壻矣盞使秀長豫敎中納言也諸侯相告悚然遂起我第於二條賜酒井忠次宅命秀長部將藤堂高虎監役以近江地三萬石爲湯沐邑賜忠次千石邑五日中納言進正三位井伊直政任兵部大輔榊原康政任式部大輔皆敍從五位下其餘將領受官爵有差鳥居元忠以爲是秀吉假朝爵結納我輩也乃辭曰臣關東野人創痍之餘不便跪起豈任衣冠哉後秀吉使羽柴勝雅以女妻元忠子忠政因養爲子元忠曰臣兒不可使有二君亦辭之十四日中納言歸參河重次以下迎賀乃令直政送還大廳諸侍女譽直政有禮秀吉喜饗之中納言之在京師也秀吉請許石川數正謁見及饗直政又使數正接伴焉終饗直政不交一言指數正謂衆曰彼人面而獸心者一坐失色大廳侍女又懟重次亡狀請加罰秀吉笑曰家康多佳士可羨十二月駿府城成中納言嘗營沼定政守濱松而徙居駿府以板倉勝重爲奉行勝重幼爲僧喜讀書父好重弟定重皆死事兄忠重卒無子中納言乃令勝重蓄髮爲吏終識拔之勝重固辭不許乃請曰願得歸家與妻計焉中納言哂許之妻欣迎曰有人告夫壻有慶事何也勝重脫朝服坐謂之曰吾受奉行之命欲與汝計之且辭而歸顧汝謂何妻驚曰是公事也妻何得辨之勝重曰不然自古爲吏者誰不以內謁敗事自今以往汝於我所爲無一有議於外人苞苴無一有受則吾拜命矣妻曰敢不唯命是聽勝重與之誓復被朝服穹袴而出妻送見其袴後撤也呼返欲正之勝重怒曰何背誓也妻惶恐謝於是往拜命就職訟獄平允百事大治

冬十二月以秀吉任太政大臣自更姓爲豐臣〔日本外史十五

豐臣氏上十四年二月內野第成命名聚樂秀吉將請天子幸焉率諸侯朝之也是歲又建方廣寺以木造大佛高十六丈興卒數萬人四方工人盡集四月以其妹妻德川公五月上杉景勝入覲先是豐後國主大友義鎮亦入覲初島津義久自薩摩起荐食九國義鎮與肥前國主龍造寺政家歲被其兵並乞援於秀吉窺城主高橋鎮種立花城主戶次宗茂皆來送款焉於是秀吉將西伐下教列國並固守以竢七月義久遣弟義弘家久略二筑降秋月氏筑紫氏乃攻鎮種鎮種自殺宗茂固守來使告急秀吉乃遣黑田孝高趣毛利輝元吉川元春小早川隆景九月又遣加藤嘉明勝坂安治趣長曾我部元親卜河存保皆發兵西向遂遣書義久曰關白問何以不朝貢何以坐取官爵何以縱出兵攻略鄰國使仙石秀久齎書往因誡秀久曰彼若不服且勿與戰退以竢我秀久至義久投書於地曰我族國於此十四世矣促朝貢者獨有近衛氏猴冠者敢欲屈致我平秀久憤恚以大友氏兵進擊家久元親存保從之元親子信親與存保皆敗死元親走伊豫秀久走豐後嘉明安治力戰而退義久遂大舉入豐後下十六城大友義鎮既死其子義統出戰大敗事聞秀吉怒奪秀久邑予之尾藤知定終議西伐益促德川公入朝十月公從萬餘人而發秀吉母曰大聽往問女於岡崎以安其國人德川公至京師秀吉從數人就其館握手款語遂呼酒召其諸將談小牧之戰盡歡而出十一月德川公入謁於聚樂第畢禮而去先是皇太子殂是月天皇禪位於皇太孫皇太孫即位是為後陽成天皇十二月天皇詔以秀吉為太政大臣關白職如故於是秀吉奏請曰臣徵島津義久入朝義久不奉命臣請自將伐之乃令越中尾張以西三十七國發兵以

明年二月會大阪命石田三成大谷吉隆長束正家掌糧餉小西隆佐建部壽德掌漕運先赴小倉具三十萬人糧二萬匹馬芻使可支一歲○日本外史十後北條氏當是時伊勢氏盡定八州沃野千里鑄山煮海小田原繁華爲關東都會第一然氏政漸驕侈用人不別忠佞初氏政之爲世子從氏康略上野與武田晴信合兵軍松山時方仲夏有刈麥馱過軍前者氏政見之指問左右何物左右曰麥也氏政曰盡炊以供賓晴信哂曰吾今而後知北條氏大國也郎君大國公子故爲是言耳夫麥者擊之簸之礱之晞而舂之者再然後浸之而炊之令郎君乃欲直炊之左右竊笑之氏政不通下情如此以故國政日弊老臣松田憲秀弄權柄士民多被冤枉者嘗有一僧過觀城門榜令曰北條氏將亡矣或走告之市尹市尹召僧問曰聞汝謂北條氏將亡信乎曰信曰何以謂之曰吾三十年前過觀榜令令四五條而已今則三倍焉夫德薄則政滯政滯則令煩令煩則眾離眾離則君孤立矣君已孤立不亡而何待市尹以告氏政氏政不爲意獨委任憲秀十一年七月氏直娶德川氏信長既遇害而其將豐臣秀吉代爲政於畿內挾天子以令海內德川氏上杉氏皆附之秀吉屢使使來說曰盍來朝京師十四年八月氏政遣弟氏規赴京師不肯親往如是者再三氏政曰秀吉欲以口舌取八州盍以弓箭取焉秀吉怒使使請戰〔四裔編年表 禁邪敎 日本國志〕

帝禪位皇太孫在位二十九年

日本源流考卷十六終